雇用関係法の
理論と実務

Theories and Practices of Employment Relations Law

小嶌 典明 著

まえがき

　現実を直視し、物事を考える。前著『労使関係法の理論と実務』と同様に、その姉妹編に当たる本書に収録した論稿を執筆する際にも、筆者は可能な限りこの姿勢を貫いてきた。

　「ミスはするし、ドジも踏む。予想外・想定外のことが連続して起きるのが現場であり、教科書どおりに物事が進むことのほうがめずらしい。A社にできることでも、B社にできないことは多々あり、C社に通用することでも、D社には通用しない。そんなことが日常茶飯事として起きる。

　それが世の中というものであるが、法律を制定したり改正したりする場合においても、こうした理想とは程遠い環境にある『踊る現場』への理解が、まず必要になる。生身の人間と直接かかわる労働法の世界では、他の法分野にもまして、このことが求められる」（本書65頁）。

　このような観点から、杓子定規な一律規制（one-size-fits-all regulation）には一貫して異を唱える。そうした姿勢も、雇用関係法の領域を対象とする本書においては、変わらぬスタンスとなっている。

　たしかに、労働基準法や労働安全衛生法の解釈・適用は全国的に統一されたものでなければならず、監督署ごとに異なるようなものであってはならない。しかし、法律そのものの内容は、あくまで現場の実情を踏まえたものでなければならない。これもまた、筆者の揺るがない信念であった。

本書の構成等

　第1部の総論に始まり、第2部の各論を挟んで、第3部のコラムで終わる。本書は、そんな三部構成となっている。このうち、第2部の各論については、分量が多いこともあって、テーマ別にその編集を行うこととし、第1章「労働契約・就業規則」、第2章「労働時間・休暇」、そして第3章「働き方の多様化」の三章立てとした。

　また、第1部の総論および第2部の各論に収録した論稿については、フォローアップの意味を込めて、それぞれに *Episode* を付すこととした。計26本の *Episode* を読むだけでも、筆者の関心事や問題意識が理解できるようにする。そうした狙いもそこにはあった。

さらに、第3部のコラムには、雇用関係法の領域におけるイシューに対する筆者のときどきの考え方を端的に示すものとして、新聞や雑誌に掲載された短時間で読める論稿を8本収録することとした。なかには、第2部の各論に収録したより長文の論稿につながったものも含まれている。その意味で、第3部のコラムから読み始めることを筆者としてはお薦めしたい。

　昭和60年（1985年）から令和2年（2020年）まで。この35年間に筆者が執筆・公表した雇用関係法の領域における主な論稿が三十数本、本書には収録されている。もとより、この領域における問題を網羅的にカバーしたものではないが、直近の問題*を除き、重要な論点については漏れがないように努めた。ただ、努力にもやはり限界がある。重大な脱漏がないことを祈るほかない。

厄介な法領域──挑戦と失敗

　「雇用関係法と一口にいっても、実態は迷路のように複雑多岐にわたっており、かつその奥行きは深い。分厚い法令集と判例を読み解く努力なしには、内容はとうてい理解できない。しかも頻繁にその内容は変わる。雇用関係法とは、そうした厄介な法領域なのである」（馬渡淳一郎編著『現代労働法』（八千代出版、平成12年）59頁。ちなみに、同書では、筆者が第3章「雇用関係法」の前半部分（57～117頁）の執筆を担当した）。

　筆者は、かつてこのように述べたことがある。以来、四半世紀が経過しようとしている今も、雇用関係法に対するこうした筆者の印象は変わっていない。

　とはいえ、厄介な法領域だけに、挑戦のしがいもあった。挑戦の多くは失敗に終わったものの、失敗を繰り返さないためにも、その記録を後世に残す必要がある。本書は、このような考え方から誕生した。

令和6年10月
関西外国語大学
中宮キャンパスにて
小嶌　典明

---

* 　たとえば、LGBT／トランスジェンダー問題については、拙著『新・現場からみた労働法──法律の前に常識がある』（ジアース教育新社、令和6年）217～252頁を参照。

目　　次

まえがき・・ iii

第1部　総論・・ 1

1　「労働者」の判断基準・・・・・・・・・・・・・・・・・・・・・・・・・・・・・・・・・・・・・・・ 3
　Ⅰ　はじめに・・・ 3
　Ⅱ　労働基準法研究会報告の内容・・・・・・・・・・・・・・・・・・・・・・・・・・・・ 4
　Ⅲ　労働基準法研究会報告の検討・・・・・・・・・・・・・・・・・・・・・・・・・・・・ 11
　Episode 01・・ 18

2　労働基準法制と規制のあり方・・・・・・・・・・・・・・・・・・・・・・・・・・・・・・ 19
　Ⅰ　はじめに・・・ 19
　Ⅱ　公法的規制のシステム・・・・・・・・・・・・・・・・・・・・・・・・・・・・・・・・・・ 20
　Ⅲ　私法的規制のシステム・・・・・・・・・・・・・・・・・・・・・・・・・・・・・・・・・・ 25
　Ⅳ　まとめにかえて──規制解除のシステム・・・・・・・・・・・・・・・・・・ 28
　Episode 02・・ 30

3　労働基準法の改正（平成15年改正）について・・・・・・・・・・・・・・・ 31
　Ⅰ　はじめに──法改正に至る経緯・・・・・・・・・・・・・・・・・・・・・・・・・・ 31
　Ⅱ　解雇ルールの法制化・・・・・・・・・・・・・・・・・・・・・・・・・・・・・・・・・・・ 37
　Ⅲ　有期労働契約の整備・・・・・・・・・・・・・・・・・・・・・・・・・・・・・・・・・・・ 47
　Ⅳ　裁量労働制の見直し・・・・・・・・・・・・・・・・・・・・・・・・・・・・・・・・・・・ 56
　Ⅴ　まとめにかえて・・・・・・・・・・・・・・・・・・・・・・・・・・・・・・・・・・・・・・・ 61
　Episode 03・・ 64

4　労働契約法制・労働時間法制とその行方
　　──規制改革・民間開放推進会議が提起した疑問・・・・・・・・・・・・ 65
　Ⅰ　はじめに・・・ 65
　Ⅱ　明らかになった法制化の骨子──厚生労働省「素案」の公表・・・ 67
　Ⅲ　厚生労働省「素案」への疑問──規制改革・民間開放推進
　　　会議の意見・・ 88
　Ⅳ　静かに進むもう一つの法制化──附帯決議・閣議決定による
　　　基礎固め・・ 106

Episode 04 ································· 109
　⑤ 労働法における公法上の義務 ················ 111
　　Ⅰ　はじめに ································· 111
　　Ⅱ　法令解釈をめぐる判例・通説への疑問 ········ 113
　　Ⅲ　公法上の義務と労働判例 ··················· 118
　　Ⅳ　高年齢者雇用安定法と公法上の義務 ········· 128
　　　Episode 05 ································· 136

第2部　各論 ·· 137
第1章　労働契約・就業規則 ························ 139
　⑥ 試用期間・配置転換・業務命令 ················ 140
　　Ⅰ　試用期間 ································· 140
　　Ⅱ　配置転換 ································· 143
　　Ⅲ　業務命令 ································· 147
　　　Episode 06 ································· 150
　⑦ 試用期間の現状と将来 ······················· 152
　　Ⅰ　はじめに ································· 152
　　Ⅱ　法令にみる試用期間 ······················· 153
　　Ⅲ　試用期間の有名無実化 ····················· 156
　　Ⅳ　よみがえる試用期間 ······················· 161
　　　Episode 07 ································· 171
　⑧ 解雇をめぐる理論と実務 ····················· 173
　　Ⅰ　はじめに ································· 173
　　Ⅱ　民法にみる解雇自由の原則 ················· 174
　　Ⅲ　就業規則に定める解雇条項 ················· 176
　　Ⅳ　他の職務への転換の可能性 ················· 181
　　Ⅴ　解雇の金銭的解決の必要性 ················· 188
　　　Episode 08 ································· 191
　⑨ 解雇をめぐる二つの論点 ····················· 192
　　Ⅰ　はじめに──数値では表せない解雇の現状 ···· 192
　　Ⅱ　働かない従業員の解雇 ····················· 196

Ⅲ　働けない従業員の解雇‥‥‥‥‥‥‥‥‥‥‥‥‥‥‥‥‥207
　　　Ⅳ　まとめにかえて――現実を直視した議論を‥‥‥‥‥‥‥212
　　　Episode 09 ‥‥‥‥‥‥‥‥‥‥‥‥‥‥‥‥‥‥‥‥‥‥‥‥215
　10　就業規則に関する覚書‥‥‥‥‥‥‥‥‥‥‥‥‥‥‥‥‥‥‥216
　　　Ⅰ　はじめに――現実は理論に従う？‥‥‥‥‥‥‥‥‥‥‥216
　　　Ⅱ　就業規則と個別同意‥‥‥‥‥‥‥‥‥‥‥‥‥‥‥‥‥217
　　　Ⅲ　最低基準効とその限界‥‥‥‥‥‥‥‥‥‥‥‥‥‥‥‥221
　　　Ⅳ　就業規則と労働協約‥‥‥‥‥‥‥‥‥‥‥‥‥‥‥‥‥226
　　　Ⅴ　まとめにかえて――法律の前に常識がある‥‥‥‥‥‥‥229
　　　Episode 10 ‥‥‥‥‥‥‥‥‥‥‥‥‥‥‥‥‥‥‥‥‥‥‥‥231

第2章　労働時間・休暇‥‥‥‥‥‥‥‥‥‥‥‥‥‥‥‥‥‥‥‥‥‥233
　11　年次有給休暇の時季‥‥‥‥‥‥‥‥‥‥‥‥‥‥‥‥‥‥‥234
　　　Ⅰ　はじめに‥‥‥‥‥‥‥‥‥‥‥‥‥‥‥‥‥‥‥‥‥‥234
　　　Ⅱ　時季の限定的解釈‥‥‥‥‥‥‥‥‥‥‥‥‥‥‥‥‥‥235
　　　Ⅲ　時季の複合的解釈‥‥‥‥‥‥‥‥‥‥‥‥‥‥‥‥‥‥239
　　　Ⅳ　時季二分説――私見‥‥‥‥‥‥‥‥‥‥‥‥‥‥‥‥‥243
　　　Ⅴ　まとめにかえて‥‥‥‥‥‥‥‥‥‥‥‥‥‥‥‥‥‥‥244
　　　Episode 11 ‥‥‥‥‥‥‥‥‥‥‥‥‥‥‥‥‥‥‥‥‥‥‥‥247
　12　管理監督者の適用除外‥‥‥‥‥‥‥‥‥‥‥‥‥‥‥‥‥‥248
　　　Ⅰ　現行規定とその由来‥‥‥‥‥‥‥‥‥‥‥‥‥‥‥‥‥248
　　　Ⅱ　通達 vs 実務‥‥‥‥‥‥‥‥‥‥‥‥‥‥‥‥‥‥‥‥250
　　　Episode 12 ‥‥‥‥‥‥‥‥‥‥‥‥‥‥‥‥‥‥‥‥‥‥‥‥255
　13　事業場外・裁量労働‥‥‥‥‥‥‥‥‥‥‥‥‥‥‥‥‥‥‥256
　　　Ⅰ　はじめに‥‥‥‥‥‥‥‥‥‥‥‥‥‥‥‥‥‥‥‥‥‥256
　　　Ⅱ　事業場外労働‥‥‥‥‥‥‥‥‥‥‥‥‥‥‥‥‥‥‥‥260
　　　Ⅲ　裁量労働‥‥‥‥‥‥‥‥‥‥‥‥‥‥‥‥‥‥‥‥‥‥272
　　　Episode 13 ‥‥‥‥‥‥‥‥‥‥‥‥‥‥‥‥‥‥‥‥‥‥‥‥275
　14　裁量労働と成果主義‥‥‥‥‥‥‥‥‥‥‥‥‥‥‥‥‥‥‥277
　　　Ⅰ　はじめに‥‥‥‥‥‥‥‥‥‥‥‥‥‥‥‥‥‥‥‥‥‥277
　　　Ⅱ　新たな裁量労働制‥‥‥‥‥‥‥‥‥‥‥‥‥‥‥‥‥‥278

Ⅲ　成果主義からみた法制のあり方 ･････････････････････････ 288
　　Episode　14 ･･ 298
15　三六協定──規制の現状と未来 ･･････････････････････････････ 299
　　Ⅰ　異色の協定 ･･･ 299
　　Ⅱ　規制の現状 ･･･ 301
　　Ⅲ　未来の規制 ･･･ 305
　　Episode　15 ･･ 308
16　労働時間と労使関係 ･･ 309
　　Ⅰ　はじめに ･･･ 309
　　Ⅱ　労働時間法制と労使自治 ･････････････････････････････････ 310
　　Ⅲ　労使協定（時間協定）の現状と問題点 ････････････････････ 311
　　Ⅳ　労使協定（時間協定）の将来──改革の方向 ･････････････ 317
　　Ⅴ　まとめにかえて ･･･････････････････････････････････････ 319
　　Episode　16 ･･ 321
17　労働時間規制の現状と課題 ･･････････････････････････････････ 322
　　Ⅰ　はじめに ･･･ 322
　　Ⅱ　労働時間の現状 ･･･････････････････････････････････････ 323
　　Ⅲ　労働時間規制の現状 ･･･････････････････････････････････ 325
　　Ⅳ　今後の課題 ･･･ 340
　　補　アメリカの適用除外制度 ･････････････････････････････････ 346
　　Episode　17 ･･ 354
18－1　労働時間の状況把握──律義務化への疑問 ････････････････ 355
　　Ⅰ　近未来のある研究所 ･･･････････････････････････････････ 355
　　Ⅱ　厚労省の骨子案──責務から義務への転換 ･･････････････ 356
　　Ⅲ　求められる義務化の適用除外 ･･･････････････････････････ 359
18－2　労働時間の状況把握は必須か ････････････････････････････ 361
　　Ⅰ　はじめに──某国政府の「妙案」 ･･･････････････････････ 361
　　Ⅱ　医師による面接指導と労働時間の状況把握 ･･････････････ 362
　　Ⅲ　医師による面接指導と就業規則の改正 ･･････････････････ 367
　　Episode　18 ･･ 371
19　副業・兼業と労働時間の通算問題 ････････････････････････････ 372

Ⅰ　百年の呪縛──工場法に始まる労働時間の通算・・・・・・・・・・・・・373
　　Ⅱ　労働時間の通算が意味するもの①
　　　　──通算を前提とした割増賃金の支払い・・・・・・・・・・・・・・375
　　Ⅲ　労働時間の通算が意味するもの②
　　　　──通算を前提とした安全配慮義務・・・・・・・・・・・・・・・・378
　　Ⅳ　残された選択肢──労働時間規制の適用除外・・・・・・・・・・・・380
　　Episode 19・・・・・・・・・・・・・・・・・・・・・・・・・・・・・383

第3章　働き方の多様化・・・・・・・・・・・・・・・・・・・・・・・385

20　パートタイム労働と立法政策・・・・・・・・・・・・・・・・・・・386
　　Ⅰ　はじめに・・・・・・・・・・・・・・・・・・・・・・・・・・・386
　　Ⅱ　立法をめぐるこれまでの経緯・・・・・・・・・・・・・・・・・・388
　　Ⅲ　「短時間労働者雇用管理改善」法案・・・・・・・・・・・・・・・392
　　Ⅳ　まとめにかえて・・・・・・・・・・・・・・・・・・・・・・・・395
　　資料　野党共同提出法案／内閣提出法案　抄・・・・・・・・・・・・・396
　　Episode 20・・・・・・・・・・・・・・・・・・・・・・・・・・・・406

21　マルチジョブホルダーと労働法制・・・・・・・・・・・・・・・・・407
　　Ⅰ　はじめに・・・・・・・・・・・・・・・・・・・・・・・・・・・407
　　Ⅱ　労働契約（就業規則等）・・・・・・・・・・・・・・・・・・・・410
　　Ⅲ　労働時間・・・・・・・・・・・・・・・・・・・・・・・・・・・416
　　Ⅳ　災害補償・・・・・・・・・・・・・・・・・・・・・・・・・・・422
　　補　アメリカにおけるマルチジョブホルダーの現状・・・・・・・・・・427
　　Episode 21・・・・・・・・・・・・・・・・・・・・・・・・・・・・431

22　高年齢者雇用安定法の改正とその問題点
　　　　──希望者全員ルールへの疑問・・・・・・・・・・・・・・・・・433
　　Ⅰ　はじめに──目前に迫った法改正・・・・・・・・・・・・・・・・433
　　Ⅱ　総論と各論が矛盾する研究会報告──意欲と能力を問題に
　　　　できない希望者全員ルール・・・・・・・・・・・・・・・・・・・435
　　Ⅲ　懸念される有期労働契約への影響──契約更新を事実上義務
　　　　づける希望者全員ルール・・・・・・・・・・・・・・・・・・・・441
　　Ⅳ　定年制に対する大きな誤解──定年制は、希望者全員の雇用

　　　　が定年まで保障される制度か ················· 446
　　Episode 22 ················· 450
23　有期労働契約の規制強化················· 452
　　Episode 23 ················· 459
24　「同一労働同一賃金」に関する覚書················· 460
　Ⅰ　はじめに──閣議決定に対する素朴な疑問················· 460
　Ⅱ　「同一労働同一賃金」の法制化に向けた歩み················· 463
　Ⅲ　欧州モデル──パート・有期・派遣の共通規制················· 467
　Ⅳ　閑話休題──労働契約法等の適用を受けない公務員········ 470
　Ⅴ　「同一労働同一賃金」を先取りする最近の判例················· 474
　Ⅵ　まとめにかえて──求められる冷静な議論················· 478
　　Episode 24 ················· 480
25　「同一労働同一賃金」に関する覚書　続
　　　──公務員にとっては他人事の世界················· 481
　Ⅰ　はじめに──ガイドラインと裁判所················· 481
　Ⅱ　非常勤職員の給与決定················· 484
　Ⅲ　非常勤職員の手当支給················· 493
　Ⅳ　非常勤職員の休暇等················· 498
　Ⅴ　まとめにかえて
　　　──自分にできないことは他人に強制しない················· 505
　　Episode 25 ················· 508
26　パート・有期雇用労働法とその問題点················· 509
　Ⅰ　はじめに················· 509
　Ⅱ　パートタイム労働法からパート・有期雇用労働法へ········ 510
　Ⅲ　パート・有期雇用労働法の問題点················· 516
　Ⅳ　まとめにかえて················· 527
　　Episode 26 ················· 529

第3部　コラム················· 531
Ａ　解雇ルール、法律で明確に················· 533
Ｂ　「試行就業」で雇用確保················· 537

C	解雇ルール　法制化の動き······················· 541
D	労働時間規制、適用除外の拡大必要················ 544
E	ワーク・ライフ・バランスと労働時間の短縮·········· 548
F	雇用問題をめぐる日英比較······················· 553
G	「働かない」または「働けない」従業員の解雇問題········ 555
H	同一労働同一賃金······························· 559

あとがき··· 561

※　本書の編集に当たっては、原文にあった誤りを訂正したほか、表現や表記法を統一した。ただし、イグゼンプションのように、公文書等から引用する場合には、他と異なる表記法を採用した場合もある（本書では、原則としてエグゼンプションと表記）。

第1部

総論

General Remarks

1　「労働者」の判断基準

　　Ⅰ　はじめに
　　Ⅱ　労働基準法研究会報告の内容
　　Ⅲ　労働基準法研究会報告の検討

Ⅰ　はじめに

　通勤路に面して、S興産の建物がある。資本金8800万円、従業員数480人。鉄鋼二次製品の卸販売を業とする、富山県の中堅企業の一つである。

　しかし、同社の名が少なくとも労働法を学ぶ者の間で知られるようになったのは、その規模・業態によってではない。それは、ある仮処分事件の判決を通してのことであった。いわゆる傭車運転手（車持ち運転手）の契約関係の解消について解雇法理を適用できるか否かが争われた、昭和49年2月22日の富山地裁判決[1]がそれであった。

　このような傭車運転手の例を含め、その「労働者性」が裁判上争点となったケースは、決して少なくない。

　判例等の蓄積を受け、「労働者性」の判断基準を類型化する作業も、一方では進められてきた。たとえば、労働省労働基準局を編著者とするあるコンメンタール[2]は、この判断基準を次のように要約する。

① 仕事の依頼、業務従事に対する諾否の自由の有無
② 業務従事に関する契約上（場合によっては事実上）の時間的拘束・場所的拘束の有無
③ 業務遂行過程における具体的な指揮監督の有無（その際には、服務規律類似規定の存否や履行補助者の使用の認否も判断要素の一つとなる）

---

[1] 判時737号99頁。なお、判決は「申請人らと被申請人会社との間の契約は、雇用契約に自動車賃貸借契約を含んだ一種の混合契約の性質を有するものとみるべきであり、その雇用契約の範囲において労働法上の保護を受けうるものというべきである」とした。
[2] 労働省労働基準局編著『3訂新版　労働基準法』上巻（労務行政研究所、昭和58年）104〜105頁を参照。

④　報酬の性格（労働の対償か事業報酬か）

　とはいえ、このような抽象的判断基準を事実に当てはめることによって直ちに解答が得られるほど、ことは単純ではない。より具体的で、かつ実務の要請にも応え得る判断基準の提示が求められてきた所以である。

　こうしたなか、昭和60年12月19日、萩澤清彦成蹊大学教授を座長とする労働基準法研究会第一部会は、「労働基準法の『労働者』の判断基準について」[3]と題する研究結果の報告を行った。この報告は、まさしく先の要請に正面から応えようとした、一つの試みであるといって差支えはない。

　また、後述するように、当該問題に対する諸外国（とりわけ英米法系の諸国）の対応と今回の報告との間には、共通点も多い。

　そこで、以下ではまず、本報告のいわんとするところ（主張）を虚心に読み取ることから、議論を始めることとしたい。

Ⅱ　労働基準法研究会報告の内容

1　主張の整理

　報告は、全体として三部から構成されている。その内容を若干のコメントを付しつつ、整理要約して示せば、およそ次のようになる（ただし、報告の末尾に収録されている事例については、本文の理解に必要な場合に限り、これに言及することとした）。

(一)　労働基準法の「労働者」の判断

　序論に該当するこの部分においては、本報告の基本的立場が大略次のように述べられている。

　　イ　労働基準法（労基法）上の「労働者」であるか否かは、「使用従属性」と

---

[3] 労働省労働基準局編『労働基準法の問題点と対策の方向――労働基準法研究会報告書』（日本労働協会、昭和61年）52頁以下所収。なお、『季刊労働法』138号（昭和61年1月）147頁以下にも一部（第一　労働基準法の「労働者」の判断）を除き、その全文が収録されている。

1　「労働者」の判断基準

総称される二つの基準、すなわち①「指導監督下の労働」という労務提供の形態、および②「賃金支払」という報酬の労務に対する対償性の有無によって判断される（労基法９条を参照。ただし、報告は、実際には②の賃金の労務対償性については、独立した意義を認めていない。後述の㈡A(2)を参照）。

ロ　しかし、現実には、これらの基準によって判断を行うには困難な場合があり、このような場合には、「専属度」や「収入額」といった要素をも考慮した総合判断をせざるを得ない。

ハ　なお、少なくとも労働基準関係法制については、これが使用従属関係にある労働者の保護を共通の目的としており、また監督行政を全国画一的に行う必要があるため、法律・制度の目的や趣旨と相関させたケース・バイ・ケースの判断ではなく、共通の判断によるべきであろう。

㈡　「労働者性」の判断基準

本論に当たるこの部分においては、形式的な契約形式のいかんにかかわらず、実質的な使用従属性の有無を総合的に判断する必要がある場合が存在することが重ねて指摘されたのち、そのために明確にすべき具体的な判断基準が提示されている。しかし、このような「労働者性」の総合的判断が「使用従属性」の範疇でなされているのか、これとは別個の範疇においてなされているのかは、必ずしも定かではない。

ただ、以下にみるように、報告は「労働者性」の判断基準を「『使用従属性』に関する判断基準」と「『労働者性』の判断を補強する要素」に二分して論じており、このことからみても、「労働者性」の総合的判断なるものが「使用従属性」の範疇を超えてなされていることは、それと矛盾する文言が一部に用いられている[4]とはいえ、ほぼ誤りのないところであろう。

A　「使用従属性」に関する判断基準

まず、報告は、(1)「指揮監督下の労働」に関する判断基準と、(2)報酬の労務対償性に関するそれとに分けて、使用従属性の判断基準を論じている。

---

[4]　「実質的な使用従属性を……総合的に判断する」という表現がそれである。

(1) 「指揮監督下の労働」に関する判断基準

　従来、「労働者性」の有無について判断する際、その最も大きなメルクマールが「指揮監督下の労働」か否かの判断にあったことは、おそらく異論をみないところであろう。

　報告は、「労働者性」の判断基準を、①仕事の依頼、業務従事の指示等に対する諾否の自由の有無、②業務遂行上の指揮監督の有無、③拘束性の有無および④代替性の有無の4点に分けて整理しているが、そのポイントを要約して示すと、次のようになる。

　まず、①に関連して、諾否の自由を表面的にとらえず、専属下請のような場合にも当該自由が事実上存在しないことに留意して、このような場合には事実関係だけでなく、契約内容等も勘案する必要があるとしたこと。

　次に、②に関連させて、管弦楽団員の場合のように「使用者」の具体的な指揮命令になじまない業務については、それらの者が当該事業の遂行上不可欠なものとして事業組織に組み入れられているか否かがポイントとなることを示唆し、併せて、命令や依頼等に基づく予定外の業務への従事が一般的な指揮監督を肯定する判断の補強要素となることを認めたこと。

　また、③について、①と同様、拘束性の有無をそれ自体としてとらえることなく、勤務時間や勤務場所の拘束が業務の性質上必要となる場合のあることに鑑み、このような場合をこれが業務の指揮命令上必要となる場合と峻別すべきことを指摘したことがそれである。

　なお、報告は、④について、代替性の有無それ自体を指揮監督に関する判断基準を構成するものとはみず、代替性の承認を指揮監督関係を否定する要素の一つとして位置づけている。このこともまた、本報告の基本的姿勢を窺い知る上で失念すべきではあるまい（後述のB(2)を参照）。

(2) 報酬の労務対償性に関する判断基準

　労務に対する報酬の対償的性格の存否は、「使用従属性」の有無に関する独立した判断基準たり得ない。つまるところ、報告の立場は、そのように理解してよい。

　報告のいうように、「労働の対償」とは、畢竟するに「労働者が使用者の指揮

監督の下で行う労働に対して支払うもの」を指すとの前提に立てば、報酬の性格によって「使用従属性」を判断することなど、循環論法以外のなにものでもないからである。

とはいえ、報酬の内容いかんが一定の場合（計算基礎としての時間給、欠勤に対する控除、残業手当の支給等が例示されている）、「労働者性」を補強する要素となることは、本報告においても否定されていない。このことにも注意を払う必要があろう。

　B　「労働者性」の判断を補強する要素

次に、報告は、以上の判断基準をもってしても「使用従属性」の判断が困難な限界的事例があることに留意して、このような場合には、(1)事業者性の有無や(2)専属性の程度といった要素をも勘案した総合判断を行う必要があるとする。

(1)　事業者性の有無

「労働者性」の問題に対するアプローチとしては、これと対比される「事業者性」の有無の検討から問題に接近する方法も肯定されてよい。

ここにいう「事業者」とは、報告の言葉を借りれば、「自らの計算と危険負担に基づいて事業経営を行う」者をいい、このような「事業者」としての性格が強まれば、「労働者性」は逆に弱まるという関係にある。

「事業者」としての性格が強められると解されるケースとして、報告は、①本人が所有する機械、器具が著しく高価な場合のほか、②報酬の額が他の正規従業員に比して著しく高額な場合を挙げるが、③業務遂行上の損害に対する責任の負担や独自の商号使用の承認といった事実も「事業者性」の判断を左右し得ることを、報告は示唆している。

なお、後に述べるように、この理を――限られた局面におけるにせよ――認めたところに、本報告の最も大きな意義があると筆者は考えている。

(2)　専属性の程度

報告によれば、専属性の有無もまた、「労働者性」の有無に関する判断を補強する要素を構成するものとなる。すなわち、その理はこうである。

他社の業務に従事することが制度上制約され、また時間的余裕がなく事実上

それが困難である場合には、専属性の程度が高く、この意味で当該企業に経済的に従属していると考えられるが、このような事実は「労働者性」を補強する要素の一つと解して差支えはない（なお、専属下請のような場合に留意すべき点については、前述のA(1)を参照）。

ただ、報告は、その一方で、専属性の有無を直接には「使用従属性」の有無を左右するものではないとしており、こうしたリーズニングからも窺えるように、報告が「使用従属性」を、基本的にはいわゆる「人的従属性」として把握していることは注目されてよい（なお、前述したA(1)における代替性の有無の位置づけを併せ参照のこと）。

しかし、報告の示唆は、以上にとどまらない。すなわち、報酬に固定給部分があり、そのため報酬に生活保障的な要素が強いと認められる場合には、これを「労働者性」を補強する材料と考えてよいとの見解が示されたこと、および①正規従業員の選考過程との類似性、②給与所得としての源泉徴収の実施、③労働保険、服務規律、退職金・福利厚生制度の適用などを「労働者性」の補強要素とする裁判例に、報告が言及していることがそれである。

(三) 具体的事案

以上にみた報告部分を＜理論編＞と名付ければ、報告の最終部分は、これを文字どおり＜応用編＞とするネーミングが可能である。

報告は、「傭車運転手」と「在宅勤務者」の二者に絞る形で、その判断基準を具体的に論じているが、以下ではこれまでの記述との重複をできるだけ避けるため、特に着目すべき点に焦点を合わせて、その要約を試みることとしたい。

A 傭車運転手

報告は、「傭車運転手」を「自己所有のトラック等により、他人の依頼、命令等に基づいて製品等の運送業務に従事する者」と定義した上で[5]、次のように論

---

[5] ただし、「傭車」という言葉の意味は、いまだに確定していない。たとえば、熊本通運事件（熊本地判昭和60．3．8労民集36巻2号155頁）では、自社の車両を従業員である運転手付きで他社に提供し、当該運転手を他社の業務に従事させ、一定の対価を受け取ることを内容とする契約（車付き派遣契約）が「傭車契約」と呼ばれた。なお、以下の議論においては報告の定義に従うこととしたい。

を進める。

(1) 「使用従属性」に関する判断基準

　運送業務に従事する者につき、その使用従属性の有無を判断する場合、当該業務の性格にも常に目を配る必要がある。報告が強調して止まないのは、この点である。

　たとえば、①運送物品、運送先および納入時刻の指定は、業務の性格上当然であり、このような指定は業務遂行上の指揮監督の有無とは関係がない（運送径路、出発時刻の管理、運送方法の指示等をこれと区別する）、また②勤務場所や勤務時間の指定、管理は、これがその業務内容から必然的に要請される場合もあり、この意味で指揮監督関係の存在を肯定する一要素にすぎないとする[6]。

(2) 「労働者性」の判断を補強する要素

　高価なトラック等の自己所有や、正規従業員に比して著しく高額な報酬は、それぞれ「事業者性」を推認させ、「労働者性」を弱める要素となる。前述したように、これが報告の立場である。ただし、時間や日を単位として報酬が決定される等、報酬額の算定方法いかんによっては結論が異なる可能性があることも、報告は認めている。

　また、他社の業務への従事につき、これが「使用者」の紹介や斡旋等による場合には、逆に専属性の程度を高め、「労働者性」を補強する要素の一つとなり得ることに、報告は注意を喚起している。この点も、可能な限り実態に即した判断基準を定立しようとする報告の姿勢を示すものとして、注目に値しよう。

　B　在宅勤務者

　在宅勤務者の定義は、おそらく不要であろう。報告は、今後このような就業

---

[6] アメリカを例にとると、同国では、州際通商委員会や運輸省による公的規制（運行規制）に基づくコントロールが使用者の「指揮監督」とみなし得るか否かが、重要な争点とされてきた。やや文脈を異にするものの、そこには興味深いわが国との共通点を見出すことができる。最近のケースとして、*See Air Transit, Inc.*, 248 NLRB 1302（1980）, 256 NLRB 278（1981）and 271 NLRB 1108（1984）. この最後の命令において、労働委員会（NLRB）は、従来の立場を改め、公的運行規制に基づくコントロールを使用者の「指揮監督」には含めない、との見解に与することを明確にした。

形態の者が増加するとの前提に立った上で、その「労働者性」の具体的な判断基準を模索している。とはいえ、そこに示された判断基準は、極論すれば、先に示された諸々の判断基準の繰り返しといえるものでしかない。

たとえば、報告に示された事例には、その結論におよそ異論を差し挟む余地のないもの(「労働者性」が肯定された事例3を参照)も含まれており、多少ともツヤ消しの感を免れないものとなっている。

しかし、これとその結論が逆になる事例(「労働者性」が否定された事例4を参照)とを比較対照してみた場合、本報告の考え方は、大略、次のようなものとして理解することができる。すなわち、在宅勤務者に関しては、「業務の諾否の自由」の有無とともに「契約の内容」が判断の決め手とならざるを得ない、というのがそれである。

2　論点の要約

今回の報告は、研究会のメンバーの表現を借りれば、「労働者性」の判断基準に関する従前の「行政解釈、裁判例、事例等を総合判断し、整理集大成したもの」[7]ということになる。

とはいえ、「総合判断」にせよ、「整理集大成」にせよ、これがデータの計量的な処理のみによってなし得るものでないことはいうまでもない。一定の与件(ア・プリオリな前提)や価値判断による取捨選択といった要素が、そこには介在したと考えられるからである。

そこで、以下では、このようなファクターにも留意しつつ、論点を次の三点に集約し、報告内容の検討に歩を進めることとしたい。

① 　報告の枠組みとその当否
② 　報告の示唆とその可能性
③ 　報告に代わる視点

---

[7]　川口實「労働者性の判断基準と就業規則の問題点」『ジュリスト』855号(昭和61年3月) 30頁以下、31頁。

Ⅲ　労働基準法研究会報告の検討

1　報告の枠組みとその当否

　法律上の概念が形成される際、それが歴史的・社会的な諸条件によって制約を受けることはよく知られている。「労働者性」の問題についていえば、わが国の場合、その概念は、周知のようにドイツにおける従属労働論の強い影響下に形成されてきた。

　本報告もまたその例外ではなく、「使用従属性」の判断基準を「労働者性」の判断の基礎に据えたことが、このことを雄弁に物語っている。とはいえ、現実は絶えず流動するものであり、概念論がややもすれば、こうした現実との間にミス・マッチを生ぜしめること、経験則の教えるところでもある。このような場合、取り得る選択肢としては、およそ三通りのものが考えられる。

　第一の選択肢は、概念論を放棄することであり、第二のそれは、概念を組み替えることである。しかし、報告が採用したのは、そのいずれでもなかった。あえていえば、なし崩し的な現実との接近によりギャップを埋めること（第三の選択肢）がそれであった。

　一方で、基本的には「人的従属性」の枠内でとらえた「使用従属性」概念をあくまでもベースとしながら（概念論の放棄・組替えの否定）、他方、それとは別に「労働者性」を補強する要素なるものを措定する。いかにも巧妙な手法とはいえ、そこにある種の物足りなさを感じるのは、筆者一人ではあるまい。

　ただ、このようにいうのは、報告をことさらに批判するのが目的ではない。報告の指し示した方向、つまり総合判断の必要をより一層強調したいがためである。

　英米法系の諸国[8]においても、「労働者性」の判断基準とかかわる問題は、何

---

[8] アメリカにおける最近の文献として、See Comment, *Employees and Independent Contractors Under the National Labor Relations Act*, 2 Industrial Relations Law Journal 278 (1977); Comment, *The Definition of "Employee" Under Title Ⅶ: Distinguishing Between Employees and Independent Contractors*, 53 Cincinnati Law Review 203 (1984). なお、イギリスの事情については、唐津博「イギリス雇用契約における労働義務（Obligation to Work）――労働義務の履行に関する若干の考察」『同志社法学』35巻5号（昭和59年1月）209頁以下、213～217頁を参照のこと。

らの歴史的制約もなく、これが論じられてきたわけではもとよりない。

　コモン・ロー上の使用者責任（vicarious liability）に関する議論がそれであり、これらの諸国にあっても、「指揮監督またはその権利（control or right to control）」の有無が「労働者性」の判断に当たって重要な要素とされてきた背景には、このような議論の存在があった[9]。

　たとえば、合衆国の判例法を分析した Restatement of Agency（1933）に例をとると、先に言及したコモン・ロー上の議論は、次のような原則として表現されることになる。

第220条　労働者（servant）の定義

(1)　労働者とは、他人の業務に関し、役務を履行するために使用される（employed）者であって、役務の履行に当たり、その身体的行為につき、当該他人の指揮監督またはその権利に服する者をいう。

(2)　他人のために行為する者が、労働者と独立した事業者（independent contractor）のいずれであるかを決定するに当たっては、とりわけ以下の事項が考慮される。

　(a)　使用者（master）が合意に基づいて仕事の内容を指揮監督する程度。
　(b)　使用される者の異なった職業、事業への従事の有無。
　(c)　職業の種類。その際、当該地域において、その仕事が通常「使用者（employer）」の命令のもとになされるのか、監督なしに専門家によってなされるのかが勘案される。
　(d)　当該職業に関して要求される技能。
　(e)　用具、道具、作業場所を提供するのは、使用者と使用される者のうちどちら（employer or workman）か。
　(f)　その者が使用されている期間。
　(g)　報酬の支払方法。それは、時間と仕事のいずれに基づくのか。
　(h)　仕事が「使用者」の通常の事業の一部を構成するものであるかどうか。
　(i)　当事者が雇用関係（relation of master and servant）を形成している

---

[9]　なお、イギリスにおいて最初に control test が登場した社会的背景については、*See* Wedderburn, Lewis and Clark, *Labour Law and Industrial Relations : Building on Kahn Freund*, 146-150（1983）.

と認識しているかどうか。

このように、少なくともアメリカでは、その後の社会立法における「労働者性」の判断を陰に陽に左右したコモン・ロー上の原則それ自体が、柔軟な総合判断を容易に受け入れる素地を有していたといえる。

また、「労働者性」の有無を判断する立場にあった裁判所も、その期特を裏切らなかった。たとえば、コモン・ロー上の原則を労働委員会（National Labor Relations Board, NLRB）が無視できることを容認したとして、連邦議会の批判を受けた[10]（その結果、1947 年の労使関係法（National Labor Relations Act）の改正により、明示的に independent contractor が employee の定義から除外されることになった）最高裁判所が、当該批判を受け入れつつ、なお次のようにして全体的評価（総合判断）の重要性を強調したのは、その典型的な表れである。

「このような状況下においては、解答を得るために適用することのできるいかなる安直な公式も、魔法の呪文も存在しない。付随するすべての関係事実を評価し、衡量することが必要であり、しかも、そのなかのいかなる事実をも決定的な要素とすべきではない。肝要なことは、コモン・ロー上の agency に関する原則に照らして、事実関係の全体を評価することである」[11]。

ここには、およそ概念の操作といったものは認められない。あるのは、決定的でも排他的でもない基準に基づく、総合判断の執拗な要請だけである。そこでは、「指揮監督またはその権利」の存否といったファクターでさえ、後景に退いているかにみえる。

また、先にみた Restatement of Agency にしても、その内容は、一定の言い換えを行う（たとえば、(2)(b)を専属性の有無と置き換え、(2)(e)を生産手段等の

---

[10] コモン・ロー上の原則ではなく、法の矯正すべき目的を重視した *NLRB v. Hearst Publications, Inc.*, 322 U.S. 111（1944）が、そこでは批判の対象とされた。ただし、最高裁は、労使関係法にいう「労働者」であるか否かについて疑いのあるケースにおいては「経済的、政策的考察に訴えるべきである」との立場を、その後も採用している。*See Allied Chemical & Alkali Workers v. Pittsburgh Plate Glass Co.*, 404 U.S. 157, 168（1971）．なお、連邦議会からこのような批判を受けなかった他の法領域では、法目的がより重視される傾向にある。前掲（注8）掲記の Comments を比較参照のこと。

[11] *NLRB v. United Insurance Co.*, 390 U.S. 254, 258（1968）．

所有者は誰かを問うものに改める）だけで、これが半世紀を閲する以前のものであることを失念させるほどに、新鮮な響きをたずさえている。

なるほど、その初期条件の相違（歴史的制約の差異）を等閑に付して、一方の方法論を他方のそれでもって非難するのは、誤りというほかあるまい。まして、総合判断の必要は、この場合、労働基準法研究会の報告そのものが、これを認めているのである。

さらに、このような総合判断において考慮されるべき要素についても、彼我の間にみられるのは、双方の共通点であって、違いではない。

しかし、そうであるとしても、否、そうであればこそ、観念的枠組み（概念操作）にこだわることは、それが「使用従属性」の概念であれ、また別の概念であれ[12]、もはや不要というべきではなかろうか。

その場合、概念的枠組みに代わる新たな枠組みと、問題に接近する新鮮なアプローチとが改めて必要になる。以下、そのヒントを、ひとまず報告それ自体に求めることにしよう。

2　報告の示唆とその可能性

いうまでもなく、「労働者」とは、「事業者」と対をなすものとして存在する。従来、「労働者」の判断が困難とされてきた領域は、「事業者」との境界領域であったともいえる。しかも、このような領域では、両者の属性が混在し、競合するのが常となる。したがって、限界的なケースにおいては、誰が判断を行うかによって結論に違いが生じたとしても、何ら怪しむべきことではない[13]。

---

[12] たとえば、カナダの若干の州においては、経済的従属性（economic dependence）の概念を柱に、従属的事業者（dependent contractor）に対しても団体交渉権を付与することが試みられている。Arthurs, Carter and Glasbeek, *Labour Law and Industrial Relations in Canada, 2d ed.*, Paras.60-163, 422-424（1984）．ただし、わが国の場合、たとえ労働組合法のレベルであっても、このような概念定義から議論を始めることは、「使用従属性」の論議の二の舞を演じることになるように思われる。

[13] たとえば、先に一部を引用した合衆国最高裁の判決は、その最後を次のように締めくくっている。「ここで少なくともいえることは、労働委員会は、相互に明確に対立する見解（注：労働者か独立した事業者か）の間で、一つの選択を行った結果、命令を発したということである。こうした状況のもとでは、［たとえ、自らが最初に問題に相対した場合には、逆の選択を行うことが正しいとされ得たとしても］控訴裁判所は、このような命令に執行力を付与すべきであり、これを拒否するのは誤りである」。390 U.S. 260.

1 「労働者」の判断基準

　思うに、「労働者性」の問題に、「労働者」と「事業者」の双方から接近することの可能性を示唆した点に、労働基準法研究会報告の最も大きな意義があるのではなかろうか。

　「労働者性」の問題に対して、このようにアプローチする場合、「労働者」と「事業者」のいずれについても、これを厳格に定義＝概念化する必要はもはやないように思われる。

　この場合、「労働者」と「事業者」とは、基本的には集合論でいう「補集合」の関係にあり、「事業者」でないものを「労働者」と考えること（逆方向からの接近）ができ、両端からの距離の測定による、比較衡量的な問題の処理が可能となるからである。

　「労働者」とは何をいい、「事業者」とは何を指すのか。誰にでも、その経験に基づいて思い描く、一定のイメージがある。また、「労働者」と「事業者」のそれぞれについて、基本となる属性をいくつか挙げることもさして困難なことではない。

　「労働者」と「事業者」の属性が複合して存在する境界領域にあっても、いずれの比重がより大きいかを経験則に従って衡量することによって、近似的な解答（「労働者」と「事業者」のいずれにより近いか）を得ることは十分に可能であり、従来の一方のみからするアプローチ[14]と比べ、問題処理も容易でかつわかりやすいものとなる（報告中の「傭車運転手」に関する事例研究は、その例証である）。

　しかし、このような「労働者」と「事業者」の双方からの問題への接近が、一方でその判断枠組みを脆弱なものとする危険があることは、これを認めざるを得ない。

　なんとなれば、双方向的アプローチとでもいうべきこの接近法においては、概念の演繹的操作ではなく、諸々の要素の帰納的処理（要素的枠組み）が重視されるからである。

　その意味で、「労働者」と「事業者」について、その基礎的属性を可能な限り

---

[14] なお、近時のイギリスでは、「事業者」の側からのみ問題に接近するアプローチ（'in business on own account' test）も唱えられていることに注意。*See* Davies and Freedland, *Labour Law: Texts and Materials, 2d. ed.*, 87-89 (1984)．しかし、このような考え方は、従来の「労働者」の側からのみ問題に接近するアプローチの裏返しに終わる可能性もある。

明確にし、具体的イメージを得ておくことは、むしろ必要不可欠ですらある。

また、先にみたように、境界領域においては、得られる解答が近似的なものにとどまる以上（従前の接近法によっても、このことに違いはない）、限界的な事例の場合、結論に個人差が生じるのはやむを得ない。

このような差異は、実務担当者、とりわけ労働行政の任にある者にとっては容易には認め難いものであろうが、解答が＜近似値＞にすぎないとの自覚は、判断の精度を高めこそすれ、低めることにはならないであろう。「労働者性」の問題を適切に処理できるかどうかは、こうした試行錯誤の蓄積にかかっているといっても、過言ではないのである。

では、当面する問題の解決に、このような手法を正面から取り入れることは、できないものであろうか。結論を先にいえば、それは不可能ではない。ただ、その場合、次のことが必要となる。すなわち、その出発点に遡った労働基準法研究会報告の再検討がそれである。

3　報告に代わる視点

労働基準法9条は、次のように規定している。「この法律で労働者とは、職業の種類を問わず、前条の事業……に使用されるもので、賃金を支払われる者をいう」。ここにいう「使用される」とは、使用者の「指揮監督下の労働」を意味し、そこから「使用従属性」という考え方が導きだされる。それが報告の出発点であったといって、間違いはない。

しかし、「使用」という言葉は、その英訳である"employ"がそうであるように、従属的要素を必ずしも含むものではない。それゆえ、労基法9条を根拠として前述したような「使用従属性」の定式化を行おうとすれば、それは、言葉のマジックをもってしてのみ可能なものとなる。そして、このマジックが「使用」＋「従属労働」＝「使用従属性」という単純な図式（足し算）に基づいていることはいうまでもない。

いま仮に、報告の出発点であるこの「使用従属性」の図式が正しいとしよう。その場合には、「指揮監督下の労働」か否かを唯一の基準として、「労働者性」の問題を判断することこそが論理的なものとなる。

ここでは、総合判断なるものは、まさしく邪道でしかない。論理に殉ずるか、

それとも邪道を行くか。いずれの選択肢をも採り得ないとすれば、報告の最初の出発点を変えるよりほかに道はない。

　労働基準法9条が「労働者」の定義規定とされるにもかかわらず、その規定内容が有用な解釈基準を提供するものとはなっていないこと（諸外国においても、これと同様のことを指摘することができる[15]）。この事実をまず直視する必要がある。

　適用すべき法が何であれ、その片言隻語にとらわれることなく、言葉の魔術に頼ることもなく、法の全体（目的・趣旨）を見据える。そこでは、そうした姿勢が肝要なものとなろう。

　労働基準法に限定していえば、その目的は、およそ二点に集約できる。労働条件基準の法定（主たる目的、憲法27条2項を参照）と、労働条件の労使対等決定の促進（従たる目的、労基法2条1項を参照）がそれである。

　このような労基法の目的に照らして、一方では、基準が法定されるべき者が「労働者」とされ、しからざる者が「事業者」とみなされる。他方では、条件が当事者間の交渉（協定等を含む）で決定されるべき者を「労働者」といい、そうでない者を「事業者」と呼ぶ[16]。

　具体的な判断は、経験則に基づいて行われるものの、「指揮監督下の労働」というファクターも、依然として「労働者」の重要な要素であることに変わりはない。ただ、その決定的で排他的な地位が失われるだけなのである。

初出）『季刊労働法』139号（昭和61年4月）19頁以下

15　前掲（注8）Comments のほか、イギリスにつき、See Hepple & Higgins, *Employment Law, 4th ed.*, paras.122-129（1981）。

16　したがって、8時間労働を法定した規定（労基法32条1項）と、時間外・休日労働協定（三六協定）について定めた規定（同法36条）との間で、それぞれの規定にいう「労働者」（後者の場合、過半数の算定基礎となる「労働者」）の範囲に若干の差が生じるようなことがあったとしても、これを否定すべきではあるまい。

第1部　総論

Episode 01

　昭和60年の労働基準法研究会報告から10年余りが経過した平成8年11月28日、最高裁第一小法廷は、傭車運転手Xの作業中の事故に対する療養補償給付および休業補償給付の不支給決定について、その取消しを求めて提起された横浜南労基署長（旭紙業）事件（判時1589号136頁）において、次のように判示することになる。

　本件の場合、「Yは、運送という業務の性質上当然に必要とされる運送物品、運送先及び納入時刻の指示をしていた以外には、Xの業務の遂行に関し、特段の指揮監督を行っていたとはいえず、時間的、場所的な拘束の程度も、一般の従業員と比較してはるかに緩やかであり、XがYの指揮監督の下で労務を提供していたと評価するには足りないものといわざるを得ない」。「そうであれば、Xは、専属的にYの製品の運送業務に携わっており、Yの運送係の指示を拒否する自由はなかったこと、毎日の始業時刻及び終業時刻は、[上記]運送係の指示内容のいかんによって事実上決定されることになること……など原審が適法に確定したその余の事実関係を考慮しても、Xは、労働基準法上の労働者ということはできず、労働者災害補償保険法上の労働者にも該当しないものというべきである」。

　また、最近では、非常勤講師との委託契約の更新拒否とかかわる国立大学法人東京芸術大学事件（東京地判令和4．3．28労経速報2498号3頁）において、裁判所が次のように述べ、非常勤講師の労働者性を否定。非常勤講師Xは労働契約法2条1項の「労働者」には該当しないと判示し、注目を集めた。

　「Yは、Xに対し、Y大学における講義の実施という業務の性質上当然に確定されることになる授業日程及び場所、講義内容の大綱を指示する以外に本件契約に係る委嘱業務の遂行に関し特段の指揮命令を行っていたとはいい難く、むしろ、本件各講義（Xが担当する授業）の具体的な授業内容等の策定はXの合理的な裁量に委ねられており、Xに対する時間的・場所的な拘束の程度もY大学の他の専任講師等に比べ相当に緩やかなものであったといえる」。

　なお、本件自体は「指揮・オペラ制作」の授業を担当する非常勤講師を原告とするやや特異な事件であったが、上記の理は、担当科目のいかんを問わず、非常勤講師一般に妥当する。こういっても、差支えあるまい。

② 労働基準法制と規制のあり方

　　Ⅰ　はじめに
　　Ⅱ　公法的規制のシステム
　　Ⅲ　私法的規制のシステム
　　Ⅳ　まとめにかえて——規制解除のシステム

Ⅰ　はじめに

　憲法 27 条 2 項は、こう規定している。「賃金、就業時間、休息その他の勤労条件に関する基準は、法律でこれを定める」。労働基準法（昭和 22 年法律第 49 号、労基法）が、その最も代表的な具体例であることはいうまでもない。

　労基法からは、その後、最低賃金法（昭和 34 年法律第 137 号、最賃法）および労働安全衛生法（昭和 47 年法律第 57 号、安衛法）が相次いで分離独立し、その一方では、多数の関係法令が新たに制定され、今日に至っている。

　なるほど、労働基準法制については、現在なお、それが何を意味するかを明確にした定義が存在しない。

　労働基準局を主な担当部局とする法律は、合計 11 件を数えるものとなっている（労働省組織令 6 条 1 項を参照）が、そのなかには、労働者災害補償保険法（昭和 22 年法律第 50 号）、労働福祉事業団法（昭和 32 年法律第 126 号）、労働災害防止団体法（昭和 39 年法律第 118 号）、作業環境測定法（昭和 50 年法律第 28 号）および労働時間の短縮の促進に関する臨時措置法（平成 4 年法律第 90 号）のように、「勤労条件の基準」を直接法定したとはいえないものも数多く含まれている。

　また、婦人局が主に所掌する家内労働法（昭和 45 年法律第 60 号）のように、その逆の例もある。

　労働基準法をはじめとする勤労条件基準立法。本節では、さしあたりこのように労働基準法制を定義しておきたい。

　では、労働基準法制の基本的なコンセプトとは何か。

　監督機関による刑罰を背景とした公法的規制と、法違反の労働契約の部分を

無効とする私法的規制。労基法がこれら双方の規制をワンセットとして、法の履行確保を図ってきたことはよく知られている。

監督規範（刑罰法規）にして強行法規。それが、労基法の最も基本的なコンセプト（規制システム）を形成してきたといってよい。

ただ、立法政策としては、刑罰法規または強行法規のいずれかに特化した規制スタイルを採用することも可能であり、その一部を任意規定化し、あるいは努力義務化するといった選択肢さえ考えられないわけではない。憲法にいう勤労条件基準の法定も、こうした"選択の幅"を許容する[1]。そのように理解して差支えあるまい。

そこで、以下では、公法的規制、私法的規制の順で、労働基準法制の規制のあり方について検討を行う。分析の対象とするのは、勤労条件基準立法としての性格を有する7つの法律である（次頁の**別表**を参照）。

なお、このような規制を一律に適用することが望ましくないと考えられる場合に、労基法は労使協定等による規制の解除を認めてきた。こうした規制解除のあり方についても、最後に言及したい。

II 公法的規制のシステム

1 監督規範としての法

監督機関が刑罰を背景として、法の履行確保を図る。労働基準法制については、こうした公法的規制のスタイルがほぼ完全に定着している。

法の施行に当たるのは監督機関であり、監督組織に関する基本法でもある労基法は別格として、本節の検討対象とする労基法以外の法律にも以下のような

---

[1] なお、勤労条件基準の法定は、必ずしも最低基準の法定を意味しない。このことは、労基法の立法関係者によっても確認されている。たとえば、労基法の生みの親ともされる寺本廣作氏（立法当時の厚生省労政局労働保護課長）は、次のようにいう。「最高基準を定めて労働条件の最高限を制限するか、標準的基準を定めて労資双方にこれが履行を強制するか、それとも最低基準を定めて労働条件の不当な低下を防止するか、その何れを選ぶかは新憲法としては個別立法に委任してゐるところである」（寺本『労働基準法解説』(時事通信社、昭和23年) 153頁。なお、旧漢字は新漢字に改めている)。ただ、標準的基準を定めることは、その履行を強制することと同義ではない。立法裁量の余地は、寺本氏が考えていたよりもさらに広いというべきであろう。

2 労働基準法制と規制のあり方

規定が例外なく存在することがまず注意されてよい。「労働基準監督署長及び労働基準監督官は、労働省令で定めるところにより、この法律の施行に関する事務をつかさどる」。

別表　規定内容からみた労働基準法制の相互比較

規定内容　法律名	監督官の権限 行政的権限	監督官の権限 司法警察職員としての権限	監督機関に対する申告・不利益取扱の禁止	報告・出頭の命令	法令等の周知義務	罰則	契約との関係（法律の強行性）
労働基準法（昭和22法49）	101条 30万円以下の罰金	102条	104条 6か月以下の懲役又は30万円以下の罰金	104条の2 30万円以下の罰金	106条 30万円以下の罰金	117条〜121条 （網羅的）	13条
賃金の支払の確保等に関する法律（昭和51法34）	13条 10万円以下の罰金	11条	14条 6か月以下の懲役又は10万円以下の罰金	12条 10万円以下の罰金	−	17条〜20条 （努力義務規定あり）	−
労働安全衛生法（昭和47法57）	91条 50万円以下の罰金	92条	97条 6か月以下の懲役又は50万円以下の罰金	100条 50万円以下の罰金	101条 50万円以下の罰金	116条〜123条 （罰則のない義務規定等あり）	
じん肺法（昭和35法30）	42条 30万円以下の罰金	43条	43条の2 30万円以下の罰金（昭和52法76追加）	44条 30万円以下の罰金	35条の2 30万円以下の罰金（昭和52法76追加）	45条・46条 （努力義務規定あり）	
炭鉱災害による一酸化炭素中毒症に関する特別措置法（昭和42法92）	13条 5千円以下の罰金	14条	−	15条 5千円以下の罰金	−	16条 （限定的）	
最低賃金法（昭和34法137）	38条 5千円以下の罰金	39条	−	35条 5千円以下の罰金	19条 5千円以下の罰金（最賃概要の周知）	44条〜46条 （法規制の内容自体が限定的）	5条2項 （最低賃金）
家内労働法（昭和45法60）	30条 5千円以下の罰金	31条	32条 5千円以下の罰金（是正命令違反のみ）	28条 5千円以下の罰金	−	33条〜36条 （努力義務規定あり）	16条 （工賃の支払・最低工賃）

また、①労働基準監督官が施設内に立ち入る等の行政的権限を有し、かつ、法律違反の罪について刑事訴訟法に規定する司法警察官（員）としての職務を行うものであること。②法を施行する上で必要な場合には、使用者または労働者に対して、報告や出頭を命じることができること。

労働基準法制についてみる限り、広い範囲に及ぶ罰則規定と合わせて、このような規定を持たない法律は一つとして存在しない[2]。**別表**は、この単純な事実を明らかにする。

---

[2] なお、技術的な性格が強いことから、本節では分析の対象としなかったが、作業環境測定法もほぼこれらの条件を満足している。

第1部 総論

　このように、労働基準法制については、法の施行をあくまで監督機関ベースで行うことが想定されており、関係当事者による法の実効確保（違法行為の監視）といったことは、あまり期待されていない。

　別表からもわかるように、法違反の事実に対する申告規定や法令の周知に関する規定を欠く法律が一部ではあれ現にみられるのは、その何よりの証ということができよう[3]。

　監督制度と不可分一体の基準法制。そこにあるのは、このような監督規範としての法なのである。

　さらに、法律違反の行為が原則として処罰の対象となり、監督官が司法警察職員としてその職務を行うことが予定されているとはいっても、刑罰権が発動されるケースは実際にはさほど多くはない。

　「監督指導の結果、重大・悪質な法違反が認められた場合」に初めて送検に踏み切る（いわゆる司法事件となる）[4]。そうした暗黙のルールが一方では存在するからである。

　それゆえ、刑罰法規と一口にはいうものの、刑罰それ自体に違法行為を抑止し、これを予防するといった刑罰本来の機能が、そこに期待されているわけでは必ずしもない。

　監督指導の実効を上げるための道具としての刑罰。労働基準法制の場合、このような性格が顕著にみられることは、これを否定できないのである。

　かくして、罰則の改正がときに後回しとなり、それが刑罰法規であるという自覚さえもが次第に失われていく。そうなったとしても、不思議ではない。

　別表にみるように、平成3年改正以前の罰金等臨時措置法によっても、なお

---

[3] なお、これらの規定を具えた労基法についても、裁判所はその意義をあまり重視してこなかったといえる。たとえば、104条1項所定の申告は、監督権の発動を促すものにすぎず、監督官等に適当な監督権の行使をなすべきことを求める具体的請求権を労働者に付与したものではないとする原審の判断を維持した、阿倍野労基署長事件（最二小判昭和57. 12. 10労判カード401号17頁）や、106条1項所定の周知義務に違反する就業規則も、それだけでは無効とならないとした朝日新聞西部本社事件（最大判昭和27. 10. 22民集6巻9号857頁）は、その典型である。【追記】後者については、その後、フジ興産事件（最二小判平成15. 10. 10判時1840号144頁）において、就業規則が拘束力を生ずるためには周知手続が採られていることを要すると判示され、これが労働契約法7条および10条において法文化されることになる。ただし、本判決は、朝日新聞西部本社事件の大法廷判決には言及していない。

[4] 労働省編『平成7年版　日本の労働政策』（労働基準調査会）261頁を参照。

罰金額の「読み替え」が必要となる法律がなぜいまだに存在するのか。また、刑罰法規の解釈としては許されそうにない行政解釈が一部にみられることも、よく知られている5。

しかしながら、労働基準法制を刑罰法規と完全にドッキングすることには、そもそも大きな無理がある。前述のような問題が生じるのも、この無理を押し通したところに、原因の一端があるともいうことができよう。

2 進む刑罰からの解放

労働基準法の場合、法律違反の行為は原則として処罰の対象となる。筆者は、先にこのように述べた。しかし、労基法のように、このルールを厳格に守ってきた法律は、むしろ少数派に属する。**別表**でそうしたように、法制度を全体として俯瞰すると、それがよくわかる。

たとえば、炭鉱災害による一酸化炭素中毒症に関する特別措置法（昭和42年法律第92号）という法律がある。「使用者は、炭鉱災害による一酸化炭素中毒症にかかつた労働者の労働条件について、その者が当該一酸化炭素中毒症にかかつた者であることを理由として一切の差別的取扱いをしてはならない」と、同法4条は規定している。

しかし、法文から受ける強い印象にもかかわらず、この規定には罰則が付されていない。同法に定める作業の転換等の措置や福利厚生施設の供与に関する規定（6条、7条）も、法文の体裁としては使用者の義務規定となっているものの、やはり義務違反に対する罰則の定めがない。

また、もっとポピュラーなところでは、安衛法がある。同法に定める刑罰の内容は、**別表**にみるように、労基法のそれよりも厳しい。しかし、明確に事業者の義務を定めた規定であっても、罰則のないものが少なくない。とりわけ、最近（昭和63年以降）の追加規定にその例が多い。刑罰を科すことを予定していない努力義務規定が目に付くのも、近年の特徴である。

---

5 たとえば、西谷敏「労働基準法の二面性と解釈の方法」外尾健一先生古稀記念『労働保護法の研究』（有斐閣、平成6年）1頁以下、15頁は、労基法39条7項【現10項】の行政解釈を例に挙げる。なお、筆者もかつて、同法施行規則54条5項の行政解釈を問題としたことがある。拙稿「パートタイム労働と立法政策」『ジュリスト』1021号（平成5年4月）39頁以下、43頁【本書386頁以下、395頁】注14を参照。

安衛法の第3章「安全衛生管理体制」および第4章「労働者の危険又は健康障害を防止するための措置」に限定していうと、①安全衛生推進者の選任（12条の2）、②安全管理者等の教育（19条の2、努力義務）、③元方事業者（建設業）の講ずべき措置（29条の2）、④注文者（建設業）の講ずべき措置（31条の2、一部は配慮義務）、および⑤注文者による違法な指示の禁止（31条の3）について定めた、合計5つの規定がこれにあたる（③については、その親規定である29条にも罰則がない）。

とはいえ、こうした動きは、本丸ともいうべき労基法にまではなお波及するに至っていない。労基法の場合、「この法律で定める労働条件の基準は最低のものである」と定めた1条2項が大きく効いているといえなくもない。

法に規定する労働条件基準がすべて同様に最低基準であるとすれば、一部の定めには罰則を付し、他の定めには罰則を付さない、といった臨機応変な対応は難しい。それもまた事実ではあろう。

したがって、労基法についても、安衛法のように罰則を伴わない柔軟な規制を指向するのであれば、法目的そのものを改めることが必要となる。最低労働条件の確保から、快適職場の形成促進へ。たとえば、労基法の目的をこのように安衛法型に変えるのも一つの手ではあろう。

刑罰からの解放は、労働法制全般にみられる時代の流れでもある。

昭和60年に勤労婦人福祉法の改正法として成立をみた「雇用の分野における男女の均等な機会及び待遇の確保等女子労働者の福祉の増進に関する法律」の11条（男女別定年制等の禁止）、平成3年に制定された育児休業等に関する法律の7条（育児休業を理由とする解雇の禁止）、そして平成6年に改正をみた高年齢者等の雇用の安定等に関する法律（高年齢者雇用安定法）の4条（60歳未満の定年制の禁止、平成10年4月1日施行）。これらの社会に広く知られた法規定には、いずれも罰則など付されていない。

労働基準法制もまた、このもはや遮ることのできない潮流のなかにある。「罰則がなければ、監督ができない」。しばしば耳にするこの論理も、今日では通用しない。それは、安衛法の動き一つをとっても明らかといえよう。

ただ、労働基準法制の場合、こうした刑罰からの解放を進めるに当たって、その「障害」となる可能性のあるものに、ILO81号条約がある。

労基法が制定された1947年に採択をみた（わが国は1953年に批准）、この

「工業及び商業における労働監督に関する条約」は、「労働条件及び作業中の労働者の保護に関する法規」の実施を労働監督官の権限内で確保することを規定する（3条1(a)）とともに、その一方で、当該法規の違反については「相当な刑罰を国内の法令によつて規定し」、かつこれを「実効的に実施しなければならない」と規定している（18条）[6]。

このように、ILO81号条約は、監督制度と刑罰法規のいわば完全な結合を目指す条約であり、その内容は、先にみた労働基準法制の動向と正面からバッティングするともいえる。条約の破棄か見直しか。わが国はいずれ、その選択を迫られることになろう。

Ⅲ　私法的規制のシステム

1　例外に位置する労基法

「この法律で定める基準に達しない労働条件を定める労働契約は、その部分については無効とする。この場合において、無効となつた部分は、この法律で定める基準による」。労基法は、その13条においてこのように規定し、同法が労働契約との関係において強行法規かつ補充法規であることを明確にしている。

しかし、こうした法規の強行性および補充性を、明文の規定をもって定めた労基法以外の勤労条件基準立法の例としては、わずかに最賃法5条2項と家内労働法16条を挙げることができるにすぎない。

しかも、最賃法や家内労働法の場合、**別表**が示すように、その射程範囲が前者では最低賃金、後者では工賃の支払方法および最低工賃と、ごく狭いエリア

---

[6] 3条1(a)および18条は、それぞれ、正確には次のように定めている（商業については、24条でこれを準用）。なお、訳文は、労働省編『ILO条約・勧告集　第6版』（労務行政研究所、平成5年）326頁以下による。
　3条1　労働監督の制度の機能は、次のとおりとする。
　　(a)　労働条件及び作業中の労働者の保護に関する法規、たとえば、労働時間、賃金、安全衛生、健康及び福祉、児童及び年少者の雇用その他の関係事項に関する規定の実施を労働監督官の権限内で確保すること。
　18条　労働監督官によつて実施を確保されるべき法規の違反及び労働監督官の任務の妨害については、相当な刑罰を国内の法令によつて規定し、且つ、実効的に実施しなければならない。

2　強行規定の任意規定化

　法定基準に達しない労働契約の部分は無効とする。先にみたように、労基法13条はこの理をストレートに承認する。しかし、この命題にも限界があることを最近の判例は明らかにした。日新製鋼事件（最二小判平成2．11．26民集44巻8号1085頁）がそれである。

　同事件は、会社貸付金等と退職金の相殺が問題となったケースであったが、判決は、労基法24条1項本文に定める賃金全額払の原則が、このような相殺を禁止する趣旨をも含むものであることを認めつつ、「労働者がその自由な意思に基づき［当該］相殺に同意した場合においては、［その］同意が労働者の自由な意思に基づいてされたものであると認めるに足りる合理的な理由が客観的に存在するときは、［当該］同意を得てした相殺は［上記］規定に違反するものとはいえないものと解するのが相当である」とした。

　退職金の放棄をほぼ同様の枠組みで認めた例が過去にあり、本判決は、これを踏襲したことになる（シンガー・ソーイング・メシーン・カンパニー事件＝最二小判昭和48．1．19民集27巻1号27頁を援用）。

　たしかに、このような論理が一般化すると、労基法13条はその意味を失う。たとえ合意があったとしても、法規に違反する合意は無効とする。強行法規が強行法規たる所以は、この一点にあるからである。

　しかし、合意が自由な意思に基づくものであれば、それは可能な限り認められてよい。真に自立した個人には、こうした処遇こそが相応しいからである。

　法規に強行性を認め、その履行を確保する。それは、最低労働条件の維持がまずは必要であった時代の産物にほかならない。自立と自律。この両者がともに時代のトレンドとなりつつある現在、労基法もまた、旧時代の発想から脱皮をとげる必要がある。そのためにも、前述したような法目的のシンボリックな転換が望まれるのである。

　強行規定の任意規定化[7]。労基法も、ようやくこの課題に真剣に取り組むべき

---

[7]　もう少しダイナミックな表現をすれば、諏訪教授のいわれる「社会法の私法化」がこれに当たる。菅野和夫＝諏訪康雄『判例で学ぶ雇用関係の法理』（総合労働研究所、平成6年）

ときが来た。女子の深夜業従事について定めた同法64条の3第1項5号は、運用いかんによっては、その端緒となり得る。

深夜業への従事を労働者の申出（意思）に係らしめる、その着想が新しい。現在は、省令でその適用範囲を限定する（女子労働基準規則が6条でタクシー運転手に対象を限定）とともに、行政官庁（所轄労働基準監督署長）の承認を要求するものとして制度が設計されているが、そうしたセーフティ・ネットもやがて不要となる時代が来る。

なお、筆者が意図するのも、強行規定の部分的な任意規定化であって、労基法全体に及ぶ包括的な任意法規化では決してない。とはいえ、労基法13条が同法全体の強行法規化以外の道を閉ざしているというのであれば、そのときは同条の削除もためらうべきではないであろう。

3　個別化が望ましい補充規定

労基法13条は、先にみたように、法定基準を下回る労働契約の部分を無効とするとともに、この無効となった部分を法定基準によって補充する旨を規定している。

このような補充規定を欠く法律においては、無効となった労働契約の部分が空白になるとされている。

たとえば、「定年は、60歳を下回ることができない」と定める高年齢者雇用安定法改正4条の場合、本条により59歳以下の定年が無効となったときは、60歳が定年となるのではなく、定年年齢を定めなかったことになると解されている[8]のは、そのためであるとも聞く。

しかし、だとすれば、みなし規定をなぜ置かなかったのであろうか。「60歳を下回る定年については、60歳定年とみなす」。こう規定すれば、簡単に話はすんだはずである。

一方、補充規定のある場合にも、これと同じことがいえる。たとえば、改正

257頁を参照。なお、同「労働市場の変化と労働法の課題」『日本労働研究雑誌』418号（平成6年12月）2頁以下も併せ参照。

[8] 濱口桂一郎「高年齢者雇用安定法の改正」『労働法学研究会報』1980号（平成6年9月）1頁以下、12頁。岸本武史「これからの高齢者雇用対策」『季刊労働法』171号（平成6年7月）29頁以下、39頁を参照。

論議の渦中にある労基法14条についても、労働契約は「○年を超える期間について定めてはならない」と規定するだけでなく、それに加えてやはり「○年とみなす」という規定がほしい。

労働組合法（労組法）15条は、1項で「労働協約には、3年をこえる有効期間の定をすることができない」と規定するとともに、続く2項で「3年をこえる有効期間の定をした労働協約は、3年の有効期間の定をした労働協約とみなす」と明記している。

労組法にできることが、労基法にできないわけはない。そう考えるのが自然であろう。

ともあれ、労基法13条後段の補充規定をもって「万事事足れり」とする姿勢には、きわめて問題がある。補充を実際に必要とする規定が労基法中にいったいどれだけあるのか。かなり少ないようにも思われるが、それをまず確認する必要があろう。

その上で、無効となった部分をどう補充するのかが何人にも理解できるような形で規定されるのが望ましい。仮に前述のようにして、労基法13条前段が削除の運命をたどった場合、いずれにせよ、こうした補充規定の個別化が必要になる。市井の人間にもわかる法律。それは、立法者が肝に銘ずべき最も大切な法制のコンセプト（規制のあり方）ともいえるのである。

Ⅳ　まとめにかえて——規制解除のシステム

以上にみた規制システムも、これをそのまま適用すると、妥当性を欠く場合がある。このような場合に、労基法はさまざまな手法を用いてきた。労使協定は、その最も代表的なものではあるが、労使協定だけが規制解除のシステムの担い手であったわけではない。

たとえば、労働時間関係の規定に対象を絞っても、①就業規則（32条の2）、②監督機関の許可・届出（33条）、③特例の承認（40条）、および④適用除外（41条）と、その例は少なくない。

そのいずれを、どのような場面にいかなる形で採用するかは、もとより立法裁量の問題ではあるが、これら規制解除システム相互の関係がこれまであまり意識されてこなかったのも事実といえよう。

2　労働基準法制と規制のあり方

　思いつくままに、その例を挙げるとすれば、
(1)　1か月単位の変形労働時間制について、就業規則の免罰的効力などといったことを問題にしたことがあったであろうか（32条の2）。
(2)-1　三六協定にはこうした免罰的効力しかなく、時間外労働を命じるには契約上の根拠が別途必要といいながら（36条）、非常災害時の場合にはこれを問題としたことがはたしてあったであろうか（33条）。
(2)-2　アフター5の労働についても、管理監督者や機密事務取扱者の場合には、なぜ就業規則上の根拠の有無を問題としてこなかったのであろうか（41条2号）。

　このような疑問に、筆者もまた即答することはできない。ただ、相互の関連に目を閉ざした議論を今後も続けている限り、あるべきシステムのイメージも浮かんでこない。筆者には、そう思えてならないのである。

初出）『ジュリスト』1066号（平成7年5月）175頁以下

第1部　総論

Episode　02

　平成から令和へ。本節のもとになった原稿を執筆して以来、30年近い歳月が経過した。本文27頁で言及した女子労働基準規則（現在の女性労働基準規則）に、もはや6条は存在しない（4条が最後の規定）。平成11年4月1日には、女性に対する固有の時間外労働・深夜業規制が全廃されるなど、この間、労働基準法そのものにも大きな変化があった。

　しかし、監督規範であることをベースとする労働基準法制の規制スタイルについては、ほぼ原型が維持されたまま現在に至っている。

　たとえば、本文21頁の**別表**を再度書き直すとしても、大幅な修正を必要とするのは、平成19年に大規模な改正（法律第129号、翌20年7月1日施行）のあった、下記の最低賃金法に限られる（労働安全衛生法の罰則についても、追加修正が必要となるが、その程度にとどまる）。

規定内容 法律名	監督官の権限		監督機関に対する申告・不利益取扱の禁止	報告・出頭の命令	法令等の周知義務	罰則	契約との関係（法律の強行性）
	行政的権限	司法警察職員としての権限					
	32条	33条	34条	29条	8条	39条〜42条	4条2項
最低賃金法 （昭和34法137）	30万円以下の罰金	6か月以下の懲役又は30万円以下の罰金	30万円以下の罰金	30万円以下の罰金（地域別最賃概要の周知）	（法規制の内容自体が限定的）		（最低賃金）

　たしかに、最低賃金法については、こうして「平成3年改正以前の罰金等臨時措置法によっても、なお罰金額の『読み替え』が必要となる法律」（本文22〜23頁）ではなくなった。

　とはいえ、炭鉱災害による一酸化炭素中毒症に関する特別措置法や家内労働法については、依然としてこのような状況が続いている。5千円以下の罰金は現行の罰金等臨時措置法のもとでは、同法2条1項の規定するところにより、2万円以下と読み替える必要がある。

　その結果、家内労働法の場合、罰金額を1万円以下とした規定（最低工賃違反に対する罰則規定）と5千円以下とした規定との区別ができなくなる（罰金額に軽重の差を設けた立法者の意思が無視される）という問題さえ生じている（同じ問題は平成19年改正前の最低賃金法にもあった）。放置してすむという問題では決してない。労働基準法制のあり方を考えるにあたっては、こうした一見トリビアルにみえる問題にも目を向ける必要があろう。

3 労働基準法の改正（平成15年改正）について

Ⅰ　はじめに——法改正に至る経緯
Ⅱ　解雇ルールの法制化
Ⅲ　有期労働契約の整備
Ⅳ　裁量労働制の見直し
Ⅴ　まとめにかえて

Ⅰ　はじめに——法改正に至る経緯

　平成15年3月7日、第156回国会（通常国会）に内閣＝厚生労働省が提出した「労働基準法の一部を改正する法律案」は、一部修正の上、同年6月27日の参議院本会議において賛成186票、反対27票の多数をもって可決され、同年7月4日、法律第104号として公布される。

　改正法案のポイントは、3点ある。①解雇ルールの法制化、②有期労働契約の整備、および③裁量労働制の見直しがそれである。

　この3点とも、筆者が参与を務めた行政改革推進本部規制改革委員会が先鞭をつけたテーマであったが、同委員会の最終報告である「規制改革についての見解」（平成12年12月12日）がこれらいずれの論点に関しても「当委員会は、○○と考える」としか書くことができなかったように、最終報告の段階では、文字どおり規制改革委員会独自の考えにとどまっていた[1]。

　つまり、当時の労働省には、法改正の意思はなかったのである。

　その結果、平成13年3月30日に閣議決定をみた「規制改革推進3か年計画」では、解雇ルールの法制化には一言も触れないまま、有期労働契約の整備や裁量労働制の見直しについても、次頁の短冊にみるように、きわめて消極的

---

[1] 規制改革委員会では、毎年12月に同委員会が首相（行政改革推進本部長）に対して「見解」を提出し、その内容を最大限尊重する旨の閣議決定を経て、翌年3月に政府が「規制緩和推進3か年計画」の改定や再改定、「規制改革推進3か年計画」の策定を行う（閣議決定）という手法が採用されていた。なお、この「見解」においては、関係省庁（雇用・労働分野の場合、労働省）との間で合意が成立した事項についてのみ「○○すべきである」といった表現が用いられ、このように表現された事項に限って、これを翌年3月の閣議決定に反映することが事前の了解事項とされていた。

な姿勢に終始するものとなった（なお、この間、平成13年1月6日には、中央省庁の再編により、労働省は厚生労働省へとその姿を変えている）。

【規制改革推進3か年計画】（平成13年3月）　Ⅲ
6　雇用・労働関係　　(3)　個別事項　　ウ　その他

事項名	措置内容	実施予定時期		
		13年度	14年度	15年度
①　労働契約期間 （厚生労働省）	平成10年の労働基準法改正により新しく認められた最長3年の有期労働契約の利用実態やニーズ等の実態把握を行い、これを踏まえ、その在り方についての検討の必要性を判断する。	実態把握		
②　労働時間に係る規制 （厚生労働省）	a　専門業務型裁量労働制の対象業務は、現在11業務に限定されているが、働き方の選択肢を増やすという観点から、今後意見要望があれば、対象業務の在り方について検討を行う。	意見要望があれば検討		
	b　企画業務型裁量労働制について、平成10年労働基準法改正法に基づく所要の検討を行うため、施行状況の調査を行う。		調査	検討

こうした状況を大きく変えたのは、端的にいえば、小泉純一郎首相の決断であった。たとえば、この間の事情を朝日新聞（平成13年6月7日朝刊）の記事「解雇規制緩和の法制化、『雇用拡大効果』説得力がカギに」は、次のように伝えている。

　「解雇規制の緩和が雇用改革の焦点の一つになってきた。小泉純一郎首相が終身雇用制度の抜本的見直しを厚生労働省に指示したのがきっかけだが、解雇しやすいシステムが、雇用拡大に役立つという改革の狙いが説得力を持つのかどうか。さらに厚労省、連合、日経連の三者が築いてきた雇用政策の枠組み作りにひび割れを起こしかねない側面もあるだけに、反発やとまどいも少なくない。
　　　　　　　　　　　　　　　　　　　　　　　　（編集委員・中川隆生）
　小泉首相の指示が報道された時、八代尚宏・日本経済研究センター理事長は『私たちの考えを取り入れてくれた』と思ったという。
　八代氏は今年3月、小泉首相と現経済財政担当相の竹中平蔵氏の勉強会に呼ばれ、解雇規制の緩和とその法制化など雇用改革の必要性を説く機会があったからだ。行政サイドでは当面お蔵入りとみなされていた考えだったが、

③ 労働基準法の改正（平成15年改正）について

小泉首相は『わかった』と述べたという。

八代氏は政府の行政改革推進本部規制改革委員会で、雇用問題を担当。小嶌典明・大阪大大学院教授とコンビを組んで、昨年7月の論点公開に『法制化検討』の必要性を盛り込んだ。だが、同時に『法制化は困難』という労働省（現厚労省）の見解も併記された。

小嶌教授は『関係団体から法制化への要望は出ていないのに、労働省には「なぜ」と何度も指摘された』という。結局、昨年12月に発表された規制改革委の見解では『引き続き検討することが適当』と具体的な方向性は示せなかった。

ところが小泉首相の指示で、具体的な政策課題に急浮上した。（以下、略）」

そして、このような状況の変化は、その後、総合規制改革会議の発足（筆者はこれに専門委員として参加した）と軌を一にして、有期労働契約や裁量労働制の見直しについても、等しくみられるようになる。たとえば、厚生労働省との協議を経て、平成13年7月24日に公表された総合規制改革会議の「中間とりまとめ」は、政府（厚生労働省）のこうした姿勢の変化を反映して、早くも次のように述べる。

【重点6分野に関する中間とりまとめ】（平成13年7月）　Ⅱ
3　人材（労働）　具体的施策
 (2)　就労形態の多様化を可能とする規制改革
② 有期労働契約の拡大

有期労働契約については、労働契約期間の上限を現行の3年から5年に延長し、適用範囲を拡大する等の方向で、早期の法改正に向けて直ちに調査・検討を開始するべきである。【直ちに調査検討を開始】

また、大臣告示によって定められた専門職の範囲については、例えば修士号の実務要件緩和などの拡大措置について年度内に結論を得るべきである。

【平成13年度中】
③　裁量労働制の拡大

労働に対する価値観の多様化に対応して、労働者がより創造的な能力を発揮できる環境を整備する観点から、自己の裁量の下で自由に働ける裁量労働制を拡大する必要がある。

まず、いわゆる専門業務型裁量労働制については、研究職、SE、放送等のプロデューサー、コピーライターなど11の対象業務に限定されているが、これを年度内に拡大するべきである。【平成13年度中】

また、いわゆる企画業務型裁量労働制については、法施行3年後の見直し規定にかかわらず、今秋から実態調査を行った上で、可及的速やかに規制について必要な見直しを行うべきである。【見直し前倒し】

(3) 新しい労働者像に応じた制度改革

① 労働基準法の改正等【早急に検討着手】

労働基準法は労働契約の根幹を規定する基本法として、戦後50年余にわたり累次の改正を経つつ、我が国労働者の生活の安定と生活水準の維持向上を図る上で大きな役割を果たしてきたと言える。しかし冒頭に述べた経済社会の構造変化によって、雇用の在り方にも大きな変化が生じている。特に、高度な専門能力を有するホワイトカラー層などの新しい労働者像に、定型労働を行う労働者を念頭に置いた規制を一律に課すことは適切ではない。

こうした構造変化を踏まえ、新たな時代の雇用関係を規定する基本法とするために労働基準法の見直しを図っていく必要がある。見直しに際しては、いわゆるホワイトカラー・イグゼンプションなどの考え方も考慮しながら制度改革を検討するべきである。

また、解雇については予告手続等を規定しているだけで、解雇そのものは、現在のところいわゆる解雇権濫用法理を始めとする判例法で規制されているが、解雇の基準やルールを立法で明示することを検討するべきである。

このなかには、ホワイトカラー・イグゼンプションの導入等、後に総合規制改革会議としても中長期的な課題とすることに同意せざるを得なかったものも含まれているが、小泉首相への二度にわたる「答申」を経て、先にみた「規制改革推進3か年計画」の内容は、次頁以下の短冊にあるように改定されていく。今回の法改正は、こうした経緯のもとに実現をみたのである[2]。

---

[2] なお、注1でみたような枠組みは、規制改革委員会の役割を引き継いだ総合規制改革会議のもとでも、基本的には踏襲されることになる。ただし、国家行政組織法8条にいう審議会として位置づけられた総合規制改革会議においては、首相の諮問に対して答申を行うというスタイルがとられ、これに伴い「見解」という呼称も「答申」に改められた。

3　労働基準法の改正（平成15年改正）について

【規制改革推進3か年計画（改定）】（平成14年3月）　Ⅳ
6　雇用・労働関係　（3）個別事項
　イ　就労形態の多様化を可能とする規制改革[3]

事項名	措置内容	実施予定時期		
		13年度	14年度	15年度
②　有期労働契約の拡大（厚生労働省）	a　労働契約の特例の上限を現行の3年から5年に延長し、適用範囲を拡大する等について、早期の法改正に向けて調査検討を開始したが、働き方の選択肢を増やし、雇用機会の拡大を図るためにも、速やかに検討を進める。	速やかに検討		
	b　当面の措置として、大臣告示によって定められた専門職の範囲については、その範囲を一層拡大する方向で見直しを行う。【平成14年厚生労働省告示第21号】	措置済（2月施行）		
③　裁量労働制の拡大（厚生労働省）	a　専門業務型裁量労働制については、当面の措置として、研究職、SE、放送等のプロデューサー、コピーライターなど11の対象業務に限定されているが、これを拡大する。【平成14年厚生労働省告示第22号】	措置済（2月施行）		
	b　企画業務型裁量労働制については、調査検討を開始したが、実態調査を踏まえ、現行規制のどこに問題があるかを明確にした上で、法令等の改正に向けて速やかに検討を進める。	速やかに検討［改正労働基準法施行3年後（平成15年4月）の見直し規定にかかわらず見直し前倒し］		

---

[3]　なお、表中にある平成14年厚生労働省告示第21号により、具体的には、次のような形で「高度の専門的知識等」に係る要件が緩和された。
　①　修士課程修了者の実務経験年数を「3年以上」から「2年以上」に短縮。
　②　公認会計士や医師、弁護士等の有資格者に、税理士および中小企業診断士を追加（計13種類に）。
　③　以下の能力評価試験合格者を追加。⑴情報処理技術者試験のうち、システムアナリスト、プロジェクトマネージャーおよびアプリケーションエンジニアの各試験合格者、⑵アクチュアリー資格試験合格者。
　④　一定の学歴（大学等で専門的知識等に係る課程を専攻）および実務経験（大卒の場合、実務経験5年以上）を有する者で、次のいずれかに該当する年収575万円以上のものを追加。⑴農林水産業の技術者、⑵鉱工業の技術者、⑶機械・電気技術者、⑷建築・土木技術者、⑸システムエンジニア、⑹デザイナー。
　⑤　システムエンジニアとしての実務経験5年以上を有するシステムコンサルタントで、年収575万円以上の者を追加。
　⑥　国等により有する知識等が優れたものと認定された者につき、実務経験5年以上の要件を撤廃。
　また、表中にある平成14年厚生労働省告示第22号により、具体的には、①システムコンサルタントの業務、②インテリアコーディネーターの業務、③ゲーム用ソフトウェアの創作の業務、④証券アナリストの業務、⑤金融工学等の知識を用いて行う金融商品の開発の業務、⑥税理士の業務および⑦中小企業診断士の業務の各業務が追加されるとともに、⑧一級建築士の業務が建築士（二級建築士および木造建築士を含む）の業務に改められた。

ウ 新しい労働者像に応じた制度改革

事項名	措置内容	実施予定時期		
		13年度	14年度	15年度
① 労働基準法の改正等 （厚生労働省）	a 高度の専門能力を有するホワイトカラー層などの新しい労働者像にも適切に対応した、新たな時代の雇用関係を規定する基本法とするために労働基準法の見直しを検討する。 　中長期的には、裁量性の高い業務については労働時間規制の適用除外方式を採用することを検討する。（その際、管理監督者等に対する適用除外制度の在り方について、深夜業に関する規制の適用除外の当否を含め検討。）	速やかに検討		
	b 解雇の有効・無効に関する労使双方の事前予測可能性を高めるため、解雇の基準やルールについて、立法で明示することを検討する。	速やかに検討		

【規制改革推進3か年計画（再改定）】（平成15年3月）　Ⅳ

6 雇用・労働関係　(3) 個別事項

イ 就労形態の多様化を可能とする規制改革

事項名	措置内容	実施予定時期		
		13年度	14年度	15年度
② 有期労働契約の拡大 （厚生労働省）	a 有期労働契約については、働き方の選択肢を増やし、雇用機会の拡大を図るためにも、専門職の労働契約期間の上限を5年にするとともに、原則1年の契約期間の上限を3年に延長することを検討し、その結論を早急に取りまとめ、所要の措置を講ずる。 （第156回国会に関係法案提出）	検討	法案提出	措置（法案成立後公布、公布後6か月以内に施行予定）
	b 「3か年計画（改定）」に同じ	同左		
③ 裁量労働制の拡大 （厚生労働省）	a 「3か年計画（改定）」に同じ	同左		
	b 企画業務型裁量労働制については、導入手続が煩雑であり、適用対象事業場等が限定的であることから、その手続の大幅な簡素化や適用対象事業場等の拡大を図ることを検討し、その結論を早急に取りまとめ、所要の措置を講ずる。 （第156回国会に関係法案提出）	検討	法案提出	措置（法案成立後公布、公布後6か月以内に施行予定）

3 労働基準法の改正（平成15年改正）について

ウ 新しい労働者像に応じた制度改革

事項名	措置内容	実施予定時期		
		13年度	14年度	15年度
① 労働基準法の改正等（厚生労働省）	a 「3か年計画（改定）」に同じ	同　　　左		
	b 最も裁量性の高い職種と考えられる大学教員について、労働時間規制の在り方を早急に検討する。			平成15年度中に検討
	c 解雇の有効・無効に関する労使双方の事前予測可能性を高めるため、解雇の基準やルールについては、これを立法で明示することを検討し、その結論を早急に取りまとめ、所要の措置を講ずる。その際には、いわゆる試用期間との関係についても検討するとともに、解雇の際の救済手段として、職場復帰だけでなく、「金銭賠償方式」という選択肢を導入することを検討し、その結論を早急に取りまとめ、第156回国会に法案提出等所要の措置を講ずる。（第156回国会に関係法案提出）	検　　討	法案提出等所要の措置	

Ⅱ　解雇ルールの法制化

　第二次世界大戦後、民法1条3項が「権利ノ濫用ハ之ヲ許サス」と定める以前から、権利濫用法理は判例上確立していた。確立した判例法理を法律上明文化したという点において、昭和22年の民法改正（同年12月22日法律第222号、翌23年1月1日施行）と、解雇権濫用法理をめぐる今回の労働基準法改正との間には、ある種の共通点がみられる[4]。

　たしかに、一口に権利濫用といっても、民法の世界と労働法の世界とでは、その意味はかなり異なる。たとえば、民法の世界では、①「単に他人に損害を与える目的でする場合」または②「権利の行使によって権利者に得られる利益と、権利の行使によって相手方に与える不利益及び社会的な不利益とを比較考慮して、相手方に与える不利益がはるかに大きく、しかも、それが単に相手方に与える不利益に止まらず、社会全体の不利益になるという場合」に権利濫用が成立すると一般には理解されている[5]が、労働法の世界において、このような

---

[4] 宇奈月温泉事件＝大判昭和10．10．5民集14巻1965頁、日本食塩製造事件＝最二小判昭和50．4．25民集29巻4号456頁をそれぞれ参照。

[5] 以上につき、国民生活審議会消費者政策部会消費者契約法検討委員会「消費者契約法（仮称）の具体的内容について」（平成11年11月30日）第三・Ⅳ「契約条項」4の注を参照。

シカーネ禁止の原則（①）や厳格な利益衡量論（②）が説かれることは総じて希であった[6]。

このことを解雇権の濫用についてみると、それは「解雇の自由」を前提としたものでは必ずしもなく、むしろ正当事由を欠く解雇は権利の濫用として無効になるという意味に解されてきたのである[7]。

このような事情があったためか、「使用者は、この法律又は他の法律の規定によりその使用する労働者の解雇に関する権利が制限されている場合を除き、労働者を解雇することができる。ただし、その解雇が、客観的に合理的な理由を欠き、社会通念上相当であると認められない場合は、その権利を濫用したものとして、無効とする」との定めを労働基準法に新設する（18条の2）とした内閣提出法案は、労働組合や野党だけではなく、法曹界からも「使用者は労働者を原則として自由に解雇できるという誤ったアナウンス効果を招く弊害がある」との批判（日弁連会長声明（平成15年4月18日付け））を受けることになる。

内閣提出法案に、解雇権をめぐる解釈と運用の現状を変更する意図はなかったにもかかわらず、結局、上記のただし書を独立させる（本文を削除する）ことにより、「解雇は、客観的に合理的な理由を欠き、社会通念上相当であると認められない場合は、その権利を濫用したものとして、無効とする」との規定が新設をみる。

---

[6] そうした数少ない例外の一つに、使用者による施設管理権の濫用がある。たとえば、国鉄札幌駅事件＝最三小判昭和54. 10. 30民集33巻6号647頁は、次のようにいう。「労働組合又はその組合員が使用者の所有し管理する物的施設であつて定立された企業秩序のもとに事業の運営の用に供されているものを使用者の許諾を得ることなく組合活動のために利用することは許されないものというべきであるから、労働組合又はその組合員が使用者の許諾を得ないで叙上のような企業の物的施設を利用して組合活動を行うことは、これらの者に対しその利用を許さないことが当該物的施設につき使用者が有する権利の濫用であると認められるような特段の事情がある場合を除いては、職場環境を適正良好に保持し規律のある業務の運営態勢を確保しうるように当該物的施設を管理利用する使用者の権限を侵し、企業秩序を乱すものであつて、正当な組合活動として許容されるところであるということはできない」。

[7] 野川忍「解雇の自由とその制限」日本労働法学会編『講座21世紀の労働法 第4巻 労働契約』（有斐閣、平成12年）154頁以下、156頁を参照。なお、就業規則に規定する解雇事由が、このような解雇の正当事由を提供したことはいうまでもない。拙稿「解雇ルール、法律で明確に」平成12年3月8日付け『日本経済新聞』「経済教室」【本書533頁以下】を参照。

3 労働基準法の改正（平成 15 年改正）について

　思うに、それは法律論のせめぎ合いというよりも、日本社会に広く定着した「解雇の自由」を基本的に認めようとしない「空気」のもたらしたものということができる[8]。

　ただ、このように解雇権の濫用をめぐる判例の"定型句"を単に条文化しただけでは、「解雇の有効・無効に関する労使双方の事前予測可能性を高め」た（「規制改革推進3か年計画」（改定・再改定））とはやはりいい難い[9]。

---

[8]　このことに関連して、筆者はかつて次のように述べたことがある。「こうした解雇権濫用法理の背景には、判例のいう〈社会通念〉の強力な支えがあった。つまり、〈解雇は悪〉とする社会的価値観の存在である。『日本の場合には、労使をはじめとして社会全般に〈解雇は悪〉とする倫理観ともいうべき社会的価値観が存在しているように思われる』（関東経営者協会人事・賃金委員会）。このように言い切ることのできる経営者団体を持つ国は、おそらく世界でも希であったに違いない（注は省略）」（拙稿「雇用慣行をめぐる法と政策」日本生産性本部労使協議制常任委員会編『1994 年版　労使関係白書』（社会経済生産性本部）145頁以下、147頁）。これに対して、「解雇権濫用法理は、法律ではないから法規制ではなく、『裁判所に訴えればこの法理で救われるかもしれない』という、ごくまれに機能する事後的救済の役割を果たしているだけであるから規範として作用しているとも言えず、あるとすれば、ごく一部の大企業の世界に若干意識されている『気分』のようなものに過ぎないのが現実である」（野川忍「書評：八代尚宏著『雇用改革の時代』」『日本労働研究雑誌』480号（平成 12 年 7 月）55 頁以下、57 頁）という指摘もあるが、「気分」や「空気」は、ときとして法律以上に大きな影響力を有する。

[9]　同様に「規制改革推進3か年計画」（再改定）にある「いわゆる試用期間との関係についても検討する」という約束も十分には果たされなかったといってよい。試用期間の問題については、解雇権濫用法理の枠組みのなかで考えるというのが労働政策審議会の結論とも聞くが、試用期間中の労働者については、解雇規制の適用除外を図ることが採用しやすい環境をつくるためにも必要というのが、規制改革委員会以来の筆者らの立場であった（詳しくは、拙稿「試用期間の現状と将来」下井隆史先生古稀記念『新時代の労働契約法理論』（信山社、平成 15 年）133 頁以下【本書 152 頁以下】を参照）。

　このような適用除外を実現するためには、その前提として、解雇には正当事由が必要となること（例外に対する原則）を法文に明記する必要がある。解雇権濫用法理の単なる明文化は、このような適用除外の可能性を一方では否定することにもつながるのである。たしかに、法律で解雇に正当事由を要求した場合には、その主張立証責任が使用者にあることは、これを否定できないものとなる。しかし、本文で言及した日弁連の会長声明が述べるように、「実際の訴訟実務においては立証責任にかかわりなく使用者側が解雇事由を積極的に主張立証し、労働者側がこれに反論するという訴訟運用が定着してきた」という事実は、いずれにせよ否めない。使用者に解雇の正当事由に係る主張立証責任があるといっても、要は就業規則に定める解雇事由が存在し、所定の解雇手続きを踏んだことを主張し、立証すれば足りるとも考えられる。

　国会における議論がこうした主張立証責任をめぐる「不毛」の議論に明け暮れたことは、筆者としては意外であった。解雇法理の現状を変えないというのであれば、法改正は不要ともいえるからである。

　なお、筆者自身は、労働基準法の改正により、以下のような規定を新たに設けることを以前から提唱していた（拙稿「高失業時代の解雇制限法制と解雇のルール」正村公宏・社団法人現代総合研究集団［編］『21 世紀のグランド・デザイン』（NTT 出版、平成 14 年）

第 1 部　総論

　このことに関連して、労働政策審議会の建議「今後の労働条件に係る制度の在り方について（報告）」（平成 14 年 12 月 26 日）は「判例上の解雇権濫用法理が使用者及び労働者にこれまで十分に周知されていなかった状況があることから、この規定を設けるに当たっては、これまでの代表的な判例及び裁判例の内容を周知すること等により、この規定の趣旨について十分な周知を図るとともに、必要な相談・援助を行うこととすることが適当である」というが、「代表的な判例及び裁判例」として何を選択するかによって、条文の解釈（18 条の 2 にいう解雇権濫用法理の意味）は大きく変わってくる[10]。

　さらに、参議院厚生労働委員会における附帯決議（平成 15 年 6 月 26 日）も、「使用者に対し、東洋酸素事件（東京高裁昭和 54 年 10 月 29 日判決）等整理解雇 4 要件に関するものを含む裁判例の内容の周知を図ること」とするが、この東京高裁判決は、整理解雇について 4 要件の充足を求めたものではなく（実際には、判決は 3 要件の充足を求めるものにとどまっている）[11]、国会議員自身

---

　255 頁以下、266 頁を参照）。
　第○○条　使用者は、次の各号に定める場合を除き、労働者を解雇することができない。
　　一　身体または精神の故障により職務の遂行に堪えない場合
　　二　勤務成績または作業能率の不良により就業に適さない場合
　　三　事業の転換、縮小または廃止のために人員の削減を必要とする場合
　　四　その他労働者の解雇に正当な理由のある場合
　2　前項の定めは、次のいずれかに該当する場合にはこれを適用しない。
　　一　事業の開始後 3 年［1 年］に満たない使用者が労働者を解雇する場合
　　二　試用期間（1 年［3 か月］以内のものに限る。）中の労働者を解雇する場合

[10] なお、労働政策審議会労働条件分科会において検討のために配布された資料「解雇に関する判例・裁判例」には、(1)基本裁判例として、①日本食塩製造事件（前掲（注 4））、②高知放送事件（最二小判昭和 52．1．31 労判 268 号 17 頁）および③東洋酸素事件（後掲（注 11））の 3 判決が、(2)解雇に関する近年の裁判例のうち、労働者側勝訴事件として、④京都テクノシステム事件（普通解雇、大津地決平成 12．9．27 労判 802 号 86 頁［要旨］）、⑤アリアス事件（懲戒解雇、東京地判平成 12．8．25 労判 794 号 51 頁）、⑥三田尻女子高校事件（整理解雇、山口地決平成 12．2．28 労判 807 号 79 頁）および⑦マルマン事件（同、大阪地判平成 12．5．8 労判 787 号 18 頁）の 4 例が、また使用者側勝訴事件として、⑧東京海上火災保険事件（普通解雇、本文に後掲）、⑨京王自動車事件（懲戒解雇、東京高判平成 11．10．19 労判 774 号 23 頁）、⑩ナショナル・ウエストミンスター銀行第三次仮処分事件（整理解雇、東京地決平成 12．1．21 労判 782 号 23 頁）および⑪明治書院事件（同、東京地決平成 12．1．12 労判 779 号 27 頁）の 4 例が含まれていた。

[11] 東洋酸素事件＝東京高判昭和 54．10．29 民集 30 巻 5 号 1002 頁は、具体的には、次のようにいう。
　「解雇が［上記］就業規則にいう『やむを得ない事業の都合による』ものに該当するといえるか否かは、畢竟企業側及び労働者側の具体的実情を総合して解雇に至るのもやむをえない客観的、合理的理由が存するか否かに帰するものであり、この見地に立って考察す

3 労働基準法の改正（平成15年改正）について

が裁判例の内容を十分には理解していないことを、国民の前に図らずも露呈することになった。

　他方、労働基準法89条3号の改正により、就業規則の絶対的必要記載事項である「退職に関する事項」に「解雇の事由」が含まれることが明確にされたこと[12]に関連して、上記建議は「この場合に、各事業場において解雇の事由が就

ると、特定の事業部門の閉鎖に伴い［当該］事業部門に勤務する従業員を解雇するについて、それが『やむを得ない事業の都合』によるものと言い得るためには、第一に、［当該］事業部門を閉鎖することが企業の合理的運営上やむをえない必要に基づくものと認められる場合であること、第二に、［当該］事業部門に勤務する従業員を同一又は遠隔でない他の事業場における他の事業部門の同一又は類似職種に充当する余地がない場合、あるいは［当該］配置転換を行つてもなお全企業的に見て剰員の発生が避けられない場合であつて、解雇が特定事業部門の閉鎖を理由に使用者の恣意によつてなされるものでないこと、第三に、具体的な解雇対象者の選定が客観的、合理的な基準に基づくものであること、以上の3個の要件を充足することを要し、特段の事情のない限り、それをもつて足りるものと解するのが相当である。以上の要件を超えて、［当該］事業部門の操業を継続するとき、又は［当該］事業部門の閉鎖により企業内に生じた過剰人員を整理せず放置するときは、企業の経営が全体として破綻し、ひいては企業の存続が不可能になることが明らかな場合でなければ従業員を解雇し得ないものとする考え方には、同調することができない。けだし、使用者はいつたん労働者を雇用した以上客観的、合理的事由のない単なる自己都合によつてこれを解雇する自由を有しないことは前述のとおりであるけれども、資本主義経済社会においては、一般に、私企業は、採算を無視して事業活動及び雇用を継続すべき義務を負うものではないし、また、事業規模の縮小の結果労働力の需要が減少した場合に、全く不必要となつた労働力をひきつづき購買することを強制されるものではなく、雇用の安定による労働者の生活保障、失業者の発生防止等の観点から私企業に対し、前記以上に雇用に関して需要供給の関係を全く無視した特別な法的負担を課す根拠は現在の法制のもとにおいては認められないからである。

　なお、解雇につき労働協約又は就業規則上いわゆる人事同意約款又は協議約款が存在するにもかかわらず労働組合の同意を得ず又はこれと協議を尽くさなかつたとき、あるいは解雇がその手続上信義則に反し、解雇権の濫用にわたると認められるとき等においては、いずれも解雇の効力が否定されるべきであるけれども、これらは、解雇の効力の発生を妨げる事由であつて、その事由の有無は、就業規則所定の解雇事由の存在が肯定されたうえで検討されるべきものであり、解雇事由の有無の判断に当たり考慮すべき要素とはならないものというべきである」。

　このように、同判決は、あくまでも就業規則に規定する「やむを得ない事業の都合による」との解雇事由の解釈として、3要件を導き出したものであり、整理解雇における具体的事情の総合的判断についても、これを否定するものとはなっていないことに注意。

[12] なお、これに連動する形で、労働契約の締結に際して、書面の交付により明示することが必要になる「退職に関する事項」についても、労働基準法施行規則5条4号の改正により、解雇の事由がこれに含まれることが明確にされる予定。このことはすでに行政解釈（平成11年1月29日基発第45号）の示すところではあったが、今後、労働基準法89条3号の改正と相まって、就業規則等に規定する普通解雇事由が、懲戒解雇事由とともに、解雇事由を限定列挙したものとして解釈される可能性を必然的に高めることになろう。菅野和夫『労働法　第6版』（弘文堂、平成15年）462頁（『第5版』までは例示列挙説によっていたものを、限定列挙説に改説）を参照。

業規則に適切に記載されるよう、現在、事業場において就業規則を作成する際の参考とするために作成している『モデル就業規則』について見直しを行い、その普及に努めることが適当である」とするが、たしかに現行「モデル」には見直すべき点が少なくない。

たとえば、厚生労働省労働基準局監督課編『就業規則作成の方法と実務』（社団法人全国労働基準関係団体連合会、平成15年改訂版）に収録された「就業規則（例）」は、次のようにいう。

　（解雇）
第39条　従業員が次のいずれかに該当するときは、解雇するものとする。ただし、第49条第2項の事由（注：懲戒解雇事由）に該当すると認められたときは、同条の定めるところによる。
　一　勤務成績又は業務能率が著しく不良で、従業員としてふさわしくないと認められたとき
　二　精神又は身体の障害については、適正な雇用管理を行い、雇用の継続に配慮してもなお業務に耐えられないと認められたとき
　三　事業の縮小、その他事業の運営上やむを得ない事情により、従業員の減員等が必要となったとき
　四　その他前各号に準ずるやむを得ない事情があるとき
2　前項の規定により従業員を解雇する場合は、少なくとも30日前に予告をするか、又は平均賃金の30日分以上の解雇予告手当を支払う。ただし、労働基準監督署長の認定を受けて第49条に定める懲戒解雇をする場合及び次の各号のいずれかに該当する従業員を解雇する場合は、この限りでない。
　一　日々雇い入れられる従業員（1か月を超えて引き続き雇用された者を除く。）
　二　2か月以内の期間を定めて使用する従業員（その期間を超えて引き続き雇用された者を除く。）
　三　試用期間中の従業員（14日を超えて引き続き雇用された者を除く。）

③ 労働基準法の改正（平成15年改正）について

　仮にこのような就業規則があれば、裁判所は当然、その内容に拘束される[13]。これをベースに考える限り、勤務成績や業務能率の不良を理由とする解雇は、その程度が「著しい」場合を除いて認められず（1項1号）、監督署長の認定を受けていない即時解雇も、就業規則に違反することになる（2項本文＋ただし書）[14]。

　しかし、能力の欠如や成績不良は、ある意味で従業員の納得を最も得やすい解雇事由といえ、それを使用者が自ら否定することは、従業員の意思に反するという点においても問題が多い[15]。

　裁判例のなかには、「4度の長期欠勤を含め傷病欠勤が非常に多く、その総日数は本件解雇までの約5年5か月のうちの約2年4か月に及び、長期欠勤明けの出勤にも消極的な姿勢を示したこと、出勤しても遅刻が非常に多く（注：裁判所が認定した事実によれば、原告の最後の長期欠勤前2年間では、出社日数166のうち78日（割合にして約47パーセント）が遅刻であった）、離席も多かったこと、出勤時の勤務実績も劣悪で、担当業務を指示どおりに遂行することができず、他の従業員が肩代わりをしたり、ときには後始末のために少なからぬ時間を割かなければならず、被告の業務に支障を与えたことが認められる」として、「これらによれば、原告は、労働能率が甚だしく低く、被告の事務能率上支障を生じさせていたというべきである」と判示し、解雇を有効とし

---

[13] たしかに、最高裁（高知放送事件（前掲（注10））は「普通解雇事由がある場合においても、使用者は常に解雇しうるものではなく、当該具体的な事情のもとにおいて、解雇に処することが著しく不合理であり、社会通念上相当なものとして是認することができないときには、当該解雇の意思表示は、解雇権の濫用として無効になる」というが、これとは逆に就業規則所定の解雇事由に該当しない解雇が有効とされる余地はほとんどないといえる。

[14] なお、『就業規則作成の方法と実務』に収録された「パートタイム従業員等就業規則（例）」は、一方で即時解雇の場合には、一般従業員の就業規則（例）と同様、所轄労働基準監督署長の認定を経てこれを行うものと規定するとともに、他方で普通解雇については「勤務成績が不良で就業に適しないと認められたとき」をそうした普通解雇事由の一つとして定めるものとなっている。パートタイム従業員の場合には「勤務成績が不良」であれば解雇されるのに、なぜ一般従業員の場合には「勤務成績が著しく不良」でなければ解雇されないのか。合理的な説明を行うことは難しいように思われる。

[15] たとえば、日本労働研究機構が平成13年3月に実施した「勤労生活に関する調査」では「職業能力の低い人から」リストラすることをルールとすべきだと答えた者（「そう思う」＋「どちらかといえばそう思う」）が54.1％と最も大きな支持を集めている。なお、拙稿「『試行就業』で雇用確保」平成13年12月6日付け『日本経済新聞』「経済教室」【本書537頁以下】を併せ参照のこと。ちなみに、能力の欠如や勤務成績不良を理由とする解雇は、欧米諸国でも一般に否定されていない。『内部労働市場の現状と課題に関する調査研究報告書』（国際経済交流財団、平成15年3月）第2部を参照。

たものがある（東京海上火災保険事件＝東京地判平成12．7．28労判797号65頁）が、こうした典型的不良社員を何年にもわたって会社がかかえ込まざるを得なかった理由は、労働協約のほか、就業規則が「労働能率が甚だしく低く、会社の事務能率上支障があると認められたとき」を普通解雇事由として規定していたことにあったともいえる[16]。就業規則の内容を軽く考えると、このようにとんでもない目に遭うのである。

また、解雇予告除外認定制度については、次のような問題点が既に10年前に指摘されていたことにも注意する必要がある。

> 解雇予告除外認定制度は、「労働基準法の立案者によれば、労働者の責めに帰すべき事由等を使用者が一方的に認定して即時解雇をなし得ることとすれば予告義務等に関する規定が無意味になるおそれがあるとの考慮から設けられたものである。しかしながら裁判例は、労働基準監督署長の解雇予告除外認定を得ることは解雇の効力発生要件ではない（最高裁昭和29年9月28日第三小法廷決定）としており、認定制度により使用者の即時解雇等を抑制する効果は現在では小さくなっている。また、解雇は労働者の生活に重大な影響を与えるものであり、その客観性の担保が重要であるが、30日前の解雇予告の例外等という事案の性質上認定申請を迅速に処理することが求められることもあり、行政機関が解雇事由に係る事実の把握に十全を帰すことには困難を伴う」。

労働大臣（当時）の私的懇談会である労働基準法研究会は、平成5年5月の報告「今後の労働契約等法制のあり方について」のなかで、このように述べ、「以上の実情を踏まえ、解雇予告除外認定制度のあり方について引き続き慎重に検討すべきである」とした[17]。

その一方で、現実に解雇予告の除外認定を申請する使用者は少なく、申請し

---

[16] なお、裁判例のなかには、「労働能率が劣り、向上の見込みがないと認めたとき」を就業規則が解雇事由として規定していたにもかかわらず、これを「労働能力が著しく劣り」と読み替えた上で、下位10%未満の考課順位にあった従業員の解雇を無効としたものがある（セガ・エンタープライゼス事件＝東京地決平成11．10．15労判770号34頁）。「労働能率が劣り」という規定では、解雇無効という結論を導き出すことは難しい。上記のような読替えが行われた背景には、そうした裁判官の判断もあったように思われる。
[17] 労働省労働基準局監督課編著『今後の労働契約等法制のあり方について――労働基準法研究会報告』（日本労働研究機構、平成5年）37頁を参照。

たとしても、2割近くのケースが実際には除外認定を得られずに終わっていることを示すデータもある（下記の**表**を参照）。

その背景には、解雇予告の除外認定基準が厳しすぎる（たとえば、「労働者の責に帰すべき事由」に係る認定基準（昭和23年11月11日基発第1637号、昭和31年3月1日基発第111号）には、「原則として2週間以上正当な理由なく無断欠勤し、出勤の督促に応じない場合」がその認定例として挙げられている）[18]という事情があり、刑事事件にでも該当しない限り、短期間に除外認定を得ることは実際にも難しい。

このような状況のもとでは、認定申請を使用者に期待することは無理という以外にない。その意味でも、「モデル就業規則」の見直しは、今後の重要な課題の一つとなろう。

解雇予告除外認定（労働者の責に帰すべき事由）の現状

年	申請件数	認定件数
平成 9 年	1,653 件（100.0）	1,372 件（83.0）
平成 10 年	1,843 件（100.0）	1,511 件（82.0）
平成 11 年	1,849 件（100.0）	1,529 件（80.7）
平成 12 年	2,071 件（100.0）	1,733 件（83.7）
平成 13 年	2,164 件（100.0）	1,769 件（81.7）

出所）『労働基準監督年報』各年版

以上のほか、改正労働基準法22条は、その見出しを「退職時等の証明」と改めるとともに、2項で「労働者が、第20条第1項の解雇の予告がされた日から退職の日までの間において、当該解雇の理由について証明書を請求した場合においては、使用者は、遅滞なくこれを交付しなければならない。ただし、解雇の予告がされた日以後に労働者が当該解雇以外の事由により退職した場合においては、使用者は、当該退職の日以後、これを交付することを要しない」と規定する。

平成10年の改正（同年法律第112号、翌11年4月1日施行）においては、

---

18 なお、その歴史は、戦前にまで遡ることができる。即時（無手当）解雇が認められる事由の一つとして「正当の理由なくして無断欠勤14日以上に及びたるとき」を掲げた大正時代の通牒（大正15年12月13日発労第71号）がそれである。

退職時の証明制度を活用することにより、使用者に解雇理由の明示を事実上義務づけるという巧妙な手法がとられたが、上記の改正を通して解雇理由の明示時期がさらに解雇の予告時点にまで遡ることになる。このことが解雇をめぐる実務に与える影響もまた、決して小さくないといえよう。

なお、前述したように、「規制改革推進3か年計画（再改定）」がその検討に言及した金銭賠償方式の導入は、結局のところ今回の法改正では見送られることになった。平成15年2月13日の法律案要綱の諮問に先立ち、同月10日に開催された労働政策審議会労働条件分科会には、厚生労働省から次のような「労働基準法の一部を改正する法律案について（検討の内容）」が示されたものの、労使双方の賛成を最終的には得られなかったという。

第2　労働契約の終了

2　判決等による労働契約の終了

(1) 労働者は、判決で解雇が無効であることが確定した場合において、当該労働者が職場復帰したとしても、労働契約の本旨に従った義務を履行することが困難となる状況が生ずることが明らかであるときは、退職と引き換えに、当該解雇を行った使用者に対して補償金の支払を請求することができるものとすること。

(2) 使用者は、判決で解雇が無効であることが確定した場合において、次のいずれにも該当する事情があるときは、労働者との間の労働契約の終了を裁判所に請求することができるものとすること。

　ア　使用者の行った解雇が、その使用する労働者の解雇に関する権利を制限するこの法律若しくは他の法律の規定に反しないもの、かつ、公序良俗に反しないものであること。

　イ　使用者と労働者との間に当該労働者の職場復帰に関する紛争が生じている場合であって、当該労働者の言動が原因となって、当該労働者が職場復帰したとしても、職場の秩序又は規律が維持できず、当該労働者又は当該事業場の他の労働者が労働契約の本旨に従った義務を履行することが困難となることが明らかであること。

　ウ　補償金の支払を約すること。

(3) 補償金の額は、平均賃金の〇日分とするものとすること。

3 労働基準法の改正(平成15年改正)について

(4) 使用者による補償金の支払は、労働者の使用者に対する損害賠償の請求を妨げないものとすること。

　金銭賠償方式の導入に当たっては、上記の案では明示されなかった「補償金の額」が労使間における最大の争点となること[19]はいうまでもない。ただ、その一方で、検討案に付された条件それ自体が使用者にとってやや酷であったことも否めない。

　制度のあり方についての検討は引き続き行われるとはいえ、退職に係る条件をこのように労使間で著しく異なったものとすることは、「労働条件は、労働者と使用者が、対等の立場において決定すべきものである」とした労働基準法2条の精神に反するものとなろう[20]。

Ⅲ 有期労働契約の整備

　改正労働基準法14条は、次のように規定する。アンダーラインを引いた部は、その改正箇所を示したものであるが、このことからも、今回の法改正が単に原則1年・特例3年の労働契約期間の上限をそれぞれ3年ないし5年に延長するにとどまるものではなかったことがわかる。

---

[19] この点に関連して、東京商工会議所が平成15年6月に実施した「平成15年度労働政策に関するアンケート調査」の次のような結果が注目される(調査対象は、東商労働委員会関係企業、議員・支部役員企業、計1,610社)。

解雇無効の場合に労働契約を終了させるために使用者が支払うこととなるいわゆる「解決金」の額

前提条件(勤続年数)	有効回答数	平均月数で表した額
仮に一律に定めるとした場合	235社	4.5か月
勤続5年未満	222社	2.6か月
勤続5年以上10年未満	222社	4.1か月
勤続10年以上20年未満	222社	6.2か月
勤続20年以上30年未満	222社	7.8か月
勤続30年以上	222社	8.8か月

[20] 拙稿「解雇ルール 法制化の動き」平成14年11月8日付け『読売新聞』「けいざい講座」【本書541頁以下】を参照。

(契約期間等)
第 14 条　労働契約は、期間の定めのないものを除き、一定の事業の完了に必要な期間を定めるもののほかは、3年(次の各号のいずれかに該当する労働契約にあつては、5年)を超える期間について締結してはならない。
　一　専門的な知識、技術又は経験(以下「専門的知識等」という。)であつて高度のものとして厚生労働大臣が定める基準に該当する専門的知識等を有する労働者(当該高度の専門的知識等を必要とする業務に就く者に限る。)との間に締結される労働契約
　二　満 60 歳以上の労働者との間に締結される労働契約(前号に掲げる労働契約を除く。)
② 　厚生労働大臣は、期間の定めのある労働契約の締結時及び当該労働契約の期間の満了時において労働者と使用者との間に紛争が生ずることを未然に防止するため、使用者が講ずべき労働契約の期間の満了に係る通知に関する事項その他必要な事項についての基準を定めることができる。
③ 　行政官庁は、前項の基準に関し、期間の定めのある労働契約を締結する使用者に対し、必要な助言及び指導を行うことができる。

　たしかに、最長3年の労働契約が対象労働者を限定することなく認められたことの意義は大きい。このような契約期間のフラットな延長は、筆者自身の予想と期待をも上回るものであった[21]。

　契約期間が長くなればなるほど、労働者の雇用の安定性はそれだけ高まる。また、使用者にとっても、一方で契約期間の長期化に伴う負担(その間は「やむを得ない事由」がない限り、労働者を解雇できないという負担)が加わるとはいえ、短期契約の反復更新に伴う危険(解雇権濫用法理が雇止めに類推適用されるリスク)をある程度は避けることができるようになる[22]。

　さらに、これまでは、高度の専門的知識等を有する労働者に契約期間の特例

---

[21]　この点に関連して、平成 13 年 10 月 31 日開催の第 7 回労働政策審議会労働条件分科会における筆者のヒヤリング記録(議事録)を参照。
[22]　契約期間のフラットな延長は、有期労働契約が若年定年制の代用とされる危険を高めるとの指摘もあるが、契約期間の長期化に伴うリスクを考えれば、その可能性はかなり低い。むしろ、3年契約が原則として認められることによって、契約の更新回数を減らすことが可能になり、契約更新に伴うリスクをそれだけ避けることのできる意義のほうが実際には大きいといえよう。なお、後掲(注26)を併せ参照のこと。

③ 労働基準法の改正（平成 15 年改正）について

を認めるに当たって、当該専門的知識等が「新商品、新役務若しくは新技術の開発又は科学に関する研究に必要」か、または「事業の開始、転換、拡大、縮小又は廃止のための業務であつて一定の期間内に完了することが予定されているものに必要」であることが要求されていたが、このような要件も、法改正により撤廃されることになった。

以上のほか、従来は、その対象が「当該高度の専門的知識等を有する労働者が不足している事業場において、当該高度の専門的知識等を必要とする業務に新たに就く者に限る」とされ、3年契約の更新が認められていなかったが、改正法は、5年契約の更新も容認するものとなっている。

ただし、先に言及した国会の附帯決議が「有期上限5年の対象労働者の範囲については、弁護士、公認会計士など専門的な知識、技術及び経験を有しており、自らの労働条件を決めるに当たり、交渉上、劣位に立つことのない労働者を当該専門的な知識、技術及び経験を必要とする業務に従事させる場合に限定すること」としていることを考えると、対象労働者の範囲が現在より狭くなる可能性もないではない[23]。

他方、国会における法案修正の結果、改正労働基準法は、その（附則）137 条において「期間の定めのある労働契約（一定の事業の完了に必要な期間を定めるものを除き、その期間が1年を超えるものに限る。）を締結した労働者（第14条第1項各号に規定する労働者を除く。）は、労働基準法の一部を改正する法律（平成 15 年法律第 104 号）附則第3条に規定する措置[24]が講じられるまでの間、民法第 628 条の規定にかかわらず、当該労働契約の期間の初日から1年を経過した日以後においては、その使用者に申し出ることにより、いつでも退職することができる」と規定するものとなった。

---

[23] 「専門的な知識、技術又は経験（以下「専門的知識等」という。）であつて高度のものとして厚生労働大臣が定める基準に該当する専門的知識等を有する労働者」という法文の表現にはいささかの変更もないとはいうものの、このような附帯決議が衆参両院の厚生労働委員会で共通して行われたことは、「高度の専門的知識等を有する労働者」の範囲について今後見直しが行われる可能性を示唆しているとも考えられる。たしかに、こうした最長5年の有期労働契約の締結が認められる労働者の範囲が現在より広くなる可能性もあるが、逆にこれが狭くなる可能性も否定できないのである。

[24] 改正法附則3条は、具体的には、次のように規定している。「政府は、この法律の施行後3年を経過した場合において、この法律による改正後の労働基準法第 14 条の規定について、その施行の状況を勘案しつつ検討を加え、その結果に基づいて必要な措置を講ずるものとする」。なお、本条もまた、国会における修正の結果、追加されたものである。

しかし、これでは、特例の認められる対象労働者の範囲が仮に現在よりも狭くなった場合、最長契約期間については変更はない（3年のまま）としても、採用後1年を経過した段階で、従来は認められていなかった「退職の自由」が新たに保障されるといった「珍現象」さえ生じかねない。

改正法137条にいう「いつでも退職することができる」との文言は、退職に係る予告手続をも排除するものと解される可能性もあり[25]、いずれにせよ今後、その注視が必要となる。

なお、新たに設けられた労働基準法14条2項および3項の規定は、平成10年の法改正に際して新設された同法36条2項および4項の定めに倣ったものといえるが、厚生労働大臣の策定する基準（大臣告示）の内容は、少なくともその当初は、現行通達「有期労働契約の締結及び更新・雇止めに関する指針」（平成12年12月28日基発第779号）を概ね踏襲したものになることが予想される。ただし、法律に根拠をおく指針として、これが格段の「重み」を持つことになるのはいうまでもない。

たとえば、上記の指針には、現在次のような定めが置かれているが、これが今後どのような指導・助言に結びついていくのか。その行方が注目される[26]。

3　有期労働契約の締結及び更新・雇止めに当たり、手続及び契約期間に関して使用者が考慮すべき事項

---

[25] 改正労働基準法が137条で「いつでも退職することができる」と規定したのは、「已ムコトヲ得サル事由アルトキハ各当事者ハ直チニ契約ノ解除ヲ為スコトヲ得」と定めた民法628条の規定に引きずられたものともいえる。しかし、このように期間の定めのある雇用契約の即時解約が認められるのはあくまでも「やむを得ない事由」のある場合に限られるのであって、1年経過後は事由のいかんを問わず、即時解約（退職）を認めるということには、本来ならないはずである。筆者自身は、労働者に対してのみこうした特例を認めることは、それが経過措置的な性格を有するものであっても、労使対等の原則に反するものとして同意できないが、前述のような誤解を避けるためには、少なくとも「いつでも」という文言については、これを削除すべきであったと考える。

なお、労基法137条を意識して定められたと思われる、後述する「大学の教員等の任期に関する法律」5条5項の規定も、「その意思により退職することを妨げるものであってはならない」とするにとどまっていることに注意。

[26] なお、雇止め理由の告知については、解雇理由の告知（書面の交付）とかかわる法改正に連動して、その予告段階で、これが必要とされる可能性が大きい。ただ、判例であれ、大臣告示であれ、雇止めに対する解雇法理の類推適用が極端に進むと、労働者が更新を望む場合にも、使用者はリスク回避のために更新を避ける（判例等の意図とは逆に、かえって雇止めを助長する）といったことになりかねない。規制にはこうした副作用があることにも、目を向けることが必要といえよう。

3　労働基準法の改正（平成 15 年改正）について

使用者は、
① 労働契約の期間の定めの有無にかかわらず適用される労働基準法等の労働関係法令を遵守するとともに、
② 雇止めに関する裁判例を見ると、契約の形式が有期労働契約であっても、
- 反復更新の実態や契約締結時の経緯等により、実質的には期間の定めのない契約と認められた事案
- 実質的に期間の定めのない契約とは認められないものの契約更新についての労働者の期待が合理的なものと認められた事案
- 格別の意思表示や特段の支障がない限り当然更新されることを前提として契約が締結されていると認められ、実質上雇用継続の特約が存在すると言い得る事案

があり、こうした事案では……解雇に関する法理の類推適用等により雇止めが認められなかった事案も少なくないことに留意しながら、有期労働契約の締結及び更新・雇止めに当たり、手続及び契約期間に関しては、特に次の点について適切な措置を講ずるべきである。

(1) 更新・雇止めに関する説明

　　使用者は、有期労働契約の締結に際しては、当該有期労働契約の更新の有無及びその考え方並びに更新及び雇止めを行う場合の判断基準を、当該労働契約に係る労働者に対し説明するよう努めるものとする。

　　また、使用者は、有期労働契約の締結に際して説明した内容について変更を行った場合には、速やかに当該労働者に説明するよう努めるものとする。

(2) 契約期間

　　使用者は、有期労働契約の更新により 1 年を超えて引き続き使用するに至った労働者について、労働契約の期間を定める場合には、当該期間を不必要に短くすることなく、労働基準法の規定の範囲内で、当該労働契約の実態や当該労働契約に係る労働者の希望に応じ、できるだけ長くするよう努めるものとする。

(3) 雇止めの予告

　　使用者は、有期労働契約の更新により 1 年を超えて引き続き労働者を

使用するに至った場合であって当該労働契約を更新しないときは、少なくとも30日前に更新しない旨を予告するよう努めるものとする。

(4) 雇止めの理由の告知

使用者は、有期労働契約の更新により1年を超えて引き続き労働者を使用するに至った場合であって当該労働契約を更新しないときは、労働基準法第22条の退職時の証明における解雇の理由の証明に準じて、「契約期間の満了」という理由とは別に、当該労働契約に係る労働者が望んだ場合には更新をしない理由を告知するよう努めるものとする。

【補】　大学教員と任期制

国立大学は、平成16年4月1日をもって、非公務員型の国立大学法人に移行する。その根拠法となる国立大学法人法も、平成15年法律第112号として既に公布されている。

こうしたなか、これに先だって平成14年3月26日に国立大学等の独立行政法人化に関する調査検討会議が公表した報告書「新しい『国立大学法人』像について」は、人事制度について検討すべき視点を、①教員の多彩な活動を可能とする人事システムの弾力化、②業績に対する厳正な評価システムの導入とインセンティブの付与、および③国際競争に対応し得る教員の多様性・流動性拡大と適任者の幅広い登用の3点に整理し、その第3の視点（③）を具体化する形で、⑴任期制・公募制の積極的導入のための実施方法の工夫等を中期計画の中で明確化し、⑵競争的資金を活用した任期付職員の採用制度を導入することといった任期制の導入とかかわる指摘を繰り返し行っている。

教員の流動性を拡大するためには、任期制の積極的導入が必要との考え方がそこでは明確な形で示されているが、そのための制度的基盤は、既に「大学の教員等の任期に関する法律」（平成9年法律第82号、任期法）として用意されている。しかし、その内容は、労働基準法（労基法）の解釈と必ずしも整合的ではなく、改正法が施行されると、両者の矛盾はさらに拡大する可能性もある。

そこで以下では、大学教員への任期制の積極的導入を進める観点から、有期労働契約の整備とかかわる「補論」として、任期法の問題点とそのあるべき姿について検討を行うこととしたい。

3 労働基準法の改正（平成15年改正）について

　大学が教員の任期を定める場合、任期法と労基法のいずれが優先して適用されるのか。実はこの肝心な点が、現在なお曖昧なまま放置されている。
　任期法は、冒頭の1条で「この法律は、大学等において多様な知識又は経験を有する教員等相互の学問的交流が不断に行われる状況を創出することが大学等における教育研究の活性化にとって重要であることにかんがみ、<u>任期を定めることができる場合</u>その他教員等の任期について必要な事項を定めることにより、大学等への多様な人材の受入れを図り、もって大学等における教育研究の進展に寄与することを目的とする」と規定している（下線は筆者による。以下同じ）が、これを素直に読む限り、大学が教員について任期を定める場合にはもっぱら任期法によることになる。
　たしかに、国家公務員である国立大学の教員については、任期を定めた任用が一般には認められておらず（たとえば、国家公務員法60条1項は、緊急の場合でしかも6か月以内の任期でしか、臨時的任用を認めていない）、その限りにおいて、任期法のような特別法を制定することにも意味があった[27]。
　しかし、その一方で、任期法は次のように定め、同法が私立大学（学校法人）にも適用があることを明確にしている。

（定義）
第2条　この法律において、次の各号に掲げる用語の意義は、当該各号に定めるところによる。
　一　<u>大学　学校教育法（昭和22年法律第26号）第1条に規定する大学をいう。</u>
　二　教員　大学の教授、助教授、講師及び助手をいう。
　三　教員等　略
　四　任期　国家公務員としての教員等若しくは地方公務員としての教員の任用に際して、又は<u>学校法人（私立学校法（昭和24年法律第270号）</u>

---

[27] 「一般職の任期付研究員の採用、給与及び勤務時間の特例に関する法律」（平成9年法律第65号）のほか、「一般職の任期付職員の採用及び給与の特例に関する法律」（平成12年法律第125号）が制定された理由もそこにあった。なお、地方公務員については、「地方公共団体の一般職の任期付研究員の採用等に関する法律」（平成12年法律第51号）および「地方公共団体の一般職の任期付職員の採用に関する法律」（平成14年法律第48号）を参照。

<u>第3条に規定する学校法人をいう。以下同じ。）と教員との労働契約において定められた期間</u>であって、国家公務員である教員等にあっては当該教員等が就いていた職若しくは他の国家公務員の職（特別職に属する職及び非常勤の職を除く。）に、地方公務員である教員にあっては当該教員が就いていた職若しくは同一の地方公共団体の他の職（特別職に属する職及び非常勤の職を除く。）に引き続き任用される場合又は同一の学校法人との間で引き続き労働契約が締結される場合を除き、当該期間の満了により退職することとなるものをいう。

なるほど、このことによって私立大学における任期制の導入が容易になるのであれば、問題はない。必ずしもそうとはいえないから問題なのである。

たとえば、以下にみるように、任期法4条は、国立または公立の大学が教員の任期を定めることができる場合を、①流動型（1項1号）、②研究助手型（同2号）、および③プロジェクト対応型（同3号）の三つの場合に限定しているが、同様の理は、私立大学が教員について任期を定める場合にも当てはまることになる（同法5条1項）。

（国立又は公立の大学の教員の任期）

第3条　国立又は公立の大学の学長は、教育公務員特例法（昭和24年法律第1号）第2条第4項に規定する評議会（評議会を置かない大学にあっては、教授会）の議に基づき、当該大学の教員（常時勤務の者に限る。以下この条及び次条において同じ。）について、次条の規定による任期を定めた任用を行う必要があると認めるときは、教員の任期に関する規則を定めなければならない。

2　国立又は公立の大学は、前項の規定により学長が教員の任期に関する規則を定め、又はこれを変更したときは、遅滞なく、これを公表しなければならない。

3　第1項の教員の任期に関する規則に記載すべき事項及び前項の公表の方法については、文部科学省令で定める。

第4条　任命権者は、前条第1項の教員の任期に関する規則が定められている大学について、教育公務員特例法第10条の規定に基づきその教員を任用する場合において、<u>次の各号のいずれかに該当するときは、任期を定め</u>

ることができる。
　二　先端的、学際的又は総合的な教育研究であることその他の当該教育研究組織で行われる教育研究の分野又は方法の特性にかんがみ、多様な人材の確保が特に求められる教育研究組織の職に就けるとき。
　二　助手の職で自ら研究目標を定めて研究を行うことをその職務の主たる内容とするものに就けるとき。
　三　大学が定め又は参画する特定の計画に基づき期間を定めて教育研究を行う職に就けるとき。
２　任命権者は、前項の規定により任期を定めて教員を任用する場合には、当該任用される者の同意を得なければならない。

（私立の大学の教員の任期）
第５条　学校法人は、当該学校法人の設置する大学の教員について、前条第１項各号のいずれかに該当するときは、労働契約において任期を定めることができる。
２　学校法人は、前項の規定により教員との労働契約において任期を定めようとするときは、あらかじめ、当該大学に係る教員の任期に関する規則を定めておかなければならない。
３　学校法人は、前項の教員の任期に関する規則を定め、又はこれを変更しようとするときは、当該大学の学長の意見を聴くものとする。
４　学校法人は、第２項の教員の任期に関する規則を定め、又はこれを変更したときは、これを公表するものとする。
５　第１項の規定により定められた任期は、教員が当該任期中（当該任期が始まる日から１年以内の期間を除く。）にその意思により退職することを妨げるものであってはならない。

　たしかに、現行労基法が認めない３年を超える任期の定め（５年任期、10年任期等）やその更新も、任期法に規定する基準をクリアすれば可能にはなる[28]。また、任期法５条５項の規定も、一見する限り、労働契約の期間を原則として

---

[28] 現に国立大学では、学長の定める「教員の任期に関する規則」において、３年、５年および10年を、助手、助教授および教授のそれぞれの任期として定めるパターンが定着している。ただし、更新については、これを認めないか、その回数を制限するものも少なくない。

最長1年とする現行労基法の定めに従っているにすぎないかにみえる。

とはいえ、平成12年12月1日に閣議決定された「経済構造の変革と創造のための行動計画」が有期雇用契約に関する取組みとして、以下のように述べていたことも失念すべきではない。

> 「有期雇用契約について、例えば5年というように、原則1年の上限期間を超える期間を定めた場合であっても、上限期間経過後はいつでも労働者側から解約できることが明示され、残りの期間は身分保障期間であることが明らかな場合には、労働基準法に違反するものではないという解釈の周知を図る」。

法律の解釈を閣議で決めるなどというのは、きわめてイレギュラーなことではある（かつ、本来は望ましくない）が、この閣議決定を受けて、当時の労働省が作成したリーフレット「労働契約期間について」においても、原則は上限1年であることを確認した上で、こう注記されていた。

> 「上限期間経過後はいつでも労働者側から解約することが明示されており、上限期間を超える期間は、身分保障期間として、使用者側からの解約をしないということを意味していることが明らかな『5年契約』などは、労働基準法第14条に違反するものではありませんので、このような契約を結ぶことは可能です」。

つまり、1年経過後の「退職の自由」が保障されている場合には、任期制を設けることに、本来、何の制限もないはずなのである。国立大学の法人化を契機として、任期法の改正も行われるというが、その内容が労基法よりもさらに厳しいなどというのでは話にならない。

任期制の導入を促進するはずであった法律が、逆に任期制の導入にブレーキをかける。そうした悲喜劇が起きないように、任期法については、労基法との関係を明確にした上で、その徹底的な見直し（たとえば、労基法の認める範囲を超える任期を定める場合に、任期法の適用範囲を限定する等）を行うべきであろう。

Ⅳ　裁量労働制の見直し

3　労働基準法の改正（平成15年改正）について

　今回の法改正では、裁量労働制の見直しも焦点の一つとなった。「規制改革推進3か年計画（再改定）」も述べるように、「企画業務型裁量労働制については、導入手続が煩雑であり、適用対象事業場等が限定的である」といった問題点が指摘され、これを早急に改める必要があったからである。

　その結果、労働基準法38条の4に規定する企画業務型裁量労働制については、次のような法改正（規制緩和）が実現することになった。

① 　企画業務型裁量労働制の対象事業場を「事業運営上の重要な決定が行われる事業場」（本社レベルの事業場）に限定しないものとする（1項本文）。
② 　企画業務型裁量労働制の導入に当たって労使委員会が行う決議の要件を、委員「全員の合意」から「5分の4以上の多数による議決」に改める（1項本文）[29]。労使委員会において、労働時間に関して労使協定により定めることとされている事項について決議を行う場合も、同様とする（5項）。
③ 　労使委員会の委員のうち、労働者を代表する委員について、「当該事業場の労働者の過半数の信任を得ていること」とする要件を廃止する（2項1号）。
④ 　労使委員会の設置に係る行政官庁（所轄労働基準監督署長）への届出義務を廃止する（2項2号の削除）。
⑤ 　企画業務型裁量労働制を導入した使用者が定期的に報告しなければならない事項を、その対象となる労働者の労働時間の状況に応じた当該労働者の健康および福祉を確保するための措置の実施状況に限定する（4項）。

　しかし、今回の法改正は一方で、前述した「3か年計画」においては言及のなかった専門業務型裁量労働制に関する制度の見直しをも含むものであった。その内容は、「専門業務型裁量労働制の導入に当たって労使協定で定めなければならない事項として、専門業務型裁量労働制の対象業務に従事する労働者の労働時間の状況に応じた当該労働者の健康及び福祉を確保するための措置並び

---

[29] 労使委員会による委員「5分の4以上の多数による議決」が必要とされたのは、少なくとも労働者を代表する委員の過半数が決議に同意していなければならない（「4分の3以上の多数」とした場合には、使用者を代表する委員の全員が同意した場合、労働者代表委員の半数が同意すれば決議が成立することになる）との考え方によるものであった。

に当該労働者からの苦情の処理に関する措置を当該協定で定めるところにより使用者が講ずることとする旨、その他厚生労働省令で定める事項を追加する」（法律案要綱）という点にあったが、こうした協定事項の追加に伴い、条文の体裁も以下にみるように号別方式を採用するものに改められることになった（ただし、実質的な改正内容は、1項4号から6号までの規定の追加にとどまる）。

第38条の3　使用者が、当該事業場に、労働者の過半数で組織する労働組合があるときはその労働組合、労働者の過半数で組織する労働組合がないときは労働者の過半数を代表する者との書面による協定により、次に掲げる事項を定めた場合において、労働者を第1号に掲げる業務に就かせたときは、当該労働者は、厚生労働省令で定めるところにより、第2号に掲げる時間労働したものとみなす。
　一　業務の性質上その遂行の方法を大幅に当該業務に従事する労働者の裁量にゆだねる必要があるため、当該業務の遂行の手段及び時間配分の決定等に関し使用者が具体的な指示をすることが困難なものとして厚生労働省令で定める業務のうち、労働者に就かせることとする業務（以下この条において「対象業務」という。）
　二　対象業務に従事する労働者の労働時間として算定される時間
　三　対象業務の遂行の手段及び時間配分の決定等に関し、当該対象業務に従事する労働者に対し使用者が具体的な指示をしないこと。
　四　対象業務に従事する労働者の労働時間の状況に応じた当該労働者の健康及び福祉を確保するための措置を当該協定で定めるところにより使用者が講ずること。
　五　対象業務に従事する労働者からの苦情の処理に関する措置を当該協定で定めるところにより使用者が講ずること。
　六　前各号に掲げるもののほか、厚生労働省令で定める事項
②　略

このような健康・福祉確保措置や苦情処理措置の義務づけは、いずれも企画業務型裁量労働制のそれに倣ったものではあったが、苦情処理措置はともかく、健康・福祉確保措置については、これを対象労働者の「労働時間の状況に応じ

た」措置とする必要があるのか、筆者には大いに疑問がある[30]。

　このことにより、労働時間管理を本来必要としないはずの裁量労働制の適用対象労働者についても、時間管理を行うことを使用者は事実上余儀なくされるからである。

　そして、こうした懸念が単なる杞憂にとどまるものでないことは、次のように規定する大臣告示「労働基準法第38条の4第1項の規定により同項第1号の業務に従事する労働者の適正な労働条件の確保を図るための指針」（平成11年12月27日労働省告示第149号）を一読しただけでも、明らかというほかなかった。

4　法第38条の4第1項第4号に規定する事項関係

(1)　当該事項に関し具体的に明らかにする事項

　　法第38条の4第1項第4号の対象労働者の「労働時間の状況に応じた当該労働者の健康及び福祉を確保するための措置」（以下「健康・福祉確保措置」という。）を当該決議で定めるところにより使用者が講ずることについては、次のいずれにも該当する内容のものであることが必要である。

　イ　使用者が対象労働者の労働時間の状況等の勤務状況（以下「勤務状況」という。）を把握する方法として、当該対象事業場の実態に応じて適当なものを具体的に明らかにしていること。その方法としては、いかなる時間帯にどの程度の時間在社し、労務を提供し得る状態にあったか等を明らかにし得る出退勤時刻又は入退室時刻の記録等によるものであること。

　ロ　イにより把握した勤務状況に基づいて、対象労働者の勤務状況に応じ、使用者がいかなる健康・福祉確保措置をどのように講ずるかを明

---

[30]　ただ、一方では、専門業務型裁量労働制の導入要件が企画業務型裁量労働制のそれに近づけば近づくほど、なぜ両者を区別しなければならないのかという疑問もわいてくる（平成10年の法改正当時から、筆者にはこのような疑問があった。拙稿「働き方の変化と労基法改正」『ジュリスト』1153号（平成11年4月）31頁以下、34頁）。なお、このことに関連して、いずれの裁量労働制についても、労使協定の締結による導入を認めるべきである（専門業務型で統一する）との意見が労使双方にみられることに注意。電機連合「新しい労働時間政策の確立に向けて」および東京商工会議所「労働政策に関する要望」（ともに、平成15年7月）を参照。

確にするものであること。
(2) 留意事項
　イ　対象労働者については、業務の遂行の方法を大幅に労働者の裁量にゆだね、使用者が具体的な指示をしないこととなるが、使用者は、このために当該対象労働者について、労働者の生命、身体及び健康を危険から保護すべき義務（いわゆる安全配慮義務）を免れるものではないことに留意することが必要である。
　ロ　使用者は、対象労働者の勤務状況を把握する際、対象労働者からの健康状態についての申告、健康状態についての上司による定期的なヒアリング等に基づき、対象労働者の健康状態を把握することが望ましい。このため、委員は、健康・福祉確保措置を講ずる前提として、使用者が対象労働者の勤務状況と併せてその健康状態を把握することを決議に含めることが望ましいことに留意することが必要である。
　ハ　労使委員会において、健康・福祉確保措置を決議するに当たっては、委員は、健康・福祉確保措置として次のものが考えられることに留意することが必要である。
　　(イ) 把握した対象労働者の勤務状況及びその健康状態に応じて、代償休日又は特別な休暇を付与すること
　　(ロ) 把握した対象労働者の勤務状況及びその健康状態に応じて、健康診断を実施すること
　　(ハ) 働き過ぎの防止の観点から、年次有給休暇についてまとまった日数連続して取得することを含めてその取得を促進すること
　　(ニ) 心とからだの健康問題についての相談窓口を設置すること
　　(ホ) 把握した対象労働者の勤務状況及びその健康状態に配慮し、必要な場合には適切な部署に配置転換をすること
　ニ　使用者は、ハに例示した措置のほかに、対象労働者が創造的な能力を継続的に発揮し得る環境を整備する観点から、例えば、自己啓発のための特別な休暇の付与等対象労働者の能力開発を促進する措置を講ずることが望ましいものである。このため、委員は、使用者が対象労働者の能力開発を促進する措置を講ずることを決議に含めることが望ましいことに留意することが必要である。

3 労働基準法の改正（平成15年改正）について

　たしかに、(2)のハに例示された健康・福祉確保措置の具体的内容については、裁量労働制の適用を受ける者のみを対象として、このような措置を講じるのが妥当であり、かつ、実際にも可能なのかという点で疑問は残るものの、基本的には同意できる。

　とはいうものの、健康・福祉確保措置がなぜ、労働時間の状況に応じた措置でなければならないのか。また、その前提として、裁量労働制の適用を受ける者についてまで、なぜ「出退勤時刻又は入退室時刻の記録等」が必要とされるのか。それが、筆者にはよくわからない。

　なお、こうしたなか、平成13年には、サービス残業（賃金不払残業）規制の一環として、使用者による労働者ごとの「始業・終業時刻の確認及び記録」義務を強調した、厚生労働省労働基準局長名の通達「労働時間の適正な把握のために使用者が講ずべき措置に関する基準」（同年4月6日基発第339号）[31]が発出され、「本基準の適用から除外する労働者（注：労基法41条2号に定める管理監督者のほか、裁量労働制の適用対象労働者を含む）についても、健康確保を図る必要があることから、使用者において適正な労働時間管理を行う責務がある」とされたこともあって、近年、管理監督者や裁量労働の適用を受ける者についても、タイムカードを復活させた会社が少なくないという。

　しかしながら、こうした状況は、成果主義の時代にはあまりにも似つかわしくない。時間を気にして働かなければならないために、かえってストレスが増し、健康確保のための措置が逆に健康を害する原因となる。そんな笑えない話が現実にならないとも限らない。どこかでボタンをかけ違ったのではないか。そう感じるのは、おそらく筆者だけではあるまい。

V　まとめにかえて

　今回の法改正は、労働基準法としては第40回目の改正に当たる。これで一段落という見方もあろうが、次回の法改正に向けた動きは既に始まっていると考えたほうがよい。

---

[31] この労働時間適正把握基準をはじめとする現行労働時間規制の問題点については、拙稿「就業時間」『就業形態の多様化と法政策』（日本労働研究機構、平成15年3月）44頁以下、51～60頁を参照。

第1部　総論

　その一つは、ホワイトカラー・イグゼンプションの導入であり、先にみたように、「規制改革推進3か年計画（改定・再改定）」においても「中長期的には」という断りが一応ついているものの、「裁量性の高い業務については労働時間規制の適用除外方式を採用することを検討する。（その際、管理監督者等に対する適用除外制度の在り方について、深夜業に関する規制の適用除外の当否を含め検討。）」として、これを「速やかに検討」するものとされている。

　ホワイトカラー・イグゼンプションの母国ともいうべきアメリカでは、管理職や専門職のほか、わが国でいう裁量労働に従事する者を含む広範なホワイトカラーを対象として、労働時間規制の適用除外が認められているが、2003年3月末には、対象労働者の範囲を明確化し、これを21世紀の職場環境に適合したものに改めることを目的とした規則改正案（年収2万2100ドル以下の者については適用除外を認めず、年収6万5000ドル以上の者については除外要件を大幅に緩和する等）が公表されるに至っており[32]、わが国において今後議論を進めるに当たっても、大いに参考になる。

　また、もう一つは、労働契約法の制定であり、解雇ルールの法制化が今回、当然のこととはいえ、罰則から切り離して行われたことをみても、刑罰法規としての労働基準法の限界はもはや明らかといわざるを得ない[33]。

　その意味で、労働契約法の制定は、好むと好まざるとにかかわらず、避け難いものと考えるべきであろう。

　なお、この点に関連して、衆参両院の厚生労働委員会における附帯決議は、「労働条件の変更、出向、転籍など、労働契約について包括的な法律を策定するため、専門的な調査研究を行う場を設けて積極的に検討を進め、その結果に基づき、法令上の措置を含め必要な措置を講ずること」としている。

　同決議にいう「有期上限5年の対象労働者の退職の自由、雇止め予告の在り方を含めた有期雇用の反復更新問題、『期間の定めのない』契約とするみなし規定の制定、有期雇用とするべき理由の明示の義務化、正社員との均等待遇……など、有期労働契約の在り方」といった項目がそこに含まれる可能性もある。

---

[32] *See Defining and Delimiting the Exemptions for Executive, Administrative, Professional, Outside Sales and Computer Employees: Proposed Rule*, Federal Register: March 31, 2003, pp. 15559-15597.

[33] なお、こうした点を含む現行法制の問題点については、拙稿「労働基準法制と規制のあり方」『ジュリスト』1066号（平成7年5月）175頁以下【本書19頁以下】を参照。

3　労働基準法の改正（平成15年改正）について

　このように有期労働契約について、一定の場合にこれを「期間の定めのない」契約とみなす規定や、有期雇用とする理由の明示を義務づける規定を新設することは硬直的にすぎ、雇用機会をかえって狭めるおそれがあることからも率直にいって賛成しかねるが、いずれにせよ、その行方には注目したい。

【後記】本節は、筆者が委員長を務めた企業活力研究所「内部労働市場の現状と課題に関する調査研究委員会」の『報告書』（国際経済交流財団、平成15年3月）第1部第1章Ⅲ「労働契約法制の行方と課題」をベースとしている。
　その後、公表された改正省令要綱案や告示要綱案の内容は、ほぼ予想どおりのものであったが、そうあって欲しくはないとの筆者の期待をむざんに裏切るものでもあった。
　たとえば、最長5年の有期労働契約の締結が認められる「高度の専門的知識等を有する労働者」の範囲は、予想に違わず、現在よりも狭いものとなっている（修士の学位を有する者等を対象から排除）。
　また、専門業務型裁量労働制についても、健康・福祉確保措置が労使協定事項として法定されたことに伴い、改正省令は「労働者ごと」にその「労働時間の状況」を記録し、これを労使協定の有効期間中およびその後3年間保存すべき義務を使用者に課すものとなっているが、新たに専門業務型裁量労働制の導入が認められる大学教員（「大学における教授研究の業務（主として研究に従事するものに限る。）」）についても、このような記録保存義務が課せられるとすれば、それは大学に不可能を強いるものともいえる。
　さらに、企画業務型裁量労働制についても、改正告示は、その対象事業場を「当該事業場の属する企業等に係る事業の運営に及ぼす決定が行われる事業場又は当該事業場に係る事業の運営に影響を及ぼす独自の事業戦略を策定している事業場」に限るものとなっており、これでは法律による対象事業場の限定をやめた意味がほとんどない。
　one-size-fits-all（杓子定規）な法令の適用と、大臣告示による改正法の骨抜きが今回の労働基準法改正の結末であるとすれば、あまりにも悲しい。

　　　　　　　初出）『阪大法学』53巻3・4号（平成15年11月）127頁以下
　　　　　　　　　　原題「労働基準法の改正について」

第1部　総論

Episode　03

　平成15年の労働基準法改正は、同法の［単独］改正としては、第5次改正に当たる。平成16年4月1日以降、法人化＝非公務員化に伴い、初めてその適用を受けることになった国立大学にとっても、大きな関心を持たざるを得ない法改正となった。

　平成15年3月28日に閣議決定された「規制改革推進3か年計画(再改定)」が「最も裁量性の高い職種と考えられる大学教員について、労働時間規制の在り方を早急に検討する」とした(本文37頁)ときも、そのもとになる総合規制改革会議の「規制改革の推進に関する第2次答申」(平成14年12月12日)のドラフトを起案した筆者らの念頭には、大学教員については、労働時間規制の適用を除外することが必要かつ望ましいとの考えがあった。

　こうした願望は、結局実現をみなかった(大学教員については、専門業務型裁量労働制が導入されるにとどまった)とはいうものの、適用除外が最善の解であるとの考え方は現在も変わっていない。

　労働時間規制を中心として、労働基準法の改正は、その後むしろ規制強化の方向にむかう。規制強化の色合いが濃厚な最近の法令改正の動きからみると、平成15年当時の議論は、まだ牧歌的ですらあった。

　規制改革の現場が当時求めたものは、あくまでも事実に基づく冷静な議論であり、解雇ルールの法制化一つをとっても、事実に基づかない議論は一切していない(本文37〜47頁を参照)。にもかかわらず、規制改革の現場の声が立法府や行政府に届くことはほとんどなかった。

　たとえば、有期労働契約の整備とかかわる「補論」として論じた「大学の教員等の任期に関する法律」(任期法)の場合、その核心となる4条および5条の規定(本文54〜55頁)は、テクニカルな改正(助教の新設に伴う4条1項2号の改正や、国立大学・公立大学の法人化に伴う5条1項から4項の文言修正)を除けば、ほぼ無修正のまま、現在に至っている。

　最近になり、非常勤講師に対する任期法の適用を否定する裁判例(学校法人羽衣学園事件＝大阪高判令和5．1．18労判1285号18頁。ただし、最高裁で弁論が行われることになったため、高裁判決が覆る可能性あり)がみられるようになったのも、必要な法改正をしてこなかったことによるといってよい。

4 労働契約法制・労働時間法制とその行方
——規制改革・民間開放推進会議が提起した疑問

Ⅰ　はじめに
Ⅱ　明らかになった法制化の骨子——厚生労働省「素案」の公表
Ⅲ　厚生労働省「素案」への疑問——規制改革・民間開放推進会議の意見
Ⅳ　静かに進むもう一つの法制化——附帯決議・閣議決定による基礎固め

Ⅰ　はじめに

"事件は現場で起きる"。このことを忘れた捜査は必ず行き詰まるし、捜査官の生命をも危うくする。映画「踊る大捜査線」には、警視庁（本店）をはじめとする官僚機構の描写がステレオタイプにすぎるとの感はあったものの、多くの観客が青島刑事のこの台詞に拍手喝采した。

ミスはするし、ドジも踏む。予想外・想定外のことが連続して起きるのが現場であり、教科書どおりに物事が進むことのほうがめずらしい。A社にできることでも、B社にできないことは多々あり、C社に通用することでも、D社には通用しない。そんなことが日常茶飯事として起きる。

それが世の中というものであるが、法律を制定したり改正したりする場合においても、こうした理想とは程遠い環境にある「踊る現場」への理解が、まず必要になる。生身の人間と直接かかわる労働法の世界では、他の法分野にもまして、このことが求められる。

平成18年7月21日、筆者が専門委員を務める規制改革・民間開放推進会議が「労働契約法制及び労働時間法制の在り方に関する意見」を公表したのも、このような事情による。同月23日、『日本経済新聞』は「『杓子定規の法整備やめて』、規制改革会議、素案に苦言」と見出しを打って、次のような記事を掲載したが、記者の眼に「意見」がどのように映ったのかがわかって興味深い。

第1部　総論

　「規制改革・民間開放推進会議（議長、宮内義彦オリックス会長）は、労働政策審議会が審議中の労働ルール改革に関する意見書をまとめた。厚生労働省の議論の進め方に苦言を呈するとともに働き方の多様化など労働市場の変化に対応した柔軟な仕組み作りを急ぐよう促している。

　意見書は厚労省の素案の問題点を挙げている。ホワイトカラー社員が働く時間を自由に設定できる制度に関しては、厚労省案が適用する労働者の範囲をあいまいにしている点を問題視。『制度を作っても要件が厳格すぎると利用されない』として、部長や副部長クラスにとどまらず課長や課長代理級も対象にすべきだとした。長時間労働の懸念については健康管理の観点から対応するよう求めている。

　厚労省案は労使紛争を未然に防ぐため、労働条件の基本ルールを『労働契約法』という新法で明文化することを提唱。その中で試用期間中の解雇について30日以上前の予告を義務付けるなど解雇権の乱用を正社員並みに制限する考えを示しているが、意見書は『企業が採用しやすい環境をつくるため採用後の一定期間は解雇規制の適用を除外する』のも一案とし、『杓子（しゃくし）定規の法制はかえって紛争の増大をもたらす』と指摘している。

　残業代の割増率の引き上げでは『引き上げになれば企業が割増賃金の算定基準になる賃金そのものを低く抑える』とし、それを埋めるため社員の残業時間がかえって増える可能性があるとした。

　非正規社員の待遇について厚労省案は『一定期間・回数を超えて契約を継続した非正規社員に対し、企業は優先的に正社員に登用する機会を与えなければならない』としている。これにも意見書は『使用者が契約を更新しないことなどが予想され、雇用がかえって不安定になる』と批判した」。

　しかし、規制改革・民間開放推進会議が提起した疑問は、以上に尽きるわけではもとよりない。これに先だって公表された厚生労働省の「素案」の内容が多岐にわたったことから、「意見」も網羅的ではないものの、「素案」で取り上げられた項目ごとに疑問点を明らかにする体裁をとった。

　本節は、そうした「意見」の内容を補足的に説明することを目的としているが、以下ではまず、そのもとになった「素案」の内容を素直に読むことから始めたい。

4 労働契約法制・労働時間法制とその行方——規制改革・民間開放推進会議が提起した疑問

　なお、以下の記述は、規制改革・民間開放推進会議としての見解を明らかにしたものではなく、同会議の雇用・労働WGの専門委員である筆者個人の見解にとどまることをあらかじめお断りしておく。

II　明らかになった法制化の骨子——厚生労働省「素案」の公表

　平成18年4月11日、厚生労働省は、同日開催された第54回労働政策審議会労働条件分科会に「労働契約法制及び労働時間法制に係る検討の視点」と題する文書を提出。これらの法制化に向けた同省の考え方（検討のための「たたき台」）を明らかにする。

　その後約2か月が経過した6月13日には、同日開催された第58回分科会に「労働契約法制及び労働時間法制の在り方について」と題する文書が提出され、同月27日開催の第59回分科会には、その内容の一部を補充した文書（素案）が提出される。

　双方の内容は、以下にみるように大きく異なるものではない（下線部が主な変更箇所）が、4月の「たたき台」では曖昧な表現に終わっていた部分が6月の「素案」ではより具体的な内容に改められており（「法制化の骨子」はこの時点で概ね明らかになったといえる）、当初、厚生労働省が7月半ばに予定していた「中間とりまとめ」の内容も、この「素案」と大差のないものとなることはほぼ確実であった（**対比表**の下線部が主な修正箇所）。

厚生労働省案（労働契約法制・労働時間法制）対比表

労働契約法制及び労働時間法制に係る検討の視点	労働契約法制及び労働時間法制の在り方について
第1　検討の趣旨　　近年、産業構造の変化が進む中で、ホワイトカラー労働者の増加、就業形態・就業意識の多様化、少子化の進展など、雇用・労働関係を取り巻く状況が変化し、労働条件の小グループ化や労働条件の変更の増加がみられる。　　こうした中、個別の労働関係におけるル	第1　検討の趣旨　　近年、産業構造の変化が進む中で、ホワイトカラー労働者の増加、就業形態・就業意識の多様化、少子化の進展など、雇用・労働関係を取り巻く状況が変化し、労働条件の小グループ化や労働条件の変更の増加がみられる。　　こうした中、<u>解雇に係る紛争や労働条件</u>

第1部　総論

ールが明確でないために、予測可能性が低く、解雇に係る紛争や労働条件の引下げに係る紛争をはじめとした個別労働関係紛争も増加している。	の変更に係る紛争をはじめとした個別労働関係紛争も増加しており、また、個別の労働関係におけるルールが明確でないために、労働条件の変更等についての予測可能性が低い状況にある。
また、産業構造が変化し、就業形態・就業意識が多様化する中で、創造的・専門的能力を発揮して自律的な働き方をする労働者が見られるようになっている。他方で、長時間労働者の割合が高止まりしており、過労死の防止や少子化対策の観点から、長時間労働の抑制策を講ずることが喫緊の課題になっている。	また、産業構造が変化し、就業形態・就業意識が多様化する中で、創造的・専門的能力を発揮して自律的な働き方をする労働者が見られるようになっている。他方で、長時間労働者の割合が高止まりしており、過労死の防止や少子化対策の観点から、長時間労働の抑制策を講ずることが喫緊の課題になっている。
このような状況に対処し、 ・　労使の継続的な関係を規律する労働契約が、公正なルールに則って締結され、それが遵守されるようにすることや、労働契約の内容となっている重要な労働条件の変更等の際には、労使において十分な話合いが行われるようにすること ・　長時間労働を抑制するとともに、労働者が健康を確保しつつ、能力を十分に発揮した働き方を選択できるようにするため、労働時間制度を見直すこと により、労働基準法を遵守しつつ、円満かつ良好な労働契約関係が継続されるようにする必要がある。	このような状況に対処し、 ・　労使の継続的な関係を規律する労働契約が、公正なルールに則って締結され、それが遵守されるようにすることや、労働契約の内容となっている重要な労働条件の変更等の際には、労使において十分な話合いの下で自主的な決定が行われるようにすること ・　長時間労働を抑制するとともに、労働者が健康を確保しつつ、能力を十分に発揮した働き方を選択できるようにするため、労働時間制度を見直すこと により、労働基準法を遵守しつつ、円満かつ良好な労働契約関係が継続されるようにする必要がある。 このため、労働契約に関するルールを定めた労働契約法を制定するとともに、労働時間に関する制度を見直し、労働基準法を改正することが必要であり、その在り方について次のような方向により検討を進めることとする。
第2　検討の視点 【労働契約法制】（一部労働基準法改正を含む）	第2　検討の方向 【労働契約法制】（一部労働基準法改正を含む）

[4] 労働契約法制・労働時間法制とその行方——規制改革・民間開放推進会議が提起した疑問

基本的事項	総則事項
（基本的な考え方） 　労働契約が労働者と使用者との継続的な関係を規律するものであることにかんがみ、労使両当事者の契約に対する自覚を促しつつ、労働契約が円滑に継続するための基本的事項を明らかにする。 ○　労働契約は、労使が実質的に対等な立場で締結するべきものであり、労使双方が労働契約の内容に納得し、良好な労働契約関係を維持するよう努めるべきものとすることが必要ではないか。 ○　労働者及び使用者は、良好で継続的な労働契約関係を維持しつつ、紛争を予防する観点から、労働契約の内容についてできるだけ書面で確認するようにするものとすることが必要ではないか。 ○　労働契約の両当事者は、各々誠実にその義務を履行しなければならず、その権利を濫用してはならないものとすることが必要ではないか。 ○　使用者は、労働者が安心して働くことができるように配慮するとともに、労働契約において、その実態に応じ、均衡を考慮するものとすることが必要ではないか。	（基本的な考え方） 　労働契約が労働者と使用者との継続的な関係を規律するものであることにかんがみ、労使両当事者の契約に対する自覚を促しつつ、労働契約が円滑に継続するための基本的事項を明らかにする。 ⑴　労働契約は、<u>労働者及び使用者が実質的に対等な立場における合意に基づいて締結され、又は変更されるべきものである</u>。 ⑵　<u>上記⑴の実質的に対等な立場における合意に資するよう、使用者は契約内容について情報を提供し、</u>労使双方は良好な労働契約関係を維持するよう努めるものとする。 ⑶　労働者及び使用者は、良好で継続的な労働契約関係を維持しつつ、紛争を予防する観点から、労働契約の内容についてできるだけ書面で確認するようにするものとする。 ⑷　労働契約の両当事者は、各々誠実にその義務を履行しなければならず、その権利を濫用してはならないものとする。 ⑸　使用者は、労働者が安心して働くことができるように配慮するとともに、労働契約において、<u>雇用形態にかかわらずその雇用の実態に応じ、その労働条件について</u>均衡を考慮したものとなるようにするものとする。 ⑹　<u>労働契約法の対象範囲について、業務請負等の問題や労働基準法の対象範囲との関係に留意しながら、引き続き検討する</u>。
就業規則をめぐるルール等の明確化	就業規則<u>で定める労働条件と労働契約の関係等</u>の明確化

（基本的な考え方）	（基本的な考え方）
我が国では、就業規則により労働条件が統一的かつ画一的に決定されることが広範に行われており、慣習として定着しているが、個別の労働契約との関係が明確ではなく、また、就業規則による労働条件の変更の際、どういう場合に合理的な変更となるか明らかでないので、これを明確化する。	労働条件は、労働者及び使用者の実質的に対等な立場における合意に基づき締結される労働契約で決められるべきものであるが、我が国では、労働組合がある場合には労働協約により労働条件が集団的に決定される一方で、就業規則により労働条件が統一的かつ画一的に決定されることも広範に行われているのが実態である。 したがって、労働条件について、個別の労働契約に基づくものと、労働協約及び就業規則に基づくものとの関係が重要となるが、現状では就業規則に基づくものとの関係が必ずしも明確ではなく、また、就業規則の変更の際、どういう場合に合理的な労働条件の変更となるか明らかでないので、これを明確化する。
〔就業規則と個別の労働契約の関係の明確化〕	〔就業規則で定める労働条件と個別の労働契約の関係〕
○　労働契約締結の際に、必要な就業規則の周知手続を実施すること、その内容が合理的でない場合を除くこと等の要件の下で、当該事業場で労働している労働者の労働契約の内容は就業規則の定めるところによるとの合意が成立したものと推定することが必要ではないか。	(1)　労働契約締結の際に、使用者が労働基準法を遵守して定めた就業規則がある場合には、その内容が合理的なものでない場合を除き、個別に労働契約で労働条件を定める部分以外については、当該事業場で就労する個別の労働者とその使用者との間に、就業規則に定める労働条件による旨の合意が成立しているものと推定する。
○　上記のルールの明確化と併せ、明示された労働条件と事実が異なる場合に労働者が即時に労働契約を解除することができること（現行の労働基準法第15条第2項）や就業規則と法令、労働契約等との相互の関係を明らかにすること（現行の労働基準法第92条第1項・第93条）が必要ではないか。	(2)　上記と併せ、現行の労働基準法第15条第2項（明示された労働条件と事実が異なる場合に労働者が即時に労働契約を解除することができること）及び現行の労働基準法第92条第1項・第93条（就業規則と法令、労働契約等との相互の関係、効力）は労働契約法に移行する。
〔就業規則の変更の場面でのルールの明確	〔就業規則の変更等による労働条件と労働

4 労働契約法制・労働時間法制とその行方——規制改革・民間開放推進会議が提起した疑問

化〕	契約の関係〕
○ 就業規則の変更等により労働者の従前の労働条件が変更される際に、必要な就業規則の周知手続を実施すること、その変更が合理的であること（その判断要素としては、例えば、就業規則変更の必要性、内容、労働者が被る不利益の程度等が考えられる。）等の要件の下で、個別の労働者と使用者との間に、従前の労働条件の変更に係る合意が成立したものと推定することが必要ではないか。	(3) 就業規則の変更等の際に、<u>使用者が労働基準法を遵守して就業規則の変更等を行い、かつ、その変更によって労働者が被る不利益の程度、その変更の必要性、変更後の就業規則の内容、変更に係る協議の状況その他の事情に照らして、その労働条件に係る就業規則の変更が合理的なものであるときは、個別に労働契約で労働条件を定める部分以外については、個別の労働者と使用者との間に、変更後の就業規則に定める労働条件による旨の合意があるものと推定する。</u>
	〈事業場に過半数組合がある場合〉
○ 就業規則を変更する際に、当該事業場の過半数組合と使用者との間で合意した場合には、その変更が合理的なものとして個別の労働者と使用者との間に従前の労働条件の変更に係る合意が成立したものと推定するという法的効果を与えることが必要ではないか。	(4) 上記(3)の際に、<u>労働基準法を遵守して就業規則変更等を行う使用者が「当該事業場の労働者の見解を求めた過半数組合」との間で合意している場合には、上記(3)の合意があるものと推定する。ただし、労働者がその就業規則の変更が不合理なものであることの反証を行った場合には、この推定は覆されることになるものとする。</u>
○ この場合において、なるべく多様な労働者の意見をくみ上げていくという観点から、例えば「特別多数労働組合」（当該事業場の労働者の3分の2以上の者で組織される労働組合等が考えられる。）とすることが必要ではないか。また、その場合、「特別多数労働組合」でない過半数組合との合意についても考え方を整理することが考えられないか。	(5) なお、<u>「特別多数労働組合」（当該事業場の労働者の3分の2以上の者で組織される労働組合等が考えられる。）との合意については、上記(4)の手続を経た過半数組合との間の合意と同様の効果を与えることとすることについて、慎重に検討する。</u>
〔労使委員会（労働者が意見表明できる仕組みの整備）〕(※ 本来の位置は、この項の最後)	〈事業場に過半数組合がない場合〉
（基本的な考え方）	(6) <u>就業規則の変更等と労働契約の関係については、事業場に過半数組合がない場合についても明らかにしておく必要がある。このため、使用者が事業場の労働者を</u>
労使の実質的な話合いを進めることは、	

71

第1部　総論

労働契約の円滑な継続を図るために重要であるので、多様な労働者が意見を表明できる仕組みを整備する。
○　過半数組合がない事業場においても実質的な労使協議が行われることが望ましいのではないか。このため、事業場における労働条件に関して調査審議を行う機関として、労使委員会の設置を促進することが必要ではないか。
○　就業規則の変更の場面において、過半数組合との合意があった場合に従前の労働条件の変更に係る合意が成立したものと推定するという法的効果を付与することとするときには、過半数組合がない事業場においては、労使委員会の決議又は調査審議に一定の法的効果を与えることが考えられないか。
○　そのような法的効果を付与する場合には、労働者代表の委員の民主的な選出手続（例えば、直接無記名投票による選出、就業形態に応じた委員枠の確保等が考えられる。）を確保することが必要ではないか。

代表する者との間で合意したときは、上記(4)の過半数組合との間で合意したときに準ずる法的効果を与えることについて、検討する。
(7)　上記(6)の検討を行う前提として、まずは労働基準法の過半数代表者の選出手続等について検討を行う必要がある。現行の労働基準法においては、使用者が、時間外労働協定を締結したり、就業規則の作成・変更を行う場合には、過半数組合がないときは、過半数代表者を締結当事者や意見聴取の相手方として位置付けているが、この過半数代表者の選出要件を明確化した手続によるもの（注1）とした上で、そのような手続を経て選出された「事業場のすべての労働者を適正に代表する者（複数）」についても事業場の労働者を代表する者として認めることについて、検討する。
(8)　その上で、使用者が、就業規則の作成・変更をするに当たって上記(7)により「事業場のすべての労働者を適正に代表する者」を複数選出した上で、それらの者との間で合意した場合には、上記(4)の過半数組合との間で合意した場合に準ずる法的効果を与えることについて、検討する。
(9)　また、上記(7)の「事業場のすべての労働者を適正に代表する者（複数）との間での合意」については、「労使委員会（注2）の決議」をもって代えることができることとすることについて、併せて検討する。
（注1）現在、労働基準法において、事業場の労働者の代表として「過半数組合」や「過半数代表者」が規定されているが、過半数代表者については、親睦会等の代表者が自動的に労働者代表となったり、一定の従業員だけの話合いで労働

4 労働契約法制・労働時間法制とその行方——規制改革・民間開放推進会議が提起した疑問

	者代表を選出するなど、その選出方法が適切でない事例もあることから、<u>民主的な選出手続（選挙、信任又は労働者による話合い）によらなければならないことを明確にするとともに、事業場の多様な労働者の利益を公正に代表することができるようなものに改める必要がある。</u>
	（注2）<u>現在、労働基準法で規定されている労使委員会については、過半数組合のない事業場では、過半数代表者が指名することとされているが、（注1）による民主的な選出手続により選出されたすべての労働者を適正に代表する者（複数）</u>については、労使委員会の委員とすることが適当ではないか。
〔労働基準法のその他の就業規則関係のルールの整備〕	〔その他の就業規則に係る労働基準法の規定の整備〕
○　就業規則の必要記載事項の追加（転居を伴う配置転換、出向、休職、懲戒の事由等）その他の整備を行うことが必要ではないか。（労働基準法）	⑽　就業規則の必要記載事項の追加（転居を伴う配置転換、出向、休職、懲戒の事由等）その他の整備を行うこととする。（労働基準法）
〔労働基準法の労働条件の明示に係るルールの改善〕	〔労働条件の明示に係る労働基準法の規定の改善〕
○　労働契約締結の際の労働条件の明示事項の追加（転居を伴う配置転換、出向、労働時間制度等）その他の整備を行うとともに、特に重要な事項に係る明示の方法（書面の交付）を法で明記することが必要ではないか。（労働基準法）	⑾　労働契約締結の際の労働条件の明示事項の追加（転居を伴う配置転換、出向、労働時間制度等）その他の整備を行うとともに、特に重要な事項に係る明示の方法（書面の交付）を<u>労働基準法第15条第1項</u>で明記することとする。（労働基準法）
重要な労働条件に係るルールの明確化（基本的な考え方）	重要な労働条件に係るルールの明確化（基本的な考え方）
労働者にとって重要な労働条件の変更等が円滑になされることも、労働契約の円滑な継続を図るために重要であるので、そのためのルールを明確化する。	労働者にとって重要な労働条件の変更等は、継続的な労働契約関係の存否に直結するものであり、労働条件は労使対等の立場において決すべきものであることを踏まえつつ、重要な労働条件の変更等が紛争を惹

第1部　総論

	起することなくなされるようにするためルールを明確化する。
〔重要な労働条件に係る事項の説明〕 ○　継続的な労働契約関係において、労働者にとって特に重要な賃金、労働時間等の労働条件の変更（例えば、自律的労働時間制度を適用するときも含まれる。）が行われる等の際には、使用者は当該労働者に対し、書面で明示の上説明するものとすることが必要ではないか。また、そのような手続を経た場合に、一定の法的効果を与えることが適当か。	〔重要な労働条件に係る事項の説明〕 (1)　継続的な労働契約関係において、労働者にとって特に重要な賃金、労働時間等の労働条件の変更が行われる等の際には、使用者はその変更する内容について、書面で明示の上説明するものとする。なお、このような手続を経た場合の<u>効果等については、以下のとおり検討する。</u> 　ⅰ　<u>自律的労働にふさわしい制度（後掲）の対象となる労働者については、書面による条件の明示・説明及び合意がない場合には、通常の労働時間管理により取り扱われるべきものとする。</u> 　ⅱ　<u>出向又は転居を伴う配置転換（転勤）の場合には、現行の労働基準法第15条第1項により労働契約の締結の際に書面で明示しなければならないとされている事項について、使用者（出向の場合は出向元）は、当該出向又は転勤を命ずる際に改めて書面による明示・説明を要することとする。</u> 　ⅲ　<u>転籍の場合には、上記ⅱと同様に、使用者（転籍元）は、当該転籍を申し出る際に改めて書面による明示・説明を要することとする。なお、転籍の場合には、労働者の個別の承諾がなければ無効になるものとする。（後掲）</u>
〔採用内定、試用〕 ○　採用内定取消や試用期間中の解雇は、解雇に関する一般的なルール（現行の労働基準法第18条の2）が適用されることを明確化することが必要ではないか。	〔採用内定、試用〕 (2)　採用内定取消や試用期間中の解雇についても、解雇に関する一般的なルール（<u>客観的に合理的な理由を欠き、社会通念上相当であると認められない場合は、その権利を濫用したものとして、無効とする</u>）が適用されることを明確にする。
○　試用期間であるために労働基準法の解	(3)　試用期間であるために解雇予告の規定

74

4 労働契約法制・労働時間法制とその行方――規制改革・民間開放推進会議が提起した疑問

雇予告の規定を除外している規定等を引き続き置く必要性について検討する必要がないか。（労働基準法等）

〔出向、転籍、転勤〕
○ 使用者が出向や転居を伴う配置転換を命じ、又は転籍の申出を行うに当たり、労働者の意向打診、労働条件の書面明示等を行うこととすることが考えられないか。

（以下、順序は当初案と若干異なる）

○ 労働者の個別の承諾を得なければ、転籍させることはできないこととすることが必要ではないか。
○ 基本的事項において権利濫用してはならないこととされていることとは別に、転居を伴う配置転換等についても、その権利を濫用してはならないものとすることが考えられないか。

を適用除外としている規定等を削除する。（労働基準法等）

〔出向、転勤、転籍〕
(4) 使用者が出向や転居を伴う配置転換（転勤）を命じ、又は転籍の申出を行う場合のルールを次のとおり明確にする。
　i 使用者が出向や転勤を命じ、又は転籍の申出を行う場合には、労働者への意向打診、労働条件の書面明示（再掲）を行うこととする。
　ii 転籍については、使用者が労働者の個別の承諾を得ないで行った場合には、当該転籍は無効とするものとする。また、この場合における承諾は書面によるようにしなければならないものとする。
　iii 転勤については、その配置転換の必要性の有無、使用者に他の不当な動機があるか否か、労働者が被る不利益の程度等の事情を考慮し、その権利を濫用するものであってはならないものとする。
　iv 出向は、出向元と法人格の異なる第三者（出向先）との間で新たな雇用関係を生じさせるものであり、同一企業内における関係にとどまる配置転換とは異なるものであることから、使用者が労働者に出向を命じようとする場合には、あらかじめ就業規則、労働協約等において、労働者の利益に配慮し、出向をさせることがある旨及び出向をさせる場合の期間、賃金その他処遇等に関する規定が定められていなければならないものとする。
　　ここで、出向のうち、人的・資本的関係が密接である出向元と出向先と

第1部　総論

	の間で行われるものであることにより同一企業内で行われる配置転換と同視し得ると認められるものについては、出向に関する規定が不合理なものでない限り、使用者は、労働者の個別の承諾を要せずして命じることができることとする。 　また、上記により使用者が労働者に出向を命ずることができる場合においても、当該出向が、その必要性、人選基準の合理性、賃金その他処遇等に関する規定等の状況等に照らして権利濫用に当たるものであってはならないとすることを明確にすることについて、検討する。
	〔安全配慮義務〕 (5)　使用者は、労働者が労務を提供する過程において、労働者の生命及び身体等を危険から保護するよう配慮しなければならないこととする。
〔懲戒等〕 ○　労働者を懲戒又は降格しようとする場合には、あらかじめ労働協約又は就業規則の根拠が必要ではないか。 ○　懲戒権濫用法理を定めることが必要ではないか。	〔懲戒等〕 (6)　懲戒又は降格について、使用者があらかじめ定められた労働協約又は就業規則の根拠なく行った場合には、それらの懲戒又は降格は無効とするものとする。 (7)　懲戒は、労働者の行為の性質、態様等に照らして、客観的に合理的な理由を欠き、社会通念上相当であると認められない場合は、その権利を濫用したものとして無効とするものとする。
〔労働条件の変更に係るルール〕 ○　労働条件の変更の申入れに対し、労働者が異議をとどめて承諾した場合は、当該労働条件の変更について異議をとどめたことを理由とした解雇はできないこととすることが考えられないか。	〔労働条件の変更に係るルール〕 (8)　個別の労働契約により決定されていた労働条件について、使用者が変更の申入れを行った際に、労働者が異議をとどめて承諾した場合は、当該労働条件の変更について異議をとどめたことを理由とした解雇はできないこととする。ここでい

4 労働契約法制・労働時間法制とその行方――規制改革・民間開放推進会議が提起した疑問

○ 労働者が雇用を維持しつつ労働条件の変更について争うことを希望する場合は、労働審判制度等において解決を促すための必要な改善策が考えられないか。	う「解雇」に有期労働契約の更新拒絶を含めるべきかについて、併せて検討する。 (9) 上記(8)により労働者が異議をとどめた労働条件の変更については、労使当事者に、紛争の態様に応じて労働審判制度、個別労働関係紛争解決制度等を活用して紛争解決を促すための必要な方策について、検討する
〔その他の事項〕	〔その他〕
	(10) 労働者からの労働契約の変更の請求につきどのように取り扱うかについて、引き続き検討する。
○ 競業避止、兼業禁止、秘密保持及び個人情報保護に関するルールを明確化することが考えられないか。	(11) 競業避止、兼業禁止、秘密保持及び個人情報保護に関するルールを明確化することについて、引き続き検討する。
労働契約の終了の場面のルールの明確化（基本的な考え方） 　解雇をめぐる紛争の未然防止・早期解決に資するため、解雇に係るルールをできる限り明確化し、予測可能性を高める。また、解雇無効の判決がなされても、実際には原職に復帰できない場合について、これを円満に解決する仕組みを検討する。	労働契約の終了の場面のルールの明確化（基本的な考え方） 　解雇をめぐる紛争の未然防止・早期解決に資するため、解雇に係るルールをできる限り明確化し、予測可能性を高める。また、解雇無効の判決がなされても、実際には原職に復帰できない場合について、これを迅速に解決する仕組みを検討する。
〔解雇に関するルールの明確化〕 ○ 解雇をめぐる紛争の未然防止・早期解決に資するため、解雇に関する一般的なルール（現行の労働基準法第18条の2）のほか、整理解雇に関する判例法理（4要素（人員削減の必要性、解雇回避措置、解雇対象者の選定方法、解雇に至る手続））を明確化することが必要ではないか。	〔解雇に関するルールの明確化〕 (1) 現行の労働基準法第18条の2（解雇は、客観的に合理的な理由を欠き、社会通念上相当であると認められない場合は、その権利を濫用したものとして、無効とする）の規定を労働契約法に移行する。 (2) 解雇事由の中でも整理解雇は、一時に大量の失業者を発生させ、大規模な紛争を生じさせる可能性があるものであることから、解雇権濫用の判断の予測可能性を向上させ紛争を未然に防止するためのルールを明確化する必要がある。そのため、整理解雇は、裁判例において考慮すべき要素とされている4要素（人員削減の

第1部　総論

	必要性、解雇回避措置、解雇対象者の選定方法、解雇に至る手続)を含め総合的に考慮して、客観的に合理的な理由を欠き、社会通念上相当であると認められない場合は、その権利を濫用したものとして無効とするものとする。 (3)　紛争が最も多い形態である普通解雇についても、紛争の未然防止の観点から、労使双方の意思疎通を促し、紛争の未然防止を図るために使用者が講ずることを求められる手続を明確化する必要がある。そのため、使用者は、普通解雇をしようとする場合には、解雇をしようとする理由の明示その他普通解雇の態様に応じて是正機会や弁明機会を付与することなど必要な手続をとるようにしなければならないこととすることについて、検討する。
〔解雇の金銭的解決の仕組みの検討〕 ○　解雇をめぐる紛争が長期化すると労使にとってコストが増えることにかんがみ、労働審判制度等において解決を促すための必要な改善策が考えられないか。 　　（※　順序は逆） ○　裁判において解雇が無効とされた場合であっても労働者の原職復帰が困難な場合に、これを円満解決できるような仕組みが必要ではないか。 ○　その場合、どのような論点があり、それを解決するためにどのような手法があるのか整理する必要があるのではないか。	〔解雇の金銭的解決の仕組みの検討〕 (4)　解雇をめぐる紛争が長期化すると労使にとってコストが増えることにかんがみ、労働審判制度の調停、個別労働関係紛争解決制度のあっせん等の紛争解決手続において、労使双方が金銭による紛争の処理を申し出ることができることを明らかにする。さらに、審判又は裁判において解雇が争われる場合において労働者の原職復帰が困難な場合には、これを金銭で迅速に解決できるような仕組みについても検討する。 　ⅰ　解雇が無効の判断が出る前に、一回的に解決できる裁判手続が考えられないか。 　ⅱ　金銭をもって解決できる場合の金額は一律の額とするのか、一定の基準に基づき事業場（又は企業）ごとに決定できるようにするのか、あるいは事業場（又は企業）ごとの実情に応じて決

4 労働契約法制・労働時間法制とその行方――規制改革・民間開放推進会議が提起した疑問

	定できるようにするのか。 ⅲ 有期労働契約における更新拒絶についても対象とすべきか。
〔その他の労働契約の終了の場面でのルールの明確化〕 ○ 労働者の軽過失により使用者に損害が発生した場合には、使用者は労働者に対して求償できないこととすること、留学・研修費用の返還については労働基準法第16条に抵触しない場面を明らかにすることが考えられないか。 ○ 使用者からの働きかけによる退職の場合について、労働者が納得しない退職を防止するためのルールを検討することが考えられないか。	〔その他の労働契約の終了の場面でのルールの明確化〕 (5) 労働者の軽過失により使用者に損害が発生した場合には、使用者は労働者に対して求償できないこととすること、留学・研修費用の返還については労働基準法第16条に抵触しない場面を明らかにすることについて、引き続き検討する。 (6) 使用者からの働きかけによる退職の場合について、労働者が納得しない退職を防止するため、使用者は労働者に対して執拗な退職の勧奨及び強要を行ってはならないこととする。
有期労働契約をめぐるルールの明確化 （基本的な考え方） 有期労働契約が労使双方に良好な雇用形態として活用されるよう、ルールを明確化する。 ○ 労働契約の締結に際し、有期契約とする理由を示すこと、その期間を目的に照らし適切なものとすることを求める等、有期労働契約についてのルールを定めることが必要ではないか。 ○ 有期労働契約においては、契約期間中の解雇は極めて限定的であることを明確化することが必要ではないか。 ○ 有期労働契約が更新されながら一定期間（又は一定回数）を超えて継続している場合において、労働者の請求があったときには、次の更新の際、期間の定めのない労働契約が締結されることとなるような方策が考えられないか。	有期労働契約をめぐるルールの明確化 （基本的な考え方） 有期労働契約が労使双方に良好な雇用形態として活用されるよう、有期契約労働者の就業意識やニーズ等にも留意しながら、ルールを明確化する。 (1) 労働契約の締結に際し、使用者は有期契約とする理由を示すとともに、その契約期間を適切なものとするよう努めなければならないものとする。 (2) 有期労働契約においては、使用者は、契約期間中はやむを得ない理由がない限り解約できないものとする。 (3) 有期労働契約が更新されながら一定期間（例えば、1年）又は一定回数（例えば、3回程度）を超えて継続している場合において、労働者の請求があったときには、使用者は期間の定めのない契約の優先的な応募機会の付与を行わなければならないこととすることについて、検討する。

第1部　総論

○　「有期労働契約の締結、更新及び雇止めに関する基準」において、雇入れの日から起算して1年を超えて継続勤務している者に限り求められている雇止めの予告について、その継続勤務期間の要件を短縮することや、一定回数以上更新されている者についても対象とすることが考えられないか。 ○　有期労働契約の締結に際しての労働条件の明示事項として、労働契約の始期及び終期並びに契約期間満了後の更新の有無を追加することが必要ではないか。（労働基準法）	(4)　「有期労働契約の締結、更新及び雇止めに関する基準」において、雇入れの日から起算して1年を超えて継続勤務している者に限り求められている雇止めの予告について、<u>一定回数（例えば、3回程度）以</u>上更新されている者についても対象とすることについて、<u>引き続き検討する。</u> (5)　有期労働契約の締結に際しての労働条件の明示事項として、労働契約の始期及び終期並びに契約期間満了後の更新の有無を追加することとする。（労働基準法） (6)　<u>有期労働契約の締結に際して、上記(5)による改正後の労働基準法第15条第1項の規定による契約期間満了後の更新の有無が書面で明示されなかった場合には、同一の労働条件で更新されるものとすることについて、引き続き検討する。</u> (7)　<u>なお、前出の「労働条件の変更に係るルール」の「労働条件の変更について異議をとどめたことを理由とした解雇はできないこととする」という部分や「解雇の金銭的解決の仕組みの検討」における「解雇」に、有期労働契約の更新拒絶についても含めるべきかどうかについて、検討する。</u>（再掲）
国の役割 ○　労働契約関係が円満かつ継続的に維持されていくよう、国が、必要な助言、指導等を行う必要があるのではないか。	**国の役割** ○　労働契約関係が円満かつ継続的に維持され、<u>紛争の未然防止を図っていくためには、労働契約法で定めるルールを労使当事者をはじめとする国民に周知し、その理解を深めることが重要である。したがって、国が、必要に応じて労働契約法の解釈を明らかにした上で、個別労働関係紛争解決制度の活用も含め、関係者に対する必要な助言、指導等を行うことができるようにすることについて、引き続き</u>

④ 労働契約法制・労働時間法制とその行方──規制改革・民間開放推進会議が提起した疑問

	検討する。
【労働時間法制】（労働基準法の改正） 時間外労働の削減等 （基本的な考え方） 　次世代を育成する世代（30歳代）の男性を中心に、長時間労働者の割合が高止まりしており、過労死の防止や少子化対策の観点から、労働者の疲労回復のための措置を講ずるとともに、長時間にわたる恒常的な時間外労働の削減を図るための見直しを行う。	【労働時間法制】（労働基準法の改正） 時間外労働の削減等 （基本的な考え方） 　次世代を育成する世代（30歳代）の男性を中心に、長時間労働者の割合が高止まりしており、過労死の防止や少子化対策の観点から、労働者の疲労回復のための措置を講ずるとともに、長時間にわたる恒常的な時間外労働の削減を図る<u>必要があるとの共通の認識の下に、必要な見直しを行う</u>。
〔労働者の健康確保のための休日〕 ○　一定時間数を超えて時間外労働させた場合、労働者の疲労回復を図る観点から、時間外労働をした時間数に応じて算出される日数の労働者の健康確保のための休日の付与を義務付けることが考えられないか。	〔労働者の健康確保のための休日〕 (1)　一定時間数<u>（例えば、1か月について40時間程度）</u>を超えて時間外労働させた場合、労働者の疲労回復を図る観点から、時間外労働をした時間数に応じて算出される日数<u>（例えば、1か月の時間外労働が40時間超75時間以下の場合に1日、75時間超の場合に2日）</u>の労働者の健康確保のための休日<u>（法定休日）を、1か月以内に付与することを義務付けることとする。この場合、中小企業については、労働者の人数が少ない中で事業場の業務の繁閑に対応できるようにするため、労使協定により弾力的に運用することができることとすることを検討する。</u>
〔時間外労働の抑制策としての割増賃金の引上げ〕 ○　長時間にわたる恒常的な時間外労働の削減を図るため、一定時間数を超えて時間外労働をさせた場合の割増賃金の割増率を引き上げることが考えられないか。その場合、事業場ごとのニーズに対応できるようにするため、労使協定により、割増賃金の引上げ分に代えて、労働者の健康確保のための休日（有給）を付与することができることとしてはどうか。	〔時間外労働の抑制策としての割増賃金の引上げ〕 (2)　長時間にわたる恒常的な時間外労働の削減を図るため、<u>時間外労働の実態を考慮して設定した一定時間数（例えば、1か月について30時間程度）</u>を超えて時間外労働をさせた場合の<u>割増賃金の割増率を引き上げる（例えば、5割）</u>こととする。その場合、事業場ごとのニーズに対応できるようにするため、労使協定により、<u>当該割増率の引上げ分については、金銭で</u>

	の支払いに代えて、労働者の健康確保のための一定数の休日（有給）を付与することを選択できるようにすることを引き続き検討する。
〔その他の実効性確保策〕 ○ 時間外労働の厳正な運用を図るため、法定の手続を経ずに法定労働時間を超えて時間外労働を行わせた場合の罰則を引き上げることが考えられないか。	〔その他の実効性確保策〕 (3) 時間外労働の厳正な運用を図るため、法定の手続を経ずに法定労働時間を超えて時間外労働を行わせた場合の罰則を引き上げることを引き続き検討する。
年次有給休暇制度の見直し （基本的な考え方） 　年次有給休暇を確実に取得させ、疲労回復を図る方策を講ずるとともに、仕事と生活の調和や少子化対策に資する観点から利用しやすいものとするための見直しを行う。	年次有給休暇制度の見直し （基本的な考え方） 　年次有給休暇制度について、労働者の疲労回復を図る観点から年次有給休暇を確実に取得できるようにするための方策を講ずるとともに、仕事と生活の調和や少子化対策に資する観点から利用しやすいものとするための見直しを行う。
〔使用者による時季指定〕 ○ 使用者は、年次有給休暇のうち一定日数については、労働者に対し、あらかじめ時季を聴いた上で休暇を付与しなければならないとすることが必要ではないか。	〔使用者による時季の聴取〕 (1) 計画付与制度を導入していない事業場の使用者は、年次有給休暇のうち一定日数（例えば、5日程度）については、あらかじめ労働者から時季について意見を聴いた上で付与しなければならないこととする。また、この付与に当たっては、連続休暇となるよう努めなければならないこととする。
〔時間単位の年次有給休暇〕 ○ 子供の看護等突発的な事由で年次有給休暇を活用することができるよう、労使協定により、年次有給休暇制度本来の目的に沿った利用を阻害しない限度で、時間単位の取得を可能とすることが必要ではないか。	〔時間単位の年次有給休暇〕 (2) 子供の看護等突発的な事由でも、年次有給休暇制度本来の目的に沿った利用を阻害することなく年次有給休暇を活用することができるようにする観点から、労使協定により、日数を限定し（例えば、5日程度）、具体的な運用を取り決めた事業場においては、時間単位で年次有給休暇を取得することができるようにすることとする。
〔退職時年休手当清算〕	〔退職時年休手当清算〕

○ 使用者は、退職時に未消化の年次有給休暇がある場合に、何らかの手当を支払わなければならないとすることが考えられないか。	(3) 退職時に未消化の年次有給休暇がある場合に、使用者が労働者に何らかの手当を支払わなければならないとすることについては、<u>慎重に検討する。</u>
その他の現行労働時間制度の見直し ○ 事業場外みなし制度等について、必要な見直しをしてはどうか。	その他の現行労働時間制度の見直し ○ 事業場外みなし制度について、<u>制度の運用実態を踏まえた必要な見直しを検討</u>する。
<u>自律的労働時間制度の創設</u> （基本的な考え方） 　産業構造が変化し就業形態・就業意識の多様化が進む中、高付加価値の仕事を通じたより一層の自己実現や能力発揮を望み、緩やかな管理の下で自律的な働き方をすることがふさわしい仕事に就く者について、一層の能力発揮をできるようにする観点から、現行の労働時間制度の見直しを行う。	<u>自律的労働にふさわしい制度の創設</u> （基本的な考え方） 　産業構造が変化し就業形態・就業意識の多様化が進む中、高付加価値の仕事を通じたより一層の自己実現や能力発揮を望み、緩やかな管理の下で自律的な働き方をすることがふさわしい仕事に就く者について、一層の能力発揮をできるようにする観点から、現行の労働時間制度の見直しを行う。
〔対象労働者の要件等〕 ○　自律的な働き方をすることがふさわしい仕事に就く者は、次のような者ではないか。 　＊　使用者から具体的な労働時間の配分の指示がされないこと、及び業務量の適正化の観点から、使用者から業務の追加の指示があった場合は既存の業務との調節（例えば、労働者が追加の業務指示について一定範囲で拒絶できるようにすること、労使で業務量を計画的に調整する仕組みを設けていること）ができるようになっていること。 　＊　労働者の健康が確保されるという視点が重要であり、以下の要件が満たされていること。 　　・　週休２日相当の休日、一定日数以上の連続する特別休暇があることなど、相当程度の休日が確保される	〔対象労働者の要件等〕 (1)　自律的な働き方をすることがふさわしい仕事に就く者は、次のような者とする。 　ｉ　使用者から具体的な労働時間の配分の指示<u>を受けることがない者</u>であること、及び業務量の適正化の観点から、使用者から業務の追加の指示があった場合は既存の業務との調節ができる者であること（例えば、使用者からの追加の業務指示について一定範囲で拒絶できる<u>者</u>であること、労使で業務量を計画的に調整する仕組み<u>の対象となる者</u>であること）。 　ｉｉ　健康確保の観点から、<u>１年間を通じ</u>週休２日相当の休日があること、一定日数以上の連続する特別休暇があることなど、<u>通常の労働者に比し相当程度の休日が確保されている者</u>であること。また、健康をチェックし、問題が

ことが確実に見込まれること。 ・　健康確保のために健康をチェックし、問題があった場合には対処する仕組み（例えば、労働者の申出により、又は定期的に医師による面接指導を行うこと）が整っていること。	あった場合には対処することができる仕組み（例えば、労働者の申出があればいつでも、又は定期的に医師による面接指導を行うこと）が<u>適用される者</u>であること。 iii　<u>業務量の適正化及び健康確保を確実なものとするため、出勤日又は休日が1年間を通じあらかじめ確定し、出勤日における出退勤の確認が確実に実施されている者であること。</u>
＊　年間に支払われることが確実に見込まれる賃金の額が、自律的に働き方を決定できると評価されるに足る一定水準以上の額であること。 ○　上記の事項について、対象労働者と個別の労働契約で書面により合意していることが必要ではないか。 ○　ネガティブリストとして、物の製造の業務に従事する者等を指定して、この制度の対象とはならないことを明確にすることが必要ではないか。	iv　1年間に支払われる賃金の額が、自律的に働き方を決定できると評価されるに足る一定水準以上の額<u>である者</u>であること。 (2)　上記の事項について、対象労働者と使用者が個別の労働契約で書面により合意していることとする。 (3)　<u>この制度が自律的な働き方にふさわしい制度であることを担保する観点から、</u>物の製造の業務に従事する者等をこの制度の対象とはならないものに指定することとする。
〔導入要件等〕	〔導入要件等〕 (4)　<u>この制度を事業場に導入するかどうかについては、当該事業場の実情に応じ、当該事業場の労使の実質的な協議に基づく合意により決定することとする。</u>
○　労使の実質的な協議に基づく合意により、新制度の対象労働者の範囲を具体的に定めることとするのが適当ではないか。（後掲、「また」以下） ○　対象労働者の範囲を労使合意で具体的に明確にする際には、当該事業場の全労働者の一定割合以内とすることが必要ではないか。 ○　また、年収が特に高い労働者について	(5)　事業場における対象労働者の範囲については、<u>法に定める対象労働者の要件を満たす範囲内において、当該事業場の労使の実質的な協議に基づく合意により定めることとする。</u>この場合、事業場における対象労働者の範囲については、当該事業場の全労働者の一定割合以内とすることについては<u>慎重に検討する。</u> (6)　<u>この制度のより弾力的な運用を可能と</u>

④ 労働契約法制・労働時間法制とその行方――規制改革・民間開放推進会議が提起した疑問

は、協議を経ずに対象労働者とすることができるようにすることが考えられないか。	する観点から、年収が特に高い労働者については、労使の実質的な協議を経ずに対象労働者の範囲に含めることができることとすることについて検討する。
	(7) 対象労働者は、いつでも通常の労働時間管理に戻ることができることとする。
〔効果〕	〔効果〕
○ 労働基準法第35条（法定休日）及び第39条（年次有給休暇）は適用し、その他の労働時間、休憩及び休日に関する規定並びに深夜業の割増賃金に関する規定を適用しないこととしてはどうか。	(8) 労働基準法第35条（法定休日）及び第39条（年次有給休暇）は適用し、その他の労働時間、休憩及び休日の労働及び割増賃金に関する規定並びに深夜業の割増賃金に関する規定を適用しない。
〔適正な運用を確保するための措置等〕	〔適正な運用を確保するための措置等〕
○ 就業規則において、適用される賃金制度が他の労働者と明確に区分されており、賃金台帳に個別に明示されていることが必要ではないか。（導入要件として、規定）	(9) 就業規則において、対象労働者に適用される賃金制度が他の労働者と明確に区分されており、賃金台帳にも個別に明示することとする。
○ 適正な運用を確保するため、次のような措置等を講ずることとしてはどうか。	(10) 適正な運用を確保するため、次のような措置等を講ずることを検討する。
＊ 苦情処理制度を設けることを義務付けること。	i 苦情処理制度を設けることを義務付けること。
＊ 重大な違背があった場合は、労働者の年収に一定の割合を乗じた補償金を対象労働者に支払うものとすること。	ii 重大な違背があった場合は、労働者の年収に一定の割合を乗じた補償金を対象労働者に支払うものとすること。
＊ 要件違背の場合、行政官庁は、改善命令を発することができること。改善命令に違背した場合は、当該対象労働者を通常の労働時間管理に戻す命令や制度（全体）の廃止命令を発出することができるものとすること。	iii 要件違背の場合、行政官庁は、改善命令を発することができること。改善命令に違背した場合は、当該対象労働者を通常の労働時間管理に戻す命令や制度（全体）の廃止命令を発出することができるものとすること。
○ 要件違背の場合に、労働基準法第32条違反等と整理するとともに、別途自律的労働時間制度の手続違反として厳正な履行の確保を図ることが考えられないか。	(11) 要件違背の場合に、労働基準法第32条違反等と整理するとともに、別途この制度の手続違反として厳正な履行の確保を図る。
管理監督者の範囲等の見直し	**管理監督者の範囲の明確化**
○ 管理監督者は、労働条件の決定その他	(1) 管理監督者の範囲については、労働条

85

労務管理について事業主と一体的な立場にある者として明確化することとしてはどうか。 ○ 管理監督をしていないスタッフ職については、自律的労働時間制度や企画業務型裁量労働制の対象とすることを明確に位置付けることが考えられないか。（※当初：末尾） ○ 管理監督者であることを賃金台帳上明示することとしてはどうか。 ○ 管理監督者については、健康確保措置を講じた上で、深夜業の割増賃金に関する規定の適用を除外することとしてはどうか。	件の決定その他労務管理について<u>経営者と一体的な立場にある者として通達で規定しているところであるが、スタッフ職が多様化していることを踏まえ管理監督者の範囲を明確化するため、管理監督者の基本的な要件については労働基準法において規定することとする。</u> (2) 管理監督者の範囲の適切さの確保に資するため、<u>管理監督者である旨を賃金台帳に明示することとする。</u> (3) 管理監督者については、<u>企業経営上労働時間等に関する規定の規制を超えて活動する必要がある</u>一方、<u>労働者としての健康確保が重要である</u>ことから、深夜業の割増賃金に関する規定の適用を除外することについては、<u>健康確保措置の在り方も含め、引き続き検討する。</u>
現行裁量労働制の見直し ○ 苦情処理措置を改善し、過度の追加指示等があった場合に対象業務や対象労働者の範囲の見直しもできることとすることとしてはどうか。 ○ みなし労働時間の設定については、労働者の疲労の状況や苦情処理の結果を踏まえて改善を図ることとしてはどうか。 （※　次項と逆順） ○ 専門業務型裁量労働制について、個別の労働者の同意を要件に追加することとすることを検討することが考えられないか。	**現行裁量労働制の見直し** (1) 苦情処理措置については、<u>現行裁量労働制の適切な実施を確保するために有効な措置であることから、労働者から健康問題や過度の業務の追加指示の苦情等があった場合には、当該苦情への個別の対応にとどまらず、みなし労働時間の設定や対象業務及び対象労働者の範囲の必要な見直しが図られる仕組みとすることにより、現行裁量労働制がさらに有効に機能するようにすることとする。</u> (2) 専門業務型裁量労働制については、<u>対象業務が客観的に明確なものに限定されているため個別の労働者の同意を要件としていないところであるが、労働者の納得性を高めるためにこれを要件に追加することも考えられる</u>ことから、これについて制度の運用の安定性の観点も含め、<u>引き続き検討する。</u>

4　労働契約法制・労働時間法制とその行方――規制改革・民間開放推進会議が提起した疑問

○　企画業務型裁量労働制の導入要件について、労使の実質的な合意を担保した上で、中小企業でもより活用されるための方策を検討してはどうか。	(3)　企画業務型裁量労働制については、中小企業においては労働者の業務分担が未分化であること等にかんがみ、労使の実質的な合意を担保する仕組みとして労使委員会を設置することは要件として維持しつつも、中小企業においてもより活用できるようにする方策を検討する。

　ところで、労働契約法制の検討に端緒を開いたものに、平成15年6月に衆参両院の厚生労働委員会で相次いで採択された附帯決議（労働基準法の一部を改正する法律案に対する附帯決議）がある。「労働条件の変更、出向、転籍など、労働契約について包括的な法律を策定するため、専門的な調査研究を行う場を設けて積極的に検討を進め、その結果に基づき、法令上の措置を含め必要な措置を講ずること」。上記附帯決議には、こう記されていた。

　これを受け、平成16年4月には、「今後の労働契約法制の在り方に関する研究会」（座長＝菅野和夫東京大学名誉教授）を厚生労働大臣が招集。翌17年9月15日には、本文74頁からなる同研究会の報告書が提出される。

　しかし、その内容に労使双方が反発したことから、同年10月以降、労働政策審議会労働条件分科会では、報告書をいわば横に置いた形で、白紙状態から法制化に向けた検討審議が開始されることになる。

　先にみた「たたき台」や「素案」はそのとりまとめを意図したものであったが、「有期労働契約をめぐるルールの明確化」等、報告書にもなかった内容がそこには盛り込まれていた。また、「健康確保のための休日」や「割増賃金の引上げ」等、これまで分科会でほとんど議論されていなかった事項も、そこには含まれていた。

　たしかに、前述の附帯決議には、「有期上限5年の対象労働者の退職の自由、雇止め予告の在り方を含めた有期雇用の反復更新問題、『期間の定めのない』契約とするみなし規定の制定、有期雇用とするべき理由の明示の義務化、正社員との均等待遇、育児・介護休業の適用など、有期労働契約の在り方について、期間の上限を延長した場合におけるトラブルの発生についての状況を調査するとともに、雇用形態の在り方が就業構造全体に及ぼす影響を考慮しつつ、早急に検討を行い、その結果に基づき必要な措置を講ずること」（参議院厚生労働

委員会）と述べる項目もあるにはあった。

　白紙に戻して検討を行う以上、何をいってもかまわない。官僚にはそうした言い分もあろうが、研究会報告書にもなかった「有期契約とする理由」や更新期間・更新回数の「制限」を突如、検討の対象に加えたことは、やはり唐突との感を否めない。報告書を横に置くことと、報告書の枠を越えることでは、明らかにその意味が違う。後者がルール違反として許されないことは、常識以前の問題といえるからである。

　また、労働側がホワイトカラー・エグゼンプション制度（自律的労働時間制度）の導入にあくまで反対を続けるなか、「健康確保のための休日」や「割増賃金の引上げ」を取引材料として持ち出したことは、労使間に挟まれて苦悩する官僚の行動としてはよく理解できる。しかし、このような取引（ディール）を繰り返していたのでは、たとえ法制化が実現したとしても、その内容は文字どおり妥協の産物にしかなり得ない。

　以上を要するに、厚生労働省が明らかにした法制化の中身（骨子）は、およそ合格点をつけることが困難な代物だったのである。

Ⅲ　厚生労働省「素案」への疑問──規制改革・民間開放推進会議の意見

　規制改革・民間開放推進会議は、平成 18 年度末を以てその任務を完了するが、夏の「中間とりまとめ」や年末の「答申」を除き、会議としての考え方や意見を表明したことはあまりない。

　平成 16 年 11 月 30 日の「文部科学省の義務教育改革に関する緊急提言〜真に消費者（生徒・保護者）本位の多様で質の高い義務教育体系の実現に向けて〜」や翌 17 年 11 月 15 日の「規制改革・民間開放・市場化テストは文化芸術の振興のためにこそ行われます──11 月 3 日付け『効率性追求による文化芸術の衰退を危惧する』について──」は、その例外といえるものであったが、いずれも比較的短いものにとどまっている。Ａ４判 12 頁からなる今回の「意見」は、その意味でも注目に値する。

　「意見」は、まずその冒頭部分で、次のようにいう。

4　労働契約法制・労働時間法制とその行方――規制改革・民間開放推進会議が提起した疑問

I　はじめに

　少子高齢化が急速に進むなか、働き方の多様化・複線化による、再チャレンジが可能な労働市場の形成が強く求められている。このような労働市場を実現するためには、新しい働き方にマッチした労働契約や労働時間の仕組みを可能とし、働く者の意欲と能力が存分に発揮できる制度改革が必要となる。

　このような観点から、本年3月31日に閣議決定された「規制改革・民間開放推進3か年計画（再改定）」（注）では、「労働契約法制の整備」及び「労働時間制度の適用除外制度の整備拡充」について、平成18年度中に結論を出すとした。これを受け、現在、厚生労働省の労働政策審議会労働条件分科会において、労働契約法制及び労働時間法制の在り方に関する検討が進められている。

　こうしたなか、本年4月11日開催の第54回労働条件分科会には、「労働契約法制及び労働時間法制に係る検討の視点」が厚生労働省から提出され、同年6月13日開催の第58回分科会には「労働契約法制及び労働時間法制の在り方について」が提出されたものの、同月27日開催の第59回分科会において、審議の中断等を求める意見が労使双方の委員から相次いで出されたため、分科会における検討は事実上ストップすることとなった。

　このように、今後の推移いかんによっては、労働契約法制及び労働時間法制に関する審議が大幅に遅延する可能性も否定できないとはいえ、法案提出に向けた厚生労働省の意思は変わらないとも聞く。同省が提出した上記文書の内容に当会議が注目する理由もここにある。

　そこで考えるに、労働契約法制及び労働時間法制の検討に当たっては、上記「3か年計画（再改定）」も繰り返し述べるように、その内容が労使自治を尊重したものでなければならないことはいうまでもない。また、労働契約法制については、あくまでも民法の特別法としてこれを位置付けるべきであり、そうである以上、その内容は任意規定を主とするものでなければならないと考える。労働契約法も契約法である以上、契約当事者の意思を尊重し、当事者自治を本旨とすべきことは当然である。

　他方、これら法制の在り方については、企業の実情から乖離したものとならないよう十分に留意する必要があり、かつ、杓子定規（one-size-fits-all）な法制度は、かえって人事労務の現場に混乱を招き、労使紛争の予防ではなく、その増大さえもたらす危険があることにも注意する必要がある。

　このような観点に立ってみた場合、労働政策審議会（労働条件分科会）における現下の検討内容には、以下にみるように、数多くの疑問や懸念をいだかざるを得ず、いまだ審議途中の段階ではあるが、労働契約法制及び労働時間法制の在り

方について、上記の検討内容をもとに、当会議としての意見を率直に表明することとした次第である。

> 注)「規制改革・民間開放推進3か年計画(再改定)」は、「労働時間規制の適用除外制度の整備拡充」及び「労働契約法制の整備」について、それぞれ次のように述べる。

労働時間規制の適用除外制度の整備拡充【平成 17 年度中に検討、18 年度結論】

　我が国の労働法制は、これまで労働時間の拘束を受ける労働を典型的な働き方として、これを保護すべきものと考えてきた。しかし、経済社会環境の変化に伴い、多様な働き方を選択する労働者が増える中で、ホワイトカラーを中心として、自らの能力を発揮するために、労働時間にとらわれない働き方を肯定する労働者も多くなっており、自己の裁量による時間配分を容易にし、能力を存分に発揮できる環境を整備するためには、そうした労働時間にとらわれない働き方を可能にすることが強く求められている。また、こうした労働者の範囲は、一義的に定めることが困難であり、制度設計に当たっては、労働者保護の確保に加え労使自治を尊重する観点から検討する必要がある。

　以上の観点から、アメリカにおけるホワイトカラー・エグゼンプション制度等を参考にしつつ、現行の専門業務型及び企画業務型の裁量労働制の対象業務を含め、ホワイトカラーの従事する業務のうち裁量性の高い業務については、労働者の健康に配慮する措置等を講ずる中で、労働時間規制の適用を除外する制度について、その検討を着実に進め、結論を得る。その際、深夜業規制の適用除外についても、労働者の健康確保に留保しつつ検討を行い、結論を得る。

　さらに、労働時間規制の適用を現在除外されている管理監督者についても、適用除外制度の在り方の検討を進める中で、併せてその範囲の見直しを検討するとともに、深夜業規制の適用除外について、管理監督者の健康確保に留意しつつ検討を行い、結論を得る。

労働契約法制の整備【平成 17 年度中に検討、18 年度結論】

　労働契約法制の整備については、労働条件の最低基準を定めた労働基準法以外に労働契約に関する公正・透明な民事上のルールを明確にする必要があるとの認識の下に、平成 17 年 9 月以降、厚生労働大臣の諮問に基づき、労働政策審議会において今後の労働契約法制の在り方について検討が開始されている。

　上述した労働時間規制の適用除外制度について検討を進めていくためにも、労働契約法制の在り方についての検討は、必要不可欠であると考えられる。

4 労働契約法制・労働時間法制とその行方——規制改革・民間開放推進会議が提起した疑問

> 労働契約法制は、民法の特別法として、契約当事者である労使双方の意思（労使自治）を可能な限り尊重する必要があること等の点に留意しつつ、労働政策審議会における議論を深め、労働契約法制の在り方について、引き続き検討を行い、その結論を得る。

　以上の冒頭部分については、おそらく注釈など必要としない。現場の実情からかけ離れた、杓子定規な法規制ほど有害無益なものはない。本節の冒頭でみた『日本経済新聞』の見出しにもあったが、規制改革・民間開放推進会議が「労働契約法制・労働時間法制」の検討状況に最も大きな懸念をいだいたのも、この点にほかならなかった。

　以下、順次、必要と思われる項目についてはコメントを付しつつ、「意見」の内容を全体を通してみていくこととしたい（なお、引用の都合から、原文にある○に代えて、通し番号を採用した）。

> **Ⅱ　検討内容に対する意見**
>
> 　以下では「労働契約法制及び労働時間法制の在り方について」（正確には、平成18年6月27日開催の第59回労働政策審議会労働条件分科会に提出された補充版）をもとに、当会議としての意見を述べる。ただし、意見の内容はそのすべてにわたるものではなく、以下で言及しなかった問題についても、当会議としてこれに同意しているという意味ではない。
>
> 　1　第1　検討の趣旨
>
> 　予測可能性の低さが問題点として指摘されているが、予測可能性の向上に関する手法についても十分留意すべきである。たとえば、強行規定によるルールの明確化は、予測可能性を一般に高めるものの、柔軟な対応を困難にする。なかでも、杓子定規な一律規制には問題が多い。予測可能性をいうのであれば、規制を新たに課す場合においても、それが人事労務とかかわる実務にどのような影響を与えるのか、また、実務が新たな規制にどう対応することが予測されるのか等、規制の費用対効果の検証を含め、事前評価を徹底して行うべきである。
>
> 　2　第2　検討の視点
>
> 【労働契約法制】
> 　総則事項

第1部　総論

> ① 「労働契約は、労働者及び使用者が実質的に対等な立場における合意に基づいて締結され、又は変更されるべきものである」とあるが、それが仮に労働者の個別同意がない限り、労働条件の変更ができないという趣旨を含むのであれば、就業規則に関する確立した判例法理（秋北バス事件＝昭和43年12月25日最高裁大法廷判決ほか）に照らしても、疑問がある。
> ② 「使用者は、労働者が安心して働くことができるように配慮するとともに、労働契約において、雇用形態にかかわらずその雇用の実態に応じ、その労働条件について均衡を考慮したものとなるようにする」とあるが、職務給（仕事給）がいまだ制度として定着していない我が国の現状においては、慎重な配慮が必要となる。また、限られた人件費のなかで、正社員・非正社員間の均衡処遇を実現するためには、正社員の労働条件を一方で引き下げることが必要になるが、労働条件（就業規則）の不利益変更が容易には認められない現状においては、それも難しい。さらに、こうした制約の下では、法律による均衡処遇の強制がかえって非正社員の雇用機会の減少を招く可能性があることにも十分留意すべきである。

　労働側には、就業規則の判例法理は、契約当事者の合意を重視する近代私法ルールに反するとの考え方が強固にみられ、①で引用した「素案」の該当部分も、こうした労働側の考え方に配慮したものということができる。しかし、現実の企業経営は、就業規則の存在を抜きにしては考えられない。

　労働契約法制の在り方について検討する場合においても、「多数の労働者を使用する近代企業において、その事業を合理的に運営するには多数の労働契約関係を集合的・統一的に処理する必要があり、この見地から、労働条件についても、統一的かつ画一的に決定する必要が生じる。そこで、労働協約や就業規則によつて、まず、労働条件の基準を決定し、その基準に従つて、個別的労働契約における労働条件を具体的に決定するのが実情である」との認識のもと、以下のように述べる秋北バス事件の大法廷判決に留意すべきことはいうまでもない。

　「就業規則は、当該事業場内での社会的規範たるにとどまらず、法的規範としての性質を認められるに至つているものと解すべきであるから、当該事業場の労働者は、就業規則の存在および内容を現実に知つていると否とにかかわらず、また、これに対して個別的に同意を与えたかどうかを問わず、当

4 労働契約法制・労働時間法制とその行方――規制改革・民間開放推進会議が提起した疑問

然に、その適用を受けるものというべきである」。

「新たな就業規則の作成又は変更によって、既得の権利を奪い、労働者に不利益な労働条件を一方的に課することは、原則として、許されないと解すべきであるが、労働条件の集合的処理、特にその統一的かつ画一的な決定を建前とする就業規則の性質からいつて、当該規則条項が合理的なものであるかぎり、個々の労働者において、これに同意しないことを理由として、その適用を拒否することは許されないと解すべきであり、これに対する不服は、団体交渉等の正当な手続による改善にまつほかはない」。

このような現実を無視した「労働契約の在るべき論」から出発するかぎり、実のある議論はおよそ期待できない。

なお、②については、最後にⅣで言及する。

就業規則で定める労働条件と労働契約の関係等の明確化

③ 就業規則については、それが「労働基準法を遵守して」作成又は変更されたものであることが個別労使間における合意を推定するための要件とされているようであるが、届出や周知については、使用者がこれを失念することも希ではない（事業場を新たに設置した場合や、就業規則の改正が頻繁に行われる場合には、その可能性が高くなる）。そうした場合についても、法定要件を充足していないことのみを理由として、一律に合意の推定を認めない（就業規則の効力を否定する）というのであれば疑問であり（届出や意見聴取については、判例法理の現状に照らしても、これを要件とすることには問題がある）、その内容が合理性を有し、かつ、予測可能である場合には、周知を欠く就業規則についても、合意を推定する等、適切な措置が講じられるべきである。

④ 過半数組合又は過半数代表者との間で合意が存在する場合に、上記の合意があったものと推定するとの考え方は基本的に理解できる（ただし、過半数組合が「当該事業場の労働者の見解を求めた」か否かについてまで、使用者の側で確認することには困難がある）。しかし、過半数組合や過半数代表者が就業規則の変更に同意していない場合であっても、就業規則変更の合理性が一概に否定されるわけではない。したがって、過半数組合等との合意は、合意推定（就業規則の合理性推定）のための十分条件とはなり得ても、必要条件とはならないことを明確にすべきである。

⑤ なお、過半数代表者の選出過程が、多様な労働者の意思が反映される仕組みになっているのであれば、過半数代表者が「複数」でなければならない必然性

> はない。過半数代表者の「複数」選出を事実上強制するような一律規制の愚は避けるべきである。

　ミスもすれば、ドジも踏む。本節の冒頭でも触れたように、それが人間社会というものであるが、使用者もまたその例外ではない。労働契約法の制定に当たっては、使用者もそうした過ちをときには犯すことを念頭に置いて、その内容を考える必要がある。③の趣旨は、この点を確認することにある。

　届出や周知を忘れただけで、就業規則の効力発生を認めないとのルールは、デフォルト・ルールとしてもあまりにも厳しい。国立大学法人のなかには、後でも触れるフジ興産事件の最高裁判決を引用して、周知の失念を理由に給与の引下げについて定めた改正規則の無効を主張された大学もある。

　ただ、上記の最高裁判決も、「就業規則が法的規範としての性質を有する（最高裁昭和40年（オ）第145号同43年12月25日大法廷判決・民集22巻13号3459頁）ものとして、拘束力を生ずるためには、その内容を適用を受ける事業場の労働者に周知させる手続が採られていることを要するものというべきである」と判示するにとどまっており、その根拠までは挙げていない。

　また、周知措置を講じていなかったことのみを理由として、就業規則の効力発生を否定することは、実務上も困難な問題を生じることは、次のように述べる最近の裁判例（日音事件＝平成18年1月25日東京地裁判決・労判912号63頁）からも、明らかといえる。

> 「原告らの本件退職金請求は、被告の退職金規程に基づき請求しているところ、そもそも退職金規程が法的効力がないというのであれば、原告らの請求はその余の点を判断するまでもなく法的根拠を失い、理由がないことになるのであるが、それでよいのであろうか。それとも、原告らの主張は、退職金規程のうち、退職金支払の規定は効力があり、本件退職金不支給条項の規定は効力がないと主張するのであろうか。しかし、一つの退職金規程において、ある部分は有効で、ある部分は無効であるというのは、一体として制定されている規程上、そのように解するのは困難である。以上のように、当裁判所としては、原告らが被告の退職金規程、就業規則が、実質的な周知を欠き無効であると主張することは、原告らの本件請求と矛盾するものであり、その真意を測りかねるのである」。

4　労働契約法制・労働時間法制とその行方——規制改革・民間開放推進会議が提起した疑問

　他方、労使関係は全体としては安定しているとはいえ、国立大学法人のように、国家公務員に準拠した就業規則の改正についてさえ、過半数代表者の同意を得られないケースも存在する。過半数組合等の同意が重視されるようになれば、必然的にその裏返しとして、同意が得られなかった場合における変更の合理性が否定される可能性も大きくなる。④の記述は、こうした懸念を背景としている。

　さらに、過半数代表者が「複数」となった場合、就業規則の意見聴取であればまだしも、過半数代表者の考え方の違いから労使協定が締結できないというようなケースも考えられる。「理屈」が常に「現実」に妥当するとは限らない。⑤でも述べたように、一律規制の愚は避けるべきであろう。

重要な労働条件に係るルールの明確化
⑥　出向や転籍について、書面による明示・説明（転籍の場合には承諾を含む）が行われることは確かに望ましいこととはいえるが、書面による明示・説明を一律に効力要件とすることには疑問があり、特に中小企業に対してこれを等しく要求することにはそもそも無理がある。たとえば、口頭による明示・説明であっても十分な明示・説明が行われたといえる場合には、出向命令等の効力を否定すべき理由はない。

⑦　採用内定の取消しや試用期間中の解雇を始めとして、労働生活のさまざまな局面において権利濫用法理のルール化が図られようとしているが、一口に権利濫用とはいっても、転勤命令権のように判例により本来の権利濫用法理に近い考え方がこれまで採用されてきたもの（東亜ペイント事件＝昭和61年7月14日最高裁第二小法廷判決は「当該転勤命令につき業務上の必要性が存しない場合又は業務上の必要性が存する場合であっても、当該転勤命令が他の不当な動機・目的をもってなされたものであるとき若しくは労働者に対し通常甘受すべき程度を著しく超える不利益を負わせるものであるとき等、特段の事情の存する場合でない限りは、当該転勤命令は権利の濫用になるものではない」とする）と、解雇権のようにそうではないものとがある。

　このような違いを法文上明確にすることは、それほど簡単なことではなく、法制化に当たっては、慎重な配慮が求められる。こうした相違点を曖昧にしたまま、安易に法文化に踏み切ると、無用の紛争を惹起する可能性もある。

⑧　また、企業が採用しやすい環境をつくるためには、事業開始後又は採用後の一定期間にかぎり、解雇規制の適用を除外するといったアイデアも考えられる（平成12年12月12日の行政改革推進本部規制改革委員会「規制改革につい

> ての見解」を参照)。その意味で、「試用期間中の解雇についても、解雇に関する一般的なルール(客観的に合理的な理由を欠き、社会通念上相当であると認められない場合は、その権利を濫用したものとして、無効とする)が適用されることを明確にする」ことには慎重であるべきである。
> ⑨　他方、懲戒権の行使については、「労働者の行為の性質、態様等に照らして、客観的に合理的な理由を欠き、社会通念上相当であると認められない場合は、その権利を濫用したものとして無効とするものとする」ことに、特段の異論はないものの、労働協約又は就業規則の根拠を一律に必要とする(こうした根拠なしに懲戒処分を行った場合には、無効とする)ことには疑問がある(なお、裁判例の傾向に照らしても、人事権の行使としての降格(職位の引き下げ)にまで、就業規則の根拠を求めることには問題がある)。
> 　特に懲戒解雇については、いかなる非違行為に対して懲戒解雇が行われるかを事前に予測することは十分に可能であり、根拠規定を欠くことのみを理由として、これを無効とすることは問題である。
> 　前述したように、就業規則について周知や届出を失念した場合においても、同様に無効とするというのであれば、なおさらである。
> 　最高裁判決に、同旨の先例(フジ興産事件＝平成15年10月10日最高裁第二小法廷判決。なお、就業規則の周知措置を講じたか否かについて、審理をやり直すため、原審に差し戻された本件の場合、懲戒解雇が就業規則に定める懲戒解雇事由に該当するものであったことは、原審及び一審のいずれにおいても、まったく疑問視されていなかった)があるとはいっても、判例をそのまま法文化するだけでは、立法の意味がない。
> 　実務上、疑問のある判例法理については、あえて立法によるルールの明確化を行わないという考え方も、政策判断としては必要といえよう。

　書面がなければ、一発でアウト。デフォルト・ルールには、こうしたレッドカードにも似た怖さがある。⑥では、中小企業への一律適用の無理を説いたが、規模が大きいからといって強制してもよいというわけではない。

　使用者の権利にも強弱さまざまなものがあり、解雇権の行使も、試用期間中と本採用後では、その広狭に多少とも違いがある。⑦や⑧では、権利濫用法理の明文化が、こうした区別をかえって困難にするという問題にも注意を促している。

　また、⑨で言及したフジ興産事件の最高裁判決は、「使用者が労働者を懲戒するには、あらかじめ就業規則において懲戒の種別及び事由を定めておくこと

4　労働契約法制・労働時間法制とその行方——規制改革・民間開放推進会議が提起した疑問

を要する（最高裁昭和49年（オ）第1188号同54年10月30日第三小法廷判決・民集33巻6号647頁参照）」として、著名な国鉄札幌駅事件の最高裁判決を援用するが、後者の判決は、実際には次のように述べるにとどまっており、就業規則に懲戒規定がない場合における懲戒処分の可否についてまでは言及していないことにも留意する必要がある。

　「企業は、その存立を維持し目的たる事業の円滑な運営を図るため、それを構成する人的要素及びその所有し管理する物的施設の両者を総合し合理的・合目的的に配備組織して企業秩序を定立し、この企業秩序のもとにその活動を行うものであつて、企業は、その構成員に対してこれに服することを求めうべく、その一環として、職場環境を適正良好に保持し規律のある業務の運営態勢を確保するため、その物的施設を許諾された目的以外に利用してはならない旨を、一般的に規則をもつて定め、又は具体的に指示、命令することができ、これに違反する行為をする者がある場合には、企業秩序を乱すものとして、当該行為者に対し、その行為の中止、原状回復等必要な指示、命令を発し、又は規則に定めるところに従い制裁として懲戒処分を行うことができるもの、と解するのが相当である」。

逆は必ずしも真ならず（十分条件と必要条件とは異なる）。判例のなかに、この哲理を理解しないものが希にみられることは残念という以外にない。

労働契約の終了の場面のルールの明確化

⑩　普通解雇について、従前、最高裁は「普通解雇事由がある場合においても、使用者は常に解雇しうるものではなく、当該具体的な事情のもとにおいて、解雇に処することが著しく不合理であり、社会通念上相当なものとして是認することができないときには、当該解雇の意思表示は、解雇権の濫用として無効になるものというべきである」（高知放送事件＝昭和52年1月31日最高裁第二小法廷判決）と判示して、解雇が就業規則等に定める解雇事由に該当すると認められる場合には、解雇が著しく合理性を欠く場合にのみ、これが解雇権を濫用したものとして無効になるとの考え方を、少なくとも一般論としては採用してきたということができる（東芝柳町工場事件＝昭和49年7月22日最高裁第一小法廷判決も、解雇が就業規則に定める解雇事由に該当する場合には「解雇が著しく苛酷にわたる等相当でないとき」に限り、解雇権を行使するこ

とができないとする)。

　しかし、平成15年の法改正により、労働基準法が18条の2において「解雇は、客観的に合理的な理由を欠き、社会通念上相当であると認められない場合は、その権利を濫用したものとして、無効とする」と規定して以降、このことがかえって不明確になったともいえる。

　そこで、解雇ルールの明確化をいうのであれば、解雇が労働協約や就業規則に定める解雇事由に該当するといえる場合には、労使自治（当事者の取決め）を尊重する観点から、原則として解雇を有効とする考え方を明確にすべきであると考える。

⑪　また、整理解雇については、その態様が現実にはきわめて多様であり、解雇の効力判断においても考慮すべき要素が事案ごとに異なることに留意する必要がある（たとえば、雇用契約終了後の当面の生活維持や再就職の援助という点で相応の配慮がなされた、ナショナル・ウェストミンスター銀行事件＝東京地裁平成12年1月21日決定では、解雇回避措置は判断要素とされていない）。

　したがって、事案に即した当事者の意思に合致する柔軟な判断を可能にするためにも、法令で考慮すべき要素をあらかじめ特定することは避けるべきである。

⑫　解雇紛争の労働審判又は裁判による金銭的解決については、労使双方による申し出を可能にする方向で検討が行われるべきである。また、その際、金銭的解決の額が恒常的に高い水準にとどまり、正社員としての雇用が企業にとって大きなリスクとなることで、使用者がかえって採用に消極的になったり、これまで解雇が判例上有効とされていたような場合にまで金銭的解決が事実上強制されることがないよう、適切な配慮が払われるべきである。

⑬　「労働者の軽過失により使用者に損害が発生した場合には、使用者は労働者に対して求償できないこととする」とあるが、金銭出納業務等その職務内容によっては軽過失であっても、求償を認めることが相当と考えられる場合もあり、一律にその可能性を否定すべきではない（なお、求償問題は、労働契約の終了以外の場面においても生じ得る）。

⑭　「使用者は労働者に対して執拗な退職の勧奨及び強要を行ってはならないこととする」とあるが、その背景には、裁判所が解雇（特に労働者の勤務成績等を理由とする普通解雇）を容易には認めないという現実もある。こうした現実を直視せず、退職勧奨・強要のみを問題視することには疑問があるほか、退職勧奨・強要とは何かをめぐって、新たに紛争が発生するという問題もあり、一律規制は極力避けるべきであると考える。

④ 労働契約法制・労働時間法制とその行方——規制改革・民間開放推進会議が提起した疑問

　著しく合理性を欠く解雇と、客観的に合理的な理由を欠く解雇との間には、やはりレベルの違いがある。⑩で引用した高知放送事件の最高裁判決は、問題となった解雇が就業規則所定の普通解雇事由に該当することを認めつつ、本件の「事情のもとにおいて、被上告人に対し解雇をもつてのぞむことは、いささか苛酷にすぎ、合理性を欠くうらみなしとせず、必ずしも社会的に相当なものとして是認することはできないと考えられる余地がある。したがつて、本件解雇の意思表示を解雇権の濫用として無効とした原審の判断は、結局、正当と認められる」と判示した。総論賛成・各論反対を地でいったような判決ではあるが、労働協約や就業規則に定める解雇事由に該当する解雇については、その効力を原則として認める。労使自治を尊重する観点からも、こうした姿勢が裁判所には求められる。

　また、整理解雇についても、仮に4要素が法定されることになれば、その枠内でしか解雇の有効・無効の判断ができなくなり、事案に即した柔軟な紛争処理が困難になる。⑪でいわんとしたことは、つまるところ、それ以上でもそれ以下でもない。

　さらに、⑫～⑭の記述も、これと同様の観点から、「素案」に共通してみられる一律規制への懸念を率直に表明したものとなっている。予測可能性を高めるための法制化が、かえって新たな紛争を生む。そうした「予測」もまた、現実には必要といえよう。

有期労働契約をめぐるルールの明確化

⑮　働き方が多様化するなか、期間の定めのない労働契約が原則であり、期間の定めのある有期労働契約は例外とする考え方は、時代の流れに合わないものとなっている。

　　このような観点からみた場合、「労働契約の締結に際し、使用者は有期契約とする理由を示すとともに、その契約期間を適切なものとするよう努めなければならないものとする」ことや、「有期労働契約が更新されながら一定期間（例えば、1年）又は一定回数（例えば、3回程度）を超えて継続している場合において、労働者の請求があったときには、使用者は期間の定めのない契約の優先的な応募機会の付与を行わなければならないこととする」ことは妥当性を欠くといわざるを得ない。

⑯　仮にこのような規制が法制化された場合、使用者がその適用を避けるために

第1部　総論

> 　有期労働契約を更新しない等の行動に出ることは、十分に予測されるところであり、これにより有期契約労働者の雇用がかえって不安定なものとなることは見やすい道理である。
>
> ⑰　厚生労働省の最近の調査結果（平成17年有期契約労働に関する実態調査）をみても、有期契約労働者の多くが契約期間満了後に希望しているのは、契約の更新（60.0％）であり、現在の会社で正社員として働くこと（8.9％）では必ずしもない。
>
> 　また、契約の更新を希望する有期契約労働者の「継続して勤めたい期間」としては、これを1年超とする者が87.6％と9割近くを数え、3年超や5年超とする者もそれぞれ57.7％、34.3％と、相当数に上っている。
>
> 　さらに、有期契約とする理由としては、業務が一時的・臨時的なものであること等の理由が考えられるが、業務の恒常性についても、正社員と比較して「より恒常的である」か「同じである」とした者が合計で約3分の2（66.6％）を占めており、先にみた検討内容は、そのいずれもが現実から大きく乖離したものとなっている。
>
> 　以上の調査結果に照らしても、現在の検討内容には問題が多いといわなければならない。

　「有期労働契約をめぐるルールの明確化」が唐突な提案であったことは、先にみた。そこに無理があることは、⑰で確認したように、これを提案した厚生労働省の調査からも明らかといえる。

　新たな規制に対しては、企業も当然に「対策」を考える。その結果が、有期契約労働者のためにならないことも、⑯でみたように目にみえている。それがわかっていて、なお規制を強化しようとするのか。その意図がわからない。

　雇用流動化の時代（国立大学法人などは、むしろ流動性をもっと高めよといわれている）、⑮の考察が正しいとすれば、そもそも期間の定めのない契約を原則と考える発想にこそ、問題があるといえよう。

> **国の役割**
> ⑱　「国が、必要に応じて労働契約法の解釈を明らかにした上で、個別労働関係紛争解決制度の活用を含め、関係者に対する必要な助言、指導等を行うことができるようにすることについて、引き続き検討する」とあるが、労使間の合意に基づくことを基本とする労働契約の内容に、行政が過度に介入することは、労使自治を損なう恐れがあり、疑問である。

④　労働契約法制・労働時間法制とその行方——規制改革・民間開放推進会議が提起した疑問

　労働契約法の解釈にまで、⑱でみたように行政が口を出す。これでは、労働契約法が「第二労働基準法」といわれても仕方がない。

【労働時間法制】
時間外労働の削減等
⑲　法定休日の追加的付与にせよ、割増賃金の引上げにせよ、これに代わる休日（代償休日）の付与にせよ、企業に新たなコスト増をもたらす点ではまったく違いはない。また、割増賃金を引き上げた場合、企業が割増賃金の算定基礎となる賃金を低く抑えることが容易に予測されるが、その結果、収入の維持増加を図ろうとする労働者が多くなれば、かえって残業時間が増える可能性もある。
⑳　確かに、アメリカでは、週40時間を超える場合における割増率が5割と日本のそれを上回っているが、一方では全労働者の約40％がこうした規制の適用を除外されているという事実にも目を向ける必要がある。したがって、割増賃金の引上げを図る場合には、一方で適用除外の範囲を大幅に拡大することが必要になるものと考える。

　労働時間短縮のための措置が、かえって労働時間を長くする。このような逆説が現場では常に起きる。労働者は意外にしたたかであり、⑲で記したように労働時間は変わらないが、賃金コストだけがアップするといった状況も考えられる。また、割増賃金の引上げをいうのであれば、それと均衡のとれた時間規制の適用除外の範囲拡大が一方では必要になる。⑳でみたアメリカの例に照らしても、このようにいうことができよう。

年次有給休暇制度の見直し
㉑　「子供の看護等突発的な事由でも、年次有給休暇制度本来の目的に沿った利用を阻害することなく年次有給休暇を活用することができるようにする観点から、労使協定により、日数を限定し（たとえば、5日程度）、具体的な運用を取り決めた事業場においては、時間単位で年次有給休暇を取得することができるようにすることとする」とあるが、育児・介護休業法16条の2以下に定める子の看護休暇との関係が明確ではない。
　　子の看護休暇は、法律上、年次有給休暇以外の休暇として制度化されており、公務員の例に倣い、これを有給の特別休暇としている企業も少なくなく、そうした企業に対しても、一律に子供の看護等突発的な事由による時間単位の年次有給休暇の付与を可能にするという趣旨であれば、疑問である。

> また、時間単位の休暇付与は、かえって年次有給休暇の取得率の低下を招く恐れがあることにも留意する必要がある。

　時間単位の休暇取得を認めることが、はたして有給休暇の取得率の向上をもたらすのか。時間単位の休暇取得が現に認められている公務員の世界をみても、はなはだ疑問といわざるを得ない。

自律的労働にふさわしい制度の創設

㉒　冒頭にみたように、「3か年計画（再改定）」は「アメリカにおけるホワイトカラー・エグゼンプション制度等を参考にしつつ、現行の専門業務型及び企画業務型の裁量労働制の対象業務を含め、ホワイトカラーの従事する業務のうち裁量性の高い業務については、労働者の健康に配慮する措置等を講ずる中で、労働時間規制の適用を除外する制度について、その検討を着実に進め、結論を得る。その際、深夜業規制の適用除外についても、労働者の健康確保に留保しつつ検討を行い、結論を得る」としている。

　したがって、ここにいう「自律的労働にふさわしい制度」においても、それが「現行の専門業務型及び企画業務型の裁量労働制の対象業務」をその範囲に含むものでなければならないことはいうまでもないが、検討内容をみるかぎり、この点が明確にはなっていない。

㉓　「使用者から具体的な労働時間の配分の指示を受けることがない者であること」との要件は、「当該業務の性質上これを適切に遂行するにはその遂行の方法を大幅に労働者の裁量にゆだねる必要があるため、当該業務の遂行の手段及び時間配分の決定等に関し使用者が具体的な指示をしないこととする業務」を対象業務として定める現行裁量労働制とリンクするものではあるが、このように対象労働者が具体的な労働時間の配分について指示を受けることがない以上、「対象労働者は、いつでも通常の労働時間管理に戻ることができることとする」のは、使用者に不可能を強いることになる。

　また、業務の性格がこのように高度の裁量性を基本とするものである以上、本人同意を要件とすることもこうした業務にはなじまない（同意しなかった者については、これを通常の労働時間管理が可能な業務に就かせる以外にはなく、大学教員を始めとして、専門業務型裁量労働制の対象労働者については、それが不可能な場合も少なくない）。

㉔　新たな制度を創設したとしても、要件を厳格に規定するあまり、それが利用されない（利用できない）というのでは意味がない。自律的労働にふさわしい制度を創設するというかぎりは、文字どおりその名に値する制度の創設が必要

4 労働契約法制・労働時間法制とその行方——規制改革・民間開放推進会議が提起した疑問

> になる。
> ㉕　以上のほか、深夜業規制の適用除外についても併せて検討を行い、以下に述べる管理監督者を含め、適用除外を認める方向で結論を得るべきである。

　ホワイトカラー・エグゼンプション（自律的労働にふさわしい制度）の導入に労働組合が強く抵抗していることは事実であるが、要件を厳格に規定すればすむという話ではない。要件が厳しくなればなるほど、制度は利用されなくなる。それでは、㉔で記したように制度を創設する意味がない。

　また、想定されている要件のなかには、本人同意等、㉓で確認したように、制度本来の趣旨からいっても疑問があり、かつ使用者に不可能を強いるものも含まれており、到底賛意を表し難いものとなっている。

　裁量労働制（労働時間のみなし制度）には限界があり、それを克服するための適用除外制度であったはずのものが、㉒でみたように、裁量労働制の新制度への移行すら明確にされないまま、細かい要件論ばかりが先行している。

　現に時間規制の適用を除外されている管理監督者にも共通する「深夜業規制の適用除外」問題についても結論は出ておらず、出口が一向にみえてこない。㉕は、そうした現状を踏まえた提言となっている。

> **管理監督者の範囲の明確化**
> ㉖　労働基準法41条2号は、「事業の種類にかかわらず監督若しくは管理の地位にある者又は機密の事務を取り扱う者」について、同法に規定する労働時間、休憩及び休日に関する規定を適用しない旨を規定しているが、同法施行後間もない時期に出された次官通達（昭和22年9月13日発基17号）以来、「監督又は管理の地位に存る者とは、一般的には局長、部長、工場長等労働条件の決定、その他労務管理について経営者と一体的な立場に在る者の意であるが、名称にとらはれず出社退社等について厳格な制限を受けない者について実体的に判別すべきものであること」とする解釈がほぼ維持されたまま、今日に至っている。
> 　「管理監督者の範囲については、労働条件の決定その他労務管理について経営者と一体的な立場にある者として通達で規定しているところである」とあるのも、このことを指しているものと思われる。
> ㉗　しかし、一般に管理の地位にある者（管理者）とは課長以上の者をいい（注1）、監督の地位にある者（監督者。以下、管理者と併せて「管理監督者」という。）とは係長、班長、組長等をいう（注2）のであって、部長クラス以上

103

の者を念頭に置いた上記の管理監督者に関する解釈は、狭きに失するといわざるを得ない。

　厚生労働省が先に実施したアンケート調査（対象は裁量労働制の導入事業場）においても、管理監督者の職位としては、これを課長クラスとしたものが63.5％と最も多く、課長代理クラスを含めれば70％を超えるものとなっている（注3）。

　また、管理監督者が部長クラス以上の者のみを指すというように要件が厳格になれば、仮に副部長クラスの者を対象に自律的な労働時間制度が新設されたとしても、意味がない（課長クラスの者が対象から外れるとすれば、かえって規制強化になる）。東京商工会議所が実施した「平成18年度労働政策に関するアンケート調査」結果において、「現行の管理監督者の要件が厳格になるなら、新しい自律的な労働時間制度の導入は不要」とする企業が全体の3割強（31.4％）を占めるものとなったのも、こうした考え方に基づくものと思われる。

　さらに、「3か年計画（再改定）」は、先にみたように、労働時間規制の適用除外制度の整備拡充の観点から、管理監督者の範囲についてその見直しを検討するよう求めたものであることにも留意する必要がある。

㉘　したがって、「管理監督者の基本的な要件については労働基準法において規定することとする」とあるが、仮に管理監督者の基本的要件を法律上定めるとしても、以上に述べた実態等を踏まえることは当然必要であり、その範囲が従前の解釈にとらわれることなく、より実務の現状に即したものとなるよう要件の明確化が図られるべきである。

（注1）職業安定法施行規則20条2項は、求職者からの手数料徴収が可能とされる経営管理者を「会社その他の団体の経営に関する高度の専門的知識及び経験を有し、会社その他の団体の経営のための管理的職務を行う者」と定義するとともに、通達（民営職業紹介事業の業務運営要領）で、その意義を「一般的に、部長以上の職にある者、例えば、役員、部長のほか、企画室長、社長室長、エグゼクティブ・バイスプレジデント、ゼネラルマネージャー等部長以上の職に相当するものがこれに該当する。なお、幹部候補社員など、現に経営のための管理を行わない者は、これに含まれない」と具体化している。

　　（なお、上記の定義を維持したまま、年収要件は、1200万円超から700万円超に変更され、現在に至っている）。

　　しかし、平成11年の職業安定法改正前においては、経営管理者（有料職業紹介事業が認められていた29職業の一つ）の意義が「一般的に、課長以

4 労働契約法制・労働時間法制とその行方――規制改革・民間開放推進会議が提起した疑問

> 上の職にある者、例えば、役員、部長、課長のほか、企画室長、統制室長、社長付調査役、副部長等がこれに該当する。したがって、幹部候補生社員など、現に経営のための管理を行わない者は、ここに含まれない」とされていたことにも注意する必要がある。
> (注2)たとえば、東京都職業能力開発協会は、監督者訓練の対象者を「第一線監督者」として、これに「係長、班長、組長等」が含まれることを明らかにしている。なお、税理士法施行規則2条の4【現行2条の7】における管理監督的地位に関する定め(係長以上の職等とする)を併せ参照のこと。
> (注3) 管理監督者の地位 (N=820)
> 　　支社長・事業部長・工場長クラス(または同等待遇)　　　7.7%
> 　　部長クラス(または同等待遇)　　　　　　　　　　　　　11.2%
> 　　部次長クラス(または同等待遇)　　　　　　　　　　　　3.5%
> 　　課長クラス(または同等待遇)　　　　　　　　　　　　　63.5%
> 　　課長代理クラス(または同等待遇)　　　　　　　　　　　7.6%
> 　　その他　　　　　　　　　　　　　　　　　　　　　　　5.4%
> 　　無回答　　　　　　　　　　　　　　　　　　　　　　　1.1%

　管理監督者については、通達が想定する範囲(裁判所もこれに従う)と企業実務における現状との間に、㉖および㉗でみたように著しい乖離がみられる。前者を後者に合わせるのか。それとも、逆に後者を前者に合わせるのか。常識で考えれば、その解答は、㉘で記したように一つしかない。

　部次長(副部長)クラスについては、新たに設けられる「自律的労働にふさわしい制度」によってカバーするともいわれているが、それではかえって規制強化になってしまう。規制緩和の名のもとに、規制強化を強行する。思うに、これほど酷い話はない。

現行裁量労働制の見直し

㉙　「専門業務型裁量労働制については、対象業務が客観的に明確なものに限定されているため個別の労働者の同意は要件としていないところであるが、労働者の納得性を高めるためにこれを要件に追加することも考えられることから、これについて制度の運用の安定性の観点も含め、引き続き検討する」とあるが、「対象業務が客観的に明確なものに限定されている」以上、個別労働者の同意を要件とする必要は認め難い。
　また、個別労働者の同意を要件とすることは、上述したように事実上不可能

第1部　総論

> を強いる場合も少なくなく、制度の運用の安定性を著しく損なうものとして、大いに疑問があるといわざるを得ない。

　専門業務型裁量労働制の対象業務を適用除外業務に移行させるのではなく、現行制度を維持したまま、本人同意を新たに要件として課す。これが検討課題とされているが、㉙でも強調したように使用者に事実上不可能を強いるというに等しく、論外というほかはない。

Ⅳ　静かに進むもう一つの法制化——附帯決議・閣議決定による基礎固め

　平成 19 年の通常国会に法案提出が予定されているのは、労働契約法案（仮称）や労働基準法の一部改正案だけではない。「短時間労働者の雇用管理の改善等に関する法律」（パートタイム労働法）の改正に向けた動きも、一方では静かに進行していることに注意する必要がある。

　その先鞭をつけたものが、平成 18 年 6 月 14 日の衆議院厚生労働委員会における附帯決議（「雇用の分野における男女の均等な機会及び待遇の確保等に関する法律及び労働基準法の一部を改正する法律案」に対する附帯決議）であり、同決議は、その第 10 項において次のようにいう。

> 十　パートタイム労働者が意欲を持ってその有する能力を十分発揮できるようにするため、正社員との均衡処遇に関する法制化を進めること（下線は筆者による。以下同じ）。

　これに関連した言及は「素案」にもみられ、前述のように「使用者は、労働者が安心して働くことができるように配慮するとともに、労働契約において、雇用形態にかかわらずその雇用の実態に応じ、その労働条件について均衡を考慮したものとなるようにする」とした「素案」に対して、「職務給（仕事給）がいまだ制度として定着していない我が国の現状においては、慎重な配慮が必要となる。また、限られた人件費のなかで、正社員・非正社員間の均衡処遇を実現するためには、正社員の労働条件を一方で引き下げることが必要になるが、労働条件（就業規則）の不利益変更が容易には認められない現状においては、

4 労働契約法制・労働時間法制とその行方——規制改革・民間開放推進会議が提起した疑問

それも難しい。さらに、こうした制約の下では、法律による均衡処遇の強制がかえって非正社員の雇用機会の減少を招く可能性があることにも十分留意すべきである」（前出・Ⅲ「意見」②）というのが、規制改革・民間開放推進会議の考え方であった。

たしかに、正社員とパートタイム労働者をはじめとする非正社員との間の均衡処遇は、長期的な政策課題としてはその実現が目指されてよい。合理的とは必ずしもいえない処遇格差が、現に存在することは否定できないからである。

しかし、均衡処遇の実現にはかなりの時間を要するのも確かであり、「均衡処遇に関する法制化」がこれを実現するためのベスト・オプションであるとも思えない。

その後、平成 18 年 6 月 20 日の少子化社会対策会議決定「新しい少子化対策について」（注1）、および同年 7 月 7 日の閣議決定「経済財政運営と構造改革に関する基本方針 2006」（注2）等により、法制化に向けた基礎固めは既に完了したとの感もあるが、法制化が本当に望ましいのかどうか、また仮に法制化するとすれば、どのような内容の法制化（法改正）が望まれるのか。将来に悔いを残さないためにも、人事労務の現場に与える影響や、予想される現場の対応をも含め、十分な検討と議論が必要といえよう。

（注1）少子化社会対策会議決定「新しい少子化対策について」
　2　新たな少子化対策の推進
　　⑵　働き方の改革
　　　　若者の就労支援やパートタイム労働者の均衡処遇の推進、女性の再就職支援等「再チャレンジが可能な仕組みの構築」を推進するとともに、企業の子育て支援の推進や長時間労働の是正等、従来の働き方を改革する。
　　　①　若者の就労支援
　　　②　パートタイム労働者の均衡処遇の推進
　　　③　女性の継続就労・再就職支援
　　　④　企業の子育て支援の取組の推進
　　　⑤　長時間労働の是正等の働き方の見直し
　　　⑥　働き方の見直しを含む官民一体子育て支援推進運動

【資料】新たな少子化対策の推進
(2) 働き方の改革
② パートタイム労働者の均衡処遇の推進
「<u>正規労働者とパートタイム労働者との間の均衡処遇を確保するために法的な整備を含め施策の強化を図るとともに、社会保険のパートタイム労働者への適用拡大を検討する。</u>」
(注2) 閣議決定「経済財政運営と構造改革に関する基本方針2006」
(1) 人生の複線化による柔軟で多様な社会の仕組みの構築（働き方の複線化）
- 新卒者以外に広く門戸を拡げる複線型採用の導入や採用年齢の引上げについての法的整備等の取組、30〜40歳程度のフリーター等にも国家公務員への就職機会を提供する仕組みの構築等により、新卒一括採用システムの見直しを進める。
- <u>有期労働契約を巡るルールの明確化、パート労働者への社会保険の適用拡大や均衡処遇の推進等の問題に対処するための法的整備等や均衡ある能力開発等の取組を進め、正規・非正規労働者間の均衡処遇を目指す。</u>

【後記】　本節の内容は、平成18年7月27日に開催された、関西経営者協会創立60周年記念事業「労働政策シンポジウム」における筆者の基調講演「最近における労働政策の動向と人事労務管理への影響——労働契約法制・労働時間法制とその行方」の骨子を、配付資料とともに再構成してまとめたものである。

初出）『阪大法学』56巻3号（平成18年9月）47頁以下

4　労働契約法制・労働時間法制とその行方——規制改革・民間開放推進会議が提起した疑問

Episode　04

　厚生労働省が前面に出て、雇用・労働分野における新法の制定や法令の改正をリードする。筆者の記憶が正しければ、平成18年前後から、そうした傾向が顕著にみられるようになった。その典型例といえるものに、本節で取り上げた「労働契約法制及び労働時間法制の在り方について」（素案）がある。

　筆者が規制改革の現場を離れたのは、平成19年1月25日（諸般の事情から年度末の任期満了を待たずに任を解かれる）。前年7月に規制改革・民間開放推進会議によって公表された「労働契約法制及び労働時間法制の在り方に関する意見」の起案は、同会議の専門委員であった筆者にとって最後の大仕事というべきものとなった。

　「意見」の内容については、一部の委員から、契約当事者の意思を何よりも尊重すべしとの観点からする反論もあった。かなり激しいやりとりを交わしたことを覚えているが、そのことによって、ドラフトの中身が大きく変わったという事実はない。

　「素案」は、文字数にして1万2000字近く、労働契約法制に関する部分だけでも7000字を超える。労働契約法（平成19年12月5日法律第128号）が全文19条、附則を除けば3000字に満たない法律として出発したこと（平成20年3月1日施行）が示すように、法制化に当たっては大幅に規定内容がスリム化される。過半数組合や過半数代表者をめぐる議論（本文71～73頁。93～94頁の「意見」を併せ参照）など、もはや誰も覚えていまい。

　平成24年の法改正（同年8月10日法律第56号）により労働契約法に追加された有期労働契約の更新拒否（雇止め）に関する規定（公布日施行）や「期間の定めがあることによる不合理な労働条件の禁止」規定（翌25年4月1日施行）は、いずれも「素案」が検討項目に挙げなかった規定であり、ここではこれ以上言及しない。

　また、上記の法改正により労働契約法に新設された無期転換規定（平成25年4月1日施行）については、その後研究者等を対象に特例が認められた（平成25年12月13日法律第99号、即日施行）ものの、同法18条1項に規定する通算契約期間の「5年」を「10年」と読み替えることを主な内容とするものにとどまった。

仮にこのとき、研究者等を対象とした無期転換規定の適用除外に踏み切っていれば、令和5年3月に集中した大学教員や研究者の雇止めの多くは回避することができた。筆者には、そう思えてならない。
　では、労働時間法制についてはどうか。
　たとえば、「素案」のいう「自律的労働にふさわしい制度の創設」（本文83～85頁）の場合、「意見」が示した危惧（本文102～103頁）は、当初の予想をも上回る形で、現実のものとなったというほかはない。
　いわゆる「高度プロフェッショナル制度」がそれであり、この制度について規定した労働基準法41条の2（平成30年7月6日法律第71号により新設、翌31年4月1日施行）は、単独で2000字を超える条文となる。また、同条1項1号により、同制度の適用対象業務は「高度の専門的知識等を必要とし、その性質上従事した時間と従事して得た成果との関連性が通常高くないと認められるものとして厚生労働省令で定める業務」とされ、その省令である労働基準法施行規則34条の2第3項によって、①金融商品の開発の業務、②ファンドマネージャー、トレーダー、ディーラーの業務、③証券アナリストの業務、④コンサルタントの業務、および⑤新たな技術、商品または研究開発の業務に限定されることになった。
　令和6年3月末現在、「高度プロフェッショナル制度」の対象労働者数は、1340人。その9割以上（1269人）をコンサルタントの業務が占める。あまりにも厳格な要件を課した（労働基準法施行規則の関連規定だけで3000字近くを数える）ために、企業にそっぽを向かれた。こう考えて間違いはない。
　さらに、令和6年4月1日以降、労働基準法施行規則の改正（令和5年3月30日厚生労働省令第39号）により、専門業務型裁量労働制についても例外なく本人同意が要件化（協定事項化）された。
　とはいえ、同意を拒否した大学教員を、裁量労働制の適用を受けない通常の労働時間管理が可能な業務（たとえば、事務職員の行う業務）に就かせることは、不可能に近い（本文102頁を参照）。
　同じことは、専門業務型裁量労働制の適用対象業務である弁護士をはじめとする士業についてもいえるが、適用対象業務以外の業務への配置転換が困難なものについては例外（適用除外）を認める等、一律規制の弊害を除去するための制度の見直し（省令の再改正）が必要といえよう。

5　労働法における公法上の義務

　　Ⅰ　はじめに
　　Ⅱ　法令解釈をめぐる判例・通説への疑問
　　Ⅲ　公法上の義務と労働判例
　　Ⅳ　高年齢者雇用安定法と公法上の義務

Ⅰ　はじめに

　「これは日本語ではない」。労働基準法（労基法）が、昭和62年の法改正（同年9月26日法律第99号、63年4月1日施行）により、その附則134条（現行136条）で「使用者は、第39条第1項から第3項までの規定による有給休暇を取得した労働者に対して、賃金の減額その他不利益な取扱いをしないようにしなければならない」と規定したとき、思わず口にしたのは冒頭の一言であった。

　たしかに、それまでにも、事業附属寄宿舎規程25条の2第2項のように、「汚水及び汚物は、寝室、食堂及び炊事場から隔離された一定の場所において露出しないようにしなければならない」（昭和30年2月25日労働省令第5号により追加）と定めた労働関係法令はあった[1]。

　また、権衡（均衡）を「失しないようにしなければならない」とか、「競合しないようにしなければならない」「濫用しないようにしなければならない」といったように、これと同様の表現を用いた法令は、地方自治法（2条6項、180条の5第4項、281の2第3項）や、地方税法（147条【現177条の7】5項、444条【現463条の15】3項）、宗教法人法（18条5項）をはじめとして、現在でも相当数存在する。そこに、日本語としての違和感は、あまり感じられない。

　他方、先にみた労基法の規定の場合、「不利益な取扱いをしてはならない」とまでは強くいえないものの、「不利益な取扱いをしないように努めなければ

---

[1] なお、建設業附属寄宿舎規程7条の2（平成6年8月31労働省令第38号により追加）にも、同旨の定めが置かれている。

ならない」では弱すぎると考えた立法者（法制執務担当の官僚）が、禁止規定と努力義務規定の中間を狙って「不利益な取扱いをしないようにしなければならない」との表現をひねり出したことは、容易に想像できる[2]。しかし、日本語としては、どこかしっくりこない。それが大方の感想であろう。

　「労働基準法134条が、使用者は年次有給休暇を取得した労働者に対して賃金の減額その他不利益な取扱いをしないようにしなければならないと規定していることからすれば、使用者が、従業員の出勤率の低下を防止する等の観点から、年次有給休暇の取得を何らかの経済的不利益と結び付ける措置を採ることは、その経営上の合理性を是認できる場合であっても、できるだけ避けるべきであることはいうまでもないが、［当該］規定は、それ自体としては、使用者の努力義務を定めたものであって、労働者の年次有給休暇の取得を理由とする不利益取扱いの私法上の効果を否定するまでの効力を有するものとは解されない。また、［この］ような措置は、年次有給休暇を保障した労働基準法39条の精神に沿わない面を有することは否定できないものではあるが、その効力については、その趣旨、目的、労働者が失う経済的利益の程度、年次有給休暇の取得に対する事実上の抑止力の強弱等諸般の事情を総合して、年次有給休暇を取得する権利の行使を抑制し、ひいては同法が労働者に［当該］権利を保障した趣旨を実質的に失わせるものと認められるものでない限り、公序に反して無効となるとすることはできないと解するのが相当である」。

　最高裁は、このように述べる（沼津交通事件＝最二小判平成5．6．25民集47巻6号4585頁）が、努力義務規定であると判断した以上、これに私法上の効力まで認めることができないのは当然である。ただ、このことが、使用者の行為（法律行為）をそれだけでは直ちに有効とするものではないのと同様に、禁止規定という体裁を仮にとったとしても、当該規定に違反する使用者の行為が即無効になるといえるほど、法律の世界は単純ではない。

---

[2] 平成10年の省令改正（同年12月28日労働省令第45号）によって、労基法施行規則に6条の2が新設され、過半数代表者に関する規定が整備されたとき、その第3項で「使用者は、労働者が過半数代表者であること若しくは過半数代表者になろうとしたこと又は過半数代表者として正当な行為をしたことを理由として不利益な取扱いをしないようにしなければならない」と定められたのも、同様の発想によるものであったと考えられる。

法令を無視した解釈は、もとより許されないとはいえ、義務規定か努力義務規定かといった法令の体裁がすべてを決めると即断することにも問題はある。しかるに、法令の規定内容が事実上無視されることもあれば、その体裁を過度に重視した短絡的な見方が勢いを得ることもある。以下にみるように、それが現実なのである。

II 法令解釈をめぐる判例・通説への疑問

1 規定内容の違いを無視すべきではない

最高裁は、出勤率が90％以上あることを賞与の支給要件として規定した就業規則条項の効力等が争われた最近のケース（東朋学園事件＝一小判平成15. 12. 4判時1847号141頁）において、次のように述べる。

「本件90％条項は、労働基準法65条で認められた産前産後休業を取る権利及び育児休業法（注：育児休業等に関する法律）10条を受けて育児休職規程で定められた勤務時間の短縮措置を請求し得る法的利益に基づく不就労を含めて出勤率を算定するものであるが、……労働基準法65条及び育児休業法10条の趣旨に照らすと、これにより上記権利等の行使を抑制し、ひいては労働基準法等が上記権利等を保障した趣旨を実質的に失わせるものと認められる場合に限り、公序に反するものとして無効となると解するのが相当である」。

この判決においては、先にみた沼津交通事件を含む3件の判例が引用されており[3]、法令による権利保障等の趣旨を実質的に失わせるかどうかを公序違反の成否（私法上の効力の有無）の判断基準とする判例の考え方は、既に確立したものということができる。

とはいえ、本件で問題となった産前産後休業の取得または育児休業に代わる勤務時間の短縮措置については、そのいずれに関しても、少なくとも事件当時

---

[3] 沼津交通事件を除く引用判例は、エヌ・ビー・シー工業事件＝最三小判昭和60. 7. 16民集39巻5号1023頁、および日本シェーリング事件＝最一小判平成元. 12. 14民集43巻12号1895頁の2件であった。

（平成6年〜7年）には、使用者による不利益取扱いを禁止した規定はもちろん、そうした不利益取扱いをしないように使用者に努力義務を課した規定さえ存在していなかったという事実にも、やはり目を向ける必要がある。

現在、育児・介護休業法（育児休業、介護休業等育児又は家族介護を行う労働者の福祉に関する法律）10条は「事業主は、労働者が育児休業申出をし、又は育児休業をしたことを理由として、当該労働者に対して解雇その他不利益な取扱いをしてはならない」と規定しているが、事件当時の育児休業法は「事業主は、労働者が休業申出をし、又は育児休業をしたことを理由として、当該労働者を解雇することができない」（旧7条）と定め、育児休業についても解雇のみを禁止するにとどまっていた。

これが不利益取扱い禁止規定に改められるのは、平成13年の育児・介護休業法改正（同年11月16日法律第118号、即日施行）以降のことであり、同様の事情は、産前産後休業についてもみられる。つまり、産前産後休業の請求・取得を理由とする解雇に加え、その他の不利益取扱いが法律上禁止されるようになったのは、これよりもさらに遅く、平成18年の男女雇用機会均等法（雇用の分野における男女の均等な機会及び待遇の確保等に関する法律）の改正（同年6月21日法律第82号、翌19年4月1日施行）を待たなければならなかったのである（改正前の8条3項と改正後の9条3項を比較参照）。

他方、本件事件当時の育児休業法も、その10条で育児休業に代わる勤務時間の短縮等の措置を事業主の義務として規定していたが、その内容は「事業主は、その雇用する労働者（日々雇用される者を除く。以下この条及び次条において同じ。）のうち、その1歳に満たない子を養育する労働者で育児休業をしないものに関して、労働省令で定めるところにより、労働者の申出に基づく勤務時間の短縮その他の当該労働者が就業しつつその子を養育することを容易にするための措置を講じなければならない」と定めるものにとどまり、事業主に対してこのような措置を講じるよう請求する権利を、労働者に直接認めたものではなかった。

こうした法令の規定内容は、現在の育児・介護休業法（23条1項）においても基本的に維持されており[4]、勤務時間の短縮等の措置については、当該措置の

---

[4] なお、育児・介護休業法23条1項は、現在、次のように規定している。「事業主は、厚生労働省令で定めるところにより、その雇用する労働者のうち、その1歳（当該労働者が第

請求ないし利用を理由とする不利益取扱いに言及した規定を依然として欠いたまま、今日に至っている【なお、その後、平成21年の法改正（7月1日法律第65号、翌22年6月30日施行）によって、申出等を理由とする解雇その他の不利益取扱いが禁止されることになった（23条の2の新設）】。

このように、産前産後休業や勤務時間の短縮措置については、不利益取扱いを禁止し、または不利益取扱いをしないよう事業主に努力義務を課す規定は設けないことが立法者の意思であった（少なくとも最近まではそうであった）と考えられるが、裁判所はこれまでこうした法令＝立法者の意思を考慮せずに、その判断を行ってきたといえる。

たしかに、権利保障等の趣旨を実質的に失わせるか否かをもっぱらその判断基準とする判例の考え方は、一面でわかりやすいとはいうものの、それでは不利益取扱いの禁止規定や努力義務規定を法令に置く意味がなくなってしまう。このような法令無視にも等しい姿勢を裁判所がとることは、国会が「国権の最高機関」であること（憲法41条）を考えても、決して望ましいことではない。

今日においても、不利益取扱いが明文の定めをもって禁止されているか否かという点で、産前産後休業や育児・介護休業と勤務時間の短縮措置との間には、明確な違いがある【上述したように、現在ではその違いはなくなっている】。そうした違いに、どこまで目を配るのか。このことが今、裁判所には問われているといえよう。

2　使用者の義務＝私法上の義務ではない

先にみた平成18年の法改正により、男女雇用機会均等法は、その6条で次のように定めることになる。

5条第3項の申出をすることができる場合にあっては、1歳6か月。以下この項において同じ。）に満たない子を養育する労働者で育児休業をしないものにあっては労働者の申出に基づく勤務時間の短縮その他の当該労働者が就業しつつその子を養育することを容易にするための措置（以下この項及び次条第1項において「勤務時間の短縮等の措置」という。）を、その雇用する労働者のうち、その1歳から3歳に達するまでの子を養育する労働者にあっては育児休業の制度に準ずる措置又は勤務時間の短縮等の措置を講じなければならない」。このように、対象労働者や養育する子の範囲については、その後拡大をみたものの、規定の性格は、今も変わっていないということができる。

第6条 事業主は、次に掲げる事項について、労働者の性別を理由として、差別的取扱いをしてはならない。
　一　労働者の配置（業務の配分及び権限の付与を含む。）、昇進、降格及び教育訓練
　二　住宅資金の貸付けその他これに準ずる福利厚生の措置であつて厚生労働省令で定めるもの
　三　労働者の職種及び雇用形態の変更
　四　退職の勧奨、定年及び解雇並びに労働契約の更新

　本条については、これを強行規定（私法上の効力規定）と解するのが通説となっている[5]が、本当にそういえるのか、筆者には大いに疑問がある。差別的取扱いとして禁止される事項の範囲が、あまりにも広いからである。

　禁止事項の範囲が広くなればなるほど、法的にこれを強制することは困難になる。その好例といえるものが、「使用者は、炭鉱災害による一酸化炭素中毒症にかかつた労働者の労働条件について、その者が当該一酸化炭素中毒症にかかつた者であることを理由として一切の差別的取扱いをしてはならない」と規定する「炭鉱災害による一酸化炭素中毒症に関する特別措置法」4条の定めである。「一切の差別的取扱いをしてはならない」との定めは、訓示規定としての意味は持ち得ても、それ以上の意味は持たない[6]。

　男女雇用機会均等法6条の場合、ここまで極端な規定ではないものの、判例の蓄積を通じて公序違反との判断が確立している男女別定年制等を除き、そこに掲げられた禁止事項のすべてを、性別を理由とするというだけで無効とすることには無理がある。

　たとえば、女性労働者については、原則として深夜にわたる業務には配置せず、遠隔地への配転を行わない、といった方針を労使で取り決める可能性は、現在でも十分にある。そのような取決めまで、1号違反を理由に直ちに無効と

---

[5]　菅野和夫『労働法　第8版』（弘文堂、平成20年）157頁のほか、下井隆史『労働基準法　第4版』（有斐閣、平成19年）64頁を参照。

[6]　なお、当該規定には、法文から受ける強い印象にもかかわらず、その違反に対して罰則が付されていない（拙稿「労働基準法制と規制のあり方」『ジュリスト』1066号（平成7年5月）175頁以下、176頁【本書19頁以下、23頁】。構成要件がここまで広いと、罰則の付けようがなかったのであろう。

考えるのは、行き過ぎというほかはない。

　男女雇用機会均等法には、独立した章として「紛争の解決」について定めた第３章が設けられており、都道府県労働局長による助言・指導・勧告のほか、紛争調整委員会（機会均等調停会議）による調停という行政型ADRが用意されている。同法６条に列挙された差別的取扱いについても、こうした紛争解決システムを通じて、禁止の実効を図ることが本来は望ましい。差別的取扱いとはいっても、法律行為ではなく、事実行為に該当する行為が少なくないことを考えれば、なおさらである。

　差別的取扱いの事例を列挙した大臣告示である「労働者に対する性別を理由とする差別の禁止等に関する規定に定める事項に関し、事業主が適切に対処するための指針」（平成18年10月11日厚生労働省告示第614号）を読んでも、その判断には、現場を知る者の土地勘が必要不可欠なことがわかる。このような微妙な判断をあげて裁判所に委ねることは、およそ不可能という以外にないのである。

　行政型ADRによる紛争解決システムは、平成20年４月１日に施行された改正後のパートタイム労働法（短時間労働者の雇用管理の改善等に関する法律）においても、男女雇用機会均等法に倣う形でこれが採用されており（第４章を参照）、次のように規定するパートタイム労働法12条１項についても、そこで事業主が「講じなければならない」とされた通常の労働者への転換を推進するための措置は、基本的には、この行政型ADRによる履行確保を前提としたものと考えてよい。

（通常の労働者への転換）
第12条　事業主は、通常の労働者への転換を推進するため、その雇用する短時間労働者について、次の各号のいずれかの措置を講じなければならない。
　一　通常の労働者の募集を行う場合において、当該募集に係る事業所に掲示すること等により、その者が従事すべき業務の内容、賃金、労働時間その他の当該募集に係る事項を当該事業所において雇用する短時間労働者に周知すること。
　二　通常の労働者の配置を新たに行う場合において、当該配置の希望を申

し出る機会を当該配置に係る事業所において雇用する短時間労働者に対して与えること。
　　三　一定の資格を有する短時間労働者を対象とした通常の労働者への転換のための試験制度を設けることその他の通常の労働者への転換を推進するための措置を講ずること。
　2　略

　上記規定の場合、たしかに義務規定の体裁をとっているとはいうものの、当該規定は、私法上の義務まで事業主に課したものではない（したがって、短時間労働者が当該義務の履行を事業主に請求することはできない）。そこに規定された事業主の義務は、あくまでも公法上の義務にとどまる。こう考えるべきなのである。

Ⅲ　公法上の義務と労働判例

　権利は、通常、法令または契約をその根拠とする。労働法の世界もその例外ではない。仮に就業規則や労働協約に定めがあれば、労働契約の内容となるこれらの規則等に基づいて、労働者はその権利を主張できる。
　とはいえ、そうした定めがない場合、法令に使用者の義務規定が存在するというだけでは、労働者が権利を主張できるとは限らない。このような権利主張が認められるのは、法令が公法上の義務ではなく、私法上の義務まで使用者に課したといえる場合に限られるからである。
　ただ、法令に定める使用者の義務が、私法上または公法上の義務のいずれに属するかを見分けるのは、いうほどに簡単ではない。
　たとえば、全体としては強行法規であること疑いを容れない労働基準法にも「出来高払制その他の請負制で使用する労働者については、使用者は、労働時間に応じ一定額の賃金の保障をしなければならない」と規定した 27 条のように、法律自体が保障給の額や計算方法を規定していないことから、就業規則等（労働契約）に保障給の定めがない場合には、労働者は「保障給を受給する権利を有しない」と解されているものもある[7]。

---

[7]　名古屋高判昭和 37．2．14 高民集 15 巻 1 号 65 頁を参照。

たしかに、法令規定の性格を考える場合、罰則の有無が決め手となる場合はある。たとえば、最高裁は、ある判例（医療法人新光会事件＝三小判昭和43．4．9民集22巻4号845頁）のなかで、次のように述べる。

　「不当労働行為たる解雇については、旧労働組合法（昭和20年12月22日法律第51号）においては、その11条によりこれを禁止し、33条に［当該］法条に違反した使用者に対する罰則を規定していたが、現行労働組合法（昭和24年6月1日法律第174号）においては、その7条1号によりこれを禁止し、禁止に違反しても直ちに処罰することなく、使用者に対する労働委員会の原状回復命令が裁判所の確定判決によつて支持されてもなお使用者が［当該］命令に従わない場合に初めて処罰の対象にしている（同法28条）。しかし、不当労働行為禁止の規定は、憲法28条に由来し、労働者の団結権・団体行動権を保障するための規定であるから、［当該］法条の趣旨からいつて、これに違反する法律行為は、旧法・現行法を通じて当然に無効と解すべきであつて、現行法においては、該行為が直ちに処罰の対象とされず、労働委員会による救済命令の制度があるからといつて、旧法と異なる解釈をするのは相当ではない」。

　しかし、旧労働組合法が罰則をもって禁止していたのは、労働組合の正当な行為を理由とする不利益取扱いに限られ（立法当初は、労働組合の組合員であることを理由とするものに限られていた）、使用者による団体交渉拒否や支配介入については、そもそもこれを禁止する規定が置かれていなかった。
　それゆえ、現行の不当労働行為禁止規定が憲法28条に由来するものであったとしても、解雇に関する団交拒否や支配介入の事実が認められるというだけでは、当該解雇を直ちに無効とすることには無理がある。
　つまり、不当労働行為である解雇を無効ということができるのは、沿革的にも罰則を背景にこれが禁止された時代を経験している不利益取扱いに該当する解雇に限られる。このように考えるのが妥当といえよう。
　上記最高裁判決は、労働組合法7条1号が禁止する不利益取扱いについて、司法救済を認めず、労働委員会による行政救済を排他的な救済手段とする議論に終止符を打つものになったとはいえ、そうした議論がかつては有力なものとして存在したという事実も、やはり忘れてはならない。

第 1 部　総論

たとえば、このような事情は、上記事件の上告理由が次のように述べていたことからも、これを窺い知ることができる。

「労働組合法は第 7 条に掲げた使用者の行為につき、同法第 27 条による労働委員会の行政処分としての救済を与えるべきことを規定しているのであつて、第 7 条該当即無効という法律論をなし得ないものであること現行労働組合法制定当時から論ぜられて来ており、この点多言を要しない」。

法律に定める禁止規定に違反する法律行為については、そのすべてを無効と考えて、疑わない。そうした短絡的な見方に問題があることは、この上告理由からも明らかといえよう。

1　団体交渉義務と労働委員会の救済命令

労働組合から組合員の労働条件について団体交渉の申入れがあれば、使用者はこれに応じる義務を負う。一般に、このことを指して団体交渉義務といい、正当な理由のない団体交渉拒否は、労働組合法（7 条 2 号）もこれを不当労働行為として禁止している。

憲法 28 条が団体交渉権を明文の定めを置くことによって保障していることもあって、かつてはこのような使用者の団体交渉義務に対応するものとして、「労働組合は使用者に対し団交に応ずべきことを請求する権利を有する」こと（団体交渉請求権）を端的に認めた判例（福井放送事件＝福井地決昭和 40.6.26 労民集 16 巻 3 号 555 頁）もみられたが、こうした判例の流れを一変させたものに、次のように述べる高裁の決定（新聞之新聞社事件＝東京高決昭和 50.9.25 労民集 26 巻 5 号 723 頁）がある。

「労働組合法は、使用者が雇用する労働者の代表者と団体交渉をすることを正当な理由がなくて拒むことを不当労働行為として禁止し（7 条 2 号）、この不当労働行為に対しては、労働委員会が使用者に対し団体交渉に応ずべきことを命ずることによりその救済が与えられ（27 条）、この救済命令を履行しない使用者に対しては刑罰又は過料の制裁が課せられる（28 条、32 条）ものとしているから同法 7 条 2 号の規定は、これより使用者は団体交渉を不

当に拒否をしてはならないという公法上の義務を負うものとしているとはいうことができても抗告人が主張するような団体交渉権という私法上の権利を直接規定している実定法が存在しないのみならず、仮にそのような権利を認め団体交渉の不当な拒否に対して、労働委員会による救済とは別途に、直接に裁判上の本案請求又は仮処分申請により団体交渉の拒否禁止又は応諾を求めうるものとしても、憲法上保障される私権としての団体交渉権の権利性を現行法上どう把握し、いわゆる団体交渉請求権なるものに対応すべき使用者の債務の給付内容をどのように特定するか、そして団体交渉の履行を法律上強制することの能否並びにその履行を裁判上強制してみたところではたして実効性を確保しうるかなど多くの困難な実践的解釈上の問題を生じ、到底憲法 28 条ないし労働組合法 7 条が現行法上私法的な団体交渉請求権なるものを認めているとは解し難い。したがつて、相手方が抗告人との団体交渉を不当に拒否していると仮定してみても、そのことから労働組合法 7 条 2 号に基づく行政救済申立権が発生すること以上に、これにより使用者に対し交渉に誠意をもつて応ずべき旨の作為を求める私法上の債権、すなわち具体的団体交渉請求権を取得したものとして直ちに相手方が抗告人に対して団体交渉に応ずべき私法上の義務が発生する筋合いではないといわなければならない」。

なるほど、本決定も「団体交渉権を不当に侵害する行為は、それ自体違法であり、損害賠償責任を生ぜしめるほか、法律行為においてはその効力を否定するにいたらしめるというべきである」とはいう。しかし、不当労働行為が直ちに不法行為となるものでないことはいうまでもなく[8]、不当労働行為を構成する

---

[8] たとえば、「不法行為と不当労働行為の概念が異なり、両者はその趣旨目的及び成立要件を異にしているから、不当労働行為に該当したとしても不法行為になるものでないこと」は、「被告会社所論のとおりである」として、判例も一般論としてはこれを認めている（スカイマーク事件＝東京地判平成 19．3．16 判時 1963 号 147 頁）。また、この点に関連して、次のように述べる判例（JR 東海事件＝東京高判平成 15．11．6 判時 1861 号 131 頁）もある。

「労働組合法は、労働者と使用者との実質的対等な労働力の取引交渉を集団的労働契約の締結を保障するために労働者の団体組織化の自由（団結権）と団交行動の自由（団体交渉権）を行政的手続の次元で保護するために、それらの自由を阻害する不当労働行為の排除、上記自由の回復等をするものである。

したがって、使用者による労働者の団結権の侵害があったとしても、不当労働行為として労働委員会等による行政的手続によって排除・回復の措置がとられるだけのことであっ

法律行為のすべてが、それだけの理由で無効と判断されるいわれもない。

決定がこれに続けて「しかしだからといつてこのことから直ちに憲法 28 条の規定は、これによつて労使間の団体交渉に関する具体的な権利義務を設定したものであると解することはできない」と述べていること（先の引用部分はこの解釈を具体化したもの）からも明らかなように、上記の判示部分は、むしろリップサービスに近い傍論というべきなのである。

また、労働組合が特定の事項について「団体交渉を求め得る地位にあることの確認を求める」訴えを提起した場合には、これに確認の利益を認めるのが、近年における最高裁の立場（国鉄［乗車証］事件＝三小判平成3．4．23 労判589 号6 頁）となっているとはいえ、このことをもって、団体交渉義務が今日では私法上の義務として認められるに至っているといえば、それは明らかに言い過ぎであろう。

一口に使用者の義務といっても、その強弱や履行確保の手段には大きな違いがあり、法令が禁止規定や義務規定の体裁をとっているからといって、これを直ちに私法上の義務と解すべきではない。

先にみた東京高裁の決定からもわかるように、団体交渉義務についても、それが公法上の義務として規定されたのは、債務の特定が難しい等、司法判断にはなじみにくい問題があったからであって、決して理由のないことではない。こうした事情にも、きちんと目配りする。その重要性を本決定は教えてくれるのである。

なお、行政委員会である労働委員会が発する団交応諾命令等の救済命令は、

て、民法上原則として取引の自由ないし取引交渉上の駆け引きの自由を認められている使用者が、それらの自由の下に行動し、そのために不当労働行為と評価されたとしても、直ちに不法行為が成立するものではない。

また、使用者が特定の労働者あるいは労働組合を嫌悪したり、労働力の取引交渉等において不平等扱いするとか他の労働組合を重視することは不当労働行為となっても、それが使用者の内部意思に止まっていて、外部的に差別等の現実結果を生じさせない限り、不法行為が成立するものでない。

ただ、使用者の不当労働行為が不当労働行為意思とは別の次元の民法上等の故意又は過失によって労働者の雇用契約上の財産的利益、名誉権等人格権、労働組合の財産的利益や信用など民法上等の法的利益を侵害し、賃金収入等の減少、組合員の名誉の毀損、組合費収入等の減少、組合の信用毀損による組合費の減少などの結果が生じたときに不法行為が成立するものと解すべきである。支配介入等の不当労働行為が、外形上のものに止まり、労働者や労働組合の抽象的ないし主観的な団結権を侵害しただけの場合は、それのみでは必ずしも損害が発生したとはいえず、不法行為は成立しないものと解すべきである」。

文字どおり行政処分としての性格を有するものであり、このような「救済命令は、使用者に国に対する公法上の義務を負担させるものであって、これに対応した使用者に対する請求権を労働組合に取得させるものではない」（ネスレ日本・日高乳業（第二）事件＝最一小判平成 7．2．23 民集 49 巻 2 号 393 頁）。

判例上もこのように解されていることを、念のため付記しておきたい。

2　除外認定と解雇予告手当の支払い義務

労働基準法 20 条は、その 1 項で「使用者は、労働者を解雇しようとする場合においては、少くとも 30 日前にその予告をしなければならない。30 日前に予告をしない使用者は、30 日分以上の平均賃金を支払わなければならない。但し、天災事変その他やむを得ない事由のために事業の継続が不可能となつた場合又は労働者の責に帰すべき事由に基いて解雇する場合においては、この限りでない」と定めるとともに、その 3 項で「前条第 2 項の規定は、第 1 項但書の場合にこれを準用する」として、但書所定の事由について行政官庁（所轄労働基準監督署長）の認定を受けなければならない旨を規定している。これを解雇予告の除外認定という。

また、これを受け、同趣旨の定めが就業規則等に設けられることも多いが、そのような場合であっても、労働基準監督署長の認定は解雇の効力要件をなすものではなく、「懲戒解雇が労働基準法第 20 条第 1 項ただし書に該当する場合に、使用者が労働基準監督署長の認定を受けることの公法上の義務を明らかにしたのにすぎないもの」（八戸鋼業事件＝仙台高判昭和 40．2．11 労民集 16 巻 1 号 96 頁）と一般には解されており、「同条第 1 項ただし書に該当する事由がある場合にはその解雇は有効」であって、「労働基準監督署長の認定を受けていないとの一事をもつて、直ちにこれを無効と断定することはできない」（同上）ともされている。

とはいえ、除外認定を受けないことが解雇の効力に影響を与えないとしても、「懲戒解雇は、予告期間を設けることなく、即時解雇する。この場合において、所轄労働基準監督署長の認定を受けたときは、予告手当（平均給与の 30 日分）を支給しない」と定める就業規則の規定があり、かつ、現実にも除外認定を受けていなかったという場合においてまで、最近のある判例（豊中市不動

産事業協同組合事件＝大阪地判平成 19．8．30 労判 957 号 65 頁）が述べるように「行政官庁の認定は、事実確認的な性質のものと解されるから、この認定を受けていなくとも、解雇が『労働者の責めに帰すべき事由』に基づくものと認められる場合は、使用者は解雇予告手当の支払義務を負わない」とすることには、いささか疑問がある。

所轄労働基準監督署長の認定を受けることを予告手当不支給の要件として就業規則で定めた以上、使用者にはこれを私法上の義務というかどうかは別として、そうした約束（労働契約の内容）を守る義務がある。このことは、労使関係のイロハであって、仮にそのような約束ができないのであれば、就業規則に定めを置かないのが、使用者の本来とるべき姿勢というものであろう[9]。

なお、監督署長が解雇予告の除外を認めなかった場合（このような場合は、現実にもしばしばある[10]）、当該不認定処分（除外認定拒否処分）を抗告訴訟の対象となる行政処分として争うことができるかどうかについては、判例の立場が分かれる。

たとえば、その肯定例としては「労働基準法 20 条 3 項の除外の不認定は、即時解雇の効力の発生要件ではなく、即時解雇の有効無効は、専ら解雇予告除外事由が客観的に存するか否かによつて決せられるものと解されるから、[当該]除外の不認定は、使用者と労働者との間の雇用契約上の権利義務に何らの影響も及ぼすものではない」としつつも、このことから「直ちに労働基準法 20 条 3 項の除外の不認定が、抗告訴訟の対象にならないというものではなく、[当該]

---

[9] たとえば、職員による「非違行為の程度が雇用関係を維持しがたいほどに重大であり、かつ、情状酌量の余地がない場合」に行う懲戒解雇について、大阪大学の就業規則が「予告期間を設けずに即時解雇する」とのみ規定しているのは、ここに理由がある（教職員就業規則 37 条 2 項 5 号を参照）。

[10] 拙稿「労働基準法の改正について」『阪大法学』53 巻 3・4 号（平成 15 年 11 月）127 頁以下、141～142 頁【本書 31 頁以下（改題）、45 頁】を参照。なお、平成 14 年から 18 年までの 5 年間における解雇予告除外認定（労働者の責に帰すべき事由）の推移については、下表を参照。

	申請件数	認定件数
平成 14 年	2,310 件（100.0）	1,889 件（81.8）
平成 15 年	2,386 件（100.0）	1,954 件（81.9）
平成 16 年	2,429 件（100.0）	2,012 件（82.8）
平成 17 年	2,529 件（100.0）	2,123 件（83.9）
平成 18 年	2,568 件（100.0）	2,119 件（82.5）

（出所：『労働基準監督年報』各年版）

5 労働法における公法上の義務

不認定が、これを受ける者（使用者）の法律上の地位に、具体的現実的な不利益を与える場合には、なお、抗告訴訟の対象となると解すべき」であるとして、「除外認定を受けずに即時解雇をすれば、たとえ客観的に即時解雇の要件が具備していて、その解雇が有効である場合でも、同法119条1号によって、使用者は、6月以下の懲役又は5千円（注：現行30万円）以下の罰金に処せられることとなる」ことを理由に「除外不認定があつた場合、使用者は、処罰の危険を冒さなければ即時解雇ができないという法的拘束を受けることになるから、［当該］不認定処分は、使用者の法律上の地位に具体的現実的な不利益を与える行為というべきである」として、不認定処分を抗告訴訟の対象となる行政処分に当たるとしたもの（天王寺労基署長（日東宝飾）事件＝大阪地判昭和57. 12. 20労民集33巻6号1149頁）がある。

ただ、その一方で「抗告訴訟の対象となる公権力の行使に当たる行為とは、公権力の主体である国又は公共団体が行う行為のうち、その行為によって、直接国民の権利義務を形成し又はその範囲を確定することが法律上認められているものをいうのであるから（最高裁昭和39年10月29日判決・民集18巻8号1809頁参照）、そのような意味で国民の法律上の地位に直接の影響を及ぼすものとはいえない行為は、たとえ国又は公共団体が行う行為であっても抗告訴訟の対象とはならないものと解される」とした上で、次のように述べ、不認定処分が抗告訴訟の対象とならないとした、比較的最近の判例（上野労基署長（出雲商会）事件＝東京地判平成14. 1. 31訟務月報49巻11号3183頁）もある（なお、その控訴審判決に当たる東京高判平成14. 7. 30訟務月報49巻11号3176頁も、以下の地裁判決の判示部分については、その全文をそのまま引用する）。

「解雇予告除外事由の認定の制度は、解雇予告除外事由の存否に関する使用者の恣意的な判断を抑止するという、行政取締り上の見地から、使用者に対して解雇予告除外事由に該当する事実の存在についての行政官庁の認識の表示を受けるべきものとしたものであって、その認識の表示自体に直接国民の権利義務を形成し又はその範囲を確定することを認めているものではないと解される。したがって、解雇の効力は行政官庁による解雇予告除外事由に関する労働基準法20条3項、19条2項の認定の有無・内容にかかわり

なく、専ら同法20条1項ただし書の定める客観的な解雇予告除外事由の存否によって決せられ、使用者は、不認定行為を受けた場合であっても有効に即時解雇をすることを妨げられず、反対に認定行為を受けた場合であっても、客観的に見て解雇予告除外事由が存在しないときは、即時解雇を有効なものとすることはできないこととなるものであり、そうとすれば、行政官庁による解雇予告除外事由の認定の有無・内容は、使用者の雇用契約上の地位に何らの影響を及ぼすものではないこととなる。

　もっとも、使用者は、行政官庁による不認定行為にもかかわらず即時解雇を行えば、刑事手続に付されて刑罰に処せられる可能性の存することは、労働基準法119条1号の規定内容に照らして明らかであって、不認定行為があった場合、使用者は、労働基準法20条3項違反の罪により処罰を受ける危険を冒さなければ、即時解雇をすることができないという事実上の制約を受けることは否定できない。しかし、この場合においても、使用者が刑事手続に付されるか否かは何ら確定的なものではないし、仮に使用者が刑事手続に付された場合であっても、解雇予告除外事由の存在を主張して処罰を免れることが可能であって、不認定行為に従わないことのみをもって直ちに処罰を受けるものではないことからすれば、同法119条1号の規定内容との関係から見ても、不認定行為が使用者の法律上の地位に直接の影響を及ぼすものとはいえないというべきである」。

罰則付きで半ば強制されても、その結果については裁判で争えない、という考え方には釈然としないものがあるが、かなり以前の判決とはいえ、次のように述べる判例もある。

　「労働基準監督署長は行政処分を以て直接使用者及び労働者間の雇傭関係を消滅せしめ、又は使用者に対して賃金支払義務を負担せしめるような権限はこれを有しないのであつて」、「被告のなした［当該］指示は、被告が原告等と［上記］訴外会社間の労働関係についての紛争を解決する為になした勧告行為にすぎないとみるべきもので、このような行為は何等直接国民の権利義務に影響を及ぼすような具体的法律効果を発生せしめるものではなく、本来行政処分としての性質を有しないのであるから、本件については抗告訴訟の対象となるべき行政処分は存在しないといわなければならない」

（八代労基署長事件＝熊本地判昭和26．5．7労民集2巻3号399頁）。

他方、今日の労働関係法令は、使用者の義務規定を法令中に設ける場合にも、罰則がこれに伴うようなことはほとんどなく、その履行確保手段も行政官庁の助言や指導、勧告にとどめるのが通例となっている。勧告の実効を上げるために、勧告に従わなかった企業名を公表する規定が仮に加わることはあっても、それが限界となる[11]。いわゆる雇用政策法の領域では、こうした傾向がとりわけ顕著にみられるといっても誤りではない。

勧告を受けた企業は多くの場合、将来を考えて、これに従うことになるが、監督署のからむ是正勧告ですら、判例（敦賀労基署長（橋本商事）事件＝福井地判昭和45．9．25訟務月報17巻2号276頁）は、以下にみるように、その

---

[11] 労働者派遣法がその49条の2第1項において、雇用契約の申込み義務（同法40条の4または40条の5）に違反した派遣先に対して、厚生労働大臣が「雇用契約の申込みをすべきことを勧告することができる」と定めるとともに、同条第3項において「その勧告を受けた者がこれに従わなかつたときは、その旨を公表することができる」と規定しているのは、そうした限界例の一つといってよい。

ただ、この場合においても、雇用契約の申込み義務の履行を裁判で強制する（承諾の意思表示により、雇用契約が成立したものとする）ことまでが認められているわけではない（これを認めると、雇用契約の締結を派遣先に事実上義務づけることになり、採用の自由と正面から抵触することになる）。

たとえば、最近のある判例（松下プラズマディスプレイ［パスコ］事件＝大阪地判平成19．4．26労判941号5頁）も、次のようにいう。労働者派遣法は雇用契約の申込義務を課してはいるものの、これが「直ちに、雇用契約の申込があったのと同じ効果までを生じさせるものとは考えられず（したがって、原告が承諾の意思表示をすることにより、直接の雇用契約が締結されるわけではない。）、被告に直接雇用契約の申込の義務が課せられ、これを履行しない場合に、労働者派遣法に定める指導、助言、是正勧告、公表などの措置が加えられることはあっても、直接雇用契約の申込が実際にない以上、直接の雇用契約が締結されると解することはできない」。派遣法の解釈としては、こう考える以外にないであろう。

なお、同事件の控訴審判決（大阪高判平成20．4．25労判960号5頁）は、派遣法40条の4の「趣旨は、派遣受入可能期間の制限に抵触する前に、派遣先に雇用契約の申込をすることを義務づけることにより期間制限に違反した労働者派遣が行われることを防止し、労働者派遣から派遣先の直接雇用へと移行させることにあるから、派遣先が派遣受入可能期間を超えてなお同条に基づく申込をしないまま、派遣労働者の労務提供を受け続けている場合には、同条の趣旨及び信義則により、直接雇用契約の締結義務が生じると解しうる」として、かなり無理のある解釈を行っているが、そうである「としても、契約期間の定め方を含む労働条件は当事者間の交渉、合意によって決せられるべき事柄であって、派遣先において同条に基づき当然に期間の定めのない契約の締結義務が生じるとまでは解されない。このことは、信義則に基づく直接雇用の契約締結義務が認められる場合も同様といえる」として、結局のところ、労働者派遣法に基づく雇用契約の成立については、これを認めていない。

法的効果をこれに認めない。

> 「一般に是正勧告というのは、労働基準監督行政を実施した際に発見された法違反に対する行政指導上の措置であるに止まり、勧告をうけた者が自主的に是正することを、［当該］是正勧告をした労働基準監督官として当然期待するであろうが、たとえ勧告に従つた是正をしないにせよ、何らの法的効果を生ずるものではない」。

実効確保のための勧告とはいっても、たかだかこの程度のものであり、使用者の義務が公法上の義務にとどまるというのも、このような世界を指していうのである。そうである以上、行政訴訟であろうと民事訴訟であろうと、いずれにせよ裁判にはなじまないということができよう。

IV 高年齢者雇用安定法と公法上の義務

公法上の義務か、それとも私法上の義務か。前述したように、法令に定める使用者の義務がそのいずれに属するのかを見分けるのは、それほど容易なことではない。決め手があるようで、決め手を欠く。それが現実でもある。

しかし、雇用政策法の領域には、公法上の義務であることが明らかといえるものもある。たとえば、高年齢者雇用安定法（高年齢者等の雇用の安定等に関する法律）9条に規定する高年齢者雇用確保措置を講ずべき事業主の義務も、そうした例の一つに数えられる[12]。

1 高年齢者雇用確保措置とその履行確保

高年齢者雇用安定法は、冒頭の1条において、同法の目的を次のように規定する。

---

[12] 以下にみる観点のほか、高年齢者雇用安定法が憲法27条1項に定める国の政策義務を実施するための法律の一つであることを強調することにより、同法9条の私法的効力を否定する代表的な見解として、櫻庭涼子「高年齢者の雇用確保措置——2004年法改正後の課題」『労働法律旬報』1641号（平成19年2月）46頁以下を参照。なお、同『年齢差別禁止の法理』（信山社、平成20年）30頁以下を併せ参照のこと。

「この法律は、定年の引上げ、継続雇用制度の導入等による高年齢者の安定した雇用の確保の促進、高年齢者等の再就職の促進、定年退職者その他の高年齢退職者に対する就業の機会の確保等の措置を総合的に講じ、もつて高年齢者等の職業の安定その他福祉の増進を図るとともに、経済及び社会の発展に寄与することを目的とする」。

高年齢者雇用確保措置について規定した高年齢者雇用安定法9条は、この1条の前段に掲げられた「定年の引上げ、継続雇用制度の導入等による高年齢者の安定した雇用の確保の促進」をそのまま章のタイトルとして採用した、同法第2章にその定めが置かれており、前後の条文と併せてこれを引用すれば、次のようになる。

（定年を定める場合の年齢）
第8条　事業主がその雇用する労働者の定年（以下単に「定年」という。）の定めをする場合には、当該定年は、60歳を下回ることができない。ただし、当該事業主が雇用する労働者のうち、高年齢者が従事することが困難であると認められる業務として厚生労働省令で定める業務に従事している労働者については、この限りでない。

（高年齢者雇用確保措置）
第9条　定年（65歳未満のものに限る。以下この条において同じ。）の定めをしている事業主は、その雇用する高年齢者の65歳までの安定した雇用を確保するため、次の各号に掲げる措置（以下「高年齢者雇用確保措置」という。）のいずれかを講じなければならない。
一　当該定年の引上げ
二　継続雇用制度（現に雇用している高年齢者が希望するときは、当該高年齢者をその定年後も引き続いて雇用する制度をいう。以下同じ。）の導入
三　当該定年の定めの廃止
2　事業主は、当該事業所に、労働者の過半数で組織する労働組合がある場合においてはその労働組合、労働者の過半数で組織する労働組合がない場合においては労働者の過半数を代表する者との書面による協定により、継

続雇用制度の対象となる高年齢者に係る基準を定め、当該基準に基づく制度を導入したときは、前項第2号に掲げる措置を講じたものとみなす。

　（指導、助言及び勧告）
　第10条　厚生労働大臣は、前条第1項の規定に違反している事業主に対し、必要な指導及び助言をすることができる。
　2　厚生労働大臣は、前項の規定による指導又は助言をした場合において、その事業主がなお前条第1項の規定に違反していると認めるときは、当該事業主に対し、高年齢者雇用確保措置を講ずべきことを勧告することができる。

　このうち、定年を定める場合の年齢が「60歳を下回ることができない」と定めた8条については、これを強行規定と解することに異論はない。60歳定年制の定着に向け、定年の引上げに関する計画の作成を事業主に命じ、その変更勧告や適正実施勧告を行う権限を労働大臣（当時）に認め、これらの作成命令や勧告に従わなかった企業に対しては、企業名の公表をも辞さない[13]。60歳定年制の導入を事業主の努力義務として定めた時代にはあった、そうした「かなりの強力な行政措置」[14]も、60歳定年の「義務化」と同時に役割を終えた。

　定年年齢が60歳を下回る場合には、これを端的に無効と解釈すればよい。高年齢者雇用安定法の改正経緯からは、そうした流れを読み取ることができるのである。

　他方、高年齢者雇用確保措置を講じることを事業主の義務として規定した9条については、その履行確保措置について定めた10条と文字どおり一体のものとして、これを理解するのが最も素直な解釈といえる。

　しかも、履行確保のために用意された行政措置は、あくまでも厚生労働大臣の指導・助言・勧告にとどまり、そこでは企業名の公表も予定されていない。これを私法上の義務規定と解することは、およそ不可能というほかない。

　また、先にみた高年齢者雇用安定法の目的規定や同法第2章のタイトルにつ

---

[13]　高年齢者雇用安定法の平成6年改正（同年6月17日法律第34号、10年4月1日施行）以前の旧規定（4条の2から4条の4まで）を参照。
[14]　厚生労働省職業安定局『高年齢者雇用対策の推進』（労務行政、平成15年）359頁。このように、努力義務であるからといって、履行確保のための行政措置が義務規定の場合よりも劣るというわけでは必ずしもない。

いては、高年齢者雇用確保措置（定年の引上げ、継続雇用制度の導入又は改善その他の当該高年齢者の 65 歳までの安定した雇用の確保を図るために必要な措置）を講じることが事業主の努力義務として規定された平成 12 年の法改正（同年 5 月 12 日法律第 60 号。同年 10 月 1 日施行）以降、その内容が変更をみないまま現在に至っており、高年齢者雇用確保措置の「義務化」は、これらの目的規定等に示された同法の性格までは変えなかった、という事実にも留意する必要がある。つまり、努力義務規定と義務規定との違いを過度に強調することは、高年齢者雇用安定法の全体像をかえって見失わせることにもなりかねないのである[15]。

　なお、こうした事業主の義務と履行確保措置の関係は、高年齢者雇用確保措置の「義務化」が図られた平成 16 年の法改正（同年 6 月 11 日法律第 103 号）によって、同時に新設された以下の規定にも、これを等しくみることができる（ちなみに、これらの規定は、平成 18 年 4 月 1 日の高年齢者雇用確保措置の「義務化」に先行して、平成 16 年 12 月 1 日に施行された）。

（求職活動支援書の作成等）

---

[15] なお、現行の高年齢者雇用安定法は、その附則 4 条 1 項において、高年齢者雇用確保措置に関する特例（段階的な実施）を規定するものとなっているが、平成 17 年 4 月 1 日に厚生労働省告示第 205 号として策定された「高年齢者等職業安定対策基本方針」（同法第 6 条を根拠とする。平成 17 年度から 24 年度までが対象期間）が、当該措置について以下のように述べていることも、同様に注目に値する。つまり、事業主の義務とはいうものの、それは限りなく努力義務に近いものとしてイメージされているといっても、大過はないのである（下線部を参照。なお、下線は筆者による）。

第3　事業主が行うべき諸条件の整備等に関して指針となるべき事項
　2　高年齢者雇用確保措置に関する指針
　　　65 歳未満定年の定めをしている事業主は、高年齢者雇用確保措置に関して、その適切かつ有効な実施を図るため、労使間で十分な協議を行いつつ、次に示すような事項の推進に努めるものとする。
　(1)　高年齢者雇用確保措置の実施
　　　　高年齢者が、その意欲と能力に応じて 65 歳まで働くことができる環境の整備を図るため、法に基づき、平成 18 年 3 月末までに 62 歳までの、平成 19 年 3 月末までに 63 歳までの、平成 22 年 3 月末までに 64 歳までの、そして平成 25 年 3 月末までに 65 歳までの高年齢者雇用確保措置のいずれかを講ずる。その際、継続雇用制度の導入を選択し、その対象となる労働者に係る基準を定める場合には、具体的かつ客観的な基準を労使協定で定める。
　　　　また、法の趣旨を踏まえ、可能な限り早い時期に 65 歳までの安定した雇用の確保が図られるよう必要な措置を講ずるよう努める。
　(2)　以下、略

第17条　事業主は、厚生労働省令で定めるところにより、解雇等により離職することとなつている高年齢者等が希望するときは、その円滑な再就職を促進するため、当該高年齢者等の職務の経歴、職業能力その他の当該高年齢者等の再就職に資する事項（解雇等の理由を除く。）として厚生労働省令で定める事項及び事業主が講ずる再就職援助措置を明らかにする書面（以下「求職活動支援書」という。）を作成し、当該高年齢者等に交付しなければならない。

2　前項の規定により求職活動支援書を作成した事業主は、その雇用する者のうちから再就職援助担当者を選任し、その者に、当該求職活動支援書に基づいて、厚生労働省令で定めるところにより、公共職業安定所と協力して、当該求職活動支援書に係る高年齢者等の再就職の援助に関する業務を行わせるものとする。

（指導、助言及び勧告）

第17条の2　厚生労働大臣は、前条第1項の規定に違反している事業主に対し、必要な指導及び助言をすることができる。

2　厚生労働大臣は、前項の規定による指導又は助言をした場合において、その事業主がなお前条第1項の規定に違反していると認めるときは、当該事業主に対し、求職活動支援書を作成し、当該求職活動支援書に係る高年齢者等に交付すべきことを勧告することができる。

（募集及び採用についての理由の提示等）

第18条の2　事業主は、労働者の募集及び採用をする場合において、やむを得ない理由により一定の年齢（65歳以下のものに限る。）を下回ることを条件とするときは、求職者に対し、厚生労働省令で定める方法により、当該理由を示さなければならない。

2　厚生労働大臣は、前項に規定する理由の提示の有無又は当該理由の内容に関して必要があると認めるときは、事業主に対して、報告を求め、又は助言、指導若しくは勧告をすることができる。

求職活動支援書の作成・交付義務や、募集・採用年齢に下限を設ける場合における理由の提示義務については、これが公法上の義務であること、疑問を差

5　労働法における公法上の義務

し挟む余地はない。

　だとすれば、高年齢者雇用確保措置についても、これと同様に公法上の義務と考えるのが最も自然な解釈というべきであろう。

2　継続雇用制度導入義務とその法的性格

　先にみたように、高年齢者雇用安定法9条に規定する高年齢者雇用確保措置は、定年の引上げや定年の定めの廃止をも、その選択肢に含む。しかし、継続雇用制度の導入がその中心に位置することはいうまでもない。

　ここにいう継続雇用制度とは「現に雇用している高年齢者が希望するときは、当該高年齢者をその定年後も引き続いて雇用する制度」を指す（同条1項2号）が、このような定義も、高年齢者雇用安定法の目的規定等と同様、平成12年の法改正以降、その内容に変更をみないものとなっている（旧9条を併せ参照）。

　また、高年齢者雇用安定法が事業主の義務として規定しているのは、条文を読めば明らかなように、あくまでもそうした継続雇用制度を導入する義務にとどまるのであって、特定の労働者を継続雇用する義務まで事業主に負わせるものではない。つまり、同法は、継続雇用に係る請求権（事業主に対して自身の継続雇用を求める権利）を労働者に認めたものでは決してないのである。

　したがって、このような「義務」の性格から、当面60歳で定年退職する労働者がいない企業においても、定年延長等の措置を講じなかった事業主には継続雇用制度を導入する義務があり、この義務に違反した事業主は、厚生労働大臣の指導や助言、勧告を受けることになる。

　たとえば、厚生労働省の作成になる「改正高年齢者雇用安定法Q＆A（高年齢者雇用確保措置関係）」は、継続雇用制度に関するQ＆Aの冒頭で、このことを明らかにして次のようにいう。ここにも、継続雇用制度導入義務の公法上の義務としての性格がよく表れている、ということができよう。

　Q1　平成18年4月1日以降当分の間、60歳に達する労働者がいない場合
　　でも、継続雇用制度の導入等を行わなければならないのでしょうか。
　A　改正高年齢者雇用安定法においては、事業主に定年の引上げ、継続雇用

制度の導入等の制度導入を義務付けているものであるため、当分の間、60歳以上の労働者が生じない企業であっても、平成18年4月1日以降、65歳（男性の年金支給開始年齢に合わせ男女とも同一の年齢）までの定年の引上げ、継続雇用制度の導入等の措置を講じていなければなりません[16]。

他方、継続雇用制度には無数のバリエーションが考えられることから、どのような制度を導入すれば、事業主がその義務を履行したことになるのかが明確ではないという問題もある[17]。

それゆえ、継続雇用制度の導入義務を公法上の義務であることを超えて、私法上の義務としても理解することには、先にみた団体交渉義務と同様に、こうした債務の特定性（給付内容を特定できない）という点においても、大きな難があるということになる。

なお、仮に事業主が高年齢者雇用安定法に定めるいずれの高年齢者雇用確保措置も講じなかったという場合においても、当該措置を講ずべき事業主の義務がこのように公法上の義務にとどまる以上、その選択権が労働者の側に移転す

---

[16] なお、これに続けて、Q&Aは次のようにいう。
Q2 継続雇用制度を導入していなければ、平成18年4月1日以降の60歳定年による退職は無効となるのですか。
A 改正高年齢者雇用安定法においては、事業主に定年の引上げ、継続雇用制度の導入等の制度導入を義務付けているものであり、個別の労働者の65歳までの雇用義務を課すものではありません。
　したがって、継続雇用制度を導入していない60歳定年制の企業において、平成18年4月1日以降に定年を理由として60歳で退職させたとしても、それが直ちに無効となるものではないと考えられますが、適切な継続雇用制度の導入等がなされていない事実を把握した場合には、改正高年齢者雇用安定法違反となりますので、公共職業安定所を通じて実態を調査し、必要に応じて、助言、指導、勧告を行うこととなります。
　Q2と若い番号がそこに振られていることからも、このような誤解が少なくなかったことがわかる。回答内容は慎重な書きぶりとなっているが、これは違法・無効を論じることが行政の役割ではないことによる（ただ、「それが直ちに無効となるものではない」との表現は「そのことだけで無効となるものではない」と言い換えたほうがより正確といえる）。
　継続雇用制度の導入は、それ自体としては、定年後の再雇用等の権利を個別の労働者に保障するものではなく、事業主が提示した労働条件に労働者が同意しなければ、雇用契約（再雇用契約等）そのものが成立しない。最低賃金法に違反するといったことでもない限り、行政がその労働条件の内容に介入することもない。いかなる継続雇用制度を導入するかは、事業主の幅広い裁量に委ねられている、というほかないのである。

[17] 継続雇用制度に関するQ&Aにもいくつかのバリエーションが示されているが、それが文字どおり例示にとどまることはいうまでもない。

る（民法408条）といったことはあり得ない[18]。

　そうした極論（65歳までの定年延長や、定年制の廃止を事業主に事実上強制する議論）は、事業主に対して著しい無理を強いるばかりでなく、高年齢者の安定した雇用の確保をかえって危うくする。制度としての持続可能性をおよそ期待できないからである。

　思うに、高年齢者雇用確保措置（これを講ずべき事業主の義務）の履行確保に当たっては、このような政策的配慮こそ必要となる。こういっても、大過はないであろう。

　　　　　初出）『阪大法学』58巻3・4号（平成20年11月）35頁以下

---

[18] ただし、高年齢者雇用確保措置を講ずべき事業主の義務には、私法的効力も認められるとして、このような考え方を事実上採用する学説は存在する。西谷敏「労働法規の私法的効力——高年齢者雇用安定法の解釈をめぐって」『法律時報』80巻8号（平成20年7月）80頁以下を参照。具体的には、高年齢者雇用確保措置が講じられない場合には、少なくとも継続雇用制度が導入されるまでの間、65歳未満の定年を定める定年制は相対的に無効となり、「未だ定年年齢に達していないものとして、雇用契約上の地位の確認を求めることができる」（85頁）と説く。

第 1 部　総論

Episode　05

　高年齢者雇用確保措置について定める高年齢者等の雇用の安定等に関する法律（高年齢者雇用安定法）9 条については、その後、NTT を舞台とした一連の判決を通して、同条が公法上の義務を規定したものにすぎず、私法上の効力を有しないとの判例法理が定着していく。西日本電信電話事件（大阪地判平成 21．3．25 労判 1004 号 118 頁（一審）、大阪高判平成 21．11．27 労判 1004 号 112 頁（控訴審））、および東日本電信電話事件（東京地判平成 21．11．16 判時 2080 号 129 頁（一審）、東京高判平成 22．12．22 判時 2126 号 133 頁（控訴審））がそれである。

　他方、平成 24 年の高年齢者雇用安定法改正（同年 9 月 5 日法律第 78 号）により、翌 25 年 4 月 1 日以降、それまで 9 条 2 項で認められていた労使協定による継続雇用制度の対象となる高年齢者に係る基準の設定が改正附則第 3 項に定める経過措置を除いて認められなくなり、10 条の見出しが「指導、助言及び勧告」から「公表等」に改められるとともに、同条 3 項として「厚生労働大臣は、前項の規定による勧告をした場合において、その勧告を受けた者がこれに従わなかつたときは、その旨を公表することができる」とする規定が、新たに追加されることになる。しかし、このような法改正が上記の判例法理に影響を与えることはなかった（京王電鉄・京王電鉄バス事件（東京地判平成 30．9．20 労判 1215 号 66 頁（一審）、東京高判令和元．10．24 労判 1244 号 118 頁（控訴審））ほかを参照）。

　ただ、行政官庁の発する「勧告の実効を上げるために、勧告に従わなかった企業名を公表する規定が仮に加わることはあっても、それが限界となる」との記述（本文 127 頁）については、いささか修正が必要になるかもしれない。

　たとえば、最近の立法には、「特定受託事業者に係る取引の適正化等に関する法律」（令和 5 年 5 月 12 日法律第 25 号／いわゆるフリーランス新法）のように、厚生労働大臣の勧告を受けた者が「正当な理由がなく、当該勧告に係る措置をとらなかったときは」、「その旨を公表することができる」と定めるとともに、「当該勧告に係る措置をとるべきことを命ずることができる」と規定し（19 条）、命令違反に対して罰則（50 万円以下の罰金）の適用を認めた（24 条）ものもある。こうした動きにも注意する必要があろう。

第2部
各論
Particular Remarks

第 1 章

労働契約・就業規則

Labor Contract and Rules of Employment

6　試用期間・配置転換・業務命令

Ⅰ　試用期間
Ⅱ　配置転換
Ⅲ　業務命令

Ⅰ　試用期間

　入社直後の研修で、毎日、レポート提出、ワープロ練習、営業実習、もうくたくただ。主任は、真面目だけがとりえで、レポートの誤字、脱字をうるさくいうし、たった2回の遅刻に対しても不満顔だ。いまは試用期間なので、勤務態度が悪ければ、本採用されないとまでおどされた。でも、まだ新入社員なので、そんな厳しい措置はとられないと思いますが。それにしても、学生時代はよかった。

ヒロカネ氏は語る
　課長・島耕作の作者、弘兼憲史氏は、近著『キミは寝言を言っているのか！』(PHP研究所、平成4年) のなかで、こう語っている。「毎日毎日、楽しいことがあってかつ変化に富んだ仕事をしている人間は、世の中に数えるほどしかいない。単調で毎日が同じことのくり返し、それが仕事というもんだ。その中で、どう自分が喜びを見つけるかで、その人の人生が決まる。……僕にしてもそうだ。漫画家なんて、単調な仕事の最たるものと言える。くる日もくる日も机に向かって漫画を描き続けるだけである。例えば、島耕作の顔だけで、もう何万回描いたかわからない」。
　"アフター5の、サスペンス"。映画「課長・島耕作」のサブタイトルはたしかそうなっていたが、世の中そんなに甘くはない。新入社員だからといって大目に見てもらえると思うのが、そもそも間違っている。試用期間中の解雇や期間満了時の本採用拒否についても、裁判所の考え方は、従業員にとって次第に厳しいものとなりつつある。そう考えたほうがよい。

6 試用期間・配置転換・業務命令

試用期間とは何か

　新入社員が、正規従業員としての適格性を備えているかどうか。こうした従業員としての適格性の有無を会社が判断するために設けられる期間を、一般に試用期間という。労働基準法（労基法）が「試みの使用期間」（12条3項5号）、あるいは「試の使用期間」（21条4号）と呼ぶものがそれである。

　公務員の場合、この試用期間に相当するものとして、条件附採用期間があり、たとえば、地方公務員法22条1項【現22条】は、「職員の採用は、すべて条件附のものとし、その職員がその職において6月（注：教育公務員特例法13条の2第2項【現12条1項】によって、公立学校の教員は1年）を勤務し、その間その職務を良好な成績で遂行したときに正式採用になるものとする」と規定しているが、労基法はこのような定めを置いていない。それゆえ、試用期間の長さも会社ごとに異なり得るが、一般には3か月とするものが最も多いといわれている。

　また、試用期間中の者については、法律上も一定のハンディが認められている。たとえば、最低賃金法8条2号は、「試の使用期間中の者」について都道府県労働基準局長の許可（最長6か月が許可基準）を条件に、最低賃金の適用除外【現在は7条2号による都道府県労働局長の許可を条件とする特例】を認めており、中小企業退職金共済法3条3項3号も「試みの雇用期間中の者」を被共済者から除外している。

　さらに、労基法上も、先に挙げた諸規定が、一方では試用期間中の賃金が低額となることを見越して、平均賃金の算定基礎からこれを除外するとともに、他方では使用開始後14日以内に限り、期間中の解雇予告義務を使用者に免除するといった措置を認めている。

　しかし、試用期間の最も大きな特徴は、従業員としての適格性を欠くと判断された場合には、それだけの理由で解雇される、こうした解雇権（解約権）が使用者に留保されているという点にある。

　そして、判例は、このような「留保解約権に基づく解雇は、これを通常の解雇と全く同一に論ずることはできず、前者については、後者の場合よりも広い範囲における解雇の自由が認められてしかるべき」であるとしつつ、留保解約権に基づく解雇は「解約権留保の趣旨、目的に照らして、客観的に合理的な理由が存し社会通念上相当として是認されうる場合にのみ許されるものと解する

のが相当である」としている（三菱樹脂事件＝最大判昭和48．12．12民集27巻11号1536頁。神戸弘陵学園事件＝最三小判平成2．6．5民集44巻4号668頁も同旨）。

試用期間中の解雇は、本採用後の解雇に比べると広く認められるが、合理的で社会通念上相当なものでなければならない。抽象的ではあるが、以上を要約すればこのようになる。

本採用拒否の正当理由

なるほど、君のような誤字・脱字の「名人」にとっては好都合といえる判例も、探せばなくはない。たとえば、その程度のほどは推し量り難いが、「いわゆる読み書き能力が一般的に低下しているといわれる現在、この程度の字の癖や誤字を責めるのも酷というほかはないであろう」とした、小太郎漢方製薬事件（大阪地決昭和52．6．27労判282号66頁）がそれである。

しかし、この事件の場合、大阪地裁は、賞与の袋詰作業を4度も立て続けにミスしたことでさえ、「極度の精神的緊張による一時的現象」として、これをかばうなど、いささか情に流されすぎた感がある。浪速節を地でいったというところであろうか。小生も大阪生まれなので、わからないではないが……。

とはいえ、世は能力主義の時代。英語能力を期待されて、最高のAランクで採用された者が、実際に働き始めると、上司の比較的簡単な指示さえ理解できないことがあり、英文の短いリポートを書かせても、単数と複数のとり違え、主語の誤り、ピリオッドの打ち忘れなどが数か所あり、時制も必ずしも適当ではない、と判断されるものなどが散見される、といった事情が積み重なって、結局、高ランク職員としての適格性を欠くとしてなされた本採用拒否が認められたケース（EC駐日代表部事件＝東京地判昭和57．5．31労民集33巻3号472頁、その控訴審判決である東京高判昭和58．12．14労民集34巻5・6号922頁も同旨）は、あまりにも有名だ。

会社が君に対してどのような能力を期待しているかにもよるが、たった1字のミスや、1分の遅刻で、何億という取引がフイになるということも世の中にはある。ここは一番、やれば出来る男（女）であるところを見せて欲しい。

また、最近の事件には、こんな例もある。ガソリンスタンド（給油所）の従業員として採用された者が、勤務開始後1週間にして早くも解雇されたという

ケース（日和崎石油事件＝大阪地決平成２．１．22労経速報1390号３頁）がそれであるが、裁判所は、申請人が①勤務中に歌を歌い、上司から注意されたにもかかわらず、これを改めようとしなかったこと、②客に車の値段や行き先を聞くなどして、顰蹙を買ったこと、③店長から勤務に関する注意事項の説明を受けている途中で、話をさえぎり、一方的に２時間にわたり抗議を行ったことをとらえて、「本件解雇は、試用期間中になされたものであり、申請人の勤務態度が、顧客へのサービスが要求される給油所の従業員としては、適切なものとはいいがたいことからすると、解雇権が濫用されたものとはいえない。よって、本件解雇は有効」と判示している。「僕はここまでヒドクない」というかもしれないが、自重するに越したことはない。

なお、試用期間中の解雇や本採用拒否が正当とされる理由には、次のようなパターンがあるといわれている。つまり、①勤務成績が悪いこと、②協調性がなく、勤務態度が悪いこと、③業務不適格、そして④労働力の評価を誤らせるような重大な経歴詐称の４類型がそれだ（時言「有期試用契約の問題点」労経速報1449号２頁を参照）。君の場合、④は無関係で、①は不問に付す？としても、②と③（特に②）が問題となる。

ちなみに、弘兼氏は、先に引用した著書のなかでこうもいっている。「キミの頭の中では、周りに合わせて生きてゆくことが卑屈で、自分の意のままに生きてゆくことが正義だとする観念があるらしい。……しかし、どうだろう。いささかチャイルディッシュではあるまいか」。

君には悪いけれど、小生もまた、真面目だけがとりえのオジサンなのだ。

II　配置転換

私は地元の女子高を卒業し、某大手証券会社の支店に現地採用されました。その後結婚しましたが、やめられては困るといわれ、産休だけで働きつづけてきました。現在、小、中学生の子どもが２人おり、夫それに姑と暮らしています。ところが、突然、支店の業務縮小を理由として、東京本店への転勤を命じられました。東京での１人暮らしも悪くないけど、姑がなんというか。やっぱり転勤命令を拒否しようと思いますが。

女性と「転勤」

ついこの間まで、「転勤」といえば、それは男性の問題であった。「雇用の分野における男女の均等な機会及び待遇の確保等女子労働者の福祉の増進に関する法律」(男女雇用機会均等法) 12 条に基づいて労働大臣が定める指針、すなわち「事業主が講ずるように努めるべき措置についての指針」(昭和 61 年 1 月 27 日労働省告示第 4 号) が、不利益な配置転換の一例として、「女子労働者についてのみ、婚姻を理由として、通勤不便な事業場に配置転換をすること」を挙げているのも、こうした意識の反映といえようか。

転居を伴う配転 (転勤) は、男性に対してのみ命じうるのであって、女性には関係がない。多少うがった見方をすれば、そんな甘えにも似た意識が、そこからは読み取れるのである。

しかし、今や《ママの転勤》が、テレビドラマ (檀ふみが主演) にまで登場する時代。「転勤」に男性も女性もない、そんな時代になったのである。ただ、それだけに、転勤命令を拒否することは、女性であっても不可能に近い。転勤か、退職 (転勤拒否の場合は解雇) か。結論を先にいえば、あなたに残された選択肢は、この二つしかないのである。

ドライな裁判所

あなたの会社の労働協約や就業規則をみて欲しい。そこには「業務上の都合により従業員に転勤を命ずることができる」旨を記した規定が必ずあるはずである。

このような場合、会社は、原則として、従業員の同意なしにその「勤務場所を決定し、これに転勤を命じて労務の提供を求める権限を有する」ことになる (東亜ペイント事件＝最二小判昭和 61．7．14 判時 1198 号 149 頁)。この点に、まず注意したい。

また、上記の判決は、一方でこうも述べている。「使用者は業務上の必要に応じ、その裁量により労働者の勤務場所を決定することができるものというべきであるが、転勤、特に転居を伴う転勤は、一般に、労働者の生活関係に少なからぬ影響を与えずにはおかないから、使用者の転勤命令権は無制約に行使することができるものではなく、これを濫用することの許されないことはいうまでもないところ、当該転勤命令につき業務上の必要性が存しない場合又は業務

上の必要性が存する場合であつても、当該転勤命令が他の不当な動機・目的をもつてなされたものであるとき若しくは労働者に対し通常甘受すべき程度を著しく超える不利益を負わせるものであるとき等、特段の事情の存する場合でない限りは、当該転勤命令は権利の濫用になるものではないというべきである。

［上記］の業務上の必要性についても、当該転勤先への異動が余人をもつては容易に替え難いといつた高度の必要性に限定することは相当でなく、労働力の適正配置、業務の能率増進、労働者の能力開発、勤労意欲の高揚、業務運営の円滑化など企業の合理的運営に寄与する点が認められる限りは、業務上の必要性の存在を肯定すべきである」。

初めて判決文を読むあなたにとって、たしかに読みづらい文章ではあろうが、裁判所が転勤命令を半ば当然のものとして、ドライに受けとめていることは読めばわかる。

その背景には、裁判官自身に転勤が多いという事情もあるようだが、理解できないことではない。裁判官もやはり人間なのだ。転勤に伴って「通常甘受すべき程度を著しく超える不利益」、それが夫婦や親子の別居程度で認められるとは、裁判官であれば、誰一人として思うまい。

さらに、判決は「企業の合理的運営に寄与する点が認められる限りは、業務上の必要性の存在を肯定すべきである」とする。企業経営の責任は、あくまで経営者にある。わが国の場合、企業の代表取締役には、借金の担保に個人保証書を金融機関に差し出すという慣行さえあるという（長谷川慶太郎氏が繰り返し説くところである。たとえば、『新しい世界秩序と日本』（講談社、平成2年）ほかの同氏の著書を参照）。経営責任を負わない裁判官が、自己抑制的になるのは当然といえよう。

なお、企業が経営危機を打開するためにいわゆる整理解雇を行うに当たっては、事前に配転等、解雇を避けるための手段を講ずべき義務（解雇回避義務）を負うと解されている。

たとえば、ある著名な判例（東洋酸素事件＝東京高判昭和54．10．29労民集30巻5号1002頁。同事件の上告審判決である最一小判昭和55．4．3労経速報1045号9頁は、原判決を維持）は、「同一又は遠隔でない他の事業場における他の事業部門の同一又は類似職種に充当する余地がない」こと、あるいは「［当該］配置転換を行つてもなお全企業的に見て剰員の発生が避けられ

ない」ことを整理解雇の要件としている。

　遠隔地への配置転換（転勤）こそ義務ではないものの、このように企業は配転を一方で義務づけられる場合もある。「権利」あっての「義務」。バランス感覚のある裁判官ならば、そう考えたとしても不思議ではない。

現地採用とはいうが

　なるほど、勤務場所を限定する旨の約束（契約）がある場合には、当事者はこれに拘束される。勤務場所を変えることは契約内容の変更を意味し、それには相手方の承諾が必要となるからである。このことは、職種の限定についてもいえるが、裁判所の判断は、やはり厳しいと考えたほうがよい。

　たとえば、機械工として採用され、機械職場に配置された後、約20年から30年間にわたって機械工として働き続けてきた者を新型車生産部門のコンベアーライン作業員等へ配置替えしたことが問題となった、日産自動車村山工場事件（最一小判平成元.12.7労判554号6頁）においては、就業規則に配転条項が存在することや、以前にも機械工を含めて職種間の異動が行われた例があることに照らして、これらの者を「機械工以外の職種には一切就かせないという趣旨の職種限定の合意が明示又は黙示に成立したものとまでは認めることができず」、「業務運営上必要がある場合には、その必要に応じ、個別的同意なしに職種の変更等を命令する権限が［会社］に留保されていたとみるべきである」との判断がなされている。

　あなたの場合、支店の現地採用とはいうが、この点はどうであろうか。たとえば、最近の一判例（チェース・マンハッタン銀行事件＝大阪地決平成3.4.12労判588号6頁）は、次のようにいう。「申請人らは、大阪支店により現地採用された従業員であり、各自の採用の際の担当者の言動からして、いずれも勤務場所が大阪支店に限定された労働契約を締結した旨主張する。しかし、大阪支店に『現地採用』されたとはいっても、その内容は、その採用手続が大阪支店の担当者によりとられたというにすぎず、かかる従業員も、他の形態で採用された従業員と同様、その採用行為及びその後の処遇等についてはすべて中央人事部の承認、管理のもとに行われ、採用形態如何によってその後の担当職務、昇格等の労働条件が異なっていたわけでもない。したがって、大阪支店の担当者が採用手続をとった従業員のみについて、他の従業員と異なり勤務場所

を大阪支店に限定する旨の労働契約を締結したというのは不合理であり、仮に申請人Aが当時の担当者から転勤はない旨の説明を受けていたとしても、これをもって会社が申請人Aにつき就業規則の配転条項の適用を特に除外し、勤務場所を大阪支店に限定する趣旨の労働契約を締結したとみることはできない。申請人A以外の申請人らについては、面接の際に担当者が転勤の有無について触れなかったというにすぎない」と。これで、あなたに残された選択肢が2つしかないといった意味が、多少ともおわかりいただけたであろう。

III　業務命令

　窓ぎわは日差しが強い。仕事の進め方について課長に反論したら、3年早いといわれた。それでも不満顔をしたら、就業規則の学習、筆写を命じられた。バカらしくて週刊誌を読んでいたら、窓ぎわに机を移され、仕事を取り上げられてしまった。定年間際のAさんと机を並べて、毎日競馬予想を楽しんでいるが、将来のことを思うと不安です。仕事がないのがこんなにつらいとは。

君に今必要なもの
　「なまじの学歴や学問、知識のために足もとがいつもフラフラしているようなら、生きていくうえで逆に邪魔になるのではないか。肝心なことは、生きるための知恵だ。角さんは私にそう言った。どうしたら人様に信用してもらえるか。どうしたら仕事にありついて、実績をあげられるか。どうしたら世間に一目も二目も置いてもらえるか。どうしたら2、3人の本当の友だちを持てるか。たとえば、そういうことが生きるための知恵だろう。角さんはそう言い続けたし、私もそう思う」。田中角栄元首相に永く仕えた、早坂茂三氏の著書『捨てる神に拾う神』（祥伝社、平成3年）の一節である。
　君にとって、今必要なものは、こうした生きるための知恵であり、労働法の知識ではない。世の常識からすれば、君のとった行動はいかにも稚拙に過ぎる。競馬予想を毎日楽しむ君に、将来のことを不安に思う資格はない。本当に救うべき人を救済するために法律はある。労働法も、もとよりその例外ではない。そう心して、以下の文章も読んで欲しい。

業務命令とは何か

　民法623条は、こう定めている。「雇傭ハ当事者ノ一方カ相手方ニ対シテ労務ニ服スルコトヲ約シ相手方カ之ニ其報酬ヲ与フルコトヲ約スルニ因リテ其効力ヲ生ス」と。そして、ここにいう「労務ニ服スル」とは、平たくいえば、会社の指示や命令に従って働くことを意味している。すなわち、君と会社との関係が雇用関係である以上、君は、こうした会社の指示や命令に従って働く義務を契約上、当然に会社に対して負っているのである。

　判例（帯広電報電話局事件＝最一小判昭和61．3．13労判470号6頁）が業務命令を「使用者が業務遂行のために労働者に対して行う指示又は命令」をいうと定義した上で、「使用者がその雇用する労働者に対して業務命令をもって指示、命令することができる根拠は、労働者がその労働力の処分を使用者に委ねることを約する労働契約にあると解すべきである」としているのも、このような労働契約の法構造に依拠している。

　かくして、「労働者は、使用者に対して一定の範囲での労働力の処分を許諾して労働契約を締結するものであるから、その一定の範囲での労働力の処分に関する使用者の指示、命令としての業務命令に従う義務がある」。上記判例は、そう述べるのである。

　あるいは、君はいうかもしれない。「そんなバカな約束をした覚えはない」と。しかし、君がその学習と筆写を拒んだ就業規則。そこには、次のような規定があったのではないか（以下、引用は、労働省労働基準局監督課監修『モデル就業規則』（労働基準調査会、平成3年）による）。

> 第〇〇条　従業員は、業務の正常な運営を図るため、会社の指示命令を守り、誠実に職責を遂行するとともに、職場の秩序の保持に努めなければならない。

　ただ、上記の規定は、労働契約の最も基本的な部分を単に確認したものにすぎないともいえる。ともあれ、課長さんが、君に一番読んで欲しかった条文。それがこの条文であったことは間違いない。

業務命令にも限界はあるが

　君の言い分は、たしかこうだったね。「就業規則の学習や筆写は、そもそも

本来の業務とは関係のないものであり、課長にタテをついたからこそ命じられたのであって、いずれにせよ業務命令の限界を越えており、命令に従う必要はない。また、これが業務命令として仮に許されるとしても、その不服従を理由に処分を行うのならともかく、仕事まで取り上げるのは許されるはずがない」。そして、就労請求権という言葉さえ、君は口にした。毎日競馬予想を楽しんでいる君にとって、就労請求権も何もないとは思うが、ここは一つ冷静に考えてみよう。

ある下級審判例（国鉄鹿児島自動車営業所事件＝鹿児島地判昭和63．6．27労民集39巻2・3号216頁。その控訴審判決である福岡高宮崎支判平成元.9．18労民集40巻4・5号505頁も同旨）は、こう述べている。「使用者が労働者に対し労働契約に基づき命じうる業務命令の内容は、労働契約上明記された本来的業務ばかりでなく、労働者の労務の提供が円滑かつ効率的に行われるために必要な付随的業務をも含むことは言うまでもない。しかしながら、そのような業務であつても、使用者はこれを無制限に労働者に命じうるものではなく、労働者の人格、権利を不当に侵害することのないよう合理的と認められる範囲のものでなければならないものというべきである。そして、その合理性の判断については、業務の内容、必要性の程度、それによつて労働者が蒙る不利益の程度などとともに、その業務命令が発せられた目的、経緯なども総合的に考慮して決せられる必要があるものと解される」。

本件の場合、具体的には、組合員バッチの離脱命令に従わなかった国労組合員に対して、7、8月という猛暑のなか、10日間もの間、長時間にわたり広さ1200平方メートルの営業所構内の降灰除去作業を1人で行わせたことが、その必然性もなく懲罰的になされたものと認められ、業務命令権の行使を濫用したものとして、不法行為が成立するとされたのであるが、降灰除去作業それ自体は、労働契約上の付随的義務として、これを命じうるとされている点に注意する必要がある。その命じ方が、いささか度を越していたのである。

なるほど、次のような例もなくはない。氏名札着用を拒否した国労組合員に対する指導訓練の一環として、就業規則等の規定および企画商品の筆写をそれぞれ16日間ないし4日間にわたって強制した行為が懲罰行為にほかならず、不法行為に当たるとされたケース（国鉄清算事業団（JR九州）事件＝福岡地小倉支判平成2．12．13労判575号11頁）がそれであるが、その背景には、先

の事件と同様に、荒廃の極みに達した労使関係があった。裁判所が、就業規則等の規定の筆写をもって「苦痛を伴い個人の尊厳を尊重するとはいい難い」としたのも、このような背景があってこそ、と考えるのが妥当であろう。

それゆえ、就業規則の学習や筆写を命じることが、一般に業務命令の限界を越えるとは安直に考えるべきではない。それが許されないのは、例外中の例外なのだ。ともかく、週刊誌を読むことで、反抗した君の態度は大人げない、という以外にない。慰謝料を請求すると君は息巻いていたが、精神的肉体的苦痛を受けたという事実があって、初めてこれを慰謝する必要も出てくる。相談を受けた小生の苦痛こそ、慰謝してもらいたいくらいだ。

最後に一言

君の会社がいかに大きくとも、会社には、従業員を長期間にわたって遊ばせておく余裕などない。君もいずれ、仕事を与えられるのであろうが、今度こそワガママは許されない。そう覚悟すべきであろう。

ちなみに、長谷川慶太郎氏は、その著書『国際情勢をどう読むか』（PHP研究所、昭和56年）のなかで、こう語っている。「企業である限り、能力が著しく劣る人間、何らかの理由で勤労意欲を失った従業員の存在は許されない。しかし、同じく平等に扱う限り、人間はその信頼にこたえる動物である。不信感をもって対する限り、人間は裏切りでこたえる」。前半は君に、後半は課長さんに、それぞれ贈る言葉としたい。

初出）『法学セミナー』37巻12号（平成4年12月）
50〜51頁、56〜57頁、66〜67頁

Episode 06

本文145頁以下でも言及した東洋酸素事件の東京高裁判決に、裁判官として関与した鬼頭季郎（すえお）氏の発言に以下のものがある。

「法律家の世界には、『経営判断の法理』という言葉がある。耳慣れないものかもしれないが、司法は企業の経営判断が正しいかどうかについては原則介入しないという意味である。これは経営判断が法律家の知見を超えた高度で専門的な領域のものだからと解釈されている。しかし理由はそれだけではない。

裁判官の判断は、確定した過去の事実などを前提とした静止的なものである。これに対し経営を舵取りする際の判断は、将来の事態を予測して計画などを立てるものであり、絶えず修正可能な極めて動態的なものだ。動きのある経営判断を、動かない事実だけを基に判断するのは適切でない。それがもう1つの理由だ」（「有訓無訓」『日経ビジネス』平成20年4月28日・5月5日号1頁）。

労働判例の現状をみる限り、「経営判断の法理」が法律家の世界で共有されているとはとても思えないが、このような法理を体得した裁判官にこそ、判決を書いてほしい。そう考えるのは、筆者だけではないであろう。

本節のもとになった原稿を執筆して以来、今日に至るまでの30年余りの間には、判例の世界においても当然変化はあった。たとえば、本文149頁で取り上げた国鉄鹿児島自動車営業所事件の場合、最高裁では、被上告人（原告・被控訴人）Xが、大方の予想を裏切って逆転敗訴することになる。

判決（最二小判平成5．6．11判時1466号151頁）は「本件各業務命令が違法であってXに対する不法行為に当たるとする［原審の］判断は、是認することができない」として、次のようにいう。

「本件各業務命令は、Xが、上告人Yの取外し命令を無視して、本件バッジを着用したまま点呼執行業務に就くという違反行為を行おうとしたことから、自動車部からの指示に従ってXをその本来の業務から外すこととし、職場規律維持の上で支障が少ないものと考えられる屋外作業である降灰除去作業に従事させることとしたものであり、職場管理上やむを得ない措置ということができ、これが殊更にXに対して不利益を課するという違法、不当な目的でされたものであるとは認められない。なお、Yら管理職がXによる作業の状況を監視し、勤務中の他の職員がXに清涼飲料水を渡そうとするのを制止した等の行為も、その管理職としての職責等からして、特に違法あるいは不当視すべきものとも考えられない。そうすると、本件各業務命令を違法なものとすることは、到底困難なものといわなければならない」。

何ともあっけらかんとした結末であった、というほかないであろう。

7　試用期間の現状と将来

Ⅰ　はじめに
Ⅱ　法令にみる試用期間
Ⅲ　試用期間の有名無実化
Ⅳ　よみがえる試用期間

Ⅰ　はじめに

　試しに使ってみて気に入らなければ返品する。試用期間は通常の場合、そのような意味を表す言葉として用いられる。

　しかし、労働関係における試用期間の意味はかなり違う。従業員としての適・不適を判断するための期間とはいっても、いったん従業員を採用した以上、多少のことでは辞めさせられない。多くの企業はそう考えているし、裁判所も同じように判断してきた。

　そこで、いきおい企業は採用に慎重になる。定職に就くことができない学卒未就職者が巷にあふれるのも、こう考えれば不思議ではない。

　既就職者（インサイダー）にとっては有利な慣行や判例も、これから就職しようとする者（アウトサイダー）には不利に働く。エコノミストのいうインサイダーとアウトサイダーの関係がそこには明確な形でみられる[1]。

　こうしたなか、平成13年の暮れには、若年失業者を対象としたトライアル雇用（試行就業）の制度がスタートした[2]。原則3か月の有期雇用をバネにして、常用雇用につなげることにその目的はあるが、試用期間が本来の機能を果たしていないからこそ、このようなスキームが必要になるともいえる。

　だが、バイパスはいずれにせよバイパスでしかない。試用期間が本来の機能を回復するには何が必要か。今ほどそれを考えるにふさわしいときはない。

---

[1]　拙稿「解雇ルール、法律で明確に」平成12年3月8日付け『日本経済新聞』「経済教室」【本書533頁以下】を参照。
[2]　拙稿「『試行就業』で雇用確保」平成13年12月6日付け『日本経済新聞』「経済教室」【本書537頁以下】を参照。

II 法令にみる試用期間

　試用期間という言葉は、厳密には法令用語ではない。労働基準法（労基法）や最低賃金法（最賃法）では、「試みの使用期間」または「試の使用期間」といい、公務員法の世界では、条件附採用期間または条件附任用期間【現行法では条件附が条件付となる。以下同じ】という。中小企業退職金共済法（中退金法）のように、「試みの雇用期間」という場合もある。

　ここからは、試用期間中の使用ないし雇用は、あくまでも「試み」のものにすぎず、採用も条件付のものにとどまるという試用期間のイメージが浮かんでくるが、これだけでは印象論の域を出るものではない。

1　民間部門

　労基法12条3項5号は「試みの使用期間」について、その日数および期間中の賃金を、平均賃金の算定基礎となる期間および賃金の総額から控除する旨を定める。また、最賃法8条2号【現7条2号】は「試の使用期間中の者」について、使用者が都道府県労働局長の許可を受けたときは、最低賃金の適用除外【現在は特例】を認める旨を定めている。

　これらの規定は、試用期間中の賃金が本採用後の賃金に比べ低くなることを暗黙の前提としたものであるが、旧労働省の調査では、本採用後に「基本給が上がる」と回答した企業は2割前後と少数にとどまっており[3]、最低賃金の適用除外についても、これを許可した例はほとんどないとされている[4]。

　また、労基法21条4号は、「試の使用期間中の者」について、同法20条に規定する解雇予告義務から使用者を解放しているとはいえ、こうした適用除外が認められる期間は当初の14日以内に限られている[5]。

---

[3] 労働省「労働契約等実態調査」（平成8年）によれば、「基本給が上がる」とした企業は、新規学卒者の場合で19.6％、中途採用者の場合で22.3％にとどまっている。

[4] 日本労働研究機構のネット版「労働問題Q＆A」（就職と採用／基礎編6「試用期間にはどのような意味がありますか」田口昌子氏の回答）による。なお、「雇入れ後3月ないし6月未満の者であって、技能習得中のもの」には地域別最低賃金を適用し、産業別最低賃金は適用しないものとされている。

[5] なお、再就職援助の措置の対象となる高年齢者等（45歳以上65歳【現在は70歳】未満の者）の範囲から「試みの使用期間中の者」を除外する旨定める「高年齢者等の雇用の安定

さらに、中退金法3条3項3号は、退職金共済契約への包括加入の原則の適用除外を「試みの雇用期間中の者」について認めているものの、任意加入の道を閉ざすものではない。

　しかし、就業規則には、「試用期間中に従業員として不適格と認められた者は、解雇することがある」[6]等とフラットに定めたものが多く、労働協約も、一般に試用期間中の者を非組合員としている（その結果、組合員を対象とした解雇保護規定が適用されない）ほか、組合員であっても試用期間中の従業員については「いつでも解雇することができる」[7]等と定めた協約もみられる。

　試用期間中に従業員として不適格とされた者は、いつでも使用者が解雇できるし、労働組合もこれに異を唱えない。労使関係における自主法からは、このような試用期間のイメージが浮かび上がってくるのである。

2　公共部門

　こうしたイメージは、公務員法においてより顕著なものとなる。たとえば、地方公務員法（地公法）22条1項【現22条】は、「臨時的任用又は非常勤職員の任用の場合を除き、職員の採用は、すべて条件附のものとし、その職員がその職において6月を勤務し、その間その職務を良好な成績で遂行したときに正式採用になるものとする」と規定しており【現行規定では「すべて条件附」を「全て条件付」と表記】、国家公務員法（国公法）59条1項にも同様の定めがある（国家公務員の場合には、昇任も同様に条件附のものとされる）。

　公務員型の特定独立行政法人【現在の行政執行法人】においても、その就業規則には「任命の日から起算して6か月間は条件付任用期間とする。この期間において理事長は、その職員を国家公務員として不適格であると認めたときは任命を取り消すことがある」[8]等と定めるものが多い。

　　等に関する法律施行規則」6条1項2号も、「同一の事業主に14日を超えて引き続き雇用されるに至っている者を除く」と規定している。
[6]　厚生労働省労働基準局監督課監修『［改訂］わかりやすい就業規則の作り方』（日本労務研究会、平成14年）20頁。
[7]　労働省労政局労働法規課編『よくわかる労働協約』（労務行政研究所、平成12年）261頁。
[8]　独立行政法人産業技術総合研究所職員就業規則5条2項。【追記】なお、現在の国立研究開発法人産業技術総合研究所職員就業規則5条は、2項で職員の試用期間を6箇月とした上で、3項で試用期間中の職員に不適当な事由があった場合の解雇について規定している。

その結果、地方公務員を例にとると、条件附採用期間中の職員については、以下のような取扱いが特例として認められることになる（地公法29条の2第1項）。

① 地公法に定める分限に関する規定（27条2項、28条1項～3項）が適用されない。つまり、同法28条1項および2項に定める事由[9]以外の事由に関しても、条件附採用期間中の職員については、その意に反する降任、免職および休職が可能になる[10]。
② 地公法に定める不利益処分に関する説明書の交付に係る規定（49条1・2項）が適用されない。したがって、条件附採用期間中の職員に対して不利益処分を行う場合には、文字どおり説明書の交付を必要としない（③によって不服申立て【現行法にいう審査請求】が認められない以上、説明書を交付する必要もない）。
③ 行政不服審査法が適用されない。それゆえ、条件附採用期間中の職員は、懲戒処分等の不利益処分を受けた場合にも、人事委員会または公平委員会に対する不服申立て【同上】（49条の2を参照）を行うことができない。

これらの規定からは、民間部門における試用期間中の従業員と同様、条件附採用期間中の職員（公務員）についても、いつでも免職が可能であり、これを争う手段もないといったイメージが思い浮かぶが、現実はこうしたイメージとは程遠いものとなった。

つまり、「正式採用になるための条件とされる『その職務を良好な成績で遂行したとき』というのは、『その職務を公務員としての通常の成績で遂行したとき』という意味に解するのが妥当」[11]とされ、いったん「採用された職員は、原則として継続的に任用されることを前提とする運用」[12]が実際には行われてきたの

---

[9] なお、地公法28条1項は、①勤務実績が良くない場合、②心身の故障のため、職務の遂行に支障があり、又はこれに堪えない場合、③その他、その職務に必要な適格性を欠く場合、④職制若しくは定数の改廃又は予算の減少により廃職又は過員を生じた場合にのみ、分限処分としての降任および免職を認めている。また、同条2項は、①心身の故障のため、長期の休養を必要とする場合、②刑事事件に関し起訴された場合に限り、分限処分としての休職を認めている。
[10] 条例で定める事由によらない降給処分も可能（地公法28条3項を参照）。
[11] 橋本勇『地方公務員法講義（第2次改訂版）』（ぎょうせい、平成14年）76～77頁。
[12] 橋本勇『新版 逐条地方公務員法』（学陽書房、平成14年）285頁。

であり、そうした超法規的ともいうべき法の解釈と運用が当然のこととされてきたのである。

たしかに、条件附採用期間中の職員についても、分限・懲戒に係る公正の原則（地公法27条1項）や、懲戒に関する規定（同法27条3項、29条）は適用され、条件附採用期間中の職員の分限については、条例で必要な事項を定めることも認められている（同法29条の2第2項）[13]。

また、地方公務員には、条件附採用期間中の職員であっても労基法が原則として適用されることから、職員が14日を超えて引き続き使用されるに至ったときは、免職に当たって予告手続を踏むことが必要になる（同法58条3項を参照）。

しかし、前述したように不利益処分に対して不服申立て【審査請求】も認められない条件附採用期間中の職員についてまで、なぜ「処分の取消または無効を行政訴訟によって争うことは可能」[14]とストレートにいえるのか。その背景には、やはり「採用された職員は、原則として継続的に任用されることを前提とする」慣行があったという以外にはないであろう。

Ⅲ 試用期間の有名無実化

1 慣行の重み

いったん採用された従業員については、長期雇用を前提として、可能な限りその雇用を継続する。このような慣行が、たしかにわが国には存在する。なるほど、長期雇用（終身雇用）慣行それ自体は、高度成長期の産物といえるかもしれない。あるいは、右肩上がりの経済成長を与件とした場合にのみ、それは

---

[13] なお、国家公務員について、人事院規則11-4（職員の身分保障）9条は、次のように規定している。「条件附採用期間中の職員は、［国家公務員］法第78条第4号に掲げる事由（注：整理免職）に該当する場合又は勤務実績の不良なこと、心身に故障があることその他の事実に基いてその官職に引き続き任用しておくことが適当でないと認める場合には、何時でも降任させ、又は免職することができる」【現在の10条も同旨】。ただ、これでは、正式採用後の職員との区別が明確とはいえない（国公法78条を参照）。それとも、正式採用後の職員については、「勤務実績が著しく不良の場合」にのみ免職処分を行う（行政改革推進事務局「行政職に関する新人事制度の原案（2次）」（平成14年4月）は、このような考え方を採用する）ということであろうか。

[14] 橋本・前掲書（注12）289頁。

7　試用期間の現状と将来

達成可能な慣行ともいえる。

　しかし、周りを見渡しても、入社早々会社に嫌気がさして辞めた者はいるが、試用期間だからといって辞めさせられた者はほとんどいない。本採用すべき者をふるいにかけるのが試用期間だとは多くの者が思っていない。そうした現実が、わが国では、いつのまにか慣行として定着してしまったのである[15]。

　試用期間中に従業員として不適格と判断された者は本採用されない、などといくら就業規則に書かれていても、実際に本採用を拒否された者がいなければ意味がない。否、無意味というよりはむしろ、使用者にとってはそれが足枷となる可能性さえある。

　このような場合、仮に使用者が就業規則の定めどおりに試用期間中の適格性判断を厳格に行おうとすれば、少なくとも採用内定以前の段階で、応募者に対してこれまでの慣行とは違い、今後は本採用拒否も実際にあり得ることを周知することが必要になる。しかし、そんなことをすれば、応募者が逃げてしまう（採用そのものが困難になる）可能性が高い[16]。

　いったん死文と化した就業規則条項は、もはや生き返らない。試用期間が本来の機能をなかなか回復できないのは、こうした事情にもよるのである。

2　判例の追随

　最高裁はかつて、試用期間満了後の本採用拒否とかかわる事件において、次のように述べたことがある。三菱樹脂事件の大法廷判決（最大判昭和48. 12. 12民集27巻11号1536頁）がそれである。

　　「思うに、試用契約の性質をどう判断するかについては、就業規則の規定の文言のみならず、当該企業内において試用契約の下に雇傭された者に対す

---

[15] 平成13年に新宿労政事務所が管内の従業員100～299人規模の事業所を対象として実施した「採用と試用期間に関する調査」では、「特に問題がなければ、そのまま本採用する」との回答が70.6％と圧倒的に多く、同労政事務所も、これらの事業所では「試用期間は形式的なものにすぎない」と推測できるとしている。また、聞き取り調査では、「（試用期間・本採用時の評価は）意識していない。就業規則にあるだけ」とする事業所もみられたという。ただ、本採用しなかった事例のある事業所も34.0％を数えるものとなっている（聞き取り調査では、解雇ではなく自分から辞めていった事例が多かったという）。
[16] 企業間の競争を前提とした場合、そのようなリスクをとる企業は登場しそうにない。

る処遇の実情、とくに本採用との関係における取扱についての事実上の慣行のいかんをも重視すべきものであるところ、原判決は、上告人の就業規則である見習試用取扱規則の各規定のほか、上告人において、大学卒業の新規採用者を試用期間終了後に本採用しなかった事例はかつてなく、雇入れについて別段契約書の作成をすることもなく、ただ、本採用にあたり当人の氏名、職名、配属部署を記載した辞令を交付するにとどめていたこと等の過去における慣行的実態に関して適法に確定した事実に基づいて、［本件においては解約権留保付の雇傭契約が締結されたものと判断した］のであつて」、その「判断は是認しえないものではない」。「したがつて、被上告人に対する本件本採用の拒否は、留保解約権の行使、すなわち雇入れ後における解雇にあたり、これを通常の雇入れの拒否の場合と同視することはできない」。

　他方、「本件雇傭契約においては、［上記］のように、上告人において試用期間中に被上告人が管理職要員として不適格であると認めたときは解約できる旨の特約上の解約権が留保されているのであるが、このような解約権の留保は、大学卒業者の新規採用にあたり、採否決定の当初においては、その者の資質、性格、能力その他上告人のいわゆる管理職要員としての適格性の有無に関連する事項について必要な調査を行ない、適切な判定資料を十分に蒐集することができないため、後日における調査や観察に基づく最終的決定を留保する趣旨でされるものと解されるのであつて、今日における雇傭の実情にかんがみるときは、一定の合理的期間の限定の下にこのような留保約款を設けることも、合理性をもつものとしてその効力を肯定することができるというべきである」。それゆえ、上記の「留保解約権に基づく解雇は、これを通常の解雇と全く同一に論ずることはできず、前者については、後者の場合よりも広い範囲における解雇の自由が認められてしかるべきものといわなければならない」。

　「しかしながら、前記のように法が企業者の雇傭の自由について雇入れの段階と雇入れ後の段階とで区別を設けている趣旨にかんがみ、また、雇傭契約の締結に際しては企業者が一般的には個々の労働者に対して社会的に優越した地位にあることを考え、かつまた、本採用後の雇傭関係におけるよりも弱い地位であるにせよ、いつたん特定企業との間に一定の試用期間を付した雇傭関係に入つた者は、本採用、すなわち当該企業との雇傭関係の継続に

ついての期待の下に、他企業への就職の機会と可能性を放棄したものであることに思いを致すときは、前記留保解約権の行使は、上述した解約権留保の趣旨、目的に照らして、客観的に合理的な理由が存し社会通念上相当として是認されうる場合にのみ許されるものと解するのが相当である。換言すれば、企業者が、採用決定後における調査の結果により、または試用中の勤務状態等により、当初知ることができず、また知ることが期待できないような事実を知るに至つた場合において、そのような事実に照らしその者を引き続き当該企業に雇傭しておくのが適当でないと判断することが、上記解約権留保の趣旨、目的に徴して、客観的に相当であると認められる場合には、さきに留保した解約権を行使することができるが、その程度に至らない場合には、これを行使することはできないと解すべきである」。

判決のいわんとするところはよくわかるものの、このように慣行的実態が重視される限り、留保解約権の行使（適格性の欠如を理由とする本採用拒否）は著しく困難となる（通常の解雇よりも「広い範囲における解雇の自由が認められてしかるべき」という判示部分は、直ちに〈留保〉がついたことによって、事実上リップサービスに近いものとなっている）。

また、最高裁が一方で認めた採用時における思想・信条等の調査[17]についても、職業安定法に求職者等の個人情報に関する保護規定（5条の4【現5条の5】）が設けられたことにより、現在では法律上もこれが認められなくなっていることに注意する必要がある[18]。

---

[17] 判決は、企業者は「雇傭の自由を有し、思想、信条を理由として雇入れを拒んでもこれを目して違法とすること［は］できない」としつつ、「企業者が、労働者の採否決定にあたり、労働者の思想、信条を調査し、そのためその者からこれに関連する事項についての申告を求めることも、これを法律上禁止された違法行為とすべき理由はない」としていた。

[18] 職業安定法5条の4【現5条の5】第1項は、次のように定める（なお、そこにいう「公共職業安定所等」には、「労働者の募集を行う者」＝募集・採用企業も含まれる）。公共職業安定所等は「それぞれ、その業務に関し、求職者、募集に応じて労働者になろうとする者又は供給される労働者の個人情報（以下この条において『求職者等の個人情報』という。）を収集し、保管し、又は使用するに当たつては、その業務の目的の達成に必要な範囲内で求職者等の個人情報を収集し、並びに当該収集の目的の範囲内でこれを保管し、及び使用しなければならない。ただし、本人の同意がある場合その他正当な事由がある場合は、この限りでない」。

また、これを受けて策定された大臣告示（平成11年11月17日労働省告示第141号）は、「特別な職業上の必要性が存在することその他業務の目的の達成に必要不可欠であって、収集目的を示して本人から収集する場合」を除き、「人種、民族、社会的身分、門地、本籍、

さらに、最高裁は、その後、神戸弘陵学園事件(最三小判平成2．6．5民集44巻4号668頁)において、次のように判示し、雇用契約に期間の定めがある場合(有期雇用契約)であっても、以上にみた試用期間に関する判例法理が適用される余地のあることを認めるに至っている。

「使用者が労働者を新規に採用するに当たり、その雇用契約に期間を設けた場合において、その設けた趣旨・目的が労働者の適性を評価・判断するためのものであるときは、[上記]期間の満了により[上記]雇用契約が当然に終了する旨の明確な合意が当事者間に成立しているなどの特段の事情が認められる場合を除き、[当該]期間は契約の存続期間ではなく、試用期間であると解するのが相当である。そして、試用期間付雇用契約の法的性質については、試用期間中の労働者に対する処遇の実情や試用期間満了時の本採用手続の実態等に照らしてこれを判断するほかないところ、試用期間中の労働者が試用期間の付いていない労働者と同じ職場で同じ職務に従事し、使用者の取扱いにも格段変わったところはなく、また、試用期間満了時に再雇用(すなわち本採用)に関する契約書作成の手続が採られていないような場合には、他に特段の事情が認められない限り、これを解約権留保付雇用契約であると解するのが相当である。そして、解約権留保付雇用契約における解約権の行使は、解約権留保の趣旨・目的に照らして、客観的に合理的な理由があり社会通念上相当として是認される場合に許されるものであって、通常の雇用契約における解雇の場合よりもより広い範囲における解雇の自由が認められてしかるべきであるが、試用期間付雇用契約が試用期間の満了により終了するためには、本採用の拒否すなわち留保解約権の行使が許される場合でなければならない」[19]。

出生地その他社会的差別の原因となるおそれのある事項」に加え、「思想及び信条」や「労働組合への加入状況」に関する個人情報についても、これを収集してはならないと規定している(第4の1の⑴【現第5の1の⑵】)。

なお、有料・無料の職業紹介事業の許可基準や一般労働者派遣事業の許可基準は、ここにいう「思想及び信条」や「労働組合への加入状況」に、「人生観、生活信条、支持政党、購読新聞・雑誌、愛読書」のほか、「労働運動、学生運動、消費者運動その他社会運動に関する情報」が含まれることを明らかにしている。また、以上の点につき、「労働者募集業務取扱要領」【現在の募集・求人業務取扱要領】を併せ参照のこと。

[19] 下井隆史『労働基準法　第3版』(有斐閣、平成13年) 95頁は、本判決の内容を「最高裁判決によって、『労働者の適性判断のために労働契約に期間が設定された場合は原則とし

しかし、プロ野球選手や予備校講師の世界をみてもわかるように、有期契約を更新するかどうかの決定を契約期間における成績評価や判断（選手や講師としての適格性の評価・判断）に基づいて行うことは決してめずらしいことではない。

試用期間の目的が従業員としての適格性の有無を評価・判断することにあるとしても、それはあくまでも試用期間の必要条件にとどまるのであって、これをもって十分条件ということには無理がある。上記の判決に少なからず違和感を覚えるのは、そのせいであろうか[20]。

ただ、判決は、期間の満了により雇用契約が当然に終了する旨の明確な合意が当事者間に成立している場合には、労働者の適性を評価・判断するために雇用契約に期間の定めをおくことも認めている（少なくともそのように読める）。試用を目的とした有期雇用契約がこれに当たるが、その場合、当事者には、契約期間の満了によって期間の定めのない雇用契約に移行するか、契約を更新せずに契約関係を終了するかの二つの選択肢が認められることになる。

一方では、裁判所自身が試用期間の有名無実化に協力するなかで、他方ではこれに代わる選択肢を自ら提供する。こういえば明らかに言い過ぎであろうが、現実が行政も含めて、このような選択肢の採用に向かうことになったのも事実といえよう。

IV よみがえる試用期間

1 バイパス・ルートが示した可能性

企業が従業員としての適格性の有無を評価・判断するために期間の定めのある雇用契約（有期契約）を結び、契約期間中に適格とされた者については改めて期間の定めのない雇用契約（無期契約）を締結し、適格とされなかった者に

て試用期間と解される』という新たなルールが示された」と端的に要約する。

[20] なお、菅野和夫『労働法　第5版補正2版』（弘文堂、平成13年）176～177頁は、「『解約権留保付きの期間の定めなき労働契約』という試用法理は、長期雇用制度における正社員の採用と地位取得の過程を想定したものであって、これを正社員とは区別された期間雇用者の労働関係に及ぼす場合には、十分な修正がなければ実態とのくい違いが生じる」として、「過渡的な労働関係が実態として期間雇用である場合には、留保解約権付きの試用労働関係の法理を無修正に及ぼすことは適切」ではない、と説く。

については雇止めを行う。

このように有期雇用を事実上の試用期間として活用すること自体は、先にみたように使用者の自由であり[21]、裁判所もこうしたスキームが事前に明確な形で合意されている限り、これに原則として介入しない姿勢を示している。

とはいえ、このような試用期間のバイパス・ルートが世の中の注目を集めるようになったのは、それほど以前のことではない。有期雇用をいったん経由してこれを常用雇用（無期雇用）に結びつける。公共または民間の職業紹介機関がこのような形での求職者と求人企業との仲介事業を開始したことによって、その注目度は一気に高まったともいえる。

行政がトライアル雇用あるいは常用目的紹介と命名したものがそれであるが、派遣期間が事実上、試用期間として機能しているという点では、紹介予定派遣にも共通したところがある。以下、順を追ってその特徴点や問題点をみていくことにしよう。

(1) トライアル雇用（試行就業）

厚生労働省（旧労働省）がこれまで進めてきたトライアル雇用は、平成10年11月に策定された政府の「緊急経済対策」を受け、翌11年2月にスタートした「障害者緊急雇用安定プロジェクト」をもって嚆矢とする。後続の制度にはみられないその特徴は、1か月間の職場実習を3か月間のトライアル雇用に先行させたところにある。

平成11年3月から13年1月までの職場実習開始者数は6407名。うち4990名が13年2月までにトライアル雇用を開始し、さらにその83.7％に当たる4176名が、本雇用に移行している[22]。

その後、平成13年4月には、このプロジェクトを恒常的事業とする措置が

---

[21] なお、新宿労政事務所の調査（注15）によれば、「試用期間の代わりに非正規社員として働いてもらい、その後正社員に登用する」と回答した事業所が3.8％存在する（他に、「試用期間なしで正社員として採用する」22.1％、「試用期間付きで正社員として採用する」72.1％）。「労働相談の現場等で近年事例が見られるため、実質的に試用期間に代わるものとして選択肢に含めた」という。ただ、同労政事務所は、「契約関係が複雑で様々な問題をはらんでいる」として、前向きの評価はしていない。

[22] 『職業安定広報』平成13年9月6日号4頁を参照。なお、以上の数値は、プロジェクトの事実上の実施主体であった日本経営者団体連盟（日経連）が公表した数値とは、若干異なっている。『日経連タイムス』同年3月29日号を参照。

講じられ、名称も「障害者雇用機会創出事業」と変更され、現在に至っている（日本障害者雇用促進協会に事業を委託）。

こうしたなか、平成12年12月には、同年11月に成立した補正予算をもとに、45歳以上の求職者を対象とした「中高年齢者緊急就業開発事業」が新たにスタート。翌13年6月末までに1万7791人が試行就業を開始し、その約8割（77.9％）が常用雇用へ移行する等、大きな成果を収めた[23]。

さらに、平成13年12月には、学卒未就職者等、30歳未満の求職者を対象とする「若年者トライアル雇用事業」がこれに続き、深刻な若年失業者問題[24]への対応策として、その効果の発揮が期待されている[25]。

このように、トライアル雇用（試行就業）の狙いは、就職困難層に焦点を当て、その就職や再就職を支援することにあるといってよいが、トライアル雇用の円滑な導入を図るために助成金（奨励金）が支給されることも共通した特徴となっている。

表1　トライアル雇用に係る助成金（奨励金）の概要

事業の種類	金額（1人当たりの月額、最大3か月）	
障害者雇用機会創出事業	出勤日数16日以上	59,000円
	〃　　　8～15日	44,300円
	〃　　　1～7日	14,700円
中高年齢者緊急就業開発事業	100,000円（賃金が100,000円を下回る場合は、それと同額）	
若年者トライアル雇用事業	50,000円（＋専修学校等の教育訓練機関に委託して教育訓練を実施した場合には、それに要した額、上限60,000円）	

その額は、**表1**にみるように、事業の種類ごとに違いはあるが、他の助成金

---

[23] データは、『週刊労働新聞』平成13年8月27日号による。なお、同紙の記事によれば、「中高年齢者緊急就業開発事業」は当初12年度で終了することを予定していたが、これが2度にわたり延長される（13年11月1日まで）ことになった。
[24] 若年失業者問題については、玄田有史『仕事のなかの曖昧な不安――揺れる若年の現在』（中央公論新社、平成13年）および大久保幸夫（編）『新卒無業。――なぜ、彼らは就職しないのか』（東洋経済新報社、平成14年）を参照。
[25] 『週刊労働ニュース』平成14年9月9日号によれば、13年12月の事業開始以降、14年7月末までにトライアル雇用を開始した者は1万5902名、うち終了者は6096名（ただし、14年5月以降にトライアル雇用を開始した者が7769名おり、その多くは同年7月末時点ではトライアル雇用を継続中と推測されることに注意）を占め、さらにその73.7％が本採用になった（常用雇用に移行した）という。

と同様、それまでの6か月間に労働者を解雇したことがある場合や、過去3年間に雇用したことのある若年者等を再び雇用するような場合には、助成金は支給されない（事業の対象から除外）。

また、トライアル雇用の制度が適用されるのは、公共職業安定所に登録した求職者を対象とするものに限られていることにも留意する必要がある。

(2) 常用目的紹介

平成13年12月11日に総合規制改革会議が小泉首相に提出した「規制改革の推進に関する第1次答申」は、職業紹介規制の抜本的緩和を求めるなかで、求人企業から徴収する手数料の上限を年収の50％とした大臣基準の見直し（上限規制の撤廃）を要求。「その際、トライアル雇用紹介〈仮称〉（トライアルの有期雇用に引き続き、求人者、求職者の合意を条件に『期間の定めのない雇用』を成立させることを予定して行われる職業紹介）が実施可能であること及びその方法について明確化を図るべきである」とした。

その後、「トライアル雇用紹介〈仮称〉」については、「常用目的紹介」と正式名称が与えられることになったが、平成14年2月には、上記の第1次答申を受ける形で、通達の見直し（民営職業紹介事業の「業務運営要領」に下記の第7の6【現第6の6】を新設）が実施されるに至っている。

第7　手数料

6　当初求人者と求職者との間で期間の定めのある雇用契約（以下「有期雇用契約」という。）を締結させ、その契約の終了後引き続き、両当事者間で期間の定めのない雇用契約（以下「常用雇用契約」という。）を締結させることを目的として行われる職業紹介（以下「常用目的紹介」という。）に係る手数料等の取扱い

(1)　求人者と求職者との間で有期雇用契約が締結された場合及び当該契約の終了後改めて当該契約に引き続く契約として常用雇用契約が締結された場合のそれぞれの契約に係る手数料は、次のとおりである。

イ　有料職業紹介事業者が上限手数料を採用している場合は、手数料の最高額の範囲内の手数料とすることができる。

ロ　有料職業紹介事業者が届出制手数料を採用している場合は、届出を行った手数料表に基づく手数料とすることができる。

なお、この場合において、有期雇用契約に係る雇用期間が6ヶ月であ

るときの手数料表としては、例えば、次のようなものが考えられる。
① 当初の有期雇用契約については、支払われた賃金の一定割合（例えば100分の10）に相当する額とする。
② 常用雇用契約については、当初の職業紹介から６月経過後の１年経過時点までの間に支払われた賃金の一定割合（例えば100分の30）に相当する額とする。
　なお、常用雇用契約に係る手数料は、有期雇用契約終了後に常用雇用契約が締結される場合について設定されるものである。
(2) 常用目的紹介については、手数料のほか、以下の点に留意する必要がある。
　イ　常用目的紹介に当たっての［職業安定］法第５条の３に基づく労働条件の明示については、求職者に係る労働条件が最初に設定されることとなる有期雇用契約について行わなければならない。
　ロ　求職者が有期雇用契約後の常用雇用契約において予定される求人条件（以下「予定求人条件」という。）の提示を希望する場合には、当事者の計画的対応を可能とするとともに、トラブル発生の未然防止に資することとなることから、予定求人条件について、以下の事項を記載した書面を交付して提示すべきである。
　　① 予定求人条件は職業安定法第５条の３に基づき明示するものではないこと
　　② 予定求人条件はあくまで予定であり、常用雇用契約が締結されないことがあり、かつ、締結された場合でも、その内容が異なるものになる可能性があること
　　③ 予定求人条件の内容（例えば、当該企業における同種の労働者に係る労働条件等、中途採用者の初年度の労働条件等が考えられる。）
　　なお、［職業安定］法第５条の３に基づく労働条件の明示は常用雇用契約を対象とはしていないことから、予定求人条件は［同］法第５条の３に基づき明示するものとはならないものである。
　ハ　常用雇用契約はあくまで有期雇用契約後に締結されるものであることから、試用期間を設けることは適当ではない。
　ニ　雇用主（求人者）が有期雇用契約の終了後の常用雇用契約の締結を拒否する場合は、その理由を労働者（求人者）に明示することが適当である。

　常用目的紹介については、通達を含め、これまでもこれを制限・禁止した法

令上の定めはなく、後述する紹介予定派遣のように、規制緩和によって新たに解禁措置が講じられたというわけではない[26]。

事実、以下の『週刊労働ニュース』平成13年11月17日号の紹介記事にもあるように、民間の職業紹介事業者のなかには、通達の見直しが行われる以前から、これをアルパーム（アルバイトからパーマネントへ）と称して、その事業化に取り組んでいた事業者もいた。

> **アルパームサービス**
> 一方、ここにきて新しい採用方法を提案するビジネスも出てきている。短期業務請負業などを事業の柱としているフルキャストのグループ会社であるフルキャスト人事コンサルティング（東京・渋谷区）は、企業に人材紹介したスタッフを最初はアルバイトで雇ってもらい、企業が能力・適性を一定期間みた後に正社員にするという「アルパームサービス」を［平成12年］10月にスタートさせた。
> 事業開始から［平成13年］9月末の1年で、延べ紹介数は251件にのぼり、うち正社員に採用されたのは183件（約73％）。紹介するスタッフは、本体であるフルキャストで物流や軽作業の請負要員として登録している学生やフリーターの他、求人雑誌の広告で募集している。登録者数は現在、約7000人で年齢は20歳代が75％と圧倒的に多い。
> 同社の登録者はアルバイト経験はあるが、正社員経験はないといった人が多く、いわゆるスキルの高い人材は少ないという。一般的に、フリーターが正社員になりたい就職活動を開始しても採用に至るまでには厳しい面もある。
> 一方、求人企業側もフリーターの採用には二の足を踏む。そこで同社は、求人企業に人材の働きぶりを見るための時間を与え、採用リスクの軽減を提案している。アルバイト期間は平均2～3カ月。手数料は、紹介者が正社員になった場合、予定年収の20％と低めに抑えた。
> 同事業部のK取締役（注：原文は実名）は、「求人企業には、あくまで正社員を前提にしてもらう」と強調する。人材紹介のため、求人企業への履歴書提出、事前面接は実施できる。
> K取締役は、紹介予定派遣との違いについて、「派遣というシステムは企業、スタッフにとって複雑。例えば、通常の派遣契約で派遣されているスタッフを派遣先企業が気に入って正社員にしたいと言ってきても、まずその契約をいったん

---

[26] したがって、常用目的紹介が実施可能であることは、確認するまでもなかった。ただし、手数料の徴収方法を明確化したほか、このような形態における職業紹介を行政が正面から認知したという意義（アナウンス効果）は、上記の通達にも認められよう。

> 終了させ、その後、紹介予定派遣の契約をむすばなければならない。また、派遣
> では事前面接ができず、企業に不安が残る」と説明する。
>   こうした新手法が登場する中、紹介予定派遣が今後、拡大するかどうかは、規
> 制緩和の成り行きが大きく影響してくると言える。

(3) 紹介予定派遣

　では、上記の記事にも登場する紹介予定派遣については、どうであろうか。紹介予定派遣とは、「派遣就業終了後に派遣先に職業紹介することを予定してする労働者派遣」をいうが、紹介予定派遣について定めた法令上の規定はなく、現在なお、労働者派遣事業と職業紹介事業を兼業するに当たっての許可要件について定めた通達（厚生労働省職業安定局「労働者派遣事業関係業務取扱要領」を参照）にその根拠を置くものでしかない。

　同一の事業者が労働者派遣と職業紹介を相互に独立した事業として行うことは差支えないが、職業紹介をする手段として労働者派遣を行うことは禁止する。紹介予定派遣は、その例外として認められたものにすぎないのである。

　それゆえ、紹介予定派遣といえども、派遣先にスタッフを職業紹介することができるのは、あくまで派遣就業終了後に限られ、派遣就業が終了するまでは面接や履歴書の送付等、職業紹介につながる行為は一切許されない。紹介予定派遣は、こうした限界を伴って出発すること（平成12年12月1日解禁）を余儀なくされたのである。

　下記（168～169頁）の**表2**は、上記通達の内容をもとに、紹介予定派遣をめぐる規制の現状を図示したものであるが、そこからも、職業安定法（職安法）44条に規定する労働者供給事業の禁止がネックになっていることがわかる。

　派遣元事業主とスタッフとの間に雇用関係がある場合であっても、スタッフを派遣先に「雇用させることを約してする」ものは「労働者派遣事業の適正な運営の確保及び派遣労働者の就業条件の整備等に関する法律（当時の名称）」（派遣法）2条1号に規定する労働者派遣ではなく、職安法44条が事業として行うことを禁止する労働者供給に該当する。このように定める現行法の仕組みにメスを入れなければ、問題は解決しない。

　紹介予定派遣の目的が、派遣先による派遣スタッフの雇用にある以上、それを事業として（継続反復して）行うことができないとすれば、紹介予定派遣は

禁止されたにも等しい。現状は職業紹介を派遣就業終了後でなければ行えないようにすることによって、かろうじてその禁止を免れているのである。

表2　紹介予定派遣をめぐる規制の現状

		（法的根拠とされた当時の規定）
派遣就業開始前	○　派遣労働者による派遣就業を行う派遣先として適当か否かを判断するための派遣先訪問（派遣労働者の要請を受けて、派遣元が訪問を仲介することも可） △　派遣先による予定求人条件の明示	
	×　派遣先からの履歴書の送付要請（派遣元の協力も不可）	・派遣法26条7項（派遣先による派遣労働者を特定することを目的とする行為の禁止［努力義務］）
	×　派遣先による事前面接（派遣元の協力も不可）	・派遣元指針　第2の11 ・派遣先指針　第2の3
派遣就業開始後その終了まで	○　派遣労働者による履歴書の送付（派遣労働者の要請を受けて、派遣元が派遣労働者に代わり履歴書を送付することも可） ○　派遣労働者による派遣先に仮に雇用された場合における労働条件等の確認 △　派遣先による予定求人条件の明示	
	×　派遣元から派遣先への履歴書の送付	・派遣法24条の3（個人情報保護） ・派遣元指針　第2の10
	×　派遣先・派遣労働者の求人・求職の意思等の確認 ×　派遣先による求人条件等の明示 ×　派遣先による派遣労働者の採用内定	・職安法44条（労働者供給事業の禁止：　職安法4条6項および派遣法2条1号により、派遣先に「雇用させることを約してするもの」は、労働者派遣ではなく、職安法が事業として行うことを禁止する「労働者供給」に該当）。
派遣就業終了時	○　派遣先・派遣労働者の求人・求職の意思等の確認 ○　派遣先による求人条件等の明示 ○　派遣先による派遣労働者の採用内定	

7 試用期間の現状と将来

【特例】派遣就業終了予定日と直接雇用予定日が近接している場合

派遣就業終了予定日の1週間程度前から	○ 派遣先・派遣労働者の求人・求職の意思等の確認 ○ 派遣先による求人条件等の明示	
	× 派遣先による派遣労働者の採用内定	・職安法44条

注）派遣元指針とは「派遣元事業主が講ずべき措置に関する指針」をいい、派遣先指針とは「派遣先が講ずべき措置に関する指針」を指す。

ただ、労働者供給には、供給元と労働者との関係が雇用関係ではなく、単なる使用従属関係にとどまるタイプもあり、こうした使用者としての責任の所在が不明確になるタイプの労働者供給については、今後ともこれを事業として行うことを禁止するのが望ましい。したがって、職安法44条そのものには当面手をつける必要はないものの、これが間違っても紹介予定派遣に適用されることのないよう、現行法の見直しを行う必要がある。

具体的には、①紹介予定派遣を「派遣先に職業紹介することを予定してする労働者派遣」などと定義した上で（職業紹介を派遣就業終了後の紹介に限定しない）、これを派遣法上の制度として明確に位置づける、②労働者派遣の定義を改めることにより、紹介予定派遣が労働者供給ではなく労働者派遣に含まれることを明確にする（職安法44条が紹介予定派遣に適用される可能性を絶つ）といった措置が、事前面接の禁止に直結する③「派遣労働者を特定することを目的とする行為」の禁止規定（派遣法26条7項【現6項】）の適用除外とともに、最低限必要になろう[27]。

2　求められる法制度の整備

採用にはミスマッチがつきものであり、実際に働かせてみないと、従業員としての適性の有無が判断できないという場合がしばしばある。他方、実際に働

---

[27] 「規制改革の推進に関する第1次答申」が、単なる運用の見直しにとどまらず「法制度を含む現行制度の見直しを検討すべきである」としたのも、ここに理由がある。なお、以上につき、詳しくは、拙稿「紹介予定派遣と規制緩和」『阪大法学』51巻5号（平成14年1月）1頁以下【拙著『メモワール労働者派遣法——歴史を知れば、今がわかる』（アドバンスニュース出版、平成28年）第1章「紹介予定派遣——解禁から法制化まで」にその一部として収録】のほか、同「紹介予定派遣の現状と将来」Adecco Career Working News No.16（平成14年5月）2～3頁を参照。

いてみないと、職場としての適・不適がわからないということは、従業員の側にもいえる。

こうした労使双方のニーズを充足するために、本来、試用期間はある。しかし、それが機能しなければ、差し当たりは先にみたようなバイパスを使う以外にない。

とはいえ、脇道は、やはり本道にはなれない。「採否に迷いが生じたときは、採用しない」との声はしばしば人事担当者から聞くが、試用期間がその機能を回復すれば、これまでは採用の一歩手前で門を閉ざされてきた者にもチャンスがめぐってくる。

また、企業の側も、銘柄大学からしか採用しないというような、証明不能なリスク・ヘッジの行動をとらなくてすむようになる。激しい国際競争に勝ち抜くためには、人材登用の面においても多様性の確保が求められる時代[28]。試用期間の機能回復は、そうした多様な採用ルートの拡大にも道を拓くのである。

では、どのようにして試用期間の機能回復を図るのか。筆者の提案は、採用後一定期間（従業員としての適格性の評価・判断に必要な期間）については、解雇規制の適用を除外することにあるが、そのような例は他の先進国にも存在する[29]。

ただ、わが国の場合、解雇規制が従来もっぱら判例（解雇権濫用法理）に委ねられてきたという事情もあり、解雇には正当事由が必要と法律で規定した上で、その適用除外を図る必要がある。

何をもって解雇の正当事由とするのか。この点については、議論も分かれるところであり[30]、当面はこれまでどおりその判断を判例に委ねてもよい[31]。

---

[28] たとえば、日経連『原点回帰――ダイバーシティ・マネジメントの方向性』（平成14年5月）を参照。

[29] イギリス（1年）やドイツ（6か月）、オーストラリア（3か月）がその例である。【追記】なお、2024年現在、イギリスは2年（同年7月の政権交代により、試用期間を除き、撤廃を予定）、オーストラリアは6か月（規模15人未満の企業は12か月）となっている。

[30] 筆者自身の考え方については、拙稿「高失業時代の解雇制限法制と解雇のルール」正村公宏・社団法人現代総合研究集団［編］『21世紀のグランド・デザイン』（NTT出版、平成14年12月）255頁以下を参照。

[31] ただ、本採用後の従業員についても、勤務成績不良に基づく解雇は認められてよい。勤務成績が著しく不良でなければ、解雇できないかのように規定する就業規則の定めは見直すべきである（前掲・拙稿（注30）を参照）。そうしないと、試用期間中の従業員との間に大きな格差が生じ、「ともかく試用期間中だけ頑張ればよい」といった誤った観念を従業員に植え付けてしまい、モラール・ダウン（士気の低下）は避けられないものとなろう。

対象地域を限定して行う特区構想にはなじまないとしても、時限立法としてスタートするという方法もある。今ほど、そうした実験が必要なときはない。筆者はこのように考えるのであるが、どうであろうか。

初出）西村健一郎・小嶌典明・加藤智章・柳屋孝安（編集代表）
（下井隆史先生古稀記念）『新時代の労働契約法理論』（信山社、平成15年）133頁以下

Episode 07

辞めるのも自由なら、辞めさせるのも自由。試用期間（probation [period], trial period）といえば、諸外国では一般にこのような性格を有する期間であると理解されている。日本の常識は、世界の非常識。その典型ともいえる世界がここにはある。

たしかに、試用期間のバイパスの一つである紹介予定派遣については、その後、平成15年の派遣法改正（同年6月13日法律第82号、翌16年3月1日施行）により、同法2条に次のような定義規定が設けられ、法制化が実現する。現在の4号がそれであり、これに併せて、個人情報の取扱いについて規定した24条の3第1項、派遣労働者を特定する行為の禁止について定めた26条7項（現6項）、派遣労働者であることの明示に関する規定である32条1・2項が紹介予定派遣に言及するものとなった。その規定内容も、骨格部分は変更をみないまま、今日に至っている。

六　紹介予定派遣　労働者派遣のうち、……職業安定法その他の法律の規定による許可を受けて、又は届出をして、職業紹介を行い、又は行うことを予定してするものをいい、当該職業紹介により、当該派遣労働者が当該派遣先に雇用される旨が、当該労働者派遣の役務の提供の終了前に当該派遣労働者と当該派遣先との間で約されるものを含むものとする。

とはいえ、試用期間そのものとかかわる法改正については、ついに日の目をみることはなかった。

すなわち、平成15年3月に閣議決定された「規制改革推進3か年計画（再改定）」においては、「解雇の基準やルールについては、これを立法で明示することを検討し、……その際には、いわゆる試用期間との関係についても検討する」
（本書37頁）と記されたにもかかわらず、「試用期間中の解雇についても、解雇に関する一般的なルール（客観的に合理的な理由を欠き、社会通念上相当であると認められない場合は、その権利を濫用したものとして、無効とする）が適用されることを明確にする」（本書74頁）というのが、厚生労働省の回答（平成18年6月の素案）であった（実現こそしなかったものの、素案では「試用期間であるために解雇予告の規定を適用除外としている規定等を削除する」（本書74〜75頁）とまでされた）。

　他方、試用期間中に労働者が従業員として「不適格であると認めたときは解約できる旨の特約上の解約権」が使用者には留保されているとの考え方（三菱樹脂事件・最高裁大法廷判決、本文158頁を参照）は現在も維持されており、このことから、使用者が試用期間中に留保解約権を行使しなかった者については、逆に従業員として適格であることを使用者が認めたものとして扱われることになる。

　たとえば、判例のなかには、「従来問題のある従業員でも試用期間経過後正式に採用しなかったことはない」と、会社がいくら主張しても、「それは前例がなかったというにすぎず」、従業員に「労働能力ないし適格性が欠如していたとすれば、……解雇あるいは正式採用しないといった方法を取ることができた」として、正式採用「当時労働能力ないし適格性が欠如していたということはできない」と、使用者側の主張を一蹴したもの（セガ・エンタープライゼス事件＝東京地決平成11．10．15労判770号34頁。当該事件については、本書44頁（注16）を併せ参照）もある。

　試用期間は、従業員としての適格性に欠ける者について労働契約を解約するができる権利が使用者に留保された期間であるとともに、解雇に関する一般的なルールである解雇権濫用法理が適用される期間でもある。こういわれると、何となくわかったような気になるが、従業員として不適格と認めた者であっても、裁判で負けたときのことを考えると、留保解約権など怖くて行使できない（その結果、「本採用」後は従業員として適格な者として扱わざるを得ない）。それが現状であるとしても、問題はないと言い切れるのであろうか。

8 解雇をめぐる理論と実務

 I　はじめに
 II　民法にみる解雇自由の原則
 III　就業規則に定める解雇条項
 IV　他の職務への転換の可能性
 V　解雇の金銭的解決の必要性

I　はじめに

　チームの成績が下がれば、監督はクビ。個人成績が芳しくないと、選手も戦力外通告を受ける。身分保障とは、およそ縁のない世界。そうした非情な世界として、プロスポーツの世界はある。

　そのいわば対極にあったのが、かつての国立大学の教員であり、採用や昇任、転任の機会でもなければ、評価や査定の対象となることもなかった。大学教員を除く公務員の世界もこれと大差はなく、だからこそ公務員の分限免職（民間企業でいう普通解雇）が話題になったともいえる。新聞や週刊誌が自治体職員の分限免職に紙面（誌面）を大きく割いたのも、単にそれがめずらしかったからにほかならない[1]。

　分限免職といえば、最近のケースに「超過勤務命令拒否、研修拒否、始業時刻後の出勤簿押印、始業時刻後の更衣、標準作業方法違反、バイク乗車拒否、胸章不着用、制服不着用、管理者に対する暴言、構内無許可駐車、組合掲示物の無断掲示、指サック不使用、私物の放置、書留鞄の放置及び局長室への召還拒否の非違行為を行い」、7年間に「合計937回の指導及び職務命令、合計13回の注意、合計118回の訓告及び合計5回の懲戒処分を受けた」郵政事務官が、「その官職に必要な適格性を欠く場合」に該当するとして分限免職に処せられ、これを違法として争った大曲郵便局事件（最一小判平成16．3．25判時1871号22頁）がある。

---

[1]　なお、マスコミが当時取り上げたのも、ごく一部の地方公共団体におけるケース（島根県および和歌山県、いずれも分限免職者は1名）にとどまっていた。

最高裁は、もちろんこれを適法としたものの、地裁や高裁の判断（秋田地判平成13．2．23、仙台高秋田支判平成14．3．27）は、違っていた。こんな職員を7年間もかかえていた郵便局も郵便局だが、その分限免職を違法とした下級審の裁判官の常識も疑われる。

たしかに、高度の身分保障を受ける裁判官（憲法78条、裁判所法48条を参照）にとって、免職や解雇は、自らは経験することのない別世界の出来事とはいえよう。しかし、だからといって、裁判官が非常識な判決を下しても、それが許されるとは誰も思わない。

倒産も失業もない社会は、ともすれば理想郷のごとく考えられやすい。しかし、金融機関の倒産を認めなかった〈護送船団方式〉が非効率な経営を生み、かえって国民に多大な犠牲を強いたように、行き過ぎた解雇制限＝過剰規制は結局のところ、社会全体に災厄をもたらすことになる。

以下では、そうした観点から、解雇をめぐる理論上・実務上の問題について考えてみたい。

II　民法にみる解雇自由の原則

解雇とは、使用者が一方的に、期間の定めのない雇用契約を解約すること、または期間の定めのある雇用契約を当該期間の満了を待たずに、その期間中に解約することをいう。

これに対して、民法は、627条1項で「当事者が雇用の期間を定めなかったときは、各当事者は、いつでも解約の申入れをすることができる。この場合において、雇用は、解約の申入れの日から2週間を経過することによって終了する」と定めるともに、同法628条前段で「当事者が雇用の期間を定めた場合であっても、やむを得ない事由があるときは、各当事者は、直ちに契約の解除をすることができる」と規定する。

第二次世界大戦後、労働基準法（昭和22年法律第49号、労基法）20条は、解雇に係る予告期間を30日間に延長する一方で、期間の定めの有無にかかわらず、「天災事変その他やむを得ない事由のために事業の継続が不可能となった場合又は労働者の責に帰すべき事由に基いて解雇する場合」には即時解雇が可能である旨を定めることになる。

8 解雇をめぐる理論と実務

　このように期間の定めのない雇用契約においても、場合により予告（またはこれに代わる手当の支払）なしに解雇をなし得ることは、既に戦前において、改正工場法施行令（大正15年勅令第153号）27条の2第1項がこれを認めていた[2]。

　他方、契約に期間の定めのあることは、契約期間中の解約は原則として契約違反となることを意味することから、民法628条が契約期間中の解約に「やむを得ない事由」を要求したことも十分に理解できる。

　解雇については、労基法やそれに先立つ改正工場法施行令が即時解雇をなし得る範囲をいささか狭めたとはいえ、それは文字どおり予告（または予告手当の支払）なしに可能な解雇の範囲を制限するものにすぎなかったのである。

　また、雇用契約に期間の定めがない場合には、「やむを得ない事由」がなくても解雇が可能であることを、民法は、当然の前提としていたということもできる。

　「雇用の期間が満了した後労働者が引き続きその労働に従事する場合において、使用者がこれを知りながら異議を述べないときは、従前の雇用と同一の条件で更に雇用をしたものと推定する。この場合において、各当事者は、第627条の規定により解約の申入れをすることができる」とした、民法629条1項の定め（後段）がそれである。

　いわゆる黙示の更新の場合、「従前の雇用と同一の条件で更に雇用をしたもの」との推定が働くが、期間の定めによる拘束までは、これを引き継がない。「やむを得ない事由」がなくても、2週間前に予告すれば、解約は可能。民法は、このことを与件としていたという以外にないのである。

　したがって、黙示の更新により、期間の定めのある契約が期間の定めのない契約に転化したとして、これに解雇権濫用法理を適用するようなことは、立法者の意思に明らかに反するといえよう[3]。

---

[2] 改正工場法施行令27条の2第1項は、具体的には「工業主職工ニ対シ雇傭契約ヲ解除セムトスルトキハ少クトモ14日前ニ其ノ予告ヲ為スカ又ハ賃金14日分以上ノ手当ヲ支給スルコトヲ要ス但シ天災事変ニ基キ事業ノ継続不可能ト為リタルニ因リ又ハ職工ノ責ニ帰スヘキ事由ニ因リ已ムコトヲ得サル場合ニ於テ雇傭契約ヲ解除スルトキハ此ノ限ニ在ラス」と規定していた。
[3] 菅野和夫『労働法 第7版』（弘文堂、平成17年）170頁も、ほぼ同旨。なお、黙示の更新の場合、更新後の契約期間についても従前の契約と変わらないものと推定し、当該期間の満了をもって契約が終了したと解する（タイカン事件＝東京地判平成15. 12. 19 労判

平成15年の通常国会に内閣が提出した労基法改正案では、当初「使用者は、この法律又は他の法律の規定によりその使用する労働者の解雇に関する権利が制限されている場合を除き、労働者を解雇することができる。ただし、その解雇が、客観的に合理的な理由を欠き、社会通念上相当であると認められない場合には、その権利を濫用したものとして、無効とする」との定めを18条の2として置くことが予定されていたが、国会修正により本文が削除され、結局はただし書が独立する形で、同条は規定されることになる。

だが、上記の修正は、もっぱら主張・立証責任を誰が負うのかといった観点から行われたものであって、民法に定める解雇自由の原則がその原則的地位を失ったわけではない。こう考えるべきであろう。

Ⅲ 就業規則に定める解雇条項

解雇権濫用法理がわが国で定着するきっかけをつくった判例の一つに、高知放送事件（最二小判昭和52. 1. 31労判268号17頁）がある。

事案は、放送局のアナウンサーが短期間に二度寝坊をし、ラジオニュースを放送できなかったために普通解雇に処せられたというものであったが、最高裁は、「普通解雇事由がある場合においても、使用者は常に解雇しうるものではなく、当該具体的な事情のもとにおいて、解雇に処することが著しく不合理であり、社会通念上相当なものとして是認することができないときには、当該解雇の意思表示は、解雇権の濫用として無効になるものというべきである」とした上で、本件の場合には「被上告人に対し解雇をもつてのぞむことは、いささか苛酷にすぎ、合理性を欠くうらみなしとせず、必ずしも社会的に相当なものとして是認することはできないと考えられる余地がある。したがつて、本件解雇の意思表示を解雇権の濫用として無効とした原審の判断は、結局、正当と認められる」とする。

前段の一般論に当たる部分と後段の結論に相当する部分とでは、その内容が相互に矛盾しており（「合理性を欠くうらみなし」といった程度では、解雇が

873号73頁）ことは、当事者の意思に合致しているようにもみえるが、仮に当該期間中の解雇には「やむを得ない事由」が必要との考え方を前提としているのであれば、民法629条1項の規定に抵触することになる。こうした点にも留意が必要といえよう。

「著しく不合理」とは到底いえない)、レトリックとしてはルール違反と指摘されても仕方がない。

ただ、判旨とは逆に「普通解雇事由に該当しない場合においても、常に解雇権の濫用となるわけではない」などとは、裁判所も絶対にいわない。そうであればこそ、就業規則にどのような解雇事由を定めるのかが重要な意味を持つのである。

たとえば、ネット上で公開されている、大阪労働局が作成した「就業規則例(モデル就業規則)」には、次のような解雇条項が含まれている。

(解雇)

第40条 従業員が次のいずれかに該当するときは、解雇することがある。

一　勤務成績又は業務能率が著しく不良で、向上の見込みがなく、他の職務にも転換できない等、就業に適さないとき

二　勤務状況が著しく不良で、改善の見込みがなく、従業員としての職責を果たし得ないとき

三　業務上の負傷又は疾病による療養の開始後3年を経過しても当該負傷又は疾病が治ゆしない場合であって、従業員が傷病補償年金を受けているとき又は受けることとなったとき(会社が打ち切り補償を支払ったときを含む。)

四　適正な雇用管理を行い、雇用の継続に配慮してもなお、採用後に生じた精神又は身体の障害により業務に耐えられないとき

五　試用期間中又は試用期間満了時までに従業員として不適格であると認められたとき

六　第51条に定める懲戒解雇事由に該当する事実があるとき

七　事業の運営上のやむを得ない事情又は天災事変その他これに準ずるやむを得ない事情により、事業の継続が困難となったとき

八　事業の運営上のやむを得ない事情又は天災事変その他これに準ずるやむを得ない事情により、事業の縮小・転換又は部門の閉鎖等を行う必要が生じ、他の職務に転換させることが困難なとき

九　その他前各号に準ずるやむを得ない事情があったとき

2　前項の規定により従業員を解雇する場合は、少なくとも30日前に予告

をするか又は予告に代えて平均賃金の 30 日分以上の解雇予告手当を支払う。ただし、労働基準監督署長の認定を受けて第 51 条に定める懲戒解雇をする場合又は次の各号のいずれかに該当する従業員を解雇する場合は、この限りでない。

　一〜三　略

3　解雇され又は解雇を予告された従業員から請求のあった場合は、解雇の理由を記載した証明書を交付する。

（懲戒の事由）

第 51 条　（第 1 項、略）

2　従業員が次のいずれかに該当するときは、懲戒解雇とする。ただし、平素の服務態度その他情状によっては、普通解雇（懲戒解雇以外の解雇をいう。）又は減給若しくは出勤停止とすることがある。

　一　重要な経歴を詐称して雇用されたとき

　二　正当な理由なく無断欠勤〇日以上に及び、出勤の督促に応じなかったとき

　三　正当な理由なく無断でしばしば遅刻、早退又は欠勤を繰り返し、〇回にわたって注意を受けても改めなかったとき

　四　正当な理由なく、しばしば業務上の指示・命令に従わなかったとき

　五　故意又は重大な過失により会社に重大な損害を与えたとき

　六　会社内において刑法その他刑罰法規の各規定に違反する行為を行い、その犯罪事実が明らかとなったとき（当該行為が軽微な違反である場合を除く。）

　七　素行不良で著しく会社内の秩序又は風紀を乱したとき

　八　数回にわたり懲戒を受けたにもかかわらず、なお、勤務態度等に関し、改善の見込みがないとき

　九　相手方の望まない性的言動により、円滑な職務遂行を妨げ、就業環境を害し、または、その性的言動に対する相手方の対応によって、一定の不利益を与えるような行為を行ったとき

　十　許可なく職務以外の目的で会社の施設、物品等を使用したとき

　十一　職務上の地位を利用して私利を図り、または、取引先等より不当な金品を受け、若しくは求め又は供応を受けたとき

十二　私生活上の非違行為や会社に対する正当な理由のない誹謗中傷等であって、会社の名誉信用を損ない、業務に重大な悪影響を及ぼす行為をしたとき

十三　正当な理由なく会社の業務上重要な秘密を外部に漏洩して会社に損害を与え、または、業務の正常な運営を阻害したとき

十四　その他前各号に準ずる程度の不適切な行為があったとき

　この就業規則モデルは、平成15年の改正労基法（翌16年1月1日施行）に準拠したものであるが、労基法89条3号が「解雇の事由」を就業規則の絶対的必要記載事項として明記したことを意識してか、従前の就業規則例と比較すると、普通解雇事由・懲戒解雇事由ともに、大幅にそのボリュームがアップしている点に特徴がある。つまり、以前のモデルでは、次にみるように解雇事由は現行モデルの半分程度にとどまっていたのである。

【旧就業規則例】（平成15年3月改訂版）

A　普通解雇事由

① 勤務成績又は業務能率が著しく不良、その他従業員として不都合な行為があったとき

② 精神または身体の障害により、業務に耐えられないと認められたとき

③ 事業の縮小その他事業の運営上やむを得ない事情により、従業員の減員等が必要となったとき

④ その他前各号に準ずるやむを得ない事情があったとき

B　懲戒解雇事由

① 正当な理由なく無断欠勤〇日以上に及び、出勤の督促に応じないとき

② しばしば遅刻、早退又は欠勤を繰り返し、〇回にわたって注意を受けても改めないとき

③ 会社内における窃盗、横領、傷害等刑法犯に該当する行為があったとき、又はこれらの行為が会社外で行われた場合であっても、それが著しく会社の名誉もしくは信用を傷つけたとき

④ 故意又は重大な過失により会社に重大な損害を与えたとき

⑤ 素行不良で著しく会社内の秩序又は風紀を乱したとき

⑥ 重大な経歴詐称をしたとき

⑦ ［順守事項及びセクシュアルハラスメントの禁止について定めた］第11条及び第12条に違反する重大な行為があったとき
⑧ その他この規則に違反し、又は前各号に準ずる重大な行為があったとき

　人事労務の現場感覚からいうと、旧モデルにも「勤務成績又は業務能率が著しく不良」な場合でなければ普通解雇ができない等、解雇を必要以上に制約しかねない条項はあった。現行モデルにそのまま引き継がれた、即時解雇の前提として、労働基準監督署長の認定を要求する規定もその類ではある。
　しかし、現行モデルでは、さらに「向上の見込みがなく、他の職務にも転換できない」とか、「改善の見込みがなく、従業員としての職責を果たし得ない」といった過重ともいえる制約がこれに加わることになる。
　これでは、懲戒解雇はともかく、普通解雇はほぼ不可能。そんな印象を現場がいだいたとしても不思議ではない。
　ともあれ、こうしたモデルに従えば、現在以上に解雇が難しくなることだけは確実といえる。改正労基法は、解雇事由の就業規則への記載を義務づけるものではあったが、その目的は解雇事由の明確化にあり、解雇をより困難にすることではなかったはずである。労働局の勇み足との感もないではない。
　なお、このことに関連して、平成17年9月にとりまとめられた「今後の労働契約法制の在り方に関する研究会」（座長＝菅野和夫明治大学法科大学院教授）の最終報告（以下「研究会報告」という）は、次のようにいう。

　「就業規則に労働者を拘束する効力（労働条件は就業規則の定めるところによるという労使当事者間の合意の推定）を認めるために必要な要件としては、『就業規則が法的規範としての性質を有するものとして、拘束力を生ずるためには、その内容を適用を受ける事業場の労働者に周知させる手続が採られていることを要するものというべきである』との判例法理（フジ興産事件最高裁第二小法廷判決（平成15年10月10日））を、法律で明らかにすることが適当」であり、「その合理性が確保され、労働者の就業規則への信頼感も高まることから、行政官庁への届出を就業規則の拘束力が発生するために必要な要件とすることが適当である」。

このフジ興産事件（判時1840号144頁）は、「使用者が労働者を懲戒するには、あらかじめ就業規則において懲戒の種別及び事由を定めておくことを要する」との考え方のもとに、原審が就業規則について周知義務が採られていたかどうかを認定しないまま、就業規則に法的規範としての効力を肯定し、懲戒解雇を有効と判断したことには審理不尽による法令適用の誤りがあるとして、原判決を破棄し、これを原審に差し戻した事件であるが、本件懲戒解雇が就業規則に定める懲戒解雇事由に該当するものであったことについては、一審・二審ともに、これを何ら問題としていない。

就業規則は、企業単位で作成されることが多く、事業場を新たに設置したような場合（フジ興産事件も、このような場合に該当する）には、新設事業場における就業規則の周知や届出をうっかり失念することがしばしばある。

また、就業規則の改正が頻繁に行われれば行われるほど、その都度の周知や届出を忘れる可能性も自ずと高くなる。他方、いかなる行為に及べば懲戒解雇となるかは、通常十分に予測が可能であり、周知を欠いていたからといって、不意打ちを食らうようなことは滅多にない。

こうした事情に照らしてもなお、「研究会報告」のいうように周知や届出を就業規則の効力発生要件として、一律に位置づけなければならないのか。来るべき労働契約法の制定（平成19年の通常国会に、法案提出を予定）に当たっては、慎重な検討が必要といえよう。

Ⅳ　他の職務への転換の可能性

前述したように、大阪労働局のモデル就業規則では、「勤務成績又は業務能率が著しく不良で、向上の見込みがなく、他の職務にも転換できない等、就業に適さないとき」や「事業の運営上のやむを得ない事情又は天災事変その他これに準ずるやむを得ない事情により、事業の縮小・転換又は部門の閉鎖等を行う必要が生じ、他の職務に転換させることが困難なとき」が普通解雇事由として定められている。また、「適正な雇用管理を行い、雇用の継続に配慮してもなお、採用後に生じた精神又は身体の障害により業務に耐えられないとき」というのも、同様に解雇に先立って他の職務への転換を試みることを前提としているものと考えられる。

しかし、このような就業規則条項を欠く場合においても、解雇に当たって常に他の職務への転換の道を探らなければならないとすることには、少なからず疑問がある。

そこで、以下では、それぞれの場合ごとに、その必要性の有無と程度について検討を行うこととしたい。

1 勤務成績や業務能率が良くない従業員の解雇

成績や能率の良くない従業員は、どこの会社や法人にもいる。しかし、勤務成績不良や「就業に適さない」ことを理由に解雇できるかというと、ことはそう簡単ではない。

公務員の場合、国家公務員法（国公法）78条は、1号で「勤務実績がよくない場合」を、3号でより一般的に「その他その官職に必要な適格性を欠く場合」を分限降任または分限免職の事由として定めており、地方公務員法（地公法）28条1項にも、これと同趣旨の規定が置かれている。

そして、地公法28条1項3号にいう「その職に必要な適格性を欠く場合」[4]とは、「当該職員の簡単に矯正することのできない持続性を有する素質、能力、性格等に基因してその職務の円滑な遂行に支障があり、または支障を生ずる高度の蓋然性が認められる場合をいう」と、判例（広島県教委（長束小学校長分限降任）事件＝最二小判昭和48．9．14民集27巻8号925頁）は理解している[5]。

また、「ひとしく適格性の有無の判断であつても、分限処分が降任である場合と免職である場合とでは、前者がその職員が現に就いている特定の職についての適格性であるのに対し、後者の場合は、現に就いている職に限らず、転職

---

[4] 地公法28条1項3号にいう「職」は、国公法78条3号にいう「官職」に当たる。
[5] 判旨の当該部分は、「この意味における適格性の有無は、当該職員の外部にあらわれた行動、態度に徴してこれを判断するほかはない。その場合、個々の行為、態度につき、その性質、態様、背景、状況等の諸般の事情に照らして評価すべきであることはもちろん、それら一連の行動、態度については相互に有機的に関連づけて評価すべく、さらに当該職員の経歴や性格、社会環境等の一般的要素をも考慮する必要があり、これら諸般の要素を総合的に検討したうえ、当該職に要求される一般的な適格性の要件との関連においてこれを判断しなければならない」とする部分とともに、先に本文（173頁）で言及した大曲郵便局事件の最高裁判決においても引用されている。

の可能な他の職をも含めてこれらすべての職についての適格性である点において適格性の内容要素に相違がある」とも、上記判例はいう。

これを民間企業に当てはめれば、「現に就いている職務に限らず、転換の可能な他の職務をも含めてこれらすべての職務について」従業員としての適格性なしと判断されないと解雇ができないことになるが、そうまでして成績や能率が悪い従業員を救済する必要があるとは思えない。

民間企業では、成績査定でE（良好でない）を3年間取り続けると、解雇の対象になるのが一般的という[6]が、毎年下位10%の従業員を解雇している会社も欧米では珍しくなく、グローバル・スタンダードからみれば、これでもまだ甘いほうの部類に入る。

思うに、勤務成績の良し悪しは、個人の努力の問題であって、就業規則にその旨の定めを置かない限り、成績不良の従業員を解雇する場合には、他の職務への転換が可能かどうかを考慮する義務は使用者にはない。

以下で検討する「病気のため業務を遂行できない従業員の解雇」や、「人員整理の一環として行う解雇（整理解雇）」と明確に一線を引くためにも、このように考えるのが妥当であろう。

なお、公務員の話ではあるが、いわゆる指導力不足教員については、平成13年の通常国会で、「地方教育行政の組織及び運営に関する法律」が改正された

---

[6] 『週刊労働新聞』（平成17年9月5日号）主張「フレームも民間準拠と願いたい」を参照。なお、このことに関連して、平成14年4月に行政改革推進事務局が作成した「行政職に関する新人事制度の原案（2次）」には、勤務実績不良の場合における公務員の免職手続について、以下のような定めが置かれていたことに注意。

「次の手続を原則とする（事実関係に基づいて勤務実績が著しく不良であり、矯正措置を行っても改善の余地のないことが明らかな場合は、以下の手続を待たずに処分を行うことができる。）。
a　次に掲げる事由に該当した者については、公務員としての適性を欠くような職員である可能性もあることから、人事管理権者は改めて矯正措置を執る必要性の有無を判断するものとする。
・2年連続して降格された場合
・3年連続して能力評価の結果が著しく不良である場合
・3年連続して業績評価の結果が著しく不良である場合
・その他事実に基づいて、勤務実績が著しく不良と認められる場合
b　上記aにより矯正措置が必要と判断した職員に対しては、あらかじめ矯正措置を講ずることを説明し、弁明を聴取した上で、研修の受講、勤務態度に対する厳重注意処分等の必要な矯正措置を講ずる。
c　上記bの矯正措置を行った後相当期間（6ヶ月程度）を経過しても勤務実績に改善が認められない場合に、免職処分を行う」。

ことにより、以下にみる47条の2が追加され、その免職後、これを都道府県の常勤職員として採用する道が設けられている。

(県費負担教職員の免職及び都道府県の職への採用)
第47条の2　都道府県［教育］委員会は、……その任命に係る市町村の県費負担教職員（教諭、養護教諭、助教諭及び養護助教諭（略）並びに講師（略）に限る。）で次の各号のいずれにも該当するもの（略）を免職し、引き続いて当該都道府県の常時勤務を要する職（指導主事並びに校長、園長及び教員の職を除く。）に採用することができる。
一　児童又は生徒に対する指導が不適切であること。
二　研修等必要な措置が講じられたとしてもなお児童又は生徒に対する指導を適切に行うことができないと認められること。
2　略
3　都道府県［教育］委員会は、第1項の規定による採用に当たつては、公務の能率的な運営を確保する見地から、同項の県費負担教職員の適性、知識等について十分に考慮するものとする。
4　略

分限免職に処せられた指導力不足教員は、その人数が最も多かった平成16年度においても11人にとどまっている（15年度5名、14年度3名）が、免・退職者の合計（認定前の退職者を含む）は、190人に上っている。

教育現場における抵抗を抑えるための妥協策であったとはいえ、指導力不足を理由に分限免職処分を受けた教員を再び教員以外の職員として採用しなければならない理由は、およそ見出し難い。

文部科学省の公表データによれば、こうした採用を意味すると思われる転任も、少数ではあれ、現に存在する（16年度1名、15年度3名）。大いに疑問というほかあるまい。

2　病気のため業務を遂行できない従業員の解雇

私的な病であれ、病気のために休職している従業員を職場復帰ができないことを理由に解雇する（退職扱いとする）ことは、いかにも忍びない。明日は我

が身との思いがあれば、人事担当者も自然と解雇には及び腰になる。

　国公法78条2号は、「心身の故障のため、職務の遂行に支障があり、又はこれに堪えない場合」を分限処分としての降任または免職の事由として規定しているが、「心身故障のため3号の適格性を欠く場合に当たることもあり得る」とした上で、「現に就いている職務に限らず、配転可能な他の職務を含めて考慮しても、なお、当該職員の疾患又は故障のため、職務の遂行に支障があり、又はこれに堪えないこと」を、分限免職の場合における適格性欠如の要件の一つとして挙げた裁判例（芦屋郵便局事件＝大阪高判平成12．3．22判タ1045号148頁）もある。

　事案は、通算して5年弱の間、自律神経失調症（抑うつ状態）のため病気休職に処せられるか病気休暇を付与されていた郵政職員が［その］適格性を欠くとして分限免職処分を受けたというものであったが、判決では、当該職員が①昭和56年1月から平成4年7月6日（本件処分）までの約4200日のうち、勤務に就いたのは約500日にすぎず、昭和62年8月17日から平成4年7月6日までの5年弱は、わずか6日勤務に就いただけであったこと、②本件処分当時も睡眠障害がひどく、そのため職場に復帰するには2か月位の準備期間をもうけ、そののち午後からせいぜい3時間程度の勤務を1、2年間位続ける必要があり、勤務の5割軽減措置の特例を受けても、復職することはできない状態にあったことが、それぞれ事実として認められている。

　高裁の結論はもちろん処分を適法とするものであったが、地裁の判断（神戸地判平成11．2．25訟務月報47巻7号2000頁）は違っていた。

　民間企業の場合、ここまでの贅沢は許されないであろうが、解雇事件とは異なるものの、「労働者が職種や業務内容を特定せずに労働契約を締結した場合においては、現に就業を命じられた特定の業務について［疾病のため］労務の提供が十全にはできないとしても、その能力、経験、地位、当該企業の規模、業種、当該企業における労働者の配置・異動の実情及び難易等に照らして当該労働者が配置される現実的可能性があると認められる他の業務について労務の提供をすることができ、かつ、その提供を申し出ているならば、なお債務の本旨に従った履行の提供があると解するのが相当である」とした最高裁判決（片

山組事件＝一小判平成 10．4．9 労判 736 号 15 頁）も存在する[7]。

　私傷病による休職の場合、休職期間満了後の解雇・復職の問題を自己責任の問題として割り切って考えることにはやや問題があり、ある裁判例（独立行政法人Ｎ事件＝東京地判平成 16．3．26 労判 876 号 56 頁）も述べるように、「休職命令を受けた者の復職が認められるためには、休職の原因となった傷病が治癒したことが必要であり、治癒があったといえるためには、原則として、従前の職務を通常の程度に行える健康状態に回復したことを要するというべきであるが、そうでないとしても、当該従業員の職種に限定がなく、他の軽易な職務であれば従事することができ、当該軽易な職務へ配置転換することが現実的に可能であったり、当初は軽易な職務に就かせれば、程なく従前の職務を通常に行うことができると予測できるといった場合には、復職を認めるのが相当」という辺りが穏当なように思われる。

　そして、このような判断基準は、就業規則に規定する普通解雇事由が「適正な雇用管理を行い、雇用の継続に配慮してもなお、採用後に生じた精神又は身体の障害により業務に耐えられないとき」となっていようと、あるいはまた「精神または身体の障害により、業務に耐えられないと認められたとき」となっていようと、基本的には変わらないし、変えるべきでもない。こうもいうことができよう。

3　人員整理の一環として行う解雇（整理解雇）

　いわゆる整理解雇は、解雇のなかでも最も大きな法的保護を受ける。ただ、雇用の維持を図ろうとしても、窮地に陥った会社ほど、それが難しいという問題も一方にはある。

　このように人員整理の一環として解雇が行われる場合、解雇を回避するための努力を会社が尽くしたかどうかが問われることが多いが、他の職務への配置転換も、当然そうした選択肢の一つとなる。しかし、配置転換とはいっても、もちろん無条件ではない。

---

[7]　なお、本判決については、拙稿「現場作業から事務作業への配置転換の申し出と債務の本旨に従った労務の提供」『労働判例』738 号（平成 10 年 7 月）6 頁以下【拙著『法人職員・公務員のための労働法　判例編』（ジアース教育新社、平成 30 年）257 頁以下】を参照。

たとえば、特定の事業部門の閉鎖に伴う解雇の効力が争われた、整理解雇に関するリーディングケースとされる東洋酸素事件（東京高判昭和54.10.29労民集30巻5号1002頁）を例にとると、裁判所は「［当該］事業部門に勤務する従業員を同一又は遠隔でない他の事業場における他の事業部門の同一又は類似職種に充当する余地がない場合、あるいは［当該］配置転換を行つてもなお全企業的に見て剰員の発生が避けられない場合であつて、解雇が特定事業部門の閉鎖を理由に使用者の恣意によつてなされるものでないこと」を、解雇が就業規則に定める「やむを得ない事業の都合」によるものといえるための要件の一つとして挙げるものではあったが、それ以上の解雇回避の努力は使用者に求めていない。

　整理解雇に踏み切る前に試みるべき配置転換の範囲を、場所的には「同一又は遠隔でない他の事業場」に限り、職務内容という点でも、これを当該事業場における「同一又は類似職種」に限定する（具体的には、アセチレン部門の閉鎖当時、同部門に勤務していた従業員は総員47名で、その職種は係員1名が技術職である以外は、「被控訴人らを含むその余の従業員46名はすべて工場現場の作業に従事するいわゆる現業職であつたことが明らかであるから、被控訴人ら現業職に属する従業員を他部門に配置転換するとすれば、その対象となるべき職種は、現業職及びこれと類似の職種である特務職に限られるのが相当」とされた）。そうした慎重な姿勢を、裁判所は採用していたのである。

　たしかに、就業規則の内容いかんによっては、結論も変わり得る。たとえば、先にみた大阪労働局のモデルにあったように、「事業の運営上のやむを得ない事情又は天災事変その他これに準ずるやむを得ない事情により、事業の縮小・転換又は部門の閉鎖等を行う必要が生じ、他の職務に転換させることが困難なとき」が、普通解雇事由として就業規則に明記されていた場合、配置転換の範囲を東洋酸素事件と同様に限定することはかなり難しくなる。教育訓練次第では、他職種への配転も不可能とはいえないからである[8]。

　ただ、余裕のある大企業は別として、中小企業の場合、他の職務への転換など、端からその可能性が問題とならないこともある。

　先に言及した「研究会報告」は、「解雇権濫用の判断の予測可能性を向上さ

---

[8] ただし、このような考え方が勤務成績不良の従業員を解雇する場合にまでとられるべきであるとは考えない。反対、菅野・前掲書（注3）423頁。

せて紛争を予防・早期解決するために、整理解雇について労働基準法第 18 条の 2 にいう解雇権濫用の有無を判断するに当たって考慮に入れるべき事項として、人員削減の必要性、解雇回避措置、解雇対象者の選定方法、解雇に至る手続等を法律で示すことが必要である」とするとともに、「整理解雇の判断の考慮要素を使用者に分かりやすく具体化したものとして、整理解雇に当たり使用者が講ずべき措置を指針等で示すことが適当である」とした上で、「配置転換、労働時間の削減、一時休業等の解雇回避手段を尽くし、又は、このような手段によって対処することができないため、整理解雇によるべき合理的な理由があること」をその一つとして挙げるが、「労働市場の動向を踏まえて更に検討すべきである」との留保が付いているとはいえ、これを企業規模のいかんにかかわらず適用することには明らかに無理がある。

　将来起こり得るさまざまな出来事を念頭に置いて、就業規則の作成にいかに入念な姿勢で臨んでも、こうした一律規制（one-size-fits-all regulation）の前には、その努力も水泡に帰すことになりかねない。

　法改正までして、解雇事由を就業規則の絶対的必要記載事項とした意味は、いったいどこにあったのか。

　透明性を高めるなかで、多様性（独自性）も大いに発揮できる[9]。就業規則には、そうした利点もあることを忘れてはなるまい。

V　解雇の金銭的解決の必要性

　覆水盆に返らず。夫婦関係であれ、雇用関係であれ、一度こじれた関係を元に戻すことは、およそ不可能に近い。「これ以上、一緒にやってられるか」。そう口にするか、行動で示した以上、面子の問題もある。

　ストライキを打つときは、会社を辞めるとき。そう筆者に語った組合幹部さえいる。社長にいったん弓を引き、その命に逆らったからには、それぐらいの覚悟は要る。スト権があるかどうかは問題ではない。労使関係の現実は、このように権利義務関係の枠を大きく超えたところにある。

　かくして、解雇紛争が和解やあっせんの形で金銭的解決をみるときも、通常

---

[9] 国立大学の法人化に当たって、人事課の職員が文字どおり寝食を忘れて就業規則の作成に時間とエネルギーを費やしたのも、このことを信じてのことであった。

の場合、次のような確認書が当事者の間では交わされることになる。

① 甲は〇年〇月〇日をもって乙を復職させ、乙は同日をもって甲を円満退職したものとする。
② 甲は乙に対して金〇円を支払うとともに、乙は甲に対していかなる債権も持たないこと（その結果、甲乙間の紛争がすべて解決したこと）をここに確認する。

解雇の有効・無効については、黒白を明確にせず（解雇の事実にすら言及しない）、双方の顔が立つようにする。そこに、解雇紛争の金銭的解決を成功させるための鍵がある。

したがって、解雇無効の判決を前提として、その上で解雇紛争の金銭的解決を図ることは、それ自体として困難といわざるを得ないが、いったん解雇した者を復職させることは、それ以上に難しいという現実もある。

解雇の違法・無効を前提とする以上、「違法な解雇を行った使用者に金銭解決の申立を認める必要はないとの指摘」があっても、おかしくはない[10]とはいえ、「金銭解決を認めることは、金銭さえ支払えば解雇できるとの風潮を広めるのではないかとの懸念」を理由に、「いかなる解雇についてもこの申立てを可能とするものではなく、人種、国籍、信条、性別等を理由とする差別的解雇や、労働者が年次有給休暇を取得するなどの正当な権利を行使したことを理由とする解雇等を行った使用者による金銭解決の申立ては認めないことが適当である」とし、「さらに、使用者の故意又は過失によらない事情であって労働者の職場復帰が困難と認められる特別な事情がある場合に限ることによって、金銭さえ払えば解雇ができるという制度ではないことが明確になる」（以上、引用は「研究会報告」による）とまでいうことには、疑問が残る。

「差別的解雇」や「正当な権利」の行使とはいっても、その概念はそれほど明確ではなく、所詮、法律屋が頭のなかで考えたものでしかない[11]。

---

10 逆にいうと、解雇の違法・無効を前提としなければ、「違法な解雇を行った使用者に金銭解決の申立てを認める必要はないとの指摘」も、その根拠を失うことになる。平成18年4月からスタートする労働審判（特に調停）においては、そうした工夫が期待されよう。
11 とりわけ「研究会報告」が「人種、国籍、信条、性別等を理由とする差別的解雇」として、それが例示にすぎないことを示唆している点が気にかかる。たとえば、「人種等」を理由とする人権侵害の予防・禁止を目的とした人権擁護法案においては、「人種等」が「人種、民

過失の主張・立証であればまだしも、無過失の主張・立証となると、当然、話は違ってくる（いわゆる悪魔の証明に当たる）。

仮に理論的には正しくても、現実は理論では動かない。現場にマニュアルを押しつけるのではなく、現場の実情に合ったものに、むしろマニュアル自体を書き換える。そうした知恵がなければ、この問題は解決しないといえよう。

初出）『阪大法学』55 巻 3・4 号（平成 17 年 11 月）89 頁以下

族、信条、性別、社会的身分、門地、障害、疾病又は性的指向をいう」と、きわめて広範囲にわたるものとして定義されている。労働者の主張いかんによっては、何でも差別的解雇になる。そうした疑念を拭えないのである（なお、人権擁護法案については、拙稿「人権擁護法案への疑問」『月刊労委労協』平成 17 年 4 月号 3 頁以下【拙著『労働市場改革のミッション』（東洋経済新報社、平成 23 年）93 頁以下に「募集・採用規制と人権擁護法案」として収録】を参照）。

また、「正当な権利」の行使と認められる場合であっても、職場の常識を無視し、同僚の顰蹙を買うような権利行使も、実際には少なくない。たとえば、トーコロ事件（最二小判平成 13. 6. 22 労判 808 号 11 頁）の場合、原判決（東京高判平成 9. 11. 17 労民集 48 巻 5・6 号 633 頁）が引用した一審判決（東京地判平成 6. 10. 25 労民集 45 巻 5・6 号 369 頁）では、原告が、①人事考課表の自己評価欄に記入せず、欄外に「労基法違反を前提の下に人事考課の評価基準がもうけられるならば、『工夫・改善』の項目などで労働者の権利を主張したり、有休をとることが労働者の不利益につながる」などとし、労基法の遵守を求める旨の記載をしてこれを提出したことや、②職場集会において「自分の仕事が終わってしまえば他の従業員らが残業していても、残業してまで手伝いたくない」などと発言していたことが事実として認定されているが、このような協調性を欠く「正義の味方」が同僚の共感を得ることはまずない、といってよい（一審判決も、やや遠慮がちに「互いに協力し合って繁忙時期を乗り切るべきであると考えている他の従業員らからは、必ずしも好感情を抱かれてはいなかった」と述べる）。ある意味で、本件は、解雇の金銭的解決が最も相応しいケースであった、ともいうことができるのである。

Episode 08

　解雇権を濫用すれば、解雇は無効となる。労働契約法16条も「解雇は、客観的に合理的な理由を欠き、社会通念上相当であると認められない場合は、その権利を濫用したものとして、無効とする」と規定しており、このことに疑義を差し挟む余地は、少なくとも現在のわが国にはない。

　しかし、権利濫用となる解雇も有効とされる、スイスのような国もある。たとえば、スイス労働法の代表的な英文テキスト（Alexandre Berenstein, Pascal Mahon and Jean-Philippe Dunand, *Labour Law in Switzerland, 3rd ed.*, 2018, Wolters Kluwer）は、次のようにいう（para. 504）。「使用者が解雇権を濫用したとみなされる場合であっても、解雇は有効である。つまり裁判所は、労働者の復職を使用者に強制することはできない」（Although the employer may be deemed to have misused his rights［to dismiss］, the termination of the contract is valid; the court cannot force the employer to reinstate the worker in the enterprise.）。

　たしかに、スイスでも解雇が無効（void）となる場合はある。同国の債務法336条cに規定する、試用期間後の一定期間（①11日を超える軍務等に就く期間およびその前後の4週間、②本人に責任のない理由による傷病のため働くことができない期間（勤続1年目は30日間、2〜5年目は90日間、6年目以上は180日間）、③妊娠中および出産後16週間等）における解雇がそれである。

　これに対して、権利の濫用となる解雇の場合（労働組合の組合員であることや適法な組合活動への従事を理由とするもの［336条2項a］を含む）には、使用者は補償金（compensation）の支払義務を負うにすぎない（336条a1項）。

　しかも、その額は、6か月分の賃金（集団的な整理解雇の場合における協議手続きの不履行については2か月分の賃金）に相当する額を上限とするものとなっている（336条a2項・3項）。

　ちなみに、スイス債務法は、同国の憲法4条に定める4つの公用語には含まれない英語で、その最新版を読むことができる。

　解雇は有効だが、補償金は支払う。解雇の金銭解決も、このように考えるとわかりやすい。逆に解雇の無効から出発すると、途端に議論が進まなくなる。わが国の現状をみても、そう思えてならない。

9 解雇をめぐる二つの論点

Ⅰ　はじめに——数値では表せない解雇の現状
Ⅱ　働かない従業員の解雇
Ⅲ　働けない従業員の解雇
Ⅳ　まとめにかえて——現実を直視した議論を

Ⅰ　はじめに——数値では表せない解雇の現状

「使用者には、従業員を解雇する権利すなわち解雇権がある。その濫用が許されないだけだ」。このようにいわれて、現実もそのとおりだと考える使用者はほとんどいない。

「明々白々な懲戒解雇事案でもない限り、弁護士に聞けば、決まってストップがかかる。解雇権など実際にはないに等しい」。現場の人事労務担当者からは、そうしたため息に近い声もしばしば聞く。働く意欲や能力を失った従業員であっても、いざ解雇となると二の足を踏む。人事労務の現場からみたリアルな解雇のイメージは、およそこんなところにある。

しかし、このような解雇の現状は、数値では表わせない。たとえば、OECD（経済協力開発機構）が主要40か国を対象に行った2008年の調査によれば、日本は雇用保護という点では、むしろ規制が少ない部類に入る。

整理解雇（集団的解雇）は6番目にしやすく、有期（臨時）雇用の規制については12番目、常用労働者の個別解雇でも15番目に規制が緩やかな国（全体としては8番目。アメリカ、カナダ、イギリス、ニュージーランド、南アフリカ、オーストラリア、アイルランドに次ぐ）に、わが国は位置している[1]。

現場の実感とはあまりにかけ離れた調査結果ではあるが、数値化できる指標に頼ると、こうなるのである。

たとえば、常用労働者の個別解雇からの保護に関する指標（調査項目）は、全体で9項目からなるが、日本の調査結果を示すと、次頁のようになる。記述

---

[1] *See* OECD, *Employment protection in OECD and selected non-OECD countries*, 2008.

⑨ 解雇をめぐる二つの論点

内容はアバウトで正確さに欠ける、というのが率直な感想といえよう。

項目1　解雇予告に関する手続き	法律上決められた手続きはない。書面または口頭による予告が一般の慣行。裁判所や労働協約は労働組合との協議を求めることがある。
項目2　解雇予告の事前手続き	決められた手続きはない。書面または口頭による予告が一般の慣行。
項目3　解雇予告期間	30日間
項目4　勤続年数によって異なる退職金	退職金を支払う法律上の義務はないが、企業は任意に退職金を支払う場合がある。
項目5　不当解雇の定義	正当な解雇：　合理的な理由（従業員としての適格性欠如、懲戒規定違反）のある解雇。人員整理のための解雇には、人員削減の必要性、解雇回避の努力、人選の合理性その他の手続きが要求される。 不当な解雇：　性別、業務上の傷病による療養のための休業、産前・産後の休業、育児休業を理由とする解雇。合理的な理由のない解雇。
項目6　試用期間	法律上の規制はないが、2か月から6か月が普通（3か月が最も多い）。使用者は試用期間中、理由を示すことなく労働者を解雇できる。ただし、試用期間が2週間を超えると、解雇予告（30日前）が必要。
項目7　金銭補償（不当解雇）	復職に代わる金銭補償として、通常の退職金にプラスして解雇期間中の賃金相当額（中間収入の控除あり）を補償。典型的な補償内容は、勤続20年で、6か月分（解雇から和解までを6か月と想定）。
項目8　復職（不当解雇）	賃金の遡及払いを伴う復職を命じられることがしばしばある。
項目9　出訴期間等の制限（不当解雇）	法律上の制限なし

出所）OECD, *Employment protection in Japan - 2008*.

他方、わが国の場合、解雇が難しいのは、昨日今日に始まったことではない。たとえば、70年以上前に書かれた労働問題のある調査報告書（労働事情調査所編『労働事情調査報告第一輯　臨時工問題の研究』（昭和10年）4～6頁）

193

は、次のようにいう（以下、引用に当たっては、旧漢字・旧かなづかいを現代表記に改め、余分と思われる活字は削除した）[2]。

労働者の解雇問題

労働者解雇についての困難は、雇用についての困難以上である。労働者が解雇を苦痛とすることは、何処の国に於いても同じであろうが、我国に於いては特に之を苦痛とする事情があり、労働者だけでなくて官憲若くは一般市民も亦これを出来るだけ阻止しようとするし、如何なる場合を見ても解雇が淡白に行われ得たことは甚だ稀である。我国では労働者の雇用若くは解雇が単なる市場取引として行われるのでなくて、一度工場に雇用されたら過失なき限り工場主はその労働者の身柄を保証しなければならないもののような観念が行われている。甚だしきは労働者の家族、その子弟も亦その工場で面倒を見なければならぬものと考えられさえしている。大都市に於いてはかかる身分観念的な雇用関係は既に滅んでいるが、しかし全然無力となつているわけではない。その為めに労働者を解雇することが、何か道徳的犯罪ででもあるかの如き印象が与えられるものである。

一方また我国では国家若くは労資双方若くは労働組合による失業救済制度が全く欠けている。外国で解雇が比較的簡単に行われるのは、上記のような解雇を当然なりとする資本主義的観念の外に、労働組合其他の共済施設就中国家の失業保険制度が直接に被解雇者の生活を保護するという事実に基いている。観念はやはりこれを支持する経済的根拠がなければ永続しない。失業保険乃至それに類似の制度の存在しない我国に於いては、失業労働者は何によって生活すべきであろうか。労働賃銀は諸種の必然的な事情によって極めて低いものであるから、失業期間を維持すべき貯蓄のあろう筈はない。そこで、解雇手当なる要求が生じて来るのである。換言すれば失業保険によって失業者の生活を社会の費用によつて維持する代りに、工場なり会社なりが個別的に被解雇者を扶助しなければならぬ。従ってその手当額は、絶対額から見れば極めて僅かであつて、全失業期間を維持するのには遙かに不足な

---

2 なお、本書は、間宏監修・解説『日本労務管理史資料集［第3期］第8巻 臨時工問題』（平成5年、五山堂書店）に収録されているほか、国立国会図書館・近代デジタルライブラリー【現在のデジタルコレクション】にも所蔵されている。

のであるが、然し相対的に個々の工場或は会社にとつては相当に重い負担となることは当然であると言えよう。尤もこの解雇手当制度は必ずしも労働者の経済的要求から生じたものではなく、発生的には大戦当時の好況に際し事業家が労働者の移動頻繁を防止する足止の一策だつたのであるが、同時に又既述のように従来から我国労資関係の美風なりとせられている家族主義的な観念が大いに与つて力があつたことも見逃し得ない。こういうわけで我国の工場法施行令第27条の2には、工場主（注：条文では工業主）が職工に対し雇用契約を解除せんとする時は、少くとも14日前にその予告を為すか又は賃銀14日分以上の手当を支給することを要すと規定している。

事業主と臨時工制度

かくの如く、一方に於いては解雇に対する道義的観念、他方に於いては解雇手当の支給、この二つが事業家を圧迫して、本来ならば商取引として円満に行わるべき解雇を制約する。そういう条件の下に於いて、事業家が一方に於いてかかる制約を免れ、他方に於いて市場の景況に敏速に適応し得る制度を案出することは必然といわねばならぬ。臨時工制度即ちこれである。

事業家は事業の最も不振なる時代に適応して控え目に労働者を雇用する。工場規模に応じてどれだけの最低従業者を必要とするかは、ほぼ一定しているからこれだけを本雇として雇用する。市況の好転や季節的需要増加その他の理由によつて就業者数を増加する必要のある場合には、一定の期間を限り、解雇に関して上述の制約を免れ得べき条件を前提として雇用契約を結ぶ。これが即ち臨時工である。

満州事変以来の軍需品工業の好況、低為替関係による輸出品工業の盛況から、事業はどしどし拡張を迫られ、労働者の増加を余儀なくされている。けれども、軍需工業も輸出工業の景気もいつまで続くかわからない。いつまでも続けばよいが、或は近いうちに沈退するかも知れない。その時には解雇問題が起る。そして現在雇入れている職工を常用工にして置けば、その時、解雇手当を出さなければならない。また面倒な労働争議も起り勝ちだから、その時に備えて、新規採用の職工を試用期間を超過しても出来るだけ臨時工若くは人夫名義の職工にして置いて、事業家の負うべき種々の義務から免れようとしているのが最近の臨時工増加の社会的原因であろう。

第二次世界大戦後、解雇予告期間は 30 日に延長され、失業保険制度も整備された。にもかかわらず、解雇を一種の道徳的犯罪とみる考え方は、日本社会に依然として根強く残っている[3]。

もとより、合理性を欠く不当な解雇は、規制の対象とされてよいし、対象とすべきであろう。しかし、働く意欲や能力を失った従業員まで、企業が雇用し続けなければならない理由はない。こうした個別解雇の問題をいつまでも放置することは、円滑な企業経営を妨げ、企業の競争力低下をもたらすほか、働く意欲も能力もある者から潜在的な雇用機会を奪うことにもなる。本節の関心事もここにある[4]。

II 働かない従業員の解雇

売主がいくら督促しても、買主が売買代金を支払おうとしない。そのような場合には、民法も売買契約を解除することを認めている。「当事者の一方がその債務を履行しない場合において、相手方が相当の期間を定めてその履行の催告をし、その期間内に履行がないときは、相手方は、契約の解除をすることができる」。このように履行遅滞等による解除権について規定した、同法 541 条本文の定めがそれである。

指導票を書き、警告書を渡す。それでも、勤務状況に改善がみられないのであれば、最後には雇用契約を解除する(合意解約に応じなければ、解雇する)しかない。普通の従業員ができる仕事ができないというのは、債務の不履行に当たる。売買と雇用は違うとはいっても、それは程度問題にすぎない。民法 541 条も、上記の引用からわかるように、双務契約一般に妥当する原則としてこれを定めている[5]。

---

[3] 「解雇は悪」とする社会的価値観がわが国に存在することは、経営者団体もこれを認めている。拙稿「労働基準法の改正について」『阪大法学』53 巻 3・4 号(平成 15 年 11 月)127 頁以下、164 頁注 9【本書 31 頁以下、39 頁注 8】を参照。

[4] なお、以下の II および III の記述は、拙稿『「働かない」または「働けない」従業員の解雇問題』『月刊社労士』49 巻 3 号(平成 25 年 3 月)22〜23 頁【本書 555 頁以下】をベースとしている。

[5] 以上の点に関連して、末弘厳太郎「雇用——団体的怠業は即時解雇の原因となるか」『法学協会雑誌』41 巻 4 号(大正 12 年 4 月)731 頁以下、740 頁が次のように述べていることが参考になる。「第 627 条に依る解約申入は全く債務不履行其他特別の原因を要せざる場合

9　解雇をめぐる二つの論点

　欧米諸国において、能力不足（poor performance）が解雇理由として広く認められているのも、雇用契約に対するこのような理解を前提としている。その英文表記をみてもわかるように、能力不足は債務の不完全履行にほかならないとの共通認識が彼の地にはある。

　イギリスが定年制の廃止に踏み切ることができた（2011年10月1日以降、航空管制官や警察官等を除き、一定の年齢（65歳）に達したことを理由とする退職制度は、当事者がこれに合意していた場合にも一切認められなくなった）のも、個人の能力不足による解雇が使用者には認められていることを、その背景としている[6]。

　たしかに、雇用契約の場合、1回の「催告」ですむとは考えにくい。「相当の期間」についても、かなり長めに設定する必要はあろう。売買契約が一般に1回限りの契約となるのに対して、雇用契約は比較的長期間継続するのを通例とすることからいっても、その程度の差異を設けることは当然あってよい。

　とはいえ、このような手続きさえきちんと踏めば、解雇も無効（労働契約法16条に規定する「客観的に合理的な理由を欠き、社会通念上相当であると認められない場合」に該当する）とは考えない。

　こうした民法の原理原則に立ち返った発想の転換が、わが国の裁判所には今、求められている。

　間然するところのない身分保障のもとにある裁判官（憲法78条、裁判所法48条を参照）に、このような英断が可能かという疑問はあろう[7]が、裁判に持ち込めば、よほどのことがない限り、能力不足を理由とする解雇が有効と判断されることはなく、従業員としての地位が保障される（地位確認が認められる）

であり、第628条は又『已ムコトヲ得ザル事由』があれば即時に解雇し得ると云ふ規定であるに反し、第541条は労働者が全く約定の労務を供給しないか又は債務の本旨に従って完全に之を供給しない場合に之を適用するの余地あるものと考へる」。なお、この論稿は、福音印刷事件（大判大正11．5．29民集1巻259頁）の評釈として書かれたものであるが、同事件については、拙稿「労働法とその周辺（4）」『阪大法学』61巻1号（平成23年5月）1頁以下、45〜48頁【拙著『労働法とその周辺——神は細部に宿り給ふ』（アドバンスニュース出版、平成28年）169頁以下、189〜193頁】を参照。

[6]　拙稿「雇用問題をめぐる日英比較——定年制の廃止と解雇の自由」『旬刊経理情報』1277号（平成23年4月）1頁【本書553〜554頁】を参照。

[7]　拙著『職場の法律は小説より奇なり』（講談社、平成21年）269頁【その改訂版でもある『労働法の「常識」は現場の「非常識」——程良い規制を求めて』（中央経済社、平成26年）200頁】を併せ参照。

という現状には、やはり問題がある。

　こうした裁判の現状があればこそ、解雇有効の判決が「不良社員」の烙印につながることにもなる。このことを懸念する裁判官は実際にも少なくないとはいえ、責任の一端は裁判官自身にある。

　　「企業が新卒者を採用して教育訓練や人事異動（配置転換、職種の変更、場合によっては出向、転籍）を行うことにより必要な人材に育成していく」いわゆる「日本型雇用慣行」の下では、「社員の能力不足等は会社の教育等が悪かった結果ともいえるのであり、その能力に見合った部署に異動させることにより雇用を継続することもできる」[8]。

　たとえば、ある裁判官はこのようにいうが、能力不足は基本的には自己責任の問題であり、本人の自覚によってこれを改めていくしかない。

　プロ野球のトレードをみてもわかるように、A球団では能力を発揮できなかった選手が、B球団に移籍するやいなや、その能力を俄然発揮するといった事例は、現実にも稀ではない。

　A社の落ちこぼれ従業員が、B社では優良従業員となる。債務不履行（能力不足）に基づく解雇を認めることは、そうした再チャレンジの可能性に道を拓くことにもなる。

　いずれも「心機一転、頑張ろう」という本人の自覚がなければ起こり得ないことではあるものの、能力に問題があっても解雇されることはないという環境のもとでは、そうした自覚も育たない。

　「解雇は、客観的に合理的な理由を欠き、社会通念上相当であると認められない場合は、その権利を濫用したものとして、無効とする」。ことは、つまるところ、このように規定する労働契約法 16 条の解釈に帰着する問題だけに、法改正によって解決を図ることは難しい。

　ただ、現行法令のなかにも、参考にすべき先例は存在する。職員の分限免職等について定めた、公務員関係の法令がそれである。

---

[8] 多見谷寿郎「期間の定めのある雇用契約における雇止めをめぐる裁判例と実務」『判例タイムズ』1351 号（平成 23 年 9 月）30 頁以下、31 頁。なお、同論文は、これに続けて「他方、途中退社した場合、上記のような方法でも雇用を維持できなかったと疑われるため、同様同等の再就職はできず、人生設計を相当に修正せざるを得ない。そこで、正社員に対する解雇規制が厳格になるのである」（31〜32 頁）としている。

たとえば、国家公務員法（国公法）78条は、職員が「人事評価又は勤務の状況を示す事実に照らして、勤務実績がよくない場合」（1号）や、「その他その官職に必要な適格性を欠く場合」（3号）に「該当するときは、人事院規則の定めるところにより、その意に反して、これを降任し、又は免職することができる」と規定。これを受けて、人事院規則とその運用通知には、次のような定めが置かれている。

A　人事院規則11−4（職員の身分保障）
（本人の意に反する降任又は免職）
第7条　[国公法]第78条第1号の規定により職員を降任させ、又は免職することができる場合は、次に掲げる場合であつて、指導その他の人事院が定める措置を行つたにもかかわらず、勤務実績が不良なことが明らかなときとする。
　一　当該職員の能力評価又は業績評価の人事評価政令（注：後掲・運用通知にいう「人事評価の基準、方法等に関する政令」を指す）第9条第3項（人事評価政令第14条において準用する場合を含む。）に規定する確認が行われた人事評価政令第6条第1項に規定する全体評語が最下位の段階である場合
　二　前号に掲げる場合のほか、当該職員の勤務の状況を示す事実に基づき、勤務実績がよくないと認められる場合
2　略
3　法第78条第3号の規定により職員を降任させ、又は免職することができる場合は、職員の適格性を判断するに足ると認められる事実に基づき、その官職に必要な適格性を欠くと認められる場合であって、指導その他の人事院が定める措置を行ったにもかかわらず、適格性を欠くことが明らかなときとする。
4　略

B　人事院規則11−4（職員の身分保障）の運用について
第7条関係
1・2　略

3　この条の第1項各号に掲げる場合のいずれかに該当するときは、同項の「人事院が定める措置」として次に掲げる措置のいずれかをとるものとする（注：この部分のみ、平成25年4月1日に表現を修正）。
　⑴　職員の上司等が、注意又は指導を繰り返し行うこと。
　⑵　職員の転任その他の当該職員が従事する職務を見直すこと。
　⑶　職員の矯正を目的とした研修の受講を命ずること。
　⑷　その他任命権者が職員の矯正のために必要と認める措置をとること。
4　この条の第1項第2号又は第3項に該当するか否かを判断するに当っては、例えば次に掲げる客観的な資料によるものとする。
　⑴　職員の人事評価の結果その他職員の勤務実績を判断するに足ると認められる事実を記録した文書
　⑵　職員の勤務実績が他の職員と比較して明らかに劣る事実を示す記録
　⑶　職員の職務上の過誤、当該職員についての苦情等に関する記録
　⑷　職員に対する指導等に関する記録
　⑸　職員に対する分限処分、懲戒処分その他服務等に関する記録
　⑹　職員の身上申告書又は職務状況に関する報告
5・6　略
7　法第78条第3号及びこの条の第3項の「官職に必要な適格性を欠く」場合とは、当該職員の容易に矯正することができない持続性を有する素質、能力、性格等に基因してその職務の円滑な遂行に支障があり、又は支障を生ずる高度の蓋然性が認められる場合をい［う］ものとする。
8　この条の第3項の「人事院が定める措置」は、この条の第1項の「人事院が定める措置」のほか、職員が行方不明の場合における当該職員の所在が明らかでないことの確認等適格性を欠いた状態が改善されないことを確認するために必要と認められる措置とする[9]。

---

[9]　なお、この一文が示唆しているように、「官職に必要な適格性を欠く」ことを理由とする分限免職処分の大半は、失踪事案（原則として1か月以上にわたる行方不明）によって占められているという現実がある。この点につき、拙稿「国立大学法人と労働法　第13回　公務員法の世界（8）」『文部科学教育通信』309号（平成25年2月11日号）10頁以下、11頁【拙著『国立大学法人と労働法』（ジアース教育新社、平成26年）89頁以下、91頁。同『法人職員・公務員のための労働法72話』（ジアース教育新社、平成27年）91頁以下、93頁】を参照。

9　法第78条第1号又は第3号の規定により職員を降任させ、又は免職するに当たっては、任命権者は、警告書を交付した後、弁明の機会を与えるものとする。ただし、職員の勤務実績不良の程度、業務への影響等を考慮して、速やかに処分を行う必要があると認められる場合は、この限りでない。

10　前項の警告書には、次に掲げる文言を記載するものとし、別紙10（注：警告書のモデル）を参考に、適宜の様式によるものとする[10]。

(1)　勤務実績の不良又は適格性の欠如と評価することができる具体的事実及びその状態の改善を求める旨

(2)　(1)の状態が改善されない場合には、降任又は免職が行われることがある旨

11　任命権者は、この条の第1項第1号に該当するときは、職員に対して、人事評価の基準、方法等に関する政令（平成21年政令第31号）第10条又は第11条（同令第14条及び第18条第2号において準用する場合を含む。）に規定する評価結果の開示又は指導及び助言に当たり、勤務実績不良の状態が改善されない場合には降任又は免職の可能性があることを伝達するものとする。

　また、人事院規則11-14およびその運用通知で言及のあった人事評価政令の規定（関連規定を含む）を抜粋して示せば、次のようになる。

第1章　総則（抄録）

（人事評価の方法）

第4条　人事評価は、能力評価（職員がその職務を遂行するに当たり発揮した能力を把握した上で行われる勤務成績の評価をいう。以下同じ。）及び業績評価（職員がその職務を遂行するに当たり挙げた業績を把握した上で行われる勤務成績の評価をいう。以下同じ。）によるものとする。

---

[10]　これを受けて、別紙10では「勤務実績の不良又は適格性の欠如と評価することができる具体的事実」を記入するとともに、「1　あなたには、次のとおり、勤務実績の不良又は適格性の欠如と評価することができる事実が認められますので、その改善を求めます」、「2　今後、これらの状態が改善されない場合は、国家公務員法第78条第1号又は第3号に基づいて分限処分（免職・降任）が行われる可能性があります」と記載するものとなっている。

2 略
3 能力評価は、当該能力評価に係る評価期間において現実に職員が職務遂行の中でとった行動を、標準職務遂行能力の類型を示す項目として人事評価実施規程に定める項目（以下「評価項目」という。）ごとに、各評価項目に係る能力が具現されるべき行動として人事評価実施規程に定める行動に照らして、当該職員が発揮した能力の程度を評価することにより行うものとする。
4 業績評価は、当該業績評価に係る評価期間において職員が果たすべき役割について、業務に関する目標を定めることその他の方法により当該職員に対してあらかじめ示した上で、当該役割を果たした程度を評価することにより行うものとする。

第2章　定期評価
第1節　通則

（定期評価の実施）

第5条　前条第1項の規定による人事評価は、10月1日から翌年9月30日までの期間を単位とし、毎年実施するものとする。
2 前項の規定により実施する人事評価は、定期評価という。
3 定期評価における能力評価は、10月1日から翌年9月30日までの期間を評価期間とし、次条、第7条及び次節の規定により行うものとする。
4 定期評価における業績評価は、10月1日から翌年3月31日までの期間及び4月1日から9月30日までの期間をそれぞれ評価期間とし、それぞれについて次条、第7条及び第3節の規定により行うものとする。

（定期評価における評語の付与等）

第6条　定期評価における能力評価に当たっては評価項目ごとに、定期評価における業績評価に当たっては第4条第4項に規定する役割（目標を定めることにより示されたものに限る。）ごとに、それぞれ評価の結果を表示する記号（以下「個別評語」という。）を付すほか、当該能力評価又は当該業績評価の結果をそれぞれ総括的に表示する記号（以下この章において「全体評語」という。）を付すものとする。
2 個別評語及び全体評語は、次の各号に掲げる職員の区分に応じ、当該各号に定める数の段階とする。

9 解雇をめぐる二つの論点

一　［定期評価の特例について定めた］第19条第1号に掲げる職員のうち、事務次官及びこれに準ずる職にある職員　2
二　第19条第1号に掲げる職員のうち、前号に掲げる職員以外の職員　3
三　前2号に掲げる職員以外の職員　5

3　個別評語及び全体評語を付す場合において、能力評価にあっては第4条第3項の発揮した能力の程度が、業績評価にあっては同条第4項の役割を果たした程度が、それぞれ通常のものと認めるときは、次の各号に掲げる職員の区分に応じ、前項に定める段階のうち当該各号に定めるものを付すものとする。

一　前項第1号に掲げる職員　上位の段階
二　前項第2号及び第3号に掲げる職員　中位の段階

4　定期評価における能力評価及び業績評価に当たっては、個別評語及び全体評語を付した理由その他参考となるべき事項を記載するように努めるものとする。

（定期評価における評価者等の指定）

第7条　実施権者は、定期評価における能力評価及び業績評価を受ける職員（以下「被評価者」という。）の監督者の中から次節及び第3節（第9条第2項及び第3項並びに第10条（第14条において準用する場合を含む。）を除く。）に定める手続を行う者を評価者として指定するものとする。

2　実施権者は、評価者の監督者の中から第9条第2項（第14条において準用する場合を含む。）に定める手続を行う者を調整者として指定するものとする。ただし、任命権者が評価者である場合その他合理的な理由がある場合には、調整者を指定しないことができる。

3　実施権者は、評価者又は調整者を補助する者（以下「補助者」という。）を指定することができる。

第2節　能力評価の手続

（被評価者による自己申告）

第8条　評価者は、定期評価における能力評価を行うに際し、その参考とするため、被評価者に対し、あらかじめ、当該能力評価に係る評価期間において当該被評価者の発揮した能力に関する被評価者の自らの認識その他評価者による評価の参考となるべき事項について申告を行わせるものと

（評価、調整及び確認）
第９条　評価者は、被評価者について、個別評語及び評価者としての全体評語を付すことにより評価（次項及び第３項に規定する再評価を含む。）を行うものとする。
２　調整者は、評価者による評価について、不均衡があるかどうかという観点から審査を行い、調整者としての全体評語を付すことにより調整（次項に規定する再調整を含む。）を行うものとする。この場合において、調整者は、当該全体評語を付す前に、評価者に再評価を行わせることができる。
３　実施権者は、調整者による調整（第７条第２項ただし書の規定により調整者を指定しない場合においては、評価者による評価）について審査を行い、適当でないと認める場合には調整者に再調整を（同項ただし書の規定により調整者を指定しない場合においては、評価者に再評価を）行わせた上で、人事評価実施規程に定める方法により、定期評価における能力評価が適当である旨の確認を行うものとする。

（評価結果の開示）
第10条　実施権者は、前条第３項の確認を行った後に、被評価者の定期評価における能力評価の結果を、内閣府令（注：人事評価の基準、方法等に関する内閣官房令）で定めるところにより、当該被評価者に開示するものとする。

（評価者による指導及び助言）
第11条　評価者は、前条の開示が行われた後に、被評価者と面談を行い、定期評価における能力評価の結果及びその根拠となる事実に基づき指導及び助言を行うものとする。
２　評価者は、被評価者が遠隔の地に勤務していることにより前項の面談により難い場合には、電話その他の通信手段による交信を行うことにより、同項の面談に代えることができる。

第３節　業績評価の手続

（果たすべき役割の確定）
第12条　評価者は、定期評価における業績評価の評価期間の開始に際し、被評価者と面談を行い、業務に関する目標を定めることその他の方法によ

り当該被評価者が当該評価期間において果たすべき役割を確定するものとする。

2　前条第2項の規定は、前項の面談について準用する。

　（被評価者による自己申告）

第13条　評価者は、定期評価における業績評価を行うに際し、その参考とするため、被評価者に対し、あらかじめ、当該業績評価に係る評価期間において当該被評価者の挙げた業績に関する被評価者の自らの認識その他評価者による評価の参考となるべき事項について申告を行わせるものとする。

　（能力評価の手続に関する規定の準用）

第14条　第9条から第11条までの規定は、定期評価における業績評価の手続について準用する。

いささか引用が長くなったが、公務員関係法令が上記のような内容に改められたのは、平成21年4月1日以降（運用通知の一部を除く）と、比較的最近のことであり、他方、このことをきっかけとして、分限降任や分限免職のケースが増加したという事実もない。

たとえば、「勤務実績がよくない」ことを理由とする1号事案の場合、毎年降任はゼロか1件どまりであり、免職も年に2件程度。こうした状況が、法令改正の前後を問わず、一貫して続いている[11]。

人事評価が全体として甘く、5段階評価で最低ランクの評価を受ける者などほとんどいない。思うに、現状は、その結果であるとも考えられる[12]が、大阪府や大阪市のように、人事評価を絶対評価から相対評価に改めれば、この問題は

---

[11] 人事院『公務員白書』によれば、平成14年度から23年度までの10年間における「勤務実績がよくない」ことを理由とする1号事案の分限降任者数は195人となっているが、その大多数（192人）は、平成18年度（172人）および19年度（20人）における日本郵政公社関係のものであり、これを除くと、その数はわずか3人にまで減少する。また、この10年間における1号事案の分限免職者数は、計20人（年平均2人、最多4人、最少ゼロ）となっている。

[12] たとえば、大阪府の場合、5段階評価で最低ランクの評価を受けた職員が行政職員全体の0.05％（約2000人に1人、平成22年度）にすぎなかったことがかつて報道され、社会的にも注目を集めた。平成24年2月9日付け『日本経済新聞』を参照。ただ、他の地方公共団体の職員や国家公務員についても、その現状は、大阪府と大差はないものと思われる。

直ちに解決する。

たとえば、平成24年5月28日に制定をみた大阪市の職員基本条例には、次のような規定が含まれている。

（相対評価）
第18条 任命権者は、相対評価（分布の割合（評価を受ける職員の総数に占める各区分の職員の割合をいう。以下同じ。）を定めて区分し、職員がどの区分に属するかを相対的に評価する方法をいう。）により、人事評価を行う。
2　前項の人事評価は、次の表の左欄に掲げる区分のとおり上位から区分し、概ね同表の右欄に定める分布の割合により行う。

区　分	分布の割合
第1区分	100分の　5
第2区分	100分の20
第3区分	100分の60
第4区分	100分の10
第5区分	100分の　5

（降任又は免職の事由及び基準）
第34条　［地方公務員］法第28条第1項第1号（注：国家公務員法78条1号に相当する規定）に該当する場合は、次に掲げるとおりとする。
　一　人事評価の結果の区分が2年以上継続して最下位の区分であって、勤務実績が良くないと認められる場合
　二　勤務の状況が不良であって、業務に著しい支障を及ぼす場合
　三　前2号に掲げる場合のほか、担当すべきものとして割り当てられた職務を遂行してその職責を果たすべきであるにもかかわらず、その実績が良くないと認められる場合
2　以下、略

これに対して、大阪市の職員団体は、職員全員の勤務実績が良い場合もあり得るとして、絶対評価に代えて相対評価を導入することは地方公務員法（地公

法）28条に違反するとの立場から、条例に反対しているとも聞くが、いわゆる２・６・２の法則に照らしても、絶対評価において「勤務実績が良くない」と判断される職員は少なくとも１割程度はいるものと解される。

だとすれば、２年以上連続して下位５％に入るとの評価を受けた職員を分限処分の対象としたとしても、地公法違反の問題が生じることはない、と考えることができよう。

職員の勤務状況（勤務実績）が客観的にみて不良といえる場合には、その都度、上司が注意や指導を繰り返し、研修等、職員の矯正を目的とした措置を講じるとともに、改善が認められないときは、免職もあり得ることを文書で警告する。

それでもなお改善がみられないときは、免職（場合によって降任）とする。公務員の場合、先にみたように分限免職に関する仕組み＝手順そのものは、既に法令という形で用意されており、その実行をこれまで怠ってきたことにこそ問題があった。

しかし、今後、公務員制度改革が進展し、勤務実績不良を理由とする分限免職が——法令を忠実に履行する形で——行われるようになれば、その影響が民間企業にまで波及する可能性は十分にある。一定の手順を踏んだものについては、能力を理由とする解雇を裁判官も認める。そうした変化が期待されるのである。

そうなれば、今は仮に時期尚早であっても、合理的な解雇理由とは何かを、やがては——裁判例の例示として——通達等で示すことも可能になる。筆者はこう考えるのである。

Ⅲ　働けない従業員の解雇

一般に、休職期間は解雇の猶予期間として位置づけられる。このことから、傷病休職の期間が満了したにもかかわらず、傷病が治癒していないため復職できない場合には、退職扱い＝解雇とする会社が多い。

しかし、東芝事件（東京地判平成20．４．22労判965号５頁）以降、当該休職＝休業は業務上の傷病によるものであるとして、解雇の無効を争うケースが増えている。その根拠とされるものが、次のように定める労働基準法（労基

法）の規定、なかでも19条1項であることはいうまでもない[13]。

   （解雇制限）
  第 19 条　使用者は、労働者が業務上負傷し、又は疾病にかかり療養のために休業する期間及びその後30日間並びに産前産後の女性が第65条の規定によって休業する期間及びその後 30 日間は、解雇してはならない。ただし、使用者が、第 81 条の規定によつて打切補償を支払う場合又は天災事変その他やむを得ない事由のために事業の継続が不可能となつた場合においては、この限りでない。
  ②　略
   （打切補償）
  第 81 条　第75条の規定によつて補償（注：療養補償）を受ける労働者が、療養開始後3年を経過しても負傷又は疾病がなおらない場合においては、使用者は、平均賃金の 1200 日分の打切補償を行い、その後はこの法律の規定による補償を行わなくてもよい。

　今やこのタイプの訴訟は、ある種の流行現象ともいえる観を呈しつつあるが、19条を含む労働基準法の多くの規定の適用を受けない船員（船員法6条を参照）や、労基法の適用を除外されている国家公務員（国家公務員法附則16条【現附則6条】を参照）については、こうした状況が少なくともエンドレスに続くことはない。たとえば、船員の場合、以下のように定める規定が、船員法には存在するからである。

---

[13] 東芝事件の場合、二審（東京高判平成23．2．23判時2129号121頁）も、地位確認や解雇（退職扱い）後の賃金請求という点では、一審の判断を踏襲している【なお、このことは一審原告を上告人とする上告審（最二小判平成26．3．24判時2297号107頁）では争点にすらなっていない】。しかし、労基法19条1項による解雇制限は、労働者の休業（労務を提供できないこと）をあくまで前提としたものであり、使用者の災害補償責任が無過失責任であることを併せ考えれば、民法536条2項を根拠として賃金請求まで認めることには問題がある。「雇用契約上の権利を有する地位にあることを確認する」という場合、そこにいう「雇用契約上の権利」とは一般に賃金請求権を指すことになるが、だからといって、主文第1項で地位確認を認めると、続く主文第2項で自動的に賃金請求も認めなければならないという理由はどこにもない。双方をワンセットで考えることは、このように適切さを欠く場合もあるのである【以上の点につき、より詳しくは、拙著『労働法改革は現場に学べ！──これからの雇用・労働法制』（労働新聞社、平成27年）130〜132頁を参照】。

9　解雇をめぐる二つの論点

（解雇制限）

第 44 条の 2　船舶所有者は、船員が職務上負傷し、又は疾病にかかり療養のため作業に従事しない期間及びその後 30 日間並びに女子の船員が第 87 条第 1 項又は第 2 項の規定によつて作業に従事しない期間及びその後 30 日間は、解雇してはならない。ただし、療養のため作業に従事しない期間が 3 年を超えた場合又は天災事変その他やむを得ない事由のために事業の継続が不可能となつた場合においては、この限りでない。

② 略

　この船員法 44 条の 2 第 1 項のモデルが先にみた労基法 19 条 1 項にあることはいうまでもないが、大きな違いが一つある。船員の場合には、療養のための休業期間（作業に従事しない期間）が 3 年を超えれば、それだけで解雇制限が解除されるという点が、その違いである[14]。

　他方、国家公務員については、私傷病と公務上の傷病との別を問わず、国公法 79 条 1 号により「心身の故障のため、長期の休養を要する場合」には休職に付され、その期間が上限の 3 年（前掲・人事院規則 11－4 第 5 条 1 項を参照）に達すると、同法 78 条 2 号に定める「心身の故障のため、職務の遂行に支障があり、又はこれに堪えない場合」に該当するものとして免職となる。そうした措置が現行法上、可能とされている[15]。

　退職（離職）によって補償や保険給付を受ける権利が影響を受けないことは、労基法 19 条を含め、同法の適用を受ける者（労基法が一部の規定を除いて適用される地方公務員を含む。地公法 58 条 3 項を参照）と、その適用を受けない船員や国家公務員との間で違いはなく（労基法 83 条 1 項、労働者災害補償保

---

[14]　なお、工場法施行令 27 条ノ 2 第 2 項 1 号は、業務上傷病による療養のための休業を理由として解雇が制限される期間（14 日の解雇予告期間に算入されない期間）を、2 か月を上限とするものと定めていた。他方、施行令 14 条には、打切扶助料に関する規定も置かれていた（注 16 を参照）が、その支給は解雇制限の解除要件とはされていなかった。

[15]　たとえば、鹿児島重治・森園幸男・北村勇編『逐条国家公務員法』（学陽書房、昭和 63 年）は、この点に関連して、国公法 78 条 2 号に定める「心身の故障のため、職務の遂行に支障があり、又はこれに堪えない場合」について、「それが公務災害に基因するものであると否とを問わない」（611 頁）とした上で、「第 79 条第 1 号により休職にされた職員が 3 年の休職期間満了の際もなおその休職の原因である心身の故障が回復せず、長期にわたり勤務することができないことが明らかなときは、原則として本号により免職すべきであるとされている」（612 頁）とする。

険法（労災保険法）12条の5第1項、地方公務員災害補償法62条1項、国家公務員災害補償法7条1項を参照）、たとえ退職扱い＝解雇（免職）となったとしても、被災した者の保護に欠けるわけではない。

　また、労基法19条1項が解雇制限の解除要件とする打切補償に関していえば、これに対応する保険給付について定めた規定が、労基法に定める使用者の災害補償責任を強制保険という形で担保するために制定された法律である労災保険法（ちなみに、平成22年1月1日以降、船員も同法の適用を受けることになった）には、もはや存在しないという問題もある。

　たしかに、労災保険法には、「業務上負傷し、又は疾病にかかつた労働者が、当該負傷又は疾病に係る療養の開始後3年を経過した日において傷病補償年金を受けている場合又は同日後において傷病補償年金を受けることとなつた場合には、労働基準法第19条第1項の規定の適用については、当該使用者は、それぞれ、当該3年を経過した日又は傷病補償年金を受けることとなつた日において、同法第81条の規定により打切補償を支払つたものとみなす」と規定した19条の定めが存在する。

　しかし、労災保険法19条は、あくまでも解雇制限の解除規定（労基法19条1項ただし書）に関連して置かれた「みなし規定」にすぎず、傷病補償年金それ自体の目的は、文字どおり保険給付を年金化することにあり（療養補償給付も、継続して支給される。労災保険法18条2項の反対解釈）、補償の打切りを本来の目的とした打切補償とは、その性格を大きく異にする。

　さらに、打切補償は、先にみたように、療養補償を「受ける労働者が、療養開始後3年を経過しても負傷又は疾病がなおらない場合」（労基法81条）であれば、使用者がこれをなし得るのに対して、傷病補償年金は、被災労働者が「常に労務に服することができない」（労災保険法施行規則別表第2に規定する傷病等級第3級の要件）状態でなければ、これが支給されないという違いもある。

　これを言い換えれば、このような傷病補償年金の受給要件を満たさず、被災労働者が休業補償給付を受給し続けるという場合には、使用者が自ら進んで打切補償を行わない限り、解雇制限を解除するすべはないという話にもなる[16]。

---

[16] なお、労働者が労災保険法に基づき療養補償給付を受けている場合には、打切補償による解雇制限規定の適用解除を認めないとした最近の裁判例（学校法人専修大学事件＝東京地判平成24．9．28労判1062号5頁）があるが、到底賛成できない。療養補償給付は、あ

とはいうものの、制定当初の労災保険法には、打切補償費について定めた規定（12条1項6号。その範囲も「平均賃金の1200日分」と規定していた）が存在したことからもわかるように、こうした事態になることは、立法者の想定したものではなかった。

 本来であれば、労災保険法の改正に併せて、労基法も改正する必要があったにもかかわらず、その影響を軽視したためか、これを「誤って」放置したままにした[17]。それが真相に近いのではないかと思われる。

 だとすれば、思い切って、労基法19条1項の規定内容を、船員法44条の2

くまで被災労働者の請求に基づいて行われるもの（労災保険法12条の8第2項を参照）であって、使用者に選択の余地はない。この一点から考えても、当該裁判例には無理があるといえよう【なお、地裁判決は、高裁（東京高判平成25．7．10労判1076号93頁）においても維持されたとはいうものの、最高裁（二小判平成27．6．8民集69巻4号1047頁）は、「労災保険法12条の8第1項1号の療養補償給付を受ける労働者が、療養開始後3年を経過しても疾病等が治らない場合には、労働基準法75条による療養補償を受ける労働者が上記の状況にある場合と同様に、使用者は、当該労働者につき、同法81条の規定による打切補償の支払をすることにより、解雇制限の除外事由を定める同法19条1項ただし書の適用を受けることができるものと解するのが相当である」と判示し、決着をみている】。

 また、このことに関連して、工場法施行令が、その5条で「職工負傷シ又ハ疾病ニ罹リタルトキハ工業主ハ其ノ費用ヲ以テ療養ヲ施シ又ハ療養ニ必要ナル費用ヲ負担スヘシ」と定めるとともに、14条で「第5条ノ規定ニ依リ扶助ヲ受ケル者ハ健康保険法ニ依リ療養ノ給付若ハ療養費ノ支給ヲ受クル職工療養開始後3年ヲ経過スルモ負傷又ハ疾病治癒セサルトキハ工業主ハ賃金540日分以上ノ打切扶助料ヲ支給シ以後本章（注：「第2章 職工又ハ其ノ遺族ノ扶助」を指す）ノ規定ニ依ル扶助ヲ為ササルコトヲ得」と規定していたことにも留意する必要がある。

 当時の健康保険法は、労災保険法としての一面をも兼ね備える（業務外の傷病だけではなく、業務上の傷病についても保険給付を行う）ものであったが、健康保険法によって「療養ノ給付」や「療養費ノ支給」が行われる場合にも、「打切扶助料」の支給による扶助の打切りが認められていたことは注目に値する。そして、このような「打切扶助料」の性格は、労基法81条に定める「打切補償」にもそのまま引き継がれたと考えるべきであろう。

[17] 昭和35年の法改正によって、打切補償費に関する規定が削除され、長期傷病者補償が制度化された当時は、その中核をなす傷病給付についても、療養補償費または療養補償を受ける労働者が「療養開始後3年を経過しても、当該負傷又は疾病が治らない場合」がその受給要件とされ、打切補償を行うための要件との間に違いはみられなかった。

 このような状況は、昭和40年の法改正により、長期傷病者補償が長期傷病補償給付とその名称を改めたことによっても変わることはなかったが、昭和51年の法改正により、長期傷病補償給付に代わるものとして傷病補償年金が制度化されたことによって、本文でみたような齟齬が打切補償との間に生じることになる。

 そのとき、なぜ「施行日前に労働者が旧労災保険法の規定による長期傷病補償給付を受けることとなつた場合における労働基準法（略）第19条の規定の適用については、なお従前の例による」と定めた経過措置規定（改正附則4条）を置くだけにとどめたのか。その理由は、筆者にもよくわからない。

第1項のような3年を上限とするシンプルなものに改めてはどうか。

　労災保険法を改正し、療養開始後3年を経過した段階で休業補償給付の支給を受けている場合にも、労基法19条1項の適用については打切補償を行ったものとみなすことも可能とはいえるが、一定の補償を行えば、補償を打ち切ることができるという打切補償の考え方そのものが、既に過去の「遺物」に近い存在となっている。

　労基法19条1項については、打切補償とは無関係の解雇制限規定に改めるのが、やはり筋というべきであろう。

Ⅳ　まとめにかえて――現実を直視した議論を

　二度目となる安倍晋三内閣のもとで、解雇規制の緩和（解雇ルールの明確化）が内閣の取り組むべき課題の一つとして再浮上している。新聞報道によれば、解雇の金銭的解決や勤務地限定採用を主要な柱とするものといわれるが、政府の組織した会議に提出された文書からも、ある程度の方向性は読み取ることができる。

　たとえば、「人材力強化・雇用制度改革について」が議題とされた第4回産業競争力会議（平成25年3月15日開催）に当該議題とかかわるテーマ別会合の主査を務めた長谷川閑史氏（武田薬品工業株式会社代表取締役社長、経済同友会代表幹事）が提出した資料があり、そこでは、以下のような指摘がなされている。

3　雇用制度改革
【具体策】　⑤　解雇ルールの明確化
- 民法627条には「雇用に期間の定めがなければ各当事者はいつでも解約の申し入れをすることができ、申し入れ後2週間の経過によって雇用は終了する」とある。この民法627条に明記されている解雇自由の原則を労働契約法にも明記し、どういう場合には解雇を禁止するか、あるいは解雇の際に労働者にどういう配慮をすべきか、といった規定を明文で設けるべき
- 判例に基づく解雇権濫用法理による解雇ルール（労働契約法第16条）を見直す。その際、若手・中堅世代の雇用を増やすために、例えば、解雇

人数分の半分以上を20代〜40代の外部から採用することを要件付与する等も検討すべき

このうち、第1の提案は、本節の内容とも問題意識を共通にしているということができるが、民法の特別法といわれる労働契約法にどこまで具体的な解雇ルールを書き込めるのか、という疑問もなくはない。

現行労働契約法が判例法理の蓄積の上にあるという前提を変えないとすれば、解雇ルールが法文上多少今よりも明確になったとしても、判例法理に変化がみられない限り、解雇規制の中身それ自体は何ら変わらないといった問題もある。

解雇規制の中身＝判例法理は、現状のままでよいのか。そのことをまず問う必要があろう。

また、第2の提案は、整理解雇を念頭に置いたものと思われるが、高年齢者雇用安定法（高年齢者等の雇用の安定等に関する法律）の最近における改正にみられるように、現状はむしろ、提案内容とは逆の方向に進んでいる[18]。

だとすれば、こうした法改正のトレンドを再度逆転させることこそ優先すべき課題であって、この困難な課題を放置したままでは、いかに魅力のある提案であっても、その実現は到底覚束ないものとなる。目の前にある課題から目を背けて、実現できることなど、世の中には一つとしてないのである。

「逃げたらアカン」。それは、規制改革や人事労務の現場で、筆者が失敗を繰り返すなかから、学んだことでもあった。小泉純一郎内閣のもとで始まった解雇規制の緩和をめぐる議論がなぜ、解雇権濫用法理（判例法理）の法文化で終わったのか。

解雇規制の中身を問わず、解雇ルールの法制化のみを求める。そうした逃げの姿勢に失敗の理由はあった、という反省が筆者にはある[19]。

巷間ささやかれる解雇の金銭的解決や勤務地限定採用にしても、普通解雇や

---

[18] 詳しくは、拙稿「高年齢者雇用安定法の改正とその問題点——希望者全員ルールへの疑問」『阪大法学』61巻3・4号（平成23年11月）73頁以下【本書433頁以下】を参照。
[19] 解雇規制の緩和をめぐる規制改革の現場からみた議論の進展とその推移については、前掲・拙稿（注3）「労働基準法の改正について」127〜144頁【本書31〜47頁】のほか、拙稿「解雇法理のオールタナティブ」野田進・野川忍・柳澤武・山下昇編著『解雇と退職の法務』（商事法務、平成24年）61頁以下、62〜67頁を参照。

整理解雇が現実には著しく困難なことを所与の前提として、ひたすら次善の策を探っているように、筆者には思えてならない[20]。

　現実を直視し、実際に現場がかかえる問題の解決を図る。解雇をめぐる議論について、わが国が今求められているものも、そうした現実から逃げない直球勝負の姿勢といえるのではなかろうか。

　　　　　　　　初出）『阪大法学』63 巻 1 号（平成 25 年 5 月）1 頁以下

---

[20] なお、整理解雇が集団的解雇として行われる場合には、金銭的解決（再就職支援金の支給）や勤務地限定（工場等の移転に伴う雇用関係の終了）が解雇を多少とも容易にすることは筆者も否定しない。しかし、能力不足を理由とする個別解雇が、裁判官の訴訟指揮により整理解雇として扱われるケースが実際には少なくないという問題もある。つまり、経営が苦しくなって初めて能力不足の従業員の解雇に踏み切る企業が現実には多いにもかかわらず、企業側が経営の苦しさを解雇の合理性を補強するための理由として主張すると、本来は個別解雇の事案であっても、整理解雇の事案として、改めて 4 要素ないし 4 要件の主張立証を求められる（ただし、そのようなケースの場合、人員削減の必要性に乏しいことを理由に解雇が無効とされる確率は自ずと高くなる）という問題がそれである【この点につき、拙著『法人職員・公務員のための労働法　判例編』（ジアース教育新社、平成 30 年）73〜74 頁を併せ参照】。ともあれ、金銭的解決等のツールには、いずれにせよ限界があることを十分に認識する必要があろう。

Episode 09

　令和3年12月14日、国家公務員法78条1号にいう「勤務実績がよくない場合」を例示した、人事院規則11－4（職員の身分保障）7条1項1号の改正（令和4年10月1日施行）により、職員の能力評価または業績評価の全体評語が「最下位の段階である場合」（本文199頁）が「下位又は『不十分』の段階である場合」と改められる。

　その背景には、これに先行する人事評価政令の改正（令和3年9月10日政令第251号、翌4年10月1日施行）によって、同令6条2項3号に定める一般職員の全体評語等の区分が5段階（本文203頁を参照）から6段階に改められたという事実があったが、ざっくりいうと「勤務実績がよくない」とされる可能性のある職員の範囲を「下位5分の1」から「下位3分の1」に拡大したものと考えて、大きな誤りはない。

　他方、大阪市の職員基本条例は、令和5年12月18日の改正（即日施行）により、18条2項に定める相対評価の区分中最下位の区分（第5区分）の割合が「100分の5」（本文206頁）から「概ね100分の5を上限とする割合」へと改められる（その他の区分についても、同様の変更が行われる）。そうした国家公務員とはベクトルを異にする改正が行われている。

　読売新聞（令和5年11月22日）によれば、「これにより、原則5％いた最低ランクの職員の割合を減らすことが可能となる。［令和4］年度の人事評価では市長部局の職員約1万5000人のうち、最低ランクが749人【大阪市の公表データによると745人】（4.9％）だったが、制度の見直しによって98人（0.6％）に減るという」。平成22年度における大阪府の0.05％（本文205頁注12）と比べればまだ多いとはいえ、大幅な削減であることに違いはない。

　読売新聞の記事には、「市によると、従来のやり方では、能力的に問題がなくても最低ランクになる職員が一定数出るため、職員アンケートで不満の声が上がっていた」とあるが、同じような議論は以前にもあった（本文206〜207頁を参照）。

　ともあれ、大阪維新の会の創設者、橋下徹元市長のもとで始まった大阪市の人事制度改革は以来10年余りにして挫折を余儀なくされたことになる。残念というほかあるまい。

10 就業規則に関する覚書

　　Ⅰ　はじめに——現実は理論に従う？
　　Ⅱ　就業規則と個別同意
　　Ⅲ　最低基準効とその限界
　　Ⅳ　就業規則と労働協約
　　Ⅴ　まとめにかえて——法律の前に常識がある

Ⅰ　はじめに——現実は理論に従う？

　「理論は現実に従う。われわれにできることは、すでに起こったことを体系化することだけである」。P・F・ドラッカー（1909-2005）は、かつてその代表的著書『マネジメント』のなかで、このように述べたことがある[1]。

　経済理論と現実の経済との関係であれば、あるいはこのようにいえるかもしれない。しかし、法律の世界では、むしろ「現実は理論に従う」ことを当然のように考える傾向がある。

　体系化された知識を身につけるには、理論がどうしても必要になる。理論を初めて学ぶ者にとっては、目の前にある理論が神聖にして侵すべからざるものであるかのように映ることもある。

　理論という支えがないと、法的安定性も保てない（法の解釈運用がバラバラになってしまう）。とはいうものの、理論も行き過ぎれば、災いをもたらす。ある一つの理論でいかなる現実にも対応できるほど、世の中はシンプルではないからである。

　現実に合致さえすれば、理論などどうでもよい。そんな極論を吐くつもりはもとよりない。法治国家である以上、一定のルール＝原則となる考え方（理論）

---

[1] 原著のタイトルは、MANAGEMENT: Tasks, Responsibilities, Practices. 1973（昭和48）年に刊行された。冒頭の訳文は、上田惇生訳『マネジメント　下』（ダイヤモンド社『ドラッカー名著集15』、平成20年）201頁による。これが、有賀裕子訳『マネジメント　Ⅳ』（日経BPクラシックス、平成20年）303頁では「理論は現実の後追いである。理論化できるのは、すでに起こった現実だけなのだ」となる。ちなみに「理論は現実に従う（理論は現実の後追いである）」の原文は、Theories follow events.

は、少なくとも必要である。

　ただ、いかに正しい理論であっても、必要以上にこれを振り回すことは避けなければならない。

　過ぎたるはなお及ばざるがごとし。職場の法律ともいうべき就業規則の世界においても、この哲理は等しく妥当する。以下、早速、その具体例をみていくこととしよう。

Ⅱ　就業規則と個別同意

　中小企業においては、就業規則の変更に当たり、従業員から同意書をとる等、個別に同意を得るケースがしばしばみられる。そうした指導を現に行っている弁護士や社会保険労務士も少なくない[2]。裁判で争われるリスクを回避するためである。

　　「新たな就業規則の作成又は変更によつて、既得の権利を奪い、労働者に不利益な労働条件を一方的に課することは、原則として、許されないと解すべきであるが、労働条件の集合的処理、特にその統一的かつ画一的な決定を建前とする就業規則の性質からいつて、当該規則条項が合理的なものであるかぎり、個々の労働者において、これに同意しないことを理由として、その適用を拒否することは許されない」。

　かつて最高裁が秋北バス事件（最大判昭和43.12.25民集22巻13号3459頁）においてこのように述べたときも、個々の労働者が就業規則の変更に同意している場合には、変更後の就業規則が、——合理性の有無にかかわらず——当然に適用されることをその前提としていた。

　また、このような判例法理をベースとして制定をみた労働契約法（平成19年法律第128号、平成20年3月1日施行）も、上記の理にいささかも変更を加えるものではなかった。具体的には、以下のように定める。

---

[2]　たとえば、向井蘭（弁護士）『社長は労働法をこう使え！』（ダイヤモンド社、平成24年）214〜215頁、井寄奈美（特定社会保険労務士）『トラブルにならない　社員の正しい辞めさせ方・給料の下げ方』（日本実業出版社、平成21年）136〜137頁を参照。

（就業規則による労働契約の内容の変更）
第9条 使用者は、労働者と合意することなく、就業規則を変更することにより、労働者の不利益に労働契約の内容である労働条件を変更することはできない。ただし、次条の場合は、この限りでない。

第10条 使用者が就業規則の変更により労働条件を変更する場合において、変更後の就業規則を労働者に周知させ、かつ、就業規則の変更が、労働者の受ける不利益の程度、労働条件の変更の必要性、変更後の就業規則の内容の相当性、労働組合等との交渉の状況その他の就業規則の変更に係る事情に照らして合理的なものであるときは、労働契約の内容である労働条件は、当該変更後の就業規則に定めるところによるものとする。ただし、労働契約において、労働者及び使用者が就業規則の変更によっては変更されない労働条件として合意していた部分については、第12条に該当する場合を除き、この限りでない。

（就業規則の変更に係る手続）
第11条 就業規則の変更の手続に関しては、労働基準法（昭和22年法律第49号）第89条及び第90条の定めるところによる。

（就業規則違反の労働契約）
第12条 就業規則で定める基準に達しない労働条件を定める労働契約は、その部分については、無効とする。この場合において、無効となった部分は、就業規則で定める基準による。

ただ、裁判例のなかには、ときとしてこうした判例や法令の趣旨を十分には理解していないと思わざるを得ないものも散見される。たとえば、以下のように述べる協愛事件の一審判決（大阪地判平成21．3．19労判989号80頁）がそれである。

　「労働基準法93条（現行の労働契約法12条）は、『就業規則で定める基準に達しない労働条件を定める労働契約は、その部分については無効とする。この場合において、無効となった部分は、就業規則で定める基準による。』旨定める。
　元来、労働条件は、労働者と使用者が、対等な立場において決定するものである（現行の労働契約法3条1項）が、就業規則は、労働者の労働条件に

ついて、統一的かつ画一的に決定するために定型的に定めるものであり、そのため、その内容は合理的なものにすることが求められている。そして、労働基準法93条は、同法89条、90条、92条及び106条の各規定とあいまって就業規則の内容の合理性を担保するために、いわゆる直律的効力を定めたものと解される（略）。

このことに照らすと、就業規則に定められた労働条件の基準より不利益な労働条件については、労働協約を締結するか又は就業規則を変更しない限り、個々の労働者がその労働条件を内容とする労働契約を締結した場合においても、その不利益部分において無効であり、就業規則に定める基準によるものと解するのが相当である。

そうすると、使用者が労働者に不利益な労働条件を定める就業規則に変更するに当たり、個々の労働者が同変更に同意した場合においても、そのことから直ちに労働条件の内容が同変更後の就業規則の内容に変更されると認めることはできない。

確かに、使用者が、労働者と合意することなく、就業規則を変更することによって、労働契約の内容である労働条件を労働者の不利益に変更することは、その変更が合理的なものである場合を除いて、原則として許されないと解される（現行の労働契約法9条、10条本文参照）。しかし、上記の説示に照らすと、このことをもって、使用者が、労働者との間で、就業規則における労働条件の内容を不利益に変更することに合意をすれば、当然に労働条件の内容が就業規則の不利益変更後のものになるとまで認めることはできない」。

変更された就業規則への同意と、就業規則の内容とは異なる労働条件への同意とでは、その意味がまったく違う。にもかかわらず、上記の裁判例は、こうした違いを事実上無視するものとなっている。

合意による労働条件の変更と、就業規則の変更によるそれとをあまりにも截然と書き分けたがために、後者には前者が含まれないかのように読める労働契約法の規定内容にも問題はあるとはいえ、これではいくら同意を得ても無駄ということになりかねない。

それゆえ、同事件の控訴審判決（大阪高判平成22．3．18労判1015号83

頁)が「就業規則の変更と労働者の同意」に関する判示部分(一般論)を次のように改めたのも当然であった。

> 労働契約法9条は「合意原則を就業規則の変更による労働条件の変更との関係で規定するものである。同条からは、その反対解釈として、労働者が個別にでも労働条件の変更について定めた就業規則に同意することによって、労働条件変更が可能となることが導かれる。そして同法9条と10条を合わせると、就業規則の不利益変更は、それに同意した労働者には同法9条によって拘束力が及び、反対した労働者には同法10条によって拘束力が及ぶものとすることを同法は想定し、そして上記の趣旨からして、同法9条の合意があった場合、合理性や周知性は就業規則の変更の要件とはならないと解される」。

たしかに、控訴審判決は、これに続けて、次のようにいう。「もっともこのような合意の認定は慎重であるべきであって、単に、労働者が就業規則の変更を提示されて異議を述べなかったといったことだけで認定すべきものではないと解するのが相当である。就業規則の不利益変更について労働者の同意がある場合に合理性が要件として求められないのは前記のとおりであるが、合理性を欠く就業規則については、労働者の同意を軽々に認定することはできない」。

一審判決と比べ、その結論がさほど大きく異ならないものとなった(認容額も1350万円から900万円に減額されたにすぎない)理由も、ここにある。

本件の場合、退職金制度の廃止に至る都合3回に及ぶ就業規則の変更(1回目で3分の2に減額、2回目で半額まで減額し、3回目で廃止)のうち、高裁が「同意」を理由に拘束力を認めたのは、初回の変更にとどまっている。

減額幅が大きくなればなるほど、裁判所の姿勢も自ずと厳しくなる。「従業員に対し適切かつ十分な説明をしたものと認めることはでき」ず、「真の同意」があったとはいえない(2回目)。「従業員においてそのような不利益な変更を受け入れざるを得ない客観的かつ合理的な事情があり、従業員から異議が出ないことが従業員において不利益な変更に真に同意していることを示しているとみることができるような場合でない限り、従業員の同意があったとはいえない」(3回目)。このように、その判断も、回を重ねるごとに変わっていった

のである。

　従業員から異議が出なければ、それだけで、就業規則の不利益変更にも同意したものとみなす。このような方便が易々と通じるほど、世の中は甘くない。労働条件を不利益に変更する以上、その説明は適切かつ十分といえる程度には行う。そうした努力を尽くすか尽くさないかで、裁判の結果も当然違ってくる。同意書を取る慣行のない大企業も、このことは忘れてはなるまい。

Ⅲ　最低基準効とその限界

　労働基準法は、13条で「この法律で定める基準に達しない労働条件を定める労働契約は、その部分については無効とする。この場合において、無効となった部分は、この法律で定める基準による」と規定する。

　そこにいう「この法律」を「就業規則」に置き換えると、そのまま労働契約法12条（旧労働基準法93条）となる。この4文字の違いを除けば、労働基準法13条と労働契約法12条との相違点は、読点の数でしかない[3]。

　このことは、就業規則を一種の法規と理解する考え方を裏付けるものとはいえる[4]。だからといって、就業規則をあたかも強行法規であるかのように考えるのは行き過ぎという以外にない。

　たとえば、就業規則の規定は、「死文」と化すことがしばしばある。だが、このような場合にも、最低基準効をタテに、就業規則の規定内容を下回る（黙示の）同意を認めないとすると、その結果は、現実離れしたきわめて非常識なものとなる。

　以下にみる野本商店事件（東京地判平成9．3．25労判718号44頁。事実関係を明確にするため、引用は多少長くなる）は、その典型ともいえるケースであった。

---

[3] この点につき、拙著『職場の法律は小説より奇なり』（講談社、平成21年）33頁【その改訂版でもある『労働法の「常識」は現場の「非常識」――程良い規制を求めて』（中央経済社、平成26年）19頁】を参照。

[4] 「労基法は、その効力という点では、同法と就業規則とを区別せず、両者を同列視していたということもできる」。前掲・拙著（注3）『職場の法律は小説より奇なり』33頁【『労働法の「常識」は現場の「非常識」』19頁】を参照。

「本件給与・退職金規定によれば、被告は従業員に対し、毎年5月には基本給の5パーセント、11月には基本給の10パーセントの定期昇給を実施し、賞与については、7月には基本給の0.5か月分、12月には基本給の1か月分を支給するというものであって、しかも、［その］実施及び支給については業績等の諸事情を考慮対象とする等の留保条項が付されていないから、もともと、従業員は被告に対し、本件給与・退職金規定に基づき、［上記］規定のとおりの昇給額及び賞与額の支給を求めることができ、したがって、原告の平成6年5月分以降の基本給額は原告の［先に］主張するとおりとなるから、原告は被告に対し、原告の［先に］主張するとおりの未払賃金と賞与とを請求をすることができるということができる。

ところが、被告は、本件給与・退職金規定は、これが制定された昭和36年当時は被告は盛業であったが、その後の経済状況の激変により被告の業種は構造的な不況に陥り、このようなことから本件給与・退職金規定はその効力を失ったのであり、また、本件給与・退職金規定のとおりの昇給、賞与の支給をしないことについて原告を含めた従業員全員が同意をしていた旨主張し、原告の請求に応じない」。

「被告は、明治10年に個人商店として創業され、昭和28年に現在の有限会社に組織替えをし、主に呉服の白生地染色加工業を営んできており、昭和30年ころから40年ころにかけては被告の営業は繁盛し、従業員も約30名雇用していたが、その後、呉服（和服）業界の衰退とともに構造的不況業種の一つとなり、これにともない被告の業績も悪化の一途を辿るようになった。とりわけ、昭和56年11月20日の手形の不渡事故発生の危機に直面して以降は業績も悪化の一途を辿り、平成元年度以降の業績をみると、平成元年5月1日から同2年4月30日までの間の営業年度においては、代表者からの短期借入金700万円を、自家消費の売上げに振り替えて商品売上高を増やし、決算書上は14万2800円の黒字決算としている。平成2年5月1日から同3年4月30日までの間の営業年度においては、代表者からの短期借入金463万9988円及び取締役の野本松枝からの短期借入金295万円を、いずれも自家消費の売上げに振り替えて商品売上高を増やし、決算書上は、15万5052円の黒字決算としている。平成3年5月1日から同4年4月30日までの間の営業年度においては、代表者についての未払費用（報酬未払分）210万

円を、自家消費の売上げに振り替えて商品売上高を増やし、決算書上は、6万1247円の黒字決算としている。平成4年5月1日から同5年4月30日までの間の営業年度においては、野本松枝からの短期借入金422万3000円を、自家消費の売上げに振り替えて商品売上げを増やし、決算書上は8万9546円の黒字決算としている。平成5年5月1日から同6年4月30日までの間の営業年度においては、野本松枝からの短期借入金320万円を、自家消費の売上げに振替えて商品売上高を増やし、決算書上は17万9259円の黒字決算としている。平成6年5月1日から同7年4月30日までの間の営業年度においては、親族である被告役員からの借入金はなかったが、前代表者の亡野本博司の死亡保険金2263万5934円が雑収入として計上されたにもかかわらず、決算書上は82万2396円の赤字決算となっている。このようなことから、被告は、何時倒産になるかも知れない状況にあり、従業員も4名、原告が退職して以降は3名となり、この従業員によって辛うじて営業を継続している状況にある。

　ところで、本件給与・退職金規定は、被告の現代表者の夫亡野本博司の亡父野本冨士太郎郎（ママ）が代表者の時代に制定・施行したのであるが、この当時の被告の営業は前記のとおり繁盛している状況にあって、［上記］規定のとおりの昇給の実施及び賞与の支給をすることも可能であったが、その後の前記の被告の業績悪化、とりわけ手形不渡り事故発生の危機に直面した以降は［当該］規定のとおりの昇給の実施及び賞与の支給が困難となり、このような状況はその後も改善されることはなく、現代表者の夫亡野本博司が平成5年7月に脳梗塞で倒れ、同年11月に退任し、この後を同代表者の妻である現代表者が引き継いで以降は［上記］規定のとおりの昇給の実施は勿論のこと、賞与の支給も基本給の0.1ないし0.3か月分程度にとどまっており、また、同代表者は、本件給与・退職金規定の存在すらを原告との本件紛争発生まで知らなかった。

　他方、原告を含めた従業員全員は、被告が［前述した］ような営業状態にあったことから、被告の［この］ような措置に対して規定のとおりの昇給の実施及び賞与の支給を要求したこともなかった。

　なお、原告は、主に営業を担当していたが、昭和47年ころから同57年ころまでの間、経理関係業務をも担当したことがあり、被告の業績が不振であ

ったことは十分に知ることのできる立場にあった。

　［以上の］認定事実によると、本件給与・退職金規定の施行された当時の被告の営業は盛業状況にあって、この規定のとおりの昇給を実施し、賞与を支給することも可能ではあったが、その後の被告の業績の悪化、とりわけ、昭和56年11月20日の手形不渡事故発生の危機に直面して以降の業績は悪化の一途を辿るようになり、このようなことから［上記］規定のとおりの昇給の実施及び賞与の支給は困難な状況となり、このような状況は一向に改善されず、現代表者が経営を引き継いだ以降は昇給の実施を全くしないようになったばかりか、賞与についても僅かの支給に止まっていたというのであり、従業員は、このような被告の経営状況を知っていたためと考えられるが、被告の［前述した］ような措置に対し何らの要求等をしなかったというのである。

　そうすると、原告をも含めた従業員全員は、被告が［上記］規定のとおりの昇給の実施をしないこと及び賞与の支給をしないことを暗黙のうちに承認していた、すなわち、黙示の承諾をしていたということができる。

　したがって、この点に関する被告の主張には理由があることとなるので、原告の請求は理由がない」。

　また、世の中には、労使関係の実情から判断して、就業規則の変更によって労働条件を変更することが事実上困難なケースも存在する。そして、そのような場合にも、「黙示の同意（合意）」の有無が判断の決め手となり得ることを正面から認めたものに、以下のように述べる朝日火災海上保険（伊藤）事件の最高裁判決（二小判平成6．1．31労判648号12頁）がある。

　「上告人は、原審の口頭弁論において、昭和54年度から昭和57年度までの賃金引上額を退職金算定の基礎には算入しないとの条件の下で上告人は賃金引上げに応じることを組合と合意したこと、このことはその都度被上告人を含むすべての従業員に周知徹底していたこと、被上告人も［当該］各年度の賃金引上げは［上記］の条件の下でされるものであることを知りつつ賃上げ後の賃金を異議をとどめることなく受領していたのみならず、支店長等の立場において、退職する部下に対し、退職金は退職時ではなく昭和53年度の本俸の月額を基礎として算定されるものである旨を説明していたこと

などの事実を主張するとともに、［当該］事実関係の下では、被上告人の退職金は、昭和53年度の本俸の月額を基礎として算定されるべきである旨を主張している。［この］上告人の主張には、［上記の］事実関係の下では、当事者間の雇用契約において、昭和54年度から昭和57年度までの賃金引上額は退職金算定の基礎に算入しない旨の黙示の合意が成立するに至っていたという主張が含まれていると解すべきである。そうすると、上告人と組合との間の合意の効力が非組合員である被上告人には及ばないとする原判決の説示だけでは、原審は、［上記］の主張の当否について何らの判断を示していないものといわざるを得ない。したがって……この点の指摘を含むと解される論旨は理由があるから、原判決中上告人敗訴部分は、その余の論旨について判断するまでもなく、破棄を免れない」。

労働条件の変更は、労働協約の締結や就業規則の変更によってこれを行う。このことを例外なきルールと考える向きもあるが、労使関係の現実はそれほど素朴でも単純でもない。

最終的に労使間で合意すれば、労働協約は締結するとはいうものの、それまでは就業規則の変更も頑として認めない。就業規則に明文の規定を置くことは、変更の固定化につながり、労働組合にとっては不利に働く。このように考える組合も、実際には多い。

本件の場合も、差戻し後の控訴審（大阪高判平成7．9．28労判683号25頁）においては、「各年度の賃金引上額は同年度退職者の退職手当の基準額である『本俸』には加算しないことが繰り返し労使間で合意されてきたが、組合側が、そのことが労働協約・就業規則等において明文化されるのは不利であると判断しこれに反対していたため、会社側でも強いて明文化しようとはせず、結局、明文化されないままで終わつた」との事実が認定されている。

そのような場合にまで、就業規則の変更をあくまで求めること（最低基準効を根拠に、従前の就業規則の内容とは異なる同意を認めないこと）は、当事者の意思ともバッティングする。

最低基準効にも、限界はある[5]。このように答案に書けば、それだけで減点の

---

5 ただし、学説の多くはこのような理解を示さず、本文で取り上げた判例・裁判例についても、きわめて批判的である。たとえば、菅野和夫『労働法 第9版』(弘文堂、平成22年)

対象となる。学生諸君のなかには、こう考える者がいるかもしれない。しかし、現実が常に理論に従うとは限らない。

　先にみたように、就業規則は、事実上「失効する」こともあれば、これを「変更できない」こともある[6]。最低基準効についても、このような場合には、理論ではなく、現実を優先させる。その可能性まで否定すべきではあるまい。

Ⅳ　就業規則と労働協約

　労働協約を解約した後に、就業規則の変更を行った場合、変更後の就業規則が解約前の協約に違反することを理由として無効と解されることはあるのか。
　「就業規則は、法令又は当該事業場について適用される労働協約に反してはならない」とする労働基準法92条1項、および「就業規則が法令又は労働協約に反する場合には、当該反する部分については、第7条、第10条及び前条の規定は、当該法令又は労働協約の適用を受ける労働者との間の労働契約については、適用しない」と定める労働契約法13条。これらいずれの規定に照らしても、「ノー」以外のアンサーは考えにくい。
　では、就業規則を変更した後に、労働協約の解約を行ったとすればどうか。変更前の就業規則と解約前の労働協約の規定内容に違いはなく、変更・解約の手続きに先だって、使用者は、労働組合に対して就業規則の変更内容（予定）に合わせた協約改定の申入れを行い、その申入れを労働組合は拒否していたと仮定する。
　このように、労働協約の解約と就業規則の変更が一体のものとして行われる場合、どちらを先に行うかはさほど重要な問題ではなく、それゆえ、その結論も異ならない。常識で考えれば、このようになるはずであるが、そうは考えなかった裁判例もある。
　事案そのものは、実際にはもう少し複雑なものではあったが、佐野第一交通

　　120〜121頁、東京大学労働法研究会編『注釈労働基準法　下巻』（有斐閣、平成15年）1020〜1021頁（荒木尚志教授執筆部分）を参照。
[6]　たとえば、給与規程等の改正を経営協議会の付議事項としている国立大学法人（根拠規定として、国立大学法人法20条4項3号【現5項3号】を参照）の場合、地域手当の支給率が異なる新規の学外施設における採用が急に決まったときなどには、改正手続きがこれに間に合わないといった事態も十分に考えられる。

（差額賃金仮払）事件の仮処分決定（大阪地岸和田支決平成 14．9．13 労判 837 号 19 頁）がそれである。決定は、次のようにいう。

「本件労働協約は、債務者会社が、平成 13 年 7 月 4 日に、組合に対して、文書により破棄する旨を通告したことにより、それから 90 日の経過をもって解約され、失効したものといえる（労働組合法 15 条）」。

「しかし、本件においては、なお、従前の本件労働協約の定めていた旧賃金体系等の労働関係が、暫定的に継続しているものと解すべきである。

なぜなら、労働協約の終了後も労働関係を継続していく労働契約当事者の合理的意思は、就業規則等の補充規範があればそれに従い、依るべき補充規範がない場合には、新たな労働協約が成立したり、新たな就業規則の制定による労働条件の合理的改定が行われたりするまでの間は、暫定的に従来の労働協約上の労働条件に従うことにあると解されるところ、本件においては、依るべき補充規範がないからである。

この点につき、債務者会社は、補充規範として新就業規則がある旨を主張しているが、もともと新就業規則は本件労働協約に反して無効だったのであり、本件労働協約が失効したからといって、その効力が当然に復活することにはならないから、上記主張は採用できない。そして、本件労働協約が平成 13 年 10 月に失効して以降、組合との交渉を尽くした上での意見聴取や労働基準監督署への届出等の正規の手続きを経て新たに就業規則が定められたことはない（本件労働協約の失効という状況の変化を踏まえて、債務者会社と組合との間で正式な交渉がされたということすら窺われない。）。

したがって、債務者会社と組合との間で新たな労働協約が締結されるか、新たな就業規則の制定により労働条件の合理的改定が行われるまでの間は、労働契約当事者の合理的意思として、従前の労働条件（旧賃金体系）が存続する」。

新たな労働協約の締結や新たな就業規則の制定などと、裁判官はいとも簡単にいうが、それが容易ならざることは少し考えただけでもわかる[7]。労働協約は

---

[7] わが国はかつて、敗戦後の混乱期に「労働協約は、新たな労働協約が締結されるまで有効とする」旨を規定した、極端な自動延長条項のもとで、協約の破棄が事実上不可能になる（労働組合に一方的に有利な内容の協約を変更できなくなる）という事態を経験したこと

労働組合が同意しなければ締結できず、「新就業規則」も労働協約に違反することを理由に無効と判断された以上、これと同一内容の就業規則を改めて組合に提示するわけにはいかない[8]。

どちらにころんでも、新賃金体系は維持できそうにない。本件決定は、その放棄を裁判所が求めているとさえいってよい。

しかしながら、本件の場合、債務者会社が新賃金体系案を債権者が所属する労働組合に提案し、これをもとに新就業規則を制定した平成13年5月当時、債務者には、本件労働協約（協定）が有効に存続しているとの認識がそもそもなかったことにも留意する必要がある。

たしかに、本件の場合、これに先行する同じ裁判所の仮処分決定（大阪地岸和田支決平成13．7．2労経速報1789号3頁）において、平成9年に締結された本件協定は「有効期間を1年間とするものであり、債務者が新賃金[体系]案を提案した当時、本件協定はその効力を失っていた」とか、「仮に、本件協定が有効期間の定めのない労働協約であるとしても、平成9年9月から3年を経過した平成12年9月をもって期間満了により失効」しているといった債務者の主張は、ことごとく斥けられている。

ただ、だからこそ、債務者は改めて、本件協定には期間の定めがないものとして、その解約手続きをとったともいえる[9]。このような経緯をみる限り、会社側に著しい落度があったとは思えない。

他方、本件が、労働協約に定める旧賃金体系を就業規則に定めを置く新賃金体系に移行させる過程で起きた、通常の労使関係ではあまり例をみない事件で

がある。こうした歴史的事実も、ここでは想起する必要があろう。詳細は、拙稿「労働法とその周辺（1）」『阪大法学』60巻1号（平成22年）79頁以下、94～95頁【拙著『労働法とその周辺——神は細部に宿り給ふ』（アドバンスニュース出版、平成28年）89～90頁】を参照。

[8] 労働協約が失効している以上、旧協約に違反する就業規則も制定可能とはいえるが、労働組合がそれでは無効状態は解消されない、といった主張をしてくることは目にみえている。なお、後掲（注10）を併せ参照のこと。

[9] この平成13年決定も、本件協定と抵触することを理由として、新就業規則を無効とするものではあったが、それはあくまでも本件協定が有効であることを前提としていた。そして、「債務者から90日以上の予告期間を置いた上で署名又は記名押印のある文書でもって本件協定を解約する旨の申入れがなされたことが窺われない」ことが、そこでは本件協定を有効とする理由とされていた。つまり、債務者はこの説示に触発されて、決定のいう解約手続きをとった（実際にも、決定のわずか2日後に解約を行っている）とも考えられるのである。

あったことにも目を向ける必要があろう。

　本件の場合、労働条件の不利益変更とはいっても、その内容は、月間営業収入に占める月例賃金と賞与の割合を一律62.5％から、月間営業収入に応じて40万円未満の場合は45％、50万円未満の場合は54％、60万円未満の場合は61％にそれぞれ引き下げるという比較的軽微なものであり、仮に本件が就業規則の不利益変更を争点とする事案であれば、状況次第では変更に合理性が認められる余地もなくはなかった。

　だとすれば、協約違反を理由に新就業規則の無効をいうには、もう少し慎重であってもよかったのではないか[10]。「木に縁りて魚を求む」の類ではあろうが、筆者にはそう思えてならない。

　誰にでもミスはある[11]。労働協約を解約したつもりが、実際には解約できていなかった。本件の場合、新就業規則は、そうしたミスのもとで制定をみた。それゆえ、労働協約が正規の解約手続きを経て失効するまではその効力が否定されたとしてもやむを得ない。しかし、協約がこうして失効した後も、新就業規則を無効なものとして扱うことは明らかに行き過ぎといえる。

　現実は理論に従い、理論は現実に従う。人間のやることゆえ誤差はあるものの、正解はその中間にある。以上を要するに、こういうこともできよう。

V　まとめにかえて──法律の前に常識がある

　「細かくルール化すればするほど本質から遠ざかり、内容そのものが良いのか悪いのか、それさえもわからなくなる」「いちいち詳細なルールなど作らなければ、自分がどういう思いで行動し、人に聞かれた時にどう説明するか、人間性の内実をしっかり踏まえてその都度考えられるはず」「最初からその過程を放棄してルールの中に逃げ込んでいては、どんどん人間そのもの

---

[10] 労働協約に違反することを理由として就業規則が無効になるといわれれば、労働組合としては旧協約をベースに戦わざるを得なくなる。それが要求の最低基準となり、これ以上は退けない一線となる。退くにも退けない。そんな状況を、本件の場合、平成14年決定は創り出してしまったのである。
[11] 「決定的な局面でこそ、しくじってはならぬ失策を犯してしまうことが、人生にはある」小川榮太郎『約束の日──安倍晋三試論』（幻冬舎、平成24年）176頁。それが人間というものであり、そうでなくてもミスをしない人間などいない。

がわからなくなって」いく。

曽野綾子さんの近著『人間の基本』（新潮新書、平成24年）には、このように書かれている（73〜74頁）。現実を直視し、常識を踏まえた拳々服膺すべき一文である。

目下のところ、法律の世界は、こうした人間の知恵とは逆の方向に突き進んでいるようにみえるが、法律の前に常識があることはいうまでもない[12]。このことをどう自身の行動規範としていくのか（実行を伴わないと、意味はない）。それが今、問われているのである。

初出）『阪大法学』62巻3・4号（平成24年11月）53頁以下

---

[12] 前掲・拙著（注3）『職場の法律は小説より奇なり』268頁【『労働法の「常識」は現場の「非常識」』199頁】を参照。【追記】なお、拙著『労働法改革は現場に学べ！——これからの雇用・労働法制』（労働新聞社、平成27年）第1部（21頁以下）は「法律の前に常識がある」をそのタイトルとしている。これをサブタイトルとした拙著『新・現場からみた労働法——法律の前に常識がある』（ジアース教育新社、令和6年）を併せ参照。

Episode 10

　労働条件の不利益変更に関する同意といえば、近年の判例に、山梨県民信用組合事件＝最二小判平成28．2．19民集70巻2号123頁がある。
　事案は、経営破綻の危機に瀕した金融機関の（吸収）合併とかかわるものであったが、最高裁はこうした事実に言及しつつも、これを事実上スルーするかのように、次のごとく判示する（以下、引用は民集の「判決要旨」による）。
1　就業規則に定められた賃金や退職金に関する労働条件の変更に対する労働者の同意の有無については、当該変更を受け入れる旨の労働者の行為の有無だけでなく、当該変更により労働者にもたらされる不利益の内容及び程度、労働者により当該行為がされるに至った経緯及びその態様、当該行為に先立つ労働者への情報提供又は説明の内容等に照らして、当該行為が労働者の自由な意思に基づいてされたものと認めるに足りる合理的な理由が客観的に存在するか否かという観点からも、判断されるべきである。
2　合併により消滅する信用協同組合の職員が、合併前の就業規則に定められた退職金の支給基準を変更することに同意する旨の記載のある書面に署名押印をした場合において、その変更は上記組合の経営破綻を回避するための上記合併に際して行われたものであったが、上記変更後の支給基準の内容は、退職金総額を従前の2分の1以下とした上で厚生年金制度に基づく加算年金の現価相当額等を控除するというものであって、自己都合退職の場合には支給される退職金額が0円となる可能性が高かったことなど判示の事情の下で、当該職員に対する情報提供や説明の内容等についての十分な認定、考慮をしていないなど、上記署名押印が当該職員の自由な意思に基づいてされたものと認めるに足りる合理的な理由が客観的に存在するか否かという観点から審理を尽くすことなく、上記署名押印をもって上記変更に対する当該職員の同意があるとした原審の判断には、違法がある。
　平時の論理を、戦時にも等しく適用する。しかも、本件の場合、同意の有無は管理職である上告人らについて問題になったものであり、その職務内容からみて、退職金の計算基礎額を記載した同意書の理解が難しくなかったことは、一審と原審のいずれも、その事実を疑わなかった。管理職にまで事細かに説明する必要があるのか。本判決には、そんな疑問も一方にはあった。

第 2 章

労働時間・休暇

Working Hours
and
Annual Leave

11　年次有給休暇の時季

　　Ⅰ　はじめに
　　Ⅱ　時季の限定的解釈
　　Ⅲ　時季の複合的解釈
　　Ⅳ　時季二分説――私見
　　Ⅴ　まとめにかえて

Ⅰ　はじめに

　労働基準法（労基法）39条３項【現５項、以下同じ】は、次のように規定する。

　　「使用者は、……有給休暇を<u>労働者の請求する時季</u>に与えなければならない。但し、<u>請求された時季</u>に有給休暇を与えることが事業の正常な運営を妨げる場合においては、<u>他の時季</u>にこれを<u>与える</u>ことができる」(The employer shall grant holidays…..in <u>the season the workers require.</u> However, when it prevents the normal operation of the enterprise to give the holidays in <u>the required season</u>, the employer is authorised to <u>change the season</u>.) [1]。

　いわゆる年次有給休暇（年休）の時季指定権[2]および時季変更権の定めが、これである。このように、労基法は、年休の指定または変更の対象となる期間を「時季」という言葉をもって表現する。

　古くは、明治42年に初版の刊行をみた『日本類語大辞典』（芳賀矢一校閲、志田義秀＝佐伯常麿編、晴光館）[3]に「時季」が収録されている（690頁。なお、そこでは、キセツ【季節】の参照が指示されている）ことからしても、これが

---

[1]　英訳は、労働省編『英文・日本労働法令集』（労務行政研究所、昭和55年）、下線は筆者による。なお、英訳中にある holidays は、正確には holidays with pay を意味する。
[2]　労基法39条３項にいう請求が「指定」と解されるべきことについては、後掲・白石営林署・国鉄郡山工場事件＝最二小判昭和48．３．２民集27巻２号191頁、210頁を参照。
[3]　本書は、昭和49年に講談社からその復刻版が刊行されたのち、昭和55年には書名を『類語の辞典』と改め、講談社学術文庫のなかに収められるに至っている。

昭和22年に制定された労基法の起草者による造語でないことは、もとよりいうまでもない。

また、「時季」という言葉は、既に人口に膾炙しているとは今なお必ずしもいい難い状況にはあるものの、一方でこれが行政や法令においてのみ使用される用語でないことも明らかという以外にない（たとえば、新村出編『広辞苑・第3版』（岩波書店、昭和58年）は、その用例として「行楽の時季」を挙げる）。

だとすれば、労基法39条3項にいう時季とは、この言葉が本来意味するとされる「時節、季節、シーズン」（『広辞苑・第3版』）とはたして同義といえるのであろうか。

時季のあるべき意義（法的意味）を模索するなかで、この言葉を語頭に冠する時季指定権および時季変更権について、その新たな解釈の可能性を追及する。本節の目的を一言で表せば、およそこのようになる[4]。

Ⅱ　時季の限定的解釈

労基法39条3項にいう時季の解釈としては、これを、①季節（シーズン）に限定する解釈、②時期（休暇日）に限定する解釈、および③季節と時期の複合とみる解釈、のおよそ3通りの解釈が考えられる[5]。

このうち、①と②は相互に対極的な位置を占めるが、その法的意味、つまり①・②それぞれの解釈を前提とした労使の権利義務関係（法的関係）は、実際にも大きく異なったものとなる。

また、労基法39条3項にいう時季を①・②のように限定的に解釈することは、当該条項中の時季をすべて季節ないしは時期と置き換えるに等しいことは指摘するまでもない。

そこで、以下の検討においても、最初にこのような置き換えを試みた上で、そのことによって明確になる法文の意味内容を整理要約し、最後にそれを図式化して示す、という手順を踏みたいと思う。

---

[4]　なお、本節は、拙稿「年休の利用目的と時季変更権」（『ジュリスト』838号［昭和59年度重要判例解説］216頁以下）のなかで、筆者が提示した論点を多少とも敷衍し、これを補完するという目的をも併せ有している。
[5]　たとえば、秋田成就『労働法実務大系12巻　休憩・休日・休暇』（総合労働研究所、昭和47年）161頁を参照。

第2部　各論　第2章　労働時間・休暇

1　季節に限定する解釈

A　置き換え

「使用者は、……有給休暇を労働者の請求する季節に与えなければならない。但し、請求された季節に有給休暇を与えることが事業の正常な運営を妨げる場合においては、他の季節にこれを与えることができる」[6]。

B　法文の意味

(1) 労働者は、休暇がその間に取得されるべき季節のみを指定することができる。
(2) 使用者は、このようにして指定された季節の範囲内で休暇を与えなければならない。
(3) ただし、使用者は、指定された季節の範囲内で休暇を与えることが事業の正常な運営を妨げる場合には、その季節を変更する（他の季節に休暇を与える）ことができる[7]。
(4) かくして、指定または変更された季節の範囲内で、時期（休暇日）を特定する権利は、なお使用者の側にある（(1)～(3)までの論理的帰結）。

---

[6] 本文の冒頭でみた労基法39条3項の英訳文を再度邦文に訳し直せば、このようになる。また、時季が、本来、季節の類語（または同義語）であることは否定すべくもない。なお、英訳を介して、諸外国には労基法39条3項がこのように理解されている可能性があることにも注意する必要がある。

[7] 比較法的にみても、使用者が1年を通じて有給休暇を与えることができる（チェコスロバキア、イタリア、ルーマニア、ソ連）のか、あるいは、夏季および春季と秋季の一部を含む1年のうちの一定期間に、その全部または一部を与えなければならない（たとえば、フランスの場合、5月1日から10月31日までの間に全休暇を与えなければならない）のかは、法制度上興味深い対照を示している。*See* ILO, *General Survey on Working Time*, International Labour Conference 70th Session 1984, Report Ⅲ（Part 4B）,Paras. 277-278. したがって、このことが示唆しているように、休暇が与えられるべき季節を使用者が変更するのを認めることは、立法政策の問題としても決して無意味なことではない。

C　図1

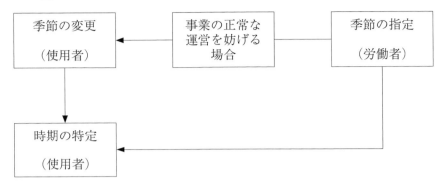

2　時期に限定する解釈

A　置き換え

「使用者は、……有給休暇を労働者の請求する時期に与えなければならない。但し、請求された時期に有給休暇を与えることが事業の正常な運営を妨げる場合においては、他の時期にこれを与えることができる」[8]。

B　法文の意味

(1) 労働者は、休暇の時期（休暇日）を指定することができる。言い換えれば、休暇の時期を特定する権利は、第一次的には労働者の側にある。
(2) 使用者は、このようにして指定された時期に休暇を与えなければならない。
(3) ただし、使用者は、指定された時期に休暇を与えることが事業の正常な運営を妨げる場合には、その時期を変更する（他の時期に休暇を与える）ことができる。つまり、休暇の時期を特定する権利は、第二次的には使用者の側にある[9]。

---

[8] 労基法39条3項のこうした読み方を認めるという点では、今日異論をみない（ただし、筆者は、後述するようにそう考えない）。
[9] ただし、この場合、使用者による時期の変更が休暇時期の特定を意味しない（時期変更を受けた労働者による時期指定によって、時期は初めて特定する）という考え方も可能ではあろう（**図2**の点線部分を参照。以下、**図3**および**図4**においても同じ）。

C 図2

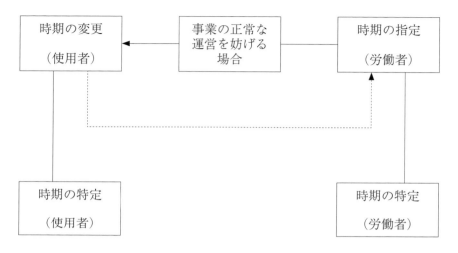

　このように、時季の解釈という問題は、単なる用語法の問題にとどまるものではない。すなわち、以上の簡単なスケッチからも明白なように、時季をいかに理解するかが、労使それぞれの権利義務の内容をも大きく規定し、労使相互の法的関係をもまったく異なるものとするのである。

　たとえば、労働者が8月X日から始まる6日間を年休の期間として「指定」したとしよう。

　時季を時期（休暇日）と解釈する限り、この6日間に休暇を与えることが「事業の正常な運営を妨げる場合」を除いて、使用者はこれを変更できないことになる。

　だが、時季を季節とする解釈においては、使用者は当該「指定」を「夏季」を指定したものとみなして、その範囲内であれば、任意の6日間にこれを変更することもまた可能になるのである。

　ただ、そうであるとすれば、法解釈のおもむくところ、それが複合的な解釈を指向するのは、むしろ自然の理というべきであろう。

　しかしながら、双方の解釈をそのままにして、両者の折衷を図ることなど、許されるはずもない（たとえば、休暇日を特定する権利は、労使いずれの側にもあるといった「論理」を考えよ）。

では、時季を季節と時期との複合とみる解釈は、これまでどのようにして、この矛盾を回避してきたのであろうか。以下、このような問題を含め、従来の複合的解釈の検討にその歩を進めることとしよう。

Ⅲ　時季の複合的解釈

　年次有給休暇の時季を季節と時期の複合とみる解釈は、従来、判例・学説の大勢によって支持されてきた[10]。
　しかし、そこには、季節と時期を同列に考える判例理論に代表される多数説と、双方の間に原則と例外の関係を認める少数説、蓼沼謙一教授の唱えられるいわゆる蓼沼説との「対立」があった。
　そこで、以下ではまず、これら多数説と少数説の双方について、そのいわんとするところを虚心坦懐にみてみることにしたい。ただ、その目的は、双方の異同ではなく、むしろ共通点を浮き彫りにすることにある。

1　判例理論（多数説）

　最高裁は、白石営林署・国鉄郡山工場事件（民集の掲載頁については、注2を参照）において、次のように判示し、年次有給休暇の時季が「季節をも含めた時期」と解されるべき旨を明らかにする。前述したように、従来の多数説はこの最高裁判決に代表される、といって差支えはない。

　　「労基法39条3項は、休暇の時期といわず、休暇の時季という語を用いているが、『時季』という用語がほんらい季節をも念頭においたものであることは、疑いを容れないところであり、この点からすれば、労働者はそれぞれ、……一定の季節ないしこれに相当する長さの期間中に纏まった日数の休暇をとる旨をあらかじめ申し出で、これら多数の申出を合理的に調整したうえで、全体としての計画に従って年次休暇を有効に消化するというのが、制度

---

[10]　後掲・白石営林署・国鉄郡山工場事件判決のほか、秋田・前掲書（注5）161頁、有泉亨『労働基準法』（有斐閣、昭和38年）353頁を参照。なお、古くは、労基法の生みの親とされる寺本廣作氏が、その著書『労働基準法解説』（時事通信社、昭和23年）250頁において、「時季というのはシーズンを加へた時期の意味である」としていた。

として想定されたところということもできるが、他方、同条1項が年次休暇の分割を認め（細分化された休暇のとり方がむしろ慣行となつているといえるのが現状である）[11]、また、同条3項が休暇の時季の決定を第一次的に労働者の意思にかからしめている趣旨を考慮すると[12]、［ここ］にいう『時季』とは、季節をも含めた時期を意味するものと解すべく、具体的に始期と終期を特定した休暇の時季指定については、前叙のような効果（注：「客観的に同条3項但書所定の事由が存在し、かつ、これを理由として使用者が時季変更権を行使しないかぎり、［労働者］の指定によって年次有給休暇が成立し、当該労働日における就労義務が消滅する」との効果）を認めるのが相当である」。

2　蓼沼説（少数説）

上記の多数説に対して、蓼沼説は、広く知られているように、時季が「本来は、春夏秋冬の各季節またはそれとほぼ同じ長さの期間、即ち約3ヵ月程度にわたる期間を意味する」[13]との前提のもとで、このような時季指定こそが本則であることを強調する点に、その特徴がある。

しかし、これまた知悉されているように、例外的・補足的にせよ、労働者による時期（休暇日）の指定を、蓼沼教授は否定されるわけではない。たとえば、蓼沼教授の代表的論文[14]からその一部を引用すると、次のようになる。

「『時季』という言葉が用いられていることに特に注意すべきである。それ

---

[11] ただし、年休の分割を認めることと、季節指定とは必ずしも矛盾しない（たとえば、同一季節内における分割はもとより、異なる季節間における分割が考えられる）。なお、分割を認めていなかった原案作成当時から、時季という言葉が使用されていたことに注意。この点につき、労働条件基準法（労働保護法）草案（昭和21年7月26日）36条を参照。

[12] 筆者も、この点から、少なくとも労働者の時期（休暇日）指定権については、これを肯定したいと思う。しかし、時季の本来的意義が季節であることを考慮すれば、時季変更権にいう時季を、時期を含むものと解することには、使用者が年休の時期を変更し得る場合を「事業の正常な運営が妨げられる場合」に限定することに直結するものとして、後述するように賛成できない。

[13] 吾妻光俊編『註解労働基準法』（青林書院新社、昭和37年）456頁以下、482頁（蓼沼教授執筆担当）。

[14] 蓼沼謙一「年次有給休暇権の法的性質について」『一橋論叢』52巻2号（昭和39年）101頁以下を参照。

は『季節』とほぼ同じ長さの期間すなわち約3ヵ月の期間を意味する。従って3項にいわゆる労働者の『請求』によっては、年休の具体的な始期および終期が終局的に特定されるわけではなく、本条所定の6〜20日の休暇をそのなかに相当の余裕をもって配置しうる約3ヵ月の期間が限定されるにすぎない。……ただし、『時季』の指定に際してそのなかでの年休の具体的な始期・終期についてまで、時季の指定と同時にまたはその後に指定することはもとより、『時季』の語を無視して、はじめから特定の始期・終期をさだめての休暇時期の指定をすることも、……排除されるわけではない。しかし、前述の『時季』のみを指定する場合にくらべ、労働者が……特定の始期・終期を定めて休暇を『請求』する場合には、使用者側から事業の正常な運営を妨げるという抗弁をうけやすく、本条がかかる休暇の『請求』を本則としていると考えるのは妥当ではない」[15]。

3　小　括

このように、少なくとも法理論上は、多数説と少数説の間に本質的な差異は存在しない。このことは、つとに蓼沼教授ご自身が強調される点であり[16]、先に「対立」とした所以でもある。「功罪相半ばする」という言葉に従えば、従来の複合的解釈に立つ見解は、その相半ばする功罪のいずれをも共有していた、とさえいうことができよう。

すなわち、一方で従来の複合的解釈は、法文上、年次有給休暇の時季が時期に加え、本来の語義である季節をも意味することを明確にした。この功は、やはり失念すべきではない。しかし、他方で、従来の見解は、それにもかかわらず、法文中の時季がすべて例外なく時期とも解し得る、との結論に短絡した。これがその罪である。

たとえていえば、このことは、manが人と男の双方を意味することを知りながら、文中のmanをすべからく男と訳し得ると速断したに等しい。

また、「大は小をかねる」ともいう。この場合、大は時期であって、季節で

---

[15] 蓼沼・前掲論文（注14）105〜106頁。
[16] 蓼沼・前掲論文（注14）のほか、同「年次有給休暇制度をめぐる若干の問題」『日本労働協会雑誌』167号（昭和48年2月）10頁以下を参照。

はない。そして、この言葉が示唆しているように、時季を時期と解することとこれに季節をも付加することとの間には、先の一元的な解釈、つまり法文中の時季をすべて同義とみる解釈を与件とする限り[17]、そこに本質的な違いなど存在するはずはないのである（8月X日から6日間という時季指定が、時期の指定とも、季節プラス時期の指定とも解し得ることを想起せよ。なお、**図3**と**図2**とを比較参照のこと。このうち、**図3**は、蓼沼説を図式化して示したものである）。

　かくして、複合的解釈に与する従来の見解が、前述した矛盾（休暇日を特定する権利は、労使いずれの側にもある、といった「論理」への帰結）と無縁であったことは、それ自体何ら怪しむべきことではない。しかし、それゆえにこそ、こうした従来の見解が一様に時季本来の意味を少なくとも法理論のレベルでは等閑視するものとなったこと[18]もまた、これを忘れるべきではない。

図3

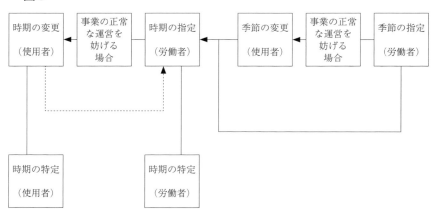

　以上の分析が仮に大過のないものであるとすれば、年次有給休暇の時季は、

---

[17] なお、従前の見解は、複合的解釈であれ、限定的解釈であれ、一元的な法文の理解を前提とするという点では、完全に一致していた。
[18] 時季が本来は季節を意味するとの視点が、ここでは法理論そのものにはいささかも影響を与えていない。換言すれば、時季を季節と解した場合に使用者が得たであろう権利が、まったく閑却に付されているのである（その矛盾は、**図3**において、「事業の正常な運営を妨げる場合」というチェック・ポイントが重複して現われることに端的に示されている）。このような解釈論がバランスを失したものであることはいうまでもあるまい。

いかなる法的意味をこれに付与すべきなのであろうか。以下では、筆者自身の考えるところを示してみたい。

Ⅳ 時季二分説——私見

思うに、労基法39条3項にいう年次有給休暇の「時季」本来の意味が季節にあることを、まず再確認する必要がある。

ここにいう時季が季節と時期の双方を含むものとして解釈がなされた場合であっても、それが一元的な解釈のワナに陥るのであれば、その解釈は、結局のところ、時季を時期と解釈した場合とさほど違わないものとならざるを得ない。つまり、いずれの場合も、時季の本来的意義は、法理論上等閑に付されることになる。

このような問題を克服するためには、従前の一元的な法解釈とは異なる解釈を採用しなければならない。

時季本来の意味を考慮しつつ、労使間の権利調整を図る。新しい解釈を構想するに当たっては、そうした姿勢が必要となろう。

では、時季の新しい解釈とは、一体どのようなものか。そのアウトラインを示すと、およそ次のようになる。

年次有給休暇の時季には、季節と時期の双方が含まれるが、時季の法的意味は、時季指定権の場合と時季変更権のそれとでは、以下にみるように必ずしも同一ではない（**図4**を併せ参照）。

(1) 狭義の時季指定権　労働者は、休暇の時季として季節（season）を指定することができる（春季に3日、夏季に3日といった分割指定も可）。
(2) 狭義の時季変更権　この場合、使用者は、当該季節に休暇を与えることが「事業の正常な運営を妨げる場合」に限り、これを変更する（change the season）ことが許される。
(3) 広義の時季指定権　労働者は、さらに休暇の時季として季節を指定した上で、当該季節における時期（dates）を指定することができる（休暇日の分割指定も可）。
(4) 広義の時季変更権　この場合、使用者は「合理的な理由が存在する」限

り、時期を変更することが許される。なお、休暇の時季として、労働者が季節を指定することなく、直ちに時期を指定した場合にも「合理的な理由が存在する」限り、使用者はこれを変更する（change the dates）ことが認められる。

図4

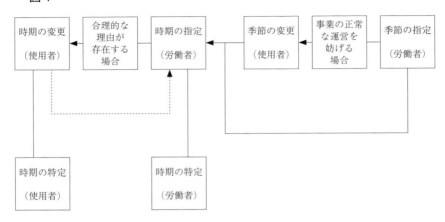

　すなわち、年次有給休暇の時季については、時季指定権にいう時季に限って季節プラス時期を意味するものと解される（時期の変更については、信義則に委ねる）べきである[19]。筆者は、このように考えるのである。

V　まとめにかえて

---

[19]　労基法39条3項が、時期に関しては「使用者は、……有給休暇を労働者の請求する時季（時期）に与えなければならない」とのみ規定している（時季変更権については、時期に関する定めがない）ものと仮定すると、使用者は、指定された時期に休暇を与えることが「事業の正常な運営を妨げる場合」のほか、「合理的な理由が存在する場合」にも、これを変更することが信義則上認められよう。なお、この点に関連して、最高裁が前掲・白石営林署・国鉄郡山工場事件判決のなかで、計画休暇制度が想定されるもとでは、労働者の「多数の申出を合理的に調整する」ことが必要になる旨を示唆していることが注目される。
　以上のようにして、使用者が「時季」変更権を行使する際の要件が緩和されることにより、「反社会的な目的」のための年休利用についても必要最小限度のチェックを行うことが可能となろう。前掲・拙稿（注4）を参照。ただし、これまで使用者に課せられてきた要件を、大幅に緩める趣旨ではもとよりない。
　また、労基法が一種の刑罰法規であることを併せ考えても、この程度の解釈にとどめることが、むしろ罪刑法定主義の観点からは望ましいように思われる（なお、同法39条に対応する罰条として、119条を参照のこと）。

かつて、蓼沼教授は、次のように述べられたことがある。

「労働者の休暇時季指定（第３項にいう「請求」）によっては、本来は、６乃至20日の休暇を実際に付与する日または期間（休暇の始期および終期）が終局的に特定されるわけではなく、所定の６及至20日の休暇を、継続してであれ分割してであれ、そのなかに相当の余裕をもって配置しうる約３箇月の期間が限定されるにすぎないと解される。そして労働者の時季指定がかように３箇月の時間的な広がりをもっている以上、よほど多数の労働者が同一時季を選んだ場合ででもなければ労働者の請求した時季に所定の休暇を与えることができるはずだというのが第３項の基礎にある考え方であると思われる」[20]。

これを要約すれば、労基法39条３項本来の目的は、使用者による年次有給休暇の付与を容易ならしめ、併せて労働者による時季の指定を実効性あるものとすることによって年休の確実な消化を図ることにある、ということになろう。

そして、この場合、指定されるべき時季が約３箇月の期間（季節）にわたることが、その前提となっていることを失念すべきではない。つまり、使用者が「相当の余裕をもって（休暇日を）配置しうる」期間が時季として指定されてこそ、逆に労働者にとっては、当該時季に休暇を取得できる蓋然性が高まり、年休の消化率も向上するのである。

それゆえ、この前提が満たされる限り、使用者による時季変更権行使の範囲が「事業の正常な運営が妨げられる」特段の事情がある場合に限定されるとの命題に結びつき、その旨の条項が労基法に設けられたとしても、それは法政策上無理からぬところというほかはない。

他方、このような前提を欠けば、この命題はその現実的根拠を失い、文字どおり使用者に無理を強いることになる。

なるほど、労働者に休暇日（時期）の指定権を認めることは、労働者個人の私生活上の利便等[21]を考えると、これをあながち否定すべきではない（前述の

20　吾妻・前掲書（注13）482頁（蓼沼教授執筆担当）。
21　青木宗也「年次有給休暇請求権の法的性格」『法律時報』45巻７号（昭和48年６月）105頁以下、107頁を参照。

ように、筆者もまたこのような指定権を肯定する）。しかし、このことが一方で使用者の時期選択の範囲を狭め、ために使用者による休暇付与を困難ならしめることもやはり否めない。

これに時季（時期）変更権の行使に対する限定が上乗せされた場合、その困難が倍加されるであろうこと、もはや指摘するまでもあるまい。

わが国の年休消化率が一貫して低い水準にとどまっているのは、こういった事情もその一因となっているのではなかろうか。これを逆にいえば、使用者による休暇付与を容易ならしめることが、結局は年休の消化率を高めることにもつながるのである[22]。

労働時間の短縮が差し迫った課題となっている今日、このような〈逆説〉の意味を、今一度かみしめてみる必要があろう。

初出）『ジュリスト』842号（昭和60年8月）145頁以下

---

[22] なお、その場合、これまでの発想を転換して、使用者の時季変更権を、指定された時季に休暇を与えないという意味における消極的な権利としてではなく、時季を変更して休暇を与えることが可能という意味における積極的な権利として位置付けることができるかどうかが、ポイントとなるように思われる。

Episode 11

　「使用者は、1年間継続勤務し全労働日の8割以上出勤した労働者に対して、継続し、又は分割した6労働日の有給休暇を与えなければならない」。本節のもとになった論稿を公表した昭和60年当時、労基法は39条1項でこのように規定していた。
　当時、5項しかなかった労基法39条は、累次の改正を経て、現在では倍の10項を数えるに至っている。主な改正例を挙げると、次のようになる。
① 昭和62年法律第99号（昭和63年4月1日施行）
　年次有給休暇の最低付与日数を6日から10日に引上げ。1週の労働日数の少ない労働者等（パートタイム労働者）を対象とした年次有給休暇の比例付与制度の導入。労使協定に基づく計画年休制度の導入。
② 平成5年法律第79号（平成6年4月1日施行）
　10日（最低付与日数）の年次有給休暇を取得するため必要な継続勤務期間を1年から6か月に短縮。
③ 平成10年法律第112号（平成11年4月1日施行）
　20日（最大付与日数）の年次有給休暇を取得するため必要な継続勤務期間を10年6か月から6年6か月に短縮。
④ 平成20年法律第89号（平成22年4月1日施行）
　労使協定に基づく時間単位の年次有給休暇付与制度の導入。
⑤ 平成30年法律第71号（平成31年4月1日施行）
　年5日の年次有給休暇付与の義務づけ。
　こうして、平成13年以降、50％を下回っていた年次有給休暇の取得率は、平成30年に50％台を回復し、令和5年には62.1％を記録するまでになった。また、平成30年までは1桁台にとどまっていた労働者1人当たりの平均休暇取得日数も、令和2年以降、2桁に乗るようになっている（以上、厚生労働省「就労条件総合調査」による）。
　例外的にせよ、使用者による時季指定を前提として使用者に休暇付与を義務づける。その効果の現れとも考えられる。ともあれ、労働者による時季指定といえども絶対ではない。このことを立法府が、法改正という形で示したことの意義は大きいといえよう。

12 管理監督者の適用除外

　　I　現行規定とその由来
　　II　通達 vs 実務

I　現行規定とその由来

　労働基準法（昭和22年法律第49号、労基法）は、その41条で、労働時間規制の適用除外につき、次のように定めている。

（適用の除外）
第41条　この章（注：第4章）、第6章及び第6章の2で定める労働時間、休憩及び休日に関する規定は、次の各号の一に該当する労働者については適用しない。
　一　第8条第6号（林業を除く。）又は第7号の事業に従事する者
　二　事業の種類にかかわらず監督若しくは管理の地位にある者又は機密の事務を取り扱う者
　三　監視又は断続的労働に従事する者で、使用者が行政官庁の許可を受けたもの

　また、労基法の制定に先だって、「労働基準法の草案」として新聞発表された（昭和21年8月26日）法案（第6次案）[1]のなかには、次のように定める規定が含まれていた。41条の前身ともいうべき、39条の定めがそれである。

適用除外
第39条　労働時間、休憩、休日に関する規定は農業、林業、畜産業、水産業、海運業、興業、病院及び旅館等の事業の労働者及び事業の種類に拘らず事務並びに間歇的な労働に従事する者にはこれを適用しない。

---

[1] 本法案は、廣政順一『労働基準法──制定経緯とその展開』（日本労務研究会、昭和54年）404頁以下、寺本廣作『労働基準法解説』（時事通信社、昭和23年）63頁以下、労働省編『資料労働運動史・昭和20−21年』（労務行政研究所、昭和26年）843頁以下、同『労働行政史　第2巻』（労働法令協会、昭和44年）660頁以下に収録されている。

12 管理監督者の適用除外

　現行規定との違いは、まず、林業、海運業のほか、「興業、病院及び旅館等の事業の労働者」についても、草案がこれを適用除外の範囲に含めていたという点に求められる。
　しかし、林業について適用が認められたのはごく最近のこと（平成5年法律第79号）であり、海運業については、船員法（昭和22年法律第100号）によることが考えられたのであろう。また、興業以下の事業が適用除外とされたことは、ILO30号条約「商業及事務所に於ける労働時間の規律に関する条約」（1930年採択、未批准）1条2に倣ったものとみてよい。
　そして、現行規定との最も大きな違いは、「事業の種類に拘らず事務……に従事する者」に対しても、草案が広く適用除外を認めていた、という点にある[2]。こういっても誤りはない。
　なるほど、ILO条約は、上記の30号条約（1条3(c)）のほか、1号条約「工業的企業に於ける労働時間を1日8時間且1週48時間に制限する条約」（1919年採択、未批准）においても、「本条約の規定は、監督若は管理の地位に在る者又は機密の事務を処理する者には之を適用せず」（2条但書(a)）と規定しており、労基法41条2号がこれをモデルとしたことはよく知られている[3]。
　とはいえ、労働時間の規制対象を、職工（工場法（明治44年法律第46号）、工場就業時間制限令（昭和14年勅令 第127号））と商店の使用人（商店法（昭和13年法律第28号））から、戦後一挙に労働者全体へと拡大したことには、かなり無理があった。
　ホワイトカラー（事務従事者）を広くカバーするはずであった適用除外規定が、管理監督者（機密事務取扱者を含む）にその対象範囲を限定する。わが国は、そうした無理をあえて選択したのである。

---

[2] なお、法案の起草を一任された労務法制審議会の小委員会（末弘厳太郎委員長）に厚生省が提出した「労働条件基準法（労働保護法）草案」（第5次案、昭和21年7月26日）には、次のような適用除外（例外）規定が置かれていた。ちなみに、同法案は、廣政・前掲書（注1）398頁以下のほか、松本岩吉『労働基準法が世に出るまで』（労務行政研究所、昭和56年）437頁以下に収録されている。
　第37条　労働時間、休憩、休日に関する規定は農業、林業、畜産業、水産業、海運業、興業、病院、及び旅館等の事業についてはこれを適用しない。
　第38条　商業における労働時間、休憩、休日に関する規定は命令を以て別に定める。
[3] 寺本・前掲書（注1）256頁を参照。

Ⅱ 通達 vs 実務

現行通達は、労基法41条2号に定める「管理監督者」の範囲について、次のように述べる。

【監督又は管理の地位にある者の範囲】

　［労基］法第41条第2号に定める「監督若しくは管理の地位にある者」とは、一般的には、部長、工場長等労働条件の決定その他労務管理について経営者と一体的な立場にある者の意であり、名称にとらわれず、具体的な判断にあたつては、下記の考え方によられたい。

　　　　　　　　　　　　　記

(1) 原則

　　法に規定する労働時間、休憩、休日等の労働条件は、最低基準を定めたものであるから、この規制の枠を超えて労働させる場合には、法所定の割増賃金を支払うべきことは、すべての労働者に共通する基本原則であり、企業が人事管理上あるいは営業政策上の必要等から任命する職制上の役職者であればすべてが管理監督者としての例外取扱いが認められるものではないこと。

(2) 適用除外の趣旨

　　これらの職制上の役付者のうち、労働時間、休憩、休日等に関する規制の枠を超えて活動することが要請されざるを得ない、重要な職務と責任を有し、現実の勤務態様も、労働時間等の規制になじまないような立場にある者に限つて管理監督者として法第41条による適用の除外が認められる趣旨であること。従つて、その範囲はその限りに、限定しなければならないものであること。

(3) 実態に基づく判断

　　一般に、企業においては、職務の内容と権限等に応じた地位（以下「職位」という。）と、経験、能力等に基づく格付（以下「資格」という。）とによつて人事管理が行われている場合があるが、管理監督者の範囲を決めるに当たつては、かかる資格及び職位の名称にとらわれることなく、職務内

容、責任と権限、勤務態様に着目する必要があること。
(4) 待遇に対する留意

　　管理監督者であるかの判定に当たつては、上記のほか、賃金等の待遇面についても無視し得ないものであること。この場合、定期給与である基本給、役付手当等において、その地位にふさわしい待遇がなされているか否か、ボーナス等の一時金の支給率、その算定基礎賃金等についても役付者以外の一般労働者に比し優遇措置が講じられているか否か等について留意する必要があること、なお、一般労働者に比べ優遇措置が講じられているからといつて、実態のない役付者が管理監督者に含まれるものではないこと。

(5) スタッフ職の取扱い

　　法制定当時には、あまり見られなかつたいわゆるスタッフ職が、本社の企画、調査等の部門に多く配置されており、これらスタッフの企業内における処遇の程度によつては、管理監督者と同様に扱い、法の規制外においても、これらの者の地位からして特に労働者の保護に欠けるおそれがないと考えられ、かつ、法が監督者のほかに、管理者も含めていることに着目して、一定の範囲の者については、同法第41条第2号該当者に含めて取扱うことが妥当であると考えられること。

　　（昭和22年9月13日発基第17号、昭和63年3月14日基発第150号）

　この通達に即してみるかぎり、一般に「課長」以上の者を管理監督者とする実務の現状には、通達の描く「理想」（「部長」以上を想定）との間に、大きな隔たりがあるといわざるを得ない。その原因は、立法に際して、前述した無理を強行したところにある、ということもできよう。

　また、通達は、その一方で「法第41条は深夜業の規定の適用を排除していないから、……使用者は深夜業の割増賃金を支払わなければならない」（昭和23年10月14日基発第1506号）とも解してきた。「深夜業に関する規定は時の長さを意味する時間に関する規定ではなく、時の位置を意味する時刻に関する規定である」[4]と理解されてきたのである。

---

[4] 寺本・前掲書（注1）256頁。

なるほど、労基法には、このような解釈を裏付けるかのような規定も存在しないわけではない。たとえば、以下にみる同法61条4項や、64条の3第1項ただし書1号の定めがそれである（下線は筆者による）。

仮に労基法8条6号または7号の事業に従事する者（平成5年改正以前の41条1号該当者）には、深夜業に関する制限規定が適用されないとすれば、こうした適用除外規定を置く必要など、そもそもなかったからである。

（深夜業）

第61条　使用者は、満18歳に満たない者を午後10時から午前5時までの間において使用してはならない。（但書、略）

②〜③　略

④　前3項の規定は、第33条第1項の規定によって労働時間を延長し若しくは休日に労働させる場合又は<u>第8条第6号、第7号</u>若しくは第13号若しくは電話の事業については、これを適用しない。

（深夜業）

第64条の3　使用者は、満18歳以上の女子を午前10時から午前5時までの間において使用してはならない。ただし、次の各号の一に該当する者については、この限りでない。

　一　<u>第8条第6号、第7号</u>、第13号若しくは第14号又は電話の事業に従事する者

　二〜五　略

②〜③　略

しかし、労基法施行規則のなかには、このような解釈とは明らかに矛盾する規定も存在する。賃金台帳の記入事項について定めた、54条（5項）がそれである。

第54条　使用者は、法第108条の規定によつて、次に掲げる事項を労働者各人別に賃金台帳に記入しなければならない。

　一　氏名
　二　性別
　三　賃金計算期間

四　労働日数
　　五　労働時間数
　　六　法第33条若しくは法第36条の規定によつて労働時間を延長し、若しくは休日に労働させた場合又は午後10時から午前5時（略）までの間に労働させた場合には、その延長時間数、休日労働時間数及び深夜労働時間数
　　七・八　略
② ～ ④　略
⑤　法第41条各号の一に該当する労働者については第1項第5号及び第6号は、これを記入することを要しない。

　労基法41条該当者については、時間外、休日、深夜のいかんを問わず、使用者には、その労働時間を算定すべき義務がない。本条は、こういっているに等しいのである。
　かくして、管理監督者が深夜業に従事した場合においても、その労働時間を算定すべき義務が使用者にはない以上、割増賃金の支払義務だけを、独立して使用者に課すことは難しい。
　本条を前提とする限り、このようにいわざるを得ない[5]。
　ただ、先に言及した通達（昭和23年10月14日基発第1506号）は、そこでみた引用部分に続けて、こうも述べている。

　　「労働協約、就業規則その他によつて深夜の割増賃金を含めて所定賃金が定められていることが明らかな場合には深夜業の割増賃金を支払う必要はない」（但書）。

　こうして、実務の世界においては、管理職手当に深夜業の割増賃金を含むとの「理解」が一般化することになった。思うに、そうなったとしても不思議は

---

[5]　なお、通達（昭和23年2月3日基発第161号）は、「法第41条に該当する労働者が深夜業をなした時は深夜に対する割増賃金を支払う必要があると思うが、施行規則第54条第5項の規定と相違するが如何」という問いに対して、「規則第54条第1項第6号の『深夜労働時間数』は賃金台帳に記入するよう指導されたい」と回答している。法令の内容に反する行政指導を指示したものであり、かなり問題のある通達といえよう。ただ、法律と省令との間の矛盾が当初から認識されていたことを示すものとして、一面では興味深い。

なかったのである。

　なお、割増賃金は、「通常の労働時間の賃金の計算額」（労基法37条1項、3項）を基礎として算定されるものであり、ある意味では典型的な＜時間対応型賃金＞であるともいうことができる。

　一方、適用除外規定の意義は、こうした賃金と労働時間との関係を断ち切ることにあり、割増賃金規定と適用除外規定は、相互に相入れない関係にある。

　「いつ、何時間働いたのか」。平たくいえば、こうした時間的要素（時間帯、時間数）が賃金の額を左右しないようにするところに、適用除外規定の意義はあるといえる。

　したがって、深夜業の場合をも含め、割増賃金の支払義務の余地を全面的に排除しない限り、適用除外規定としては不十分なものとなるということも可能であろう[6]。

　　初出）拙稿「労働時間法制と規制緩和の方向」（抄録）日本労働研究機構調査研究報告書 103 号『労働市場・雇用関係の変化と法』（平成 9 年 11 月）290 頁以下、290〜295 頁

---

[6] なお、労基法 41 条の該当者については、深夜業に関する規定とともに、年次有給休暇に関する規定も適用されると解されている（年休に関する規定が適用されることは、同条の柱書をみても明らかである）が、年休の規定まで適用を除外することは、もとより筆者も考えていない。他方、休日の付与に関して、現行法は、該当規定の適用を当然のように除外するものとなっているが、将来的にはその見直し（休日の付与を確保するための手立てを講じること）が検討されてしかるべきであろう。

Episode 12

　労基法41条2号にいう管理監督者とは「経営者と一体的な立場にある者」を指す。もともとは、同法の施行に当たって発出された次官通達「労働基準法の施行に関する件」(昭和22年9月13日発基第17号)に由来するものであり、行政解釈にすぎないものとはいえ、このフレーズをそのまま判決文で使用する裁判例も数多く存在する。

　ことぶき事件＝東京高判平成20.11.11労判1000号10頁も、その一つであった。ただ、他の多くの裁判例と違い、名実ともに「経営者と一体的な立場にある者」として、第一審被告が「労基法41条2号の管理監督者に該当する」ことを正面から認めた点に、その特徴があった。

　本件は、美容室および理髪店を経営する第一審原告の総店長であった第一審被告が顧客カードを無断で持ち出し、転職先である理髪店でこれを使用したことが不法行為等に当たるとして損害賠償請求がなされた事件（本訴）であり、第一審被告は、未払いの時間外手当等の支払を求めて反訴を提起したものの、一審（横浜地判平成20.3.27労判1000号17頁）に続き、二審も反訴請求については、上記の理由からこれを棄却するものとなっている。

　しかるに、最高裁（二小判平成21.12.18労判1000号5頁）は、管理監督者に該当する労働者についても「深夜割増賃金を請求することができるものと解するのが相当である」として、原判決を破棄し、更に審理を尽くさせるため、本件を原審に差し戻すことになる。

　たしかに、最高裁も、本文251～252頁で示した理由をその根拠として挙げており、労基法の解釈としてはそうなるのかもしれない（同法41条の2第1項を併せ参照）。しかし、本文252～253頁でみたように、労基法施行規則にはこのような解釈と矛盾する規定も現存する。こうした施行規則の規定には手をつけず、労基法の解釈だけで結論を出すことには疑問なしとしない。

　また、国家公務員の世界に目を転じれば、民間の管理監督者に相当する管理監督職員等には、超過勤務手当（深夜の割増を含む）がそもそも支給されないという現実（一般職の職員の給与に関する法律（給与法）10条の2第2項、19条の3第1項および19条の8第2項を参照）がある。そうした世界が存在することにも目を向ける必要があろう。

13 事業場外・裁量労働

　　I　はじめに
　　II　事業場外労働
　　III　裁量労働

I　はじめに

　労働基準法（労基法）は、その38条の2で事業場外・裁量労働のみなし労働時間制について規定している。昭和63年4月の施行当初は、新しい労働時間法制の一部をなすものとして注目を集めたものの、統計（労働省「賃金労働時間制度等総合調査」、規模30人以上の民営企業が対象）をみる限り、現在なお採用企業、適用労働者ともにきわめて限定された範囲にとどまっている（**表1**を参照）[1]。

　とりわけ労使協定の締結と届出を必要とする裁量労働のみなし労働時間制の採用企業ないし適用労働者の割合が低く、いずれもコンマ以下というのは、やはり惨憺たる状況と評するほかはない[2]。

　ただ、統計から読み取ることができるのは、もとより以上に尽きるわけではない。母数が限られていることから明確には断定できないとはいえ、そこに次のような特徴を読み取ることもまた可能なように思われる（**表1**のほか、**表2**を参照）。

　イ　事業場外労働のみなし労働時間制は、企業規模が大きいほど、幾分とも採用割合が高い。

---

[1] 労働省「労働時間総合実態調査」（平成2年、規模1人以上の民営事業場が対象）によれば、事業場外労働のみなし労働時間制の採用事業場割合は、5.6％であったという。なお、裁量労働については不明（以上、調査集計表（速報）による）。
[2] 平成2年における裁量労働のみなし労働時間制の採用企業割合（0.6％）は、極端に出足の鈍かった3か月単位の変形労働時間制のそれに等しい。なお、後者の平成元年における労使協定の届出件数（361件、労働省労働基準局賃金時間部労働時間課編著『労働時間白書』（日本労働研究機構、平成3年）43頁）、および同年におけるその採用企業割合（0.3％）から推定すると、裁量労働のみなし労働時間協定の届出件数は700件前後（平成2年）になるものと思われる。

表1 みなし労働時間制の採用企業・適用労働者割合

企業規模	合計	みなし労働時間制の採用企業割合（適用労働者割合／下段括弧内）			
		計	事業場外労働	裁量労働	双方併用
企業規模 計					
昭和63年	100.0	3.0	2.9	0.3	0.2
	(100.0)	(1.2)	(1.1)	(0.0)	―
平成2年	100.0	4.5	4.4	0.6	0.6
	(100.0)	(3.2)	(3.1)	(0.1)	―
3年予定	100.0	4.2	3.4	1.2	0.5
1,000人以上					
昭和63年	100.0	4.4	4.3	0.5	0.4
	(100.0)	(1.0)	―	―	―
平成2年	100.0	10.5	10.0	1.1	0.6
	(100.0)	(3.8)	―	―	―
3年予定	100.0	8.8	7.5	3.9	2.6
100～999人					
昭和63年	100.0	3.1	3.1	0.2	0.2
	(100.0)	(1.3)	―	―	―
平成2年	100.0	7.4	7.1	0.5	0.2
	(100.0)	(3.3)	―	―	―
3年予定	100.0	6.8	6.2	1.3	0.7
30～99人					
昭和63年	100.0	2.8	2.8	0.3	0.3
	(100.0)	(1.2)	―	―	―
平成2年	100.0	3.2	3.1	0.6	0.5
	(100.0)	(1.8)	―	―	―
3年予定	100.0	3.1	2.2	1.1	0.2

注）「3年予定」とは、昭和63年の調査において「3年以内に新たなみなし労働時間制の導入・適用部門拡大の予定がある」と回答した企業の割合を指す。
出所）労働省「賃金労働時間制度等総合調査」（ただし、「双方併用」の割合は筆者が算出）

ロ　裁量労働のみなし労働時間制は、企業規模にかかわらず採用割合が低く、特に大企業において制度の導入を見送ったケースが目立つ[3]。

ハ　裁量労働のみなし労働時間制を採用している企業の大半は、事業場外労働についてもみなし制度を採用している。

ニ　裁量労働のみなし労働時間制の適用部門は、大企業を除いて、労基法の例示する研究・開発部門が主要な適用部門とはなっていない（全体として

---

[3] こうした傾向は、3か月単位の変形労働時間制においてより一層強くみられる。すなわち、昭和63年における採用企業の割合は、大企業で1.0％。同年の調査において「3年以内に新たな制度の導入・適用拡大の予定がある」と回答した大企業は7.4％あったが、平成2年の実績は1.7％と、わずかな増加しか示していない。

は、事務・管理部門、販売・営業部門がこれを上回っている)。なお、事業場外労働については、予想どおり販売・営業部門がその主たる適用部門となっている[4]。

表2　みなし労働時間制の適用部門別企業数割合

上段：事業場外労働 下段：裁量労働	適用部門（M.A.）									
	生産	生産・補修	事務・管理	販売・営業	研究・技術開発	情報処理	運輸	通信	対人サービス	その他
企業規模　計										
昭和63年（100.0）	6.6	5.5	10.9	64.2	8.0	4.3	27.1	―	6.1	4.2
	2.8	2.1	56.5	26.1	19.4	9.2	―	―	―	―
平成2年（100.0）	9.9	5.5	15.3	70.5	6.0	3.0	20.7	1.1	3.9	6.2
	13.5	5.5	59.3	26.3	19.0	9.2	0.2	0.6	3.8	5.0
1,000人以上										
昭和63年（100.0）	13.0	11.6	16.2	96.4	13.3	11.1	10.8	―	6.0	3.5
	14.8	14.8	25.6	38.8	76.0	25.6	―	―	―	―
平成2年（100.0）	13.9	14.2	25.1	86.4	16.8	18.3	16.1	12.3	13.4	13.8
	4.6	4.6	10.8	15.5	78.3	9.7	4.6	4.6	―	9.2
100人～999人										
昭和63年（100.0）	13.4	15.2	24.6	73.7	23.7	11.3	20.4	―	2.8	4.4
	11.9	8.0	24.7	25.8	52.4	41.4	―	―	―	―
平成2年（100.0）	5.7	8.9	11.5	87.7	6.6	4.0	12.4	1.2	3.8	7.4
	7.7	20.1	17.2	54.3	27.8	8.7	―	1.6	14.1	17.4
30人～99人										
昭和63年（100.0）	3.3	1.0	4.7	58.6	1.0	1.0	30.8	―	7.5	4.1
	―	―	66.3	25.6	8.1	―	―	―	―	―
平成2年（100.0）	13.3	1.6	17.8	53.3	4.5	0.6	28.6	―	3.2	4.3
	16.2	―	78.2	16.2	12.3	9.4	―	―	―	―

注）みなし労働時間制を採用している企業を100.0とする。
出所）労働省「賃金労働時間制度等総合調査」

---

[4] 前掲（注1）「労働時間総合実態調査」によれば、みなし労働時間制の適用部門（業務）別事業場割合（複数回答、それぞれの採用事業場の計）は下表のとおりであり、このデータのほうがより〈通念〉に近い。ただ、正確な比較はできない。

事業場外労働		裁量労働（その他［不明］を除く）	
外勤営業の業務	94.8%	研究開発の部門	48.9%
補修点検の業務	6.4%	情報システムの分析・設計の業務	27.7%
取材の業務	0.2%	記事の取材または編集の業務	14.9%
その他	5.6%	デザイナーの業務	19.1%
		プロデューサー・ディレクターの業務	23.4%

ところで、労働省労働基準局長の通達（昭和63年1月1日基発第1号）によれば、みなし労働時間制を定めた労基法38条の2の立法趣旨は、事業場外労働および裁量労働における「労働時間の算定が適切に行われるように法制度を整備した」ことにあるという。

ただ、労働時間の適切な算定を強調するだけでは、みなし労働時間制は採用されない。統計は、このことを端的に物語っているようにみえる。

思うに、労働時間の算定が使用者によって自発的になされるためには、それがみなしによる場合であれ、このような算定がそれ自体として意味を持つこと、具体的には労働時間の長さが仕事の成果ないし評価と何らかの形で結びついていることが必要になる。

このような条件が満たされなければ、労働時間算定のインセンティブはまず働かないものとみてよい。この意味において、裁量労働のみなし労働時間制は当初より矛盾をかかえていたといえる。

他方、「裁量性の高い専門業務については、報酬は労働の量によってよりも質ないし成果によって決定されるのが適切なことが多い」との指摘[5]は、程度の差こそあれ、事業場外労働についても均しく妥当することを最近の研究は明らかにしている[6]。

かくして、事業場外労働のみなし労働時間制もまた、当初から失敗に終わることを約束されていたとの感もなくはない。

労働時間の算定はどうあるべきか。その方法論を軸として、みなし労働時間制の解釈論を展開する。事業場外・裁量労働をめぐる従来の法理論は、ほぼ一貫してこのような手法を踏襲してきた[7]。

このような論法が、先にみた立法趣旨に照らして、まずはオーソドックスで順当な方法であることはいうまでもない。

---

[5] 菅野和夫「裁量労働のみなし制」『ジュリスト臨時増刊　新労働時間法のすべて』（昭和63年）109頁。
[6] 後に詳しく紹介する、佐藤厚『仕事の裁量性に関する調査研究——外勤営業関連従事者』（日本労働研究機構調査研究報告書18号、平成3年）を参照。なお、安西愈『改正労働時間法の法律実務　第2版』（総合労働研究所、平成3年）329〜331頁は、事業場外労働のこのような特性に言及する数少ない例の一つである。
[7] さしあたり、安西・前掲書（注6）のほか、東京大学労働法研究会『注釈　労働時間法』（有斐閣、平成2年）534頁以下、唐津博「みなし労働時間制」片岡曻＝萬井隆令編『労働時間法論』（法律文化社、平成2年）275頁以下を参照。

こうした事情も手伝って、みなし制度のもとにおける労働時間の算定方法論は、ますます緻密化する傾向にある[8]。

だが、本当にそれでいいのだろうか。そんな疑問を筆者がいだくきっかけとなったのが、次の会話（A：筆者、B：某社人事課長代理）。それは、文字どおりゼロからのスタートであった。

A 「裁量労働のみなし労働時間制を導入するとすれば、そのポイントは何でしょうか。」
B 「評価の問題ですね。時間とは違う何を基準に仕事を評価するのか、それが難しい。」
A 「エッ、労働時間の問題ではないんですか？」

II 事業場外労働

事業場外労働の典型としては、外勤営業職がある。このようにいうことに、おそらく異論はあるまい。では、外勤営業職という言葉から連想するものとは何か。命令一下、ノルマの達成に走り回るセールスマン。こういえば極端に聞こえようが、大方のイメージはそんなところであろう。

かくして、行政サイドでさえ、場合によっては、事業場外労働も使用者の意のままになる（リモコン操作が可能）と考えている節が多分にある[9]。しかし、はたして、そうであろうか。

こうしたイメージがおよそ虚像に近いことを、最近の調査は教えてくれる。平成3年に相前後して公刊された、①佐藤厚『仕事の裁量性に関する調査研究——外勤営業関連従事者』（日本労働研究機構調査研究報告書18号）、および

---

[8] 中嶋士元也「事業場外労働における『みなし労働時間』の算定方法論」『東海法学』5号（平成2年）29頁以下は、その典型といえる。

[9] 本文でも言及した通達（昭和63年1月1日基発第1号）は、①何人かのグループで事業場外労働に従事する場合で、そのメンバーの中に労働時間の管理をする者がいる場合、②事業場外で業務に従事するが、無線やポケットベル等によって随時使用者の指示を受けながら労働している場合、③事業場において、訪問先、帰社時刻等当日の業務の具体的指示を受けたのち、事業場外で指示どおりに業務に従事し、その後事業場にもどる場合の3ケースを、使用者の具体的な指揮監督が及んでいるために、労働時間の算定が可能となる場合として例示する。しかし、顧客の事情を無視して、営業の仕事（事業場外労働）は成り立たない。通達は、この単純な事実を等閑視しているように思われる。

②東京都立労働研究所『営業職の労働時間管理』（労使関係研究12号）がそれである。

なかでも、佐藤厚氏（日本労働研究機構研究員）の行った研究機構の調査は圧巻である。そして、都労研の調査は一面でその内容を鮮やかに裏付けるものともなっている。丹念な調査が明らかにする意外な事実。法律しか知らない者にとっては、特にその感が深い。

1 研究機構の調査

```
調査方法　ヒヤリングによる企業調査および個人調査
                              注［　］内は、対象職種
・　企業調査
　①　自動車ディーラー　　　［営業職］　　　　　2社（A、B）
　②　製薬業　　　　　　　　［医薬情報担当者］　1社（C）
　③　食料品卸売業　　　　　［営業関連従事者］　1社（D）
　④　日用家庭用品メーカー　［営業職］　　　　　1社（E）
・　個人調査
　a　グループインタビュー（A・B両社の営業マン、各社5名程度）
　b　同行観察（インタビュー対象者のうち1名、始業から終業まで）
調査時期　平成2年11月～3年3月
```

　営業の仕事は「顧客あっての仕事」であり、顧客獲得や顧客対応から基本的に自由ではありえない（8頁）。

　それだけに、顧客といかに「強い信頼関係」を形成するかが、職務遂行に際しては重要な決め手となる（13頁、197頁）。

　すなわち、「信頼」という一朝一夕には調達できない「財」（K・J・アロー）を顧客から会社組織に提供するのが、かれらの仕事なのである（16頁、199頁）。

　以上は、報告書からの断片的な引用にすぎないものの、営業とは何かをその核心において理解するには、これで十分である。

第 2 部　各論　第 2 章　労働時間・休暇

　また、それは、営業の仕事は「難しいがやりがいがある」(**表 3・表 4 を参照**)といわれる所以を、一言で表したものとして永く記憶されてよい。

表 3　仕事の難しさ（男子）

(単位：％)

	仕事の難しさ			
	計	難しい	ちょうど自分に合っている	単純だ
職種　計	100.0	37.6	45.1	16.3
生産労働	100.0	28.9	46.1	24.0
製造技術	100.0	42.0	45.2	12.0
研究開発	100.0	44.5	46.3	8.6
情報処理	100.0	42.1	44.3	13.2
事　　務	100.0	38.0	44.0	16.6
販売・サービス	100.0	45.4	39.4	15.2

　注）簡略化のため、「忙しさ」のデータは省いている。
　出所）電機労連政策調査部『調査月報――電機産業の営業マン白書』(平成元年) 88 頁より転載。
　　　佐藤・前掲書（注 6）43 頁より再転載。

表 4　仕事のやりがい感（男子）

(単位：％)

	昭和 49 年	昭和 53 年	昭和 55 年	昭和 57 年	昭和 58 年 ⑵	
	やりがい〈あり〉の比率 ⑴				〈あり〉	〈ない〉
生産現場	58.6	59.9	67.5	71.4	51.0	14.8
技術開発	69.3	75.6	76.3	80.7	68.1	8.7
研究・開発	84.1	81.8	87.6	85.2	77.4	5.6
情報処理	―	―	―	―	64.1	10.4
事　　務	63.7	77.0	77.4	77.9	65.4	11.1
販売・サービス	79.5	80.3	80.0	81.5	63.4	7.2

資料）
　⑴　電機「組合員アンケート」各年、仕事のやりがいについての 4 段階評価。
　⑵　昭和 58 年 9 月「労働負担と心神健康調査」。仕事のやりがいについての 5 段階評価、「情報処理」は SE とプログラマーの回答。
　出所）電機労連政策調査部『調査月報――電機産業の営業マン白書』(平成元年) 89 頁より転載。佐藤・前掲書（注 6）44 頁より再転載（原表とは異なり、元号表示）。

では、調査から判明した、外勤・営業関連従事者に共通する性格や特徴とは何か。報告書によれば、それは、大略次のような点にあるという（15頁以下、196頁以下を参照）。

① 職務の遂行にあたっては、顧客である「特定の個人や組織との信頼関係の形成」が何にもまして求められることから、外勤・営業関連従事者には、状況や対象の違い、変化に応じた「臨機応変性、裁量性」の発揮が強く要求される。
② このことは、外勤・営業関連従事者の業務の定型化が困難であること、そして何よりも過度にその定型化、マニュアル化を進めると、営業に従事する者の意欲が逆に低下し、現実の営業活動がスムーズにいかなくなることを意味している。
③ 仕事の性質上、顧客先に積極的に出向き個別に面談し、商談を行うことが求められる（事業所外での活動の比重がおのずと高くなる）[10]ことから、職務を遂行する場所が一定の地点に固定することなく、地理的移動を伴ってくる。それゆえ、勤務形態や労働時間も不規則になりやすく、時間管理も自己管理、自己申告にせざるを得ない。
④ こうした要素のゆえに、外勤・営業関連従事者の場合、仕事の評価は「目標管理（上から与えられる目標だけでなく、個人の能力を踏まえた目標を従業員が自主的に設定し、その達成度を評価する方法）」に基づく傾向が強くなる。また、仕事のプロセスが外部からは把握しにくいこともあって、それが結果重視志向に傾きやすい一面もある。

以上を要約すると、外勤・営業関連従事者については、労働時間の管理をも含め「仕事の遂行に際しては本人に任せた方がよい」（15～16頁、199頁）という結論に帰着する[11]。

---

[10] 個人調査（同行観察）によれば、ある自動車ディーラー営業職の1日の外勤時間は6時間4分（79.0％）、うち移動時間は3時間9分（41.0％）、ユーザーとの面談・商談時間は2時間55分（38.0％）であったという。なお、構成比の算出は、営業所に戻った後の残務処理時間を含まない時間を分母として行われていることに注意。佐藤・前掲書（注6）173頁を参照。
[11] 森嘉和「『知識集約型営業』への扉を開く」『企業と人材』平成2年9月5日号4頁以下、6頁は、「裁量の幅、すなわち自由度が意欲につながり、現実の商談対応にも必要だ」と述べ、むしろ営業マン個人の活力につながるもの（販売方法、企画等）については、これを統

かくして、人事労務管理のスタンスも、個人の「やりかた」をできるだけ尊重し、自律性や自己管理性、総じていえば「裁量性」を一人ひとりの従業員に与えていくといった発想が求められるようになる、と報告書は述べている（16頁、199頁）。

ただ、それは、あくまでも調査研究のエッセンスでしかない。克明な調査が明らかにする、営業マンの世界。以下では、その一端を企業調査（事例研究、D社を除く）にみることで、もう少し営業職の仕事のイメージをふくらませることにしたい。

［自動車ディーラーA社］
▼ 個々の顧客の訪問計画、受注業務や回収計画、既納客管理・フォローの「仕方」は原則として営業マン個人に任されており、これをいかに効果的、効率的に行うかによって、販売台数も違ってくる（その結果、販売奨励金等により、学歴・年次を同一にしても、年収ベースで100万円ないし200万円程度の給与格差が出ることもある）。訪問、受注活動の計画は、原則として営業所長が月単位、中間管理職が週単位で大枠を定め、1週間に一度はミーティングが実施され、営業マン各人の進捗状況が把握される。しかし、それぞれの時間単位の中で何をどのようにどれだけやるかは、個々の営業マンの裁量に委ねられている（69頁、74頁）。

▼ 営業マンが外勤業務をする際の会社との連絡は、毎日の訪問計画と訪問内容を所属長に対して報告するという形式がとられている。通常、ほとんどの営業マンは昼食時には一度営業所に戻ることから、午前中の業務内容はその時点で把握できる。なお、営業職の労働時間については、みなし労働時間制（所定労働時間7時間20分＋所定外労働時間40分＝8時間）を採用。所定外部分（40分）に対して割増率25%を乗じた額が支給されている（74〜75頁）。

［自動車ディーラーB社］
▼ 営業マンは通常始業時間に出社し、ミーティングが終了すると各自の計画にそって業務を開始する。休息の場所や時間などの時間管理は各自の判

制してはいけないとする。なお、佐藤・前掲書（注6）16頁、200頁（転載）の図を参照のこと。

断に任されているが、定時（通常昼）には会社に連絡する。1日の業務は終了後営業日報という形で上司に報告される。外勤時間中の会社との連絡は一部の営業マンがポケットベルを使用しているが、その数は少ない。業者から頻繁にカタログ請求がくるようなところを相手にしている場合が多いという（92～93頁）。

▼　B社では「所定内みなし労働時間制」を採用しており、所定外労働については特定の業務に関してのみ時間計算を行い、割増部分を支給している。つまり、所定内はあくまで8時間と「みなし」、それプラス残業手当を支給するという考え方である。特定の業務とは、受注、クレーム処理、当番、集金、納車などをいい、販売促進に関する業務に限定されている。これは、販売促進に関連しない業務にまで対象を広げると、「販売効率を無視した訪問業務など」もカウントされることになるという判断による。なお、所定外に行われたこれらの業務については、10分単位で計算され、出勤簿に申告し、上司が認めることによって残業手当が支給される。このような所定外労働時間は、平均1日2時間程度であるという（93頁）。

[製薬業C社]

▼　医薬情報担当者には高度な職務知識が要求されると同時に、情報の提供や収集の仕方に「工夫・裁量性」が求められる。相手である医師の業務が多忙をきわめている状況から、「こちらの都合のよいように面接することは期待できない」。通常一人の医師との1回の面接時間は3分程度ともいわれており、それだけに面接効率の良しあしがプロモーション活動を大きく左右する。当然、用意周到な準備も必要となる。また一口に「情報の提供や収集」といっても、製品に直接かかわる業務だけでなく、「学術文献の検索」や「研究会の設営」などといった、病院を離れた製品とは直接かかわらない業務もある（107頁）。

▼　医薬情報担当者の場合、実態として、内勤業務は月3日程度にすぎず、残りの17日は外勤業務にあてられる。しかも「朝出社し、外勤業務をし、そして会社に戻る、といったパターンの方が少ない」という。このように外勤の割合が高く、かつ多忙な医師が相手という仕事の性格を反映して、C社における時間管理の基本的発想も「1日8時間は働いて下さい。しか

し始業・終業時刻を含めて勤務の態様は原則として各人の自主管理ですよ」という考え方となっている。なお、「8時間のみなし」でカバーできない、①内勤で時間外に勤務した場合と、②休日に本来の業務に従事した場合の二つのケースについては時間外労働の扱いがなされているほか、勤務の不規則性（早朝勤務や深夜勤務、出張の可能性）を考慮して、別途外勤手当が支給されている（118～119頁）。

［日用家庭用品メーカーE社］

▼　営業業務のなかでは、小売店への企画提案（リテール・サポート）が重要な仕事となっている。1週間先から1か月先の売上げを企画し、主要商品についての納入量を決める。近年、E社では、情報ネットワーク化の進展を背景に、こうした小売店への企画提案のウェイトが高まる傾向にある。というのも、これまでの営業にはつきものであった受注、発注、回収といった業務が自動化・オンライン化され、このような「御用聞き」的業務から営業マンが解放された結果、その分、企画提案のような営業本来の仕事に専念できるようになったからである。こうして、営業マンの仕事は、各小売店ごとに異なる顧客の質や商圏を自分なりに分析するという高度な内容のものに変化し、その「裁量性」の範囲も広がる方向にある（135～136頁）。

▼　また、このような情報ネットワーク化の進展は、営業マンの勤務態様にも影響を与えている。営業マンと会社との連絡や情報の伝達は、もっぱら各家庭に置かれているファクシミリを通してなされるようになり、直行直帰のスタイルをとることが可能となった。このように、E社の情報化は、営業職の勤務形態をきわめて「自己管理性」の強いものとしているといえる（138頁）。

　外勤・営業職のキーワードは「自己管理」。そんな声が聞こえてくるようだ。とはいえ、「自己管理性」が強くなればなるほど、つまり「裁量の幅」が拡がれば拡がるほど、顧客との関係もあって、仕事の「境界線」は「あいまい」なものとならざるを得ない。報告書のいう、営業の仕事における「負」の側面がそれである（8頁、48頁）。

　以下は、個人調査から従業員（自動車ディーラーA・B各社）の発言をアト

13　事業場外・裁量労働

ランダムに抜粋したものである（163頁）が、このような営業の仕事の一面を知る材料として、耳を傾けるに値しよう。

- ▼　「自由にしているほうが辛いですよね。管理されているほうが楽な場合ありますね。まあ実際は一歩外にでればあとは何やってもわかりませんから。ノルマはありますからそれさえ達成していればいいわけで、時間管理はあってないようなものじゃないですか」。
- ▼　「逆に時間管理しないということになると、無制限になって本当にきりがなくなってしまう可能性ありますよね」。
- ▼　「まあ何時に切り上げるかはもうその人の気の持ち方だとおもうんですね。だいたい人によって帰る時間帯も決まっていますけれど。6時で帰る人、8時まで残っている人。もうその人の生活サイクルになっていますね」。

ただ、営業マンの多くは、その労働時間を「長くてつらい」とは感じていない。以下にみる都労研の調査は、実態としてその労働時間が決して短くはないこととともに、このことを明らかにする。

その理由は、本報告書の言葉を借りれば、営業職の「仕事の裁量性」とそこから生まれる「仕事の面白さ（やりがい）」にこそあるのではなかろうか。ここでは、それ以上の深入りは避けるが、筆者にはそう思えてならない。

なお、みなし労働時間制の問題について一言すれば、企業が実際に採用している「みなし制度」と法の意図するそれとの間には、相当な距離がありそうである（先に引用した事例研究を参照。ちなみに、調査対象企業は、いずれもその規模がかなり大きいことに注意）。

そして、このこともまた、「仕事の裁量性」や「自己管理性」の強さ（それは時間管理の面にとどまらない！）に起因する。そう考えるのは、おそらく筆者だけではあるまい。

2　都労研の調査

調査方法　郵送によるアンケート調査（一部、ヒヤリングを含む）
調査対象
事業所　2,516件（規模30人以上）　　　有効回収　600件

> 従業員　1,668 人（回答企業の営業職）　　有効回収　603 人
> 　［注］有効回収には、規模 30 人未満を含む（39 件、30 人）。
> 調査時期　平成元年 10 月

　調査報告書はいう。営業職の従事者は、残業も含めた1日の実労働時間がかなり長いにもかかわらず、それを「適当だ」とか「長くてもつらくない」と自己認識している人が少なくない（170 頁）。

　思うに、都労研による今回の調査が明らかにした最大のポイントはおそらくこの一点にある。しかし、その一方で、営業職には不分明な「営業型残業」とも称すべき実態が広範にみられることを、報告書は指摘する（102 頁）。

　『週刊労働新聞』（平成3年8月26日号）が「営業職、残業の半分は"サービス"」と見出しを打って、これを報じたのも、そこに多少の誇張はあるとしても、まったく根拠のないことではない。

　では、振出しに戻って、労働時間が相当「長い」にもかかわらず、なぜ営業マンは、これを必ずしも「つらい」とは受け止めていないのか。

　以下、こうした問題意識をたえず念頭におきながら、まずは予備知識として必要となるデータを調査報告書からピックアップすることから、議論を始めることにしたい（なお、参照頁の指示は、煩雑にすぎるため省略した）。

① 　1日の外回り時間が5時間以上と回答した者は 48.6%、4時間の 25.0% を加えると、全体の4分の3近くを占める。なお、外回り時間のうち、平均移動時間は2時間強（121.8 分）、平均商談時間は3時間弱（170.3 分）となっている。

② 　外回りの時の会社との連絡方法（複数回答）としては、「こちらから電話を入れる」（77.4%）が最も多く、「ポケットベルで呼び出される」（21.1%）や「出先の会社へ電話が入る」（19.1%）は少ない。なお、「とくに連絡はしない」も約1割（10.1%）を占める。

③ 　外回りの時の空き時間があると回答した者（「よくある」「たまにある」の合計）は 54.9% と半数を超え、その1日の平均空き時間は1時間弱（58.3 分）となっている（空き時間があると回答した者の平均、以下同じ）。

　　また、こうした空き時間についての考え方（複数回答）としては、「気分転換になる」（55.3%）が最も多く、「自由な時間がとれて良い」（29.9%）

がこれに次いで多い。なお、空き時間が生じる原因は「主に相手方の都合」(65.9%) にある。

④ 営業職の賃金については、全額固定給とする事業所が88.0%を占め、その計算方法として月給制を採用している事業所も80.2%と多くなっている。

また、残業手当を支給していると回答した事業所は58.2%、営業手当を支給しているとした事業所も48.8%と半数近く（平均で27,728円）を占めている。

なお、これを手当類型別に分類すると、次のようになる（他に不明が10.4%）[12]。　　　　　　　　　　　　＊（　）は従業員調査

残業手当型［残業手当のみ支給］	35.2%	(44.4%)
営業手当型［営業手当のみ支給］	19.8%	(18.2%)
⑴　1万円未満	1.2%	(1.2%)
⑵　1万円〜2万円未満	4.8%	(4.6%)
⑶　2万円〜3万円未満	5.2%	(3.5%)
⑷　3万円〜4万円未満	4.3%	(5.5%)
⑸　4万円以上	4.3%	(3.5%)
併用型［残業手当＋営業手当］	23.0%	(23.2%)
皆無型［いずれの手当もなし］	9.5%	(3.6%)

⑤ 月間残業時間（平成元年9月、早出時間を含む）については、事業所と従業員との間で、その回答に大きな差異がみられる。まず、事業所回答によれば1人当たりの平均残業時間は14.8時間となるが、従業員回答ではこれが37.7時間、その差は22.9時間と、倍以上の開きがある（なお、この従業員調査をもとに推計すると、年間実労働時間は2,430時間に達するものとなる）。なかでも、営業手当型の場合、特にそのギャップが大きく、双方の時間差はおよそ月40時間程度にまで拡大する。

⑥ こうした開きが生ずる原因の一つは、行った残業のすべてについて従業員が必ずしも申請をしていないことに求められるが、残業手当型を例にと

---

[12] 「不明」には、営業手当を支給しているものの、その額がわからない事業所（6.0%）が含まれることに注意。なお、手当類型別にクロス集計を徹底して行ったところ、本調査の特徴はある（詳しくは、別冊（資料編）を参照のこと）。

ると、「まったく申請しなかった」32.2％、「一部申請した」31.0％、「完全に申請した」33.1％と、ほぼ全体を三分するものとなっている（母数には、残業をしなかった者を含まない）[13]。

なお、残業の全部または一部について申請しなかった者の理由（残業手当型、複数回答）としては、「管理職だから」の29.1％を筆頭に、以下、「申請するほどではない」25.8％、「上限を規制されている」14.6％、「なんとなくしにくい」14.6％、「一律の残業手当がでる」10.6％等となっている。

⑦ このような事情から、残業手当が付かない労働時間が多すぎると回答した者（「まったくその通り」と「ある程度そうだ」の計）は50.4％と、全体の約半数を占めるものの、一方でそう思わない者（「まったくそう思わない」と「あまりそう思わない」の計）も30.8％と、必ずしも少なくはない。なお、残業手当型の場合、前者は41.8％、後者は39.9％と、両者がほぼ拮抗する形となっている。

⑧ 最後に、労働時間の長さについては、「適当だ」と回答した者が41.5％と最も多く、「長いがつらくない」30.8％、「長くてつらい」23.2％がこれに続くものとなっており、さすがに「短い」とする者は1.0％とほぼ皆無に近い。

では、再び問う。なぜ労働時間が実態として相当「長い」にもかかわらず、営業マンはこれを必ずしも「つらい」とは思わないのか。都労研の調査（**表5**を参照）は、こうした営業マンの認識が、仕事の「裁量性」と「自己管理性」の強さに深く関係していることを示している。

すなわち、「判断・裁量の余地」が大きく、また「自己管理」を原則とする外回りの仕事が多いほど、仕事を「つらい」と考える者は、少なくなる傾向にあるのである。

また、仕事についての日頃の考え方（この点につき、**表6**を参照）としては、「外回りができ、変化がある」を挙げた者が7割近く（68.3％）を占め、その他の選択項目を大きく引き離していることが注目される。

---

[13] 平均申請率は51.0％となっており、これが先にみた『週刊労働新聞』の見出しの根拠とも解されるが、回答者に管理職が含まれていること等を勘案すれば、残りのすべて（49.0％）が"サービス残業"とはおそらくいえまい。

ここからもまた、ルーティン・ワークとは異なる営業職の仕事が、営業マン自身によって肯定的に評価されていることを読み取ることができよう。

しかし、こうした仕事の「裁量性」や「自己管理性」の強さは、先にみたように、その「境界線」が一方で「あいまい」になることとも軌を一にしている。"サービス"残業が現実にどの程度存在するのかは別として、営業マンの残業時間がかなり不透明な状況にあることは否定できない。本調査研究が「営業型残業」と呼ぶ実態がそれである。

表5 1日の労働時間についての意識

	合 計	長くて つらい	長いが つらくない	適当だ	短 い	不 明
自主判断の度合						
自分の判断・裁量の余地が大	318 (100.0)	62 (19.5)	118 (37.1)	128 (40.3)	2 (0.6)	8 (2.5)
あまり判断・裁量の余地はない	274 (100.0)	77 (28.1)	64 (23.4)	117 (42.7)	4 (1.5)	12 (4.4)
活動の場所						
直接顧客のところに行ってセールスすることが多い	492 (100.0)	104 (21.1)	159 (32.3)	208 (42.3)	4 (0.8)	17 (3.5)
自社や出先のオフィスや店頭が多い	101 (100.0)	35 (34.7)	24 (23.8)	38 (37.6)	2 (2.0)	2 (2.0)
1日の外回り時間						
ほとんどない	44 (100.0)	13 (29.5)	13 (29.5)	16 (36.4)	－	2 (4.5)
～2時間	26 (100.0)	2 (7.7)	5 (19.2)	16 (61.5)	1 (3.8)	2 (7.7)
3時間	84 (100.0)	13 (15.5)	26 (31.0)	38 (45.2)	2 (2.4)	5 (6.0)
4時間	151 (100.0)	28 (18.5)	39 (25.8)	80 (53.0)	－	4 (2.6)
5時間以上	203 (100.0)	83 (28.3)	100 (34.1)	100 (34.1)	3 (1.0)	7 (2.4)
総 計	603 (100.0)	140 (23.2)	186 (30.8)	250 (41.5)	6 (1.0)	21 (3.5)

注) 「総計」には、各調査項目の「不明」を含む。
出所) 東京都立労働研究所『営業職の労働時間管理』(平成3年) 129頁より転載。

表6 仕事についての日頃の考え方

(単位：%)

	まったくその通り	ある程度そうだ	どちらともいえない	あまりそうは思わない	まったくそうは思わない	不明
休日が少ない、休日がとれない	18.9	32.8	14.6	22.9	9.8	1.0
	51.7			32.7		
時間をある程度自由に使える	6.5	50.2	16.4	21.4	4.5	1.0
	56.7			25.9		
残業手当が付かない労働時間が多すぎる	29.4	21.1	17.2	20.6	10.3	1.5
	50.5			30.9		
接待費や諸経費の自己負担が多い	7.8	26.5	19.1	27.2	17.7	1.7
	34.3			44.9		
外回りができ、変化がある	18.7	49.6	18.1	9.6	2.5	1.5
	68.3			12.1		

出所）東京都立労働研究所『営業職の労働時間管理（資料編）』（平成3年）71～73頁をもとに作表。

　ただ、外勤時間は自己管理に委ね、残業時間は自己申告とする。そうした趨勢は、おそらく揺らぐまい。それが事業場外労働の特質であり、宿命でもあるからである（従業員自身の判断を尊重するという意味において、自己申告制度は民主的ですらある）。

　かくして、労働時間の規制については、事業場外労働に関する限り、絶望的といった感もなくはない。しかし、仕事の「裁量性」や「自己管理性」といった事業場外労働の原点を見失っては、やはり問題の処理を誤ることになる。みなし労働時間制を含め、従来の事業場外労働に対する理解は、その意味で問題がないといえるであろうか。筆者には、疑問なしとしない。

　なお、自由意見として述べられた従業員の意見のなかに、こんな例があった。「時間は、あまり気にならない。休日はあれば良いが、仕事もおもしろい」（189頁）。労働時間を「長くてもつらくない」と考える営業マンの典型的な仕事観を素直に表現して、およそ過不足のないものといえよう。

III　裁量労働

　裁量労働については、ごく簡単に触れるにとどめたい。資料、調査ともに、現在のところ、きわめて乏しい状況にあるからである。

筆者の知る限り、新聞や雑誌に掲載された裁量労働（みなし労働時間制）の紹介事例は、いまだ十指にも満たない（重複例を除く）[14]。

ただ、サンプルとしてはこうした限界があるものの、上記の紹介事例のなかからある種の共通点を引き出すことも不可能ではない。たとえば、次のような点がそれである[15]。

① 裁量労働制の適用対象者は、かなり厳選される傾向にある。対象者選別のポイントは、自己管理能力の有無に置かれ、こうした能力に欠ける者は対象とされない。かくして、新入社員等は一般に除外される。制度本来の趣旨が業務の遂行手段や時間配分の決定等を従業員自身に委ねることにあることを考えれば、当然ともいえよう。

② 仕事の評価においては、目標管理を柱とする業績評価の比重が増す。そこで、裁量労働制の実施と併せて、人事考課制度の見直しを行った企業も多い。仕事を量（時間）で測らずに、質で評価する。この転換をスムーズに行うことができるかどうかによって、裁量労働制の成否も決まる。そういって差支えはない。

③ みなし労働時間は、裁量労働制を導入する前の賃金水準をひとまず確保するために、従前の平均残業時間を考慮に入れて、それをもとに算定している例（みなし労働時間＝所定労働時間＋月間平均残業時間／月間稼働日数）が多く、その場合、これまでの割増賃金に相当するもの（基本給月額に一定の割合（20～35％）を乗じた額等）が支給されることになる。

④ 裁量労働制を導入したかなりの企業は、事業場外労働についてもみなし労働時間制を採用している。しかも、その内容は、双方で基本的に異ならない。このことは、企業内における処遇の均一化という要請もあろうが、それ以上に双方の共通点が多いことも影響しているように思われる。

---

[14] 主な事例紹介としては、以下のものがある。①「裁量労働制におけるみなし労働の実例をみる——主要6社の制度の導入から運用状況までの詳細（東洋インキ製造、村田製作所、横河電機、日本電装、凸版印刷、伊藤喜工作所）」『労政時報』3037号（平成3年9月）2頁以下、「裁量労働制に関する協定、覚書」同66頁以下。②実方義宜「研究開発、外勤者等の"みなし労働制"の仕組みと運用基準（横河・ヒューレット・パッカード）」『労働法学研究会報』1760号（平成元年3月）1頁以下、③若村茂一「村田製作所における裁量労働制の導入と勤務の弾力化」『労働法学研究会報』1811号（平成3年1月）1頁以下。

[15] 特に『労政時報』3037号（注14①）掲載の事例を参照のこと。

なお、卓抜した発想で知られるユニオン・リーダーである、上田操氏（村田機械労働組合執行委員長）の書かれたものに、「裁量労働の将来性」と題する随想[16]がある。
　この随想は、法改正に先だって導入された自社の裁量労働制（フリータイム制）について、これを回想し、その未来を語ったものであるが、以下の抜粋からもわかるように、狭義の裁量労働のみならず、事業場外労働の将来を考えるに当たっても、きわめて示唆的な内容となっている。

- ▼　「個々人の活性化は自律性の容認から始まると私は考えている。言葉を換えると個人の『裁量』を認めることにほかならない。もっと言葉を換えれば、過剰管理、過剰規範からの解放である」。
- ▼　「働く者は時間という概念を前提とする限り、どこまで行っても『働かされている』との受動的な認識になるが、労働時間というコンセプトを超越することだけによって、個人の労働に対する姿勢が能動的になり、活性化が達成されることになる」。
- ▼　「４年間の経過としては、必ずしも労使がめざした当初の趣旨に到達しているとは云い難い。企業体質を転換することだから、短くても10年はかかる‥‥。うまく行かない最大の理由は、管理されて安心して来た人間と、管理することによって安心して来た人間、即ち『管理』ということにエクスタシーを感じる人達が、まだまだ体制を占めていることだと思う」。
- ▼　「最後になるがこの種の裁量労働の将来性は、非常に明るくバラ色だと考えている。夢だと云われるかも知れないが、ロマンの感じられない労働運動などやってはおれない」。

　「ロマンの感じられない労働法などやってはおれない」。それが、筆者自身の率直な感想でもあった。

---

[16] 『京都の労働と経済』105号（平成２年12月）36頁所収。なお、同108号（平成３年11月）16頁以下に収録されている、座談会「しなやかな働き方・ライフスタイルと経営労務」における上田氏の発言を併せ参照のこと。

【後記】　本節のもとになった原稿の執筆に当たっては、日本労働研究機構主任研究員の楠貞雄氏に資料や情報の提供という点で多大なご配慮をいただいた。また、同氏より紹介された佐藤厚氏の調査研究から受けたショックはことのほか大きく、本節はこれを紹介したにすぎない、といっても誤りではない。ともあれ、両氏に対し、ここに深く感謝の意を表したい。

初出）『季刊労働法』162号（平成4年3月）36頁以下

Episode　13

　昭和62年の労基法改正（翌63年4月1日施行）により、事業場外労働および裁量労働に係るみなし労働時間制について定めた38条の2が新設されるまで、この62年改正によってスタートした裁量労働はもとより、事業場外労働に関しても、労基法それ自体にみなし労働時間制について定めた規定は存在しなかった。

　労基法上の委任規定を欠いたまま、同法施行規則が22条で「労働者が出張その他事業場外で労働する場合で、労働時間を算定し難い場合には、通常の労働時間労働したものとみなす。但し、使用者が予め別段の指示をした場合は、この限りでない」と定める。

昭和22年の労基法制定以来40年以上の間、みなし労働時間制とはいっても、このように法律ではなく省令を根拠とする事業場外労働に係るみなし労働時間制しか存在しなかったのである。

その後、平成10年の労基法改正（翌11年4月1日施行）によって、みなし労働時間制が事業場外労働と裁量労働で別々に規定された（正確には、後者はさらに専門業務型と企画業務型に二分された）こともあって、事業場外労働と裁量労働とでは、みなし労働時間制の性格が異なるとする理解が定着し、現在に至っている。

しかし、事業場外労働の典型ともいうべき（外勤）営業職については、本節で詳しくその内容を紹介した二件の調査研究が明らかにしたように、「仕事の裁量性」や「自己管理性」の強さという点において、裁量労働と共通した面もみられる。

事業場外労働に係るみなし労働時間制を、労働時間を算定し難いという側面だけに着目して理解しようとすると、ことの本質を見誤る。このことを明確にしたところに、上記調査研究の意義はあるといってよい。

本文257頁の**表1**でみたように、平成2年におけるみなし労働時間制の採用企業割合は4.5％（事業場外労働4.4％、裁量労働0.6％）、適用労働者割合は3.2％（事業場外労働3.1％、裁量労働0.1％）にすぎなかった。

以来、三十数年が経過した令和5年におけるみなし労働時間制の採用企業割合は14.3％（事業場外労働12.4％、専門業務型裁量労働2.1％、企画業務型裁量労働0.4％）、適用労働者割合も8.9％（事業場外労働7.6％、専門業務型裁量労働1.1％、企画業務型裁量労働0.2％）を記録するものとなる。

このように、みなし労働時間制については、採用企業割合と適用労働者割合のいずれでみても、この間にその規模はほぼ3倍前後に拡大をみたとはいうものの、大半は事業場外労働に係るみなし労働時間制の増加・拡大によるものとなっている（ただし、より正確にいえば、平成24年以降大きな変化はなく、微増微減を繰り返すにとどまっている。以上、「賃金労働時間制度等総合調査」の後継調査に当たる「就労条件総合調査」による）。

みなし労働時間制の中心には、依然として、事業場外労働が位置している。裁量労働は、率直にいって十分活用されているとはいい難い。こうした現実をどう考えるのか。その理由を質すための調査研究も必要といえよう。

14 裁量労働と成果主義

Ⅰ　はじめに
Ⅱ　新たな裁量労働制
Ⅲ　成果主義からみた法制のあり方

Ⅰ　はじめに

　何時間、そして何年間働いたのか。それによって、報酬や処遇が決まる。長時間あるいは長期間働くと、そのことだけでプレミアムがつく。考えてみれば、これほど不思議なことはない。

　勤務時間内に能率よく仕事をこなした者が、定時を過ぎても仕事を完了できなかった者に比べ、残業手当をもらえない分、手取りが少なくなる。抜群の成績を上げた若手社員よりも、勤続年数が長いだけのベテラン社員のほうが地位も給料も高い。そんな体制が長続きするわけがない。

　働いた時間（期間）ではなく、仕事それ自体を評価する。個人の上げた業績や成果が、時間に代わってその評価尺度となる。そうした会社経営のあり方が今、求められている。

　これまでのように時間を物差しとするスタイルに固執し続ける限り、若者はどんどん会社から離れていく。総務庁統計局の労働力調査によれば、「自発的な離職」による完全失業者の数（年平均）は、平成9年には95万人にも達したというが、その大半は、15～34歳の若年層によって占められている（平成元年には30万人にも満たなかった自発的離職者数が、平成9年には60万人近いものとなった）。仮にこのことに危機感を持たない経営者がいるとすれば、そのほうがおかしい。

　たしかに、業績や成果を評価の尺度とすることは難しい。管理工数が増えるだけ、との声もしばしば耳にする。

　しかし、世は大競争時代。競業他社に勝るクリエイティブな人材をどれだけ社内にかかえるかによって、会社と社員の運命が決まる。そういう時代なのである。

こうしたなか、時間にとらわれない評価（処遇）を可能にする裁量労働制が、法律面においても見直されようとしている。同制度の適用対象業務の拡大とかかわる労働基準法（労基法）の改正がそれである。

II　新たな裁量労働制

1　改正法案の内容

平成10年2月10日に他の10件の法律案と合わせて閣議決定をみた「労働基準法の一部を改正する法律案」は、従来からある裁量労働制（みなし労働時間制）について定めた労基法38条の2第4項以下の規定を新設される38条の3に吸収するとともに、次のような定めを新たに同法に置くものとなった。

第38条の4　事業運営上の重要な決定が行われる事業場において、賃金、労働時間その他の当該事業場における労働条件に関する事項を調査審議し、事業主に対し当該事項について意見を述べることを目的とする委員会（使用者及び当該事業場の労働者を代表する者を構成員とするものに限る。）が設置された場合において、当該委員会がその委員の全員の合意により次に掲げる事項に関する決議をし、かつ、使用者が、命令で定めるところにより当該決議を行政官庁に届け出た場合において、第2号に掲げる労働者の範囲に属する労働者を当該事業場における第1号に掲げる業務に就かせたときは、当該労働者は、命令で定めるところにより、第3号に掲げる時間労働したものとみなす。
一　事業の運営に関する事項についての企画、立案、調査及び分析の業務であつて、当該業務の性質上これを適切に遂行するにはその遂行の方法を大幅に労働者の裁量にゆだねる必要があるため、当該業務の遂行の手段及び時間配分の決定等に関し使用者が具体的な指示をしないこととする業務（以下この条において「対象業務」という。）
二　対象業務を適切に遂行するための知識、経験等を有する労働者であつて、当該対象業務に就かせたときは当該決議で定める時間労働したものとみなされることとなるものの範囲

三　対象業務に従事する前号に掲げる労働者の範囲に属する労働者の労働時間として算定される時間

四　対象業務に従事する第2号に掲げる労働者の範囲に属する労働者の労働時間の状況に応じた当該労働者の健康及び福祉を確保するための措置を当該決議で定めるところにより使用者が講ずること。

五　対象業務に従事する第2号に掲げる労働者の範囲に属する労働者からの苦情の処理に関する措置を当該決議で定めるところにより使用者が講ずること。

六　前各号に掲げるもののほか、命令で定める事項

② 前項の委員会は、次の各号に適合するものでなければならない。

一　当該委員会の委員の半数については、当該事業場に、労働者の過半数で組織する労働組合がある場合においてはその労働組合、労働者の過半数で組織する労働組合がない場合においては労働者の過半数を代表する者に指名されていること。

二　当該委員会の設置について、命令で定めるところにより、行政官庁に届け出ていること。

三　当該委員会の議事について、命令で定めるところにより、議事録が作成され、かつ、保存されるとともに、当該事業場の労働者に対する周知が図られていること。

四　前3号に掲げるもののほか、命令で定める要件

③ 労働大臣は、対象業務に従事する労働者の適正な労働条件の確保を図るために、第1項各号に掲げる事項その他同項の委員会が決議する事項について指針を定め、これを公表するものとする。

④ 第1項の委員会においてその委員の全員の合意により第32条の2第1項（注：労使協定方式を1か月単位の変形労働時間制にも導入）、第32条の3、第32条の4第1項及び第2項、第32条の5第1項、第34条第2項ただし書（注：労使協定による一斉休憩付与原則の例外を新設）、第36条第1項（注：現行第36条の定めにほぼ同じ）、第38条の2第2項、前条第1項（注：現行第38条の2第4項に同じ）並びに次条（注：第39条）第5項及び第6項ただし書に規定する事項について決議が行われた場合における第32条の2第1項、第32条の3、第32条の4第1項から第3

項まで、第32条の5第1項、第34条第2項ただし書、第36条、第38条の2第2項、前条第1項並びに次条第5項及び第6項ただし書の規定の適用については、第32条の2第1項中「協定」とあるのは「協定若しくは第38条の4第1項に規定する委員会の決議（第106条第1項（注：協定および決議の周知義務を新設）を除き、以下「決議」という。）」と、第32条の3、第32条の4第1項から第3項まで、第32条の5第1項、第34条第2項ただし書、第36条第2項、第38条の2第2項、前条第1項並びに次条第5項及び第6項ただし書中「協定」とあるのは「協定又は決議」と、第32条の4第2項中「同意を得て」とあるのは「同意を得て、又は決議に基づき」と、第36条第1項中「届け出た場合」とあるのは「届け出た場合又は決議を行政官庁に届け出た場合」と、「その協定」とあるのは「その協定又は決議」と、同条第3項中「又は労働者の過半数を代表する者」とあるのは「若しくは労働者の過半数を代表する者又は同項の決議をする委員」と、「当該協定」とあるのは「当該協定又は当該決議」と、同条第4項中「又は労働者の過半数を代表する者」とあるのは「若しくは労働者の過半数を代表する者又は同項の決議をする委員」とする。

　これを一読するだけで、その内容を理解できるのは、かなりの法律オタクに限られる。まさに無味乾燥を絵に描いた条文という以外にない。
　官僚の作文といってしまえば、それまでであるが、もう少しわかりやすく書くこともできたのではないか。法律の解釈を生業とする小生も、二読、三読して、ようやくその意味が何となくつかめた。しかも、それが正確であるという保証はどこにもない。
　自らの不勉強を棚に上げていえば、その責任はもっぱら、かくも難解な法律案を作成した（法制執務）官僚にある。

2　改正法案のポイント

　労使委員会方式を導入することによって、裁量労働制の適用対象業務をホワイトカラーの通常業務にまである程度拡大する。改正法案（労基法38条の4の新設規定）のポイントはここにある。

法改正の枠組みとしては、労働時間規制の適用除外（エグゼンプション）というアイデアもあった[1]が、結局のところ、新たな裁量労働制についても、現行制度と同様、「みなし労働時間制」が採用されることになった。
　なお、現行裁量労働制と新たな裁量労働制が異なる規定に定められることになったのは、ひとえに新制度が労使協定方式を認めなかったことによる。

(1) 適用対象業務の拡大

【これまでの法令改正】

　裁量労働制の適用対象業務は、昭和62年の制度導入（翌63年4月1日施行）以来、二転三転して今日に至っている。つまり、対象業務の範囲は、一貫して拡大を続けてきたというわけではない。

　裁量労働制導入当初、労基法は、新しく設けられた38条の2第4項において、裁量労働制の適用対象業務を「研究開発の業務その他の業務（当該業務の性質上その遂行の方法を大幅に当該業務に従事する労働者の裁量にゆだねる必要があるため、当該業務の遂行の手段及び時間配分の決定等に関し具体的な指示をしないこととするものとして［労使］協定で定める業務に限る。）」とのみ規定し、その具体的な決定を労使協定に委ねていた。

　「各事業場における業務の実態、その遂行方法等は千差万別であるので、具体的にどのような業務がこれに該当するかについては、各事業場における業務の実態について熟知している労使で決めることが適当」[2]であると、当時は考えられたためである。

　たしかに、改正労基法の施行を前にして発出された通達（昭和63年1月1日基発第1号）には、適用対象業務の具体例として「①新商品又は新製品の研究開発等の業務、②情報処理システムの分析又は設計の業務、③記事の取材又は編集の業務、④デザイナーの業務、⑤プロデューサー又はディレクターの業

---

[1] たとえば、労働省「裁量労働制に関する研究会報告」（平成8年4月24日）もその可能性を示唆していた。詳しくは、拙稿「労働時間法制と規制緩和の方向」日本労働研究機構調査研究報告書103号『労働市場・雇用関係の変化と法』（平成9年11月）290頁以下、295～299頁を参照。
[2] 平賀俊行『増補・改正労働基準法――背景と解説』（日本労働協会、昭和63年）297～298頁。

務」の5業務が挙げられていた。

　しかし、それはあくまでも例示列挙にすぎず、限定列挙ではなかったことに注意する必要がある。つまり、これらの5業務に該当しない業務についても、労使の判断いかんによっては、裁量労働制を導入することが当初は認められていたのである。

　しかるに、平成5年の労基法改正（翌6年4月1日施行）は、そうした裁量労働制に係る対象業務拡大の可能性を大きく閉ざすことになる。「業務の性質上その遂行の方法を大幅に当該業務に従事する労働者の裁量にゆだねる必要があるため当該業務の遂行の手段及び時間配分の決定等に関し具体的な指示をすることが困難なもの」を命令で定め、この「業務のうちから労働者に就かせることとする業務を［労使協定で］定める」ことに、労基法38条の2第4項の規定内容が改められたからである（なお、従前どおり、当該業務の遂行の手段及び時間配分の決定等に関し具体的な指示をしないこととする旨を、別途協定で定めることとされた）。

　例示列挙から限定列挙へ。なるほど、改正法附則2条3項によって、改正法施行前に労使協定で定めた業務については、当該協定が効力を有する間は、労基法38条の2「第4項の命令で定めた業務とみなす」経過措置が講じられることになったとはいえ、それは文字どおりの経過措置にとどまった。

　また、法改正を受けて行われた省令改正の結果、労基法施行規則24条の2第6項は、これまで通達で例示していた5業務とほぼ同じ業務を1号から5号に規定したほか、6号で「前各号のほか、中央労働基準審議会の議を経て労働大臣の指定する業務」を追加することにはなったものの、大臣告示による対象業務の指定が実現をみたのは、改正法施行後約3年も経過した平成9年2月14日のことにすぎない（労働省告示第7号）。

　しかも、実際に指定された業務は、コピーライターの業務（広告、宣伝等における商品等の内容、特長に係る文章の案の考察の業務）を除き、すべて士業（公認会計士、弁護士、一級建築士、不動産鑑定士、弁理士の業務）によって占められており、対象業務の拡大とはおよそいい難いものとなっている。

　一方、労働省「賃金労働時間制度等総合調査」によれば、平成7年12月末時点で、前記5業務以外の業務について「裁量労働のみなし労働時間制を採用している企業」の割合は、同制度を採用している企業全体の27.5％（採用率が

5.1％と最も高い規模1000人以上の企業の場合には22.2％）にも達していたという事実もある[3]。法令で対象業務を限定することには、そもそも無理がある。労働省による調査の結果も、そう語っていたのである。

【改正法案の目的】

先にみたように、今回の労基法改正においては、裁量労働制の適用対象業務を「事業運営上の重要な決定が行われる事業場」における「事業の運営に関する事項についての企画、立案、調査及び分析の業務であつて、当該業務の性質上これを適切に遂行するにはその遂行の方法を大幅に労働者の裁量にゆだねる必要があるため、当該業務の遂行の手段及び時間配分の決定等に関し使用者が具体的な指示をしないこととする業務」にも、新たに拡大することが予定されている（38条の4第1項柱書および同項1号を参照）。

すなわち、「裁量労働」のメルクマールともいうべき、適用対象業務の定義（「業務の性質上これを適切に遂行するにはその遂行の方法を大幅に労働者の裁量にゆだねる必要があるため、当該業務の遂行の手段及び時間配分の決定等に関し使用者が具体的な指示をしないこととする業務」）については変更を加えないものの、その範囲については、これが本社レベルの事業運営とかかわる「企画、立案、調査及び分析の業務」にまで及ぶことになる。

適用対象業務の拡大に関する限り、改正法案の目的とするところは、ここに尽きるといってよい。

かつて、日経連（日本経営者団体連盟）は、以下の①～③の業務について、これらの業務が「いずれも非定型的なものであり、基本的な方針・目標・課題については上司からの指示を受けるが、それらを達成するための具体的な遂行の手段およびそのための労働時間の配分決定については、基本的に当該従業員の『裁量』に委ねられることが多いか、または独自の判断で行なわれる業務であり、企業としては、こうした従業員に関しても、十分に『裁量』が与えられているとの意識をもつケースが多くなっている」として、当該業務を裁量労働

---

[3] なお、平成6年12月末現在における裁量労働制の採用部門別割合（複数回答）は、①研究・技術開発部門49.0％、②販売・営業部門42.7％、③事務・管理部門24.3％、④生産部門14.0％、⑤生産補助・修理部門13.9％、⑥情報処理部門13.5％、⑦運輸部門5.7％の順となっていた（以上のほか、その他の部門10.9％）。

制の適用対象業務に含めるよう提言したことがある。

① 本社および他の事業場の類する部門における企画・立案・調査・分析の業務
② 顧客・取り引き先等との交渉・折衝で独自の判断ができる営業・渉外等の業務
③ 法務・税務・財務・経理・特許・広報・広告宣伝・株式・不動産等の専門的な知識を必要とする業務[4]

今回の改正法案の内容は、ありていにいえば、このうち①に限定して、対象業務の拡大を認めたということになろう。

このような日経連の提言の背景には、「業務の遂行の手段及び時間配分の決定等に関し使用者が具体的な指示をしないこととする業務」の範囲は主観的に決まる（マネジメントのあり方を変更することによって十分に拡がりうる）という考え方があるように見受けられるが、これまでにも繰り返しみたように、業務の「遂行の方法を大幅に労働者の裁量にゆだねる必要」があるかどうかは「業務の性質上」客観的に決まる（マネジメントのあり方を変更するだけでは拡がらない）というのが現行労基法の立場であり、これを維持しているという点では、改正法案もその例外ではない。

今後、適用対象業務の具体的な内容については、労働大臣が告示で定める指針によって明らかにされるのであろう（38条の4第3項を参照）が、その内容が「現場の実務感覚」とはかけ離れたものとなる可能性も依然としてないわけではない。

労働省は、改正法案の閣議決定を受けてリリースした報道用資料（平成10年2月10日付け）のなかで、裁量労働制を「労働時間管理を本人の自主性にゆだねる制度」と定義した上で、同法案の目的を「自律的で創造的な働き方を実現するため、企業の本社等の中枢部門で企画、立案等の業務を自らの裁量をもって遂行するホワイトカラーについて」その適用を図ることにあるとした。

ここに示された新たな裁量労働制が、労働省のいう「経済社会の変化に対応した主体的な働き方のルールづくり」の名に値する制度へと発展をとげるのか

---

[4] 以上につき、日経連『新時代の「日本的経営」』（平成8年5月17日）92頁を参照。

どうか。それが今、問われているのである。

(2) 労使委員会方式の導入

【協定から決議へ】

　労使協定方式に代えて、労使委員会による決議方式を導入する。改正法案はこのように規定する。しかし、協定が単に決議に代わるだけではない。

　現行裁量労働制については、労使協定を締結するだけで制度を実施に移すことが可能であり、協定の届出までは実施要件とはされていない（現行38条の2第5項、およびこれと同趣旨の改正38条の3第2項（準用規定）は、協定の届出義務を独立した手続要件として定める）。

　だが、新たな裁量労働制のもとでは、決議を行うだけでは足りず、この決議を行政官庁（おそらくは所轄労働基準監督署長）に届け出ることが制度を実施するための不可欠の要件となる。つまり、届出がなくとも有効であった協定が届出がなければ無効な決議に代わることを、それは意味している。

　現在、労基法に定める10種類の労使協定のうち、協定の届出がこのように制度の実施要件とされているものは、同法18条2項に規定する貯蓄金管理協定（ただし、同項が協定の届出を効力要件として定めたものかどうかについては必ずしも明確ではない）以外は、わずかに時間外休日労働協定（三六協定）を数えるにとどまっている[5]。

　届出義務を使用者に課すだけではなく、これを制度の実施要件とする。新たな裁量労働制については、労基法上も例外的であったこのシステムが再び採用されようとしているのである。

　一方、改正法案では、今回の法改正によって新たに追加される二つの協定、つまり1か月単位の変形労働時間制に係る協定（32条の2第1項）と一斉休憩付与原則の例外に係る協定（34条2項ただし書）を含む、労働時間とかかわる他の協定についても、労使委員会による決議方式をこれに併せて導入することが予定されている。

　ただし、この場合、決議方式は協定方式に代わるものではなく、従前どおり

---

[5] 詳しくは、拙稿「三六協定に関する覚書」『阪大法学』45巻3・4号（平成7年10月）79頁以下、87〜89頁【該当部分は、本書299〜301頁に収録】を参照。

協定方式によることが選択肢として認められており、現行裁量労働制についてもその例外とはされていない。

また、届出義務のある協定の場合も、三六協定を除いて、決議によるときはその届出義務を免除される。38条の4第4項（読替え規定）は、このように定めているのである（たとえば、同項にいう前条、つまり現行裁量労働制について規定した38条の3の場合、「協定」が「協定又は決議」と読み替えられるのは、あくまで同条1項の適用についてであって、届出とかかわる同条2項（38条の2第3項の準用規定）の適用に関しては、そうした読替えが想定されていないことに注意）。

以上を要するに、新たな裁量労働制については、協定ではなく、決議によることが必要とされ、その届出を欠く場合には制度の実施そのものが許されなくなるが、現行裁量労働制については、協定と決議のいずれによることも可能となり、決議による場合には届出義務自体が免除されることになる。

このように、改正法案の意図は、新たな裁量労働制を、現行裁量労働制とはまったく手続要件の異なる制度として構想することにあった。

したがって、現行裁量労働制と新たな裁量労働制が別個の規定に定められたとしても、こうした改正法案の立場からすれば、何ら不思議はなかった。こうもいうことができよう。

【労使委員会のモデル】

では、このような決議を行う労使委員会とは、いかなる委員会をいうのか。

改正法案は、先にみたように、同委員会を事業運営上の重要な決定が行われる事業場における「賃金、労働時間その他の当該事業場における労働条件に関する事項を調査審議し、事業主に対し当該事項について意見を述べることを目的とする委員会（使用者及び当該事業場の労働者を代表する者を構成員とするものに限る。）」と規定している（38条の4第1項柱書）が、前述の読み替え規定（同条4項）を含め、法文を起案するに当たって「労働時間の短縮の促進に関する臨時措置法」（以下「時短促進法」ともいう）が参照されたことは、疑いを容れる余地がない。

つまり、労使委員会のモデルは、時短促進法7条に規定する「労働時間短縮推進委員会」にあったのである。

たとえば、労使委員会の適合すべき要件について定める、改正法案 38 の 4 第 2 項の規定は、表現が一部異なる点を別とすれば、時短促進法 7 条 1 号から 4 号までの規定と、その内容がほぼ完全に一致する。

　すなわち、今回の法改正においては、労基法に規定するすべての労使協定について周知義務を等しく課すことが予定されており（改正法案 106 条 1 項）、このことと平仄を合わせるため、委員会の議事録についても、その「周知が図られていること」が、新たに要件として課せられることになった[6]とはいえ、主だった違いは、この程度にとどまるのである。

　それゆえ、改正法案が命令に委任している事項についても、3 号にいう議事録の作成および保存に関しては「委員会の開催の都度その議事録を作成して、これをその開催の日（当該委員会の決議が行われた会議の議事録にあつては、当該決議に係る書面の完結の日（略））から起算して 3 年間保存しなければならない」旨が、また、4 号にいうその他の「命令で定める要件」としては「委員の任期及び当該委員会の招集、定足数、議事その他当該委員会の運営について必要な事項に関する規程が定められていること」が、それぞれ命令（労基法施行規則）に規定されるであろうことは、時短促進法の施行規則（2 条、3 条）を読めば、容易に予測できるのである。

　ただ、「労働時間短縮推進委員会」の場合、その設置届出件数は、平成 5 年以降の 3 年間で、最も多かった平成 6 年が 108 件、最も少なかった平成 7 年はわずかに 7 件と、ごく限られた数にとどまっている。立法者の期待に反して、肝心の当事者が労使委員会（決議）方式に魅力を感じなかった。そういっても差支えはないであろう。

　委員全員の合意がなければ、決議ができないものとする。議事録の作成・保存や運営規程のあり方にも、こと細かく嘴をはさむ。こうした「小さな親切」が「大きなお世話」として嫌われた可能性はかなり高い。

---

[6] ただし、委員会の議事録については、その周知を図ることが、委員会の適合すべき要件の一つとして定められており、周知が罰則付きで強制される協定等の場合とはやや性格を異にする。なお、筆者自身は、委員会の決議について周知措置を講ずることは別として、議事録についてまで周知を図る必要はない（オープンな議論を逆に妨げるおそれがある）と考えている。拙稿「労使関係法とその課題㈠」『阪大法学』47 巻 4・5 号（平成 9 年 12 月）287 頁以下、316 頁【拙著『労使関係法の理論と実務』（ジアース教育新社、令和 4 年）122 頁以下、138 頁】注 23 を参照。

だとすれば、改正法案はなぜ、時短促進法の失敗に学ばなかったのか。前例踏襲でよしとした[7]その理由が、筆者にはよくわからない。
　しかも、新たな裁量労働制については、この委員会方式をとる以外に選択の余地はないのである。「善意」もこれを強制されれば、「苦痛」へと変わる。こういえば言い過ぎであろうか。

III 成果主義からみた法制のあり方

1 二種類のフレームワーク

　働いた時間ではなく、達成した成果に基づく報酬や処遇の決定(成果主義)を可能にする仕組みとして、労基法は、二種類のフレームワークを用意するものとなっている。
　一方は、事業場外労働に加え、新旧の裁量労働制がともに採用する労働時間のみなし制度であり、他方は、労働時間規制の適用除外制度である。
　「時間計算」と「適用の除外」。それぞれの根拠規定である労基法38条の2(改正後はこれに38条の3および38条の4が加わる)、そして同法41条の見出し(前者は38条の見出しが共通見出しとなっている)には、こう書かれている。

(1) みなし労働時間制の意義と限界

　労働時間のみなし制度は、「時間計算」という見出しが示すように、法制上は、あくまで労働時間の算定方法を簡略化するために設けられた制度であり、それ以上のものではない。
　したがって、「当該業務の遂行に必要とされる時間」働いたものとしてみなすことが制度の前提とされており、以下の通達(昭和63年1月1日基発第1号)にみるように、裁量労働制(現行制度)についても、こうした考え方が貫かれている。

---

[7] なお、読替え規定(改正法案38条の4第4項)は、時短促進法と比較して、より厳密な内容となっている。ただ、その分、格段に読みづらくなったともいえる。

〈裁量労働における労働時間の算定方法〉

「労使協定において、裁量労働に該当する業務を定め、当該業務の遂行に必要とされる時間を定めた場合には、当該業務に従事した労働者は、当該協定で定める時間労働したものとみなされるものであること。

なお、当該業務の遂行に必要とされる時間は、一般的に、時とともに変化することが考えられるものであり、一定の期間ごとに協定内容を見直すことが適当であるので、当該協定には、有効期間の定めをすることとした（注：労基法施行規則24条の２第７項［現24条の２の２第３項１号］を参照）ものであること」。

また、労基法施行規則24条の２第５項［現24条の２の２第１項］は、裁量労働制について定めた「［労基］法第38条の２第４項［現38条の３第１項］の規定は、法第４章の労働時間に関する規定に係る労働時間の算定について適用する」と規定しており、これを受けて、上記通達は次のようにいう。

〈みなし労働時間制の適用範囲〉

「みなし労働時間制に関する規定は、法第４章の労働時間に関する規定の範囲に係る労働時間の算定について適用されるものであり、第６章の年少者及び第６章の２の女子（注：平成９年の法改正後は「女性」）の労働時間に関する規定に係る労働時間の算定については適用されないものであること。

また、みなし労働時間制に関する規定が適用される場合であつても、休憩、深夜業、休日に関する規定の適用は排除されないものであること」。

それゆえ、裁量労働制の適用対象業務に従事する者の労働時間を仮に１日９時間とみなした場合には、男性のほか、女性であっても労基法64条の２第４項に定める専門業務従事者または指揮命令者に該当する者については、１日当たり１時間分の割増賃金を支払えば足りるが、専門業務従事者または指揮命令者のいずれにも該当しない女性については、こうした割増賃金の支払に加え、実働時間を改めて計算した上で、この実働時間が労基法64条の２第１項ないし第２項に定める時間外労働の上限を超えないよう監視し、これに併せて女性の深夜業を原則として禁止する労基法64条の３により、午後10時から翌日の午前５時までの間は勤務しないようチェックすることが必要になる。

たとえば、平成9年2月14日の大臣告示によって新たに裁量労働制の対象業務に追加されたコピーライターの業務に従事する女性の場合、当該業務は専門業務従事者の行う業務に含まれていない（女性労働基準規則3条2項［当時］を参照）ことから、指揮命令者にでも該当しない限り、この女性に裁量労働制を適用することは著しく困難になる。そうした厄介な問題が生じるのである。

たしかに、こうした不都合は、これらの女性保護規定が労働基準法から削除される平成11年4月1日以降、生じることはない。そして、今回の改正法案も、これと同時に施行することが予定されており、新たな裁量労働制についてこのような問題の発生を懸念する必要はない。

しかし、ここにはみなし労働時間制の限界が顕著にあらわれている。つまり、同制度は、あくまで限られた時間計算のための制度でしかないのである。

なお、以上の問題は、労働時間を仮に1日8時間とみなした場合にも、同様に起こり得る。みなしの効果は、先にみた労基法施行規則24条の2第5項［現24条の2の2第1項］の定めにあるように、「法第4章の労働時間に関する規定」にしか及ばないからである。

これまで筆者は、時間外労働の時間数が適用を受ける法規定により異なるのはおかしいとの考え方から、上記施行規則の趣旨を仮に法定労働時間を超えるみなしが行われた場合にも、女性については上限規制を免れない程度のものと考えていた[8]が、どうもそうではないらしい。

ただ、割増賃金についてはみなし労働時間により、上限規制については実働時間によるというのは、やはりどう考えても不自然である。現場の実務を無視した、「机上の空論」というほかないであろう。

ちなみに、使用者による賃金台帳の調製義務について規定した労基法108条は、第12章「雑則」に定めが置かれているが、使用者の労働時間算定義務の根拠とされるこの規定にも、労働時間のみなし効果は及ばないのであろうか。

労基法施行規則54条は、1項5号および6号において、①労働時間数のほか、②延長時間数（早出残業時間数）、③休日労働時間数、④深夜労働時間数を労働者各人別に賃金台帳に記入しなければならないと規定する一方で、労働時間に関する規定の適用を除外される労基法41条所定の労働者については、

---

[8] 拙稿「裁量労働」『日本労働研究雑誌』408号（平成6年1月）30頁以下、31頁を参照。

5項で「これを記入することを要しない」として、その例外を認めている。他方、みなし労働時間制の適用を受ける労働者については、このような例外規定が設けられていない。

このことから、みなし労働時間制の適用を受ける労働者については、実働時間をもとに賃金台帳にその時間を記入しなければならないというのは「きつい冗談」ともいえるが、法令を素直に読むとそのようになる。

とはいうものの、こうした「理屈」に従っている限り、成果主義の実現などほど遠いものとなる。

現実の職場には、短時間で多大の成果を上げる者もいれば、どれだけ時間をかけても評価に値する成果を上げられない者もいる。このように「業務の遂行に必要とされる時間」は、労働者ごとに異なり、各人の上げる成果にも違いがあるからこそ、こうした時間との関係を切断するため、一律に一定時間働いたものとみなすのである。

労働時間の計算を必要としない世界を実現するために存在する「時間計算」規定。あえて形式を問わないとすれば、そうした逆説を許容する規定に、その内容を一歩でも二歩でも近づける。現場の期待は、そんなところにあるということができよう。

(2) もう一つの選択肢——エグゼンプション

「この章（注：第4章）、第6章及び第6章の2で定める労働時間、休憩及び休日に関する規定は、次の各号の一に該当する労働者については適用しない」。労基法41条は、本文でこう定めた後、「事業の種類にかかわらず監督若しくは管理の地位にある者又は機密の事務を取り扱う者」を2号でその対象に含めている。管理監督者および機密事務取扱者に対する、労働時間に関する規定の適用除外について定めた規定がそれである。

これにより、管理監督者や機密事務取扱者に該当する者については、実際に働いた時間ではなく、その成果によって報酬（処遇）を決定することが、ほぼストレートに可能になる。

前述したように、労基法施行規則54条が、5項で「法41条各号の一に該当する者」については、①労働時間数、②延長時間数、③休日労働時間数、および④深夜労働時間数のすべてにわたって、賃金台帳に「これを記入することを

要しない」と定め、使用者から時間計算義務を免除しているのが、その何よりの証拠である。

たしかに、深夜業に関する規定については、「時の長さを意味する時間に関する規定ではなく、時の位置を意味する時刻に関する規定である」[9]との考え方から、労基法41条各号該当者にも、これが適用されるという確立した解釈が一方には存在する。

労基法61条4項や64条の3第1項1号が、同法41条1号該当者（正確には8条6号および7号の事業）には深夜業の禁止規定が適用されない旨規定しているのも、こうした解釈を前提としたものといえる。

昭和60年の雇用機会均等法制定（当時の正式名称は「雇用の分野における男女の均等な機会及び待遇の確保等女子労働者の福祉の増進に関する法律」）に伴う労基法の改正（翌61年4月1日施行）によって、指揮命令者（係長以上）の地位にある女性の深夜業が可能になるまでは、管理監督者（課長以上）といえども、女性については午後10時以降勤務することができないと解されていたのも、元をたどせばこの解釈に由来する。

それゆえ、管理監督者が男性である場合も、仮に深夜に勤務することがあれば「通常の労働時間の賃金の計算額の2割5分以上の率で計算した割増賃金」を改めて支払うことが必要になる（労基法37条3項【現4項】を参照）。

このようにして、いったんは切断された労働時間と報酬とのリンクが、ここに再び復活をみるのである。

なるほど、通達（昭和23年10月14日基発第1506号）は、このような原則を確認する一方で、例外的に「労働協約、就業規則その他によつて深夜の割増賃金を含めて所定賃金が定められていることが明らかな場合には別に深夜業の割増賃金を支払う必要はない」ともいう。

とはいえ、判例（高知県観光事件＝最二小判平成6．6．13判時1502号149頁）は、「通常の労働時間の賃金に当たる部分」と「時間外及び深夜の割増賃金に当たる部分」とを明確に判別すべきであるとの立場から、こうした判別ができず、賃金が「時間外及び深夜の労働を行った場合においても増額」されないときは、使用者には改めて割増賃金を支払う義務があるとしており、「管理

---

[9] 寺本廣作『労働基準法解説』（時事通信社、昭和23年）256頁。

職手当には深夜業の割増賃金が含まれる」といった主張も、場合によっては認められない可能性がある。

さらに、通達（昭和 23 年 2 月 3 日基発第 161 号）は、先にみた労基法施行規則 54 条 5 項の定めに反して「『深夜労働時間数』は賃金台帳に記入するように指導されたい」ともしており、今日に至るまで、これを改めた形跡はない。

したがって、賃金と報酬とが例外的にもリンクしないようにするためには、深夜業に関する規定もその適用が除外されることを、労基法 41 条それ自体の改正によって明確にする必要がある[10]。

ともあれ、午後 10 時以降に限って使用者に労働時間の計算義務があるなどといったシステムは、いかにも非現実的であり、実用性に欠ける。

ただ、管理監督者を含め、労基法 41 条各号のいずれに該当する者についても、その健康を維持するため十分な休養を与えることは必要であり、立法者が休暇に関する規定の適用をこれらの者についても除外しなかったこと（第 4 章のタイトルには、41 条本文とは異なり、休暇が含まれていることからも、このことは明らかといえる）は、その意味で正しい選択であったと思われる。

また、休日に関する規定についても、時間と報酬とをリンクさせない制度の設計がもし可能であれば、その適用を除外する必要はかならずしもない[11]。たとえば、休日に勤務した場合には、その日数に応じて代償休日を与えたり、休暇の付与日数にこれを加算することを、割増賃金の支払に代わるものとして認める。そうした内容の規定が、その例としては考えられよう。

労働時間規定の適用除外制度について、このような修正を行った上で、裁量労働制の対象業務についても、適用除外制度を等しく採用する。前述のように、現行のみなし労働時間制には一定の限界があり、こうした問題点を解消するためにも、将来的には裁量労働制が取り得るもう一つの選択肢であるエグゼンプション制度への移行が真剣に検討されてよい。

その際、管理職や専門職を含む広範囲のホワイトカラーに対して労働時間等に関する規定（割増賃金規定のほか、最低賃金規定を含む）の適用を除外して

---

[10] 前掲・拙稿（注 1）「労働時間法制と規制緩和の方向」295 頁【本書 254 頁】を参照。なお、下井隆史『労働基準法』（有斐閣、平成 8 年）204 頁も、これを「立法的には重要な問題」とする。
[11] なお、休日・休暇の確保が重要であることは、前掲（注 1）「裁量労働制に関する研究会報告」もこれを強調する。

いるアメリカの例は大いに参考になる。なかでも、こうした「ホワイトカラー・エグゼンプション（white-collar exemption）」の対象となる者に、連邦規則（Federal Regulations）が以下のように定義する「裁量職」（Administrative employees）が含まれていることは注目に値する。

連邦規則第29編「労働」第541.2条（29 C.F.R. 541.2）

(a) 主たる職務が次のいずれかに該当すること。
　(1) 使用者または使用者の顧客の経営方針もしくは一般的な事業運営と直接関係する事務的または非機械的な作業の遂行
　(2) 略　（学校等の教育施設に関する規定）
(b) その職務は、通常および慣例上も、自己の裁量と独立した判断に基づき行われるものであること。
(c)(1) 所属長または管理職もしくは裁量職の地位にある者を、通常直接補佐する役割を担う者（Executive and administrative assistants）
　(2) 特別な訓練もしくは経験または知識を必要とする、専門的または技術的な仕事を一般的な指示にのみ基づいて行う者（Staff employees）
　(3) 特別の任務や課題を一般的な指示にのみ基づいて行う者（Those who perform special assignments）
(d) 以上に規定するものとは直接かつ密接に関係しない活動に、1週の労働時間の20％（小売業またはサービス業の場合は40％）を超える時間を充てないこと。
(e)(1) 週155ドル（宿舎の費用等を除く、以下同じ）を下回らない報酬が、俸給または歩合ベースで支払われること。
　(2) 略　（学校等の教育施設に関する規定）
　　ただし、週250ドルを下回らない報酬が俸給または歩合ベースで支払われる場合には、主たる職務が(a)に該当し、それが自己の裁量と独立した判断に基づいて行われるときに限り、以上のすべての要件を充足するものとする。

これを一読してもわかるように、アメリカにおけるエグゼンプション制度の大きな特徴は、その報酬要件にある。

報酬額それ自体は「高収入の者に対する特例」（Special proviso for high salaried administrative employees）においても、年収換算で1万3000ドル以上と、連邦最低賃金（時給5.15ドル、年収約1万300ドル）と大差のないものに抑えられているが、俸給ベース（Salary basis）にやや問題がある。
　残業しても賃金が増えることはない（手当は出ない）が、病気やケガで会社を休んでも賃金が減ることはない[12]。
　俸給ベースとは、このような定額制の報酬支払形態をいうのであるが、週の勤務日数や1日の勤務時間があらかじめ社内規則等で定められていたりすると、そのことだけで、要件を充足していないノン・エグゼンプトと判断されるおそれがある[13]。
　この世におよそ欠陥のない制度はない。アメリカン・モデルも、やはりその例外とはいえないのである。
　ただ、合衆国の場合、このようなエグゼンプトについても、定型的な業務にある程度の時間を充てることが認められており、これを20％（業種によっては40％）以下と一律に規定することが適当であるかどうかは別として、こうした同国のプラグマティックな姿勢には、わが国も大いに学ぶべき点がある。
　「業務の遂行の手段及び時間配分の決定等に関し使用者が具体的な指示をしないこととする」。そうはいっても、そこには自ずと限界がある。常時これを要求することが、はたして現実に可能なのか。一度現場の声を聞くことを、当局には勧めたい[14]。

---

[12] より正確には、遂行された作業の質および量によって賃金が減額されないことが要件となる。ただし、病気やケガを除く個人的な理由によって1日以上休んだ場合には、減額が認められているほか、まったく働かなかった週についても賃金を支払う必要はない。See 29 C.F.R. 541.118 and 541.212.

[13] 以上、詳しくは『1993年版　労使関係白書』（日本生産性本部）110頁以下所収の拙稿「ホワイトカラーを中心とした欧米諸国の労働時間制度――アメリカ」を参照。

[14] なお、新しく定められる労働大臣の指針（改正法案38条の4第3項を参照）には、裁量労働制の適用要件の一つとして、本人の同意が規定されるといわれているが、これが本当に必要な要件か、冷静に考えてみる必要があろう。ちなみに、馬渡淳一郎「ホワイトカラーの労働時間と法規制」『神戸学院法学』27巻1・2号（平成9年7月）は、「この立場によるときは、同一事業場の同一業務の労働者でありながら、裁量労働制の適用を受ける者と受けない者が混在し、しかも相対的に能力や業績の劣る者が優れた者より実労働時間が長いため賃金も多くなり、処遇の公正を欠く結果になりかねない」とこれを批判する。傾聴すべき意見といえよう。

2　個別交渉時代の労使関係法

　業績や成果によって報酬が決まる。そうした成果主義に基づくシステムのもとでは、個別交渉の範囲も必然的に拡がることになる。このことが労使関係法のあり方にどう影響するのか。以下では、こうした問題について最後に考えてみたい。

　たとえば、成果主義の典型ともいえる年俸制について考えてみよう。業績や成果の評価基準、年俸の最高額または最低額、あるいは年俸額についてアップ・ダウンを認める場合には、その上下幅等。こうした制度のデザインに関しては、労働組合がその決定に関与することは十分にあり得るし、また、望ましいことでもある。

　とはいえ、業績や成果は個人ごとに異なるものであり、それ自体はいうまでもなく労働条件には当たらない。

　それゆえ、年俸交渉は、それぞれの個人ごとに行われるべきであって、団体交渉や労使協議には本来なじまない。つまり、個別交渉こそが、その本来の姿となるのである。

　したがって、労使間で定めたルールに反する評価や年俸額の決定はもとより許されないものの、評価や年報額の決定がルールに基づいて行われた場合にはこれを覆す余地はもはやない。労働組合の力によるその変更を認めることは、個人の業績や成果に対する評価を、組合の団結力をもって人為的に引き上げることを意味し、成果主義とはおよそ相容れない。

　たしかに、評価や年俸額の決定がルールに基づいて適正に行われることを、何らかの形で担保する仕組みは必要になる。

　改正法案38条の4第1項5号に定める「労働者からの苦情の処理に関する措置」は、その一つであり、このような措置に労働組合がコミットすることもあってよい。

　しかし、評価自体は、あくまで個人の業績や成果に基づいてなされるべきであり、それ以外のファクターが評価要素として入り込むことは認めるべきではない。

　労働組合は、個別交渉に関する交渉ゲームのルール・メーカーとはなり得ても、プレーヤーとはなり得ないし、なるべきでもない。

個人が労働組合に代わって、交渉ゲームのプレーヤーとなる。成果主義に基づく個別交渉の時代には、ゲームの主役が、このように労働組合から個人へと交代することになる。

しかるに、労働組合法をはじめとするこれまでの労使関係法は、団体戦のみを想定し、個人戦については、その眼中にすらなかった。とはいえ、団体戦のルールと個人戦のルールとは明らかに違うはずであり、両者を混同することは許されない[15]。

労使関係法のなかに、個人戦（個別交渉）のルールをどう組み込むか。これに答えを出すことが今、求められているのである。

初出）『季刊労働法』185号（平成10年5月）26頁以下

---

[15] たとえば、労働委員会においては、個別紛争が現実には団体交渉のルールで処理されている。いわゆる駆け込み訴えがそれである。駆け込み訴えの場合、そこに登場する個人加盟の労働組合は、当該個人の代理人（エージェント）以外の何者でもない。しかし、労働組合がエージェントになると、弁護士が代理人になる場合とは違い、一転して交渉を拒否することが許されなくなる。個人戦を団体戦のルールで戦うことが認められているからであるが、やはりどこかおかしい。そう考えるのは、天の邪鬼な筆者だけであろうか。

Episode 14

　内閣提出法案が、国会の審議を経る過程で修正される。平成10年の労基法改正案は、このような足跡をたどる。その結果、法改正により新設をみた38条の4（その後、企画業務型と呼ばれることになる裁量労働制に関する規定）についても、次のような修正が行われることになる。

　「第1項中第6号を第7号とし、第5号の次に次の1号を加える。
　六　使用者は、この項の規定により第2号に掲げる労働者の範囲に属する労働者を対象業務に就かせたときは第3号に掲げる時間労働したものとみなすことについて当該労働者の同意を得なければならないこと及び当該同意をしなかつた当該労働者に対して解雇その他不利益な取扱いをしてはならないこと」。

　「第2項第1号中『指名されて』を『命令で定めるところにより任期を定めて指名され、かつ、命令で定めるところにより当該事業場の労働者の過半数の信任を得て』に改め、同条第3項中『ために』の下に『、中央労働基準審議会の意見を聴いて』を加え、同項の次に次の1項を加える。
④　第1項の規定による届出をした使用者は、命令で定めるところにより、定期的に、同項第4号に規定する措置の実施状況その他の命令で定める事項を行政官庁に報告しなければならない」。

　このようにして、本文295頁の注14でみたように、指針＝大臣告示に定めが設けられるはずであった「本人同意」が、労使委員会の決議事項として法定され、過半数組合または過半数代表者が指名する労使委員会の委員については「当該事業場の労働者の過半数の信任」を得ることが、要件として新たに追加される。

　その後、労使委員会委員の「信任」については、平成15年の法改正（翌16年1月1日施行）によって要件から除かれたものの、「本人同意」については、令和5年の労基法施行規則の改正（翌6年4月1日施行）により、専門業務型の裁量労働制に関する労使協定の協定事項としても、その定めが置かれることになる。

　しかし、少なくとも「本人同意」の協定事項化については必要がなかったのではないか（本書110頁を参照）。筆者にはそう思えてならない。

15 三六協定——規制の現状と未来

　I　異色の協定
　II　規制の現状
　III　未来の規制

I　異色の協定

　労働基準法（労基法）は、平成7年10月末現在、10種類に及ぶ労使協定のメニューを用意している。しかし、行政官庁（所轄労働基準監督署長、労基法施行規則16条1項を参照）に対する届出を、労基法が協定の効力発生要件として明確に規定しているものは、労基法36条に定める三六協定（時間外・休日労働協定）をおいてほかにはない。ここに、筆者が三六協定を"異色の協定"と呼ぶ理由がある。

　たとえば、裁量労働協定（労基法38条の2第4項【現38条の3第1項】）の場合、協定の届出義務は、別個独立した使用者の義務として法定されており（同条第5項【現38条の3第2項】を参照）、仮に届出を欠いたとしても、「その協定で定める時間労働したものとみなす」ことを妨げられない。

　1年単位の変形労働時間制協定（労基法32条の4第1項）、1週間単位の非定型の変形労働時間制協定（同32条の5第1項）のほか、事業場外労働協定（同38条の2第2項）の一部（協定で定める時間が法定労働時間を超えるもの、労基法施行規則24条の2第3項を参照）もこの範疇に入る。

　これに対して、三六協定は、「協定をし」かつ「これを行政官庁に届け出た場合に」初めて「その協定で定めるところによつて労働時間を延長し、又は休日に労働させることができる」。そんな制度設計がなされているのである。

　このほか、労基法に定める労使協定のなかには、届出義務を欠くものさえないわけではない。つまり、賃金控除協定（24条1項ただし書）、フレックスタイム協定（32条の3第1項）、計画年休協定（39条5項【現6項】）、休暇手当の支払方法に係る協定（同条6項【現9項】ただし書）に加え、事業場外労働協定の一部（協定で定める時間が法定労働時間以下のもの、労基法施行規則

24条の2第3項ただし書を参照）がこれに当たる。

なお、貯蓄金管理協定（18条2項）については、これをどう考えるかが難しい。労基法は、任意貯金の制度化にあたって「協定をし、これを行政官庁に届け出なければならない」と明確に規定している。

とはいえ、協定の届出を欠くことが、直ちに貯蓄金管理制度を無効とするとは解しにくい。貯蓄金管理協定は、三六協定とはむしろ似て非なる関係にある、と考えるのが妥当であろう[1]。

このように、三六協定における届出の意味は、他の労使協定におけるそれとは明らかに異なっている。このことは、大方の場合、協定の私法的効力を前提に考えるとわかりやすいが、かならずしもその必要はない。就業規則等の定めが、協定の届出を欠くことによって無効となることがあるのか。そうした問いに、これを置き換えてもよい。

結論はただ一つ。その届出の有無が就業規則等の定めの効力を左右するような労使協定は、三六協定以外にはない。以上の分析の目的は、つまるところ、この一点を確認することにあったのである[2]。

表　三六協定・就業規則の届出件数の推移

年	三六協定	就業規則	合　計
昭和58年	812,927	123,491	936,418
昭和59年	820,212	119,794	940,006
昭和60年	823,860	119,413	943,273
昭和61年	820,875	156,448	977,323
昭和62年	793,904	135,477	929,381
昭和63年	800,920	152,228	953,148
平成元年	774,804	160,603	935,407
平成2年	772,817	164,461	937,278
平成3年	752,818	215,327	968,145
平成4年	775,112	216,036	991,148

出所）労働省発表資料（後掲（注3）を参照）をもとに作表。

---

[1] 免罰的効力という問題に限定して考えると、まったく逆の解釈も成り立つが、それでは、かえって協定の意味を見失ってしまうことになろう。

[2] なお、労働省労働基準局賃金時間部『新版　時短促進法』（労務行政研究所、平成6年）127頁以下は、労働時間法制とかかわる労使協定について、届出を軸に分類（パターン化）を行っている。ただ、もっぱらその焦点は、協定の免罰効果にあてられている。

15　三六協定──規制の現状と未来

　こうした事情も背景にはあるのであろうか、三六協定の届出件数は年々膨大な量に及んでいる。前頁の表にみるように、その届出件数は毎年80万件前後あり、就業規則の届出件数と合わせれば、その数は最近では100万件近い数字を記録するものとなっている。

　ちなみに、平成4年の場合、労働基準局関係の届出受理件数は全体で約106万件あったというが、その4分の3弱（73.1％）を三六協定だけで占めていたこと（就業規則と合計したシェアは、93.5％）になる[3]。

　近年、この表にみるように、三六協定の届出件数はやや減少傾向にあるともいえるが、労基法に定める他の労使協定の届出件数とは依然として比べるべくもない。

　たとえば、平成4年度における裁量労働協定の届出件数は、わずかに216件（5年度は217件）[4]。その件数は、同年における三六協定の届出件数の0.02％を数えるにとどまっている。

　この意味においても、三六協定は、"異色の協定"といって差支えはないのである。

Ⅱ　規制の現状

　以上にみたように、三六協定の持つ影響力には、ことのほか大きいものがある。これまでの行政指導がもっぱら三六協定をそのターゲットとしてきたことも、こう考えると不思議ではない。

　なかでも、行政の最大の関心事は、労働組合（過半数組合）のない事業場における「労働者の過半数を代表する者」（過半数代表者）の選出方法の適正化にあった。

　たとえば、このような行政指導のエポックを形成した通達の一つに、以下の内容を含む労働基準局長名の通達「労働時間短縮の行政指導について」（昭和53年6月23日基発第355号）がある。

---

[3] なお、三六協定や就業規則の届出件数は、労働省編『日本の労働政策』（各年版、昭和62年までは『グラフでみる労働事情』、労働基準調査会）による。

[4] 裁量労働協定の届出件数は、山川隆一「裁量労働制の将来」『ジュリスト』1066号（平成7年5月）192頁以下、193頁による。

【三六協定締結当事者の適正化】

イ　労働時間に関する調査的監督（昭和52年12月実施）の結果によって、事業場に労働者の過半数を代表する労働組合がない場合における三六協定締結の一方当事者である労働者代表の選出方法をみると、「使用者の指名」によるもの及び「親睦会の推せん」によるものなど労働者代表としての適格性に欠け、あるいは適格性が疑わしいものがいまだ相当数見られる。

　労働者を代表する者が適格性を欠く場合は、三六協定が有効に成立しないこととなる。

　次のような場合は、適格性を欠くものとして扱い、［労基］法第36条の趣旨に合致した選挙その他これに準ずる方法により真に労働者代表にふさわしいものが選出されるよう指導すること。

（イ）労働者を代表する者を、使用者が一方的に指名している場合
（ロ）親睦会の代表者が、労働者代表となつている場合
（ハ）一定の役職者が自動的に労働者代表となることとされている場合
（ニ）一定の範囲の役職者が互選により、労働者代表を選出することとしている場合
（ホ）上記（イ）～（ニ）に準ずる場合で、労働者代表の選出方法として適当でないと労働基準監督署長が認めたもの
（ヘ）選挙又はこれに準ずる方法による場合であつても、選出された者が、事業場全体の労働時間等労働条件の計画・管理に関する権限を有する者（たとえば、会社の労務部長など）である場合

ロ　時間外労働・休日労働に関する協定届（労働基準法施行規則第17条の様式第9号）の様式を近く改正し、労働者代表の選出方法を記載させることとする。

このロにいう届出様式の改正（昭和53年11月10日労令第43号）では、新たに過半数代表者の「職」とその「選出方法」の記載が要求されることになったのであるが、省令改正（労基法施行規則の改正）の直後に出された通達（同月20日基発第642号）では、イに示されたネガティブリストの内容が大幅に圧縮され、これを踏襲した現行通達（昭和63年1月1日基発第1号）においても、その指示は、次のように抽象的なレベルにとどまっている。

15　三六協定——規制の現状と未来

【労使協定の締結の適正手続】

労働者の過半数で組織する労働組合がない事業場における過半数代表者の選任については、次の要件に該当するものであること。

① 過半数代表者の適格性としては、事業場全体の労働時間等の労働条件の計画・管理に関する権限を有するものなど管理監督者ではないこと。

② 過半数代表者の選出方法として、その者が労働者の過半数を代表して労使協定を締結することの適否について判断する機会が当該事業場の労働者に与えられており、すなわち、使用者の指名などその意向に沿つて選出するようなものであつてはならず、かつ、当該事業場の過半数の労働者がその者を支持していると認められる民主的な手続がとられていること、すなわち、労働者の投票、挙手等の方法により選出されること。

一方、過半数代表者の選出方法をめぐる議論は、労働基準法（労働契約・就業規則等関係）の改正問題とも関連する形で、これが論じられることとなる。

昭和61年の中央労働基準審議会・就業規則等部会における労使双方の意見の提出[5]を皮切りとして、平成5年5月には、労働基準法研究会（労働契約等法制部会）がその検討結果を労働大臣にあて報告[6]。平成7年5月には、中央労働基準審議会の上記部会が、これまでの審議の「中間的とりまとめ」[7]を行うまでになっている。

昭和61年 中央労働基準審議会就業規則等部会	過半数労働組合がない場合における、労働基準法上の労働者代表は命令で定める方法（立候補による無記名投票）によって選出されたものとする。 （労働側意見）
	労働者代表の選出方法は、それぞれの労使関係の中で選択されるべきであって、画一的な行政指導や法規制には反対である。 （使用者側意見）
平成5年 労働基準法研究会労働契約等法制部会	現在労働基準法に定めがない労働者代表の選出方法、権限、任期等について、明確化することが適当であり、特に、過半数代表者の選出につき、投票、挙手等民主的な手続によること等の現行の労働者代表の選任の手続について法律上明確化することについて検討す

---

5 提出された意見の内容については、平賀俊行『増補　改正労働基準法——背景と解説』（日本労働協会、昭和63年）140以下を参照。
6 労働省労働基準局監督課編著『今後の労働契約等法制のあり方について——労働基準法研究会報告』（日本労働研究機構、平成5年）13頁以下に所収。
7 『労働経済判例速報』1562号（平成7年6月20日）25頁以下に所収。

平成7年 中央労働基準審 議会就業規則等 部会	ることが適当である。また、併せて、労働者代表がその地位、職務等の故に不利益な取扱いを受けないような方策についても検討することが適当である。
	労働者代表の選出方法については、現在、通達で指導を行っている選出手続を法令で明記すべきである。　　　　　　　　（労働側意見）
	労働者代表の選出方法については、現行の行政指導の中で、労使の自主選択に任せればよい。　　　　　　　　　　　　　（使用者側意見）

　その概要は、上記の表にみるとおりであるが、労使双方が次第に歩み寄りの姿勢をみせるに至っていることが注目される。

　なお、上記の労働基準法研究会報告は、そのなかで、労使協定のあり方についてこうも述べている。このことにも留意する必要があろう。

　　「労働基準法上の労使協定は、基本的には労働基準法違反の責任を解除する免罰効果を有するものであるが、同時にこれにより労働者の労働条件が実質上左右されることから、その内容を労働者に周知させることは重要なことであり、使用者又は労働組合若しくは労働者代表は、労使協定を掲示する等の措置を講ずることが望ましい」[8]。

　他方、最近では、先にみたかつての通達（昭和53年6月23日基発第355号）を彷彿させるような裁判例も登場。過半数代表者の選出方法をめぐる問題は、まさしくホット・イシューというにふさわしい観を呈しつつある。

　トーコロ事件（東京地判平成6．10．25労民集45巻5・6号369頁）が、それである【なお、下記の判断は、控訴審（東京高判平成9．11．17労民集48巻5・6号633頁）および上告審（最二小判平成13．6．22労判808号11頁）においても維持されている】。

　本件においては、親睦団体である友の会の役員が過半数代表者として署名・捺印した三六協定が作成され、これが所轄労働基準監督署長に届け出られたのであるが、判決は、以下のように判示し、本件三六協定を無効として、原告の時間外労働義務を否定するとともに、その残業拒否等の行為を懲戒解雇事由には当たらないとした。

　　「友の会は、役員を含めた被告会社の全従業員によって構成され、『会員

---

[8]　前掲（注6）『今後の労働契約等法制のあり方について』45頁。

相互の親睦と生活の向上、福利の増進を計り、融和団結の実をあげる』（規約2条）ことを目的とする親睦団体であって、労働者の自主的団体とは認めがたく、その役員は会員の選挙によって選出されるが（規約6条）、[当該]選挙をもって、三六協定を締結する労働者代表を選出する手続と認めることもできず、本件三六協定は、親睦団体の代表者が自動的に労働者代表となって締結されたものというほかなく、作成手続において適法・有効なものとはいいがたい」。

しかし、特定の選出方法を法的に排除したり、または強制したりすることがはたして妥当なのか、筆者には大いに疑問がある。

従業員によって支持されている限り、過半数代表者の使用者による指名や親睦会代表者の横すべり（自動的選任）といった選出方法も、これを否定すべき理由はない。

過半数代表者の選出方法を固定化するのではなく、これを従業員に対して開かれたものとする。協定内容についても、その開示が必要となろう。

誰がどのような協定を締結したのか。その届出を通して監督署はこれを知り得ても、従業員も同様に知っているという保証はない。現行法制のかかえる最も大きな問題は、このような制度的保証をこれが欠いていることにある。そう筆者は考えるのである。

Ⅲ 未来の規制

誰がいかなる協定を締結したのか。その一切をオープンにする。筆者の描く三六協定の未来は、ここから出発する。

ただ、新しい法制のあり方を構想するに当たっては、その対象を三六協定にひとまず限るとしても、いずれはこれを過半数代表制とかかわる労基法上の制度の全般（現行10種類の労使協定と就業規則の作成・変更に係る意見聴取）に拡げることが望ましい。

では、将来的にはどのような法制が望ましいと考えるのか。以下では、これを労基法の改正案という形で提示してみたい。

> 第89条第1項に次の1号を加える。
> 　○　第18条第2項、第24条第1項ただし書、第32条の3第1項、第32条の4第2項、第32条の5第1項、第36条、第38条の2第2項及び第4項、第39条第5項及び第6項ただし書並びに第90条第1項の規定により、当該事業場における労働者の過半数を代表する者の選出を必要とする場合においては、その選出方法に関する事項
>
> 第106条第1項を次のように改める。
> 　使用者は、次に掲げる法令規則等を、常時各作業場の見易い場所に掲示する等の方法によつて、労働者に周知させなければならない。
> 　一　この法律及びこの法律に基づいて発する命令の要旨
> 　二　就業規則（第90条第2項で定める書面を含む。）
> 　三　第18条第2項、第24条第1項ただし書、第32条の3第1項、第32条の4第2項、第32条の5第1項、第36条、第38条の2第2項及び第4項、第39条第5項及び第6項ただし書並びに第90条第1項の規定により、書面による協定を締結した場合においては、その協定
> 　四　第18条第2項、第24条第1項ただし書、第32条の3第1項、第32条の4第2項、第32条の5第1項、第36条、第38条の2第2項及び第4項、第39条第5項及び第6項ただし書並びに第90条第1項の規定により、当該事業場における労働者の過半数を代表する者を選出した場合においては、その者の職及び氏名

　以上を要するに、筆者の提案は、①過半数代表者の選出方法を、就業規則の相対的必要記載事項とすること、②過半数組合または過半数代表者が作成した意見書（就業規則）、およびこれが締結した労使協定、さらに過半数代表者を協定締結等の当事者として選出した場合には代表者の職・氏名について、その周知を使用者に義務づけること、の二点にある。

　このうち、②にいう労使協定の周知措置については、前述した労基研報告も言及しており、また船員法113条が法定するところでもある[9]。

---

[9]　船員法113条は、こう定めている。「船舶所有者は、この法律、労働基準法、この法律に基づいて発する命令、労働協約、就業規則並びに第34条第2項、第64条の2及び第65条の協定を記載した書類を船内及びその他の事業場内の見やすい場所に掲示し、又は備え置

なお、①のような措置を講じることは、過半数代表者の選出方法を使用者が決定することを同時に認めることにもなるが、労基法は、一方で労使協定の締結や就業規則の意見聴取を「使用者の義務」として規定しており、過半数代表者の選出が必要となる場合には、いずれにせよ使用者のイニシアティブのもとで、選出を行わざるを得ないという現実がある。

それゆえ、その選出方法をあらかじめ就業規則で定める（その旨を法定する）ことも、法的にみて許されないことではない[10]。こう、筆者は理解したい。

このようにして、過半数代表制がいわばガラス張りの制度して確立をみたとき、労使協定の私法的効力をなお否定すべき理由が存在するであろうか。おそらくは"ノー"である。

また、労使協定は、その私法的効力を正面から承認してこそ、その内容にまでわたる司法審査が一般的にも可能となる。あるいは、こういうことができよう。

思うに、三六協定の内容に対する司法審査（合理性判断）の可否が就業規則の書き方いかんによって決まるなどといった現状は、決して望ましいことではない[11]。その実力にふさわしい処遇をどのようにして実現するのか。三六協定の未来は、この一点にかかっているといっても過言ではないであろう。

初出）『阪大法学』45巻3・4号（平成7年10月）79頁以下、87〜99頁。
　　　原題「三六協定に関する覚書」（前半部分の大半は、拙著『労働法とその周辺——神は細部に宿り給ふ』（アドバンスニュース出版、平成28年）283〜294頁に所収）

かなければならない」。なお、ここにいう協定とは、①貯蓄金管理協定、②時間外労働協定および③補償休日労働協定の三協定を指す。
[10]　なお、このようにして選出方法を透明化（規則化）することは、協定内容の開示と同様、従業員に対して異議申立のきっかけを与えることにもなる。ともあれ、オープンになった選出方法を受け入れるかどうかは、従業員の判断に委ねればよいのである。
[11]　たとえば、日立製作所武蔵工場事件（最一小判平成3.11.28民集45巻8号1270頁）の場合、三六協定が合理性判断の対象とされたのは、たまたま就業規則が三六協定の範囲内で時間外労働をさせることがある旨を規定していた、という事情による。しかし、このような偶然の要素に期待することには問題があるといえよう【以上につき、拙稿「時間外労働義務」『労働判例百選（第8版）』】（平成21年10月）88〜89頁を併せ参照」。

Episode 15

　平成10年の労基法改正まで、同法106条1項は「使用者は、この法律及びこの法律に基いて発する命令の要旨並びに就業規則を、常時各作業場の見易い場所に掲示し、又は備え付ける等の方法によつて、労働者に周知させなければならない」と規定していた。

　これが法改正（平成11年4月1日施行）により、「使用者は、この法律及びこれに基づく命令の要旨、就業規則、第18条第2項、第24条第1項ただし書、第32条の2第1項、第32条の3、第32条の4第1項、第32条の5第1項、第34条第2項ただし書、第36条第1項、第38条の2第2項、第38条の3第1項並びに第39条第5項及び第6項ただし書に規定する協定並びに第38条の4第1項及び第5項に規定する決議を、常時各作業場の見やすい場所へ掲示し、又は備え付けること、書面を交付することその他の命令で定める方法によつて、労働者に周知させなければならない」と改められる。

　上記改正に伴って、労基法106条の見出しも、「法令規則の周知義務」から「法令等の周知義務」へと変更をみた。

　しかし、以来、四半世紀が経過した今日もなお、筆者の構想（本文306頁を参照）とは異なり、過半数代表者の選出方法は、就業規則の必要記載事項とはなっておらず、過半数代表者の職・氏名も、就業規則の作成・変更に当たって作成された過半数組合や過半数代表者の意見書とともに、周知義務の対象とはなっていない。

　誰がどのようにして過半数代表者に選出され、いかなる労使協定を締結し、就業規則の作成・変更に際して、どのような意見を述べたのか。そのすべてがオープンになっているのであれば、過半数代表者の選出方法に法や行政は介入すべきではない。そうした筆者の思いは、いまだ孤立無援の見解（isolated and unaided opinion）にとどまっている。

　ただ、公式行事等で大勢の前で挨拶する場合にも、「ご指名がございましたので、…」といった前置きが当然のように必要とされる。そんな現実がわが国にはある。それゆえ、使用者による指名はダメなどと、いくら理想を振りかざしても、現実は変わらない。だとすれば、根本にある発想そのものを変える。そうした発想の転換こそ必要ではなかろうか。

16　労働時間と労使関係

　　Ⅰ　はじめに
　　Ⅱ　労働時間法制と労使自治
　　Ⅲ　労使協定（時間協定）の現状と問題点
　　Ⅳ　労使協定（時間協定）の将来——改革の方向
　　Ⅴ　まとめにかえて

Ⅰ　はじめに

　労働省が毎年9月に行っている調査に、「賃金引上げ等の実態に関する調査」（原則として、常用労働者100人以上の企業を調査対象とする）がある。その設問の一つに、一定の項目につき過去1年間に労働組合または労働者と話合いを行ったかどうかを問うものがある。

　同調査によれば、こうした話合いを行ったとする企業の割合は、近年顕著に低下する傾向にある。たとえば、平成5年には8割近く（**79.7％**）の企業が「話合いあり」と回答していたのに対して、8年にはこれが6割弱（**59.2％**）にまで低下している。

　このような傾向は調査対象とされたすべての項目についてみられ、労働時間に関する項目についても「話合いあり」と回答した企業が大きく減少している（次頁の**表1**を参照）。

　市場経済のもとでは、労働条件は、当事者の自治（労使自治）によって決定するのが原則であり、最もポピュラーな労働条件の一つである労働時間についても、この原則が妥当することはいうまでもない。

　上記の調査は、このような産業民主主義の原則が近年ともすれば軽視される風潮にあることを示しているが、法制度の見直し等によって、こうした傾向に歯止めをかけることも不可能ではないと考えられる。

　本節は、そうした問題意識のもとに、労働時間の決定システムにおける労使関係（労使自治）のあり方について、主として法制面から考察を行ったものである。

第2部　各論　第2章　労働時間・休暇

表1　労働条件について話合いを行った企業の割合とその変化

	平成5年 (A)	平成8年 (B)	A－B	B／A
項目　計	79.7%	59.2%	20.5%	0.74
週休2日制	33.4%	12.5%	20.9%	0.37
夏季特別休日	21.6%	14.2%	7.4%	0.66
その他の休日	31.4%	25.7%	5.7%	0.82
年次有給休暇の付与日数の引上げ	24.5%	6.0%	18.5%	0.24
年次有給休暇の取得促進	28.6%	14.5%	14.1%	0.51
1日の所定労働時間の短縮	19.7%	13.4%	6.3%	0.68
所定外労働時間の抑制	34.2%	17.2%	17.0%	0.50
変形労働時間制の導入	17.4%	13.3%	4.1%	0.76
定年年齢の延長	12.8%	4.5%	8.3%	0.35
勤務延長制度	5.7%	3.7%	2.0%	0.65
再雇用制度	14.1%	7.3%	6.8%	0.52
退職金・年金制度	22.2%	19.5%	2.7%	0.88
賃金制度	25.0%	21.0%	4.0%	0.84
賃金の割増率の取扱い	18.8%	9.8%	9.0%	0.52
育児休業制度の導入	29.7%	10.5%	19.2%	0.35
介護休業制度の導入	12.6%	11.0%	1.6%	0.87

注）項目計における「話合いあり」欄の数値は、少なくとも1つの項目について話合いが行なわれた企業の割合をさす。企業規模計。
出所）労働省「賃金引上げ等の実態に関する調査」

Ⅱ　労働時間法制と労使自治

　労働基準法（労基法）に定める労使協定は、平成9年現在10種類。そのうち労働時間に関するものは、労基法36条に規定する時間外・休日労働協定（三六協定）をはじめとして7種類ある。

　これらの労使協定は、いずれも、事業場における労働者の過半数で組織する労働組合（過半数組合）、またはこのような労働組合がない場合には労働者の過半数を代表する者（過半数代表者）を締結当事者としている。

　協定制度の狙いを一言でいえば、法定労働時間を超える労働時間の延長等を認めるに当たって「労働者の団体意思による同意」[1]を、その要件とすることにある。

---

[1]　寺本廣作『労働基準法解説』（時事通信社、昭和23年）237頁。

また、労基法は、その89条1項【現89条】1号において「始業及び終業の時刻、休憩時間、休日、休暇並びに労働者を二組以上に分けて交替に就業させる場合においては就業時転換に関する事項」を就業規則の絶対的必要記載事項として定めるとともに、90条で、その作成および変更に当たっては過半数組合または過半数代表者の意見を聴取し、これを記した書面を届出の際に添付することを使用者の義務として規定している。

　そして、こうした意見聴取の狙いも、労使協定とほぼ共通して、就業規則の作成等について「労働者に団体的参加の機会を保証」[2]することにあった。

　このように、わが国においては、労働時間の具体的な決定に当たって、労働者の団体意思（集団的ボイス）に基づく関与を認め、これを労使自治に委ねるという法政策がとられているといえる。

　他方、現行労基法は、行政によるチェックシステム（所轄労働基準監督署長への届出制度）を、このような労使自治を補完するものとして採用している。

　ただ、労使協定のなかには、フレックスタイム協定（32条の3第1項）のほか、事業場外労働協定の一部（38条の2第2項、みなし労働時間が1日8時間を超えないとき）や計画年休協定（39条5項【現6項】）のように、そもそも届出義務のないものがある。

　また、仮に届出義務のある場合であっても、最長1年単位の変形労働時間制協定（32条の4第1項）や1週間単位の非定型の変形労働時間制協定（32条の5第1項）、事業場外労働協定の一部（みなし労働時間が1日8時間を超えるとき）や裁量労働協定（38条の2第4項【現38条の3第1項】）のように、届出の有無が協定の効力には直接影響を与えないものもある（ただし、届出義務違反として罰則が適用される可能性はある）。すなわち、届出を欠くことによって協定が無効となる例は、現実には三六協定に限られるのである。

III　労使協定（時間協定）の現状と問題点

　このような事情もあってか、次頁の**表2**にみるように、労使協定の届出件数という点では、昭和22年の労基法制定当初から存在する三六協定が、年間約

---

[2]　寺本・前掲書（注1）354頁。

80万件（就業規則の届出件数を足すと、100万件を超える）と、現在なお突出した状況にある。

ただ、週40時間労働制が施行されるに至った平成6年以降、最長1年単位（それ以前は、最長3ヵ月単位）の変形労働時間制協定の届出件数が急増し、年間1万件の大台を突破するとともに、これと二桁以上の差があるとはいえ、裁量労働協定の届出件数も、近年着実な増加傾向を示している。こうした点にも、やはり注目する必要があろう。

表2　労使協定等の届出件数の推移

	三六協定	就業規則	1年単位の変形労働時間制協定	1週間単位の非定型の変形労働時間制協定	事業場外労働協定	裁量労働協定
昭和61年	820,875	156,448	—	—	—	—
昭和62年	793,904	135,477	—	—	—	—
昭和63年	800,920	152,228	—	—	—	—
平成元年	774,804	160,603	—	—	—	—
平成2年	772,817	164,461	411	18	1,541	123
平成3年	752,818	215,327	815	14	1,484	176
平成4年	775,112	216,036	1,198	9	1,970	216
平成5年	801,987	204,442	1,491	16	1,580	217
平成6年	795,890	279,236	16,161	18	1,780	483
平成7年	810,372	219,568	18,345	10	2,024	502

注）1年単位の変形労働時間制協定は、平成5年までは3か月単位。
出所）労働省発表資料

たしかに、労働時間に関する協定（時間協定）のなかには、1週間単位の非定型の変形労働時間制協定のように、届出件数をみる限り、ほとんど活用されていない協定もなくはない[3]。

しかし、その全体的な規模からみて、労使協定の持つ潜在的パワーにはなお相当大きなものがある。労働組合の有無にかかわらず、労使に話合いの場とそのきっかけを提供する。協定制度には、そうした力と可能性が秘められているのである。

---

[3] 1週間単位の非定型の変形労働時間制協定の届出件数がごくわずかにとどまっている理由は、同制度の適用範囲がきわめて狭い（規模30人未満の小売業、旅館、料理店および飲食店の事業）ことにあるとも考えられる。

ただ、このような理想と現実との間には、依然としてかなりの距離がある。たとえば、連合総研（連合総合生活開発研究所）が労働省の委託を受けて平成7年末に実施した「労働時間と労使関係に関するアンケート調査」（調査対象には労働組合のない事業所を含む）からは、次のような現行時間協定の問題点が明らかになる[4]。

1　三六協定の問題点

　調査結果によれば、三六協定を締結している事業所は全体の 91.7%、その96.2%（全数比 88.2%）に相当する事業所が当該協定の届出を行っている。
　このように、三六協定の締結率および届出率は、予想に違わず、ともにきわめて高い。
　ただ、先に述べたように、三六協定はこれを締結し、かつ届け出なければ、時間外労働や休日労働に労働者を従事させることは許されない。
　その意味で、届出を欠くために、残業を命じる根拠とはならない無効な三六協定がおよそ 30 事業所に 1 事業所の割合でみられることは問題といえる。
　だが、より大きな問題は、その周知度（透明性）にある。三六協定の内容を「従業員にはとくに知らせていない」と回答した事業所が全体で 18.7% もあり、その割合は、不思議なことに、労働組合のある事業所（18.8%）が組合のない事業所（18.1%）をわずかながらも上回っている。
　時間外労働は、三六協定に定める限度時間の範囲内でしか行えないという制約があり、突発的な事態に備えて、いわゆる目安時間の上限枠（例：1 年 360時間）一杯に、こうした限度時間を定めるケースも少なくないと聞く。
　たとえば、本調査の場合、三六協定に定める限度時間を 1 年 350 時間以上とした事業所は、全体の 30.5% を占めているが、実際に年間所定外労働時間が 350時間以上あった事業所は 5.5% と、約 6 分の 1 の水準にとどまっている。
　他方、協定上の限度時間を 1 年 200 時間未満とした事業所は、6.2% にすぎないが、年間所定外労働時間が 200 時間未満であった事業所は、半数を上回る51.9% に達している。

---

[4]　詳しくは、連合総研『労働時間制度における労使の関与に関する調査研究報告書』（平成8年）を参照。

つまり、三六協定がこのように事実上「保険化」しているために、実効性のある時間外労働の規制が別途可能な場合には、協定自体の内容を従業員に周知する意味が希薄化し、それが「周知度の低下」につながっているとも考えられるのである。

事実、**表3**にみるように、三六協定以外に所定外労働の限度時間を定めた協定ないしは規制目標があると回答した事業所は全体で45.5％あり、労働組合がある場合には50.6％と、組合のない場合の26.3％を大きく上回っている。

そして、このような三六協定以外の協定や規制目標があるとした事業所の50.6％（組合がある場合は53.6％、組合がない場合は28.6％）が、その内容は「届け出た三六協定の限度時間と異なる（より厳しい規制を行っている）」と回答しているのである。

したがって、三六協定の透明性を高めるためには、単にその周知義務を法定するというだけでは十分とはいえない。この点を、ここではひとまず確認しておきたい。

表3　三六協定以外の時間外労働規制

(単位：％)

		計	組合あり	組合なし
三六協定以外に、所定外労働の限度時間を定めた協定がある（A）		23.8	27.5	10.0
協定はないが、労使の話合いによる所定外労働の規制目標がある（B）		21.7	23.2	16.3
計（A＋B）		45.5 (100.0)	50.6 (100.0)	26.3 (100.0)
	うち、その内容が届け出た三六協定の限度時間と異なる（より厳しい規制を行っている）もの	(50.6)	(53.6)	(28.6)

2　その他の時間協定の問題点

この調査においては、時間協定とかかわるその他の労働時間制度（フレックスタイム制のほか、1年単位の変形労働時間制、事業場外労働および裁量労働に係るみなし労働時間制度、年次有給休暇の計画的付与制度）についても、調査が行われている。

「従業員には協定の内容をとくに知らせていない」と回答したものは、各々の制度を実際に導入している事業所の 4.4％と、透明性の確保という点では、三六協定と比較する限り、あまり問題のないものとなっている。

ただ、労働組合のある事業所では、これが 3.3％にとどまっているのに対して、組合のない事業所では 8.3％と、その差（5ポイント）は無視できないものとなっており、後者に改善の余地が大きいことを示している。

また、事業場外労働に係るみなし労働時間制度（所定労働時間労働したものとみなすものが典型）を除いて、これらの労働時間制度は、いずれも労使協定の締結を制度実施のための前提条件とするものとなっているが、調査からは、協定を締結せずに制度を実施している事業所が少なからず存在する、といった問題点も明らかになる。

たとえば、1年単位の変形労働時間制を例にとると、これを導入した事業所の 7.5％、労働組合のない事業所ではその 20.0％（組合のある事業所 4.8％）が現実には、労使協定の締結を行っていない[5]。つまり、ここにおいてもまた、組合のない事業所における改善の余地が大きいといえるのである。

なお、こうした傾向は、労使協定の届出率の低さといった点にも表れている。たとえば、裁量労働に係るみなし労働時間制度についてみると、協定を届け出ていない事業所は、これを締結した事業所の 22.9％（組合のある事業所は 13.8％、組合のない事業所は 66.7％）にも達している[6]。

前述したように、これらの労働時間制度の場合、労使協定の届出を怠ったからといって、協定それ自体が直ちに無効となるわけではない（制度それ自体の導入は可能）。

また、三六協定のように、協定の届出をその効力要件とすることは、制度設計のあり方としてはやや硬直的にすぎる（先にみたように、時間協定のなかには、届出義務のないものも実際には多い）。解決の難しい問題ではある。

---

[5] その他の労働時間制度を導入した事業所における労使協定未締結事業所の割合は、以下のとおり。
　① フレックスタイム　 8.7％（組合あり　 5.0％、組合なし　41.9％）
　② 裁量労働　　　　　17.1％（組合あり　10.3％、組合なし　50.0％）
　③ 計画年休　　　　　22.8％（組合あり　19.7％、組合なし　38.3％）

[6] なお、1年単位の変形労働時間制協定の場合、届出を行っていない事業所の割合は、全体で 8.8％（組合ありは 7.0％、組合なしは 17.5％）となっている。

3 過半数代表者の選出とかかわる問題点

　三六協定をはじめとする労使協定を締結するに当たって、当該事業所に過半数組合が存在しない場合には、いわゆる過半数代表者がその締結当事者となる。

　調査結果によれば、社員会など従業員組織の代表が協定の締結当事者となるケースが最も多く（締結事業所の 52.0％）、協定締結のために特に選出された代表（その他の協定代表）が当事者となるケース（47.4％）を５ポイント程度上回っている（その他が 0.6％）[7]。

　いずれの場合においても、その大半は課長クラス以下の者が代表に選ばれており（従業員組織の代表で 82.8％、その他の協定代表で 79.5％）、内訳としては圧倒的に正社員の男性が多いことのほか、そのプロフィールにさしたる違いはない。

　しかし、表４からもわかるように、誰がどのような方法で過半数代表者に選ばれているのかを従業員が実際にどの程度知っているのかという点に関しては、従業員組織の代表がなる場合と、その他の協定代表がなる場合との間でかなり大きな差異がみられる。

表４　過半数代表者（三六協定の締結当事者）に関する周知度

（単位：％）

	代表者について		選出方法について	
	従業員組織の代表	その他の代表	従業員組織の代表	その他の代表
ほぼ全員が知っている	70.3	33.7	68.1	31.3
４分の３ぐらいは知っている	16.5	16.9	14.3	13.3
半数ぐらいは知っている	8.8	20.5	9.9	24.1
４分の１ぐらいは知っている	1.1	10.8	3.3	9.6
ほとんど知らない	3.3	7.2	1.1	9.6

注）「わからない」および無回答を除く、それゆえ、合計は 100.0 にならない。

　さらに、代表者の選出方法としては最も問題があるといわれる「会社が代表

---

[7] 日本生産性本部が平成５年に実施した「企業内コミュニケーションに関する実態調査」（『中小企業の労使コミュニケーションに関する調査研究』（平成６年）55 頁）においても、これとほぼ同じ結果が得られたこと（労働組合がない場合、従業員組織の代表が「残業協定を結ぶ労働者代表」となるケースが 45.1％を占める）に注意。

を指名する」ケースが、従業員組織の代表がなる場合には11.0%と、その他の協定代表がなる場合（38.6%）の3分の1以下のレベルにとどまっている、という事実もある[8]。

つまり、労働組合のない事業所における協定制度については、従業員組織の有無が制度の透明性を事実上決定しているともいえるのである。

IV　労使協定（時間協定）の将来──改革の方向

現行時間協定の最も大きな意義は、労働時間の弾力化とかかわる制度を労使間の合意に基づくシステムとした点にある。とはいえ、上述したように、現在の制度には、協定内容の従業員に対する周知が十分に図られていない等いくつかの問題点があり、労使の合意形成機能に期待する法の意図は必ずしも実現していない。

では、こうした現状を変えるためには一体何が必要なのか。以下では、このような制度改革の方向性について考えてみたい。

1　三六協定とかかわる制度改革

三六協定が現在かかえる最大の問題は、前述したように、当該協定が一種の「保険」と化している点にある。

この問題を解決するためには、時間外労働等の上限について、法令に定めを置いた上で、その範囲内における規制については、これを労使の自治に委ねる（三六協定に定める上限時間には、原則として私法上の効力のみを認め、法定された上限枠を超える場合にのみ、労基法違反として処理する）[9]といったアイデアが考えられる。

---

[8]　労働組合のない事業所の場合、現行の過半数代表制の問題点として「代表のなり手がなかなか決まらない」を挙げるものが最も多く（33.6%、ただし母数には「特に問題はない」と回答した事業所を含まない）、このような事情が会社による代表の指名という結果をもたらしているようにも思われる。

[9]　三六協定に規制目標のみを定めることも、場合によっては認められてよい。つまり、協定に定める上限時間に私法上の効力を持たせるかどうかも、労使の自主的な決定に委ねるという考え方である。

たしかに、時間外労働等の上限を法令に定めることは、現在の規制を格段に強化することを意味しており、上限の中身を詰めるに当たっては、慎重な配慮（週40時間を超える場合のみを時間外労働とする。上限枠は、年間についてのみ設ける等）[10]を必要とする。

　ただ、現行の目安時間制度を維持する限り、三六協定の「保険化」（ある意味での二重協定化）は避けられず、三六協定それ自体に時間外労働等に対する抑止効果を期待するのは難しい。このような状況を今後とも放置するのかどうか。それが今、問われているのである。

　さらに、以上の改革を実行した上で、三六協定についてはその内容を従業員に対して周知する措置を使用者に義務づけることが検討されてよい（ただし、「保険化」の現状をそのままにして、周知義務だけを課すことにはあまり意味がない）。

　また、過半数代表者が三六協定の締結当事者となる場合には、その選出方法等についても、従業員に周知する措置が同様に義務づけられるべきであろう。誰がどのような協定を締結したのかを従業員自身が知らない、といった事態は決して望ましくないからである。

　なお、こうした周知措置の義務づけが、三六協定以外の時間協定にも求められることは多言を要しまい[11]。

2　その他の時間協定とかかわる制度改革

　三六協定以外の時間協定については、前述したように、協定の締結率や届出率が大幅にダウンするという問題がある。

　これを違法として指弾することは容易いものの、その原因の一半は、法令に定める労働時間制度それ自体の硬直性にあるといえなくもない。

---

[10] なお、筆者はかつて、時間外労働の上限を1年に180時間以上360時間以下の範囲内で命令で定める時間と法定し、当面360時間からスタートして、必要があればその段階的引下げを図ることを提案したことがある。拙稿「実労働時間短縮と労使関係——時間外労働とその規制」『日本労働研究雑誌』379号（平成3年6月）4頁以下、7～8頁。

[11] 以上、詳しくは拙稿「三六協定に関する覚書」『阪大法学』45巻3・4号（平成7年10月）79頁以下、94～96頁【改題の上、後半部分を本書299頁以下に所収。該当箇所は305～307頁】を参照。

たとえば、裁量労働に係るみなし労働時間制度の場合、昭和63年の制度導入当初は、通達による対象業務の指定は例示列挙にとどまり、労使協定でそれ以外の業務を対象業務に含めることも可能であったが、平成6年の改正労基法施行後は、対象業務が省令で限定列挙されることになり、それが認められなくなったという経緯がある[12]。

以上の例は、かなり極端な部類に属するとしても、規制を強化したために、オープンであるべき制度の導入がかえって秘密裡に行われるようになったというのでは本末転倒という以外にない。

現場の労使を信頼し、労使が自主的に決定できる範囲を拡大する。協定制度の活用を促すためにも、こうした労使自治に基礎を置く規制緩和の推進を図ることが必要といえよう。

なお、労働組合のない事業所の労使協定に大きな問題のあることは前述したとおりであるが、その解決も、協定制度をより透明でオープンなものに変えていくことによって、初めてそれが可能になると考えられる。

一方、産業民主主義の充実を図るためには、1か月単位の変形労働時間制のように、現在は協定方式が採られていない労働時間制度についても、協定方式の採用が新たに検討されてよい。

冒頭に述べた労使間の「話合い」軽視の風潮を逆転させるためにも、それは強力かつ有効な手段となり得るのである[13]。

V まとめにかえて

平成9年3月28日に閣議決定された「規制緩和推進計画」の再改定を受け、

---

[12] その後、大臣告示による対象業務の追加(平成9年4月1日施行)によって、裁量労働の対象業務は、当初の5業務(①研究・開発の業務、②情報処理システムの分析または設計の業務、③取材または編集の業務、④デザインの考案の業務、⑤プロデューサーまたはディレクターの業務)から11業務へと拡大されたとはいえ、追加された6業務中5業務が公認会計士等の「士」業によって占められており(コピーライターの業務が唯一の例外)、状況は大きく変わっていない。

[13] なお、このことに関連して、平成7年の労働省「賃金労働時間制度等総合調査」(調査対象は常用労働者30人以上の民営企業)によると、1か月単位の変形労働時間制を採用している企業は全体の18.3%と、変形労働時間制のなかではその採用率が最も高く、1年単位の変形労働時間制の採用企業(8.7%)と比較しても、これを約10ポイント上回るものとなっていることに注意。

第2部　各論　第2章　労働時間・休暇

同年7月2日には、労働省が労働基準法の改正試案として「今後の労働時間法制及び労働契約等法制の在り方について」を発表。この試案には、労使協定の内容および締結当事者に関する周知措置の新設や、1か月単位の変形労働時間制に係る労使協定制度の導入等、本節の主張とも共通した提案がいくつか盛り込まれた[14]。

また、裁量労働制の規制緩和と関連して、労使委員会（企業内における賃金や評価制度等を含めた労働条件全般を調査審議するための労使の代表からなる委員会）による決議を新たな裁量労働制を導入するための手続として課すなど、上記の労基法改正試案には、労使自治の活性化という意味で注目すべき内容の提言も含まれている[15]。

しかし、これまで時間外労働等について厳格な上限枠を設けてきた女子保護規定が平成11年4月以降撤廃されることに伴い、最大の争点の一つとなった三六協定のあり方に関しては、同協定が適正に締結されるよう「時間外労働に関する目安指針の法的根拠を設けることを含め、時間外労働に関する目安指針の実効性を高める方策等について」検討すること等が提案されるにとどまっており、三六協定の「保険化」の解消といった論点は、遺憾ながら試案のなかでは示されていない。

改正法案の提出（平成10年の通常国会における提出を予定）に向けた今後の議論のなかで、このような論点にも検討のメスが入れられることを是非とも期待したい。

　　　初出）連合総合生活開発研究所編『創造的キャリア時代のサラリーマン』
　　　　　　（日本評論社、平成9年12月）第2章第3節（77頁以下）

---

[14] なお、労働省の改正試案は、労働基準法34条2項に規定する一斉休憩付与の原則についても「労使協定の締結を要件として適用除外とすることについて検討すること」を提案している（現在は、所轄労働基準監督署長の許可が必要）。
[15] ただ、ここにいう労使委員会のモデルといってよい「労働時間の短縮の促進に関する臨時措置法」7条に定める労働時間短縮推進委員会の設置届出件数は、年間7件（平成7年）にとどまっており、所期の効果を上げていない。裁量労働制に労使委員会方式を導入するに当たっては、その轍を踏まないよう、制度設計等に関する徹底した事前の検討が必要といえよう。

Episode 16

　時間外労働の上限を法定する。「働き方改革を推進するための関係法律の整備に関する法律」（平成31年4月1日施行）第1条による労働基準法（労基法）の改正は、このことを柱の一つとしていた。

　具体的には、三六協定に定める時間外労働の時間に1か月45時間、1年360時間の「限度時間」が法定され、また「当該事業場における通常予見することのできない業務量の大幅な増加等に伴い臨時的に……限度時間を超えて労働させる必要がある場合」における、いわゆる「特別条項」に定める時間外労働の時間（休日労働の時間を含む）についても、1か月100時間未満、1年720時間以内という上限が設けられた（労基法36条3項～5項）。

　さらに、時間外労働の時間（休日労働の時間を含む）については、1か月100時間未満、複数月平均80時間以内等の上限が罰則付きで定められる（労基法36条6項、同法119条1号）。そのような法改正を、それは意味していた。

　しかし、このことは、本節で指摘した「保険」としての三六協定の性格までは変えなかった。たとえば、日本労働組合総連合会（連合）が実施した「2023年度　労働条件調査」は、次のような事実を明らかにする（以下、『れんごう政策資料』265号による）。

○　三六協定に定める時間外労働の平均時間は、［1か月］42時間46分、［1年］348時間59分で、「回答は時間外労働の法的上限時間である［1か月］45時間、［1年］360時間に集中しており、前者が70.3％、後者が82.9％を占めている」。

○　特別条項付きの三六協定の「締結状況をみると、協定を『締結している』組合は94.8％で、圧倒的多数の組合で協定が締結されている」。休日労働の時間を含む法定時間を超える特別延長時間の平均は、［1か月］78時間20分、［1年］627時間16分で、「［1か月］では、特別条項における……上限時間である80時間（略）に設定している組合が41.0％と4割強を占めている」。「［1年］でも、年間上限時間の720時間に設定している組合が41.1％と4割強となっている」。

　三六協定に定める範囲内でしか、時間外労働を命じることができない。そうした状況が続く限り、このような現状は変わるまい。

17 労働時間規制の現状と課題

Ⅰ　はじめに
Ⅱ　労働時間の現状
Ⅲ　労働時間規制の現状
Ⅳ　今後の課題
補　アメリカの適用除外制度

Ⅰ　はじめに

　労働時間は短ければ短いほどよい。もしこの命題が正しければ、失業者ほど幸せな人間はいないことになる。もちろん、労働時間は長ければ長いほどよいといいたいのではない。しかし、1日＝24時間は、天が万民に対して平等に与えたものであり、ある時間を超えれば働くなというのは、人々から機会の平等を奪うものですらある（他人より長く働くことしか能のない凡人にとっては、死活問題ともいえる）。

　労働者の健康および安全に対する配慮、家庭と仕事との調和等、労働時間を短縮すべき理由を挙げることは、それほど難しくない。長時間労働を過労死やサービス残業に結びつけて論じることも、ステレオタイプにすぎるとはいえ、マスコミでは既に当たり前のこととなっている。

　とはいえ、プロジェクトXを観て、人々が感動するのはなぜか。そこには、寝食を忘れて仕事に打ち込んだ男達の姿があるからではないか。それを支えた女達も、もちろん偉い（断っておくが、男女を差別する意図はない）。

　そうまでして何かをやりとげたとき、人々は何ものにも代えがたい達成感、喜びを得る。こうした喜びや感動を時短の名のもとに奪うことは許されない。また、今日の豊かな社会が、そのような先人たちの汗と涙の結晶であることも忘れてはならない。

　時短＝亡国論を唱えるつもりはない。だが、労働時間の短縮を絶対的な善と考える思想とも、そろそろ決別する必要がある。プロジェクトXを観て、労働基準法に違反しているのではないか、と考える者が仮にいたとすれば、それは

もう「病気」以外のなにものでもあるまい。

労働時間の短縮も、そのための法律や行政による規制も、これを絶対視することの誤りに気づくべきだ。本節で訴えたいことは、この一点に尽きる。

法律屋はともすれば、法律至上主義に陥りやすい。無理のある規制とうすうすわかっていても、それを当然のものとして受け入れる傾向にある。最近ではコンプライアンスという外国産の標語が、そうした傾向に一層拍車をかけた。

法律から政省令、大臣告示、通達へとそのレベルが下がっていっても、これを無条件に受け入れてしまう。知識が増えれば増えるほど、偉くなったように錯覚するので、なおさら始末が悪い。そうした反省も、以下の記述には込められている。

II 労働時間の現状

日本の労働時間は、確かに長い。たとえば、欧米諸国のなかでも労働時間が比較的長いとされるアメリカと比較しても、非農林業の1週当たりの平均就業時間（2003年）は、アメリカが39.0時間（通常、フルタイム労働に従事している者の場合は42.7時間）であるのに対して、日本はこれより約3時間（年間160時間強）長い42.1時間（男性46.8時間、女性35.4時間）となっている。

表1 就業時間の日米比較（2003年、非農林業）

（単位：％）

1週の就業時間	日　本	アメリカ
1～4時間	0.6	1.0
5～14時間	4.5	3.8
15～29時間	12.4	11.9
30～34時間	7.7	7.4
35～39時間	7.1	6.8
40～48時間	38.3	51.4
49～59時間	15.9	10.4
60時間以上	13.1	7.3
1週の平均就業時間	42.1時間	39.0時間

注）表には、不明（就業時間不詳）を含まない。
出所）日本：総務省統計局「労働力調査」、アメリカ：Census Bureau, Current Population Survey.

前頁の**表1**からもわかるように、その理由は、短時間就業者の分布の違いにあるのではない。1週当たりの就業時間が39時間までの層をみる限り、日米両国の分布は、むしろ驚くほど近似している。

他方、アメリカでは、週の就業時間が40～48時間の層が50%を超えているのに対して、日本では40%弱にとどまっている。

また、これとは逆に、週の就業時間が48時間を超える者が、日本では全体の30%弱を占めるのに対して、アメリカでは20%弱にとどまっている。

つまり、このような長時間就業者の分布の違いが、日米両国の「時間」差をもたらしているのである。

ただし、上記の調査は、いずれも世帯調査（household data）であり、事業所の賃金台帳（payroll records）をベースとした調査（establishment data）との間には、日米両国ともかなりの乖離がある。

すなわち、1週当たりの労働時間（2003年）は、日本では「毎月勤労統計調査」（厚生労働省）によると35.0時間となっているのに対して、アメリカでも労働省統計局（BLS）のCurrent Employment Statisticsによれば33.7時間と、上記の調査結果との差は相当大きい。

日本では、この差（年間約368時間）をもって、サービス残業の時間と決めつける論者もいるが、アメリカでは、統計上の差（年間約276時間）が、このような形で問題視されることはほとんどない[1]。

なお、両国とも労働力調査（CPS）の就業時間には、副業に従事した時間が含まれるが、日米間で副業率に大きな違いがあるわけではない（日本は3.9%、アメリカは5.3%、いずれも2002年）[2]。

毎月勤労統計（CES）のデータが実際の労働時間よりも短い可能性のあることは否定できないものの、労働力調査（CPS）のデータも、個人の記憶に頼らざるを得ないという調査方法からいって、それほど信頼のおけるものではない。労働時間統計について議論をする場合には、このような点にも注意する必要があろう。

---

[1] なお、1991年当時は、アメリカのほうが日本よりも乖離の幅が大きかった。拙稿「労働時間短縮の条件整備の方向」日本生産性本部『1993年版 労使関係白書』75頁以下、92頁（96頁の注24）を参照。

[2] 日米両国のデータは、それぞれ、総務省統計局「平成14年就業構造基本調査」（日本）、およびCPS（アメリカ）の2002年平均値による。

17 労働時間規制の現状と課題

　ちなみに、宗教家（Clergy）や医師（Physicians）の勤務時間は、洋の東西を問わず長い。弁護士（Lawyers）や大学教員（Teachers, college and university）も、その勤務時間は長い部類に入る（表2を参照）。しかし、これらの専門職については、その勤務時間を労働時間と考えること自体が本来おかしい、ともいうことができよう。

表2　勤務時間の長い職業

A　日本（週60時間以上、平均14.0%）

宗教家	36.7%
医師	34.6%
自動車運転者	30.6%

B−1　アメリカ男性（週55〜99時間、平均10%）

医師	44%
消防士	41%
宗教家	40%

B−2　アメリカ女性（週55〜99時間、平均3%）

医師	32%
弁護士	18%（男性：25%）
大学教員	16%（男性：19%）

　注）日本の医師には歯科医師、獣医師を含まず、アメリカの医師には週74時間を超える者を含まない（研修医 interns と解されるため）。
　出所）日本：総務省統計局「平成14年就業構造基本調査」、アメリカ：Hecker, *How hours of work affect occupational earnings*, Monthly Labor Review, October 1998.

Ⅲ　労働時間規制の現状

1　労働時間適正把握指針とその問題点

　平成13年4月6日、厚生労働省労働基準局長は、「労働時間の適正な把握のために使用者が講ずべき措置に関する基準」と題する通達を発出する。以来、民間企業における実務に多大な影響を与えることになった、平成13年基発第339号がそれである。通達およびその解釈例規は、次のようにいう。

労働時間の適正な把握のために使用者が講ずべき措置に関する基準

　労働基準法においては、労働時間、休日、深夜業等について規定を設けていることから、使用者は、労働時間を適正に把握するなど労働時間を適切に管理する責務を有していることは明らかである。
　しかしながら、現状をみると、労働時間の把握に係る自己申告制（労働者が自己の労働時間を自主的に申告することにより労働時間を把握するもの。以下同じ。）の不適正な運用に伴い、割増賃金の未払いや過重な長時間労働といった問題が生じているなど、使用者が労働時間を適切に管理していない状況もみられるところである。
　こうした中で、中央労働基準審議会においても平成12年11月30日に「時間外・休日・深夜労働の割増賃金を含めた賃金を全額支払うなど労働基準法の規定に違反しないようにするため、使用者が始業、終業時刻を把握し、労働時間を管理することを同法が当然の前提としていることから、この前提を改めて明確にし、始業、終業時刻の把握に関して、事業主が講ずべき措置を明らかにした上で適切な指導を行うなど、現行法の履行を確保する観点から所要の措置を講ずることが適当である。」との建議がなされたところである。
　このため、本基準において、労働時間の適正な把握のために使用者が講ずべき措置を具体的に明らかにすることにより、労働時間の適切な管理の促進を図り、もって労働基準法の遵守に資するものとする。

1　適用の範囲

　　本基準の対象事業場は、労働基準法のうち労働時間に係る規定が適用される全ての事業場とすること。
　　また、本基準に基づき使用者（使用者から労働時間を管理する権限の委譲を受けた者を含む。以下同じ。）が労働時間の適正な把握を行うべき対象労働者は、いわゆる管理監督者及びみなし労働時間制が適用される労働者（事業場外労働を行う者にあっては、みなし労働時間制が適用される時間に限る。）を除くすべての者とすること。
　　なお、本基準の適用から除外する労働者についても、健康確保を図る必要があることから、使用者において適正な労働時間管理を行う責務があること。

2　労働時間の適正な把握のために使用者が講ずべき措置
⑴　始業・終業時刻の確認及び記録

使用者は、労働時間を適正に管理するため、労働者の労働日ごとの始業・終業時刻を確認し、これを記録すること。
(2) 始業・終業時刻の確認及び記録の原則的な方法
使用者が始業・終業時刻を確認し、記録する方法としては、原則として次のいずれかの方法によること。
ア 使用者が、自ら現認することにより確認し、記録すること。
イ タイムカード、ICカード等の客観的な記録を基礎として確認し、記録すること。
(3) 自己申告制により始業・終業時刻の確認及び記録を行う場合の措置
上記(2)の方法によることなく、自己申告制によりこれを行わざるを得ない場合、使用者は次の措置を講ずること。
ア 自己申告制を導入する前に、その対象となる労働者に対して、労働時間の実態を正しく記録し、適正に自己申告を行うことなどについて十分な説明を行うこと。
イ 自己申告により把握した労働時間が実際の労働時間と合致しているか否かについて、必要に応じて実態調査を実施すること。
ウ 労働者の労働時間の適正な申告を阻害する目的で時間外労働時間数の上限を設定するなどの措置を講じないこと。また、時間外労働時間の削減のための社内通達や時間外労働手当の定額払等労働時間に係る事業場の措置が、労働者の労働時間の適正な申告を阻害する要因となっていないかについて確認するとともに、当該要因となっている場合においては、改善のための措置を講ずること。
(4) 労働時間の記録に関する書類の保存
労働時間の記録に関する書類について、労働基準法第109条に基づき、3年間保存すること。
(5) 労働時間を管理する者の職務
事業場において労務管理を行う部署の責任者は、当該事業場内における労働時間の適正な把握等労働時間管理の適正化に関する事項を管理し、労働時間管理上の問題点の把握及びその解消を図ること。
(6) 労働時間短縮推進委員会等の活用
事業場の労働時間管理の状況を踏まえ、必要に応じ労働時間短縮推進委員会等の労使協議組織を活用し、労働時間管理の現状を把握の上、労働時間管理上の問題点及びその解消策等の検討を行うこと。

(参考)

「労働時間の適正な把握のために使用者が講ずべき措置に関する基準」についての考え方

1 趣旨について

　労働基準法上、使用者（使用者から労働時間を管理する権限の委譲を受けた者を含む。以下同じ。）には、労働時間の管理を適切に行う責務があるが、一部の事業場において、自己申告制（労働者が自己の労働時間を自主的に申告することにより労働時間を把握するもの。以下同じ。）の不適正な運用により、労働時間の把握が曖昧となり、その結果、割増賃金の未払いや過重な長時間労働の問題も生じている。このため、これらの問題の解消を図る目的で、本基準において労働時間の適正な把握のために使用者が講ずべき具体的措置等を明らかにしたものであり、使用者は、基準を遵守すべきものであること。

2 基準の2の(1)について

　使用者に労働時間を適正に把握する責務があることを改めて明らかにしたものであること。また、労働時間の把握の現状をみると、労働日ごとの労働時間数の把握のみをもって足りるとしているものがみられるが、労働時間の適正な把握を行うためには、労働日ごとに始業・終業時刻を使用者が確認し、これを記録する必要があることを示したものであること。

3 基準の2の(2)について

(1) 始業・終業時刻を確認するための具体的な方法としては、ア又はイによるべきであることを明らかにしたものであること。また、始業・終業時刻を確認する方法としては、使用者自らがすべての労働時間を現認する場合を除き、タイムカード、ＩＣカード等の客観的な記録をその根拠とすること、又は根拠の一部とすべきであることを示したものであること。

(2) 基準の2の(2)のアにおいて、「自ら現認する」とは、使用者が、使用者の責任において始業・終業時刻を直接的に確認することであるが、もとより適切な運用が図られるべきであることから、該当労働者からも併せて確認することがより望ましいものであること。

(3) 基準の2の(2)のイについては、タイムカード、ＩＣカード等の客観的な記録を基本情報とし、必要に応じ、これら以外の使用者の残業命令書及びこれに対する報告書など、使用者が労働者の労働時間を算出するために有している記録とを突合することにより確認し、記録するものであること。
　また、タイムカード、ＩＣカード等には、ＩＤカード、パソコン入力等が

含まれるものであること。
4 　基準の２の(3)のアについて
　　労働者に対して説明すべき事項としては、自己申告制の具体的内容、適正な自己申告を行ったことにより不利益な取扱いが行われることがないことなどがあること。
5 　基準の２の(3)のイについて
　　自己申告による労働時間の把握については、曖昧な労働時間管理となりがちであることから、使用者は、労働時間が適正に把握されているか否かについて定期的に実態調査を行うことが望ましいものであるが、自己申告制が適用されている労働者や労働組合等から労働時間の把握が適正に行われていない旨の指摘がなされた場合などには、当該実態調査を行う必要があることを示したものであること。
6 　基準の２の(3)のウについて
　　労働時間の適正な把握を阻害する措置としては、基準で示したもののほか、例えば、職場単位毎の割増賃金に係る予算枠や時間外労働の目安時間が設定されている場合において、当該時間を超える時間外労働を行った際に賞与を減額するなど不利益な取扱いをしているものがあること。
7 　基準の２の(4)について
 (1)　労働基準法第109条において、「その他労働関係に関する重要な書類」について保存義務を課しており、始業・終業時刻など労働時間の記録に関する書類も同条にいう「その他労働関係に関する重要な書類」に該当するものであること。これに該当する労働時間に関係する書類としては、使用者が自ら始業・終業時刻を記録したもの、タイムカード等の記録、残業命令書及びその報告書並びに労働者が自ら労働時間を記録した報告書などがあること。
　　なお、保存期間である３年の起算点は、それらの書類毎に最後の記載がなされた日であること。
 (2)　上記(1)に関し、労働基準法第108条においては、賃金台帳の調製に係る義務を使用者に課し、この賃金台帳の記入事項については労働基準法施行規則第54条並びに第55条に規定する様式第20号及び第21号に、労働日数、労働時間数、休日労働時間数、早出残業時間数、深夜労働時間数が掲げられていることに留意すること。
8 　基準の２の(6)について
　　基準の２の(6)に基づく措置を講ずる必要がある場合としては、次のような状況が認められる場合があること。

> (1) 自己申告制により労働時間の管理が行われている場合
> (2) 一の事業場において複数の労働時間制度を採用しており、これに対応した労働時間の把握方法がそれぞれ定められている場合
>   また、労働時間短縮推進委員会、安全・衛生委員会等の労使協議組織がない場合には、新たに労使協議組織を設置することも検討すべきであること。

　しかしながら、この通達にはいくつかの点で疑問がある。

　通達は、その冒頭で「労働基準法においては、労働時間、休日、深夜業等について規定を設けていることから、使用者は、労働時間を適正に把握するなど労働時間を適切に管理する責務を有していることは明らかである」としている。だが、本当に明らかなのかというと、きわめて怪しい。

　たしかに、労働基準法（労基法）においては、1週40時間または1日8時間（法定労働時間）を超えて労働させてはならない等と規定している。しかし、このことから、労働時間の算定義務が使用者にあるというのは、論理の飛躍といえる。通達も、正確には「責務」というにとどまっており、「義務」とはいっていない。

　使用者の労働時間算定義務について、その根拠規定を強いて労基法に求めるとすれば、それは同法108条に求める以外にない。

　本条は、賃金台帳の調製義務について定めた規定であり、「使用者は各事業場ごとに賃金台帳を調製し、賃金計算の基礎となる事項及び賃金の額その他厚生労働省令で定める事項を賃金支払の都度遅滞なく記入しなければならない」と定めている。ここには「労働時間」という言葉はまったく出てこないが、厚生労働省令（労基法施行規則54条）に定める事項には、たしかに「労働時間」が含まれている。

　賃金台帳は、賃金がきちんと支払われているかどうかを確認するために調製される台帳であり、1時間いくらの賃金で何時間働いたかを確認し、時間給の額に労働時間を乗じたものが支払うべき賃金額となる。労基法は、このような時間給的発想に立っているため、労働時間についても、これを賃金台帳に記入することが必要になる。

　具体的には、労基法施行規則54条1項が、4号で労働日数を、5号で労働時間数を、そして6号で早出・残業時間（延長時間）数、休日労働時間数および深夜労働時間数を賃金台帳には記入しなければならない旨規定している。

「賃金支払の都度」記入することになっているので、少なくとも月に1度は、賃金台帳にこれらの事項を記入しなければならない。このように、使用者には労働時間数等を賃金台帳に記入する義務がある以上、労働時間を算定する義務もあるはずだ、という理屈である。

とはいえ、仮にこのようにして使用者に労働時間の算定義務があると考えることができたとしても、労働時間規制の適用を除外される、労基法41条2号に規定する管理監督者は、当然、その対象から除外されることになる。

労基法施行規則54条5項も「法第41条各号の一に該当する労働者については第1項第5号及び第6号は、これを記入することは要しない」としている。

つまり、管理監督者については、労働日数だけを賃金台帳に記入すればよく、何時間働いたのか、何時間残業したのか、何時間深夜に働いたのかは、一切、記入する必要がないということである。

したがって、管理監督者については、深夜の時間帯を含め、労働時間の算定義務が使用者にはないと考えることも可能ではあったが、これまでのところ、行政当局は、管理監督者についても、深夜業の規制が及ぶとの考え方を変えていない。つまり、午後10時以降の労働については、管理監督者についても割増賃金の支払いが必要だという考え方である。

しかし、どこの会社も、管理職については、深夜の時間帯を含め、時間管理などしていない。そこで「労働協約、就業規則その他によって深夜の割増賃金を含めて所定賃金が定められていることが明らかな場合には別に深夜業の割増賃金を支払う必要はない」（昭和23年10月14日基発第1506号）との考え方が、長らく行政当局によっても認められてきた。ただ、これも便法の域を出るものではない。

なるほど、通達は「本基準に基づき使用者（略）が労働時間の適正な把握を行うべき対象労働者は、いわゆる管理監督者及びみなし労働時間制が適用される労働者（略）を除くすべての者とすること」として、対象労働者の範囲を限定しているかにみえる。しかし、すぐさま「なお、本基準の適用から除外する労働者についても、健康確保を図る必要があることから、使用者において適正な労働時間管理を行う責務があること」としている点に注意する必要がある。

つまり、適正な労働時間管理を行う責務が使用者にあるという点では、一般労働者も、管理監督者も、裁量労働制の適用を受ける労働者もまったく異なら

ない、と通達は考えているといえる。

　「適切に管理する」と「適正に管理する」とでは表現こそ違うものの、その意味するところに違いはない。これでは、何のために労基法に時間規制の適用除外やみなし労働時間制に関する規定を置いたのか、それがわからなくなるというのが率直な感想である。

　また、通達は、中央労働基準審議会（現在の労働政策審議会労働条件分科会）の建議に言及するなかで、労基法は「使用者が始業、終業時刻を把握し、労働時間を管理すること」を「当然の前提としている」としているが、このような相手に反論の余地を与えない論法には問題がある。

　具体的な根拠規定を挙げることができないから、あるいは根拠規定を挙げるとまずいから、かえって「明らか」とか「当然の前提」といった言葉で逃げる。多少穿った見方かもしれないが、そう思えてならない。

　では、通達は、使用者に対し具体的に何を要求しているのか。まず「労働者の労働日ごとの始業・終業時刻を確認し、これを記録すること」が必要になると、通達はいう。

　確認・記録の方法としては、使用者自身による現認に加え、「タイムカード、ＩＣカード等の客観的な記録を基礎として」、これを行うことが原則とされている。そして、先にみた解釈例規によれば、ここにいう「タイムカード、ＩＣカード等には、ＩＤカード、パソコン入力等が含まれる」ことになる。

　労働基準監督署による指導監督に際しては、しばしばパソコンの入力時刻が「証拠」として利用されると聞くが、その「根拠」は、この解釈例規にあると考えられる。法律上の根拠すら曖昧な使用者の「義務」を、単なる解釈例規によって具体化する。こうした手法は、ほとんど"反則技"に近いというべきであろう。

　これに対し、ホワイトカラーの世界で広く普及している自己申告による労働時間管理は、あくまで例外という位置づけになる。例外なので、当然のことながら、限定がつく。すなわち、「自己申告制により［時間管理］を行わざるを得ない場合、使用者は次の措置を講ずること」として、具体的には、先にみたように使用者が講ずべき三つの措置が掲げられている。

　こうした原則と例外の関係からもわかるように、通達は、在社時間をもって労働時間とする考え方に依拠しているともいえる。とはいえ、ホワイトカラー

の場合、在社時間をそのまま労働時間と「みなす」ことには、そもそも無理がある。そして、このような現実と法律との間にあるギャップを埋める「潤滑油」としての役割をこれまで果たしてきたのが、自己申告制にほかならなかったのである。

ともあれ、在社時間と自己申告の時間が一致しないと、すべてサービス残業だというのは、明らかに行き過ぎである。

たしかに、ひどい会社もあることは事実であろうが、そうしたひどい会社とごく普通の会社を同じように扱うことは、牛刀をもって鶏を割くに等しい。

裁量行政には問題もあったとはいえ、現実に即した行政を可能にする良い面もあった。現実をあまりにも無視した行政指導が続けば、かえって行政が信頼を失うことにもなろう。

厚生労働省でもサービス残業が行われている、との組合（全労働）の主張に対して、同省は「残業と認められた分の給与は全額支払われており、サービス残業は行われていない。勉強や研究のため自主的に残っている職員もおり、全員が残業しているわけではない」と説明した（**YOMIURI ON-LINE**, 平成15年2月26日）という。

労基法は、あくまで法定労働時間を超えて「労働させてはならない」と規定するのにとどまっていることを考えても、ある意味では「正論」といえる。しかし、そうであるとすれば、なぜ民間企業にも同じ基準を適用できないのか。ダブル・スタンダードといわれても仕方のない行政の姿勢は、やはり速やかに改めるべきであろう。

さらに、通達には、もう一つ重大な問題がある。それは、「労働時間の記録に関する書類について、労働基準法第109条に基づき、3年間保存すること」としている点である。

労基法109条は、たしかに「使用者は、労働者名簿、賃金台帳及び雇入、解雇、災害補償、賃金その他労働関係に関する重要な書類を3年間保存しなければならない」と定めている。だが、「その他労働関係に関する重要な書類」の例として、出勤簿等ともにタイムカードが例示されることはあったものの、これに文字どおり「労働時間の記録に関する書類」が含まれるとする解釈は、この通達が発出をみるまで示されたことはなかった。

にもかかわらず、解釈例規は、先にみたようにこのことがあたかも自明の理

であるかのように、労基法109条においては、「『その他労働関係に関する重要な書類』について保存義務を課しており、始業・終業時刻など労働時間の記録に関する書類も同条にいう『その他労働関係に関する重要な書類』に該当するものであること。これに該当する労働時間に関係する書類としては、使用者が自ら始業・終業時刻を記録したもの、タイムカード等の記録、残業命令書及びその報告書並びに労働者が自ら労働時間を記録した報告書などがあること」とする。

これも残せ、あれも残せ、というのがその内容となっているが、元はといえば、行政当局による法令解釈にすぎない。

しかも、以前から存在した法令解釈ではなく、たとえば「その他労働関係に関する重要な書類」には「健康診断に関する記録、信号規定及び軌道装置の検査結果の記録」のほか、重大災害事故報告の写等が該当するとされていた時代もあったのである(労働省労働基準局編著『労働基準法 下』(労務行政研究所、昭和33年) 914頁を参照)。

これに加え、労基法109条に違反すれば、30万円以下の罰金に処せられることとなっており (同法120条1号)、こうした解釈の変更は、事実上、事後法による処罰に当たるものとして、本来許されるべきではない、といわなければならない[3]。

サービス残業を認めるのかといわれると、途端に黙ってしまう。今や、日本社会には、このような風潮が蔓延している。しかし、社会のあるべき姿としては、やはり健全とはいえない。オカシイことはオカシイというべきあり、この問題は、どこかで誰かがブレーキをかけなければならないと思う。

なお、平成15年5月23日には、上記の基準の内容を一層補強する形で「賃金不払残業の解消を図るために講ずべき措置等に関する指針」(平成15年基発第0523004号)が、新たに策定されるに至っている。

労使一体となっての賃金不払残業の解消というのがその狙いとされているが、なかには「同じ指揮命令系統にない複数の者を労働時間の管理の責任者とすることにより牽制体制を確立して労働時間のダブルチェックを行うなど厳正

---

[3] 労働基準監督署の指導には、他の行政指導にはみられない事実上の「強制力」があることは、社会一般の常識であり、刑罰権が行使されることが少ないからといって、このような法令解釈の変更による「事後法の制定」を安易に認めるべきではない。

に労働時間を把握できるような体制を確立することが望ましい。また、企業全体として、適正な労働時間の管理を遵守徹底させる責任者を選任することも重要である」といった記述も散見される。

まさに、箸の上げ下ろしに至るまで、行政当局が指導する。そんな考え方に貫かれた指針といえよう。

2 時間管理の現状と改善を要する行政指導

労働時間の管理には、費用も時間もかかる。時間管理を厳格に行おうとすれば、管理工数（管理者の負担）は確実に増え、管理する側にも、管理される側にも、精神的肉体的ストレスがたまることは避けられない。こうした視点が、以上にみた通達・指針には欠けているように思われる。

東京労働局が平成15年6月および11月に、565の事業場を対象に重点監督を実施したところ、「残業代等の割増賃金の支払いについて法違反が認められた事業場は3社に1社（37.7％）」あったという（ただ、対象事業場は、時間管理に問題があると考えられる事業場であったことに注意）。

そして、時間管理の方法としては、「タイムカードを基礎に確認し、記録」する方法を採用する事業場と、「自己申告制」を採用する事業場がともに約40％を占め、拮抗するものとなっている（**表3**を参照）。

表3 労働時間管理の方法（複数回答）

（単位：％）

	自己申告	使用者の現認	タイムカード	ICカード等	パソコン入力	その他
製造業	16.2	4.4	72.1	10.3	2.9	2.9
交通運輸業	19.6	16.1	28.6	10.7	1.8	39.3
商業	34.1	7.2	41.3	10.9	8.0	9.4
金融・広告業	74.2	12.9	9.7	6.5	12.9	0.0
教育・研究業	58.3	2.8	25.0	8.3	16.7	8.3
保健衛生業	39.4	3.0	63.6	6.1	0.0	3.0
その他の事業	53.5	9.9	18.8	9.9	18.8	12.9
上記以外の事業	40.2	15.7	47.1	3.9	5.9	7.8
合　計	39.1	9.6	39.3	8.7	8.7	11.0

出所）東京労働局発表資料（平成15年12月22日）

具体的には、製造業や保健衛生業では、タイムカードを使用するところが半数を超えるものの、金融・広告業、教育・研究業および「その他の事業」では、自己申告制の採用事業場が過半を占めるものとなっている（なお、保健衛生業や商業における自己申告制の採用率も決して低くはない）。

　このような現状は、それぞれの事業の性格によるものであって、特定の管理方法を「強制」することに無理があることが、このデータからもわかる。特に通達が時間管理の方法としてトップに挙げる「使用者の現認」によるとした事業場が10％にも満たないことは、通達そのものに無理があることを示しているともいえる。

　こうしたなか、愛知県経営者協会は、平成16年2月から3月にかけて会員企業を対象に「労働時間管理の適正化指導に関する緊急調査」を実施。その調査結果が、このほど公表された。

　なお、今回の緊急調査の背景には、会員企業の多くが平成13年4月以降、所轄労働基準監督署から指導・是正勧告を受け、その3分の2近くを「労働時間管理の適正化」が占めていたという事情がある（**表4**を参照）。

表4　時間管理をめぐる労働基準監督署の監督指導（愛知県）

指導・是正勧告の具体的内容 （指導・是正勧告を受けた企業（35.7％）を100とする）	
① 労働時間管理適正化	64.6％
② 賃金不払い残業	38.0％
③ 36協定の内容	30.4％
④ 管理監督者	17.7％
⑤ みなし労働時間制、裁量労働制	11.4％
⑥ その他	17.7％

出所）愛知県経営者協会発表資料（平成16年3月26日）

　また、調査結果は、「労働時間管理は使用者が自ら現認するか、タイムカード等の客観的記録によることを原則とするという『労働時間適正把握基準』による労働時間管理の方法」に問題があると、回答企業の多くが考えていることを明らかにしている（**表5**を参照）。

17 労働時間規制の現状と課題

表5　「労働時間適正把握基準」に対する意見（愛知県）

基準に対する意見の内容
（基準に問題があると回答した企業（50.7％）を100とする） ①　原則として管理者の現認、またはタイムカード等、客観的な記録を規則として確認するとされていること ②　自己申告による時間管理については限定的であること 【回答】　　①にもっぱら問題がある　　　46.4％ 　　　　　　②にもっぱら問題がある　　　13.4％ 　　　　　　①と②の双方に問題がある　　40.2％ 　　※　　①と②のいずれかに問題ある　86.6％
○　労働時間管理の方法の基準および指導に対し問題と考える点、またどのような管理方法が実態にふさわしいと考えるか（代表的意見） 　1）労働時間としての認識は、労働者自身の判断に委ねる部分が多くなる。在社時間がそのまま労働時間とする管理指導は、労働実態との比較から適切とは思えない。 　2）ホワイトカラーは、労働時間の長短ではなく労働の質・実績に応じて処遇すべきであり、管理方法としては裁量労働的な管理がふさわしい。しかし、現行の裁量労働の基準では運用が難しく、ホワイトカラーについては労働時間管理の適用除外とすべきと考える。 　3）事務職については、現業職と違い会社にいる時間全てを労働時間ととらえることが適切とは思えず、裁量労働制の適用条件のさらなる拡大が望まれる。 　4）管理者が常に現認できる状況になく、客観的な記録を基礎に時間管理を行うためには、企業側にとってコストがかかりすぎる。 　5）間接部門での1日の業務の中では一定の余裕時間が含まれており、タイムカード・ICカード等の客観的記録が示すデータでは実態の就業時間を表すとは考え難い。

出所）表4に同じ

　そして、以上の調査結果をもとに、愛知県経営者協会は、以下にみるような「労働時間管理に関する行政指導等に対する要望」を愛知労働局長に対して行うことになった（上記の調査には、この要望に関連した他の調査項目も何点か含まれているが、紙数の関係から割愛する）。

平成16年3月26日

愛知労働局長
　　○○　○　殿

労働時間管理に関する行政指導等に対する要望

愛知県経営者協会

　貴職におかれましては、平成13年以降、労働時間管理の適正化や過重労働の防止についての指導に精力的に取り組んでおられますことに対し、敬意を表するものであります。本会といたしましても、法令に照らし支払うべき賃金が支払われないことや、健康に障害となる過重労働については問題があると考えております。

　しかしながら、企業組織や業務内容および従業員の働き方は昨今大きく変化しております。この点、最近の労働時間管理に関する行政指導やその基本的考え方について、こうした変更に十分対応できず企業の実情に合っていない場合が多くみられ、その対応に際して様々な問題を抱えているという意見があります。

　このたび、労働時間管理に関する行政指導等のあり方について、会員企業の意見・要望等を集約し、下記のとおり要望をいたしたく存じます。

　趣旨ご賢察の上、よろしくご高配を賜りますようお願い申し上げます。

記

1．労働時間の把握方法については、業務の内容など実態を最もよく知っている労使に委ねるべきである

- 「管理者による現認」は、場合によっては管理者に過重な負担となる。またタイムレコーダー等による記録は在社時刻を機械的に記録するのみであり、一斉に業務に就く者の労働時間把握には有効であっても、業務の個別性が強いホワイトカラーなどには適さない。
- 裁量労働やみなし労働をはじめ、一律の労働時間管理になじまない就労形態に従事する労働者が増加しており、労働時間の把握は働き方の違いに応じた方法を採るべきであり、その具体的な方法については実態を最もよく知る労使に委ねるべきである。

2．適用除外者となる管理監督者の範囲について企業組織・職制・処遇の変化に対応した考え方をすべきである

17　労働時間規制の現状と課題

- 労働基準法第41条に規定される管理監督者の範囲については、昭和22年に出された解釈例規（昭和63年に同旨の通達）、銀行業務における判断（昭和52年）があるが、多くの企業において組織や職制の見直し、人事労務管理諸制度の再構築等が行われる中で、従業員に対する処遇も大きく変化しており、管理監督者の範囲についてもこうした変化に対応して拡大する方向で見直すべきである。

3．時間外労働規制については、画一的な規制ではなく、職務の内容、労働者の健康配慮などを含めた個別企業労使の自治に委ねるべきである

- 今回の法改正によって、３６協定の特別条項の適用について制限が強化され、行政指導では「１年の半分以下」との目安が示されている。しかしながら、こうした規制強化により、例えば需要への柔軟な生産対応が困難となり、また新技術・新製品開発の遅れが生じるなど、企業経営上影響が大きい。
- ３６協定の内容は、従業員の健康にも配慮しつつ、各企業の実情に精通した個別企業労使の自治に委ねるべきであり、法律による画一的な規制をするべきではない。

4．最近の労働時間に関する行政指導等は、昭和62年以降の労働基準法改正の動きに逆行するものであり、今後、より一層の規制緩和等をすべきである

- 職務内容や労働者の働き方などが大きく変化してきている中、昭和62年以降、みなし労働時間制度、裁量労働制等による労働時間の弾力化が認められてきた。しかしながら、最近の労働行政は時間管理に重きを置くばかりで、労働時間制度の多様化、弾力化の流れに逆行している。
- 画一的な労働時間管理や残業規制は企業の雇用に対する意欲の減退につながり、雇用対策の障害となりかねない。
- 裁量労働制やみなし労働時間制においても、要件・手続を更に緩和し、また制度・運用面においても、個別企業労使の自主判断に委ねるなど、企業の実態に合った活用ができる制度とすべきである。
- 実際には監督官の個別裁量により指導が左右されているとの意見もあり、労使の判断を尊重しない指導は問題が多い。
- ホワイトカラーは業務遂行に裁量性があり、報酬も時間ではなく成果に基づくのが適当であるため、ホワイトカラー・エグゼンプション制を早期に導入すべきである。

以上

Ⅳ　今後の課題

　平成16年3月19日に閣議決定された「規制改革・民間開放推進3か年計画」（7　雇用・労働）は、次のようにいう。

> 2　就労形態の多様化を可能とする規制改革
> (2)　裁量労働制の拡大等
> 　　労働に対する価値観の多様化に対応して、労働者がより創造的な能力を発揮できる環境を整備する観点から、自己の裁量の下で自由に働ける裁量労働制を拡大する必要がある。
> 　　企画業務型裁量労働制については、労働基準法の改正（平成15年法律第104号）により、導入手続が簡素化され、適用対象事業場も本社等に限定されないこととなったところであるが、制度の広範な活用が可能となるようその周知徹底を図る。【適宜実施】
> 　　また、裁量労働制の導入手続に関しては、企画業務型についても専門業務型と同様に、労使協定による導入を認めるよう求める意見が労使の一部にあることに留意しつつ、その可能性について、改正後の労働基準法の裁量労働制の施行状況を踏まえ、速やかに検討する。なお、事業場における業務の実態については、当該事業場の労使が最も熟知していることから、将来的には、裁量労働制の対象業務の範囲についても、これら事業場における労使の自治にゆだねる等の方向で制度の見直しを図ることが適当であるとの考え方にも留意する。【平成17年度中に検討】
> 　　なお、最も裁量性の高い職種と考えられる大学教員については、大臣告示の見直し（平成15年厚生労働省告示第354号）により「大学における教授研究の業務」が専門業務型裁量労働制の対象業務になったところであるが、今後その周知徹底を図る。【適宜実施】
>
> 3　新しい労働者像に応じた制度改革
> (1)　労働時間規制の適用除外の拡大等
> 　　現行の裁量労働制は、みなし労働時間制を採用しており、労働時間規制の適用除外を認めたものではないが、その本質は、「業務の遂行の手段及び時間配分の決定等に関し当該業務に従事する労働者に対し具体的な指示をしないこと」にあることを踏まえると、管理監督者等と同様、時間規制の適用除外を認めることが本来の姿であるとの考え方もある。よって、米国のホワイトカラーエグゼンプションの制度（その改革の動向を含む。）を参考にし

> つつ、裁量性の高い業務については、改正後の労働基準法の裁量労働制の施行状況を踏まえ、今般専門業務型裁量労働制の導入が認められた大学教員を含め、労働者の健康に配慮する等の措置を講ずる中で、適用除外方式を採用することを検討する。その際、現行の管理監督者等に対する適用除外制度の在り方についても、深夜業に関する規制の適用除外の当否を含め、併せて検討する。【平成16年度中に海外事例の調査】

　その内容は、平成15年12月22日に小泉純一郎首相に提出された総合規制改革会議の最終答申「規制改革の推進に関する第3次答申」の内容を、一部表現を変更して（末尾の「すべきである」を「する」と改める）閣議決定としたものであり、特に目新しいものがあるわけではない。

　しかし、「3か年計画」からも、裁量労働制と適用除外制度の整備・拡充が、労働時間規制のあり方とかかわる今後の課題であることがわかる。

1　裁量労働制

(1)　大学教員への専門業務型裁量労働制の拡大——適用除外への第一歩

　平成16年4月1日に発足する国立大学法人は、同日以降その多くが教員への専門業務型裁量労働制の導入に踏み切ることになる。これほど裁量労働制の適用対象労働者が一挙に増えることは、これまでになかったといっても差支えはない。

　平成15年10月22日厚生労働省告示第354号によって、「学校教育法（略）に規定する大学における教授研究の業務（主として研究に従事するものに限る。）」が専門業務型裁量労働制の対象業務に追加されたこと（平成16年1月1日施行）によるものであるが、私立大学がこれに同調する動きは、現在のところみられない。

　労基法の国立大学法人への適用という経験したことのない現実を前にして、全国の国立大学がきわめてまじめに対応した（ある意味ではまじめすぎる対応をした）ことの結果ともいえる。

　しかし、上記の大臣告示と同時に発出された通達（基発第1022004号）が以下のように述べたことから、関係者は頭をかかえることになる。とりわけ問題になったのは、下線部であった。

> 　「教授研究」とは、学校教育法に規定する大学の教授、助教授又は講師が、学生を教授し、その研究を指導し、研究に従事することをいうものであること。<u>患者との関係のために、一定の時間帯を設定して行う診療の業務は含まれないものであること。</u>
> 　「主として研究に従事する」とは、業務の中心はあくまで研究の業務であることをいうものであり、具体的には、講義等の授業の時間が、多くとも、1週の所定労働時間又は法定労働時間のうち短いものについて、そのおおむね5割に満たない程度であることをいうものであること。
> 　なお、<u>患者との関係のために、一定の時間帯を設定して行う診療の業務は教授研究の業務に含まれないことから、当該業務を行う大学の教授、助教授又は講師は専門業務型裁量労働制の対象とならないものであること。</u>

　大きな国立大学には、医学部や歯学部附属の病院があり、その所属が学部であれ病院であれ、現実に教員の多くは「診療」にも従事している。生身の患者を相手にしない医学や歯学など、およそ学問（研究）としてはあり得ないからである。

　そこで、一部の国立大学では、診療の業務に従事した日については労働時間のみなしを行わないといった措置を講じることにより解決を図ったというが、やむを得ずそうしたとの感もある（【追記】この問題については、後にチーム医療について特例を認めることにより、一応の解決をみることになる。拙著『法人職員・公務員のための労働法72話』（ジアース教育新社、平成27年）46〜48頁を参照）。

　また、大学教員への専門業務型裁量労働制の拡大には、3か年計画にもあるように、適用除外に向けた第一歩としての意味もある。

　そもそも、これまで時間管理を行ってこなかった大学教員（特に国立大学の教員の場合、法人化までは国家公務員として、労基法の適用を除外されていたことに注意。国家公務員法附則16条【現附則6条】を参照）について、時間規制のあり方を論じることのほうが馬鹿げている。

　大学教員をも時間規制の対象とすることは、学問（研究スタイル）の自由を侵すことになる、ともいえよう[4]。

---

[4] 労基法の改正により、専門業務型裁量労働制についても、企画業務型裁量労働制と同様、健康・福祉確保措置の一環として「労働時間の状況把握」が必要となったが、このことも、大学の教員にとっては、その一律適用に疑問が残るものとなった。

(2) 求められる企画業務型裁量労働制の改革

　他方、企画業務型裁量労働制についても、労基法の改正（平成16年1月1日施行）を受け、一部の大手企業では、大規模な導入の動きがあると伝えられる（たとえば、日立製作所では、平成16年4月1日以降、若手を除く事務・営業職の社員1万2000人に適用を予定しているという。平成16年3月31日 NIKKEI NET）が、改正法自体が積み残した課題も依然として少なくないことに注意する必要がある。

　つまり、先にみた「3か年計画」にもあるように、企画業務型裁量労働制についても、労使協定による導入に道を拓き（電機連合や東京商工会議所がこれを支持）[5]、専門業務型裁量労働制と併せて、その適用対象業務の範囲を労使の自治に委ねるといった問題の検討がこれに当たるが、「3か年計画」が述べるように、こうしたみなし労働時間制の対象業務についても、時間規制の適用除外を認めることが本来の姿といえる。

　このように、「3か年計画」は、裁量労働制の改革を行った上で、適用除外の拡大に歩を進めるといった段階的な改革を前提とするものでは必ずしもない。「3か年計画」のベースとなった最終答申の作成に関わったものとして、このことは明確にしておきたい。

2　労働時間規制の適用除外

　「3か年計画」からもわかるように、労働時間規制の適用除外については、今後、次の2点が主な検討課題となる。

---

[5] 平成15年7月に相次いで公表された電機連合「新しい労働時間政策の確立に向けて」および東京商工会議所「労働政策に関する要望」を参照。なお、後者は、具体的には次のように述べる。「ホワイトカラーの活性化が企業共通の課題であり、『企画業務型』裁量労働制への関心は高まっている。しかし現実には導入・運営の規制が多く活用は殆ど進んでいない。まず『労使協定』による導入を認めるとともに、『企画・立案・調査・分析』に限定されている対象業務を『非定型業務』に拡大し、企業の労使に導入の判断を委ねるべきである」。「また、現行では裁量労働制の適用効果は『みなし労働時間』とされている。しかし、成果主義の人事管理が主体となっている労働者層については労働時間の長さを尺度とした賃金決定になじまないことや、業務の遂行の方法を大幅に労働者の裁量に委ねるという裁量労働制本来の趣旨から、米国のホワイトカラー・イグゼンプション制と同様、労働時間等の規制の適用除外（法第41条）とすべきである」。

第2部　各論　第2章　労働時間・休暇

　第1点は、対象労働者の範囲の拡大であり、裁量労働制の適用が現在認められている者を、これにどの程度含めることができるかが鍵となろう。

　総合規制改革会議の立場は、「3か年計画」にもあるように、裁量性の高い業務については「専門業務型裁量労働制の導入が認められた大学教員を含め、労働者の健康に配慮する等の措置を講ずる中で、適用除外方式を採用すること」の検討を労働政策審議会に求めることにあったが、最終答申においても、あえて現行法にみられる「健康・福祉確保措置」といった言葉は使用しなかった。

　先に述べたように、改正労基法が施行される平成16年1月1日以降、企画業務型裁量労働制と同様、専門業務型裁量労働制においても、この健康・福祉確保措置を苦情処理措置とともに講ずることを労使協定で定めることが必要となったが、対象労働者の健康・福祉確保措置は、法令上「労働時間の状況に応じた」ものでなければならないとされており、この点については、法改正の必要があると判断したためである。

　たとえば、企画業務型裁量労働制については、従来「使用者が対象労働者の労働時間の状況等の勤務状況（以下「勤務状況」という。）を把握する方法として、当該対象事業場の実態に応じて適当なものを具体的に明らかにしていること」および「その方法としては、いかなる時間帯にどの程度の時間在社し、労務を提供し得る状態にあったか等を明らかにし得る出退勤時刻又は入退室時刻の記録等によるものであること」が大臣告示（平成11年12月27日労働省告示第149号）において定められ、新たに健康・福祉確保措置を講ずることが必要になった専門業務型裁量労働制においても、その措置の「具体的な内容については、企画業務型裁量労働制における同措置の内容と同等のものとすることが望ましい」（改正労基法の施行通達（平成15年10月22日基発第1022001号）による）とされている。

　そして、これを受けて、専門業務型裁量労働制に関する協定届についても、「労働時間の状況の把握方法」を具体的に記入するよう、その届出様式（様式第13号）が改められている。

　しかし、「いかなる時間帯にどの程度の時間在社し、労務を提供し得る状態にあったか等を明らかにし得る出退勤時刻又は入退室時刻の記録等によるもの」といった指示は、裁量労働制の適用を受ける者についても事実上、時間管理をせよというに等しく、実労働時間にかかわらず、協定または決議で定めた時間

働いたものとみなす裁量労働制本来の姿とも矛盾することになる（大学教員の場合には、不可能を強いるものというほかない）。

こうした観点から、「3か年計画」とそのもとになった答申では、労働時間の状況に応じた措置以外の措置という意味で「労働者の健康に配慮する等の措置」としたことを強調しておきたい。

なお、適用除外の範囲を拡大するに当たっては、医師等の専門職についても大学教員と併せてこれに含めること[6]、および一定額以上の収入を得ている者（アメリカの場合、労働時間によって額が変らないサラリーを支給されている労働者の上位20％がその目安となる）については、要件を大幅に緩和して適用除外の対象とすることが望ましいことを、ここでは付言しておきたい。

また、第2点としては、深夜業規制の問題があり、これを適用除外の対象に含めるべきかどうかが検討課題となる。

日の出とともに仕事を始め、日没とともに仕事を終える。たしかに、こうした働き方はバイオリズムの原理にはかなっているが、人々のライフスタイルが大きく変化した現在、午後10時以降を深夜と呼ぶこと自体が違和感を伴うものとなっている。

たとえば、24時間営業のコンビニエンス・ストアで、モーニングシフト、デイシフト、ナイトシフトの3種類の勤務形態のなかから、労働者が自由に好きなシフトを選ぶことができるという場合、ナイトシフトを選択した者に対してのみ、深夜勤務というだけで、自動的に25％の割増賃金を支払う必要があるのか、といった疑問が現場にはあるという[7]。

その場合、ナイトシフトの選択は使用者が強要したものではないから、深夜に「労働させた」ことにはならないとの「理屈」も十分に成り立つであろうが、深夜における労働を、それだけの理由で割増賃金の支給対象とすべき時代ではもはやない。深夜業に対する規制を適用除外すべきかどうか、といった問題にとどまらず、深夜業に対する割増賃金の制度それ自体の見直しが課題となる。そうした時代が既に到来している、ということもできよう。

---

[6] 研修医についても同様。なお、研修医の「勤務」実態は、他の先進諸国とさほど変わらないと聞くが、そもそも、その「勤務」時間のすべてを労働時間と考えるべきかどうかという問題がある（少なくとも「研修」時間に相当する時間は、労働時間に含めるべきではない）。
[7] 下井隆史教授の指摘による。

第2部 各論 第2章 労働時間・休暇

補 アメリカの適用除外制度

　管理職が労働時間規制の適用を除外されることは、ILO1号条約をはじめとして、広く国際社会において認められている[8]。しかし、管理職を含む広い範囲のホワイトカラー層に対して時間規制の適用除外を認めている先進国は、現在なおアメリカをおいてほかにはない。

　2004年8月23日、そのアメリカにおいて、新しい適用除外制度がスタートした。「規制改革・民間開放推進3か年計画」（平成16年3月19日閣議決定）が先にみたように「米国のホワイトカラーエグゼンプションの制度（その改革の動向を含む。）を参考にしつつ」としたのも、こうしたアメリカの動きを念頭に置いたものであった。

　ホワイトカラー・エグゼンプション（white-collar exemption）と呼ばれるアメリカの制度は、①管理業務、②裁量業務、③専門業務、④外勤セールスの業務および⑤コンピュータ関連業務のいずれかの業務に従事する労働者（executive, administrative, professional, outside sales and computer employees）を適用除外の対象としている。

　その結果、使用者は、これらの労働者については、時間外労働（1週40時間を超える労働）に対する割増賃金（通常賃金の50％）の支払義務を負わない（正確には、最低賃金の規定も適用されない）ことになる。

　適用除外制度そのものは、公正労働基準法（Fair Labor Standards Act）が制定をみた1938年にまで遡ることができる（⑤の業務の追加は90年の法改正による）が、その運用ルールも1954年以来、半世紀の長きにわたってほとんど手つかずの状態にあった。

　つまり、今回の制度改革（規則改正）は、こうした状況を現状にマッチしたものに改めることに、その目的があったといえる（適用除外の基準が不明確で

---

[8] ILO1号条約（工業的企業における労働時間を1日8時間かつ1週48時間に制限する条約）2条但書(a)は、「本条約の規定は、監督若しくは管理の地位にある者又は機密の事務を取り扱う者には、これを適用しない」と規定する。これを一読してもわかるように、当該規定が労働基準法41条2号のモデルとされたことはいうまでもない。ただし、本条約は、日本を含む先進国の間ではあまり批准されていない（これを批准するフランスやイタリアも、条件付きの批准にとどまっている）。なお、欧米諸国（欧州連合、ドイツ、イギリス、アメリカ）における適用除外の現状については、『働き方の多様化と労働時間法制の現状と課題に関する調査研究報告書』（国際経済交流財団、平成16年3月）第1部を参照。

あったため、訴訟になることが多く、基準の明確化が強く求められていた)。

全体で150頁を超える改正規則 (Federal Register, April 23, 2004, Part II) は、それだけで読み手を圧倒するボリュームとはいえるが、大幅な規制緩和が行われたという印象はない。

2003年3月末に公表された暫定規則改正案 (Federal Register, March 31, 2003, Part II) [9]と比較すれば、その内容ははるかに旧規則のそれに近い。規則改正が大統領選挙の争点となることを、ブッシュ共和党政権が嫌った結果ともいえる。

たしかに、民主党とこれを支持する労働組合 (AFL-CIO) はそれでも抵抗をやめず、連邦議会における攻防は大統領選挙の終盤まで続いたものの、多分に選挙がらみの色彩が強く、仮に民主党の大統領が誕生していたとしても、半世紀前の規則に逆戻りする可能性は、きわめて低かったように思われる。

では、改正規則にみる適用除外の現状とは、一体どのようなものなのか。

以下は、その概要である (なお、紙数の都合等から、検討の対象は前述した①～③の業務に限定している)。

1 適用除外の対象者

① 管理業務 (executive) 従事者

次の四つの要件を満たす者をいう。

[1] 報酬が俸給ベース (後述) で週455ドル (年収2万3660ドル) 以上であること。

「2」主たる職務 (primary duty) が会社またはその一部を構成する部や課の管理業務 (management) であること。

【注】主たる職務か否かは総合判断による。勤務時間の50％以上を除外業務に充てていることは重要な判断要素とはなるが、かならずしもその必要はない。以上、いずれにせよ、除外業務以外の業務に従事していることは適用除外の妨げにはならない。

---

[9] 暫定規則改正案の内容については、前掲 (注8) 『働き方の多様化と労働時間法制の現状と課題に関する調査研究報告書』第1部第4章「アメリカ」(63頁以下、67~77頁。梶川敦子執筆担当) を参照のこと。

［3］定期的（customarily and regularly）に2人以上の部下に対して指揮命令を行う地位にあること。

【注】部下への指揮命令は時折（occasional）では十分ではないが、毎日コンスタントに行う必要はない（少なくとも週に1度は必要）。また、部下はフルタイムを原則とするが、パートタイムであってもこれに相当する人数（4人以上）の部下がいればよい。

［4］他の労働者を採用または解雇する権限を有するか、その採用、解雇、昇進等について、重要な（given particular weight）提案や勧告を行う権限を有すること。

【注】改正規則が新設した要件。労使関係法（National Labor Relations Act）の適用が除外される管理監督者（supervisor）の要件はこれに近い[10]。

なお、以上のほか、改正規則は20％以上の出資者であって、かつ、管理業務に実際に従事している者についても、同様に適用除外を認めている。

② 裁量業務（administrative）従事者

次の三つの要件を満たす者をいう。

［1］①［1］に同じ

［2］主たる職務が会社や顧客の経営または事業運営と直接かかわる頭脳労働（office or non-manual work）であること。

【注】主たる職務の意味については、①［2］の注記を参照（③においても同じ）。なお、顧客との関係では、アドバイザーやコンサルタントがこれに該当する。

［3］主たる職務のなかに、重要事項（matters of significance）に関する裁量権と独立した判断力の行使（exercise of discretion and independent judgment）を必要とする業務が含まれること。

【注】したがって、一般事務や秘書の仕事、反復作業やルーティン・ワークはこれに該当しない。ただし、マニュアルの使用を一律に妨げるものではなく、専門的な知識や高度のスキルがなければ理解できないようなマニュアルの使用は可能。

---

10 拙稿「リスクとチャンス――中間管理職に法的保護は必要か？」『日本労働研究雑誌』474号（平成11年12月）15頁以下、19頁を参照。

③ 専門業務（professional）従事者

　以下にみるように、専門業務は、知的専門業務と創造的専門業務の二種類に分かれる。

　A　知的専門業務（learned professionals）

　　次の四つの要件を満たすものをいう。

［1］①［1］に同じ。ただし、報酬要件は従前から、医師（インターン、研修医を含む）、歯科医師、弁護士および教師（小中学校の教諭や自動車学校の指導員を含む）には課せられていない。

［2］主たる職務が高度の知識（advanced knowledge）を要する業務であること。

【注】高度の知識を要する業務とは、大半が知的な性格を有し、かつ、裁量権と判断力の行使を常に求められる業務をいう。また、高度の知識とは、高卒レベルでは得ることのできない知識をいう。なお、マニュアルの使用については、②［3］の注記を参照。

［3］［2］でいう高度の知識が、科学または学術の領域におけるものであること（このことにより、機械技術や熟練労働とは区別される）。

【注】法律学、神学、医学、薬学、会計学、教育学、建築学、工学、物理学、化学および生物学等がこれに該当する。

［4］［2］でいう高度の知識が、専門分野の長期にわたる知的教育（prolonged course of specialized intellectual instruction）を通して、一般に得られるものであること。

【注】学位（academic degree）の取得は重要な判断要素とはなるが、職務経験と知的教育の双方を通して、学位取得者と同一レベルの知識を有し、同等の業務に従事しているような場合も可。

　B　創造的専門業務（creative professionals）

　　次の二つの要件を満たすものをいう。

［1］①［1］に同じ。

［2］主たる職務が芸術的または創造的活動の領域において、創案、創作、創意または才能を必要とする業務であること。

【注】芸術的または創造的活動の領域には、音楽、執筆、演劇またはグラフィ

ック・アートが含まれる。

2　報酬要件

　報酬が一定額（週455ドル）を下回る者については、時間規制の適用除外を認めない。前述したように、アメリカの適用除外制度にはこうした考え方が共通してみられる（なお、従前その額は週155ドル［170ドル＝専門業務］と、週給換算で206ドルとなる連邦最低賃金をも下回っていた）。

　他方、報酬が一定額（年収10万ドル）を上回る高額所得労働者（highly compensated employees）については、上記①〜③のいずれかの除外業務を定期的に行っていれば、それだけで適用除外を認める（それゆえ、管理業務従事者を例にとれば、①の［2］や［4］の要件は満たさなくてもよい）。そうした内容の規定も、今回の規則改正においては新たに設けられるに至っている。

　しかし、アメリカにおける適用除外制度の特徴は、報酬の額を判断基準の基礎にすえたという点だけにあるのではない。実際に労働した日数や時間数とは関係なく、事前に決められた額の支払を使用者に義務づける。このような俸給ベース（salary basis）による報酬の支払を原則としたことにこそ、その最大の特徴はある（なお、先にみた高額所得労働者に関しても、年収10万ドルのうち、2万3660ドル（週455ドル）については、俸給または歩合ベースによる報酬の支払が義務づけられている）。

　週の労働時間が40時間を超えても報酬は増えない（割増賃金はゼロ）代わりに、40時間を下回っても報酬は減らない。こういえばわかりやすいが、これを厳格に守ることは容易ではない。

　また、いったん不適切な報酬の減額が行われると、その影響が報酬を減額された本人ばかりでなく同僚にも及ぶ（減額に責任のある共通した管理監督者の下で、同じ職務内容の仕事をしていれば、その全員が適用除外の要件を満たさなくなる）。そうした状況にアメリカの使用者が置かれていることにも、やはり目を向けるべきであろう。

　なお、改正規則が認める俸給ベース（減額措置の禁止）の例外には、次のものがある。

イ　1日も勤務しなかった週について、給与を支給しないこと。

ロ　1日以上の期間（one or more full days）、個人的な理由により勤務しなかった場合に、給与を支給しないこと（ただし、病気または障害を理由とする欠勤については、病気手当等の代替的給付が真正の規則や慣行に基づいて支給されるときに限る）。

ハ　陪審員の職務や軍務に従事していた期間について、支給された陪審員手当等を給与と相殺すること。

ニ　精油所における喫煙をはじめとする重大な安全規則違反について、減給の制裁を行うこと。

ホ　セクシュアル・ハラスメントや暴力行為を禁止した作業規則の違反を理由として、1日以上の期間、出勤停止処分（無給）を行うこと。

ヘ　週の途中で雇用が開始しまたは終了した場合に、出勤日数に比例した給与を支払うこと。

ト　家族・疾病休暇法（Family and Medical Leave Act）に基づき、労働者が無給休暇を取得した期間について、給与を支給しないこと。

3　日本法への示唆

このように、アメリカにおいて、ホワイトカラー・エグゼンプション（適用除外）が認められる範囲は相当広い。しかし、その範囲は、日本で適用除外が認められている管理監督者に裁量労働制の適用対象労働者を加えたものと、大枠では共通しているといっても誤りではない。

つまり、「管理業務」（米）は管理監督者の行う業務（日）と、「裁量業務」（米）は企画業務型裁量労働制の対象業務（日）と、また「専門業務」（米）は専門業務型裁量労働制の対象業務（日）と、それぞれ相互に重なり合うものがある。

こうした両者の対応関係に着眼すると、現行の裁量労働制をそのまま適用除外制度にスライドさせたとしても、さほど大きな無理はないともいうことができる（その場合、裁量労働制との連続性を保つという観点から、「3か年計画」のいう「労働者の健康に配慮する等の措置」についても、これを講じることが要件として考えられてよい。ただし、現行の「健康・福祉確保措置」は「労働時間の状況に応じた」ものとされており、これをそのまま時間規制の適用除外要件とすることには問題が多い）。

裁量労働制が労使の合意（労使協定や労使委員会決議）に基づく労働時間のみなし制度という形態をとった背景には、平均的な残業時間を加味して、労働時間のみなしを行うことにより、新しい労働時間制度への移行を円滑に進めるという狙いもあったが、そのような"助走期間"はもはやその役割を終えたとも考えられる。

　ただ、アメリカの適用除外制度にも、そこから学ぶべきものと、そうではないものとがある。

　たとえば、報酬が一定額（低額）を下回る者については適用除外を認めず、逆に一定額（高額）を超える者については適用除外の要件を大幅に緩和するといった工夫は大いに見習ってよい。

　この点において、暫定規則改正案は、俸給労働者の下位20％（週給425ドル以下）と上位20％（年収6万5000ドル以上）でこうした区分を試みるものであったが、モノサシとしても大いに参考になる[11]。

　他方、同じく報酬に関する要件ではあっても、俸給ベースのような要件はあまりにもテクニカルにすぎ、これをモデルとすることは躊躇せざるを得ない。実際にも、俸給ベースが要件として課されているために訴訟が増加傾向にあることは否定できないからである[12]。

　なお、アメリカの場合、ホワイトカラー・エグゼンプション以外にも数多くの適用除外制度が存在し[13]、全労働者の約40％が適用除外の対象となっているという現実（次頁の**表6**を参照）もある。こうした現状からも、考えるヒントを得ることが可能であろう[14]。

---

[11]　これと局面は異なるが、現在、部長クラス以上の者を念頭において、年収が700万円を超える経営管理者、科学技術者および熟練技能者については、これらの者から手数料を徴収して、職業紹介を行うことが認められており（職業安定法施行規則20条2項のほか、平成14年厚生労働省告示第26号を参照）、6万5000ドル以上という基準は、業務の種類を問わず、適用除外を認める際の尺度として、金額的にも一応の目安となるように思われる。

[12]　この点につき、日本生産性本部労使協議制常任委員会編『1993年版　労使関係白書』第3章「ホワイトカラーを中心とした欧米諸国の労働時間制度」I「アメリカ」（110頁以下、118頁注（7）。筆者が執筆を担当）を参照のこと。なお、近年、このような背景のもとで、公正労働基準法関係の訴訟は、特に増加傾向にある（1996年の1592件から2002年には2158件に増加）とされている。*See* Employment Policy Foundation, *An Economic Primer to White Collar Reform*, May 21, 2003, p.2.

[13]　前掲（注8）『働き方の多様化と労働時間法制の現状と課題に関する調査研究報告書』第1部第4章「アメリカ」（63頁以下、71頁。梶川敦子執筆担当）を参照。

[14]　なお、この点に関連して、筆者は、かつて次のように述べたことがある。「私自身の非常

17 労働時間規制の現状と課題

表6 アメリカにおける時間規制の適用除外の現状（1996年）

(単位：千人、括弧内は%)

	雇用労働者数	ホワイトカラーの適用除外			適用除外　計
		管理業務・裁量業務・専門業務	外勤セールス	その他	
産業　計	122,350 (100.0)	31,729 (25.9)	1,804	14,782	48,315 (39.5)
民間部門	102,910 (100.0)	25,495 (24.8)	1,804	13,713	41,012 (39.9)
製造業	18,457 (100.0)	3,230 (17.5)	139	166	3,535 (19.2)
小売業	21,625 (100.0)	3,049 (14.1)	221	2,911	6,181 (28.6)
サービス業	34,377 (100.0)	12,434 (36.2)	125	6,154	18,713 (54.4)
公共部門	19,447 (100.0)	6,234 (32.1)	0	1,068	7,302 (37.5)
連邦	2,757 (100.0)	1,233 (44.7)	0	52	1,285 (46.6)
州・地方政府	16,690 (100.0)	5,002 (30.0)	0	1,016	6,018 (36.1)

注）サービス業には、個人家庭を対象とした家事サービスを含まない。
出所）U.S. DOL, ESA, Wage and Hour Div., *Minimum Wage and Overtime Hours Under the Fair Labor Standards Act*, Tables 3a and 3d (June, 1998)[15]。

初出）Ⅰ～Ⅳ：　拙稿「労働時間をめぐる日本法の現状と課題――民間部門」
　　　　『働き方の多様化と労働時間法制の現状と課題に関する調査研究報告書』
　　　　（国際経済交流財団［委託先：企業活力研究所］、平成16年3月）第2部
　　　　第1章（81頁以下）
　　　補：　拙稿「知的財産の創造と労働時間規制」大阪大学大学院法学研究
　　　　科附属法政実務連携センター編『企業活動における知的財産』（大阪大学出
　　　　版会、平成18年9月）第4章（99頁以下、119～127頁）

にアバウトな考え方を申しますと、労働者を6対4ぐらいに分けるべきではないかと。全体の6割程度の労働者についてはきちんと時間規制をする。しかし、4割ぐらいの者については時間規制の適用除外を考えてもいいのではないか。前者の6割については、平成5年の法改正以降、割増賃金についての見直しが行われていませんので、その引き上げを図ること等によってメリハリのある時間規制を行うといったことも考えられる。ともあれ、全ての労働者を一律に同じように規制することが困難な時代になってきている。そのような認識を私は持っております」。平成13年10月31日開催の第7回労働政策審議会労働条件分科会議事録を参照。
[15]　民間部門の農林水産業、鉱業、建設業、運輸・公益事業、卸売業および金融・保険・不動産業を含むより詳しいデータについては、前掲・拙稿（注10）「リスクとチャンス」19頁の表2を参照。

Episode 17

　平成29年1月20日、「労働時間の適正な把握のために使用者が講ずべき措置に関する基準」（平成13年4月6日基発第339号）に代えて、「労働時間の適正な把握のために使用者が講ずべき措置に関するガイドライン」（基発0120第3号）が、厚生労働省労働基準局長名の通達として発出される。

　新通達は、旧通達の内容を基本的に踏襲するものであったが、新たに「労働時間の考え方」が次のようにして示されることになった。

　「労働時間とは、使用者の指揮命令下に置かれている時間のことをいい、使用者の明示又は黙示の指示により労働者が業務に従事する時間は労働時間に当たる。そのため、次のアからウのような時間は、労働時間として扱わなければならないこと。

　ただし、これら以外の時間についても、使用者の指揮命令下に置かれていると評価される時間については労働時間として取り扱うこと。

　なお、労働時間に該当するか否かは、労働契約、就業規則、労働協約等の定めのいかんによらず、労働者の行為が使用者の指揮命令下に置かれたものと評価することができるか否かにより客観的に定まるものであること。また、客観的に見て使用者の指揮命令下に置かれていると評価されるかどうかは、労働者の行為が使用者から義務づけられ、又はこれを余儀なくされていた等の状況の有無等から、個別具体的に判断されるものであること。

ア　使用者の指示により、就業を命じられた業務に必要な準備行為（着用を義務付けられた所定の服装への着替え等）や業務終了後の業務に関連した後始末（清掃等）を事業場内において行った時間

イ　使用者の指示があった場合には即時に業務に従事することを求められており、労働から離れることが保障されていない状態で待機等している時間（いわゆる「手待時間」）

ウ　参加することが業務上義務づけられている研修・教育訓練の受講や、使用者の指示により業務に必要な学習等を行っていた時間」

　その内容は、判例をベースとするものであったとはいえ、立法裁量の余地のある事柄であっても、行政解釈をとおして一定の解釈・運用が既成事実化していく。そんな印象を免れないものであった。

18−1　労働時間の状況把握──一律義務化への疑問

　　Ⅰ　近未来のある研究所
　　Ⅱ　厚労省の骨子案──責務から義務への転換
　　Ⅲ　求められる義務化の適用除外

Ⅰ　近未来のある研究所

　今日も、所内のパソコンは午後10時になると自動的にシャットダウンした。翌日の午前5時まではパソコンが使えない。
　土日や祝日（所定休日）は、研究所の入口が閉鎖され、所内に入ることさえ禁止される。これに合わせて、研究所から貸与された自宅のパソコンも、土日や祝日には起動できないようにセッティングされている。
　平日（所定労働日）には、在宅勤務も認められているが、午後10時から翌日の午前5時までは、研究所のデータベースはもとより、パソコンそのものが使用できないシステムになっている。
　以前は、研究所に何日も寝泊まりして、仕事を続ける強者もいた。しかし、平成ＸＹ年に健康確保のため「労働時間の把握」が法令で義務づけられて以降、そうした研究の虫は完全にその姿を消した。
　「労働時間の把握」は、あくまでも健康確保のために行うものであり、割増賃金の支払いとは関係がない。たしかに、そのようなタテマエはあった。
　とはいえ、研究所の所員が適用を受ける裁量労働制は、正確には「労働時間のみなし」を認めたものにすぎず、時間外や深夜、休日に勤務した場合には、割増賃金の支払いが必要になる。
　研究所では、これまで、曜日や時間帯を問わず、自由に勤務することを所員に対して認めてきた。
　こうした経緯もあって、勤務する曜日や時間帯を選択する自由が所員にある以上、深夜や休日に勤務したというだけで、割増賃金を支払うことには問題が多い（所員も、これを公平とは思わない）として、そのための予算も組まれて

いなかった。

　また、所員については、1日8時間勤務したものとみなすものとされていたことから、平日の勤務に加え、土曜か日曜に「出勤」すると、それだけで1週の法定労働時間である40時間を超えてしまい、このことが「労働時間の把握」により顕在化し、研究所としても見過ごすことができなくなる、という問題もあった。

　そこで、この際、深夜や休日の勤務をできないようにしてしまえ、という話になり、冒頭にみた事態へと発展した。

　しかし、その結果、優秀な所員は、時間規制のない海外の研究所にヘッド・ハンティングされ、さほど優秀とはいえない所員だけが研究所に残る、という非常事態に研究所は直面した。

　ただ、研究所に残った所員も、その多くは時間の経過とともに研究への意欲を失っていった。

　研究の中断を頻繁に強制される職場環境のもとでは、いったん低下した意欲を再び元のレベルに戻すだけでも、かなりの時間とエネルギーが必要になる。このようなことを毎日繰り返すうちに、研究意欲もどこかに行ってしまった。そんな所員が多かったのである。

　さらに、時間にとらわれることなく、自由に研究することのできる環境が失われたことによる心理的ストレスに耐えかねて、精神に変調をきたした所員も少なからずいた。健康確保の措置を講じたがために、かえって健康を害する。悪い冗談としか思えないような現実が、そこにはあった。

II　厚労省の骨子案——責務から義務への転換

　平成13年4月6日に厚生労働省が労働基準局長名で発出した通達に、世にいう4・6通達「労働時間の適正な把握のために使用者が講ずべき措置に関する基準」（基発第339号）がある。同通達は、次のようにいう。

> 1　始業・終業時刻の確認及び記録
> 　　使用者は、労働時間を適正に管理するため、労働者の労働日ごとの始業・終業時刻を確認し、これを記録すること。

> **2 始業・終業時刻の確認及び記録の原則的な方法**
> 使用者が始業・終業時刻を確認し、記録する方法としては、原則として次のいずれかの方法によること。
> ア 使用者が、自ら現認することにより確認し、記録すること。
> イ タイムカード、ＩＣカード等の客観的な記録を基礎として確認し、記録すること。

 その狙いは、いわゆる不払い残業の防止にあり、同時に発出された解釈例規では、「パソコン入力」によるものも、そこにいう「タイムカード、ＩＣカード等の客観的な記録」に含まれることが明らかにされている。
 しかし、通達で「労働時間の適正な把握のために使用者が講ずべき措置」として「始業・終業時刻の確認及び記録」を定めたとはいっても、それは使用者の義務ではなく、責務にとどまる。
 また、管理監督者のほか、みなし労働時間制の適用を受ける者については、その適用が除外されていた(ただし、これらの者についても「健康確保を図る必要があることから、使用者において適正な労働時間管理を行う責務がある」とはされた)ことにも留意する必要がある。
 これに対して、平成27年1月16日に開催された、労働政策審議会労働条件分科会に厚生労働省が提出した資料「今後の労働時間法制等の在り方について(報告書骨子案)」は、「働き過ぎ防止のための法制度の整備等」の一環として、「労働時間の客観的な把握」を使用者に要求するなかで、次のように述べることになる。

> 過重労働による脳・心臓疾患等の発症を防止するため労働安全衛生法に規定されている医師による面接指導制度に関し、管理監督者を含む、すべての労働者を対象として、労働時間の把握について、客観的な方法その他適切な方法によらなければならない旨を省令に規定することが適当。

 4・6通達に定める責務が、厚生労働省令に規定する義務に格上げされる。このように考えると、わかりやすい。
 たしかに、省令に規定するとはいうものの、骨子案を読む限り、当面は労働安全衛生規則の定めにとどまる可能性が高い。

しかし、骨子案が他方で、その目玉ともいうべき「特定高度専門業務・成果型労働制（高度プロフェッショナル労働制）の創設」に関連して、次のように述べていることも注目に値する。

- 本制度の適用労働者については、割増賃金支払の基礎としての労働時間を把握する必要はないが、その健康確保の観点から、使用者は、健康管理時間（省令で定めるところにより「事業場内に所在していた時間」と「事業場外で業務に従事した場合における労働時間」との合計）を把握した上で、これに基づく長時間労働防止措置や健康・福祉確保措置を講じることとすることが適当。

- なお、健康管理時間の把握方法については、労働基準法に基づく省令や指針において、客観的な方法（タイムカードやパソコンの起動時間等）によることを原則とし、事業場外で労働する場合に限って自己申告を認める旨を規定することが適当。

- 長時間労働防止措置について、具体的には、制度の導入に際しての要件として、例えば以下のような措置を労使委員会における5分の4以上の多数の決議で定めるところにより講じることとすることが適当。
    ① 労働者に24時間について継続した一定の時間以上の休息時間を与えるものとすること。なお、この「一定の時間」については、法案成立後、改めて審議会で検討の上、省令で規定することが適当。
    ② 健康管理時間が1か月について一定の時間を超えないこととすること。なお、この「一定の時間」については、法案成立後、改めて審議会で検討の上、省令で規定することが適当。
    ③ 4週間を通じ4日以上かつ1年間を通じ104日以上の休日を与えることとすること。

その対象は、「特定高度専門業務・成果型労働制（高度プロフェッショナル労働制）」の適用を受ける労働者に限られるとはいえ、そうした限定が未来永劫にわたって続く保証はどこにもない。

一般の労働者については、むしろ「割増賃金支払の基礎としての労働時間を把握する」ためにも、その前提として、ここにいう「健康管理時間」の把握が

必要とされ、このことが使用者の義務という形で、労働基準法施行規則等に定められる可能性もないではない。

また、骨子案の書きぶりからみて、4・6通達では「労働時間の適正な把握」の方法として認めていた使用者による現認も、「労働時間の客観的な把握」の方法としては、これを認めない。そうした姿勢を行政が従前にも増して明確にしたとも、骨子案は読める。このような微妙な変化にも、同様に留意する必要があろう。

Ⅲ 求められる義務化の適用除外

曜日や時間帯を問わず、自由に仕事をすることができる。研究者にとっては、そうした環境が是非とも必要となる。そのような環境が失われた場合、悪夢ともいうべき悲劇が待っていることは、冒頭にみた。

たしかに、「高度プロフェッショナル労働制」の適用を受ける労働者の場合、深夜の割増賃金規制からも外れる（この点が、労働基準法41条2号に定めのある管理監督者とは異なる）ため、割増賃金の問題については一切考える必要がない。

とはいえ、長時間労働防止措置として、先にみた①から③のいずれかの措置を使用者が講じなければならないとすれば、「高度プロフェッショナル労働制」の適用を受けても意味がないと考える研究者は多いに違いない。

2014年（平成26年）にノーベル物理学賞を受賞した三人の日本人の一人、天野浩名古屋大学教授は、元旦を除いて、毎日朝から晩まで研究に従事されていたという。そんな天野教授の働き方も、「高度プロフェッショナル労働制」のもとでは、もはや許されなくなる（現状でも、労働基準法上の問題はあるが、その点は無視する）。

健康確保＝長時間労働の防止という図式は、大半の労働者には当てはまっても、物事にはすべて例外がある。天野教授にとっては、健康に働き続けるためにも、そうした例外が必要。こう考えるのが、常識であろう。

心理的ストレスからの解放は、すべての研究者が望むところでもある。科学技術大国の実現と更なる発展という観点からも、研究者の海外流出を助長するような政策はとるべきではない。

したがって、ことは天野教授1人の問題ではない。労働時間の状況把握についても、杓子定規な（one-size-fits-all）義務化は避け、最低限必要な適用除外は認める（研究者のみならず、技術者についても同様の配慮は必要になる）。
　検討のための時間は限られているとはいえ、そのような現実を直視した議論を労働政策審議会には期待したい。

初出）『アドバンスニュース』https://www.advance-news.co.jp/（平成27年
　　1月26日・28日）掲載

18-2 労働時間の状況把握は必須か

 Ⅰ　はじめに——某国政府の「妙案」
 Ⅱ　医師による面接指導と労働時間の状況把握
 Ⅲ　医師による面接指導と就業規則の改正

Ⅰ　はじめに——某国政府の「妙案」

　インフルエンザの流行を阻止するため、某国の政府が「妙案」を思いついた。
　次の三つの要件をすべて満たす場合に、医師による診断を企業に義務づけるというアイデアがそれであった。
(1)　体温が37℃を超える。
(2)　風邪またはインフルエンザの兆候が認められる。
(3)　医師による診断を求める本人からの申出がある。
　そして、(1)に関連して、企業には、従業員の体温測定が義務づけられることになった。
　だが、A社の従業員には、直行直帰の営業マンや在宅勤務の者が多く、体温測定に必要な費用もバカにならないため、できれば体温測定はパスしたい。
　これと類似した問題に今、人事労務の現場は直面している。医師による面接指導と関連した労働時間の状況把握がその難問である。
　労働安全衛生法に定めが設けられた以上、手を拱いて何もしないというわけにはさすがにいかない。では、どうすれば良いか。
　問題解決の糸口を探るため、以下ではまず、法律（労働安全衛生法）とその規定を具体化した省令（労働安全衛生規則）を虚心坦懐に読むことから、検討を始める。
　とはいっても、法令を読むのは、小説を読むのとは違う。
　無味乾燥の見本ともいうべき、官僚の作文を読み通すには忍耐を必要とする。このことを最初にお断りしておきたい。

Ⅱ　医師による面接指導と労働時間の状況把握

　昭和47年に労働基準法から分離独立した労働安全衛生法には、医師による面接指導について、現在、次のような規定が置かれている（なお、労働安全衛生法にいう「事業者」とは、労働基準法にいう「使用者」に当たる。下線部は、「働き方改革を推進するための関係法律の整備に関する法律」の成立に伴って、追加または修正された部分（平成31年4月1日施行）。枠内は、条文のなかで注記した労働安全衛生規則の規定。以下同じ）。

　　（面接指導等）
第66条の8　事業者は、その労働時間の状況その他の事項が労働者の健康の保持を考慮して厚生労働省令（注：労働安全衛生規則52条の2第1項）で定める要件に該当する労働者<u>（次条第1項に規定する者及び第66条の8の4第1項に規定する者を除く。以下この条において同じ。）</u>に対し、厚生労働省令（注：労働安全衛生規則52条の2第2項・第3項、52条の3および52条の4）で定めるところにより、医師による面接指導（問診その他の方法により心身の状況を把握し、これに応じて面接により必要な指導を行うことをいう。以下同じ。）を行わなければならない。

> 　　（面接指導の対象となる労働者の要件等）
> **第52条の2**　法第66条の8第1項の厚生労働省令で定める要件は、休憩時間を除き1週間当たり40時間を超えて労働させた場合におけるその超えた時間が1月当たり<u>80時間</u>を超え、かつ、疲労の蓄積が認められる者であることとする。（ただし書、略）
> 2　前項の超えた時間の算定は、毎月1回以上、一定の期日を定めて行わなければならない。
> 3　事業者は、第1項の超えた時間の算定を行つたときは、速やかに、同項の超えた時間が1月当たり<u>80時間を超えた労働者に対し、</u>当該労働者に係る<u>当該超えた時間に関する情報を通知</u>しなければならない。
> 　　（面接指導の実施方法等）
> **第52条の3**　<u>法第66条の8の面接指導</u>は、前条第1項の要件に該当する労働者の申出により行うものとする。

> 2 　前項の申出は、前条第2項の期日後、遅滞なく、行うものとする。
> 3 　事業者は、労働者から第1項の申出があつたときは、遅滞なく、<u>法第66条の8の面接指導</u>を行わなければならない。
> 4 　産業医は、前条第1項の要件に該当する労働者に対して、第1項の申出を行うよう勧奨することができる。
> 　（面接指導における確認事項）
> **第52条の4** 　医師は、<u>法第66条の8の面接指導</u>を行うに当たつては、前条第1項の申出を行つた労働者に対し、次に掲げる事項について確認を行うものとする。
> 　一　当該労働者の勤務の状況
> 　二　当該労働者の疲労の蓄積の状況
> 　三　前号に掲げるもののほか、当該労働者の心身の状況

2 　略（労働者の面接指導を受ける義務）

3 　略（面接指導の結果を記録する義務）

4 　略（面接指導の結果に基づき、当該労働者の健康を保持するために事業者が講じる措置について、医師の意見を聴取する義務）

5 　事業者は、前項の規定による医師の意見を勘案し、その必要があると認めるときは、当該労働者の実情を考慮して、就業場所の変更、作業の転換、労働時間の短縮、深夜業の回数の減少等の措置を講ずるほか、当該医師の意見の衛生委員会若しくは安全衛生委員会又は労働時間等設定改善委員会への報告その他の適切な措置を講じなければならない。

第66条の8の2 　事業者は、その労働時間が労働者の健康の保持を考慮して<u>厚生労働省令（注：労働安全衛生規則52条の7の2第1項）で定める時間を超える労働者（労働基準法第36条第11項に規定する業務（注：時間外労働について法律上の上限が課せられない「新たな技術、商品又は役務の研究開発に係る業務」）に従事する者（同法第41条各号に掲げる者（注：管理監督者等）及び第66条の8の4第1項に規定する者を除く。）に限る。）に対し、厚生労働省令（注：労働安全衛生規則52条の7の2第2項）で定めるところにより、医師による面接指導を行わなければならない。</u>

2 　前条第2項から第5項までの規定は、前項の事業者及び労働者について

準用する。この場合において、同条第5項中「作業の転換」とあるのは、「職務内容の変更、有給休暇(労働基準法第39条の規定による有給休暇を除く。)の付与」と読み替えるものとする。

> **(法第66条の8の2第1項の厚生労働省令で定める時間等)**
> **第52条の7の2** 法第66条の8の2第1項の厚生労働省令で定める時間は、休憩時間を除き1週間当たり40時間を超えて労働させた場合におけるその超えた時間について、1月当たり100時間とする。
> **2** 第52条の2第2項、第52条の3第1項及び第52条の4から前条までの規定は、法第66条の8の2第1項に規定する面接指導について準用する。この場合において、第52条の2第2項中「前項」とあるのは「第52条の7の2第1項」と、第52条の3第1項中「前条第1項の要件に該当する労働者の申出により」とあるのは「前条第2項の期日後、遅滞なく」と、第52条の4中「前条第1項の申出を行つた労働者」とあるのは「労働者」と読み替えるものとする。
>
> ※ 読み替え後の準用規定
> **(面接指導の対象となる労働者の要件等)**
> 第52条の2
> 2 第52条の7の2第1項の超えた時間の算定は、毎月1回以上、一定の期日を定めて行わなければならない。
> **(面接指導の実施方法等)**
> 第52条の3(第1項) 法第66条の8の2の面接指導は、前条第2項の期日後、遅滞なく行うものとする。
> **(面接指導における確認事項)**
> 第52条の4 医師は、法第66条の8の2の面接指導を行うに当たつては、労働者に対し、次に掲げる事項について確認を行うものとする。(以下、略)

第66条の8の3 事業者は、第66条の8第1項又は前条第1項の規定による面接指導を実施するため、厚生労働省令(注:労働安全衛生規則52条の7の3)で定める方法により、労働者(次条第1項に規定する者を除く。)の労働時間の状況を把握しなければならない。

> **(法第66条の8の3の厚生労働省令で定める方法等)**
> **第52条の7の3** 法第66条の8の3の厚生労働省令で定める方法は、タイムカードによる記録、パーソナルコンピュータ等の電子計算機の使用時間の記録等の客観的な方法その他の適切な方法とする。
> 2 事業者は、前項に規定する方法により把握した労働時間の状況の記録を作成し、3年間保存するための必要な措置を講じなければならない。

第66条の8の4 事業者は、労働基準法第41条の2第1項の規定により労働する労働者（注：高度プロフェッショナル制度の対象業務に従事する労働者）であつて、その健康管理時間（同項第3号に規定する健康管理時間（注：「対象労働者が事業場内にいた時間（略）と事業場外において労働した時間との合計の時間」）をいう。）が当該労働者の健康の保持を考慮して厚生労働省令（注：労働安全衛生規則52条の7の4第1項）で定める時間を超えるものに対し、厚生労働省令（注：労働安全衛生規則52条の7の4第2項）で定めるところにより、医師による面接指導を行わなければならない。

2 第66条の8第2項から第5項までの規定は、前項の事業者及び労働者について準用する。この場合において、同条第5項中「就業場所の変更、作業の転換、労働時間の短縮、深夜業の回数の減少等」とあるのは、「職務内容の変更、有給休暇（労働基準法第39条の規定による有給休暇を除く。）の付与、健康管理時間（第66条の8の4第1項に規定する健康管理時間をいう。）が短縮されるための配慮等」と読み替えるものとする。

> **(法第66条の8の4第1項の厚生労働省令で定める時間等)**
> **第52条の7の4** 法第66条の8の4第1項の厚生労働省令で定める時間は、1週間当たりの健康管理時間（労働基準法（略）第41条の2第1項第3号に規定する健康管理時間をいう。）が40時間を超えて労働させた場合におけるその超えた時間について、1月当たり100時間とする。
> 2 第52条の2第2項、第52条の3第1項及び第52条の4から第52条の7までの規定は、法第66条の8の4第1項に規定する面接指導に

> ついて準用する。この場合において、第52条の2第2項中「前項」とあるのは「第52条の7の4第1項」と、第52条の3第1項中「前条第1項の要件に該当する労働者の申出により」とあるのは「前条第2項の期日後、遅滞なく」と、第52条の4中「前条第1項の申出を行つた労働者」とあるのは「労働者」と読み替えるものとする。

第66条の9 事業者は、第66条の8第1項、第66条の8の2第1項又は前条第1項の規定により面接指導を行う労働者以外の労働者であつて健康への配慮が必要なものについては、厚生労働省令（注：労働安全衛生規則52条の8）で定めるところにより、必要な措置を講ずるように努めなければならない。

> **（法第66条の9の必要な措置の実施）**
> **第52条の8** 法第66条の9の必要な措置は、法第66条の8の面接指導の実施又は法第66条の8の面接指導に準ずる措置とする。
> 2 略（措置の対象者）

　いささか引用が長くなったものの、これら労働安全衛生法の規定（全5条、「の2」等と枝番の付いた規定を含む）は、その全体が、同法66条の8の前に置かれた「面接指導等」を共通見出しとする規定ということになる。

　ここにいう「面接指導等」の「面接指導」とは、「問診その他の方法により心身の状況を把握し、これに応じて面接により必要な指導を行うことをいう」（労働安全衛生法66条の8第1項）。そして、その結果が、面接指導を行った医師からの意見聴取を経て、事業者が講ずる「就業場所の変更、作業の転換、労働時間の短縮、深夜業の回数の減少等の措置」につながる（同条第5項）。そんな仕組みになっている。

　新設された労働安全衛生法66条の8の3においては、労働時間の状況把握が事業者の義務として規定されているものの、当該義務があくまでもこうした「面接指導を実施するため」事業者に課されたものであることは、条文を丹念に読めばわかる。

　労働時間の状況把握とはいっても、一個の独立した義務ではない。このことを、まずは銘記する必要がある。

　また、高度プロフェッショナル制度の対象となる業務については、労働安全

衛生法66条の8の4第1項に規定する医師による面接指導を実施するに当たって、労働時間ではなく健康管理時間が問題とされることもあって、労働時間の状況把握について定める同法66条の8の3も、これを対象から除外している（健康管理時間の把握については、労働基準法41条の2第1項3号（および同法施行規則34条の2第8項に定めがあるが、ここでは問題にしない）。

さらに、週40時間超の労働時間が1月に100時間を超える場合には、労働安全衛生法66条の8の2第1項を根拠として、また80時間を超え100時間以内の場合には、同法66条の8第1項をその根拠として、医師による面接指導が義務づけられる「新たな技術、商品又は役務の研究開発に係る業務」（研究開発の業務）は、この高度プロフェッショナル制度の対象業務の一つでもある（労働基準法施行規則34条の2第3項5号を参照）。

このような事情から、以下では、こうした高度プロフェッショナル制度の対象業務（研究開発の業務を含む）以外の業務に焦点を合わせて、検討を進めることとしたい。

Ⅲ　医師による面接指導と就業規則の改正

事業者は、その労働者が、以下の三つの要件のすべてに該当する場合には、医師による面接指導を実施しなければならない。労働安全衛生法66条の8第1項については、同項にいう厚生労働省令の定めを含め、その内容をこのように要約することができる。

(1) 休憩時間を除き1週間当たり40時間を超えて労働させた場合におけるその超えた時間が1月当たり80時間を超えていること（労働安全衛生規則52条の2第1項）。
(2) (1)の要件に加え、当該労働者に疲労の蓄積が認められること（同上）。
(3) (1)および(2)に該当する労働者から、面接指導の申出があること（労働安全衛生規則52条の3第1項）。

しかし、大は小を兼ねるともいう。たとえば、(1)の要件（1月当たりの労働時間）については問題とせず、(2)および(3)の要件（労働者に疲労の蓄積が認められ、かつ、当該労働者から申出のあること）さえ満たせば、医師による面接指導を実施するとすればどうか。このような場合にも、事業者は労働安全衛生

法66条の8第1項所定の「面接指導」実施義務を履行したことになる。そう理解して、何ら不都合はない。

「医師による面接指導を行わなければならない」。このように規定する労働安全衛生法の定めは、以上にみた同法66条の8第1項、66条の8の2第1項、および66条の8の4第1項以外にも存在する。同法66条の10第3項の定めがそれであるが、同条は、以下にみるように「心理的な負担の程度を把握するための検査」、いわゆる「ストレスチェック」について規定したものとして知られる。

> **（心理的な負担の程度を把握するための検査等）**
> **第66条の10** 事業者は、労働者に対し、厚生労働省令で定めるところにより、医師、保健師その他の厚生労働省令で定める者（以下この条において「医師等」という。）による心理的な負担の程度を把握するための検査を行わなければならない。
> 2 事業者は、前項の規定により行う検査を受けた労働者に対し、厚生労働省令で定めるところにより、当該検査を行った医師等から当該検査の結果が通知されるようにしなければならない。この場合において、当該医師等は、あらかじめ当該検査を受けた労働者の同意を得ないで、当該労働者の検査の結果を事業者に提供してはならない。
> 3 事業者は、前項の規定による通知を受けた労働者であつて、心理的な負担の程度が労働者の健康の保持を考慮して厚生労働省令（注：労働安全衛生規則52条の15）で定める要件に該当するものが医師による面接指導を受けることを希望する旨を申し出たときは、当該申出をした労働者に対し、厚生労働省令（注：労働安全衛生規則52条の16）で定めるところにより、医師による面接指導を行わなければならない。この場合において、事業者は、労働者が当該申出をしたことを理由として、当該労働者に対し、不利益な取扱いをしてはならない。
>
> **（面接指導の対象となる労働者の要件）**
> **第52条の15** 法第66条の10第3項の厚生労働省令で定める要件は、検査の結果、心理的な負担の程度が高い者であつて、同項に規定する面接指導（以下この節において「面接指導」という。）を受ける必要があ

> ると当該検査を行つた医師等が認めたものであることとする。
>
> **（面接指導の実施方法等）**
> **第52条の16** 法第66条の10第3項の規定による申出（以下この条及び次条において「申出」という。）は、前条の要件に該当する労働者が検査の結果の通知を受けた後、遅滞なく行うものとする。
> 2　事業者は、前条の要件に該当する労働者から申出があつたときは、遅滞なく、面接指導を行わなければならない。
> 3　検査を行つた医師等は、前条の要件に該当する労働者に対して、申出を行うよう勧奨することができる。

4　事業者は、厚生労働省令で定めるところにより、前項の規定による面接指導の結果を記録しておかなければならない。

5　事業者は、第3項の規定による面接指導の結果に基づき、当該労働者の健康を保持するために必要な措置について、厚生労働省令で定めるところにより、医師の意見を聴かなければならない。

6　事業者は、前項の規定による医師の意見を勘案し、その必要があると認めるときは、当該労働者の実情を考慮して、就業場所の変更、作業の転換、労働時間の短縮、深夜業の回数の減少等の措置を講ずるほか、当該医師の意見の衛生委員会若しくは安全衛生委員会又は労働時間等設定改善委員会への報告その他の適切な措置を講じなければならない。

7・8　略（指針の公表および指導）

9　略（労働者の健康の保持増進等に関する国の努力義務）

これらの規定をもとに、多くの企業では、「ストレスチェック」に関する規定が就業規則に設けられているが、これを「ストレスチェック等」に関する規定に改めることによって、次のような定めを就業規則に置いてはどうか。

（ストレスチェック等）
第〇〇条　会社は、1年に1回、定期的に、従業員のストレスチェックを行う。従業員は、ストレスチェックを受けるよう努めなければならない。

2　前項のストレスチェックにおいて高ストレスと評価された従業員に対しては、その者の申出により、医師による面接指導を実施する。

3　前項に定めるほか、疲労の蓄積が認められる従業員に対しても、その申

出により、医師による面接指導を実施する。
　4　従業員は、前2項に定める申出を行ったことを理由として、会社から不利益な取扱いを受けることはない。

　医師による面接指導についていえば、労働安全衛生法の目的は、面接指導の着実な実施を図ることにあり、労働時間の状況把握そのものは、同法の目的ではない。だとすれば、上記のような規定を就業規則に置けば、それで十分ではなかろうか。

　労働基準監督官が「事業場に立ち入り、関係者に質問し、帳簿、書類その他の物件を検査」することができるのも、労働安全衛生法においては、「この法律を施行するため必要があると認めるとき」に限られている（同法 91 条 1 項を参照）。そうである以上、監督官による立入検査の際に、就業規則の内容が検査対象となったとしても、上記の規定が問題視されるようなことはない。こういって、差支えはあるまい。

　労働時間の状況を無理なく把握でき、かつ、状況把握に意味があるのであれば、そうすればよい。そうした世界が現に存在することは、筆者も否定しない。だが、授業や会議の時間を除けば職場にいるとは限らない大学教員をはじめ、労働時間の状況を把握することが困難であり、かつ、こうした状況把握に意味のない世界もある。そのような世界にまで、労働時間の状況把握を一律に義務づけることには大きな無理がある。

　労働時間の状況把握は、必須ではない[1]。ときには、そう割り切って、知恵を絞ることも必要といえよう。

初出）『アドバンスニュース』https://www.advance-news.co.jp/（平成 31 年
　3 月 18 日・20 日）掲載

---

[1]　研究開発の業務や高度プロフェッショナル制度の対象業務については、労働時間が週 40 時間を超える場合、または健康管理時間が 1 月に 100 時間を超える場合には、それだけで医師による面接指導を義務づける（労働者に疲労の蓄積が認められることや、労働者からの申出を面接指導の要件としない）ものとなっている。しかし、労働時間や健康管理時間の長さを唯一の尺度とする、このような制度設計には問題があるといわざるを得ない。

Episode 18

　企画業務型裁量労働制について定めた労働基準法38条の4は、1項4号で「対象業務に従事する……労働者の労働時間の状況に応じた当該労働者の健康及び福祉を確保するための措置を当該決議で定めるところにより使用者が講ずること」を、制度導入に必要な労使委員会決議で定めるべき事項の一つとして規定している。

　このことを受け、大臣告示である「労働基準法第38条の4第1項の規定により同項第1号の業務に従事する労働者の適正な労働条件の確保を図るための指針」（いわゆる企画業務型裁量労働制指針）は、令和6年4月1日以降、「労働時間の状況」把握について、次のように規定することになった（従前の規定内容については、本書344頁を参照）。

　「使用者による対象労働者の労働時間の状況の把握は、いかなる時間帯にどの程度の時間、労務を提供し得る状態にあったかを把握するものであること。その方法は、タイムカードによる記録、パーソナルコンピュータ等の電子計算機の使用時間の記録等の客観的な方法その他の適切なものであることが必要であり、当該対象事業場の実態に応じて適当な当該方法を具体的に明らかにしていることが必要であること」。

　専門業務型裁量労働制に関しても、労働基準法38条の3第1項4号に規定する「労働時間の状況」把握に関連して、同趣旨のことが現在、通達「労働基準法施行規則及び労働時間等の設定の改善に関する特別措置法施行規則の一部を改正する省令等の施行等について（裁量労働制等）」（令和5年8月2日付け基発0802第7号）で定められているが、そこでは、その前提として「『労働時間の状況』の概念及びその把握方法は、労働安全衛生法（略）第66条の8の3により把握することが義務付けられている『労働時間の状況』と同一のものであること」が明記されている。

　とはいえ、一口に「労働時間の状況」把握といっても、これが必要とされる場面が、労働基準法（対象労働者の健康確保）と労働安全衛生法（医師による面接指導）では、微妙に異なる。

　同じ言葉が使用されているからといって、それだけの理由で、双方の概念を同一視することには疑問が残る。こういわざるを得まい。

19 副業・兼業と労働時間の通算問題

　Ⅰ　百年の呪縛——工場法に始まる労働時間の通算
　Ⅱ　労働時間の通算が意味するもの①
　　　　　　——通算を前提とした割増賃金の支払い
　Ⅲ　労働時間の通算が意味するもの②
　　　　　　——通算を前提とした安全配慮義務
　Ⅳ　残された選択肢——労働時間規制の適用除外

　令和2年（2020年）9月1日、厚生労働省は、平成30年（2018年）1月に策定された「副業・兼業の促進に関するガイドライン」を改定し、これを公表した。

　ホームページには策定とあるものの、いずれも都道府県労働局長宛に発せられた厚生労働省労働基準局長名の通達、つまり基発である[1]。

　労働時間は通算するが、副業・兼業先の労働時間は労働者個人の申告による。企業に過大な負担はかけない。ガイドラインの改定については、こうした内容になることが検討段階から伝えられてきた。

　労働時間の通算という原則は維持しつつ、通算のもとになる労働時間の算定＝時間管理については簡便な方法を認める。そうすれば、副業・兼業の促進につながる。ガイドラインの改定に当たった担当者は、こう考えたらしい。

　とはいえ、これでは、かえって副業・兼業を抑制することになりかねない。改定されたガイドラインを一読したときの、それが正直な感想であった。

　労働時間の通算とは、いったい何を意味するのか。そこに、問題の核心はある。労働時間の通算が割増賃金の支払い義務に直結することを、今回の改定は明確にした。労働時間が通算されることを念頭に置いて、副業・兼業の状況を

---

[1]　平成30年1月31日付け基発0131第2号、および令和2年9月1日付け基発0901第4号がこれに当たる（最近では、このように年月日と基発の間に「付け」を入れるのが一般的となっている）。なお、こうしたガイドラインの性格は、「労働時間の適正な把握のために使用者が講ずべき措置に関するガイドライン」（平成29年1月20日基発0120第3号）とも共通している。詳しくは、拙稿『労働時間の適正な把握のために使用者が講ずべき措置に関するガイドライン』は、局長通達だった』『現場からみた労働法2——雇用社会の現状をどう読み解くか』（ジアース教育新社、令和2年）291頁以下を参照。

十分に把握し、適切な措置を講じていなければ、使用者が安全配慮義務違反に問われる可能性があることも、改定後のガイドラインでは示唆されている。

このような可能性のあることを考えれば、副業・兼業をストレートに認めることなど到底できない。場合によっては、現状を維持しようとするだけでも、問題は生じる。以下、このことを、順を追って確認していきたい。

I　百年の呪縛──工場法に始まる労働時間の通算

1　工場法の通算規定

大正5年（1916年）に施行された工場法（明治44年法律第46号）は、当初、3条で次のように規定していた（下線は筆者による。以下同じ）。

第3条　工業主ハ15歳未満（注：のち16歳未満）ノ者及女子ヲシテ1日ニ付12時間（注：のち11時間）ヲ超エテ就業セシムルコトヲ得ス
②　主務大臣ハ業務ノ種類ニ依リ本法施行後15年間ヲ限リ前項ノ就業時間ヲ2時間以内延長スルコトヲ得
③　<u>就業時間ハ工場ヲ異ニスル場合ト雖</u>前2項ノ規定ノ適用ニ付テハ<u>之ヲ通算ス</u>

2項および3項にいう就業時間には、労働基準法にいう労働時間とは異なり、休憩時間を含む。また、3項の「雖」は「いえども」と読む。さらに、工場法施行令21条1項は、その一方で職工名簿の調製および備付を工業主に対して義務づけるとともに、同法施行規則16条に定める様式第2号は、このような幼年工および女工の「他工場ニ於ケル就業時間」についても、以下にみるように、これを雑欄に記載することを工業主に指示していた。

職工名簿記載心得【様式第2号】
七　雑欄ニハ［以下］ノ事項ヲ記載スヘシ
　イ　女子及15歳未満（注：のち16歳未満）ノ男工カ<u>同一日ニ於テ他工場ニモ就業スル場合ニ於テハ他工場ニ於ケル就業時間</u>（工場法第3条第3項）

ロ　略

こうした事情から、「工場ヲ異ニスル場合」とは、工業主が複数にわたる場合を含むとの解釈が支配的なものとなった。たとえば、当時、工場監督官として工場法の施行に当たった吉阪俊蔵氏（その後、ILO の帝国事務所長等を歴任）も、次のように述べる。

　「就業時間は職工が同一日に於て工場を異にして就業する場合には、之を通算して原則を適用する。<u>『工場を異にする』とは同一工業主の経営に属する場合と他の工業主の経営に属する場合とを含む。此場合には其旨職工名簿に記載を要するものであつて工業主は常に職工が他の工場に兼勤するや否やを注意せねばならぬ</u>」（吉阪『改正工場法論』（大東出版社、大正 15 年）92 頁）。

ただ、このようにして就業時間が通算されるのは、あくまで工場法の適用を受ける幼年工や女工、いわゆる保護職工に限られ、女子および 16 歳未満の男子使用人を適用対象とした商店法（昭和 13 年法律第 28 号）や、16 歳以上の男子職工を適用対象とした工場就業時間制限令（昭和 14 年勅令第 127 号）には、就業時間の通算について定めた規定は置かれなかった。

2　労基法の通算規定

1 でみた経緯を背景として、昭和 22 年に法律第 49 号として施行された労働基準法（労基法）は、38 条で次のように規定することになる。

（時間計算）
第 38 条　<u>労働時間は、事業場を異にする場合においても、労働時間に関する規定の適用については通算する。</u>
② 略

しかし、労働基準法が使用者に対して調製を義務づけた労働者名簿（労基法 107 条、同法施行規則 53 条、様式第 19 号）および賃金台帳（労基法 108 条、同法施行規則 54 条、様式第 20 号・第 21 号）のいずれにおいても、もはや「他の事業場における労働時間」の記載が使用者に義務づけられることはなかった。

にもかかわらず、労基法の大半の規定の施行に合わせて昭和22年9月1日に設置をみた労働省は、早くもその翌年には工場法の解釈をほぼそのまま踏襲する形で、労基法38条1項にいう「事業場を異にする場合」とは使用者を異にする場合を含む、との立場を明らかにする。以下にみる労働基準局長名の通達＝基発がそれである。

【事業場を異にする場合の意義】
問　本条において「事業場を異にする場合においても」とあるがこれを事業主を異にする場合も含むと解すれば個人の側からすれば1日8時間以上働いて収入を得んとしても不可能となるが、この際個人の勤労の自由との矛盾を如何にするか、又内職は差支えないとすればその区別の標準如何。
答　「事業場を異にする場合」とは事業主を異にする場合をも含む。なお内職云々についてはその内職を行う者と発注者との間に使用従属関係があるか否かによつて法の適用の有無が決定される。（昭和23年5月14日基発第769号）[2]

以来七十数年が経過した現在も、こうした行政の姿勢に変化はみられない。百年以上続いた工場法の呪縛は、そう簡単には解けない。「副業・兼業の促進に関するガイドライン」が次のように淡々と述べるのも、その証左ということができよう（引用は改定版による）。

「労基法第38条第1項では『労働時間は、事業場を異にする場合においても、労働時間に関する規定の適用については通算する。』と規定されており、『事業場を異にする場合』とは事業主を異にする場合をも含む（労働基準局長通達（昭和23年5月14日付け基発第769号））とされている」。

II　労働時間の通算が意味するもの①
　　　　　　――通算を前提とした割増賃金の支払い

---

[2]　ここまでの記述につき、拙稿「マルチジョブホルダーと労働法制」JIL調査研究報告書103号『労働市場・雇用関係の変化と法』（平成9年）321頁以下、328～331頁【本書407頁以下、416～420頁】を併せ参照。

割増賃金の問題には、あえて言及しない。「副業・兼業の促進に関するガイドライン」にも、改定前には、そのような抑制した姿勢がみられた。労働時間は通算するとはいうものの、副業や兼業の場合に割増賃金の支払いが必要になるかどうかは一般社会の常識に委ねる。後述するように、労働時間そのものの解釈とかかわるものではあるが、例外的な場合を除き、割増賃金の支払いを不要とする解釈も不可能ではなかった。

しかるに、改定後のガイドラインは次のように述べ、単刀直入に割増賃金の支払いが必要になるとする(引用箇所は、3 企業の対応 (2) 労働時間管理の一部)。

エ 時間外労働の割増賃金の取扱い
(ア) 割増賃金の支払義務

各々の使用者は、自らの事業場における労働時間制度を基に、他の使用者の事業場における所定労働時間・所定外労働時間についての労働者からの申告等により、

- まず労働契約の締結の先後の順に所定労働時間を通算し、
- 次に所定外労働の発生順に所定外労働時間を通算することによって、それぞれの事業場での所定労働時間・所定外労働時間を通算した労働時間を把握し、その労働時間について、自らの事業場の労働時間制度における法定労働時間を超える部分のうち、自ら労働させた時間について、時間外労働の割増賃金(労基法第37条第1項)を支払う必要がある。

(イ) 割増賃金率

時間外労働の割増賃金の率は、自らの事業場における就業規則等で定められた率(2割5分以上の率。ただし、所定外労働の発生順によって所定外労働時間を通算して、自らの事業場の労働時間制度における法定労働時間を超える部分が1か月について60時間を超えた場合には、その超えた時間の労働のうち自ら労働させた時間については、5割以上の率。)となる(労基法第37条第1項)。

ガイドラインでは、「自らの事業場の労働時間制度における法定労働時間」といった言葉が多用されており、いささか文意をつかみにくいものとなっている

が、要するに「通算した労働時間について、法定労働時間を超える部分のうち、自ら労働させた時間」(上記の二重下線部)については、時間外労働の割増賃金の支払いが必要になる。こういいたいのであろう。

とはいえ、これでは、A社(法定労働時間＝所定労働時間というシンプルなケースを仮定)のフルタイム労働者がB社で副業すると、B社における副業時間は、自動的にそのすべてが割増賃金の支払いが必要な時間になってしまう。そのような労働者をはたしてB社は雇うであろうか。

同じ仕事を同じ時間してもらっても、本業の時間次第で、割増賃金の支払いが必要になったり、ならなかったりする。そんな賃金制度に割増賃金をもらえなかった労働者が納得すると、本当に考えているのであろうか。

身近な例を挙げれば、本務校のある教員を非常勤講師として雇うと、本務校のない教員の場合に比べ、手当の額が割増賃金の分高くなる。そのようなことになれば、いわゆる専業的非常勤講師は黙っていまい。同一労働同一賃金以前の問題として、そんな制度が保つわけがない。そうした声も、筆者もその一員である教育の世界では聞く[3]。

「世間は活きて居る。理屈は死んで居る」(勝海舟／江藤淳・松浦玲編『氷川清話』(講談社学術文庫、平成12年)338頁)。一口でいえば、勝が問題視した死んだ理屈の典型がここにはある。

なお、副業・兼業における割増賃金の支払義務について、筆者はかつて、次のように述べたことがある。現在も、その考え方に変わりはない。

　仮に労働時間が通算されるとしても、「使用者が副業や兼業を命じたといった事実でもない限り、副業・兼業先の指揮命令下にある時間は、当の使用者にとっては、その指揮命令下にない以上、労働時間には当たらない(三菱重工業長崎造船所事件＝平成12年3月9日最高裁第一小法廷判決を参照。なお、このことに関連して、判決は、労働者が行う準備行為等についても、

---

[3] 割増賃金の問題を離れても、医師の副業・兼業については、そのための時間枠を別途設ける等の措置を講じなければ、大学附属病院による地域診療の支援を不可能にする等、診療活動に対する深刻な影響が懸念されることに注意。日本医師会「医師の特殊性を踏まえた働き方検討委員会」答申(令和2年6月)を参照。【追記】その後、医療法の改正(令和3年法律第49号、令和6年4月1日施行)により、他の病院に医師を派遣する病院については「特定地域医療提供機関」の指定を受けることが可能となった(118条)とはいえ、通算問題の解決というには程遠いものがある。

『事業所内において行うことを使用者から義務付けられ、又はこれを余儀なくされたとき』に限定していることに注意)。

他社の業務に従事することを届出によって認知したとしても、それだけでは『労働させた』とはいえない（この点に関連して、労働基準法32条は『労働させてはならない』と定め、同法37条は『労働させた』場合に割増賃金の支払義務が使用者にあると規定していることに注意)。

健康への配慮は別に考えるとして、副業や兼業を推進するというのであれば、そうした解釈を行政当局が明確にすることも、今後は必要になろう」[4]。

III 労働時間の通算が意味するもの②
——通算を前提とした安全配慮義務

「裁判例を踏まえれば、原則、副業・兼業を認める方向とすることが適当である」。

「副業・兼業の促進に関するガイドライン」は、改定前からこのように記していた。しかし、そこでいう裁判例とは、就業規則等による副業・兼業の制限・禁止とかかわる事件の裁判例であって、裁判例を踏まえれば、逆の方向を目指すことが適当であると考えざるを得ないマターもある。安全配慮義務の問題がそれである。

たとえば、この点に関連して、改定後のガイドラインは、上記の引用部分に

---

[4] 拙著『現場からみた労働法——働き方改革をどう考えるか』（ジアース教育新社、平成31年）144〜145頁。ただし、原文とは違い、兼業と副業を入れ替えている。

なお、労働時間の通算をどこの国でもみられる普遍的なルールと考えると、認識を誤る。たとえば、アメリカの場合、公正労働基準法（Fair Labor Standards Act）3条(d)により、使用者Aと使用者Bが共同使用者（joint employer）の関係にあれば、A・Bはともに通算された労働時間について割増賃金の支払義務を負うことになるが、労働者の雇用について両者が連携する関係にない限り、このような事態が実際に生じる可能性はない。See Joint Employer Status Under the Fair Labor Standards Act（Final rule）, 85 Federal Register 2820（January 16, 2020）.【追記】アメリカ労働省は、バイデン政権のもと、2021年7月には、このトランプ政権時代に策定されたルールを取り消すことになる。See Recission of Joint Employer Status Under the Fair Labor Standards Act Rule, 86 FR 40939（July 30, 2021）. しかし、双方の使用者は、労働者との関係において、互いに十分連携している場合に限り、共同使用者となるとのルールは、いわゆる垂直的共同雇用（horizontal joint employment）の関係について古くから存在する、いわば確立した法理であり、現在もこのルールは維持されていることに注意。Ibid. 40939-40940.

続き、総論的な考え方を示した後、次のようにいう（引用箇所は、3　企業の対応　(1)　基本的な考え方の一部)。

　ア　安全配慮義務

　　労働契約法第5条において、「使用者は、労働契約に伴い、労働者がその生命、身体等の安全を確保しつつ労働することができるよう、必要な配慮をするものとする。」とされており（安全配慮義務）、副業・兼業の場合には、副業・兼業を行う労働者を使用する全ての使用者が安全配慮義務を負っている。

　　副業・兼業に関して問題となり得る場合としては、使用者が、労働者の全体としての業務量・時間が過重であることを把握しながら、何らの配慮をしないまま、労働者の健康に支障が生ずるに至った場合等が考えられる。

　　このため、

- 　就業規則、労働契約等（略）において、長時間労働等によって労務提供上の支障がある場合には、副業・兼業を禁止又は制限することができることとしておくこと
- 　副業・兼業の届出等の際に、副業・兼業の内容について労働者の安全や健康に支障をもたらさないか確認するとともに、副業・兼業の状況の報告等について労働者と話し合っておくこと
- 　副業・兼業の開始後に、副業・兼業の状況について労働者からの報告等により把握し、労働者の健康状態に問題が認められた場合には適切な措置を講ずること

　　等が考えられる。

　以上を要するに、副業・兼業についても、業務量や時間等の状況を労働者の届出や報告等を通じて使用者が把握していること（労働者の安全や健康に支障をもたらさないかの確認を含む）がまず大前提として必要になる。

　その上で、就業規則等において「長時間労働等によって労務提供上の支障がある場合には、副業・兼業を禁止又は制限することができる」ようにし、「労働者の健康状態に問題が認められた場合には適切な措置を講ずる」ことが使用者には求められる。それが行政の基本的な考え方であるといってよい。

　たしかに、安全配慮義務の問題は、裁判所のマター（義務違反の有無は、ケ

ースバイケースで裁判所が判断する）であって、本来、行政が判断基準を示すことができるような問題ではない（法令によってその判断基準を示すことも、事実上不可能）。

また、労働基準法や労働安全衛生法の解釈ならともかく、民法の特別法である労働契約法に定めが置かれている安全配慮義務について、一遍の行政通達（基発）をもってその解釈のあり方を示すことは、明らかに行き過ぎである。

とはいえ、行政がこれだけいっているのだから、労働者の副業・兼業についてその状況を十分に使用者が把握していないような場合には、裁判所としても安全配慮義務違反を認めざるを得ない。そう裁判官が考えたとしても、不思議ではない。

だが、世の中には、副業・兼業の時間等、その状況を把握することが困難な職種も少なくない。健康確保のための措置が必要というのであれば、労働者による疲労の蓄積が認められ、かつ、当該労働者の申出がある場合には、労働時間の長短にかかわらず、医師による面接指導を実施するという方法もある[5]。

副業・兼業についても、状況把握＝労働時間の通算を一律に義務づけようとすると、どうしても無理が生じる。こうした現実を直視しないかぎり、おそらく問題は解決しまい。

Ⅳ　残された選択肢──労働時間規制の適用除外

「個人事業主や委託契約・請負契約等により労働基準法上の労働者でない者として、または、労働基準法上の管理監督者として、副業・兼業を行う者については、労働基準法の労働時間に関する規定が適用されない」。

改定前の「副業・兼業の促進に関するガイドライン」は、こう述べていた。
これが改定により、「次のいずれかに該当する場合は、その時間は通算されない」として、労働時間が通算されないケースが具体的に例示されることになる。

- 労基法が適用されない場合（例　フリーランス、独立、起業、共同経営、アドバイザー、コンサルタント、顧問、理事、監事等）

---

[5] 詳しくは、拙稿「医師による面接指導と就業規則の改正」『アドバンスニュース』平成31年3月20日掲載【本書369頁以下】を参照。

・　労基法は適用されるが労働時間規制が適用されない場合（農業・畜産業・養蚕業・水産業、管理監督者・機密事務取扱者、監視・断続的労働者、高度プロフェッショナル制度）

　このうち前者については、もっぱら副業・兼業先の就業形態を念頭に置いたものといえるが、後者については、本業において「管理監督者・機密事務取扱者」として、または「高度プロフェッショナル制度」の適用を受ける者として働く者も、その労働時間は通算されない。

　改定の結果、このような解釈が可能になったともいうことができる[6]。

　ただ、仮に労働時間の通算については、これらのケースのいずれかに該当する場合にしか例外が認められないというのであれば、前者の労基法が適用されない場合に限定して副業・兼業を認めるといった方法がとれない以上[7]、後者にいう労働時間規制の適用除外の範囲を拡大する以外に道はない。それが、唯一の残された選択肢ということになろう。

　アメリカの場合、いわゆるホワイトカラーエグゼンプションの対象となる労働者だけでも、優に3000万人を超える。

　2020年1月1日には、標準となる収入要件を年収2万3660ドルから3万5568ドルに引き上げることを内容とする改正規則が施行された（職務要件が大幅に緩和される高額報酬労働者に係る収入要件も、同時に10万ドルから10万7432ドルに引き上げられた）が、エグゼンプションの対象労働者は、改正規則の施行日以降も、総計3210万人（ホワイトカラーの67.4％）を数えるものとなっている[8]。

---

[6]　改定前のガイドラインでは「労働基準法上の管理監督者として、副業・兼業を行う者」とされており、この点が明確ではなかった。
[7]　このことに関連して、ガイドラインも、副業・兼業を就業規則により制限・禁止できる場合を、裁判例を根拠に、以下の①〜④のいずれかに該当する場合に限るものとなっている（3　企業の対応　(1)　基本的な考え方　オ　副業・兼業の禁止又は制限）ことに注意。
　①　労務提供上の支障がある場合
　②　業務上の秘密が漏洩する場合
　③　競業により自社の利益が害される場合
　④　自社の名誉や信用を損なう行為や信頼関係を破壊する行為がある場合
[8]　およそ四半世紀前（1996年）におけるホワイトカラー・エグゼンプションの対象労働者数は、約3170万人であった。本書353頁の**表6**を参照。【追記】2025年1月1日以降、標準となる収入要件は年収5万8656ドルに、高額報酬労働者に係る収入要件は年収15万1164ドルに引き上げられるが、それでも対象労働者数は3350万人（62.6％）を数える。

他方、わが国の場合、適用除外の対象といえば、労基法41条2号に規定する管理監督者が、現在もその大半を占める。といっても、厚生労働省「就労条件総合調査」によれば、平成31年1月1日現在、その割合は全労働者の6.6%[9]にとどまっている。

　平成31年（2019年）4月にスタートした、労基法41条の2に定める「高プロ」にいたっては、対象労働者数はわずか414人にすぎない（令和2年6月20日付け『日本経済新聞』朝刊の記事「『ジョブ型』、労働規制が壁／コロナ下の改革機運に水」を参照）[10]。

　アメリカに倣えとまではいわない。しかし、以上にみた現状を放置したままでは、副業・兼業の促進といっても、見果てぬ夢に終わる。それだけは確かといえよう。

【後記】
　「副業・兼業の促進に関するガイドライン」はその後、令和4年7月8日に再改定され、企業に対し副業・兼業への対応状況に関する情報公開を推奨する等の見直しが行われた。具体的には、「企業は、労働者の多様なキャリア形成を促進する観点から、職業選択に資するよう、副業・兼業を許容しているか否か、また条件付許容の場合はその条件について、自社のホームページ等において公表することが望ましい」等とされた。

　初出）『アドバンスニュース』https://www.advance-news.co.jp/（令和2年9月14日〜18日）掲載

---

[9] 【追記】令和5年1月1日現在、8.6%。ただし、令和3年1月1日にはその割合が一時的にせよ3.7%にまで低下しており、調査の信頼性という点でやや問題がある。

[10] 【追記】厚生労働省「高度プロフェッショナル制度に関する報告の状況」によれば、各年3月末時点における「高プロ」の対象労働者数は、令和3年が552人、4年が665人、5年が823人、6年が1340人と、増加傾向にはあるものの、ホワイトカラーのごく一部を対象とするにとどまっており、その大部分を「コンサルタントの業務」が占めるもの（令和6年3月末現在、1269人）となっている。

19 副業・兼業と労働時間の通算問題

Episode 19

　令和6年6月21日に閣議決定された「規制改革実施計画」は、副業・兼業の円滑化について次のように述べる。
　「厚生労働省は、①副業・兼業を行う労働者の健康管理のため、その所属する送り出し企業及び受入れ企業の双方における労働時間の通算管理が必要である一方、割増賃金の支払に係る労働時間の通算管理については、制度が複雑で企業側に重い負担となるために雇用型の副業・兼業の認可や受入れが難しいとの指摘があること、②米国、フランス、ドイツ、イギリスでは割増賃金の支払において労働時間の通算管理を行っていないことに鑑み、働き方改革関連法の見直しに係る検討会において、割増賃金の支払に係る労働時間の通算管理の在り方について、労働基準法等の関係法令における行政解釈の変更も含めて検討し、結論を得る」（令和5年度検討開始、令和6年度結論）。
　そこにいう「働き方改革関連法の見直しに係る検討会」とは、厚生労働省労働基準局長が学識経験者の参集を求めて開催された労働基準関係法制研究会を指すが、同研究会の「これまでの議論の整理」（令和6年4月23日開催の第6回研究会に提出されたもの）によれば、「グループ企業や取引関係のある企業などとの間で名目上副業・兼業させ、割増賃金を逃れるようなケースを生じないようにする必要があるという意見」がある一方で、「ヨーロッパの主要国でも、割増賃金について労働時間通算を行う例はないことからも、見直しが必要という意見」があったという。
　なお、ドイツやイギリスの場合、そもそも割増賃金の支払について規定した法令がないという事実もある（アメリカにおける労働時間通算の現状については、本節の378頁注4を参照）。
　事業場が異なる場合の労働時間については、割増賃金の支払に関する限り、これを通算しない。法改正ではなく、行政解釈の変更によってこのことを実現する。政府も、ようやくこのように舵を切ったといってよい。
　厚生労働省が従前、副業・兼業における労働時間の通算について、所定労働時間を通算する際に「みなし労働時間制の場合は、みなし労働時間を用いる」とし、裁量労働制を採用する企業や法人に実行不可能な対応を求めていたことを考えると、隔世の感がある。それが、現場の率直な感想といえよう。

第 3 章

働き方の多様化

Diversification
of
Working Styles

20 パートタイム労働と立法政策

 I　はじめに
 II　立法をめぐるこれまでの経緯
 III　「短時間労働者雇用管理改善」法案
 IV　まとめにかえて
 資料　野党共同提出法案／内閣提出法案　抄

I　はじめに

　平成5年2月24日、労働省は、都道府県労働基準局の監督課長を一堂に集め、パートタイム労働者の労働条件について改善を促すように指示を行った。この課長会議においては、外国人労働者や派遣労働者についても同様の指示がなされたというが、不況が深刻化するなか、これらの者の雇用にしわ寄せが来ているため、労働基準法（労基法）違反を摘発する体制を万全にしつつ事態の悪化を防ぐことがその狙い、と新聞報道にはある。

　パートタイム労働者の場合、労働力と非労働力を行き来する者が正規従業員に比べ多く、これが「景気循環に対するショック・アブソーバーの役割を果たし、雇用変動も大きい」（『平成4年版・経済白書』260頁）といわれている。

　なるほど、パートタイム労働者については、「自己都合等による離職率が高く企業がそれを補充しなければ、経営都合により解雇しなくとも、結果として雇用量の調整は行いうる」（『平成元年版・労働白書』231頁）。

　したがって、雇用の「調整弁」といっても、そこから直ちにパートの解雇や雇止めを連想すべきではない。ただ、一般労働者と比較すると、こうした解雇や雇止めによる離職率は、やはり「パートタイム労働者の方が概して高く、かつ景気後退期における上昇幅も大きい」（前掲『労働白書』232頁）。このこともまた、偽らざる事実ではあった。

　それゆえであろうか、春風堂事件（東京地判昭和42.12.19労民集18巻6号1251頁）から、三洋電機事件（大阪地判平成3.10.22労判595号9頁）に至るまで、パートタイム労働者について訴訟で争われたケースは、その解雇・

雇止めにやや特化したきらいがある。

　だが、パートタイム労働者の雇用や賃金の決定が、いわゆる外部労働市場、つまり賃金をシグナルとして労働力の需給調整が行われる本来の意味における労働市場においてなされ、終身雇用制度を基盤として発達をみた内部労働市場とは相異なる世界がそこに形成されてきたことは、これを否定できない（前掲『経済白書』260頁を参照）。

　そして、パートタイム労働者の賃金が勤続年数にかかわらずフラットなものとなっていることも、こうした労働市場の違いによって説明できる。すなわち、長期勤続を前提としたOJT中心の職業能力開発（内部労働市場の形成）がなされてこなかったために、賃金が上昇カーブを描かない。年功カーブの大きい大企業ほど、フルタイム労働者との間の賃金格差が大きくなるのも、こう考えれば不思議はないのである[1]。

　たしかに、パートタイム労働については、これを文字どおり労働時間だけが短く、労働時間以外の点では通常のフルタイム労働と異ならないものとして把握する考え方が、一方にはある。しかし、上記のような労働市場の現状を無視して、やみくもに立法による格差是正を求めても、それは空しい結果に終わるに違いない。

　また、他方には、法規制を無用とする考え方も厳として存在する。国による市場介入がときに悲惨ともいえる結果を招くことは、社会主義の失敗によって既に実証されている。ただ、パートタイム労働についても、良好な労働市場を提供する義務が国にはある、ともいえるのではなかろうか。

　近年、労働省は「パートタイム労働を一つの良好な雇用形態として社会的に確立する」という観点から、いわゆる「総合的パートタイム労働対策」（平成元.6．23発婦第9号）の推進を図ってきた。

　第126回国会（常会）における可決・成立が予定されている「短時間労働者雇用管理改善法」も、その延長線上にあることはいうまでもない。このわが国初のパートタイム労働法の制定を通して、何がどのように変わろうとしている

---

[1] 拙稿「就労形態多様化時代——パート労働に変化は生まれるか」『月刊連合』平成4年10月号2頁以下を参照。なお、このようなパートの特性は、労働経済学でいう「小池理論」（小池和男『仕事の経済学』（東洋経済新報社、平成3年）を参照）によって最もよく説明できるように思われる。

のか。それを現時点で可能な限り明らかにすることに、本節の目的はある。

Ⅱ　立法をめぐるこれまでの経緯

1　幻のパート福祉法案

　昭和62年10月、労働省の委託を受け、財団法人婦人少年協会が設置した「女子パートタイム労働対策に関する研究会」は、「今後のパートタイム労働対策のあり方について」[2]と題する報告を公表。報告は、そのなかで「パートタイム労働者福祉法（仮称）」の制定を提案した。

　この「パート福祉法」に盛り込むべき内容としては、(1)パートタイム労働者の雇用管理の改善を目的とした、①雇入通知書の交付、②フルタイム労働との相互転換ルールの設定、③パートタイム労働者雇用管理改善推進者の設置といった項目のほか、(2)パートタイム労働者の職業能力の開発等を目的とした国や地方公共団体による就業援助措置が検討を要する事項として挙げられていたが、その眼目は、(3)勤続報奨金の支給を中心とした「パートタイム労働者福祉共済事業」の実施（当該事業のほか、パートの雇用管理の改善、能力開発等の企業への指導、援助事業を行う団体の指定を含む）にあった。

　しかし、昭和63年6月、労働大臣が学識経験者および労使の代表の参集を求め、発足をみた「パートタイム労働問題専門家会議」は、同年12月に取りまとめられた「今後のパートタイム労働対策の在り方について（中間的整理）」[3]のなかで「法的整備の問題については、関係諸法令についての検討を含め、引き続き検討を行うことが適当」との立場を表明。ここに、「パート福祉法」の制定は頓挫する格好となる。

　この間、昭和63年10月には、東京商工会議所が「パートタイム労働者の労働諸条件の最低基準は、既に労働基準法・最低賃金法・労働安全衛生法等々において定められており、直ちに新たな法律を制定する必然性は乏しい」との意

---

[2]　労働省婦人局『パートタイム労働の展望と対策』（婦人少年協会、昭和62年）17頁以下に所収。
[3]　労働省労働基準局監督課『パートタイム労働指針の解説』（労働新聞社、平成3年）137頁以下に所収。

見4を公にするなど、法制化に対する使用者団体の拒否反応には相当根強いものがあった。そして、こうした使用者側の消極姿勢は、今日に至るも基本的には変わっていない。

「なぜ、パートについてだけ立法するのか」。この立法技術ともかかわるテクニカルな問題が、法制化に待ったをかけた。それが真相のようでもある。

「非正規の従業員が、いろいろな問題を抱えていて、そのために福祉法みたいなものをつくる必要があるとしても、なぜパートだけなのか、臨時工だと[か]いろいろな労働者はどうするのか」。こうした疑問が、内閣法制局からは指摘されたという。また、雇入通知書の交付についても、「パートにだけ［労働契約の］書面化を要求するのはおかしい」。このような見解が、法制局からは示されたといわれている5。

「法の下の平等」（憲法14条を参照）に照らし、それが一面の真理をついていたことは否定できない6。

ところで、その後、いわゆる「パート指針」が次官通達（昭和59年12月3日発基第97号）から大臣告示（平成元年6月23日労告第39号）に格上げされたことに伴って、パートタイム労働に対する行政指導は、以前にもまして拡充・強化されることになる7。

先に言及した「総合的パートタイム労働対策」がそれである。また、上記告示においては、パートタイム雇用労務管理者の選任が初めて規定されるなど、そこに幻に終わった「パート福祉法」の残影を読み取ることも、さして困難なことではない（勤続報奨金支給の問題は、中小企業退職金共済法の改正（平成2年6月22日法律第39号）を通して、短時間労働被共済者に係る掛金月額の特例を設けることで、一応の解決をみた）。

このようななか、平成2年7月の日本労働組合総連合会（連合）による要請

4　東京商工会議所「パートタイム労働対策に関する意見」（昭和63年10月）を参照。
5　以上につき、諏訪康雄「パートタイム労働、短期・臨時労働」『就労多様化研究会報告――多様な働き方を活かす公正な労働指針の確立を』（日本労働組合総連合会、平成2年）76頁以下、87〜88頁を参照（引用もこれによる）。
6　こうした問題は、労働法以外の領域（たとえば、被爆者援護法）においても共通してみられる。上坂冬子・曽野綾子『大声小声』（講談社、平成4年）39〜40頁を参照。
7　拙稿「パートタイマーをめぐる政策的課題」『人材教育』平成2年8月号5頁を参照。また、それ以前の経緯については、唐津博「パートタイム労働政策の進展と立法的規制の動き」『日本労働法学会誌』73号（平成元年）143頁を参照。

をきっかけとして、平成4年2月には、社会・公明・民社・社民連の4野党と連合参議院（当時）が、共同で「パート労働法案」を国会に提出。野党の足並みは、ここにほぼ揃う形となった。

2　野党共同提出法案

　正式名称は、「短時間労働者の通常の労働者との均等待遇及び適正な就業条件の確保に関する法律案」（後掲・**資料1**を参照）。これが、野党の共同提出になる、通称「パート労働法案」のフルネームである。全文58条（プラス付則が9条）。そのネーミングからもわかるように、本法案の主眼は、通常の労働者との均等待遇の確保にある。

　たとえば、野党法案は、その4条で「使用者は、労働者が短時間労働者であることを理由として、賃金について、通常の労働者と差別的取扱いをしてはならない」と規定。以下、この①賃金と同様に、②休暇、休業、休憩時間および育児時間、③配置、昇進、異動、定年および解雇、④教育訓練、並びに⑤福利厚生についても、労働条件をほぼ網羅する形で通常の労働者との差別的取扱いを禁止するものとなっている（5条～8条）。

　なるほど、差別的取扱いそれ自体は、野党法案においても刑事罰の対象とはされていない。労働基準監督署長等の発する是正命令（18条）に違反した者だけが、罰則の適用を受ける（56条）。また、命令に不服な者に対しては、審査請求の道も開かれてはいる（21条）。しかし、その硬直性は否めない。それが筆者の率直な感想であった。

　なぜ、パートタイム労働者（短時間労働者）と、フルタイム労働者（通常の労働者）との間に待遇上の格差が生じるのか。その原因を質すことなく、結果だけを問題にすることには、大きな無理がある。

　パートの場合、労働時間が短く、異動（転勤）も難しいとすると、それだけである程度の格差が生じてもやむを得ないところがある[8]。法案のいうように、所定外労働や所定労働日以外の日の労働を原則として禁止する（第12条）のであれば、なおさらである。

---

[8]　下井隆史「パートタイム労働者の法的保護」『日本労働法学会誌』64号（昭和59年）5頁以下、14頁を参照。

しかし、より根本的には、パートについても、その職業能力の開発に努めていかない限り、格差是正など到底実現しない。

しかるに、野党共同提出法案は、このような能力開発事業を、短時間労働者が「通常の労働者となることを容易にするための職業訓練」とのみ位置づけ、これを行う事業主に対して必要な助成と援助を行う旨を規定するにとどまっている（第54条）。

パート市場については、その解消＝フルタイム市場への吸収をこそ図るべきである。それが法案の最終目的であるとすれば、やはり後ろ向きにすぎよう。パート市場をそれ自体として、良好な労働市場に育成していく。今求められているのは、そうした前向きの姿勢なのである[9]。

政治の世界における冷厳な事実として、今回の野党法案についても、これが可決・成立をみる見込みはない。ただ、参議院における与野党逆転が実現して以来、立法の動きにも、多少の変化がみられるようになった。

野党が共同して法案を提出すれば、政府もまたそれなりの対応を迫られる。「育児休業等に関する法律」（平成3年5月8日法律第76号）は、まさしくこうした経緯のもとに成立した。野党法案の提出が、内閣による法案提出の呼び水となる。そういった状況に、現在はある。

3　政府法案の提出へ

野党法案の提出から数か月が経過した、平成4年7月、労働大臣は、前述の「パートタイム労働問題専門家会議」と同様に、学識経験者および労使の代表の参集を求め、ここに「パートタイム労働問題に関する研究会」が組織される。同年12月7日、研究会はその検討結果を取りまとめ、報告「今後のパートタイム労働対策の在り方について」を労働大臣に提出。この時点で、次期通常国会に法律案を提出するとの考えが、労働省により明らかにされた。

さらに、年が明けた平成5年2月15日、労働省は「短時間労働者の雇用管理の改善等に関する法律（仮称）案要綱」を、婦人少年問題審議会（赤松良子会

---

[9] たとえば、組織内の産業に多数のパートタイム労働者をかかえるゼンセン同盟が、平成元年の定期大会で決定した「臨時・パートタイム労働者等対策方針」からは、こうした姿勢が強く感じられる。

長）に諮問（発婦第2号）。翌3月1日、同審議会は「短時間労働者に対する対策の充実強化が必要であるとの基本的認識で一致をみた」として、労働省に対して、法律案要綱にゴー・サインを出す答申を行った（婦審発第4号）[10]。以上が、現在に至るまでの経緯である。

では、近日中に通常国会への提出が予定されている政府法案は、いったい何を目指しているのか。以下では、前述した報告や答申にも目を配りつつ、その検討を行うこととしたい。なお、執筆時期との関係から、法案の内容については、「要綱」に依らざるを得なかったことを予めお断りしておく[11]。（※　その後、内閣は3月11日に法案を衆議院に提出した。後掲・**資料2**を参照）。

Ⅲ　「短時間労働者雇用管理改善」法案

1　本法案の目的と意義

第126回通常国会において可決・成立が予定されている「短時間労働者雇用管理改善法」は、「短時間労働者の雇用管理の改善等に関する措置等を講ずることにより、その有する能力を有効に発揮することができるようにし、もってその福祉の増進を図ること」を目的としている（法律案要綱第1、以下「要綱」を省略）。

また、ここにいう「短時間労働者」とは、「1週間の所定労働時間が同一の事業所に雇用される通常の労働者に比し短い者をいう」と定義され（第2の1）、その「雇用管理の改善等」には、①適正な労働条件の確保、②教育訓練の実施のほか、③福利厚生の充実が、これに含まれるとされている（第2の2の㈠）。では、本法案のポイントは、どこにあるのか。

法律案要綱によれば、⑴労働大臣による基本方針の策定（第3）、⑵労働大臣

---

[10] ただし、使用者代表委員は「新たに法律を制定する必要性はない」との意見を表明。「何らかの法的整備を行うべきであるとする者」が委員の多くを占めたものの、「要綱どおりで妥当とする意見」は、ついに多数を得るには至らなかった。なお、2月16日には中央職業安定審議会（高梨昌会長）に対しても要綱を諮問、3月3日には答申を得ている。

[11] ただし、要綱から法案の内容を正確に読み取ることは難しい。たとえば、「その他所要の整備を行うものとする」との要綱をもとに、罰則の改正を連想することは不可能に近い。これは、近く予定されている労働基準法の改正に例をとったものであるが、刑罰法規にかかわる要綱諮問のあり方としては、かなり問題があるといえよう。

による指針の策定と、これに基づく指導・助言（第4の1）、(3)短時間雇用管理者の選任（第4の2）、そして(4)短時間労働援助センターの指定（第5）。以上の4項目が、主な法定事項を構成することになる。

先にみた「パート福祉法案」との対比でいえば、たしかに本法案にはこれを継受した跡（(3)、(4)）が認められる。

しかし、より注目すべきことは、今回の法案で削除された部分、つまり雇入通知書の扱いにある。先にみた内閣法制局の見解に従う限り、その交付を法定することは難しい。ただ、「指針」に法的根拠を与えることを通じ、雇入通知書の交付を一層強力に指導することは可能である[12]。

こうした判断が仮になされたとしても、不思議ではない。後述するように、そこには問題もなくはないが、いずれにせよ本法案の最も大きな意義は、このような「指針」強化の一点にある。こう考えて、まず間違いはあるまい。

2　主な法定事項の内容

本法案の場合、主たる法定事項は、前述した4点にこれを集約することができる。そこで、以下では、法律案要綱の順序に従い、その内容を具体的にみていくこととしたい。

(1) **基本方針の策定**　「短時間労働者の雇用管理の改善等に関する施策の基本となるべき方針」。これを基本方針という。労働大臣は、政令で定める審議会の意見を聴いた上で、この方針を策定し、これを公表するものと法律案要綱にはあるが、雇用機会均等法（雇用の分野における男女の均等な機会及び待遇の確保等女子労働者の福祉の増進に関する法律）6条にいう「女子労働者福祉対策基本方針」が、そのモデルであることはいうまでもない。

なお、雇用機会均等法の場合、基本方針の公表方法としては、「告示」よりは一段下の「公示」という方法が採られており、この方式が今回も踏襲されるものと思われる。

(2) **指針の策定等**　(1)の基本方針と同様、労働大臣は、政令で定める審議

---

[12] なお、法案は、雇入通知書の交付を努力義務として法定するものと、一部では理解されている（『週刊労働新聞』平成5年3月8日号の主張「パートタイム労働法に期待する」等）が、こうした理解にも無理からぬところがあるとはいえよう。

会の意見を聴いた上で、「事業主が講ずべき雇用管理の改善等に関し、その適切かつ有効な実施を図るため必要な指針」を定め、これを公表するものと法律案要綱は述べている。

そのモデルは、これまた基本方針と同様に、雇用機会均等法（12条）にあるが、双方の間には見過ごすことのできない相違点も存在する。つまり、均等法の場合には、努力義務規定（7条、8条）が先行し、指針は当該規定の内容を具体化するという意味を持っていたが、今回のパート法においては、こうした努力義務規定の先行がみられない（(3)の短時間雇用管理者の選任を除き、努力義務規定を置くことは予定されていない）という点がそれである。

先に言及した研究会報告が述べるように、指針の「周知徹底を図り実効性を確保するため法的根拠を設ける」ことには異論がなくとも、法的根拠が得られたことを足がかりに、雇入通知書の交付等の努力事項につき、仮にその事実上の努力義務化が図られるとすれば、かえって事業主の自主的な努力を妨げることにもなろう[13]。

ともあれ、指針に基づく労働大臣の指導・助言に関する規定を含め、以上にみた懸念も、それが杞憂に終わることを祈りたい。

(3) 短時間雇用管理者の選任　　現行の「パートタイム労働指針」は、使用者がパートタイム労働者を常時10人以上使用するときに、「パートタイム雇用労務管理者を選任するものとする」旨を定めている。

短時間雇用管理者の選任規定は、これを新たに「常時労働省令で定める数以上の短時間労働者を雇用する事業所」ごとに、事業主の努力義務として法定するものである。

なお、婦人局関係では、こうしたパート関係の管理者のほか、機会均等推進責任者および母性健康管理推進者の選任勧奨が、一定規模（前者は労働者30人、後者は女子労働者50人）以上の事業所を対象として現在行われている。

これらは、いずれも前述の「女子労働者福祉対策基本方針」に記されているものではあるが、勧奨の法的根拠は明らかではない。

---

[13] なお、こうした懸念のあることは、要綱諮問に対する答申に当たって、使用者代表委員も言及している。

法令に反する行政指導はもとより許されない[14]が、法令に基づかない指導にも問題はある。選任率の低さを問題とすること[15]もときには必要であろうが、論ずべき点は、それ以前のところにある。筆者には、そう思えてならない。

(4) **短時間労働援助センターの指定**　短時間労働者の雇用管理の改善等の援助を行い、その福祉の増進を図ること。これが、短時間労働援助センターの目的である。

具体的には、①調査研究のほか、②情報・資料の収集提供、③給付金の支給、④相談その他の援助および⑤研修等（このうち、③～⑤は労働者災害補償保険法にいう労働福祉事業または雇用保険法にいう雇用福祉事業の一環として行われる）が、センターの業務として列挙されているが、「全国に一を限って」指定される法人としては、女性職業財団が予定されているという。

なお、このようなセンターの例としては、他に介護労働安定センター（介護労働者の雇用管理の改善等に関する法律）や労働時間短縮支援センター（労働時間の短縮の促進に関する臨時措置法、法改正をまって指定）等がある。

IV　まとめにかえて

法律案要綱はいう。「短時間労働者は、労働に従事する者としての自覚の下に、自ら進んで、その能力の開発及び向上を図り、これを職業生活において発揮するように努めるものとする」（第2の2の(二)）。

パートタイム労働者に対して、自らの覚醒を求める。いかに、国や事業主が職業能力の開発（良好な労働市場の整備）に努めても、パート本人にその自覚がなければ、こうした努力も水泡に帰す。法律案要綱は、こうした厳しい現実の姿をきわめて率直に語っているといえる。

---

[14] こうした例も、実際にないではない。たとえば、労基法施行規則54条5項は、管理監督者を含む労基法41条に該当する者につき、深夜労働時間数の賃金台帳への記入を要しないと定めているが、解釈例規（昭和23年2月3日基発第161号）は、これを「記入するよう指導されたい」としている。労基法41条の該当者についても、深夜労働に関する規定は適用されるとの解釈に基づいたものではあろうが、このような解釈が仮に正しいとしても、上記のような行政指導を行うに当たっては、まず施行規則を改正することが前提となろう。

[15] その典型的な例として、総務庁行政監察局『婦人就業対策等の現状と課題』（大蔵省印刷局、平成3年）15頁を参照。

なるほど、雇用機会均等法にも、これと同趣旨の規定がある。女子労働者の責務について定めた３条がそれである。とはいえ、事業主や国の責務について規定した４条には「関係者の責務」と固有の見出しがあるのに、３条にはそれがない（２条の共通見出し「基本的理念」にこれを代表させることには、違和感がある）。比喩的にいうと、できるだけ人目につかないよう、顔を隠しているかのようでもある。

とはいうものの、法は自らの責務を自覚しない者に対しては、それが何人であれ、助力することはない。わが国初のパート立法がそのスタートを切ろうとしている今、最も必要とされているのは、あるいはそうした自覚といえるのかもしれない。（※　ただし、その後、平成５年３月９日の閣議決定を経て、同月11日に国会に提出された「短時間労働者の雇用管理の改善等に関する法律案」では、この短時間労働者の責務に関する部分が削除されるに至っている。筆者としては、失望を禁じ得ない）【法案提出後の国会修正に係る経緯については、末尾の【後記】を参照】。

資料１　短時間労働者の通常の労働者との均等待遇及び適正な就業条件の確保に関する法律案　　　　　　　　　（野党共同提出法案、抄）

第１章　総則

（目的）

第１条　この法律は、短時間労働者の賃金、休暇その他の労働条件等について差別的取扱いをしてはならないこと及び短時間労働者の雇入れ等に当たっての使用者の講ずべき措置を定めるとともに、その差別的取扱いを迅速かつ適正な手続により是正するため必要な措置を講ずることにより、短時間労働者について、通常の労働者との均等待遇及び適正な就業に関する条件の確保を図ることを目的とする。

（定義）

第２条　この法律において、次の各号に掲げる用語の意義は、それぞれ当該各号に定めるところによる。

一　短時間労働者　１日、１週間又は１月の所定労働時間が、同一事業場

における通常の労働者の所定労働時間より短い労働者をいう。
二　労働者　労働基準法（昭和22年法律第49号）第9条に規定する労働者をいう。
三　使用者　労働基準法第10条に規定する使用者をいう。
四　賃金　労働基準法第11条に規定する賃金をいう。
五　賃金等に関する事項　賃金、労働時間、雇用期間、休暇、休憩時間その他労働省令で定める労働条件及び施設の利用その他労働省令で定める福利厚生の措置に関する事項であって労働省令で定めるものをいう。

（適用除外）

第3条　この法律は、船員法（昭和22年法律第100号）の適用を受ける船員については、適用しない。

2　この法律は、国家公務員については適用しない。

第2章　均等待遇

（均等待遇）

第4条　使用者は、労働者が短時間労働者であることを理由として、賃金について、通常の労働者と差別的取扱いをしてはならない。

第5条　使用者は、労働者が短時間労働者であることを理由として、有給休暇その他の休暇、休業、休憩時間又は育児時間等の女子に与えられる特別の時間について、通常の労働者と差別的取扱いをしてはならない。

第6条　使用者は、労働者が短時間労働者であることを理由として、配置、昇進、異動、定年又は解雇について、通常の労働者と差別的取扱いをしてはならない。

第7条　使用者は、労働者が短時間労働者であることを理由として、教育訓練について、通常の労働者と差別的取扱いをしてはならない。

第8条　使用者は、労働者が短時間労働者であることを理由として、施設の利用その他福利厚生の措置について、通常の労働者と差別的取扱いをしてはならない。

（差別的取扱いとなる行為の基準）

第9条　労働大臣は、第4条から前条までの規定による短時間労働者に対する差別的取扱いとなる行為の基準（以下「差別的取扱いとなる行為の基準」という。）を定めなければならない。

2 差別的取扱いとなる行為の基準に定める事項は、次のとおりとする。
　一　短時間労働者の賃金に関する事項
　二　短時間労働者の有給休暇その他の休暇、休業、休憩時間又は育児時間等の女子に与えられる特別の時間に関する事項
　三　短時間労働者の配置、昇進、異動、定年又は解雇に関する事項
　四　短時間労働者の教育訓練に関する事項
　五　短時間労働者の施設の利用その他福利厚生の措置に関する事項
3　労働大臣は、差別的取扱いとなる行為の基準を定めるに当たっては、中央労働基準審議会の意見を聴かなければならない。
4　労働大臣は、差別的取扱いとなる行為の基準を定めたときは、遅滞なく、これを公表しなければならない。
5　前2項の規定は、差別的取扱いとなる行為の基準の変更について準用する。

第3章　使用者の講ずる措置

（賃金等に関する事項を記載した書面の交付等）

第10条　使用者は、短時間労働者との労働契約の締結に際しては、当該短時間労働者に対し、当該事業場におけるすべての短時間労働者に係る賃金等に関する事項及び通常の労働者の所定労働時間を書面で明示しなければならない。

2　使用者は、前項の規定により明示する当該事業場におけるすべての短時間労働者に係る賃金等に関する事項については、あらかじめ、当該事業場に、労働者の過半数で組織する労働組合がある場合においてはその労働組合、労働者の過半数で組織する労働組合がない場合においては労働者の過半数を代表する者と協議しなければならない。

3　使用者は、短時間労働者との労働契約が成立したときは、遅滞なく、当該短時間労働者に対し、当該短時間労働者に係る賃金等に関する事項を記載した書面を交付しなければならない。

4　使用者は、短時間労働者に係る賃金等に関する事項について変更（労働省令で定める軽微な変更を除く。）があったときは、遅滞なく、当該短時間労働者に対し、当該変更後の当該短時間労働者に係る賃金等に関する事項を記載した書面を交付しなければならない。

（雇用短時間労働者の優先雇用）

第11条　使用者は、通常の労働者の募集をしようとする場合において、現に雇用する短時間労働者で当該募集に係る業務に従事しているもの（現に雇用する短時間労働者で当該業務に係る職業訓練を受けているもの及び当該募集に係る業務に従事するため短時間労働者として雇い入れることが予定されている者を含む。以下この条において「雇用短時間労働者」という。）があるときは、当該募集をする旨及び当該募集に係る通常の労働者の賃金、労働時間その他の労働条件を、事業場の見易い場所に掲示する等の方法により雇用短時間労働者に周知させなければならない。

2　使用者は、通常の労働者の募集をする場合において、雇用短時間労働者が当該募集に応ずる旨の申出をしたときは、労働省令で定める正当な理由がある場合を除き、当該雇用短時間労働者を優先して通常の労働者としなければならない。

3　使用者は、前項の規定により雇用短時間労働者を通常の労働者とした場合には、当該通常の労働者の賃金その他の労働条件については、雇用短時間労働者として雇用していた期間を、当該期間に係る所定労働時間に応じて通常の労働者の雇用に係る賃金その他の労働条件に係る期間とし、また、当該通常の労働者の試みの使用期間については、雇用短時間労働者として雇用していた期間を、当該期間に係る日数に応じて通常の労働者の試みの使用期間として取り扱わなければならない。

（所定労働時間外及び所定労働日以外の日の労働）

第12条　使用者は、短時間労働者を、その意に反して、当該短時間労働者の所定労働時間を超えて労働させ、又は所定労働日以外の日に労働させてはならない。

（就業規則作成の手続）

第13条　使用者は、就業規則のうち短時間労働者に係る事項の作成又は変更については、労働基準法第90条第1項の規定によるほか、当該事業場に短時間労働者がある場合には、その短時間労働者の過半数を代表する者の意見を聴かなければならない。

2　労働基準法第90条第2項の規定は、前項の意見について準用する。

第4章　監督

(労働基準監督署長及び労働基準監督官)

第 14 条　労働基準監督署長及び労働基準監督官は、労働省令で定めるところにより、この法律の施行に関する事務をつかさどる。

(労働基準監督官の権限)

第 15 条　労働基準監督官は、この法律を施行するため必要があると認めるときは、事業場に立ち入り、関係者に質問し、又は帳簿、書類その他の物件を検査することができる。

2　前項の場合において、労働基準監督官は、その身分を示す証明書を携帯し、関係者に提示しなければならない。

3　第 1 項の規定による立入検査の権限は、犯罪捜査のために認められたものと解釈してはならない。

第 16 条　労働基準監督官は、この法律の規定に違反する罪について、刑事訴訟法(昭和 23 年法律第 131 号)の規定による司法警察員の職務を行う。

(指導及び勧告)

第 17 条　都道府県労働基準局長又は労働基準監督署長は、この法律の施行に関し必要があると認めるときは、使用者に対し、短時間労働者の通常の労働者との均等待遇及び適正な就業に関する条件の確保に関し必要な指導又は勧告をすることができる。

(是正命令)

第 18 条　都道府県労働基準局長又は労働基準監督署長は、第 4 条から第 8 条までの規定に違反する差別的取扱いがあると認めるときは、使用者に対し、期限を定めて、その差別的取扱いを是正するよう命ずることができる。

(申請)

第 19 条　第 4 条から第 8 条までの規定に違反する差別的取扱いをされた短時間労働者は、都道府県労働基準局長又は労働基準監督署長に対し、労働省令で定めるところにより、その差別的取扱いを是正するため適当な措置をとるように申請することができる。

2　前項の申請を受けた都道府県労働基準局長又は労働基準監督署長は、相当の期間内に、適当な措置をとること又はとらないことの決定をするとともに、その申請をした者に対して、速やかに、理由を示してその決定の内容を通知しなければならない。

3 　使用者は、第1項の申請をしたことを理由として、短時間労働者に対し、解雇その他不利益な取扱いをしてはならない。

（申告）

第20条　労働者は、この法律の規定に違反する事実があると認めるときは、都道府県労働基準局長、労働基準監督署長又は労働基準監督官に申告して是正のため適当な措置をとるように求めることができる。

2 　前項の申告が労働省令で定めるところにより行われた場合において、当該申告に係る事件について、適当な措置をとり、又はとらないこととしたときは、都道府県労働基準局長、労働基準監督署長又は労働基準監督官は、速やかに、その旨を当該申告をした者に通知しなければならない。

3 　前条第3項の規定は、第1項の申告をした場合について準用する。

第5章　不服申立て（第21条～第52条）　　　　略
第6章　雑則（第53条・第54条）　　　　　　　略
第7章　罰則（第55条～第58条）　　　　　　　略
附　則　　　　　　　　　　　　　　　　　　　略

資料2　短時間労働者の雇用管理の改善等に関する法律案

（内閣提出法案、抄）

第1章　総則

（目的）

第1条　この法律は、短時間労働者が我が国の経済社会において果たす役割の重要性にかんがみ、短時間労働者について、その適正な労働条件の確保及び教育訓練の実施、福利厚生の充実その他の雇用管理の改善に関する措置、職業能力の開発及び向上等に関する措置等を講ずることにより、短時間労働者がその有する能力を有効に発揮することができるようにし、もってその福祉の増進を図ることを目的とする。

（定義）

第2条　この法律において「短時間労働者」とは、1週間の所定労働時間が同一の事業所に雇用される通常の労働者（当該事業所に雇用される通常の

労働者と同種の業務に従事する当該事業所に雇用される労働者にあっては、労働省令で定める場合を除き、当該労働者と同種の業務に従事する当該通常の労働者）の１週間の所定労働時間に比し短い労働者をいう。

（事業主等の責務）

第３条 事業主は、その雇用する短時間労働者について、その就業の実態、通常の労働者との均衡等を考慮して、適正な労働条件の確保及び教育訓練の実施、福利厚生の充実その他の雇用管理の改善（以下「雇用管理の改善等」という。）を図るために必要な措置を講ずることにより、当該短時間労働者がその有する能力を有効に発揮することができるように努めるものとする。

２　事業主の団体は、その構成員である事業主の雇用する短時間労働者の雇用管理の改善等に関し、必要な助言、協力その他の援助を行うように努めるものとする。

（国及び地方公共団体の責務）

第４条 国は、短時間労働者の雇用管理の改善等について事業主その他の関係者の自主的な努力を尊重しつつその実情に応じてこれらの者に対し必要な指導、援助等を行うとともに、短時間労働者の能力の有効な発揮を妨げている諸要因の解消を図るために必要な広報その他の啓発活動を行うほか、その職業能力の開発及び向上等を図る等、短時間労働者の雇用管理の改善等の促進その他その福祉の増進を図るために必要な施策を総合的かつ効果的に推進するように努めるものとする。

２　地方公共団体は、前項の国の施策と相まって、短時間労働者の福祉の増進を図るために必要な施策を推進するように努めるものとする。

第２章　短時間労働者対策基本方針

第５条 労働大臣は、短時間労働者の福祉の増進を図るため、短時間労働者の雇用管理の改善等の促進、職業能力の開発及び向上等に関する施策の基本となるべき方針（以下この条において「短時間労働者対策基本方針」という。）を定めるものとする。

２　短時間労働者対策基本方針に定める事項は、次のとおりとする。

一　短時間労働者の職業生活の動向に関する事項

二　短時間労働者の雇用管理の改善等を促進し、並びにその職業能力の開

発及び向上を図るために講じようとする施策の基本となるべき事項
　　三　前2号に掲げるもののほか、短時間労働者の福祉の増進を図るために講じようとする施策の基本となるべき事項
3　短時間労働者対策基本方針は、短時間労働者の労働条件、意識及び就業の実態等を考慮して定められなければならない。
4　労働大臣は、短時間労働者対策基本方針を定めるに当たっては、あらかじめ、政令で定める審議会の意見を聴かなければならない。
5　労働大臣は、短時間労働者対策基本方針を定めたときは、遅滞なく、これを公表しなければならない。
6　前2項の規定は、短時間労働者対策基本方針の変更について準用する。

第3章　短時間労働者の雇用管理の改善等に関する措置等

第1節　雇用管理の改善等に関する措置

（指針）
第6条　労働大臣は、第3条第1項の事業主が講ずべき雇用管理の改善等のための措置に関し、その適切かつ有効な実施を図るために必要な指針（以下この節において「指針」という。）を定めるものとする。
2　前条第3項から第5項までの規定は指針の策定について、同条第4項及び第5項の規定は指針の変更について準用する。

（指導及び助言）
第7条　労働大臣は、短時間労働者の雇用管理の改善等を図るため必要があると認めるときは、短時間労働者を雇用する事業主に対し、指針に定める事項について必要な指導及び助言を行うことができる。

（短時間雇用管理者）
第8条　事業主は、常時労働省令で定める数以上の短時間労働者を雇用する事業所ごとに、労働省令で定めるところにより、指針に定める事項その他の短時間労働者の雇用管理の改善等に関する事項を管理させるため、短時間雇用管理者を選任するように努めるものとする。

第2節　職業能力の開発及び向上等に関する措置

（職業訓練の実施等）
第9条　国、都道府県及び雇用促進事業団は、短時間労働者及び短時間労働者になろうとする者がその職業能力の開発及び向上を図ることを促進す

るため、短時間労働者、短時間労働者になろうとする者その他関係者に対して職業能力の開発及び向上に関する啓もう宣伝を行うように努めるとともに、職業訓練の実施について特別の配慮をするものとする。

（職業紹介の充実等）

第10条　国は、短時間労働者になろうとする者がその適性、能力、経験、技能の程度等にふさわしい職業を選択し、及び職業に適応することを容易にするため、雇用情報の提供、職業指導及び職業紹介の充実等必要な措置を講ずるように努めるものとする。

　　第4章　短時間労働援助センター（第11条～第28条）　略
　　第5章　雑則

（雇用管理の改善等の研究等）

第29条　労働大臣は、短時間労働者がその有する能力を有効に発揮することができるようにするため、短時間労働者のその職域の拡大に応じた雇用管理の改善等に関する措置その他短時間労働者の雇用管理の改善等に関し必要な事項について、調査、研究及び資料の整備に努めるものとする。

（適用除外）

第30条　この法律は、国家公務員及び地方公務員並びに船員職業安定法（昭和23年法律第130号）第6条第1項に規定する船員については、適用しない。

（罰則）

第31条　［短時間労働援助センター関係、罰金］　　　　　略

第32条　「両罰規定」　　　　　　　　　　　　　　　　略

第33条　［短時間労働援助センター関係、過料］　　　　　略

　　　附　則　　　　　　　　　　　　　　　　　　　　略

【後記】

　内閣提出法案については、その後、平成5年6月7日の衆議院労働委員会において、共産党を除く与野党の提出になる修正案が可決され、こうして修正議決された法案が、最終的に法律（平成5年6月18日法律第76号）となる。

　なお、上記の衆議院労働委員会における長勢甚遠委員（自由民主党）の説明

によれば、修正の趣旨は以下の6点にあった（括弧内は筆者による）。

「第一に、目的規定における『雇用管理の改善等』の内容が『適正な労働条件の確保及び教育訓練の実施、福利厚生の充実その他の雇用管理の改善』であることを明確にすること（1条の修正）、

第二に、事業主の責務に関する規定において、事業主は、短時間労働者の適正な労働条件の確保及び雇用管理の改善を図るために必要な措置を講ずるに当たり、就業の実態、通常の労働者との均衡等を考慮すべきことを明確にすること（3条の修正）、

第三に、事業主は、短時間労働者を雇い入れたときは、速やかに、労働時間その他の労働条件に関する事項を明らかにした文書を交付するように努めるものとすること（新6条の追加）、

第四に、事業主は、短時間労働者に係る事項について就業規則を作成し、または変更しようとするときは、当該事業所において雇用する短時間労働者の過半数を代表すると認められる者の意見を聞くように努めるものとすること（新7条の追加）、

第五に、労働大臣は、短時間労働者の雇用管理の改善等を図るため必要があると認めるときは、短時間労働者を雇用する事業主に対し、指導及び助言に加えて勧告をすることができることとするとともに、報告の徴収についての規定を整備すること（旧7条の削除、新10条の追加）、

第六に、政府は、この法律の施行3年後に、この法律の施行状況を勘案し、必要があると認めるときは、この法律の規定について検討を加え、その結果に基づいて必要な措置を講ずるものとすること（附則新2条の追加）」。

初出）『ジュリスト』1021号（平成5年4月）39頁以下、55頁以下
（資料2）、58頁以下（資料1）

第 2 部　各論　第 3 章　働き方の多様化

Episode　20

　小さく産んで大きく育てる。短時間労働者の雇用管理の改善等に関する法律（パート労働法）は、その典型ともいえる法律であった。
　たとえば、本文の【後記】（404 頁以下）で指摘したように、国会修正を経て成立した同法には、下記の 6 条に加え、7 条および 10 条の規定が追加されたものの、「雇用管理の改善等に関する措置」について定めた第 3 章第 1 節の規定は、計 5 条を数えるにとどまった。

　　（労働条件に関する文書の交付）
第 6 条　事業主は、短時間労働者を雇い入れたときは、速やかに、当該短時間労働者に対して、労働時間その他の労働条件に関する事項を明らかにした文書を交付するように努めるものとする。

　この第 3 章第 1 節の規定が、平成 19 年の法改正（翌 20 年 4 月 1 日施行）により計 11 条の規定に、平成 26 年の法改正（翌 27 年 4 月 1 日施行）によってさらに計 13 条の規定へと拡充をみる。平成 19 年改正では上記 6 条の規定も、次のように改められた（平成 26 年改正は 1 項の文言追加修正にとどまる）。

　　（労働条件に関する文書の交付等）
第 6 条　事業主は、短時間労働者を雇い入れたときは、速やかに、当該短時間労働者に対して、労働条件に関する事項のうち労働基準法（略）第 15 条第 1 項に規定する厚生労働省令で定める事項以外のものであって厚生労働省令で定めるもの（次項において「特定事項」という。[注：当初は、昇給・退職手当および賞与の有無を指す。後に相談窓口がこれに加わる]）を文書の交付その他厚生労働省令で定める方法（次項において「文書の交付等」という。）により明示しなければならない。
2　事業主は、前項の規定に基づき特定事項を明示するときは、労働条件に関する事項のうち特定事項及び労働基準法第 15 条第 1 項に規定する厚生労働省令で定める事項以外のものについても、文書の交付等により明示するように努めるものとする。

　「なぜパートだけなのか」。かつて内閣法制局がこうした疑問を投げかけたこと（本文 389 頁を参照）も、今や忘却の彼方にある。ただ、このような過去を知る者にとっては、いささか釈然としない結末ではあった。

21 マルチジョブホルダーと労働法制

　　I　はじめに
　　II　労働契約（就業規則等）
　　III　労働時間
　　IV　災害補償
　　補　アメリカにおけるマルチジョブホルダーの現状

I　はじめに

　「独立意向が4割を超え、転職意向を上回る。／首都圏ビジネスマンの2人に1人が独立、転職意向あり」。

　平成7年4月、リクルートリサーチは、首都圏に住む20～49歳の民間企業・官公庁勤務の男性を対象とする「首都圏ビジネスマンの就業意識に関する調査1995」の結果をこのように発表した。

　具体的には、「独立して仕事をしてみたい」と答えた独立意向者（42.7%）が「転職したい」と答えた転職意向者（34.5%）を8ポイント以上も上回った（「独立・転職意向なし」45.5%）。また、副業を「持ってみたい」と回答した副業意向者は、この独立意向者をも上回る47.6%を記録するものとなった。

　強い独立志向と副業への大きな期待。以上を要するに、現代ビジネスマンの就業意識は、およそこのようなところにある。

　さらに、独立意向や転職意向が強いほど、副業への期待も大きくなる。この調査のクロス集計は、こうした興味深い結果をも明らかにする。

　たとえば、副業を「持ってみたい」と回答した者は、独立意向も転職意向もない者の場合には36.3%を数えるにすぎないものの、独立意向者の場合には59.7%、転職意向者でも59.0%と、これが大幅にアップする（**表1**を参照）[1]。

---

[1] なお、副業意向者に限定してみた場合、「すぐにでも」または「近い将来」副業を持ちたいと考えている者の割合は、次頁の注欄に示した表にみるように、独立意向者や転職意向者ほど多くなっている。

第2部　各論　第3章　働き方の多様化

表1　首都圏ビジネスマンの副業意向

(単位：％)

Q　今後副業を持ってみたいと思いますか	総　数	ぜひ持ってみたい	持ってみたいが、実際には難しい	持ちたくない	無回答
【総　数】	100.0	8.9	38.7	51.5	0.9
独立意向あり（計）	42.7　(100.0)	(14.6)	(45.1)	(39.3)	(1.1)
転職意向あり	23.5　(100.0)	(18.5)	(45.9)	(34.6)	(1.0)
転職意向なし	19.2　(100.0)	(9.9)	(44.1)	(44.9)	(1.0)
独立意向なし（計）	56.6　(100.0)	(4.7)	(33.9)	(60.9)	(0.4)
転職意向あり	11.0　(100.0)	(8.6)	(39.4)	(51.4)	(0.6)
転職意向なし	45.5　(100.0)	(3.8)	(32.5)	(63.3)	(0.4)
転職意向あり（計）	34.5　(100.0)	(15.3)	(43.7)	(39.9)	(1.1)
転職意向なし（計）	64.8　(100.0)	(5.6)	(36.0)	(57.8)	(0.7)

出所）リクルートリサーチ「首都圏ビジネスマンの就業意識に関する調査　1995」

ただ、この**表1**からもわかるように、副業意向者の多く（81.3％）は、副業を「持ってみたいが、実際には難しい」と回答している。現状では「会社にばれるとクビになる」おそれがあるからである。

副業には「収入が増えて貯蓄ができる」、「生きがいが増えて未来に希望が持てる」、「人脈を作ることで将来への布石もできる」、「ビジネス界を見る視野が拡大する」、「来たるべき独立に備えて準備ができる」といったメリットがある反面、「失敗すると大損する」、「節税対策をしないと大変」、「自

Q　副業を持つことをどの程度考えていますか	総　数	すぐにでも副業を持ちたい	近い将来副業を持ちたい	いつになるかわからないが持ちたい	関心はあるが持つかどうかは未定	無回答
【総　数】	100.0	10.7	8.6	20.2	59.3	1.2
独立意向あり（計）	100.0	15.1	10.4	21.1	52.0	1.5
転職意向あり	100.0	18.0	11.4	20.7	48.1	1.8
転職意向なし	100.0	10.9	8.8	21.7	57.6	1.0
独立意向なし（計）	100.0	5.7	6.5	19.1	67.8	1.0
転職意向あり	100.0	8.1	10.5	20.8	59.2	1.4
転職意向なし	100.0	4.9	5.3	18.6	70.4	0.9
転職意向あり（計）	100.0	15.4	11.2	20.8	50.9	1.7
転職意向なし（計）	100.0	7.2	6.7	19.8	65.5	0.9

出所）リクルートリサーチ「首都圏ビジネスマンの就業意識に関する調査　1995」

由な時間がなくなる」といったデメリットもあるといわれる[2]。

とはいえ、「会社にばれるとクビになる」という脅しほど、従業員にとって身につまされる深刻なものはない。本業における地位が危うくなれば、副業が副業ではなくなるからである。

それゆえであろうか、副業問題といえば、副業（兼業）禁止規定がまず念頭に浮かぶ。その合理性をただすところに、労働法上の課題もある。従来は、大方の相場がそう決まっていた。

しかし、労働基準法研究会（労働契約等法制部会）の報告も述べるように、副業（マルチジョブ）に関連して労働法上問題となる点は、これ以外にもないわけではない。平成5年5月10日、同研究会が労働大臣に宛て提出した報告書における、次のような記述がそれである[3]。

> 「マルチプルジョブホルダー等複数の事業に使用される労働者については、現行の労働基準法においては、戦前の工場法第3条の規定を引き継ぎ、第38条第1項で労働時間について事業場が異なる場合の通算制度が設けられているにすぎない。産業構造の変化、雇用就業形態の多様化等に伴い、マルチプルジョブホルダー等複数の事業に使用される労働者は今後増加することが予想されるが、労働時間管理、災害補償等に関し各使用者が負う責任の範囲は必ずしも明確になっていない。従って、複数の事業に使用される労働者についての各使用者の責任の範囲等に関し、労働者が他の事業で就労していることを使用者は必ずしも容易に知り得ない実情を踏まえ、さらに検討する必要があるものと考えられる」。

〈一社懸命〉の時代が終わりつつある現在、マルチジョブホルダーの存在は、わが国においても、これを無視することはもはや許されない。今後その増加が予想されるなかで、労働法制はこのような動きにどのように対処していくべきなのか。以下では、こうした時代の先端をいく問題について考えてみたい。

---

[2] 副業（デュアルビジネス）について特集した、青人社発行の『起業塾』第4号（『月刊ドリブ』平成7年8月号臨時増刊）33～35頁による。
[3] 労働省労働基準局監督課編著『今後の労働契約等法制のあり方について——労働基準法研究会報告』（日本労働研究機構、平成5年）22～23頁。

II　労働契約（就業規則等）

1　兼業・副業の制限禁止

　就業規則のなかには、従業員が使用者の許可なく他の企業に就職することを禁止する一方で、その違反を懲戒事由の一種として規定するものが実際には少なくない。

　たとえば、「許可なく他の会社等の業務に従事しないこと」を従業員の守るべき遵守事項として掲げるとともに、このような服務規律に違反する行為を懲戒事由とする、労働省労働基準局監督課の監修した〈モデル就業規則〉は、その好例といえる[4]。

　また、労働基準局の監修になる別の就業規則モデルには、「社命又は許可なく他に就職し、又は自ら事業を営んだとき」を懲戒（諭旨）解雇事由の一つに挙げるものもある[5]。

　日本労働研究機構が平成7年に実施した「就業規則等に関する実態調査」においても、正社員の副業を無条件に禁止している企業は、4割近くに達し（38.6％）、副業に許可を必要とする企業を加えると、それだけで全体の4分の3を上回るものとなっている（75.7％）。

　さらに、こうした許可・禁止等の取扱いに違反して副業に従事した従業員の措置（複数回答）については、「解雇（懲戒解雇を含む）」と回答した企業が最も多く、副業について何らかの規制を行っている企業の4割を超えている（41.3％）。

　この調査結果からも明らかなように、マルチジョブホルダーに対する企業の姿勢は、現在なお、総じて否定的であるというほかはない（ちなみに、副業を禁止していない企業は、全体の18.0％にとどまっている）。「会社にばれるとクビになる」という現実が、ここには確かに存在するのである（以下の**表2**および**表3**を参照）。

---

[4]　全国労働基準関係団体連合会編・労働省労働基準局監督課監修『改訂2版・モデル就業規則』（労働基準調査会、平成6年）29頁以下、86頁。
[5]　労働省労働基準局監督課監修『コピーで使える様式集＜労働基準法＞』（三信図書、平成6年）123頁以下、129頁（「就業規則（一般的モデル）」）。

表2　副業に関する企業の取扱い

(単位：%)

総　数	禁止していない	届出を必要とする		許可を必要とする		禁止している	無回答
		—	受理するかどうかの基準がある	許可基準がある	許可基準はない		
100.0	18.0	5.0	0.8	3.3	33.8	38.6	0.5

出所）日本労働研究機構「就業規則等に関する実態調査」（平成7年）

表3　副業に関する取扱いに抵触した場合の措置（複数回答）

(単位：%)

全　数	戒告／始末書をとらない	譴責／始末書をとる	減　給	出勤停止・休職	降格・降職	解雇（懲戒解雇を含む）	その他	特にない	無回答
100.0	22.5	31.1	19.5	19.0	11.7	41.3	11.5	18.4	4.6

注）母数（全数）は副業を禁止しているか、届出または許可を必要とする企業。
出所）表2に同じ。

　では、裁判所は、こうした現実をどう考えてきたのか。判例のなかには、このような就業規則上の兼業禁止（許可）規定について、特に限定を付すことなく、これを有効とするものもみられるが、限定解釈を施した上で、その適用を認めるものが多数を占める、というのが現状となっている。

　労務の提供や企業秩序、企業の社会的評価に影響を及ぼすおそれのあること、あるいは競業他社への秘密漏洩の危険のあることを根拠に、——その限りにおいて——兼業禁止（許可）規定を有効とする。学説と同様、判例の大勢は、従来およそこのような見方を採用してきたといえる[6]。

　しかし、「就業規則等に関する実態調査」によれば、従業員の副業を会社が制限禁止する理由（複数回答）としては、「業務に専念してもらいたいから」

---

[6] 判例については、山川隆一「労働者の兼業規制をめぐる裁判例の分析」JIL資料シリーズNo.55『マルチプルジョブホルダーの就業実態と労働法制上の課題』（平成8年）第4章所収を参照。また、学説については、菅野和夫『労働法　第4版』（弘文堂、平成7年）361～362頁、下井隆史『労働基準法』（有斐閣、平成2年）121頁を参照。

との回答が大半を占めており（77.8％）、「業務上の秘密を保持したいから」、「企業秩序を乱すから」、「業務に悪影響を及ぼすから」というような具体性のある回答を選択した企業は、いずれも１割にも満たないレベルにとどまっている（**表４**を参照）。

そこには、いざというときに備えた〈保険〉としての意味合いも加味されているのであろうが、副業を一律に制限禁止する根拠としては、やや薄弱との感を免れない。

副業禁止規定の多くが、このような現状にある以上、その解釈と適用に当たっては、より徹底した限定のもとに、これを行う必要がある。こういうことができよう。

表４　副業を規制する理由（複数回答）

（単位：％）

全　数	業務に専念してもらいたいから	業務上の秘密を保持したいから	企業秩序を乱すから	業務に悪影響を及ぼすから	その他	無回答
100.0	77.8	2.2	8.4	7.6	0.5	3.6

注）**表３**に同じ。
出所）**表２**に同じ。

思うに、本来の業務に精励しつつ、その一方で副業に従事することもあながち不可能ではなく、これを一律に制限禁止することにはそもそも大きな無理がある。経営の現場では、以下のような意見も聞かれるのである。

　　従業員をいつまでも「会社に縛り付けていては、社内でしか通用しない人材にしか育たず、本人はもちろん、企業にも発展は期待できない」。「社員が一丸となって目標に向かう時代はもう過ぎた。経営者も社員もある意味で"会社離れ"をしなければ、創造的なものは生み出せない」（平成７年６月８日付け『日本経済新聞』「サラリーマン第409話『仮想企業』」⑧）。

また、勤労者の間には、「望ましい企業からの独立支援」として「雇用中のアルバイト・副業の許可」を求める声も、少なからずある。

たとえば、昨年（平成8年）、リクルートリサーチが首都圏に住む25～49歳の男女を対象に実施した「企業と雇用に関する調査（個人調査）」によれば、2割近くの者（19.3％、男性20.6％／女性18.1％）が、このような独立支援の一環として、副業やアルバイトの許可を要望したという[7]。

一方、以下のような見解も存在する。

「中高年齢者を対象としたセカンドライフのためのプログラムがもはや珍しくなくなったが、自己啓発意識の高まりとともに、在籍しているうちから社会で通用する技能を身につけたいとの意識が強まっている」。「それならば、一定の目的の範囲内で副業を認めていくことも検討に値する」（「就業機会の拡大」研究会）[8]。

なお、フロー型従業員が増加するなかで、当該類型に含まれる一定範囲の者については、「兼業も妨げない」という考え方が経営者団体からも示されるに至っている。

たとえば、愛知県経営者協会は、平成7年8月に取りまとめた報告書「雇用——その変容と対応の方向性」のなかで、フロー型従業員を次頁の**表5**のように区分した上で、①のプロジェクト型と④のフルタイム型を除いて、兼業禁止を緩和する可能性を示唆している（ただし、トーンの差は、兼業禁止を原則とする①と④の間にもある）。

ストック型従業員（一般従業員）については、従来どおり兼業禁止を維持することを前提とするものではあるが、注目に値する見解といえよう[9]。

---

[7]　「就業機会の拡大」研究会『「変革期にある日本の雇用」への提言』（平成8年3月）78頁以下、94頁（Q1）を参照。
[8]　前掲書（注7）75頁。なお、下井・前掲書（注6）121頁は、こうも述べている。「週休二日制の普及等、労働者の兼職を可能にする条件が強められつつある今日、法解釈としても、使用者による兼職制限の合理性よりは労働者の兼職の自由を重視すべきであろう」。
[9]　なお、産業構造審議会基本問題小委員会は、その中間提言（平成5年11月）のなかで、次のように述べている。「次代を担う新規産業の展開を支援するため、……産・官・学の研究交流を促進するための研究・教育公務員の休職出向規制・兼業規制の緩和……が必要である」（通商産業省産業政策局編『21世紀への構造改革』（通商産業調査会、平成6年）20頁）。このように、兼業規制の緩和が求められているのは、民間部門だけではないのである。

表5 フロー型従業員と兼業（他社での雇用）

	タイプ	兼業について
高度専門能力活用型	① プロジェクト型 チームが一丸となって遂行する有期のプロジェクトの準備段階以降（あるいは中間の段階から）、一時的に必要とされる特殊な能力・技術・技能を提供するタイプ。	プロジェクトチームの一員としての活動が主となることから、他社で別に雇用されたり個人で兼業を行ったりすることは、チームとしての活動に支障が生ずることも考えられるので、原則として禁止すべきであろう。
	② コンペティション型 チームではなく複数の人間を個人単位で働かせ、その成果を競わせるタイプ。	プロジェクト型と違い組織から独立して個人の裁量で行える業務であることから、他社で別の仕事を行ったり、兼業したりすることは、本人にその能力と時間的余裕さえあれば特段さしつかえないものと考えてよいだろう。
	③ 嘱託型 たとえば、弁護士、会計士、建築士など専門的な資格を有し、その資格に基づいて企業内での日常的に発生する業務をほぼ専属的に処理するタイプ。	業務を行う上での本人の裁量の度合いは②のタイプほどではないにせよかなり広いと考えられることから、企業内での拘束の度合いや業務負荷の度合い等の事情によっては兼業も妨げないものと解される。（兼業する場合には、会社への届出を義務づけることが必要となろう。）
雇用柔軟型	④ フルタイム型 通常はストック型従業員が行っている基幹的であるが定型的な業務について雇用し、1日の就業時間はストック型従業員と同じとするタイプ。	一般従業員と就業時間は同じであることから、雇用期間中の兼業や他社で別途雇用されることは禁止とすべきであろう。
	⑤ パートタイム型 補助的・定型的な業務を中心に、1週または1月の就業日数や1日の就業時間をストック型従業員に比べある程度短くするタイプ。	ストック型従業員と比べ就業日数または就業時間が短いとはいっても、その間隙に兼業を行ったり他社で雇用されることは精神面・肉体面での負担が考えられることから、これらは原則禁止とするのが望ましい。ただし、拘束の度合いや本人の特殊事情等によっては例外が許容される余地もあろう。
	⑥ 外務員型 ④⑤のタイプのように、ストック型従業員と共同して、あるいは、補助的に業務を行うのではなく、業務形態上は一般社員から独立した形（もちろん指揮命令権は一般社員たるストック従業員が有している）で営業・販売活動を行う、会社外で主に活動の場を有するタイプ。	兼業については、本業としての業務に支障が生じないという条件つきで認めてよいと思われる。

出所）愛知県経営者協会（人事労務諸制度研究委員会）「雇用——その変容と対応の方向性」（平成7年8月）34頁以下の記述をもとに、筆者が作表。

2　副業収入（謝礼等）の帰属

　労務を提供したことの対価として支払われる報酬は、当該労務の提供者である本人に帰属する。これが原則であることは、副業といえどももとよりその例外ではない。

　では、講師や委員として、講演や研究会に参加した場合の謝礼についてはどうであろうか。このようなケースにおいては、〇〇株式会社△△部長といった肩書き（役職名）のもとに講演等が行われる場合があり、上記の原則をそのまま適用することには、やや問題がある。

　こうした場合、副業収入（謝礼等）は、誰に帰属すると考えるべきなのか。副業をめぐる難問の一つがここにはある。

　前述した日本労働研究機構の「就業規則等に関する実態調査」は、このような点についても調査を行っており、その結果には注目すべきものがある。

　すなわち、講演や研究会への参加に関する謝礼等の取扱いについては、これを「決めていない（無回答を含む）」が回答の過半数を占める一方、《勤務時間外》の《業務に関係しない》ケースでさえ、謝礼等を「すべて個人に帰属する」と回答した企業は、全体の２割を相当下回る結果（16.4％）となったのがそれである（**表６**を参照）。

表６　講演や研究会への参加に関する謝礼等の取扱い

(単位：%)

		勤務時間内	勤務時間外
すべて個人に帰属する	業務に関すること	6.7	11.3
	業務に関係しない	8.9	16.4
すべて会社に帰属する	業務に関すること	11.0	4.5
	業務に関係しない	3.3	0.8
ケースにより個別に判断する	業務に関すること	26.0	26.0
	業務に関係しない	22.3	19.3
一定割合や一定金額が会社に帰属する	業務に関すること	0.8	0.5
	業務に関係しない	0.2	0.1
決めていない ＆ 無回答	業務に関すること	55.5	57.7
	業務に関係しない	65.4	63.5

出所）**表２**に同じ。

こうした取扱いが、法的にみてはたして妥当といえるのか。また、会社への報酬の帰属は、どの程度までであれば許されるのか。

議論すべきポイントは、労使間のバランスのとれた利益調整をどのようにして図るのかという点にあるといえるが、現在の筆者にはこの難問に明確な形で答える用意はない。

ただ、以下のように定める特許法35条（いわゆる職務発明に関する利益調整規定［当時］）は、考えるヒントを得る上で、多少とも参考になろう。

（職務発明）

第35条 使用者、法人、国又は地方公共団体（以下「使用者等」という。）は、従業者、法人の役員、国家公務員又は地方公務員（以下「従業者等」という。）がその性質上当該使用者等の業務範囲に属し、かつ、その発明をするに至った行為がその使用者等における従業者等の現在又は過去の職務に属する発明（以下「職務発明」という。）について特許を受けたとき、又は職務発明について特許を受ける権利を承継した者がその発明について特許を受けたときは、その特許権について通常実施権を有する。

② 従業者等がした発明については、その発明が職務発明である場合を除き、あらかじめ使用者等に特許を受ける権利若しくは特許権を承継させ又は使用者等のため専用実施権を設定することを定めた契約、勤務規則その他の定の条項は、無効とする。

③ 従業者等は、契約、勤務規則その他の定により、職務発明について使用者等に特許を受ける権利若しくは特許権を承継させ、又は使用者等のため専用実施権を設定したときは、相当の対価の支払を受ける権利を有する。

④ 前項の対価の額は、その発明により使用者等が受けるべき利益の額及びその発明がされるについて使用者等が貢献した程度を考慮して定めなければならない。

Ⅲ　労働時間

1　戦　前

工場を異にする場合においても、就業時間については通算する。こうした就業時間（労働時間）の通算規定は、前述の労基研報告も述べるように、工場法（明治44年法律第46号、大正５年施行）３条（３項）に由来する。

すなわち、以下にみる保護職工（幼少者および女子）の就業時間に関する制限規定がそれである（注：就業時間には、休憩時間を含む）。

第３条　工業主ハ15歳未満（注：のち16歳未満）ノ者及女子ヲシテ１日ニ付12時間（注：のち11時間）ヲ超エテ就業セシムルコトヲ得ス

②　主務大臣ハ業務ノ種類ニ依リ本法施行後15年間ヲ限リ前項ノ就業時間ヲ２時間以内延長スルコトヲ得

③　就業時間ハ工場ヲ異ニスル場合ト雖前２項ノ規定ノ適用ニ付テハ之ヲ通算ス

また、工場法は、その一方で、職工名簿の調製および備付を工業主に対して義務づける（21条１項）とともに、保護職工の「他工場ニ於ケル就業時間」についても、これを以下のようにその雑欄に記載することを工業主に対して指示していた（同法施行規則16条、様式第２号）。

職工名簿記載心得【様式第２号】

七　雑欄ニハ［以下］ノ事項ヲ記載スヘシ
　　イ　女子及15歳未満（注：のち16歳未満）ノ男工カ同一日ニ於テ他工場ニモ就業スル場合ニ於テハ他ノ工場ニ於ケル就業時間（工場法第３条第３項）
　　ロ　略

では、当時、このような就業時間の通算規定は、どのように解釈されていたのであろうか。

以下では、農商務省の工務課長（のちに工務局長）として工場法の制定立案に関与した岡實博士、および工場監督官として現場で同法の施行に当たった吉阪俊蔵氏の著作を通して、これをみてみることにしたい。

岡實『改訂増補・工場法論全』（有斐閣、大正６年）421〜422頁

「職工カ同一日ニ2箇所以上ノ工場ニ於テ就業スル場合ニハ、就業時間ハ各工場ニ於ケル就業時間ヲ通算スルコトヲ要ス、例ヘハ甲工場ニ於テ既ニ8時間ノ労働ヲ為シタル職工ハ、乙工場ニ於テハ4時間以上就業セシムルコトヲ得ス、（法第3条第3項）此ノ場合ニ於テハ各工業主ハ職工名簿記載心得（七）ノ（イ）ニ依リ他ノ工場ニ於ケル就業時間ヲ職工名簿ニ記入スルコトヲ要ス、此ノ就業時間中ニハ工場法ノ適用ヲ受ケサル『工場』ノ就業時間ヲモ包含スルコトハ規定ノ精神ニ依リテ明ナリ」。

「尚数工業主ノ使用シタル時間ヲ合算シ法規違反ヲ構成スル場合ハ其ノ処罰ニ付稍困難ナル問題ヲ生スル場合アルヘシ、今之ヲ詳論スルノ遑ナシト雖、要スルニ職工使用ノ時ノ前後如何ニ拘泥セス故意ノ有無ニ依リ各工業主ニ付決定スヘキモノト信ス」。

吉阪俊蔵『改正工場法論』（大東出版社、昭和元年）92頁

「就業時間は職工が同一日に於て工場を異にして就業する場合には、之を通算して原則を適用する。『工場を異にする』とは同一工業主の経営に属する場合と他の工業主の経営に属する場合とを含む。此場合には其旨職工名簿に記載を要するものであつて工業主は常に職工が他の工場に兼勤するや否やを注意せねばならぬ」。

「工場ヲ異ニスル場合」とは、工業主が複数にわたる場合をも含む。以上を要するに、この一点に関しては、当時も解釈上例外をみなかったということができよう。

とはいえ、職工名簿に「他ノ工場ニ於ケル就業時間」を記載することが工業主に義務づけられていた当時でさえ、工業主が異なる場合については、その処罰が容易でなかったことは、先にみた岡博士の記述からもこれを窺い知ることができる。

工業主の側に故意がない限り、その処罰はいずれにせよなし得ない。こうした刑罰法規の大原則がある以上、通算規定がその実効を上げることはあまり期待できなかった。こういっても差支えはあるまい[10]。

---

10 なお、商店法（昭和13年法律第28号）や工場就業時間制限令（昭和14年勅令第127

2　戦　後

　第二次世界大戦後、労働基準法（昭和22年法律第49号、労基法）は、その123条において工場法を廃止するとともに、次のように規定することになる。先にみた工場法3条3項の流れをくむ38条1項の定めがそれである。

　　（時間計算）
　第38条　労働時間は、事業場を異にする場合においても、労働時間に関する規定の適用については通算する。
　②　略

　ただし、労基法が使用者にその調製を義務づけた労働者名簿（107条、労基法施行規則53条、様式第19号）および賃金台帳（108条、労基法施行規則54条、様式第20号・第21号）のいずれにおいても、「他の事業場における労働時間」の記載が使用者に義務づけられることはもはやなかった。

　しかるに、その解釈例規は、工場法時代の解釈をほぼそのまま維持し、以下にみるように、労基法38条1項にいう「事業場を異にする場合」とは、使用者を異にする場合をも含む、との立場をいち早く明らかにする[11]。

　【事業場を異にする場合の意義】

　問　本条において「事業場を異にする場合においても」とあるがこれを事業主を異にする場合も含むと解すれば個人の側からすれば1日8時間以上働いて収入を得んとしても不可能となるが、この際個人の勤労の自由との矛盾を如何にするか、又内職は差支えないとすればその区別の標準如何。
　答　「事業場を異にする場合」とは事業主を異にする場合をも含む。なお内職云々についてはその内職を行う者と発注者との間に使用従属関係が

号）には、就業時間の通算について定めた規定は置かれなかった。
[11]　なお、「複数の事業場に派遣される派遣労働者」については、次のような行政解釈が現在示されている。「労働基準法第38条は、派遣中の労働者に関しても適用されるので一定期間に相前後して複数の事業場に派遣された場合には、労働基準法の労働時間に関する規定の適用については、それぞれの派遣先の事業場において労働した時間が通算されること」（昭和61年6月6日基発第333号）。

あるか否かによつて法の適用の有無が決定される。

(昭和23年5月14日基発第769号)

【一事業場で8時間労働後他の事業場で働く場合の取扱い】

問　所定労働時間8時間で事業主Aに雇われている者が経済上の事由により退社後B事業場で雇われて労働に従事しようとする場合事業主Bは該労働者を使用することができるか。もしできるとするならば、この場合様式第9号の「所定労働時間」の欄にはA事業主の許における労働時間を記入させることになるか。

答　事業主Aのもとで法第32条第2項所定の労働時間労働したものを、B事業主が使用することは、法第33条または法第36条の規定に基き、夫々時間外労働についての法定の手続をとれば可能である。又様式第9号の記入方法は見解の通りである。

【二以上の事業に働く場合の時間外割増賃金】

問　二以上の事業主に使用され（労働関係ありとする）その通算労働時間が8時間を超える場合割増賃金は如何に処置したらよいか。

答　法定時間外に使用した事業主は法第37条に基き、割増賃金を支払わなければならない。

(昭和23年10月14日基収第2117号)

　また、労基法の生みの親ともされる寺本廣作氏（立法当時の厚生省労働保護課長）の著作には、次のような指摘がみられる。それが文字どおり工場法3条3項の「公権的解釈」を踏襲するものであったことは、ある意味で当然とはいえ、やはり興味深いものがある。

寺本廣作『労働基準法解説』（時事通信社、昭和23年）244～245頁

「事業場を異にする場合は使用者が同一であつても又別人であつても、本法の労働時間制の適用についてはこれを通算する。工場法でも（第3条第3項）同様の趣旨の規定があつた。使用者が別人である場合、労働者が他の事業場で労働してゐることを知らなかつた時の違反については刑法の犯意に

21　マルチジョブホルダーと労働法制

関する一般の原則（刑法第38条第1項（注：「罪ヲ犯ス意ナキ行為ハ之ヲ罰セス但法律ニ特別ノ規定アル場合ハ此限ニ在ラス」と定める規定）が適用される。

ただ、少なくとも実務のレベルでは、こうした解釈を「疑問視」する向きもなくはなかった。たとえば、以下にみる関西経営者協会の「常識」を拠り所とする議論は、その一例である。

関西経営者協会／碓氷教一＝永留重雄『労働基準法の実務的解説』（大丸出版社、昭和23年）92頁

「労働時間の計算については事業場を移動して労働する場合は、通算した時間が労働時間として同法の労働時間に関する規定の適用を受ける（法第38条1項）。然し二以上の使用者に使用される労働者の場合、即ち労働者が一使用者の事業場で労働した後更に他の使用者の事業場で働く場合には、異論も存するが常識的に考えて労働時間は通算すべきではないと思う。唯、同法の趣旨からいうならば、その労働者について他に使用者のあることを知つているときには、労働時間が通算して法定限度を超えるようなことは避くべきであり、法定限度を超える場合には悪意の使用者については形式的には一応違反が成立するといえよう」。

以来、50年近くが経過した今日、こうした「常識論」は、ほぼその姿を消した感がある。「事業場を異にする場合」とは、使用者が異なる場合をも含む。法文を素直に読む限り、そう解するほかはないからである[12]。とはいえ、その結論が社会の一般常識からかけ離れていることも、これを否定できないように思われる。

使用者は、「自己の指揮監督下にある時間または自己の明示もしくは黙示の指示により自己の業務に従事せしめた時間」[13]については、労基法上の労働時間としてその規制を受ける。とはいうものの、「他人の指揮監督下にある時間

12　ただし、菅野・前掲書（注6）257頁は、こうも述べている。「『二以上の事業場で労働する場合』の意味については、同一使用者の二以上の事業場で労働する場合のことであって、労基法は事業場ごとに同法を適用することとしているために通算規定を設けたのである、という解釈も十分に考えられる」。

13　菅野・前掲書（注6）255頁を参照。

または他人の明示もしくは黙示の指示により当該他人の業務に従事した時間」については、このような労働を強制したという事実がない限り、それが法規制の対象とされることはない。こう考えることはできないであろうか。

なるほど、使用者には、法定労働時間を超えて、労働者を「労働させてはならない」という義務があり（労基法32条）、時間外や休日に「労働させた」場合には、割増賃金の支払義務を負うことになる（同法37条1項）。

しかし、労働者が他社で「働く」場合には、これを強制したという事実でもない限り、「労働させた」とはいい難い[14]。

なお、事業場ごとに法定労働時間が異なる場合、週の労働時間が何時間を超えれば時間外労働となるのか、といった問題等、労働時間の通算に関しては、技術的にも解決が困難な問題が少なくない（このことは、使用者が同じケースについてもいえる）。

労基法の解釈と適用にあたっては、以上のような点にも十分に配慮する必要があろう。

IV 災害補償

労働災害は場所を選ばない。業務災害は、副業先においても発生することがあり、副業先に向かう通勤途上で、労働者が交通事故に遭遇することもある。こうした場合、労働者はいかなる補償を受けることができるのか。以下、このような問題を具体的な設例を通して考えてみたい。

1 業務災害

設例1
　A社の従業員Xが、副業先のB社において業務災害に遭い、療養のため

---

[14] それゆえ、マルチジョブホルダーの場合、全体としての労働時間は、労働者自身がその責任と判断において管理せざるを得ないものと考える（労働時間管理における「自己責任」原則）。前述したように、使用者は、労働者がマルチジョブホルダーとなることを必要以上に妨げてはならないが、他方、労働者が自己の自由な意思に基づいて複数の仕事に就く道を選択した場合には、その責めを使用者に転嫁することは許されない。このようにいうことも可能であろう。

A・B両社において休業せざるを得なくなった場合、休業補償の取扱いはどうなるのか。

労働者災害補償保険法（昭和22年法律第50号、労災保険法または労災法）は、14条１項でこう規定している。「休業補償給付は、労働者が業務上の負傷又は疾病による療養のため労働することができないために賃金を受けない日の第４日目から支給するものとし、その額は、１日につき給付基礎日額の100分の60に相当する額とする」。

そして、判例および行政解釈は、これまで以下にみるように、二重の雇用関係にある労働者が被災した場合においては、この給付基礎日額を労基法上の災害補償責任を負う使用者が支払っていた賃金のみを基礎として算定すべきであり、別個の使用者から得ていた賃金については、これを算定基礎に含めないとの見解を採用してきた。

すなわち、上記**設例１**の場合、Xは、もっぱら副業先のB社における賃金を基礎として算定された給付基礎日額（労基法12条の平均賃金、労災保険法８条および８条の２を参照）をもとに休業補償給付を受ける、との考え方がそれである。

判例：　王子労基署長（凸版城北印刷）事件＝最三小判昭和61．12．16労判489号６頁

　　［判旨］「所論の点に関する原審の判断は、正当として是認することができ、原判決に所論の違法はない」（上告棄却）。

　　【参考】東京高判昭和60．12．26労判489号８頁
　　「労災保険制度は、労基法の災害補償制度に基づく業務災害に関する使用者の無過失責任を保険するために、［当該］災害補償制度と同時に設けられたものであ」り、「制度創設以来その本質に変わりはない」。

　　それゆえ「労災法上の休業補償給付及び障害補償給付の算定の基礎となる給付基礎日額（平均賃金）は、［上記］各給付の支給事由の発生した事業場の使用者から被災労働者に支払われた賃金に基づいて算出されれば足りると解されるところ、……控訴人の本件業務上負傷はB社において就労中に生じたもので、これにつき災害補償責任を負うべきは同社であり、A

社はこれとは関係しないから、控訴人に対する休業補償給付及び障害補償給付はB社から支払われた賃金を基礎として平均賃金を算定し、これを給付基礎日額として支給すれば足りることになる」。

行政解釈： 昭和28年10月2日基収第3048号

【二重の雇用契約の場合の平均賃金】

問　当局管下Hバター㈱K工場に於て労働者が業務上死亡し平均賃金を算定すべきところ当該労働者はK市役所にも雇用され賃金を支払われているため、労基法第12条第1項乃至第6項の方法により算定し得ないので、［下記］資料添付の上平均賃金決定方について申請致します。

記

一　適当と認められる平均賃金額及びその計算方法
　⑴　平均賃金額　802円90銭
　⑵　計算方法
　　　当該労働者がHバター㈱K工場に雇い入れられ（昭和27年11月16日）直前の賃金締切日（昭和28年1月15日）迄に支払われた賃金総額（注：月給（基本給2,500円）×2）5,000円を［当該］期間の総日数（61日）で除した金額81円96銭と、K市役所に於て直前の賃金締切日（1月31日）以前3ヵ月間に支払われた賃金総額（月給（注：基本給15,200円＋扶養手当1,600円＋諸手当5,309円＝22,109円）×3）を［当該］期間の総日数（92日）で除した金額720円94銭の合算額を平均賃金とする。

二　平均賃金を算定すべき事由の発生時の労働態様
　　当該労働者はK市役所水道部に勤務する職員であるが、自己公宅付近にあるHバター㈱K工場において揚水場見廻人を求めていたので、その職務内容が類似し、本務の時間外にして充分間に合うことにより同工場に昭和27年11月16日から就業した。従つて同工場における労働は朝夕2回市役所勤務時間外にポンプの運転開始及び停止の作業に従事、作業時間は1日30分程度である。

三　過去3ヵ月間に於て労働した日数　　略

四　当該労働者に対し支払われた賃金　　　略

答　設問の平均賃金は、Hバター㈱K工場に於ける雇入れ後の期間並びにその間の賃金総額を基礎とし、労基法第12条第1項の規定によって算定されたい。

　　従つて本件労働者の平均賃金は81円96銭であるから念のため。

現在、給付基礎日額については、4,180円（平成8年度以降、平均給与額にスライドする自動変更対象額）の最低保障額の定め（労災保険法施行規則9条1項4号）があり、上記の行政通達にみられたような極端な例はなくなったといえる。

とはいえ、副業先で被災した場合、一般に休業補償給付等の額がかなり低くなることは、依然として否めない状況にある。法政策のあり方として、それがはたしてベストの選択といえるのか。将来的には、再検討の余地があるように思われる。

なお、**設例1**については、これに関連した次のような問題もある。

①－1　A社における休業期間は、以下の規定にいう「業務上負傷し、又は疾病にかかり療養のために休業した（する）期間」に該当するか。
　・　労基法12条3項（平均賃金の算定基礎からの除外［1号］）
　・　労基法19条1項（解雇制限）
　・　労基法39条7項（出勤率［年次有給休暇の取得要件］算定に当たって出勤したものとみなす）

①－2　A社における休業期間中、Xは健康保険法45条に基づいて、傷病手当金の支給を請求することができるか。

いずれも、現状においては、これに「**YES**」と回答することは難しい。

まず、①－1については、労基法上、災害補償責任を負わないA社に対して、このような取扱いを強制することには無理がある。

また、①－2についても、療養の給付等、他の給付については、労災保険によってこれがカバーされることから、傷病手当金についてのみ例外を認めることは困難である。

だが、このようにいうことは、一方（①-1）では業務外の傷病（私傷病）として処理することを求め、他方（①-2）ではこうした処理を否定することを意味し、オポチュニスティックにすぎるとの感もある。いずれにせよ、今後検討を深めるべき課題といえよう。

2　通勤災害

設例2
　A社の従業員Xが退社後、副業先のB社に向かう途中で交通事故に遭った場合、通勤災害として保険給付を受けることができるか。

　この**設例2**に関連して、労災保険法7条はその2項で、通勤災害に関する保険給付（1項2号）の対象となる「通勤」について、これを次のように定義している。「労働者が、就業に関し、住居と就業の場所との間を、合理的な経路及び方法により往復することをいい、業務の性質を有するものを除くものとする」。

　したがって、「就業の場所」から「就業の場所」への移動に当たる**設例2**の場合、これが「住居と就業の場所」との往復には該当しないことから、Xは、通勤災害として保険給付を受けることができないことになる。

　しかしながら、自宅から副業先に向かう途中で被災した場合には「通勤災害」となり（ただし、前述したように、給付基礎日額は副業先における賃金を基礎として算定される）、事業場間の往復途上で被災した場合であっても、使用者が同じときには「業務災害」（出張と同じ取扱い）になるとすれば、このように割り切ってよいのかという問題もある。

　今後、副業が一般化するにつれて、ここでもまた法政策の見直し＝再検討が必要となる[15]。こういっても大過はないであろう。

---

[15]　ただし、マルチジョブホルダーとなるかどうかは、労働者自身の意思（判断と責任）によって決まる事柄であり（注14を参照）、そうである以上、使用者の災害補償責任を前提とする現行労災保険制度（保険料の全額事業主負担）のもとで、問題のすべてを解決することは難しい。このこともまた確かではあろう。

補　アメリカにおけるマルチジョブホルダーの現状

1　統計からみたマルチジョブホルダー

　実質賃金が低下するなかで、増え続けるムーンライター。アメリカのマルチジョブホルダーには、こうしたステレオタイプともいえるイメージがある。

　たしかに、マルチジョブホルダーの数は、1996年現在、783万2000人と、前年比で14万人近い伸びを示している。

　とはいえ、雇用が全体として急増していることもあって、雇用労働者全体に占めるその割合（副業率）は、1995年および96年ともに6.2％と、まったく変わっていない。

　より正確にいえば、1980年代後半以降、副業率はほぼ一定の割合を維持しており、目立った変化はみられないのである。

　たとえば、大統領経済諮問委員会が労働省の協力を得て作成した報告書「仕事の創造と雇用機会：アメリカ合衆国の労働市場　1993〜1996年」（*Job Creation and Employment Opportunities: The United States Labor Market, 1993-1996*, A Report by the Council of Economic Advisers with the U.S. Department of Labor, Office of the Chief Economist, April 23,1996）には、よくある誤解に基づくエピソードに言及しつつ、次のように述べる箇所がある。

　　「一部のアメリカ人は、家を買うために貯蓄したり、不測の出費を賄うために複数の仕事に就こうとする。しかし、このようにして2つないし3つの仕事をしなければならないアメリカ人が増えると、仕事の質に対する不安が生じることになる。こうして、不安に苛立った労働者の1人は、850万の仕事が新しく生み出されたとのニュースを聞いて、次のように反応したという。『そうとも、そのうち3つがオイラの仕事さ』。

　　とはいえ、統計をみるかぎり、マルチジョブホルダーに大きな変化など起こってはいない。1980年代後半以降、雇用労働者全体に占めるマルチジョブホルダーの割合は、6％前後を維持し続けているのである」。

　このように、アメリカの労働市場におけるマルチジョブホルダーの地位は、ある意味で驚くほど変わっていないといえる。

では、現にマルチジョブホルダーの地位にある者は、どのような労働者によって占められているのか。その属性別の内訳を示したものに、**表7**がある。

この**表7**からも分かるように、副業率は、20代前半の女性（未婚）でやや高くなっているものの、年齢や性別による違いはそれほど大きくない。

表7　アメリカにおけるマルチジョブホルダーの現状

(単位：千人、%)

	1995年	1996年		
	男女計	男女計	男　性	女　性
年　齢				
16歳以上　計	7,693　(6.2)	7,832　(6.2)	4,192　(6.1)	3,640　(6.2)
16歳〜19歳	350　(5.4)	336　(5.2)	146　(4.4)	190　(5.9)
20歳〜24歳	829　(6.7)	813　(6.7)	392　(6.1)	421　(7.4)
25歳〜54歳	5,874　(6.5)	6,001　(6.5)	3,249　(6.5)	2,752　(6.4)
55歳以上	641　(4.2)	682　(4.4)	405　(4.7)	277　(4.1)
人　種				
白　人	6,764　(6.4)	6,867　(6.4)	3,686　(6.3)	3,181　(6.5)
黒　人	688　(5.2)	705　(5.2)	376　(5.8)	329　(4.6)
ヒスパニック	430　(3.9)	442　(3.8)	254　(3.6)	188　(4.1)
婚姻の有無				
既婚、配偶者有	4,398　(5.9)	4,471　(6.0)	2,696　(6.4)	1,775　(5.5)
離婚、死・離別	1,235　(6.5)	1,281　(6.6)	456　(5.9)	825　(7.1)
未婚	2,061　(6.5)	2,080　(6.4)	1,040　(5.8)	1,040　(7.2)
フル／パート				
本業フル、副業パート	4,446　(−)	4,380　(−)	2,608　(−)	1,772　(−)
本業・副業ともパート	1,693　(−)	1,714　(−)	531　(−)	1,183　(−)
本業・副業ともフル	257　(−)	244　(−)	175　(−)	69　(−)
仕事によって異なる	1,262　(−)	1,457　(−)	857　(−)	600　(−)

注1）　（　）内は雇用労働者数に占める割合
　2）　本業パート、副業フルの者を少数ではあるが含む。
出所）The January 1997 Issue of *Employment and Earnings*, Table 36 (Household data, Annual Average)

たしかに、本業がフルタイムで副業はパートと回答した者は、マルチジョブホルダーの過半数を占めており、多数派とはいえるものの、それでも6割には達していない（1996年男女計［分母には本業パート、副業フルの者を含む］：

55.9％）。本業・副業ともにフルタイムと答えた猛者も、アメリカでは 25 万人前後（3％強）を数えるのである。

2　協約例からみた副業の自由とその限界

労働者が就業時間外に副業に従事することは、本来自由であるとはいうものの、それが使用者の利益と相反するような場合には許されない。副業について定めた労働協約は、次にみるように、およそこのように規定している（以下の協約例は、BNA, 2 *Collective Bargaining Negotiations and Contracts* 95:601-602, Restrictions on Moonlighting, July 23,1993 による）。

例1）他社でフルタイムの職を得た者は、辞職したものとみなされる。
　「当社に現に雇用されているにもかかわらず、他社でフルタイムの職を得た者は、当社を自発的に退職した（辞職した）ものとみなされる。このようにして辞職したものとみなされる場合には、交渉委員会にその旨を通告するものとする」。
　　　　　　　　　　　　　　　（Coca-Cola Foods *and* Allied Industrial Workers）

例2）教員の副業は、教育上の効率性を害するものであってはならない。
　「本学には、教員の専門的能力と技術的知識を社会に役立てる義務があると考える。また、このような学外における仕事は、学部および大学にとって潜在的に価値のあるものと認識する。
　本学にフルタイムで雇用されている者は、これを本務とし、他の有償の専門的活動に従事する場合も、教育上の効率性が害されることのないようにしなければならない。紛議が生じた場合には、学部長は他の役職者とともにその解決に当たるものとする。なお、それでも解決に至らない場合には、これを苦情処理手続にかけるものとする」。
　　　　　　　　　　　　　　　（Nassau Community College *and* Teachers）

例3）副業は自由であるが、当社と競争関係にある会社のために役務を提供してはならない。
　「従業員の就業時間外における活動は自由である。ただし、当社と競争

関係にある会社のために役務を提供することは許されない。また、許可のない限り、このような活動の過程において、当社の取引先と自らの利益のために関係を持ってはならない」。

(Union Tributte Publishing Co. *and* Newspaper Guild)

他方、副業について許可制の定めを置く協約例もなくはない。ただし、その趣旨は、副業が本務の妨げとならないよう、事前のチェックをかけるところにある。

たとえば、やや特殊なケースとはいえるが、州の警察職員の副業について定めた、次のような協約例がある。

例4）副業には事前の許可を必要とする。

「職員は、適切な状況のもとで、副業に従事することが認められる。副業は、……以下の条件が満たされる場合には、これを認めるものとする。
 a．事前の許可を得ていること
 b．その内容が州警察のイメージを損なうものではないこと
 c．職員の本務と抵触しないこと

職員が上記の許可申請を行った場合、当局は1週間以内にこれに回答するよう努めるものとする。もし30日以内に回答が得られない場合には、申請は認められたものとみなす」。

(Commonwealth of Pennsylvania *and* Pennsylvania State Troopers Association)

今後、わが国における副業とその規制のあり方について考えるに当たっても、以上にみたアメリカの例は、大いに参考になろう。

初出）日本労働研究機構調査研究報告書 No.103『労働市場・雇用関係の変化と法』（平成9年11月）第Ⅱ部第3章題3節（321頁以下）所収

Episode 21

　副業・兼業の制限禁止から容認へ。その後、わが国では、このような方向で大きな政策転換が図られる。

　平成30年1月に厚生労働省が「モデル就業規則」を改定し、「許可なく他の会社等の業務に従事しないこと」を労働者の遵守すべき事項として定め、その違反を懲戒事由として定めていた規定が削除され、次のような規定が新設されたのは、このことを象徴する出来事であった。

　　（副業・兼業）

第○条　労働者は、勤務時間外において、他の会社等の業務に従事することができる。

2　労働者は、前項の業務に従事するにあたっては、事前に、会社に所定の届出を行うものとする。

3　第1項の業務に従事することにより、次の各号のいずれかに該当する場合には、会社は、これを禁止又は制限することができる。

　①　労務提供上の支障がある場合
　②　企業秘密が漏洩する場合
　③　会社の名誉や信用を損なう行為や、信頼関係を破壊する行為がある場合
　④　競業により、企業の利益を害する場合

　副業・兼業の場合には、割増賃金の支払いに関して、労働時間を通算しないよう行政解釈を変更することが検討されている（本書383頁を参照）のも、こうした政策転換の延長にあるといってよい。

　ただ、「モデル就業規則」はあくまでモデルであって、副業・兼業の許可制を維持しつつ、一定の場合には許可しない旨の規定を就業規則に置くことまで排除するものではない。副業・兼業を労働者の権利として正面から認めることには、企業として抵抗がある。このような考え方から、許可制を維持している企業も少なくないと聞く。

　こうしたなか、労災保険制度についても、副業・兼業の円滑化を目的とした見直しが行われた。たとえば、令和4年7月8日に改定された「副業・兼業の促進に関するガイドライン」は、このことに関連して次のように述べる。

「労災保険制度は労基法における個別の事業主の災害補償責任を担保するものであるため、従来その給付額については、災害が発生した就業先の賃金分のみに基づき算定していたが、複数就業している者が増えている実状を踏まえ、複数就業者が安心して働くことができるような環境を整備するため、『雇用保険法等の一部を改正する法律』（令和２年法律第14号）により、非災害発生事業場の賃金額も合算して労災保険給付を算定することとしたほか、複数就業者の就業先の業務上の負荷を総合的に評価して労災認定を行うこととした。

なお、労働者が、自社、副業・兼業先の両方で雇用されている場合、一の就業先から他の就業先への移動時に起こった災害については、通勤災害として労災保険給付の対象となる。

（注）事業場間の移動は、当該移動の終点たる事業場において労務の提供を行うために行われる通勤であると考えられ、当該移動の間に起こった災害に関する保険関係の処理については、終点たる事業場の保険関係で行うものとしている。（労働基準局長通達（平成18年３月31日付け基発第0331042号））」

後段の「なお書」にある通勤災害に関する制度改正は、単身赴任する労働者の増加をも考慮して、平成17年の労働者災害補償保険法の改正（翌18年４月１日施行）の際に実現をみたものであるが、この法改正により、同法７条２項は「通勤とは、労働者が、就業に関し、次に掲げる移動を、合理的な経路及び方法により行うことをいい、業務の性質を有するものを除くものとする」と規定するものとなった。

　一　住居と就業の場所との間の往復
　二　厚生労働省令で定める就業の場所から他の就業の場所への移動
　三　第１号に掲げる往復に先行し、又は後続する住居間の移動（厚生労働省令で定める要件に該当するものに限る。）

以上のほか、「副業・兼業の促進に関するガイドライン」（令和４年７月８日改定版）の記すところによれば、令和２年の上記「雇用保険法等の一部を改正する法律」により、「令和４年１月より65歳以上の労働者本人の申出を起点として、一の雇用関係では被保険者要件を満たさない場合であっても、二の事業所の労働時間を合算して雇用保険を適用する制度が試行的に開始」されている。こうした取組みについても、併せて留意する必要があろう。

22 高年齢者雇用安定法の改正とその問題点
──希望者全員ルールへの疑問

 I はじめに──目前に迫った法改正
 II 総論と各論が矛盾する研究会報告──意欲と能力を問題にできない希望者全員ルール
 III 懸念される有期労働契約への影響──契約更新を事実上義務づける希望者全員ルール
 IV 定年制に対する大きな誤解──定年制は、希望者全員の雇用が定年まで保障される制度か

I はじめに──目前に迫った法改正

　平成24年の通常国会（第180回国会）に厚生労働省が提出を予定している法案の一つに「高年齢者雇用対策関連法案」がある[1]。
　抽象的な表現ではあるが、それが現在次のように規定している「高年齢者等の雇用の安定等に関する法律」（昭和46年法律第68号、高年齢者雇用安定法）の改正を意味していることはいうまでもない。

（定年を定める場合の年齢）
第8条　事業主がその雇用する労働者の定年（以下単に「定年」という。）の定めをする場合には、当該定年は、60歳を下回ることができない。ただし、当該事業主が雇用する労働者のうち、高年齢者が従事することが困難であると認められる業務として厚生労働省令で定める業務に従事している労働者については、この限りでない。

---

[1] 厚生労働省が関係5大臣（厚生労働大臣、総務大臣、財務大臣、官房長官、社会保障・税一体改革担当大臣）の確認事項として、平成23年8月12日に公表した「『社会保障・税一体改革の当面の作業スケジュール』について」を参照。
　なお、他に提出が予定されている労働関係法案には、「有期労働契約関連法案」および「パートタイム労働関連法案」がある。

(高年齢者雇用確保措置)
第9条 定年（65歳未満のものに限る。以下この条において同じ。）の定めをしている事業主は、その雇用する高年齢者の65歳までの安定した雇用を確保するため、次の各号に掲げる措置（以下「高年齢者雇用確保措置」という。）のいずれかを講じなければならない。
一　当該定年の引上げ
二　継続雇用制度（現に雇用している高年齢者が希望するときは、当該高年齢者をその定年後も引き続いて雇用する制度をいう。以下同じ。）の導入
三　当該定年の定めの廃止
2　事業主は、当該事業所に、労働者の過半数で組織する労働組合がある場合においてはその労働組合、労働者の過半数で組織する労働組合がない場合においては労働者の過半数を代表する者との書面による協定により、継続雇用制度の対象となる高年齢者に係る基準を定め、当該基準に基づく制度を導入したときは、前項第2号に掲げる措置を講じたものとみなす。

法改正をめぐる審議の場は、既に労働政策審議会に移っており[2]、そこでは、平成23年6月20日に公表された、厚生労働省「今後の高年齢者雇用に関する研究会」の報告書（以下「研究会報告書」という）が、議論のための叩き台を提供することになる。

　研究会報告書に曰く、「ただちに法定定年年齢を65歳とすることは困難な側面が大きいと考えられるが、老齢厚生年金の報酬比例部分の支給開始年齢の65歳への引上げが完了する［平成37年度］までには定年年齢が65歳に引き上げられるよう、引き続き議論を深めていくべきである」（Ⅱの2の(1)の①）。また、「法定定年年齢の引上げを行わない場合において、雇用と年金との接続を確実なものとするためには、［継続雇用制度の対象となる高年齢者に係る］基準制度は希望者全員の65歳までの雇用確保を実現するための、いわば過渡的な措置であるものとして、廃止するべきである」（Ⅱの2の(1)の②）。

---

[2]　職業安定分科会の雇用対策基本問題部会が審議の場となっており、平成23年9月12日に開催された第43回部会において、審議はスタートした。

つまり、高年齢者雇用安定法8条の改正は当面見送るものの、同法9条2項は、これを削除する。同条1項2号にいう継続雇用制度については、今後その適用基準または適用除外基準を労使協定で定めることを認めない。

ありていにいえば、研究会報告書はこういっているのである。

老齢厚生年金の支給開始年齢の引上げ（65歳への引上げは、定額部分については平成25年度に完了し、報酬比例部分についても同年度に61歳に引き上げられた後、平成37年度には完了する）に伴って、退職年齢も上昇していくのであれば、雇用と年金との間に断絶は生じない。

先の引用からもわかるように、年金問題を所掌する厚生労働省の意図はきわめて明確といえる。

しかし、仮に継続雇用制度を採用したとしても、本人が希望する限り、希望者全員に継続雇用をオファーしなければならなくなるような制度変更には、やはり疑問符が付く。

こうした希望者全員ルールは、高年齢者雇用安定法の基本的理念とはたして合致するのか。また、有期労働契約の一般的なルールからみて、それが齟齬を来すことはないのか。そのような疑問を拭えないからである。

II 総論と各論が矛盾する研究会報告——意欲と能力を問題にできない希望者全員ルール

1 意欲と能力を前提とした総論

「急速に進展する我が国の少子高齢化に伴う労働力人口の減少を跳ね返し、経済の活力を維持するためには、若者、女性、高年齢者など全ての人が可能な限り社会の支え手となることが必要である。『新成長戦略』（平成22（2010）年6月18日閣議決定）においては、国民すべてが**意欲と能力**に応じ労働市場の様々な社会活動に参加できる社会（『出番』と『居場所』）を実現し、成長力を高めていくことを基本とし、国民各層の就業率向上のための政策を総動員するという方針が出されている。高年齢者については、長い職業人生で培ってきた職業知識や経験を経済社会において有効に活用することが重要であり、そのためには年齢にかかわりなく**意欲と能力**に応じて働

くことができる環境を整備することが必要である」（はじめに）。

「今後この提言を基に、労使を交えた活発な議論が行われ、平成 25（2013）年度からの老齢厚生年金の報酬比例部分の支給開始年齢の引上げに向けて、就業を希望する者全員の 65 歳までの雇用確保策を実現するとともに、**意欲と能力のある限り**年齢にかかわりなく働くことができる環境整備を進めていくことについて合意形成がなされ、政労使一体となった施策の実現を期待する」（おわりに）。

研究会報告書の冒頭および末尾にある文章をそのまま引用すると、このようになる（文中の**ゴシック体**は、筆者による。以下同じ）。

このほかにも、研究会報告書には「**意欲と能力**」あるいは「**意欲及び能力**」といった言葉が随所に（計 6 か所）登場する[3]。その意味で、これらの言葉は、

---

[3] 前後の文脈が明らかになるように、該当箇所を段落ごとに引用すると、次のようになる。

「平成 16（2004）年に改正された高年齢者等の雇用の安定等に関する法律（昭和 46 年法律第 68 号。以下「高齢法」という。）が、平成 18（2006）年に施行され、事業主に対し、①定年の引上げ、②継続雇用制度の導入、③定年の定めの廃止のいずれかの措置（雇用確保措置）を講ずることが義務化された（①及び②は、平成 25（2013）年度までに段階的に実施）。これを受け、労使が協議を重ね解決策を見いだす中で、企業において、少なくとも 65 歳までは**意欲と能力のある限り働き続ける環境の整備が着実に進展した**」（Ⅰの 1 の(2)）。

「今後の労働力人口の大幅減少を跳ね返し、経済及び社会を発展させるため、若者、女性、高年齢者等の就業の促進が重要な課題となっている。労働力需給の観点からみると、少なくとも**働く意欲と能力を有する高年齢者**が働くことができないという環境は改善する必要があり、また、高年齢者が長い職業人生で培ってきた職業知識や経験を経済社会において有効に活用していくための方策を検討していく必要がある」（Ⅰの 2 の(1)）。

「また、労働力人口の減少が見込まれている中、将来的には、特に若年者の労働力供給が減少し、必要な人材の確保が難しくなると見込まれることから、長期的な視野をもち、年齢にかかわりなく**意欲と能力のある労働者**を適切に活用することが重要な課題となっている」（Ⅰの 2 の(3)）。

「急速に少子高齢化が進展し、労働力人口の減少が見込まれている中、経済社会の活力を維持するとともに、より多くの人々が社会保障制度などの支え手となりその持続可能性を高めることができるようにするためには、企業と労働者の双方の工夫と努力により、**意欲と能力のある高年齢者**の知識や経験を経済社会において有効に活用できるようにしていくことが必要である。また、我が国の高年齢者は諸外国と比べて就業意欲が高く、その能力や経験が十分に発揮できるようにする必要がある」（Ⅱの 1）。

「継続雇用制度は、企業にとっては、その置かれている状況が様々であり、労働者の 65 歳までの雇用確保に向けた取組を円滑に進めるために、各企業の実情に応じた対応が可能となるとともに、労働者にとっては、**意欲と能力がある場合**には、定年後も 65 歳まで働くことができることから、広く活用されている。改正高齢法の施行から 5 年が経過した現在、継続雇用制度の対象となる高年齢者に係る基準制度により離職した者が定年到達者全体に占める割合は 2.0%である」（Ⅱの 2 の(1)の②）。

研究会報告書のキーワードとなっているということができる。

　雇用対策法（昭和41年法律第132号）4条1項7号は、「高年齢者の職業の安定を図るため、定年の引上げ、継続雇用制度の導入等の円滑な実施の促進、再就職の促進、多様な就業機会の確保その他の高年齢者がその年齢にかかわりなくその**意欲及び能力に応じて**就業することができるようにするために必要な施策を充実すること」を国の講じなければならない必要な施策として定めており、これを具体化したものの一つに、先にみた高年齢者雇用安定法8条および9条の規定がある。

　また、高年齢者雇用安定法自体、同法の基本的理念や事業主の責務等について、次のように定めていることにも留意する必要がある。

　（基本的理念）
　第3条　高年齢者等は、その職業生活の全期間を通じて、その**意欲及び能力に応じ**、雇用の機会その他の多様な就業の機会が確保され、職業生活の充実が図られるように配慮されるものとする。
　2　労働者は、高齢期における職業生活の充実のため、自ら進んで、高齢期における職業生活の設計を行い、その設計に基づき、その**能力の開発及び向上**並びにその**健康の保持及び増進**に努めるものとする。

　（事業主の責務）
　第4条　事業主は、その雇用する高年齢者について**職業能力の開発及び向上**並びに作業施設の改善その他の諸条件の整備を行い、並びにその雇用する高年齢者等について再就職の援助等を行うことにより、その**意欲及び能力に応じて**その者のための雇用の機会の確保等が図られるよう努めるものとする。
　2　事業主は、その雇用する労働者が高齢期においてその**意欲及び能力に応じて**就業することにより職業生活の充実を図ることができるようにするため、その高齢期における職業生活の設計について必要な援助を行うよう努めるものとする。

　「定年の引上げ、基準制度の廃止のいずれの方策をとる場合でも、60歳代以前の期間も含めた賃金制度や昇進・昇格などの人事管理について、長期化する職業生活に対応し各企業の実情に応じて**高年齢者の意欲及び能力**を活かせるよう、労使の話し合いにより適切な見直しを行う必要がある」（Ⅱの2の(1)の③）。

(国及び地方公共団体の責務)

第5条 国及び地方公共団体は、事業主、労働者その他の関係者の自主的な努力を尊重しつつその実情に応じてこれらの者に対し必要な援助等を行うとともに、高年齢者等の再就職の促進のために必要な職業紹介、職業訓練等の体制の整備を行う等、高年齢者等の**意欲及び能力に応じた**雇用の機会その他の多様な就業の機会の確保等を図るために必要な施策を総合的かつ効果的に推進するように努めるものとする。

高年齢者雇用安定法9条に規定する「高年齢者雇用確保措置」の一環として、事業主が継続雇用制度を導入するに当たっても、高年齢者自身に働く意欲と能力が備わっていることがあくまでも前提となる。それが同法の基本的理念であり、研究会報告書も──少なくとも総論部分においては──こうした考え方に忠実であった。このようにいっても、間違いはない。

2　意欲も能力も要求しない各論

他方、研究会報告書は、その各論部分では、次のようにいう（Ⅰの2の(2)）。

　高年齢者雇用安定法では、「定年年齢は60歳を下回ることができないとするとともに、原則として希望者全員の65歳までの雇用確保措置を講じることを義務づけているが、労使協定により継続雇用制度の対象となる高年齢者に係る基準を定めることができることとしており、必ずしも、65歳まで希望者全員の雇用を確保する制度を設けることとなっていない」。

　「このため、現行制度のままでは、［定額部分に加え、報酬比例部分についても、老齢厚生年金の支給開始年齢の引上げが始まる］平成25（2013）年度には、60歳定年以降、継続雇用を希望した場合に、雇用が継続されず、また年金も支給されないことにより無収入となる者が生じる可能性がある。

　高年齢者の生活の安定を図るために、60歳以降年金支給開始前までの雇用を確保し、雇用と年金を確実に接続させることが課題であり、特に、定年制の対象となる者については、企業の社会的責務として、雇用と年金の接続を図るべきである」。

そのいわんとするところは、先にみたように、継続雇用制度の対象となる高年齢者に係る基準制度、つまり継続雇用制度の適用基準または適用除外基準を労使協定により定める制度を廃止することにある（Ⅱの2の(1)の②）が、現状においても「継続雇用制度の対象となる高年齢者に係る基準制度により離職した者が定年到達者全体に占める割合は2.0％」（同上）にとどまっている。

その対象をこうした基準制度が現に設けられている企業に限定したとしても、当該企業の定年到達者に占める適用除外労働者の割合は、3.0％に上昇するにすぎない[4]。

「60歳定年以降、継続雇用を希望した場合に、雇用が継続されず、また年金も支給されないことにより無収入となる者が生じる可能性がある」とはいえ、基準制度そのものの廃止を必要とするまでに、現状が深刻なレベルにあるとは到底思えない。

労働政策研究・研修機構（JILPT）が平成20年に実施した「高齢者の雇用・採用に関する調査」によると、適用基準の内容（複数回答）は、「健康上支障がないこと」（91.1％）、「働く意思・意欲があること」（90.2％）がともに9割を超えており、これに「出勤率、勤務態度」（66.5％）、「会社が提示する職務内容に合意できること」（53.2％）、および「一定の業績評価」（50.4％）が続くものとなっている[5]。

労働者に働く意思がない場合や、会社が提示する職務内容で労使が合意できなかった場合には、基準制度の有無にかかわらず、再雇用契約は締結されないとはいうものの、働く意欲はなくても、賃金だけはもらいたいと考える者は、年齢とは無関係に、少なからずいる。

また、出勤率や勤務態度、一定の業績評価は、いずれも働く能力を測るため

---

[4] 厚生労働省「高年齢者雇用状況報告」（平成22年6月1日現在）による。なお、第43回雇用対策基本問題部会（前掲・注2）資料3「参考資料」の図表22を併せ参照。ちなみに、平成23年10月12日に公表された「高年齢者雇用状況報告」（同年6月1日現在）によると、継続雇用制度の対象となる高年齢者に係る基準制度による離職者は、同制度が現に設けられている企業における定年到達者の2.5％（定年到達者全体の1.8％）と、前年をさらに下回るものとなっている。

[5] 前掲・資料3（注4）の図表24を参照。なお、同調査によれば、回答企業が1割を超える基準には、以上のほか「熟練や経験による技能・技術をもっていること」（30.9％）、「現職を継続できること」（30.2％）、「他の社員を指導・教育できること」（16.0％）、「専門的な資格をもっていること」（15.2％）がある。

の有力な尺度であり、健康でなければ、能力の発揮はそもそも期待できない。

このように、適用基準の内容についても、現状をみる限り、ことさらこれを問題視すべき状況にはない[6]。

定年を迎えた者が再雇用（継続雇用）を希望したときは、職務内容や労働条件について労使が合意できない場合を除いて、――対象労働者の意欲や能力のいかんを問わず――希望者全員を事実上再雇用しなければならない。基準制度の廃止は、このような事態が事業主にとって現実のものとなることを意味している。

たしかに、高年齢者雇用安定法が事業主に課した義務は、継続雇用制度の導入義務（公法上の義務）であって、個々の労働者を継続雇用する義務（私法上の義務）ではない[7]。しかし、研究会報告書がその各論部分において説く例外なき希望者全員ルールのもとでは、就業規則等により対象労働者を選択する自由を確保することが、不可能とはいわないまでも、著しく困難になる[8]。

こうした状況は、先にみた高年齢者雇用安定法の規定内容と正面からバッティングするものであり、契約の自由（再雇用契約の締結における相手方選択の自由）という観点からも、例外を認めない希望者全員ルールには大いに疑問がある[9]。

---

[6] なお、日本経済団体連合会（日本経団連）も、平成23年7月19日に公表した意見書「今後の高齢者雇用のあり方について」のなかで、「基準の内容そのものについても……必要以上に選別的な機能を有している実態にはない。むしろ、基準の果たす役割として、労使がこの基準を一定の目標として共有することで、60歳までのモチベーションを維持し、さらに60歳以降もいきいきと働けるよう、若年期や中年期の各段階から様々な取り組みを行う基盤となっている」として、「基準を廃止することによって、このような労使双方の努力や取り組み姿勢が失われることが懸念される」とする。現場の声を反映した、リアリティのある指摘といえよう。

[7] 拙稿「労働法における公法上の義務」『阪大法学』58巻3・4号（平成20年11月）35頁以下、57頁【本書111頁以下、133頁】を参照。

[8] 継続雇用制度の導入があくまでも公法上の義務にとどまるとすると、労使協定による基準制度が廃止されたとしても、就業規則に定める同制度の適用基準または適用除外基準（なお、当該基準は労働基準法89条3号にいう「退職に関する事項」に該当する）までが直ちに無効となるというわけではない。ただ、継続雇用制度については、当初認められていた就業規則による基準の設定が、大企業については平成21年4月1日以降、中小企業についても平成23年4月1日以降、認められなくなった（高年齢者雇用安定法附則5条を参照）という経緯があり、事はそう簡単ではない。

[9] 日本経団連の前掲・意見書（注6）も、「双務契約たる労働契約において、健康面などを含め真に就労が可能かどうかとは無関係に、一方当事者のみの希望により雇用が確保されることは、いかに政策的な対応の必要性からとは言え、労働契約法3条1項の原則から逸脱

意欲や能力がなくても、希望しただけで再雇用の道が拓かれる。それが常識に反することは言を俟たない。意欲と能力がなければ、希望しただけでは再雇用の道は拓かれない。健全で活力のある雇用関係を維持するためには、むしろこのことを継続雇用のルールとすべきであろう。

Ⅲ　懸念される有期労働契約への影響——契約更新を事実上義務づける希望者全員ルール

1　契約が更新されない場合のあることを前提とした現行ルール

労働基準法（昭和22年法律第49号、労基法）の第5次改正（平成15年法律第104号、平成16年1月1日施行）により、同法14条は次のように改められる。

> （契約期間等）
> 第14条　（1項、略）
> ②　厚生労働大臣は、期間の定めのある労働契約の締結時及び当該労働契約の期間の満了時において労働者と使用者との間に紛争が生ずることを未然に防止するため、使用者が講ずべき労働契約の期間の満了に係る通知に関する事項その他必要な事項についての基準を定めることができる。
> ③　行政官庁は、前項の基準に関し、期間の定めのある労働契約を締結する使用者に対し、必要な助言及び指導を行うことができる。

その折に追加された同条2項の規定に基づき、制定をみたものが「有期労働契約の締結、更新及び雇止めに関する基準」（平成15年厚生労働省告示第357号）であり、その1条は、次のように規定する。使用者に対して、更新の有無および更新する場合があるとしたときの更新または雇止めの判断基準の明示を義務づけた規定がそれである[10]。

したものと言わざるを得ない」とする。
10　当該義務に違反したとしても、使用者は法違反に問われることはないが、行政官庁（監督署）による指導の対象にはなる。労働基準法14条3項を参照。

(契約締結時の明示事項等)
第1条　使用者は、期間の定めのある労働契約（以下「有期労働契約」という。）の締結に際し、労働者に対して、当該契約の期間の満了後における当該契約に係る更新の有無を明示しなければならない。
2　前項の場合において、使用者が当該契約を更新する場合がある旨明示したときは、使用者は、労働者に対して当該契約を更新する場合又はしない場合の判断の基準を明示しなければならない。
3　使用者は、有期労働契約の締結後に前2項に規定する事項に関して変更する場合には、当該契約を締結した労働者に対して、速やかにその内容を明示しなければならない。

そして、この告示1条に定める「更新の有無」および「判断の基準」に関連して、改正法の施行通達「労働基準法の一部を改正する法律の施行について」（平成15年10月22日基発第1022001号）は、以下のように述べる（第1の2の(2)「雇止めに関する基準の内容」ア）。

（ア）本条により明示しなければならないこととされる「更新の有無」及び「判断の基準」の内容は、有期労働契約を締結する労働者が、契約期間満了後の自らの雇用継続の可能性について一定程度予見することが可能となるものであることを要するものであること。
　　例えば、「更新の有無」については、
　a　自動的に更新する
　b　更新する場合があり得る
　c　契約の更新はしない
等を明示することが考えられるものであること。
　　また、「判断の基準」については、
　a　契約期間満了時の業務量により判断する
　b　労働者の勤務成績、態度により判断する
　c　労働者の能力により判断する
　d　会社の経営状況により判断する
　e　従事している業務の進捗状況により判断する
等を明示することが考えられるものであること。

(イ) なお、これらの事項については、トラブルを未然に防止する観点から、使用者から労働者に対して書面を交付することにより明示されることが望ましいものであること。

(ウ) 本条第3項については、使用者が労働契約締結時に行った「更新の有無」及び「判断の基準」に係る意思表示の内容を変更する場合に、当該労働契約を締結した労働者に対して、速やかにその変更した意思表示の内容を明示しなければならないものであること。この場合、「更新の有無」及び「判断の基準」が当該労働契約の一部となっている場合には、その変更には当該労働者の同意を要するものであること。

期間の定めのある契約は、更新されなければ、期間の満了をもって自動的に終了する。これが期間の定めのある契約の原則であり、有期労働契約もその例外ではない[11]。有期労働契約の場合、更新しない場合の判断基準が(可能な限り、書面で)明示されていれば、広範な理由に基づく雇止め=更新拒否が可能になる。上記の通達は、この理を一面で確認したものともいうことができる。

2　本人が希望する限り契約が更新される？　定年後の継続雇用

定年退職者を再雇用(継続雇用)する場合、企業は期間途中の解約リスクを考慮し、1年ごとに労働契約を更新するスタイルをとることが多い[12]。そのような再雇用契約も、期間の定めのある契約(有期労働契約)である以上、更新されなければ、契約期間の満了とともに終了する。

労使協定により継続雇用制度の対象者に係る基準(適用基準)が定められている場合には、再雇用の当初はその基準を満たしていた者であっても、更新時にこれを満たさなくなったものは、当然に雇止めの対象となる[13]。

---

[11] 拙著『職場の法律は小説より奇なり』(講談社、平成21年) 133頁【その改訂版でもある『労働法の「常識」は現場の「非常識」——程良い規制を求めて』(中央経済社、平成26年) 98頁】を参照。

[12] 高年齢者の再雇用を含め、契約期間が1年を超える労働契約の締結に企業が消極的にならざるを得ない理由については、拙稿「労働市場改革——規制強化論への反論」伊藤隆敏・八代尚宏 [編]『日本経済の活性化——市場の役割・政府の役割』(日本経済新聞出版社、平成21年) 91頁以下、119頁【その一部を収録した本書452頁以下、452頁】を参照。

[13] たとえば、厚生労働省が作成した事業主向けリーフレット「65歳までの定年の引上げ等

しかし、現行の継続雇用制度は、65歳（平成25年3月31までは64歳、以下同じ）までは、文字どおり雇用が継続することを前提とした制度であって、就業規則に雇止めの事由をどのように規定するのかといった問題を含め、その制度設計はかなりの困難を伴う[14]。

なかでも、人事担当者が頭をかかえる問題に、業務量の減少や業務の終了を理由とする雇止めは可能かという難問がある。

通常の有期労働契約の場合、契約を更新するか否かの判断に当たって、①契約期間満了時の業務量、②労働者の勤務成績、態度、③労働者の能力、④会社の経営状況、⑤従事している業務の進捗状況等を、その判断基準とすることは、先にみたように通達でも認められている。

継続雇用制度の対象となる労働者についても、再雇用契約の更新に当たって、労使協定の定めに合致するものであれば、「労働者の勤務成績、態度」（②）や「労働者の能力」（③）を判断基準とすることに現行法上何ら問題はない。「会社の経営状況」（④）に関しても、それが定年退職者の不補充（attrition）を必要とするまでに悪化しているような場合には、就業規則に規定する雇止め事由にもよるとはいうものの、継続雇用制度の対象労働者についても、雇止めが許されると解すべきであろう[15]。

の速やかな実施を!!」では、労使協定に定める継続雇用制度の対象となる高齢者に係る基準例として、「過去〇年間の出勤率が〇％以上の者」や「直近の健康診断の結果、業務遂行に問題がない［者］」等が例示されているが、これらの基準に該当するか否かが少なくとも契約の更新ごとに問題となるのはいうまでもない。

[14] 解雇事由とは異なり、就業規則に雇止め事由を定めなければならない義務は使用者にはない（労働基準法89条3号の反対解釈）。期間の定めのある契約は、期間の満了によって自動的に終了するとの原則から考えても、法制度上はこのようになる。しかし、大臣告示（「有期労働契約の締結、更新及び雇止めに関する基準」3条）は、雇止めについても、労働者がその理由について証明書の交付を請求したときは、これを交付しなければならない旨を定めており、就業規則に前もってその理由を列挙する使用者は少なくない。また、継続雇用制度の適用を受ける高年齢者については、65歳までの雇用の継続に合理的期待を有すると考えざるを得ないことから、解雇権濫用法理の類推適用を前提として、就業規則に雇止め事由に関する定めを置かざるを得ないという事情もある。

その場合、継続雇用制度の適用基準に該当する者（適用除外基準に該当しない者）であっても、就業規則の雇止め事由に該当するものについては、なお雇止めが可能（契約期間中の解雇が可能である以上、期間の満了を待って解雇することも可能といわざるを得ず、雇止め事由が解雇事由と同一の事由として就業規則に定められている場合には、雇止めと解雇を区別する実益もない）と考えられるが、雇用の継続を前提とする者の雇止め事由と、それ以外の者の雇止め事由を同じものとして規定してよいかという問題は依然として残る。

[15] 継続雇用制度の適用を受ける高年齢者は、整理解雇に相当する雇止めの対象としてはな

では、「契約期間満了時の業務量」（①）や「従事している業務の進捗状況」（⑤）については、どうか。

たしかに、継続雇用制度が65歳までの雇用の継続を前提としていることをベースに考えると、他に従事可能な業務が存在する限り、現在従事している業務の終了や業務量の減少（たとえば、2人分の仕事が1人分に減少したような場合）は、雇止めの理由とはなり得ないとの考え方も成り立つ[16]。

ただし、定年後の再雇用者以外にも有期契約労働者が同じ会社にいる場合、双方の間でどの程度の差異を設けることが人事制度上可能かという問題も一方にはある。

再雇用者には、仕事がなくなっても別の仕事を提供し、一般の契約社員には、仕事がなくなったことを理由に辞めてもらう[17]。真っ当な人事担当者であれば、こんな人事制度が長続きするとはよもや考えないであろう。

とりあえず、定年後の再雇用者については、65歳までの継続雇用が見込めるポストに就ける。一般の契約社員との「差別」が顕在化しないようにするためには、そのような手段をとることも考えられるが、いかに余裕のある大企業であっても、こうした非常手段をとり続けることは難しい。

このように現状でも問題が少なくないというのに、予定どおり法改正が実現すると、たとえ「勤務成績、態度」（②）や「能力」（③）に「×」が付く者であっても、これを労使協定によって継続雇用制度の適用対象者から排除することができなくなる。

「本人が希望さえすれば、契約は更新される」。この例外のない希望者全員ルールが現実のものとなれば、現行の有期労働契約の更新ルールとの間で調整

らないという考え方には、そもそも無理がある。また、企業が人員整理を行うに当たって、一定年齢以上の者をその対象とすることは十分あり得ることであり、このような場合には、継続雇用制度の実施を一時的に中断することも許されるということになろう。

[16] このような事情もあって、大阪大学では、継続雇用制度の適用を受ける職員の就業規則においては、他の契約期間に定めのある職員の就業規則とは違い、「その業務を必要としなくなったときは、労働契約を更新しない」旨を明文の規定をもって定めるようなことはしていない。ただ、この場合においても、期間に限定のある特定の業務に就くことに労働者が同意していた場合には、当該業務を必要としなくなったことを理由とする雇止めは可能と考える余地は十分にあろう。

[17] なお、更新回数や雇用可能期間に上限が設けられている場合にも、双方の取扱いに差異が生じる可能性があることに注意。

を図ることは、もはや不可能に近い[18]。

年金と雇用とを接続するためとはいうものの、なぜこのような極論に走るのか。筆者には、その理由が理解できない。

Ⅳ　定年制に対する大きな誤解——定年制は、希望者全員の雇用が定年まで保障される制度か

1　定年制とは何か——年齢のみを理由とする強制退職制度

意欲と能力の有無にかかわらず、一定年齢に到達すれば、そのことのみを理由として退職したものとして取り扱う。このような年齢のみを理由とする強制退職（compulsory retirement）を可能にする制度として、定年制は存在する。

企業にとって、定年制には、意欲と能力を兼ね備えた従業員を失うというデメリットもあるが、意欲や能力に欠ける従業員を排除できるというメリットもある。「やっと定年で辞めてくれた」。企業がそう考える問題社員も、相当数いるのが社会の現実であり、トラブルに発展することを怖れずに、そのような問題社員を強制的に辞めさせることのできる定年制のメリットは、依然として大きい。

その背景には、能力不足（poor performance）を理由とする解雇を容易には認めない、主として判例によって形成されたわが国固有の法環境がある。

>「当事者の一方がその債務を履行しない場合において、相手方が相当の期間を定めてその履行の催告をし、その期間内に履行がないときは、相手方は、契約の解除をすることができる」。

わが国の民法も、541条本文で、このように契約法の大原則を定めているとはいえ、雇用契約（労働契約）だけは、その埒外にあるらしい。

能力不足＝債務の不完全履行（債務不履行）という認識が、そもそもない。それがわが国の現実なのである[19]。

---

[18] 本人の希望さえあれば、意欲や能力に欠ける者であっても契約を更新せよ、というのであれば、現行通達の認める更新に当たっての判断基準は、まったく意味をなさなくなる。
[19] なお、このことに関連して、筆者はかつて次のように述べたことある。「第二次大戦後、

このような現実のもとでは、定年制の廃止はもとより、定年延長（法定定年年齢の引上げ）も受け入れ難い。人事労務の現場にいれば、おそらく例外なくそう考えるであろう。

2　雇用保障の機能と雇用の義務づけとの違い

よほどのことがなければ、定年まではクビにならない。わが国の場合、先にみたように、そうした現実が確かに存在する。

このことを受け、研究会報告書も、定年制が「定年までの雇用保障という利益を伴うものとして企業や労働者に受け入れられている」こと（Ⅱの1、Ⅱの2の(1)の①）や、「定年までの雇用保障の機能を有していること」（Ⅱの2の(2)の④）を繰り返し強調している。

しかし、定年までの「雇用保障という利益」あるいは「雇用保障の機能」といっても、それはあくまでも事実上の利益または機能にすぎず、そうした利益等を享受する権利が法律上、労働者に認められているわけではない。

いかに厳格な雇用保障を求められるわが国においても、事業主に対して定年までの雇用をフラットに義務づけるような法令は、さすがに存在しない。

にもかかわらず、研究会報告書は、「希望者全員の65歳までの雇用確保」とタイトルを付した節（Ⅱの2の(1)）の冒頭で「65歳までの雇用確保措置がほぼ定着している現状の下、希望者全員の65歳までの雇用確保のための方策としては、①現行60歳である法定定年年齢を65歳まで引き上げる方法、あるいは、②法定定年年齢を60歳としたままで希望者全員の65歳までの継続雇用を確保する方法を考えるべきである」と述べた後、そうした雇用確保措置の筆頭に「法定定年年齢の引上げ」を挙げる。

憲法28条によって勤労者の団体行動権が保障されたことにより、労働者が団体として行う雇用契約上の義務不履行（争議行為）は、一転して労働者の侵すべからざる権利となる。だが、その結果、労働者個人による契約上の義務不履行（不誠実、怠慢、無能等）についてまで、これを理由とする雇用契約の解除（解雇）が著しく困難になった。より正確にいえば、これが雇用契約の解除を可能とする労働者の『債務不履行』に当たるという認識がそもそもなくなった」（拙稿「労働法とその周辺（4）」『阪大法学』61巻1号（平成23年5月）29頁以下、48頁【拙著『労働法とその周辺——神は細部に宿り給う』（アドバンスニュース出版、平成28年）169頁以下、193〜194頁】）。ただ、第二次大戦前は、もとよりその事情は大きく異なっていた（同31〜48頁【前掲書172〜193頁】を参照）。

定年が延長されれば、延長後の定年まで、希望者全員の雇用が保障される。これでは、そんな誤ったイメージさえ与えかねない。

定年延長という場合、一律の定年延長しかないと思いがちであるが、会社が特に必要と認めた者について定年の特例を認めるようなことは、実際にもしばしば行われている[20]。

仮に「特に能力がある者」についてのみ適用される定年延長が認められるのであれば、「著しく能力に欠ける者」については、定年延長の適用を除外することも同様に認められてよい[21]。後者は前者の裏返しであり、原則と例外を逆転させたにすぎないからである。

わが国の定年制が「雇用保障の機能」をこれまで担ってきたことはもちろん否定しないし、能力不足を理由とする解雇を直ちに広く認めるべきであるとも思わない[22]。

---

[20] いわゆる勤務延長制度の多くは、これに当たる。たとえば、国家公務員法も、定年による退職の特例（勤務延長）について、次のように規定している。
   （定年による退職の特例）
   第81条の3【現81条の7】 任命権者は、定年に達した職員が前条第1項の規定により退職すべきこととなる場合において、その職員の職務の特殊性又はその職員の職務の遂行上の特別の事情からみてその退職により公務の運営に著しい支障が生ずると認められる十分な理由があるときは、同項の規定にかかわらず、その職員に係る定年退職日の翌日から起算して1年を超えない範囲内で期限を定め、その職員を当該職務に従事させるため引き続いて勤務させることができる。
   ② 任命権者は、前項の期限又はこの項の規定により延長された期限が到来する場合において、前項の事由が引き続き存すると認められる十分な理由があるときは、人事院の承認を得て、1年を超えない範囲内で期限を延長することができる。ただし、その期限は、その職員に係る定年退職日の翌日から起算して3年を超えることができない。

[21] 大阪大学教職員就業規則が定年について次のように定めているのも、このことを念頭に置いたもの（2項は両面規定であり、特定の教職員については、1項に規定する定年を上回る定年と、これを下回る定年のいずれを定めることも可能。定年延長時にこうした措置を講じれば、不利益変更の問題も生じない）といってよい。
   （定年）
   第19条 教職員の定年は、次の各号に定めるとおりとする。
   一　教職員のうち、教員以外のもの　満60歳
   二　歯学部附属歯科技工士学校の教員　満60歳
   三　前号の教員を除く教員　満65歳
   2　前項の規定にかかわらず、大学が特に必要と認めた教職員については、これと異なる定めをすることができる。
   【追記】その後、就業規則の改正により、平成27年4月1日以降、1項1号および3号の対象に「研究員」が追加されることになった。

[22] このようにいうのは、ナマの実力主義には、平等指向がきわめて強い現在の日本人は到底耐えられないと考えるからであるが、能力や勤務成績に対する評価そのものは、より厳格

22　高年齢者雇用安定法の改正とその問題点——希望者全員ルールへの疑問

　ただ、物事にはやはり限度がある。「過ぎたるは猶及ばざるがごとし」ともいう。

　意欲や能力に欠ける高年齢者は、意欲や能力にあふれた後進＝若年層に道を譲る。定年延長を行うに当たっても、一方ではこうした機会を保障する仕組みが必要となる。

　現行の継続雇用制度と同様に、労使協定さえ締結すれば、定年延長に関する基準の設定も可能にする[23]。

　研究会報告書の逆をいくものとはなるが、そうした制度設計の見直し、発想の転換こそが今、求められているともいえよう。

出所）『阪大法学』61巻3・4号（平成23年11月）73頁以下

なものに改める必要がある。たとえば、人事評価において最低評価となるD評価の分布を概ね5％としたうえで、このD評価が2回連続すると分限免職とする、大阪維新の会が府議会に提出した「職員基本条例案」を直ちに実行に移すことは困難とはいうものの、D評価が「0.05％にとどまる」（平成23年9月17日付け『日本経済新聞』朝刊）という現状は、やはり異常という以外にない。1％であっても、条例の体をなさない。普通の府民であれば、こう考えるのではないか。
　【追記】ただし、同じく大阪維新の会が主導して5％基準を採用した大阪市では、その後この基準をむしろ緩和する逆方向に転じることになった。本書215頁を参照。

[23]　なお、その場合にも、現行法にはない労使協定の周知義務を、継続雇用制度と定年延長のいずれとかかわるケースにおいても、事業主に課すといった工夫は検討されてよい。ただ、労使協定には、過半数組合または過半数代表者が「拒否権」を行使し、労使協定の締結を拒み、あるいはいったん締結された協定についてもこれを破棄する自由を有するという当事者にとっては無視できない大きな問題がある。前掲・拙著（注11）『職場の法律は小説より奇なり』59～61頁【『労働法の「常識」は現場の「非常識」』38～40頁】を参照。裁判所による合理性のチェックが働くことを考慮すれば、就業規則による基準制度の復活（継続雇用制度）と新設（定年延長）という選択肢も、将来的には十分検討されてしかるべきであろう。

第2部　各論　第3章　働き方の多様化

Episode 22

　「高年齢者等の雇用の安定等に関する法律の一部を改正する法律」（平成24年9月5日法律第78号、翌25年4月1日施行）により、高年齢者雇用安定法9条2項（旧規定については本文434頁を参照）は、「継続雇用制度には、事業主が、特殊関係事業主（当該事業主の経営を実質的に支配することが可能となる関係にある事業主その他の当該事業主と特殊の関係のある事業主として厚生労働省令で定める事業主をいう。以下この項において同じ。）との間で、当該事業主の雇用する高年齢者であつてその定年後に雇用されることを希望するものをその定年後に当該特殊関係事業主が引き続いて雇用することを約する契約を締結し、当該契約に基づき当該高年齢者の雇用を確保する制度が含まれるものとする」と改められ、同条には次の2項が加えられる。

3　厚生労働大臣は、第1項の事業主が講ずべき高年齢者雇用確保措置の実施及び運用（心身の故障のため業務の遂行に堪えない者等の継続雇用制度における取扱いを含む。）に関する指針（次項において「指針」という。）を定めるものとする。
4　第6条第3項及び第4項の規定（注：高年齢者等職業安定対策基本方針の策定・変更に関する手続規定）は、指針の策定及び変更について準用する。

　また、旧9条2項に規定されていた労使協定による「継続雇用制度の対象となる高年齢者に係る基準」については、改正附則3項で次のような経過措置を講じることが定められた。

（経過措置）
3　この法律の施行の際現にこの法律による改正前の第9条第2項の規定により同条第1項第2号に掲げる措置を講じたものとみなされている事業主については、同条第2項の規定は、平成37年3月31日までの間は、なおその効力を有する。この場合において、同項中「係る基準」とあるのは、この法律の施行の日から平成28年3月31日までの間については「係る基準（61歳以上の者を対象とするものに限る。）」と、同年4月1日から平成31年3月31日までの間については「係る基準（62歳以上の者を対象とするものに限る。）」と、同年4月1日から平成34年3月31日までの間については「係る基準（63歳以上の者を対象とするものに限る。）」と、同年4月1日から平成

37年3月31日までの間については「係る基準（64歳以上の者を対象とするものに限る。）」とする。

このうち、新設された9条3項および4項の規定は、国会修正によって追加された規定であったが、これらの規定をもとに策定された「指針」（高年齢者雇用確保措置の実施及び運用に関する指針）は、「継続雇用制度を導入する場合には、希望者全員を対象とする制度とする」とした上で、「心身の故障のため業務に堪えられないと認められること、勤務状況が著しく不良で引き続き従業員としての職責を果たし得ないこと等就業規則に定める解雇事由又は退職事由（年齢に係るものを除く。以下同じ。）に該当する場合には、継続雇用しないことができる」と規定する等、その内容は硬直的といわざるを得ないものとなった。

他方、改正附則に定める経過措置も、これを一読すればわかるように、改正法施行の際（平成25年4月1日）に、現に「継続雇用制度の対象となる高年齢者に係る基準」を労使協定で定めていた事業主に対象を限定するものであったことが注意されてよい。

その経過措置も、令和7年3月31日をもって終了する。しかし、現実には、こうした経過措置に基づくケースとは別に「就業規則に定める解雇事由または退職事由」以外の事由を、継続雇用対象者の雇用契約を更新しない事由として設定している企業（労働組合）がかなり存在する。

たとえば、日本労働組合総連合会（連合）が令和5年6月に実施した調査「2023年度　労働条件調査」によれば、「解雇事由または退職事由以外の条件」があると回答した組合は、主要組合の4割近く（39.1％）を占める。

その内訳（複数選択）は、下記のとおりであるが、「直近の健康診断の結果」が7割以上と、最も多い（「条件がある」と回答した組合を100とする）。

1．過去の人事考課が一定の基準以下　　　　　　　　46.6％
2．過去の出勤率が一定の基準以下　　　　　　　　　37.5％
3．直近の健康診断の結果、業務遂行に支障がある　　72.7％
4．その他　　　　　　　　　　　　　　　　　　　　31.8％

（以上、『れんごう政策資料』265号（2024年1月31日）による。）

高年齢者雇用安定法の定めとは異なるものの、こうした"抜け道"がなければ、継続雇用制度はそもそも機能しない。連合の調査は、このことを強く示唆しているともいえよう。

23 有期労働契約の規制強化

法改正による契約期間の延長とその限界

　労働基準法（労基法）の平成15年改正（翌16年1月1日施行）によって、使用者は、誰とでも最長3年の有期労働契約を締結することが可能になった（14条の改正）。

　これを大幅な規制緩和とみる見解もある[1]とはいえ、有期労働契約を締結する場合も、使用者がその働きぶりをまったくみたことのないニュー・カマーと、契約期間が1年を超える契約を締結することはまず考えられない[2]。

　さらに、60歳以上の高年齢者については、法改正により最長5年の労働契約の締結も可能となったとはいうものの、加齢による健康状態の変化を考えると契約期間が1年を超える労働契約を締結することはやはり難しい。

　経済の先行きが不透明な現状では、このような新人や高年齢者でなくても、契約期間はいきおい短いものとなる。

　平成20年3月1日に施行された労働契約法は、17条2項で「必要以上に短い期間を定めることにより、その労働契約を反復して更新することのないよう」使用者に配慮を求めているが、製造業のように、増産が続いていても、製品がある日突然売れなくなり、急激な減産に追い込まれる可能性のあるところでは、2〜3か月単位の契約を反復更新せざるを得ないケースもある。こうした現実にも目を向ける必要があろう。

雇止めへの解雇権濫用法理の類推適用

　労働契約の更新が漫然と繰り返され、実質的に期間の定めのない状態となっている場合や、契約の更新に対する合理的な期待が労働者に認められる場合に

---

[1] たとえば、菅野和夫『労働法　第8版』（弘文堂、平成20年）140頁、173頁を参照。ただし、こうした契約期間の延長が有期契約労働者の増加をもたらしたという事実は、いずれにせよ見出し難い。

[2] それゆえ、期間3年の労働契約が若年定年制に代わるものとして、脱法行為的に使われる危険は、最初からなかったといえる。使用者は、「やむを得ない事由」がなければ労働者を解雇できない（民法628条）が、労働者は、採用後1年経過すれば「いつでも退職することができる」（労基法附則137条）というのでは、なおさらである。

は、雇止め（更新拒否）についても、解雇権濫用法理を類推適用する。判例には、そうした傾向がみられる[3]。

　更新手続きについては、これを厳格に行うことができても、更新を繰り返せば、更新に対する期待がふくらむことは避けられない。自動車産業をはじめとして、民間企業の場合、雇用期間の上限を2年11か月（3年マイナス1か月）としているところが多いのも、ここに理由がある。すなわち、誤った更新への期待を労働者にいだかせないことに、その目的はあるといえる[4]。

　平成15年の改正により、改正後の労基法14条2項に基づいて、新たに策定をみた「有期労働契約の締結、更新及び雇止めに関する基準」（平成15年10月22日厚生労働省告示第357号）が、使用者に対して、①更新の有無の明示に加え、「更新する場合がある」と明示したときの「更新する場合又はしない場合」の判断基準の明示を義務づける（1条）とともに、雇止めについても、解雇と同様に、②30日前の予告（2条）や、③理由の明示（労働者が請求した場合における雇止めの理由を記載した証明書の交付）を義務づけた（3条）ことも、義務違反が罰則の適用や是正勧告を伴わないとはいえ、こうした動きを後押しするものとなった。

　さらに、このようにして明示が必要となった雇止めの理由について、改正法の施行通達「労働基準法の一部を改正する法律の施行について」（平成15年10月22日基発第1022001号）が、「契約期間の満了とは別の理由を明示することを要するものである」とした上で、「契約締結当初から、更新回数の上限を設けており、本契約は当該上限に係るものであるため」を、こうした理由の一つとして例示したことも、実務に少なからず影響を与えた。

　その結果、改正法の施行とほぼ時期を同じくして、労基法の適用を受けることになった国立大学法人（平成16年4月1日に法人化）も、その多くが非常勤

---

[3] こうした考え方は、判例上ほぼ確立しているといえる。東芝柳町工場事件＝最一小判昭和49．7．22民集28巻5号927頁、および日立メディコ事件＝最一小判昭和61．12．4判時1221号134頁を参照。なお、その意義については、菅野・前掲書（注1）177頁以下のほか、拙著『職場の法律は小説より奇なり』（講談社、平成21年）135頁以下【その改訂版でもある『労働法の「常識」は現場の「非常識」――程良い規制を求めて』（中央経済社、平成26年）101頁以下】を参照。
[4] なお、労基法は、労働契約期間（1回の契約期間）の上限を原則として3年とするものではあっても、その更新を否定するものではない。したがって、更新期間を含めた契約期間が3年を超えることは実際にもしばしばある。

職員をはじめとする有期雇用職員の最長雇用期間を3〜6年の範囲で就業規則に定めることになった。

国家公務員の場合、非常勤職員のように任期（任用予定期間）が設定されている職員については、その任期が更新されずに満了したときは「当然退職するものとする」と規定した人事院規則がある[5]。

判例もこれを受け、職員が「任用予定期間が満了したことによって退職した」場合には、それまでの更新歴とは無関係に「任用予定期間の満了後に再び任用される権利若しくは任用を要求する権利又は再び任用されることを期待する法的利益を有するものと認めることはできない」との考え方を採用している[6]。

このような「当然退職の法理」は、一見すると、任期の定めのある職員にとって残酷なようにみえるが、必ずしもそうではない。任用更新にリスクを伴わないこうした仕組みがあればこそ、当局は安心して任用を更新することができ、その結果、職員の任用も相対的に安定したものとなる。公務員時代には、そうしたパラドックスが実際にも機能していた[7]。

とはいえ、法人化が一瞬にして、そのすべてを変える。契約の更新にリスクを伴うことになった国立大学は、やむを得ず更新に限度を設ける。それ以外に選択肢はなかった[8]。

契約の更新への期待を保護し、雇止めにも理由の明示を要求する。そうした規制が、企業によって現に雇用されている従業員にとって意味があることは否定しない。だが、新たに規制が設けられれば、企業はそれへの対応策を講じることから、企業にいまだ雇用されていない者にとっては、そのような規制の存在がかえって雇用を不安定なものとする逆説が生じることも希ではない。

他方、前述した契約期間の延長のように、企業にこれを受け入れることので

---

[5] 人事院規則8－12（職員の任免）74条1項【現52条】を参照。

[6] 大阪大学附属図書館事務補佐員事件＝最一小判平成6．7．14判時1519号118頁を参照。ただし、傍論ではあるが、大学当局が「期間満了後も任用が継続されると期待することが無理からぬものとみられる行為をしたというような特別の事情がある場合には、職員がそのような誤つた期待を抱いたことによる損害につき、国家賠償法に基づく賠償を認める余地があり得る」とはいう。なお、本件では、そのような事情は認められなかった。

[7] たとえば、時間雇用職員と呼ばれるパートタイムの事務補佐員の場合、常勤職員の定年相当年齢まで勤務する者が現実にも少なくなかった。

[8] なお、国立大学法人の多くは、現在、このような更新の限度を設けることを非常勤職員の募集・採用時から明確にしている。

きない事情があれば、規制緩和とはいっても、その効果はあまり期待できないものとなる。

　規制緩和にせよ、規制強化にせよ、頭のなかだけで考えてうまくいくことは滅多にない。企業がこれにどう対応するか、法政策を立案するに当たっては、常にそうした企業の対応への目配りが必要となる。このことも失念してはなるまい。

企業による対応が難しい「労働契約法の一部改正案」

　こうしたなか、平成20年12月に参議院で可決された後、衆議院で否決された法案に「期間の定めのある労働契約の規制等のための労働契約法の一部を改正する法律案」がある[9]。ただ、その内容は、企業による対応がきわめて困難なものであった。

　改正法案自体は、民主党が平成19年の労働契約法の制定に当たり、与野党間の修正協議が調ったことを理由に取り下げた「有期労働契約」に関する部分を、他の野党の賛成を得て再び独立した法案として国会に提出したものにすぎないが、特に重要と思われる規定を抜粋すると、およそ次のようになる。

（有期労働契約の締結事由等）
第16条の2　使用者は、次の各号に掲げる場合に限り、当該各号に定める期間を上限として、期間の定めのある労働契約（以下この章において「有期労働契約」という。）を締結することができる。
　一　臨時的又は一時的な業務に使用するため労働者を雇い入れる場合　当該業務の存続期間であって3年を超えない期間
　二　休業又は欠勤する労働者に代替する労働者を雇い入れる場合　当該休業又は欠勤の期間
　三　一定の期間内に完了することが予定されている事業に使用するため労働者を雇い入れる場合　当該事業の完了に必要な期間
　四　専門的な知識、技術又は経験（以下この号において「専門的知識等」という。）であって高度のものとして厚生労働大臣が定める基準に該当す

9　同法案がたどった足跡について、より詳しくは本書459頁および463頁以下を参照。

第2部 各論 第3章 働き方の多様化

　　　る専門的知識等を有する労働者（当該高度の専門的知識等を必要とする業務に就く者に限る。）を雇い入れる場合　5年
　五　満60歳以上の労働者を雇い入れる場合　5年
　六　労働者がその都合により当該有期労働契約の期間の満了後に退職することが明らかな場合等相当な理由に基づいて、労働者が期間の定めをすることを求めた場合　3年
　七　法令上特に認められた場合　当該法令により認められた期間
　八　前各号に掲げるもののほか、有期労働契約を締結することに正当な理由があるものとして厚生労働省令で定める事由に該当する場合　3年
2　使用者は、有期労働契約の締結の際には、労働者に対し、次に掲げる事項を書面により明示しなければならない。
　一　有期労働契約の期間
　二　有期労働契約の期間の定めをする理由
　三　有期労働契約の期間の満了後における当該有期労働契約に係る更新の可能性の有無
　四　前号において有期労働契約を更新する可能性があるときは、当該有期労働契約を更新する場合又はしない場合の判断をするための基準
　五　その他厚生労働省令で定める事項
3　第1項各号に該当しない労働契約又は前項の書面の明示のない労働契約は、期間の定めのない労働契約とみなす。
4　第1項各号に定める期間を超える期間を定めた有期労働契約の期間は、当該各号に定める期間とみなす。

（差別的取扱いの禁止）
第16条の3　使用者は、有期労働契約を締結している労働者又は短時間労働者（短時間労働者の雇用管理の改善等に関する法律（平成5年法律第76号）第2条に規定する短時間労働者をいう。）の賃金その他の労働条件について、合理的な理由がある場合でなければ、通常の労働者と差別的取扱いをしてはならない。

　「臨時的又は一時的な業務に使用する」場合をはじめとして、「有期労働契約を締結することに正当な理由」がなければ、契約の締結そのものを認めない。

さらに、そうした正当理由がなく、または「有期労働契約の期間の定めをする理由」の書面による明示を欠く労働契約は、一律に「期間の定めのない労働契約とみなす」（16条の2）。

加えて、有期契約労働者や短時間労働者（パート労働者）については、「合理的な理由がある場合」でなければ、「賃金その他の労働条件」について、通常の労働者と異なる取扱い（改正法案にいう「差別的取扱い」）をすることも、例外なく禁止される（16条の3）。

改正法案にいう「正当な理由」や「合理的な理由」の意味は、法文上明らかにされておらず、依然として不明[10]とはいうものの、こうした理由がなければ、「期間の定めのない労働契約」とみなし、正社員と同一の待遇（均等待遇）を要求するというのは、企業の実情を無視しているという以外にない。

たしかに、有期契約労働者に対しても、正社員に登用する門戸は開くべきであろうし、現にパート労働者については、「通常の労働者への転換を推進するための措置」を講じることが法律上、事業主に義務づけられている[11]が、それ以上のことを企業に求めることには大きな無理がある。

性別については、選択の余地がないことから、賃金はもとより配置や昇進等についても、差別的取扱いを禁止することが正当化される[12]とはいえ、正社員となる途はいかに狭くても、有期契約労働者やパート労働者として働くかどうかは、つまるところ「本人の選択の問題」であって、有期契約労働者やパート労働者に対して、正社員と異なる取扱いをすることまでが許されないわけではない。ここに、男女雇用機会均等法の世界との決定的な違いがある。

そうした違いを無視して、正社員化を強行すると、本来、有期契約労働者やパート労働者であれば働くことができた者も、その途を閉ざされることになる。その大量失業をもたらしかねない立法については、いくら慎重であっても慎重にすぎることはない。

---

10 「正当な理由」や「合理的な理由」という表現には、およそ反論を許さない響きがある。拙稿「有期労働契約をめぐる最近の動きについて」関西経営者協会『人事労務管理の諸課題』（平成21年）26頁以下、27頁を参照。しかし、だからこそ、こうした表現を安易に使用することには問題があるともいえる。
11 パート労働法（短時間労働者の雇用管理の改善等に関する法律）12条を参照。
12 労基法4条のほか、均等法（雇用の分野における男女の均等な機会及び待遇の確保等に関する法律）6条を参照。

良好な雇用機会は、そもそも限られている[13]。誰もが正社員になれるわけではない。「格差」を乗り越えるためには、それなりの努力も必要となる[14]。

今、わが国の指導者に求められるのは、こうしたリアルな社会の現実をこの国の将来を担う若者に対して率直に語りかける。そうした真摯な姿勢ではなかろうか[15]。

初出）拙稿「労働市場改革──規制強化論への反論」伊藤隆敏・八代尚宏［編］『日本経済の活性化──市場の役割・政府の役割』（日本経済新聞出版社、平成21年）91頁以下、119〜126頁（原題： 影響の大きい有期労働契約の規制強化）

---

[13] 日本の労使関係を律してきたとされる「良好な雇用機会の稀少性意識」については、神代和欣『日本の労使関係──危機を克服した柔構造』（有斐閣、昭和58年）を参照。
[14] たとえば、2006年のアメリカ映画「幸せのちから」において、ウィル・スミスが演じた主人公の物語が参考になる。
[15] オバマ大統領が2009年1月の大統領就任演説において、アメリカが直面する挑戦に関連して、その成否を左右する価値観の筆頭に「勤労の精神（hard work）」を挙げたことは、その意味でも記憶されてよい。この就任演説について、詳しくは本書548頁を参照。

23 有期労働契約の規制強化

Episode 23

　平成24年8月10日、民主党政権のもとで公布をみた「労働契約法の一部を改正する法律」の第2条によって創設された規定に、以下の無期転換規定（翌25年4月1日施行）がある。

（有期労働契約の期間の定めのない労働契約への転換）

第18条　同一の使用者との間で締結された二以上の有期労働契約（略）の契約期間を通算した期間（次項において「通算契約期間」という。）が5年を超える労働者が、当該使用者に対し、現に締結している有期労働契約の契約期間が満了する日までの間に、当該満了する日の翌日から労務が提供される期間の定めのない労働契約の締結の申込みをしたときは、使用者は当該申込みを承諾したものとみなす。この場合において、当該申込みに係る期間の定めのない労働契約の内容である労働条件は、現に締結している有期労働契約の内容である労働条件（契約期間を除く。）と同一の労働条件（略）とする。

2　当該使用者との間で締結された一の有期労働契約の契約期間が満了した日と当該使用者との間で締結されたその次の有期労働契約の契約期間の初日との間にこれらの契約期間のいずれにも含まれない期間（……以下この項において「空白期間」という。）があり、当該空白期間が6月（略）以上であるときは、当該空白期間前に満了した有期労働契約の契約期間は、通算契約期間に算入しない。

　通算契約期間が5年を超えなければ、無期転換権が発生しない。同条もまた、与野党（当時の民自公三党）の妥協の産物にほかならなかったとはいえ、平成20年の野党法案と比べれば、幾分ともソフトな規制になったとはいえる。

　ただ、契約期間のリセットには、6か月の空白期間を必要とする。このことを併せ考えると、全体としては依然としてハードな規制といえなくもない。たとえば、イギリスの場合、無期転換権の発生に要する期間は4年とわが国より短いものの、空白期間が1週間（最長13日間）あれば、契約期間はリセットされる（拙著『現場からみた労働法――働き方改革をどう考えるか』（ジアース教育新社、平成31年）133頁を参照。リセットのための期間を4週間に延長する動き（134頁）もあったが、現在なお実現するには至っていない）。このような全体をトータルでみた比較も、ときには必要といえよう。

第2部　各論　第3章　働き方の多様化

24 「同一労働同一賃金」に関する覚書

Ⅰ　はじめに——閣議決定に対する素朴な疑問
Ⅱ　「同一労働同一賃金」の法制化に向けた歩み
Ⅲ　欧州モデル——パート・有期・派遣の共通規制
Ⅳ　閑話休題——労働契約法等の適用を受けない公務員
Ⅴ　「同一労働同一賃金」を先取りする最近の判例
Ⅵ　まとめにかえて——求められる冷静な議論

Ⅰ　はじめに——閣議決定に対する素朴な疑問

　平成28年6月2日の繰上げ閣議（本来の定例閣議の開催日は、6月3日の金曜日）において閣議決定をみた「ニッポン一億総活躍プラン」には、「一億総活躍社会の実現に向けた横断的課題である働き方改革の方向」について、次のように述べる箇所がある。

　「最大のチャレンジは働き方改革である。多様な働き方が可能となるよう、社会の発想や制度を大きく転換しなければならない」。同プランは、このように述べた上で、次のように記す（以下、○付き数字は筆者による）。

　　（同一労働同一賃金の実現など非正規雇用の待遇改善）
① 女性や若者などの多様で柔軟な働き方の選択を広げるためには、我が国の労働者の約4割を占める非正規雇用労働者の待遇改善は、待ったなしの重要課題である。
② 我が国の非正規雇用労働者については、例えば、女性では、結婚・子育てなどもあり、30代半ば以降、自ら非正規雇用を選択している人が多いことが労働力調査から確認できるほか、パートタイム労働者の賃金水準は、欧州諸国においては正規労働者に比べ2割低い状況であるが、我が国では4割低くなっている。
③ 再チャレンジ可能な社会をつくるためにも、正規か、非正規かといった雇用の形態にかかわらない均等・均衡待遇を確保する。そして、同一労働同一賃金の実現に踏み込む。

④　同一労働同一賃金の実現に向けて、我が国の雇用慣行には十分に留意しつつ、躊躇なく法改正の準備を進める。労働契約法、パートタイム労働法、労働者派遣法の的確な運用を図るため、どのような待遇差が合理的であるかまたは不合理であるかを事例等で示すガイドラインを策定する。できない理由はいくらでも挙げることができる。大切なことは、どうやったら実現できるかであり、ここに意識を集中する。非正規という言葉を無くす決意で臨む。

⑤　プロセスとしては、ガイドラインの策定等を通じ、不合理な待遇差として是正すべきものを明らかにする。その是正が円滑に行われるよう、欧州の制度も参考にしつつ、不合理な待遇差に関する司法判断の根拠規定の整備、非正規雇用労働者と正規労働者との待遇差に関する事業者の説明義務の整備などを含め、労働契約法、パートタイム労働法及び労働者派遣法の一括改正等を検討し、関連法案を国会に提出する。

⑥　これらにより、正規労働者と非正規雇用労働者の賃金差について、欧州諸国に遜色のない水準を目指す。（以下、略）

　たしかに、女性は、非正規雇用労働者の3分の2強（67.7％、総務省「労働力調査」（基本集計、平成28年4～6月期平均）による。以下同じ）を占めるが、29歳以下の若者は、5分の1弱（18.0％）にとどまる。

　非正規雇用労働者に占める割合という点では、今や60歳以上の高齢者（27.4％）のほうが、若者よりずっと高い[1]。

　仮に男性や若者にとっては有効な政策も、それを人数で上回る女性や高齢者にとっては必ずしも有効とはいえない。したがって、非正規雇用労働者が「我が国の労働者の約4割を占める」というリード（上記①）では、政策を誤るおそれがある。

　「再チャレンジ可能な社会をつくる」ことや、そうした社会をつくるために「正規か、非正規かといった雇用の形態にかかわらない均等・均衡待遇を確保する」といった理想を語ることには、誰も反対しない。

---

[1]　なお、平成28年4～6月平均期と27年4～6月期平均とを比べてみると、「非正規の職員・従業員」が、15～29歳の若年層では1万人減少（15～59歳では合計4万人減少）しているのに対して、60歳以上の高齢層では40万人増加（60～64歳層では増減がなく、65歳以上のみで増加）するものとなっている。

しかし、「同一労働同一賃金の実現に踏み込む」とまでいわれる（上記③）と、性急にすぎる、論理の飛躍ではないか、といった疑問がわいてくる。

　大卒総合職の場合、入職時の賃金が30歳で約1.5倍となり、55歳のピーク時には3倍となる（日本経済団体連合会「2015年6月度　定期賃金調査結果」の学歴別標準者賃金（管理・事務・技術労働者）によると、22歳の賃金が21万2799円。これが30歳には31万6629円となり、55歳では63万0422円となる）[2]。

　高卒一般職の場合にも、そのピーク時の賃金（60歳で35万2480円）は、入職時（18歳で16万5165円）の2倍以上になる（同上調査による）。

　こうした年功的色彩の強い賃金プロファイルを「同一労働同一賃金」で説明することには、およそ無理がある。ある一定の年齢までは、習熟昇給（習熟度が増すことにより、賃金が増える）という考え方で説明できるとしても、習熟度＝熟練度だけで全体を説明することは難しい。

　「我が国の雇用慣行には十分に留意しつつ」（上記④）とはいうものの、このような賃金プロファイルが欧州でも広くみられるのであればともかく、やみくもに「欧州の制度」を参考にして法整備を進めて（上記⑤）も、うまくいくはずがない。

　「同一労働同一賃金」が実現しているとされるヨーロッパが、なぜ、一方では階級社会と呼ばれるのか。「欧州諸国に遜色のない水準を目指す」[3]（上記⑥）とはいうものの、そんな欧州がどうしてわが国のモデルとなるのか。そうした素朴な疑問も一方にはある。

　「労働契約法、パートタイム労働法、労働者派遣法の的確な運用を図るため、どのような待遇差が合理的であるかまたは不合理であるかを事例等で示すガイドラインを策定する」（上記④）ともあるが、民法の特別法である労働契約法の場合には、厚生労働大臣が同法の規定について「指針」を定めるわけにもいかず、ガイドラインの策定といっても、その法的根拠に欠ける。

---

[2] このような傾向は、従前からみられるものであり、現在も変わっていないというのがより正確といえる。筆者が研究主幹を務めた、21世紀政策研究所の研究プロジェクト「労働市場改革――日本人の新たな働き方」の報告書『労働市場改革〜リアリティーのある改革に向けて〜』（平成20年3月）4頁を参照。

[3] 「ニッポン一億総活躍プラン」においては、これとまったく同じフレーズが「長時間労働の是正」についても使用されている。

労働契約法には、パートタイム労働法や労働者派遣法と違って、「指針」に関する規定がない。より正確にいえば、法律の性格上、そうした規定を置くことができない、といった問題もある。

「同一労働同一賃金」の実現に、このまま踏み込んでよいのか。与党や規制改革会議の最近の動きをみていると、「同一労働同一賃金」の実現は、もはや国策となった感もある[4]が、それがわが国にとって真に望ましい方向であるとは、筆者には到底思えない。

「できない理由はいくらでも挙げることができる。大切なことは、どうやったら実現できるかであり、ここに意識を集中する。非正規という言葉を無くす決意で臨む」(上記④)。壮大な決意とはいえるものの、正義の道は地獄へと通じるともいう。「同一労働同一賃金」の実現が反論を許さない正義の命題となったとき、地獄への扉は開かれる。そうした事態だけは、なんとしてでも避けなければなるまい。

II 「同一労働同一賃金」の法制化に向けた歩み

投票総数132、賛成132、反対ゼロ。平成20年12月19日、参議院本会議においては、「期間の定めのある労働契約の規制等のための労働契約法の一部を改正する法律案」が全会一致(自公両党の議員は棄権)をもって可決される。

5日後の平成20年12月24日に開催された衆議院本会議では、賛成少数によって否決されたものの、この法案によって新設されることが予定されていた規定には、「期間の定めがあることによる不合理な労働条件の禁止」について定める、現在の労働契約法20条に連なる以下の条項が含まれていた[5]。

---

[4] 自由民主党・一億総活躍推進本部「『ニッポン一億総活躍プラン』に向けた提言」(平成28年4月26日)、規制改革会議「規制改革に関する第4次答申 〜終わりなき挑戦」(同年5月19日)ほかを参照。なお、平成28年9月2日には、同一労働同一賃金の実現を柱の一つとする「働き方改革実現推進室」が内閣官房に設けられている(担当大臣は、加藤勝信・一億総活躍担当大臣が兼務)。

[5] なお、「期間の定めのある労働契約の規制等のための労働契約法の一部を改正する法律案」全体にわたって、これを批判的に検討したものに、拙稿「労働市場改革──規制強化への反論」伊藤隆敏・八代尚宏[編]『日本経済の活性化──市場の役割・政府の役割』(日本経済新聞出版社、平成21年)91頁以下、122〜125頁【その一部を収録した本書452〜459頁】がある。

(差別的取扱いの禁止)
第 16 条の３　使用者は、有期労働契約を締結している労働者又は短時間労働者（短時間労働者の雇用管理の改善等に関する法律（略）第２条に規定する短時間労働者をいう。）の賃金その他の労働条件について、合理的な理由がある場合でなければ、通常の労働者と差別的取扱いをしてはならない。

いわゆるねじれ国会におけるアクシデントとはいえ、翌平成 21 年夏に発足した民主党連立政権のもとでは、一時的にせよねじれ状態が解消され、民主党や社民党が衆参両院で多数を占めた時期もあり、「同一労働同一賃金」の考え方を最もシンプルな形で表現したともいえる上記規定を含む、労働契約法の改正案がそのまま現実になる可能性もあった。

合理的な理由があれば、差別も許される。法学部で習う命題ではあるが、この命題が仮に正しいとしても、すべての差別＝違いについて、合理的な理由が必要とされるわけではない（法律学でいう反対解釈[6]は、成り立たない）。

世の中の出来事は、その多くが合理的には説明できないし、労働条件の違いも例外ではない。それを可能と考えることは自由とはいうものの、法律でこれを強制することは行き過ぎである。上記の規定が結局、日の目をみなかったことは幸いであった。

しかし、これで一件落着というわけにはいかなかった。労働者の味方を自認する与党＝民主党と、労働者の敵といわれたくない、当時は野にあった自民党や公明党。来たるべき総選挙を前にして、民自公３党の間で、ある種の妥協が成立する[7]。平成 24 年の労働契約法改正がそれであった。その結果、労働契約法は、20 条で次のように定めることになる。

(期間の定めがあることによる不合理な労働条件の禁止)
第 20 条　有期労働契約を締結している労働者の労働契約の内容である労働条件が、期間の定めがあることにより同一の使用者と期間の定めのない労働契約を締結している労働者の労働契約の内容である労働条件と相違す

---

[6]　法律学の世界における反対解釈の意義については、拙著『労働法とその周辺——神は細部に宿り給ふ』（アドバンスニュース出版、平成 28 年）１～７頁を参照。
[7]　選挙対策を意識して行われる法改正は、とかくポピュリズムに走りやすく、問題が多い。労働者派遣法の改正（平成 24 年）を含め、民主党政権の末期に行われた法改正には、とりわけそのような印象が強い。

る場合においては、当該労働条件の相違は、労働者の業務の内容及び当該業務に伴う責任の程度（以下この条において「職務の内容」という。）、当該職務の内容及び配置の変更の範囲その他の事情を考慮して、不合理と認められるものであってはならない。

さらに、平成26年には第二次安倍晋三内閣のもとで、パートタイム労働法（短時間労働者の雇用管理の改善等に関する法律）が改正され、これに伴い、次のように定める8条が新設され、旧8条は一部改正（2項の削除等）の上、以下にみるように、9条へと1条繰り下げられることになった。

（短時間労働者の待遇の原則）
第8条　事業主が、その雇用する短時間労働者の待遇を、当該事業所に雇用される通常の労働者の待遇と相違するものとする場合においては、当該待遇の相違は、当該短時間労働者及び通常の労働者の業務の内容及び当該業務に伴う責任の程度（以下「職務の内容」という。）、当該職務の内容及び配置の変更の範囲その他の事情を考慮して、不合理と認められるものであってはならない。

（通常の労働者と同視すべき短時間労働者に対する差別的取扱いの禁止）
第9条　事業主は、職務の内容が当該事業所に雇用される通常の労働者と同一の短時間労働者（第11条第1項において「職務内容同一短時間労働者」という。）であって、当該事業所における慣行その他の事情からみて、当該事業主との雇用関係が終了するまでの全期間において、その職務の内容及び配置が当該通常の労働者の職務の内容及び配置の変更の範囲と同一の範囲で変更されると見込まれるもの（次条及び同項において「通常の労働者と同視すべき短時間労働者」という。）については、短時間労働者であることを理由として、賃金の決定、教育訓練の実施、福利厚生施設の利用その他の待遇について、差別的取扱いをしてはならない。

労働契約法20条と、パートタイム労働法8条。両者を読み比べれば、直ちにわかるように、その規定内容にほとんど違いはない。

パートタイム労働法8条の見出しが「短時間労働者であることによる不合理な労働条件の禁止」とされなかったのは、これに続く9条との関係を意識した

ものと推測される[8]が、9条が限定された条件のもとにおける「均等」待遇の原則を定めたものとすれば、8条は「均等」とは性格を異にする、「均衡」待遇の原則を具体化したものと考えると、理解が容易になる。

　ただ、このことを逆にいえば、パートタイム労働法の改正に併せて、労働契約法20条の見出しを「有期契約労働者の待遇の原則」などと改めることも検討されてよかったのではないか。そうした改正がもし実現していれば、同条の解釈が極端に走るのを防ぐ予防線となったとも考えられる[9]。

　その後、平成27年には、派遣法の改正に前後して、以下のような規定を含む「労働者の職務に応じた待遇の確保等のための施策の推進に関する法律」が制定をみる。

（職務に応じた待遇の確保）
第6条　国は、雇用形態の異なる労働者についてもその待遇の相違が不合理なものとならないようにするため、事業主が行う通常の労働者及び通常の労働者以外の労働者の待遇に係る制度の共通化の推進その他の必要な施策を講ずるものとする。
2　政府は、派遣労働者（労働者派遣事業の適正な運営の確保及び派遣労働者の保護等に関する法律（略）第2条第2号に規定する派遣労働者をいう。以下この項において同じ。）の置かれている状況に鑑み、派遣労働者について、派遣元事業主（略）及び派遣先（略）に対し、派遣労働者の賃金の決定、教育訓練の実施、福利厚生施設の利用その他の待遇についての規制等の措置を講ずることにより、派遣先に雇用される労働者との間においてその業務の内容及び当該業務に伴う責任の程度その他の事情に応じた均等な待遇及び均衡のとれた待遇の実現を図るものとし、この法律の施行（注：平成27年9月16日施行）後、3年以内に法制上の措置を含む必要な措置を講ずるとともに、当該措置の実施状況を勘案し、必要があると認めると

---

[8]　このような条文の見出しとかかわる問題については、拙著『法人職員・公務員のための労働法72話』（ジアース教育新社、平成27年）296〜298頁を参照。
[9]　しかし、現実には逆に、パートタイム労働法8条についても、これを「不合理な労働条件の禁止」規定と言い換える政府答弁が行われている。例えば、平成28年5月13日開催の衆議院厚生労働委員会における坂口卓政府参考人（厚生労働省職業安定局派遣・有期労働対策部長、当時）の答弁を参照。

きは、所要の措置を講ずるものとする。

　近い将来、労働者派遣法にも、労働契約法 20 条やパートタイム労働法 8 条と同趣旨の規定が設けられる。多くの者は、新法の 6 条 2 項を読んでこう判断した。それがもはや既定路線であることは、次のように述べる参議院厚生労働委員会（平成 27 年 9 月 8 日）の附帯決議からも明らかというほかなかったのである。

　六、派遣労働者に関する均等な待遇及び均衡のとれた待遇の確保の在り方について法制上の措置を含む必要な措置を講ずるに当たっては、短時間労働者及び有期雇用労働者に係る措置を参酌して検討を行い、実効性のあるものとすること。また、派遣労働者の置かれている状況に鑑み、できる限り早期に必要な措置を講ずるよう努めること。

Ⅲ　欧州モデル——パート・有期・派遣の共通規制

　わが国の法律学は、かつて輸入法学といわれた。ドイツ法やフランス法をモデルとする傾向にはいまだに根強いものがある。ヨーロッパが欧州連合（EU）に統合されたことにより、EU 加盟国を拘束する指令（directives）がモデルとすべき法令に加わった。

　こうしたなか、1990 年代後半以降、およそ 10 年をかけて、パートや有期、派遣の領域においては、順次、EU 指令が採択される（1997 年にパート、99 年に有期、2008 年に派遣の順）。そして、これら EU 指令には、その共通項ともいえる条項として、「差別禁止の原則（principle of non-discrimination）」や「均等待遇の原則（principle of equal treatment）」が定められることになる。

　たとえば、1999 年 6 月 28 日の指令によってオーソライズされた、有期契約労働の枠組みに関する労使合意は、次のようにいう。

第 4 条　差別禁止の原則

1　労働契約に期間の定めのあることのみを理由として（solely because they have a fixed-term contract or relation）、労働条件について、有期契約労働者（fixed-term workers）を、比較可能な無期契約労働者（com-

parable permanent workers）よりも不利益に取り扱ってはならない。ただし、異なる取扱いが客観的な事由（objective grounds）によって正当化される場合は、この限りでない。
2　比例原則（principle of pro rata temporis）を適用することが適当な場合には、これを適用する。
3　本条を適用するための措置は、加盟国が労使団体（social partners）との協議を経た上で、ＥＵ法、国内法および労使間の協約・慣行に従って定めるものとする。
4　特定の労働条件について、一定期間勤続したこと（length of service）をその要件とする場合には、有期契約労働者と無期契約労働者との間で、差異を設けてはならない。ただし、要件とされる勤続期間の違いが客観的な事由によって正当化される場合は、この限りでない。

　その内容は、1997年12月15日の指令によりオーソライズされた、パートタイム労働の枠組みに関する労使合意（4条）をほぼコピー・ペーストしたものであり、4項の内容が若干異なること（パートタイム労働については、勤続年数のほか、労働時間や収入を要件とすることが、加盟国には認められる）[10]、および1項でパートタイム労働者が有期契約労働者と、フルタイム労働者が無期契約労働者とそれぞれ置き換えられたといった点を除けば、双方の間に違いはなかった。

　いずれの指令においても、禁止されるのは、労働契約に期間の定めのあること、またはパートタイムで働いていることを唯一の理由とする不利益取扱いであり、そうした不利益取扱いであっても、客観的な事由によってこれを正当化することができる場合には、例外が認められる。

　すなわち、労働契約に期間の定めのあることや、パートタイムで働いていることが不利益取扱いの理由の一つにすぎない場合には、客観的な事由による正当化までは求められない。そうした構造になっていることにも留意する必要がある。

　他方、労使間で合意が成立しなかったために、有期契約労働やパートタイム

---

[10] このことからもわかるように、勤続年数や労働時間数等を権利行使や給付を受ける際の要件とする法令が、そこでは念頭にある。

労働とは違い、労使合意をベースとせずに採択された、2008 年 11 月 19 日の派遣労働に関する指令には、次のような規定が設けられた。

第 5 条　均等待遇の原則

1　派遣期間中における派遣労働者の基本的労働条件は、派遣先事業所において同一の仕事を行うために直接雇用されたとすれば適用されたであろう労働条件を下回ってはならない。

　　その際、派遣先事業所に適用される、(a)妊産婦、児童および年少者に対する保護、(b)男女間の均等待遇のほか、性、人種、宗教、信条、障害、年齢または性的指向を理由とする差別禁止に関する派遣先のルールは、法令、労働協約その他の規範に適合するものでなければならない。

2　賃金について、加盟国は、派遣元事業主と無期雇用の契約を締結した派遣労働者が派遣されていない期間においても賃金を継続して支払われる場合には、労使団体との協議を経た上で、前項の原則を適用しない旨を定めることができる。

3　加盟国は、労使団体との協議を経た上で、加盟国が定めた条件のもとで、派遣労働者の全般的な保護を図りつつ、第 1 項の原則とは異なる労働条件を規定した［一定の産業部門もしくは地域を対象とした］労働協約を締結し、またはこれを承認する権限を当該労使団体に付与することができる。

4　派遣労働者に対して適切な保護がなされることを条件として、加盟国は、法律または慣行により労働協約を一定の産業部門または地域に拡張適用する制度が存在しない場合には、全国レベルの労使団体の協議とその合意をもとに、均等待遇原則の適用を受けるために必要とされる期間等、基本的な労働条件に関する当該原則の適用要件を定めることができる。

　　（後段、略）

5　略　（本条の適用を免れるための脱法行為の防止措置）

　派遣の場合、派遣労働者と派遣先との間には雇用関係が存在しないことから、派遣先の直用労働者との均等待遇といっても、限界がある（2 項、3 項）。また、派遣労働者には、エントリー・レベルの者が少なくないことから、均等待遇原則の適用を一定期間猶予するといった措置も認められてよい（4 項）。均等待遇の原則より、その例外について定めた規定のほうが長くなった理由も、

おそらくはこうした点にある[11]。

　差別禁止にせよ、それを言い換えた均等待遇にせよ、一定の歯止めや適用除外等の例外について規定した定めがなければ、そもそも指令が制定されることはなかった。

　他方、ヨーロッパとわが国では、社会の伝統や雇用慣行も大きく相違する。同じような定めを仮に法律に設けるとしても、ヨーロッパの何倍も知恵や工夫が必要になる。知恵も工夫もない模倣は、かえって災厄を招く。こういって、間違いはあるまい。

Ⅳ　閑話休題――労働契約法等の適用を受けない公務員

　「この法律は、国家公務員及び地方公務員については、適用しない」。労働契約法は、22条1項でこのように規定し、パートタイム労働法29条にも、同様の定めが置かれている[12]。

　たとえば、以下にみる近年の質問答弁（平成28年2月24日の初鹿明博衆議院議員による「厚生労働省の非正規職員の労働条件不利益変更に関する質問」に対する同年3月4日付けの「答弁」）も、国家公務員に対するこうした労働契約法の適用除外をその背景としている。

質問主意書の内容

　本年2月18日付け毎日新聞朝刊によれば、「労働基準監督署で解雇や賃金不払いなどの労働問題に関する相談業務にあたっている『総合労働相談員』について、厚生労働省が、賃金を変えずに一部相談員の労働時間を1日15～30分延長する契約更新を提案していたことが分かった。労働契約法は労働条

---

[11] 派遣労働に関する指令は、均等待遇の原則（原案の段階では「差別禁止の原則」）を、派遣労働の活用に対する制限・禁止の見直し（4条）と対をなす関係にあるものとして、位置づけていたことにも注意。拙著『労働市場改革のミッション』（東洋経済新報社、平成23年）209頁以下、212～213頁を参照。

[12] 労働契約法やパートタイム労働法の特徴は、一般職と特別職の別を問わず、公務員に対してその適用を除外している点にある。これに対して、労働組合法や労働関係調整法、最低賃金法については、適用除外の対象が一般職の職員に限られている。国家公務員法附則16【現附則6条】、地方公務員法58条（なお、地方公務員の場合、国家公務員とは違い、労働基準法や労働安全衛生法については、そのすべてが適用を除外されているわけではない）を参照。

24 「同一労働同一賃金」に関する覚書

件の変更には労使の合意が必要と定めている。しかし今回は何の説明もなく通知文を送られた相談員もおり、ルール違反ともいえる手法に労組や職員が『ブラック企業と同じやり方』と反発。厚労省は 17 日、提案を撤回した。」とあります。

　労働者が不利益取り扱いを受けることが無いように事業主を指導する立場の厚生労働省が、率先して何の説明も無く労働者に不利益となる労働条件の変更を行おうとしたことは非常に不適切であると考えます。

　以下、質問します。

一　どのような考えに基づいて、このような不利益変更を行うことにしたのか理由を説明して下さい。

二　問題だとの指摘を受けて直ぐに撤回しましたが、変更するつもりだったものを撤回して不都合がないのか伺います。

三　仮に不都合がないならば、そのような変更をすべきではなかったと考えられるし、仮に不都合があるならその状態をそのままにするのはいかがなものかと感じます。二の回答を踏まえて、撤回に至ったことについて、政府の見解を伺います。

答弁書の内容

一について

　御指摘の総合労働相談員の勤務時間の見直し（以下「御指摘の見直し」という。）は、来年度に都道府県労働局の組織を再編するに当たり、新たに設置する部署において同種の職務を行う非常勤職員の１日の勤務時間（以下単に「勤務時間」という。）を一律に７時間とする勤務時間の統一化を図るために実施しようとしたものである。

　なお、総合労働相談員については、単年度ごとに任用され、当該年度ごとに勤務条件が定められることなどから、御指摘の見直しは、御指摘の「労働者に不利益となる労働条件の変更」であるとは考えていない。

二及び三について

　お尋ねの「撤回」及び「不都合」の意味するところが必ずしも明らかではないが、今年度、働き方・休み方改善コンサルタント、総合労働相談員、総合労働相談員（困難事案担当）、賃金相談員又は賃金調査員の勤務時間を

6時間、6時間30分又は6時間45分としている都道府県労働局においては、来年度配置する予定の同一の職名の非常勤職員の勤務時間についても同じ6時間、6時間30分又は6時間45分とすることとしたところである。

その結果、来年度は、一についてで述べた勤務時間の統一化を図ることができなくなったが、引き続き任用を希望する非常勤職員に対して勤務条件の内容に係る説明を懇切丁寧に行うことの重要性に鑑みると、やむを得ないものと考えている。

質問主意書を提出した初鹿衆議院議員（維新の党所属、当時）や、同議員が依拠した新聞記事を書いた記者が、国家公務員に対する労働契約法の適用除外についてどの程度理解していたのかは、定かではない。

非常勤職員が国家公務員の場合、一般職の職員として任用されている[13]、という認識さえなかった可能性もある。

他方、答弁書も、このような非常勤職員の地位や労働契約法の適用除外については一切触れることなく、なお書という形で、非常勤職員である「総合労働相談員については、単年度ごとに任用され、当該年度ごとに勤務条件が定められる」といった事実にのみ言及するものとなっている。

その根拠は、以下のように定める人事院規則8－12（職員の任免）にあるが、非常勤職員の場合、任期の更新は、一会計年度内においてのみ可能とされ（46条の2第2項）、任期の満了により、いったん退職したものとして取り扱われる（52条3号）。

そこで、次年度において同じ職員を任用したとしても、それは任期の更新ではなく、新たな採用として位置づけられることになる（なお、そこにいう「期間業務職員」とは、「相当の期間任用される職員を就けるべき官職以外の官職である非常勤官職であって、一会計年度内に限って臨時的に置かれるもの（略）に就けるために任用される職員」（4条13号）を指す）。

---

[13] 地方公務員の場合、非常勤職員には、一般職の職員（臨時職員）として任用されている者以外に、地方公務員法3条3項3号に定める特別職の職員（非常勤嘱託員）として任用されている者が相当数いた。こうした現象は、特別職の定義が国家公務員法との間で違っていたために生じたものであった。

24 「同一労働同一賃金」に関する覚書

(非常勤職員の任期)
第46条の2　期間業務職員を採用する場合は、当該採用の日から同日の属する会計年度の末日までの期間の範囲内で任期を定めるものとする。
2　任命権者は、特別の事情により期間業務職員をその任期満了後も引き続き期間業務職員の職務に従事させる必要が生じた場合には、前項に規定する期間の範囲内において、その任期を更新することができる。
3　任命権者は、期間業務職員の採用又は任期の更新に当たっては、業務の遂行に必要かつ十分な任期を定めるものとし、必要以上に短い任期を定めることにより、採用又は任期の更新を反復して行うことのないよう配慮しなければならない。
4　期間業務職員以外の非常勤職員について任期を定める場合においては、前項の規定を準用する。
5　略

(免職及び辞職以外の退職)
第52条　次の各号のいずれかに該当する場合においてその任期が更新されないときは、職員は、当然退職するものとする。［国家公務員］法第60条第3項の規定により臨時的任用が取り消されたときも、同様とする。
一　臨時的任用の期間が満了した場合
二　法令により任期が定められている場合において、その任期が満了したとき。
三　前号に掲げる場合のほか、任期を定めて採用された場合において、その任期が満了したとき。

このように、年度ごとに新たな採用となる仕組みのもとでは、勤務条件の不利益変更問題など、起きようがない。
　また、非常勤職員については、「常勤の職員の給与との権衡を考慮し」としつつも、「予算の範囲内で、給与を支給する」と、給与法(一般職の職員の給与に関する法律)は22条2項で規定しており、給与等の勤務条件に関しても、常勤職員との間にかなり大きな開きがあることは広く知られている[14]。

14　拙著『国立大学法人と労働法』(ジアース教育新社、平成26年) 253～259頁を参照。

ただ、公務員に対しても、仮に労働契約法やパートタイム労働法が適用されていれば、当然、話は違っていた。自らの職場が影響を受けないからこそ、所詮は他人事と、ノンキに構えることもできた。

　自分にできないことは、他人にも強制しない。このことは、最低限の道徳ともいうべきルールであって、これらの法律の改正に際して、その起案に当たる国家公務員＝官僚にも均しく妥当する。

　公務員に対して、労働契約法やパートタイム労働法を適用することまでは求めない（公務員の勤務関係は、一般に公法上の関係に当たると理解されており、雇用と任用の違いは、やはり無視すべきではない）[15]ものの、改正規定を含め、これらの法律を仮に公務員にも適用するとした場合、それが実行可能かどうかについては、その起案に当たった官僚に説明を義務づける。

　法改正を他人事で終わらせないためにも、この程度の工夫は、ぜひとも必要といえよう[16]。

Ⅴ　「同一労働同一賃金」を先取りする最近の判例

　こうしたなか、平成28年には、「同一労働同一賃金」の考え方を先取りしたともいえる判決が、相次いで登場することになる。5月13日の長澤運輸事件＝東京地裁判決（判時2315号119頁）、および7月26日のハマキョウレックス事件＝大阪高裁判決（労判1143号5頁）がそれである。

　このうち、長澤運輸事件においては、定年後に有期契約労働者として再雇用された嘱託社員に対しても、労働契約法20条が等しく適用される（職務の内容が異ならない場合には、定年前の無期契約労働者＝正社員との間で労働条件に違いを設けることは許されない）とされ、他方、有期の契約社員と無期の正

---

[15] 最高裁（信越郵政局長事件＝二小判昭和49. 7. 19民集28巻5号897頁）も、公務員の勤務関係は「基本的には、公法的規律に服する公法上の関係である」とする。また、労働者派遣法は、公務員にも適用される、労働関係法令としては例外的な法律であるが、労働契約の申込みみなし規定類似の規定を公務員についても置くこと（40条の7）は、雇用と任用の違いを無視するものとして、大きな無理があるといわざるを得ない。前掲・拙著（注11）『労働市場改革のミッション』280〜281頁のほか、拙著『労働法改革は現場に学べ！――これからの雇用・労働法制』（労働新聞社、平成27年）169〜170頁を参照。

[16] このような制度改革の必要性を強調するものに、拙稿「これから先、10年後の労働法の行方」『愛知経協創立70周年記念誌』（平成28年）16頁以下がある。

社員との間における、ドライバー同士の賃金格差が問題となったハマキョウレックス事件では、原審（大津地彦根支判平成27．9．16労判1135号59頁）で認められた通勤手当の差額に加え、無事故手当や作業手当、給食手当といった手当についても「正社員の職務の内容や当該職務の内容及び変更の範囲とは無関係に支給される」こと等を理由に、契約社員との間における相違は「労働契約法20条にいう『不合理と認められるもの』に当たる」として、不法行為に基づく損害賠償請求が認められることになった。

　しかし、いずれの判決についても、少なからず疑問がある。なかでも、次のような会社側主張を裁判所が正面から否定ないし無視したことは、筆者の理解を超えるものであった。

(1)　賃金等の労働条件は、定年退職後の労働契約として新たに設定したものであり、定年後再雇用であることを理由に、正社員との間で労働条件の相違を設けているのであって、「期間の定めがあること」を理由として労働条件の相違を設けているわけではない。したがって、嘱託社員である原告らと正社員との間の労働条件の相違は、「期間の定めがあること」を理由とする労働条件の相違ではないから、本件に労働契約法20条は適用されない。……長澤運輸事件

(2)　いわゆるパートタイム労働法（短時間労働者の雇用管理の改善等に関する法律）において、事業主は、通常の労働者との均衡を考慮しつつ、その雇用する短時間労働者（通常の労働者と同視すべき短時間労働者を除く。）の職務の内容、職務の成果、意欲、能力又は経験等を勘案し、その賃金を決定するように努めるものとされている（同法10条）ところ、通勤手当は、その「賃金」から明確に除外されており、通勤手当については、正社員と短時間労働者との間で均衡が保たれないことなどを容認しているといえる。……ハマキョウレックス事件（高裁における補充主張）

　たとえば、(1)の主張に対し、判決は、労働契約法20条の適用範囲については「使用者が期間の定めの有無を理由として労働条件の相違を設けた場合に限定して解すべき根拠は乏しい」とした上で、「当該有期契約労働者と無期契約労働者との間の労働条件の相違が、期間の定めの有無に関連して生じたもの」であればよいとして、次のようにいう。

本件の場合、「有期契約労働者である嘱託社員と無期契約労働者である正社員との間には、賃金の定めについて、その地位の区別に基づく定型的な労働条件の相違があることが認められるのであるから、当該労働条件の相違（本件相違）が期間の定めの有無に関連して生じたものであることは明らかというべきである。

したがって、この点に関する被告の主張を採用することはできない」。

とはいえ、同じような賃金の「引下げ」は、定年延長（無期雇用）の場合にも起きる。つまり、有期か無期かの違いと、賃金の「引下げ」との間には因果関係がない。定年延長にせよ、定年後再雇用にせよ、定年後（定年延長の場合は旧定年後）の労働条件は白紙であって、そこに「賃下げ」という要素が入り込む余地はない。わが国の企業は、こうした考え方に立って、これまで定年延長や定年後の再雇用を進めてきた。

判決の内容は、雇用保険法に定める高年齢雇用継続給付の制度が 60 歳（定年）を境に 4 割程度賃金が減少することを想定していることや、公務員については職務内容に変更はなくても、給与が明確に下がることが法定されている、といった現実[17]とも明らかにバッティングする。およそ受け容れ難い内容といわざるを得まい。

他方、(2)の主張については、これを無視するかのように、判決は次のように判示する。

「通勤手当は、一審被告に勤務する労働者が通勤のために要した交通費等の全額又は一部を補填する性質のものであり、通勤手当のかかる性質上、本

---

[17] 具体的には、60 歳以降の賃金が 60 歳時点の賃金の 75％未満に低下するときに支給される高年齢雇用継続給付の場合、Max である 15％の給付（正確には、60 歳以降に支給される賃金の 15％）を受けるためには、賃金が 60 歳時点の賃金に比べ、61％以下に低下していることが必要になる。

他方、公務員の場合、給与法（一般職の職員の給与に関する法律）に定める行政職俸給表㈠の適用を受ける国家公務員を例にとると、フルタイム勤務の再任用（定員としてカウントされるため、実際にはパートタイム勤務の再任用が大半を占める）であっても、地方出先機関の課長クラス（4 級）で、年収は、民間企業のボーナスに相当する期末・勤勉手当込みで平成 28 年 4 月現在、約 390 万円にとどまる。つまり、給与法の定めるところにより、俸給月額は定額（4 級の中央値（定年前の支給額ではない）の 8 割強）となり、期末・勤勉手当の支給額も一般の職員と比較して、その約半分となるほか、扶養手当や住居手当等も支給されなくなる。ただし、同一級である以上、職務の内容は変わらない。

来は職務の内容や当該職務の内容及び変更の範囲とは無関係に支給されるものである」。

それで十分ではないか、というのが裁判所の判断であった。だが、(2)の主張が援用するパートタイム労働法 10 条や、これに関連する省令（同法施行規則3 条）を素直に読む限り、ことはそれほど単純ではないことがわかる。つまり、以下の諸規定がそれである。

（賃金）
第 10 条 事業主は、通常の労働者との均衡を考慮しつつ、その雇用する短時間労働者（通常の労働者と同視すべき短時間労働者を除く。次条第２項及び第 12 条において同じ。）の職務の内容、職務の成果、意欲、能力又は経験等を勘案し、その賃金（通勤手当、退職手当その他の厚生労働省令で定めるものを除く。）を決定するように努めるものとする。

（法第 10 条の厚生労働省令で定める賃金）
第３条 法第 10 条の厚生労働省令で定める賃金は、次に掲げるものとする。
一 通勤手当（職務の内容（法第８条に規定する職務の内容をいう。以下同じ。）に密接に関連して支払われるものを除く。）
二 退職手当
三 家族手当
四 住宅手当
五 別居手当
六 子女教育手当
七 前各号に掲げるもののほか、名称の如何を問わず支払われる賃金のうち職務の内容に密接に関連して支払われるもの以外のもの

事業主が「通常の労働者との均衡を考慮しつつ、……決定するように努めるもの」とされる賃金に、通勤手当は含まれない。上記規定は、こうした立法者の立場を明確にしたものといえるが、通勤手当が一般には「職務の内容に密接に関連して支払われるもの」には該当しない、との認識がその前提にはある。
たしかに、改正パートタイム労働法の施行通達（平成 26 年 7 月 24 日基発0724 第 2 号）が述べるように、「現実に通勤に要する交通費等の費用の有無や

金額如何にかかわらず、一律の金額が支払われている場合など、名称は『通勤手当』であるが、実態としては基本給などの職務関連賃金（注：職務の内容と密接な関連を有する賃金）の一部として支払われているもの」については、その決定に際して「通常の労働者との均衡を考慮」することが事業主には求められる。しかし、通常の通勤手当については、このような均衡の考慮を求められない。それ以外の解釈は、考えにくい。

　さらに、先にみたパートタイム労働法10条については、これが平成26年の法改正以前から存在する規定（旧9条1項）であり、このときの法改正により「短時間労働者の待遇の原則」について定めた8条（前掲）が創設されたにもかかわらず、10条に関しては、引用条文を除き、その内容に変更をみなかったという事実もある。

　本件において争点となったのは、あくまでも労働契約法20条の適用であって、パートタイム労働法8条の適用が問題となった事案ではない。こういわれれば、それまでであるが、労働契約法とパートタイム労働法の間で、通勤手当の位置づけが異なるとは筆者には思えない。いずれにせよ、無視すれば足りるという問題ではないであろう。

VI　まとめにかえて——求められる冷静な議論

　有期やパートで働くことは、究極的には選択の問題であり、こうした選択の余地のない性別や社会的身分とは異なる。

　それゆえ、正社員との間に労働条件の相違がある場合にも、誰がみても行き過ぎといえる格差が存在するようなケースは別として、法律は原則としてこれに介入すべきではないし、介入してはならない。そう考えるのが、世間の常識にもかなっている[18]。

---

[18] 労働契約法20条やパートタイム労働法8条を効力規定として理解することが可能であるとしても、誰もが不合理と考える労働条件や待遇の相違に限定して、これを無効とする私法上の効力を認めるのが妥当ではないか。いずれの規定も、労働条件や待遇の「相違を……不合理と認められるものとしてはならない」とは定めず、これらの「相違は……不合理と認められるものではあってはならない」とあえて婉曲に規定した。そうした言葉のニュアンスからいっても、基本的には訓示規定に近いものとして、条文の解釈を行うのが妥当といえよう。

労働条件の相違といった問題は、このように世の中の常識で判断すべき事柄であって、不合理と認められるものや合理的と認められるものを、あらかじめ例示することには無理がある。

　人間描写では定評のある垣根涼介氏の作品、『張り込み姫——君たちに明日はない3』に、こんな一文がある。「おれたちは最初から、こうなることも承知の上で今の雇用条件で働き出した。はじめから納得していたことだ」（新潮文庫版（平成24年）382頁）。

　こう語ったのは、とある出版社の契約ドライバー、間宮。写真週刊誌部門の閉鎖に伴い、リストラに応じることを明かしたときの言葉であった。

　もとより、誰もがこのように達観できるわけではない。「万全、万能の解はない。妥協と『なんとか切り抜ける』という精神が求められているのだ。もちろん切り抜ける時の指針となるような『理念』は必要なのだが」。

　わが国を代表する教養人、猪木武徳氏は、その著書『自由の思想史——市場とデモクラシーは擁護できるか』（新潮選書（平成28年）23頁）において、こうも語る。

　「世の中から『非正規』という言葉を一掃していく」。安倍晋三首相をはじめ、与野党を問わず、このような声を政治家からはしばしば聞く。

　とはいうものの、わが国に今、求められているのは、地に足のついた冷静な議論であって、ひたすら理想を説く、高邁な議論ではない[19]。そう考えるのは、おそらく筆者だけではあるまい。

　　初出）『阪大法学』66巻3・4号（平成28年11月）5頁以下

19　このような考え方に関連して、拙稿「世の中を変えるもの」前掲・拙著（注8）『法人職員・公務員のための労働法72話』205～206頁所収を参照。

第 2 部　各論　第 3 章　働き方の多様化

Episode 24

　「通勤手当は、通勤に要する交通費を補塡する趣旨で支給されるものであるところ、労働契約に期間の定めがあるか否かによって通勤に要する費用が異なるものではない。また、職務の内容及び配置の変更の範囲が異なることは、通勤に要する費用の多寡とは直接関連するものではない。加えて、通勤手当に差違を設けることが不合理であるとの評価を妨げるその他の事情もうかがわれない」。「したがって、正社員と契約社員である被上告人との間で上記の通勤手当の金額が異なるという労働条件の相違は、不合理であると評価することができるものであるから、労働契約法 20 条にいう不合理と認められるものに当たると解するのが相当である」。

　本文 474 頁以下で言及したハマキョウレックス事件の場合、最高裁（二小判平成 30．6．1 民集 72 巻 2 号 88 頁）も、このように判示することになる。

　こうした事情もあってか、平成 30 年 12 月 28 日に厚生労働省告示第 430 号として策定された「同一労働同一賃金指針」には、「短時間・有期雇用労働者にも、通常の労働者と同一の通勤手当及び出張旅費を支給しなければならない」と明記されることになった（本書 526 頁を参照）。

　たしかに、厚生労働省「令和 3 年パートタイム・有期雇用労働者総合実態調査（事業所調査）」によれば、諸手当について、正社員に実施した企業割合を 100 とし、うち「無期雇用パートタイム」「有期雇用パートタイム」「有期雇用フルタイム」にも実施している割合をみると、いずれの就業形態についても「通勤手当」が 78.9%、84.7%、88.2% と最も高くなっている。

　その「背景には、公務員の世界において通勤手当の支給を中心に非常勤職員の処遇改善が進められてきたという事実」（本書 526 頁注 27）があったとはいうものの、公務員の場合、「上限額が常勤職員の月額 5 万 5000 円（略）よりも低く設定されている可能性」（本書 496 頁）もあった。

　こうしたなか、令和 6 年の人事院勧告では、通勤手当について、新幹線通勤に係る手当等を含め、支給限度額を 15 万円に引き上げる（令和 7 年 4 月実施）等の勧告が行われた。しかし、民間企業の場合、無期雇用のフルタイム職員ですら、これをマネることは難しい。これまで人勧準拠を旨としてきた国立大学法人等も、今度ばかりは追随を断念せざるを得ないのではなかろうか。

25 「同一労働同一賃金」に関する覚書　続
——公務員にとっては他人事の世界

　　Ⅰ　はじめに——ガイドラインと裁判所
　　Ⅱ　非常勤職員の給与決定
　　Ⅲ　非常勤職員の手当支給
　　Ⅳ　非常勤職員の休暇等
　　Ⅴ　まとめにかえて——自分にできないことは他人に強制しない

Ⅰ　はじめに——ガイドラインと裁判所

1　公務員には適用されないガイドライン

　平成28年12月20日、「正規か非正規かという雇用形態にかかわらない均等・均衡待遇を確保し、同一労働同一賃金の実現に向けて策定」された「同一労働同一賃金ガイドライン案」が第5回「働き方改革実現会議」に提出された資料として公表された。

　「いわゆる正規雇用労働者と非正規雇用労働者との間で、待遇差が存在する場合に、いかなる待遇差が不合理なものであり、いかなる待遇差は不合理なものでないのか」を示す。そこに、ガイドライン案の趣旨はあった。

　しかし、正規雇用労働者（無期雇用フルタイム労働者）と非正規雇用労働者（有期雇用労働者またはパートタイム労働者）との間における待遇差（労働条件や待遇の相違）を、「不合理と認められるものであってはならない」と規定する労働契約法20条やパートタイム労働法（短時間労働者の雇用管理の改善等に関する法律）8条の規定が公務員に適用されることはない。

　より正確にいえば、労働契約法にせよ、パートタイム労働法にせよ、これらの法律は、国家公務員や地方公務員には、そのすべてが適用を除外されているという事実がある。

具体的には、労働契約法22条は、1項で「この法律は、国家公務員及び地方公務員については、適用しない」と規定。パートタイム労働法29条にも、同様の定めがある。国家公務員法（国公法）2条3項13号が「特別職」の職員として規定している「裁判官及びその他の裁判所職員」も、その例外ではない。

それゆえ、裁判所を含む公務員の世界では、常勤職員と呼ばれる正規の職員と非常勤職員と呼ばれる非正規の職員との間で、たとえ"不合理な待遇差"があったとしても、それが問題となることはない。

ガイドラインは、公務員にとっては、あくまで他人事であって、その内容に煩わされることもない。好むと好まざるとにかかわらず、ガイドラインの適用から逃れることのできない民間企業にとっては、想像を超える現実がそこにはある。

2　裁判所にみる常勤・非常勤職員間の待遇差

非常勤職員のことを、裁判所では、事務補助員という。その募集は、ハローワーク（公共職業安定所）を通して行われることもある。

そして、ハローワークインターネットサービスにアップされた事務補助員の募集要項（いずれも、産休代替職員として募集）には、以下のようにその勤務条件を記載したものがあった（一部、順序や表記法を変更）。

表1　裁判所における非常勤職員（事務補助員）の募集例

	東京地裁立川支部	佐賀地裁
就業形態	フルタイム、雇用期間の定めあり（4か月未満）	
雇用期間	平成29年3月1日～同年5月28日 契約更新の可能性あり（条件あり）	平成29年2月16日～同年5月24日 契約更新の可能性あり（条件あり）
就業時間	8時30分～17時　　休憩時間45分	
時間外	あり　月平均3時間	なし
賃金	日給　7316円～8362円 月給　14万6320円～16万7240円 （月額＝日給×20日）	日給　6533円～7463円 月給　13万7293円～15万6723円 （月額＝日給×21日）
通勤手当	実費支給　上限あり＝日額730円（＋　佐賀地裁は月額1万5400円）	
賞与	なし	
休日	土・日（完全週休2日）、祝日	
加入保険等	雇用保険・公務災害補償・健康保険・厚生年金保険	

仕事の内容	・パソコンデータ入力 ・電話応対　　　・書類の受付 ・その他補助事務	・パソコンによる文書作成、入出力及び入力内容の確認作業など、その他付随する業務

　裁判所の職員は、特別職の職員であるため、給与法（一般職の職員の給与に関する法律）や勤務時間法（一般職の職員の勤務時間、休暇等に関する法律）が直接適用されることはない。

　しかし、裁判所職員臨時措置法は、これらの一般職に適用される法律についても、ごく一部の規定を除き、大半の規定を準用する旨を定めている（なお、国公法についても、附則16条【現附則6条】[1]が準用されることから、労働三法や最低賃金法は、裁判所の職員には適用されない）。

　休憩時間を除く1日の勤務時間は7時間45分と、一般職の職員と変わりはない。また、休憩時間は45分と、人事院規則15－14（職員の勤務時間、休日及び休暇）7条1項2号に定める原則（60分）とは異なるが、45分とすることは同規則の認めるところでもある。

　さらに、賃金日額にみる東京地裁立川支部と佐賀地裁との差は、人事院規則9－49（地域手当）別表第一に定める地域手当の支給割合の差を反映したものとなっており（立川市の地域手当の支給割合は12％、佐賀市はゼロ）、そこには一定のルールが存在することが窺われる。

　佐賀地裁の場合、賃金月額が日給の21倍として計算されているため、給与法の適用を受ける一般職の職員とは比較しにくいものとなっているが、その年収額（週5日、52週で計算）を月数の12で割ると、最低額（14万1548円）は、給与法（当時）に定める行政職俸給表㈠1級1号俸（14万1600円、地域手当を含まない）と、最高額（16万1698円）は1級17号俸（16万1700円、同上）と、それぞれほぼ対応していることがわかる。

　つまり、地域手当相当分を除けば、行政職俸給表㈠の1級1号俸から1級17号俸までの範囲で、事務補助員には賃金を支給するのが裁判所の共通ルールとなっている、と考えておそらく誤りはない。

　他方、事務補助員に支給される通勤手当には日額730円の上限があること

---

[1] 当時、国公法附則16条は「労働組合法、労働関係調整法、労働基準法、船員法、最低賃金法、じん肺法、労働安全衛生法及び船員災害防止活動の促進に関する法律並びにこれらの法律に基いて発せられる命令は、第2条の一般職に属する職員には、これを適用しない」（以上、各法律の法律番号は省略）と規定していた。。

や、賞与を不支給とすることも、双方の地裁で共通しており、これを全国共通のルールとみることも可能であろう。

ただし、常勤職員と比較した場合、以下にみるように、非常勤職員との待遇差（金額等は、当時のもの）には、かなり大きなものがある。

① 常勤職員の場合、人事院規則9－8（初任給、昇格、昇給等の基準）別表第二「初任給基準表」によれば、大卒（一般職）の初任給は1級25号俸（17万8200円、地域手当を含まない）とされており、非常勤職員の頭打ち号俸は、これをも下回るものとなっている。1級の最高号俸である93号俸（24万6600円、同上）とは比べるべくもない。

　ちなみに、人事院規則9－8別表第一「級別標準職務表」により、行政職俸給表㈠の1級は「定型的な業務を行う職務」の級とされている。

② 常勤職員の場合、通勤手当の上限は、給与法12条2項1号により、月額5万5000円とされており、非常勤職員との差が大きい。

③ 常勤職員の場合、給与法19条の4により期末手当（その支給月数は、もっぱら基準日である6月1日および12月1日以前の6か月間における在職期間の長さによって決まる）が、同法19条の7により勤勉手当が、それぞれ支給される（期末・勤勉手当の支給額の合計は、年間で俸給月額等の4.3か月分、当時）。そこで、支給の有無が、そのまま待遇差となる。

しかしながら、こうした常勤職員と非常勤職員との待遇差は、裁判所に固有のものでは決してなかった。Ⅱ以下で明らかにするように「同一労働同一賃金ガイドライン案」の検討に当たった「働き方改革実現会議」のメンバーである大臣がトップを務める各府省や、同会議に有識者として参加した複数の教員が所属する国立大学においても、等しくみられるものだったのである。

Ⅱ　非常勤職員の給与決定

1　常勤職員の初任給を基準として決まる給与

常時勤務（常勤）を要しない職員。給与法にいう非常勤職員とは、このような職員を指す。とはいえ、給与法に定める「非常勤職員の給与」に関する規定

25 「同一労働同一賃金」に関する覚書　続──公務員にとっては他人事の世界

は、以下にみるように、「常勤の職員の給与との権衡を考慮し、予算の範囲内で、給与を支給する」（22条2項）と、給与支給に関する考え方をごく抽象的に定めるにとどまっている。

　（非常勤職員の給与）
　第22条　（1項、略）
　2　前項に定める職員（注：委員、顧問若しくは参与の職にある者又は人事院の指定するこれらに準ずる職にある者）以外の常勤を要しない職員については、各庁の長は、常勤の職員の給与との権衡を考慮し、予算の範囲内で、給与を支給する。
　3　前2項の常勤を要しない職員には、他の法律に別段の定がない限り、これらの項に定める給与を除く外、他のいかなる給与も支給しない。

こうしたなか、平成20年には、非常勤職員に対する給与の適正な支給を目的として、人事院事務総長名で「一般職の職員の給与に関する法律第22条第2項の非常勤職員に対する給与について」と題する通知（同年8月26日給実甲第1064号）が発出され、そこでは、以下の4項目が支給に当たっての指針とされた[2]。

　1　基本となる給与を、当該非常勤職員の職務と類似する職務に従事する常勤職員の属する職務の級（当該職務の級が2以上ある場合にあっては、それらのうち最下位の職務の級）の初号俸の俸給月額を基礎として、職務内

---

[2] なお、その後、平成29年7月12日給実甲第1227号により、給実甲第1064号の第1項および第3項は、それぞれ、以下のように改められている（発出日より適用。下線部が改正箇所）。
　1　基本となる給与を、当該非常勤職員の職務と類似する職務に従事する常勤職員の属する職務の級の初号俸の俸給月額を基礎として、職務内容及び職務経験等並びに在勤する地域の要素を考慮して決定すること。
　3　任期が相当長期にわたる非常勤職員に対しては、期末手当及び勤勉手当に相当する給与を、勤務期間、勤務実績等を考慮の上支給するよう努めること。
　【追記】その後、令和5年4月1日給実甲第1313号（発出日より適用）により、下記の4項が追加され、旧4項は一部文言修正の上、5項に繰り下げられた。
　4　一般職の職員の給与に関する法律等の改正により常勤職員の給与が改定された場合における非常勤職員の給与については、改定された常勤職員の給与の種類その他の改定の内容及び当該非常勤職員の任期、勤務形態等を考慮の上当該常勤職員の給与の改定に係る取扱いに準じて改定するよう努めること。

容、在勤する地域及び職務経験等の要素を考慮して決定し、支給すること。
2　通勤手当に相当する給与を支給すること。
3　相当長期にわたって勤務する非常勤職員に対しては、期末手当に相当する給与を、勤務期間等を考慮の上支給するよう努めること。
4　各庁の長は、非常勤職員の給与に関し、前3項の規定の趣旨に沿った規程を整備すること。

第1項の内容は、給与実務の担当者でなければ理解できない代物といえるが、要するに非常勤職員の給与は、新たに常勤職員として採用された者の初任給を基準として、その額が決まると考えてよい。

他方、第4項にいう規程は、公表されたことがないため、非常勤職員の給与が実際にどのようにして決定されるのかは、募集要項等から判断するしかない現状にある。

2　具体例からみた非常勤職員の給与

たとえば、文部科学省初等中等教育局による、平成28年12月22日付けの「非常勤職員（期間業務職員／時間雇用職員）採用のお知らせ」（ネット版）には、以下の記述がある（一部、順序や表記法を変更）。

表2−1　文部科学省における非常勤職員（期間業務職員／時間雇用職員）の募集例

	期間業務職員	時間雇用職員
採用期間	平成29年2月1日～同年3月31日（予定） （年度契約、勤務実績等に応じ任用更新可（最大3年間））	
業務内容	初等中等教育局が行う事務の補助業務等 （集計業務、文書作成、書類整理、電話応対等）	
応募資格	・高校卒業以上又はそれと同等以上の学力を有する者 ・パソコンでエクセル、一太郎（又はワード）、パワーポイントの操作ができる者	
勤務時間	週38時間45分 9時30分～18時15分（7時間45分） 休憩時間　12時～13時	週29時間 月曜日～木曜日：10時～17時（6時間） 金曜日　　　　　：10時～16時（5時間） 休憩時間　12時～13時
	業務の都合により、超過勤務が生じる場合がある 業務時間については、変更する場合がある	
勤務日	月曜日～金曜日（ただし、祝日及び年末年始（12月29日～1月3日）を除く）	

25　「同一労働同一賃金」に関する覚書　続——公務員にとっては他人事の世界

勤務場所	東京都千代田区霞が関3−2−1　文部科学省初等中等教育局	
休　暇	年次有給休暇あり（ただし、採用から6か月経過以降）	
給　与	日額　約7800円〜約1万0600円 （学歴、経験年数等を勘案して支給） 通勤手当等の諸手当は常勤職員に準じ支給	時給　約1000円〜約1300円 （学歴、経験年数等を勘案して支給） 通勤手当は常勤職員に準じ支給
その他	健康保険・厚生年金保険・雇用保険に加入	

　そこにいう「期間業務職員」は、人事院規則8−12（職員の任免）4条13号により、「相当の期間任用される職員を就けるべき官職以外の官職である非常勤官職であって、一会計年度内に限って臨時的に置かれるもの（[国家公務員]法第81条の5第1項に規定する短時間勤務の官職（注：定年後の再任用短時間勤務職員を指す）その他人事院が定める官職（注：職員の1週間当たりの勤務時間が常勤職員の勤務時間の4分の3を超えない者をいう）を除く。）に就けるために任用される職員」と定義されているが、現状では、勤務時間が常勤職員と変わらないフルタイムの非常勤職員が、国家公務員全体でみると、期間業務職員（3万0429人）の4割近く（38.8%）を占める[3]。

　また、「時間雇用職員」という言葉は、文部科学省とその関係機関でこそよく使用される（平成16年の法人化前の国立大学も多用していた）ものの、他の省庁ではあまりその使用例をみない。同省の"造語"といってもよいかもしれない。なお、「週29時間」という勤務時間は、「期間業務職員」以外の非常勤職員としては、最も長い勤務時間ということになる[4]。

　さらに、同じ平成28年12月22日、厚生労働省のホームページには、以下の内容からなる、同省大臣官房人事課の「非常勤職員（期間業務職員）採用情報」が掲載された（一部、**表2—1**に合わせる形で、順序や表記法を変更している）。

---

[3]　内閣官房内閣人事局「国家公務員の非常勤職員に関する実態調査」（平成28年9月）による。具体的には、「調査対象とした非常勤職員のうち、1週間の勤務時間が常勤職員と同じ38時間45分の職員は1万1807人（21%）、常勤職員の4分の3超38時間45分未満の職員は1万8604人（33%）、常勤職員の4分の3以下の職員は2万4445人（44%）、週によって勤務時間が異なる等の事情があり、これらのいずれにも分類されなかった職員は1163人（2%）」であったという。

[4]　常勤職員の1週間当たりの勤務時間である38時間45分の4分の3を超えないようにするためには、少なくとも勤務時間が週29時間以下であることが必要になる。

表2―2　厚生労働省における非常勤職員（期間業務職員）の募集例

任用予定期間	平成29年4月1日〜平成30年3月31日 （原則として採用後1か月間は条件付採用期間）
職務内容	一般行政事務補助又は秘書業務（受付、来客・電話応対、文書の作成等） 期間中に担当替えを行う場合がある
募集対象	以下の条件を満たしている方 ・明るく、積極的に業務に取り組む意欲があり、周囲との連携がとれること ・マナー・接遇の基本を理解し、機密を守れる、機転が利くなどの秘書の資質を備えていること ・パソコン（Word、Excel、一太郎）の操作ができること
勤務時間	担当により異なり、次のいずれかとなる（注：8名程度募集） ［1］8時30分〜17時15分　　　［2］9時00分〜17時45分 昼休み　11時45分〜12時45分
勤務日	週5日（完全週休2日（土・日）制、祝祭日休み）
勤務場所	東京都千代田区霞が関1－2－2中央合同庁舎第5号館　厚生労働省大臣官房人事課
給与その他	日給　8090円〜1万0870円（学歴、職歴等を考慮） 賞与・通勤手当支給（当方規定による）、退職金制度あり（国家公務員退職手当法による）／社会保険加入

　両者を比較対照すれば、すぐわかるように、文部科学省と厚生労働省とでは、期間業務職員の給与日額に若干の差異がある（なお、文部科学省における期間業務職員の日給と時間雇用職員の時給は、支払い方法の相違にとどまり、その額に基本的な違いはない）。

　行政職俸給表㊀（当時、以下同じ）に、これを当てはめると、文部科学省の最低額は、20％の地域手当を含まない月額換算で14万0833円となり、1級1号俸（14万1600円）に相当するのに対して、厚生労働省の場合には、同じ月額換算で14万6069円となり、一級5号俸（14万6100円）が相当する給与ということになる。

　人事院規則9－8（初任給、昇格、昇給等の基準）別表第二「初任給基準表」によれば、1級5号俸は高卒（一般職）の初任給に当たるが、採用試験によらない場合の高卒初任給は1級1号俸とされており、文部科学省および厚生労働省は、これらの初任給をベースとして期間業務職員の給与の最低額を決定したものと思われる。

　他方、期間業務職員の給与の最高額は、文部科学省の場合、地域手当を含まない月額換算で19万1389円となり、1級33号俸（19万1700円）に相当す

25 「同一労働同一賃金」に関する覚書　続——公務員にとっては他人事の世界

るのに対して、厚生労働省の場合には、同じ月額換算で19万6264円となり、1級36号俸（19万6200円）が相当する給与ということになる。

なお、任用期間の「更新」によって、給与が「改定」される場合においても、この最高額を超えて「昇給」することはない。以下、項を改めて、このようになる仕組みを説明したい。

3　事実上の「昇給」と頭打ち

人事院規則8－12（職員の任免）には、「非常勤職員の任期」について、次のように定める規定が存在する。

（非常勤職員の任期）
第46条の2　期間業務職員を採用する場合は、当該採用の日から同日の属する会計年度の末日までの期間の範囲内で任期を定めるものとする。
2　任命権者は、特別の事情により期間業務職員をその任期満了後も引き続き期間業務職員の職務に従事させる必要が生じた場合には、前項に規定する期間の範囲内において、その任期を更新することができる。
3　任命権者は、期間業務職員の採用又は任期の更新に当たっては、業務の遂行に必要かつ十分な任期を定めるものとし、必要以上に短い任期を定めることにより、採用又は任期の更新を反復して行うことのないよう配慮しなければならない。
4　期間業務職員以外の非常勤職員について任期を定める場合においては、前項の規定を準用する。
5　略

したがって、期間業務職員の場合、任期の更新は、一会計年度内においてのみ可能[5]ということになり、会計年度をまたいで事実上「任用更新」が行われる場合には、新たな採用という形式を踏むことになる。

とはいうものの、期間業務職員に関しては、この人事院規則8－12が、46条

---

[5] **表1**でみたように、裁判所による非常勤職員の募集は、年度をまたぐ形で行われている。つまり、特別職の職員を構成員とする裁判所は、こうした人事院規則の規定に煩わされることなく、募集を行っていることがわかる。

2項ただし書2号において「能力の実証を面接及び期間業務職員としての従前の勤務実績に基づき」行い、公募によらないで採用することを可能としていることにも留意する必要がある。

ある種の"抜け道"であるが、人事院事務総局人材局長名で出された、その運用通知「期間業務職員の適切な採用について」も、「公募によらない採用は、同一の者について連続2回を限度とするよう努めるものとすること」といった縛りをかけるにとどまっている。

表2―1でみた「勤務実績等に応じ任用更新可（最大3年間）」との文部科学省の募集例も、この縛りに従ったものと考えてよい。

さらに、このような形で「任用更新」が行われた場合、新たな採用が繰り返されるごとに、経験年数を加味した上で採用が行われることから、常勤職員の標準的昇給例（給与法8条7項を参照）に準じて「任用更新」の都度、4号俸ずつ「昇給」することになる。

このように考えると、採用期間を最大3年とする文部科学省の場合、非常勤職員の給与の最高額が1級33号俸に相当する額に設定されていることも説明がつく。すなわち、大卒（一般職）の初任給である1級25号俸に相当する給与で採用された非常勤職員が2度「昇給」すると、この額＝33号俸になるという筋書きである。

ただ、文部科学省の1級33号俸相当額にせよ、これだけでは説明できない厚生労働省の1級36号俸相当額にせよ、それが採用時のみならず、「昇給」における頭打ちの金額となっていることにも注意しなければならない。

このように、初任給をベースとする限り、頭打ち＝上限設定は避けられないということになる[6]。

ところで、平成16年の法人化後、こうした「昇給」の仕組みをそのまま踏襲した代表的な国立大学に、東京大学がある（以下、平成28年3月に改正された「東京大学短時間勤務有期雇用教職員就業規則」による）[7]。

東京大学では、年度ごとに給与の改定が行われる仕組みが採用されており、

---

[6] 法人化前の国立大学における「頭打ち号俸」の実態については、拙著『国立大学法人と労働法』（ジアース教育新社、平成26年）253～254頁を参照。

[7] ちなみに、「東京大学短時間勤務有期雇用教職員就業規則」は、2条1項で「この規則における短時間勤務有期雇用教職員とは、期間を定めた労働契約により1週間の所定の勤務時間が35時間を超えない範囲内で雇用する者をいう」と規定している。

25 「同一労働同一賃金」に関する覚書 続——公務員にとっては他人事の世界

そのため非常勤職員の基本給額(時間給額)は、現在、平成28年11月の給与法改正(法律第80号)を反映したものとはなっていない。

この点に留意する必要があるとはいえ、東京大学の場合、次頁の表3にみるように、大学卒業後2年の経験年数がある者であっても、大卒(一般職)の初任給相当額(同年11月改正前の行政職俸給表㈠によると、17万6700円)に満たないものとなっている。

たしかに、東京大学の場合、これに地域手当に相当する教育研究連携手当(19.5%)が加算される(57条を参照)とはいえ、その合計額でみても、文部科学省が時間雇用職員に支給するとしている時間給の額とあまり変わらない(時間給のみでは、1級1号俸(平成28年11月改正前は14万0100円)を下回るケースもある)。

表3 事務補佐員・技術補佐員時間給表(東京大学)

経験年数 高校卒 以上	経験年数 高校卒 未満	経験年数 大学4卒 以上	経験年数 大学4卒 未満	時間給額 円	月額(時間給額のフルタイム換算) 円	時間給額と教育研究連携手当との合算額 円
0.00	1.00			802	134,669	958
1.00	2.00			828	139,035	989
2.00	3.00			855	143,569	1,022
3.00	4.00			886	148,774	1,059
4.00	5.00	0.00	1.00	920	154,483	1,099
5.00	6.06	1.00	2.00	956	160,528	1,142
6.06	8.00	2.00	3.06	1,018	170,939	1,217
8.00	9.06	3.06	5.00	1,058	177,656	1,264
9.06		5.00		1,100	184,708	1,315

出所)東京大学短時間勤務有期雇用教職員就業規則(平成28年3月改正)
注)「事務補佐員」の行う業務とは「事務に関する職務を補佐する業務」をいい、「技術補佐員」の行う業務とは「技術に関する職務を補佐する業務」をいう(「東京大学短時間勤務有期雇用教職員就業規則」2条2項を参照)。なお、中卒、短大卒および修士課程修了については、記述を省略した(時間給額の上限は同じ)。月額および時間給額と教育研究連携手当の合算額の表示は、筆者による。東京大学の場合、フルタイムは週38時間45分。
備考⑴ 経験年数は、各欄記載の学歴取得後の経験年数を示す。
　　⑵ 表中「6.06」等とあるのは「6年6月」等を示す。

更新回数の上限を4回(最長5年)としなければ(11条2項を参照)、制度そのものが保たなかった。こういって間違いはない。

491

常勤職員（国家公務員）の場合、勤務成績が良好（標準の意味）であれば、毎年4号俸ずつ昇給していく（給与法8条7項を参照）ため、よほどのことがない限り、俸給月額（月給）は勤続年数が長くなるにしたがって、増え続けることになる。

　他方、給与法に規定された行政職俸給表㈠と「東京大学教職員給与規則」に定められた一般職俸給表㈠とでは、その内容にまったく違いがみられない[8]。

　それゆえ、こうした昇給の実態についても、双方の間で差異はないものと考えられる。

　たとえば、2級のまま、それ以上昇格（注：上位級への変更）しなかった職員であっても、その最高号俸である125号俸までは昇給が可能であり、地域手当を含まない俸給月額（平成28年法律第80号による改正前のもの）は30万3000円と、3級46号俸、4級22号俸および5級8号俸の額をも上回るものとなる。

　「同一労働同一賃金ガイドライン案」は、「基本給について、労働者の勤続年数に応じて支給しようとする場合、無期雇用フルタイム労働者と同一の勤続年数である有期雇用労働者又はパートタイム労働者には、勤続年数に応じた部分につき、同一の支給をしなければならない」とするが、国家公務員や国立大学の職場ほど、こうした年功的な基本給の支給が徹底して行われてきた部署はおそらくない。

　常勤職員と非常勤職員との権衡を考えれば、任用期間や雇用期間は、これを少なくとも3年から5年程度の範囲に限定する必要がある。だとすれば、東京大学をはじめとする雇用期間の上限規定撤廃の動きは、非常勤職員の給与体系を勤続年数が延びても賃金が上がり続けるものに改めない限り、常勤職員との権衡＝均衡を失したものとなる。給与体系を見直す覚悟のないまま、上限撤廃に動いたのだとすれば、きわめて問題というほかない。

---

[8]　なお、東京大学以外の国立大学も、職員の俸給月額や基本給月額を国家公務員のそれに合わせる形で規定しているのが現状となっている。国立大学の幹部職員の相当数が、現在なお文部科学省系の全国異動職員によって占められていること（したがって、大学間で差を設けにくいこと）、退職手当については、その俸給月額や基本給月額をベースに、国家公務員退職手当法に規定する計算式どおりに算定した額が、国によって措置されていること（俸給額や基本給額を変更すれば、それが退職手当にも影響を与えること）といった事情が、その背景にはある。

Ⅲ　非常勤職員の手当支給

1　手当支給が法律上認められてこなかった地方公務員

　常勤職員に対しては、給料および旅費に加え、数多くの種類の手当支給を認める一方で、非常勤職員に対しては、報酬の支給と費用弁償のみを認める。
　地方自治法の第8章「給与その他の給付」には、このことを明文の規定をもって定めた、以下の条項がこれまで存在していた（下線部は筆者による。以下同じ）。

第203条の2　普通地方公共団体は、その委員会の委員、非常勤の監査委員その他の委員、自治紛争処理委員、審査会、審議会及び調査会等の委員その他の構成員、専門委員、投票管理者、開票管理者、選挙長、投票立会人、開票立会人及び選挙立会人その他普通地方公共団体の非常勤の職員（短時間勤務職員を除く。）に対し、報酬を支給しなければならない。

②　前項の職員に対する報酬は、その勤務日数に応じてこれを支給する。ただし、条例で特別の定めをした場合は、この限りでない。

③　第1項の職員は、職務を行うため要する費用の弁償を受けることができる。

④　報酬及び費用弁償の額並びにその支給方法は、条例でこれを定めなければならない。

第204条　普通地方公共団体は、普通地方公共団体の長及びその補助機関たる常勤の職員、委員会の常勤の委員（教育委員会にあつては、教育長）、常勤の監査委員、議会の事務局長又は書記長、書記その他の常勤の職員、委員会の事務局長若しくは書記長、委員の事務局長又は委員会若しくは委員の事務を補助する書記その他の常勤の職員その他普通地方公共団体の常勤の職員並びに短時間勤務職員に対し、給料及び旅費を支給しなければならない。

②　普通地方公共団体は、条例で、前項の職員に対し、扶養手当、地域手当、住居手当、初任給調整手当、通勤手当、単身赴任手当、特殊勤務手当、特地勤務手当（これに準ずる手当を含む。）、へき地手当（これに準ずる手

当を含む。)、時間外勤務手当、宿日直手当、管理職員特別勤務手当、夜間勤務手当、休日勤務手当、管理職手当、期末手当、勤勉手当、寒冷地手当、特定任期付職員業績手当、任期付研究員業績手当、義務教育等教員特別手当、定時制通信教育手当、産業教育手当、農林漁業普及指導手当、災害派遣手当(武力攻撃災害等派遣手当及び新型インフルエンザ等緊急事態派遣手当を含む。)又は退職手当を支給することができる。

③　給料、手当及び旅費の額並びにその支給方法は、条例でこれを定めなければならない[9]。

---

[9] なお、その後、「地方公務員法及び地方自治法の一部を改正する法律」(平成29年5月17日法律第29号)により、以下にみるような趣旨の法改正(該当部分については、令和2年4月1日施行)が行われた。

① 地方公務員の世界においても、国家公務員の世界でいう「期間業務職員」に類似した「会計年度任用職員」という任用形態を新たに設けること(地方公務員法22条の2の創設)により、非常勤職員を一般職の職員として任用することを可能にする(従来、一般職の職員として任用する場合には臨時的任用という方法がとられていたが、便法に近いものがあった)。

　他方、特別職に含まれる非常勤「嘱託員及びこれらの者に準ずる者の職」の範囲を明文の規定を以て限定する(「専門的な知識経験又は識見を有する者が就く職であつて、当該知識経験又は識見に基づき、助言、調査、診断その他総務省令で定める事務を行うものに限る」)こと(地方公務員法3条3項3号の改正)により、事務補佐等に従事する非常勤職員については今後特別職として任用しないこととする。

② 「会計年度任用職員」のうち、常勤職員と勤務時間が異ならない者については、今後、常勤職員と同様の手当支給ができるようにする。その結果、手当支給に関する取扱いは、定年後再任用された短時間勤務職員と変わらないものとなる。

　また、「会計年度任用職員」のうち、常勤職員より勤務時間が短い者についても、期末手当については、その支給が可能になるようにする(ただし、それ以外の手当については反対解釈から支給できないものと解される)。

そして、これに伴って、地方自治法203条の2および204条は、下記のような規定に改められた(下線部が改正箇所)。

第203条の2　普通地方公共団体は、その委員会の非常勤の委員、非常勤の監査委員、自治紛争処理委員、審査会、審議会及び調査会等の委員その他の構成員、専門委員、投票管理者、開票管理者、選挙長、投票立会人、開票立会人及び選挙立会人その他普通地方公共団体の非常勤の職員(短時間勤務職員及び地方公務員法第22条の2第1項第2号に掲げる職員(注：勤務時間が常勤職員と異ならない会計年度任用職員、以下同じ)を除く。)に対し、報酬を支給しなければならない。

②　前項の者に対する報酬は、その勤務日数に応じてこれを支給する。ただし、条例で特別の定めをした場合は、この限りでない。

③　第1項の者は、職務を行うため要する費用の弁償を受けることができる。

④　普通地方公共団体は、条例で、第1項の者のうち地方公務員法第22条の2第1項第1号に掲げる職員(注：勤務時間が常勤職員よりも短い会計年度任用職員)に対し、期末手当を支給することができる。

25　「同一労働同一賃金」に関する覚書　続――公務員にとっては他人事の世界

　以上に加え、地方自治法203条3項は「条例で、その議会の議員に対し、期末手当を支給することができる」と規定しており、これらの規定を併せ読めば、非常勤職員に対しては期末手当を含む手当を一切支給できない、という解釈が導かれる。

　たしかに、東京都のように、地方自治法203条の2第1項にいう「報酬」を拡張解釈して、通勤手当や時間外勤務手当に相当する額を、報酬として支給している地方公共団体はある（東京都「非常勤職員の報酬及び費用弁償に関する条例施行規則」6条1項および8条を参照。なお、東京都では、時間外勤務手当のことを超過勤務手当と称している）。

　また、大阪府のように、通勤手当に相当する額を、費用弁償の形で支給しているところも存在する（大阪府「非常勤職員の報酬及び費用弁償に関する条例」3条を参照。なお、大阪府においても、時間外勤務手当に相当する額は、報酬に含めて支給している。同条例2条5項を参照）。

　しかしながら、多くの地方公共団体の場合、それが限度となる。すなわち、時間外勤務手当や通勤手当に相当する給与を除けば、支給を行っていないのが現状といえる[10]。

　ちなみに、地方自治法203条の2第1項および204条1項にいう「短時間勤

---

⑤　報酬、費用弁償及び期末手当の額並びにその支給方法は、条例でこれを定めなければならない。

第204条　普通地方公共団体は、普通地方公共団体の長及びその補助機関たる常勤の職員、委員会の常勤の委員（教育委員会にあつては、教育長）、常勤の監査委員、議会の事務局長又は書記長、書記その他の常勤の職員、委員会の事務局長若しくは書記長、委員の事務局長又は委員会若しくは委員の事務を補助する書記その他の常勤の職員その他普通地方公共団体の常勤の職員並びに短時間勤務職員及び地方公務員法第22条の2第1項第2号に掲げる職員に対し、給料及び旅費を支給しなければならない。

②　普通地方公共団体は、条例で、前項の者に対し、扶養手当、地域手当、住居手当、初任給調整手当、通勤手当、単身赴任手当、特殊勤務手当、特地勤務手当（これに準ずる手当を含む。）、へき地手当（これに準ずる手当を含む。）、時間外勤務手当、宿日直手当、管理職員特別勤務手当、夜間勤務手当、休日勤務手当、管理職手当、期末手当、勤勉手当、寒冷地手当、特定任期付職員業績手当、任期付研究員業績手当、義務教育等教員特別手当、定時制通信教育手当、産業教育手当、農林漁業普及指導手当、災害派遣手当（武力攻撃災害等派遣手当及び新型インフルエンザ等緊急事態派遣手当を含む。）又は退職手当を支給することができる。

③　給料、手当及び旅費の額並びにその支給方法は、条例でこれを定めなければならない。

10　地方公務員の場合、国家公務員とは違い、一般職の職員であっても、労働基準法が原則として適用される（割増賃金について定めた37条も適用を除外されていない）ことに注意。地方公務員法58条3項を参照。

務職員」とは、常勤職員が定年退職後、短時間勤務（週15時間30分以上31時間以下。勤務時間法5条2項を参照。地方公共団体の条例もこれに倣う）の再任用職員として採用される場合のことをいい（地方自治法92条2項を参照）、このような再任用短時間勤務職員に対しては、常勤職員と同様、給料および旅費のほか、諸手当の支給が可能とされる。期末手当等の支給月数は、定年前の常勤職員のおよそ半分になる[11]とはいえ、パートタイムの再任用職員のほうが、フルタイムの非常勤職員よりも「優遇」される、という"逆転現象"がここでは生じている。そうした問題にも留意する必要があろう。

2　地方公務員と大差のない国家公務員の手当支給

これに対して、国家公務員の場合、地方公務員とは異なり、非常勤職員に対する手当支給に法律上の制約はない。

超過勤務手当に相当する給与は「予算の範囲内」（給与法22条2項）という事実上の"天井"はあるものの、従前から支給されていたし、通勤手当に相当する給与についても、Ⅱで言及した平成20年8月の人事院事務総長名の通知「一般職の職員の給与に関する法律第22条第2項の非常勤職員に対する給与について」が「通勤手当に相当する給与を支給すること」として以来、上限額が常勤職員の月額5万5000円（給与法12条2項1号を参照）よりも低く設定されている可能性はあるものの、支給対象となる非常勤職員については、その全員が支給を受けているという[12]。

とはいえ、先にみた平成20年通知も、期末手当に相当する給与については「相当長期にわたって勤務する非常勤職員に対して、……勤務期間等を考慮の上支給するよう努めること」とするにとどめたこともあって、その支給を実際に受けることができるのは「1週間の勤務時間が常勤職員と同じ38時間45分の期間業務職員」にほぼ限られている[13]。

---

[11]　東京都「職員の給与に関する条例」21条3項および21条の2第2項3号、大阪府「職員の期末手当及び勤勉手当に関する条例」2条3項および5条2項2号を参照。なお、給与法（19条の4第3項、19条の7第2項2号）が、そのモデルとなっている。

[12]　前掲（注3）「国家公務員の非常勤職員に関する実態調査」を参照。

[13]　前掲（注3）「国家公務員の非常勤職員に関する実態調査」によれば、「期末手当に相当する給与の支給については、1週間の勤務時間が常勤職員と同じ38時間45分の期間業務

また、退職手当の支給については、国家公務員退職手当法が適用される非常勤職員には全員支給とはされているものの、「常勤職員について定められている勤務時間以上勤務した日が18日以上ある月が引き続いて6か月を超える」等の要件を満たさなければ、そもそも同法の適用を受けられない[14]。

なお、このような現状は、法人化後の国立大学においても、概ね等しくみられるところであって、特別の作業に従事した場合に支給される高所作業手当等の手当を除けば、手当の支給は、法人化前から支給されていた通勤手当や超過

　職員1万1807人のうち、期末手当に相当する給与を支給する予定の職員は1万1497人（97％）、1週間の勤務時間が常勤職員の4分の3超38時間45分未満の期間業務職員1万8622人のうち、期末手当に相当する給与を支給する予定の職員は2080人（11％）、期間業務職員以外の非常勤職員2万5590人のうち、期末手当に相当する給与を支給する予定の職員は2200人（9％）」であったという（なお、分母となる職員数は、注3で引用した数値と必ずしも一致していない）。

　また、この調査によれば、勤勉手当に相当する給与についても、支給率こそ若干下がる（たとえば、1週間の勤務時間が常勤職員と同じ期間業務職員についても、その支給率は78％にとどまっている）ものの、同様の傾向がみられる。

　ただ、人事院規則9－40（期末手当及び勤勉手当）は、非常勤職員に対する期末手当および勤勉手当そのものの支給については、これを認めていない。同規則1条4号および7条2号を参照。

14　国家公務員退職手当法2条2項が「その勤務形態が職員に準ずるものは、政令で定めるところにより、職員とみなして、この法律の規定を適用する」と定めたことを受け、同法施行令1条1項2号は、これに該当する者を「職員について定められている勤務時間以上勤務した日（略）が引き続いて12月を超えるに至つたもので、その超えるに至つた日以後引き続き当該勤務時間により勤務することとされているもの」と規定している。ただ、先にみたように、非常勤職員の任期は最大でも当該会計年度の末日までとされていることから、任期中に勤務した日が12か月を超えることはあり得ない。とはいうものの、同法施行令の昭和34年改正附則第5項が次のように規定したことから、本文に記したような取扱い（「18日以上」の要件は、「国家公務員退職手当法の適用を受ける非常勤職員等について」（昭和60．4．30総人第260号）による）となった。

　5　国家公務員退職手当法施行令（昭和28年政令第215号。以下この項及び次項において「施行令」という。）第1条第1項各号に掲げる者以外の常時勤務に服することを要しない者の同項第2号に規定する勤務した日が引き続き6月を超えるに至つた場合（略）には、当分の間、その者を同号の職員とみなして、施行令の規定を適用する。この場合において、その者に対する国家公務員退職手当法（昭和28年法律第182号）第2条の4及び第6条の5の規定による退職手当の額は、同法第2条の4から第6条の5までの規定により計算した退職手当の額の100分の50に相当する金額とする。

　なお、こうした事情から、年度末に退職する度に退職手当が支給される半面、その額はかなり低くなる（1年勤務して0.435か月分、自己都合退職の場合は0.261か月分。ちなみに、東京大学では、法人化前に勤務時間が常勤職員と異ならない日日雇用職員として在職し、現在も常勤職員と同じ時間勤務している非常勤職員に対して、基本給の21分の0.3を乗じて得た退職手当を支給している。「東京大学短時間勤務有期雇用教職員就業規則」附則8条2項および同規則の末尾に定められた支給率表を参照）。

勤務手当（これに類似する休日勤務手当、夜勤手当等を含む）の域を出ない、というのが現状となっている[15]。

　非常勤職員の給与は、あくまでもその勤務日数＝勤務実績に応じて支給するものであり、そうである以上、扶養手当や住居手当、寒冷地手当といった諸手当は、これが支給されることはなかった[16]。

　常勤職員とは違い、非常勤職員については、給与の支給に関しても「ノーワーク・ノーペイ」の原則が貫かれ、その全額が後払いとされている（国立大学法人の場合、月末締めの翌月17日払いとするところが多い）ことも、勤務実績に応じて、給与が支給されるという、非常勤職員の給与の性格を表している[17]。

　しかし、勤務実績に応じて支給される手当であれば、非常勤職員に対しても支給されるというわけでは必ずしもない（逆は必ずしも真ならず）。先にみたように、期末手当や退職手当が非常勤職員に支給されるのは、勤務時間が常勤職員と変わらないようなケースでしかない。それもまた事実なのである。

Ⅳ　非常勤職員の休暇等

1　3種類の休暇にみる常勤職員との違い

　「職員の休暇は、年次休暇、病気休暇、特別休暇及び介護休暇とする」。勤務時間法は、16条で休暇の種類をこのように規定する。これに続く17条には年次休暇、18条には病気休暇、19条には特別休暇、そして20条には介護休暇に関する定めが、個々の独立した規定として置かれている[18]。

　しかし、これらの規定は、いずれも非常勤職員には適用されない。勤務時間法23条が「常勤を要しない職員（再任用短時間勤務職員を除く。）の勤務時間及び休暇に関する事項については、第5条から前条までの規定にかかわらず、

---

[15]　「東京大学短時間勤務有期雇用教職員就業規則」53条2号を参照。

[16]　なお、これらの手当は、再任用職員にも支給されない。給与法19条の8第3項のほか、「国家公務員の寒冷地手当に関する法律」1条を参照。

[17]　「東京大学短時間勤務有期雇用教職員就業規則」76条3項を参照。なお、基本給のほか、諸手当に関しても「勤務実績に応じた分について」支給すると、就業規則では規定されていることに注意。

[18]　平成29年1月1日以降、これに介護時間（無給）が加わる（20条の2を参照）。

その職務の性質等を考慮して人事院規則で定める」としているからである[19]。

これを受け、勤務時間法に代わるものとして定められた人事院規則に、人事院規則 15－15（非常勤職員の勤務時間及び休暇）がある。

とはいえ、常勤職員に適用される勤務時間法や、その内容を具体化する形で定められた人事院規則 15－14（職員の勤務時間、休日及び休暇）との間には、規定内容に大きな違いがある。

以下、年次休暇、病気休暇、特別休暇の順で、その違いをみていくこととしたい（常勤・非常勤いずれに関しても、無給の休暇として定められた介護休暇については、説明を省略）。

(1) 年次休暇

常勤職員の場合、4月1日採用であれば、採用当初から 15 日の年次休暇が付与され、翌年1月1日以降、その日数は 20 日となる（勤務時間法 17 条 1 項のほか、人事院規則 15－14 第 18 条の 2、別表第一を参照）。

他方、非常勤職員の場合、採用当初は年次休暇が付与されず、6か月間継続勤務し、全勤務日の8割以上出勤したときに初めて、10 日の年次休暇が付与される。20 日の年次休暇が付与されるためには、さらに 6 年の歳月を必要とする（人事院規則 15－15 第 3 条、および同規則の運用通知（平成 6．7．27 職職第 329 号）を参照）。要するに、非常勤職員の年次休暇は、労働基準法どおりに付与されているといってよい[20]。

採用当初から、つまり勤務（出勤）日数がゼロであっても、年次休暇が付与される常勤職員の場合、8割出勤要件は、当然のことながら課し得ない。出勤日数が極端に少なくても、毎年 20 日の年次休暇が与えられる。天国のような世界が、そこにはある。ただ、このような非常勤職員との違いを合理的に説明することは、およそ不可能に近い。それもまた、事実といえよう。

---

[19] それゆえ、再任用短時間勤務職員については常勤職員に準じて取り扱われることになり、ここでも勤務時間がより長い期間業務職員との間で逆転現象が生じるという問題がある。
[20] 昭和 24 年 5 月 31 日に施行された人事院規則 15－4（非常勤職員の勤務時間及び休暇）は当初、「非常勤職員については、有給休暇は認めない」と規定。これがようやく改正をみたのは、昭和 30 年 7 月 20 日のことであった。こうした休暇に関する経緯の詳細については、拙著『法人職員・公務員のための労働法 72 話』（ジアース教育新社、平成 27 年）175～176 頁を参照。

(2) 病気休暇

「病気休暇は、職員が負傷又は疾病のため療養する必要があり、その勤務しないことがやむを得ないと認められる場合における休暇とする」。勤務時間法18条は、このように規定する。これを受けて、人事院規則15－14第21条1項も、本文で「病気休暇の期間は、療養のため勤務しないことがやむを得ないと認められる必要最小限度の期間とする」と定めている。

とはいえ、一方で、休暇中は、病気休暇に限らず、給与が減額されることはない、という事実にも留意する必要がある。

その法的根拠は、「職員が勤務しないときは、……<u>休暇による場合その他その勤務しないことにつき特に承認のあつた場合を除き</u>、その勤務しない1時間につき、第19条に規定する<u>勤務1時間当たりの給与額を減額</u>して給与を支給する」と規定した、給与法15条にある。

たしかに、給与法附則第6項は「当分の間、第15条の規定にかかわらず、職員が負傷（略）若しくは疾病（略）に係る療養のため、又は疾病に係る就業禁止の措置（略）により、当該療養のための病気休暇又は当該措置の開始の日から起算して90日（人事院規則で定める場合（注：平成22年以前は、結核性疾患に当たる場合を指していた）にあつては、1年）を超えて引き続き勤務しないときは、その期間経過後の当該病気休暇又は当該措置に係る日につき、俸給の半額を減ずる」としているが、これを逆に読めば、療養開始から90日間は俸給の全額が支給されるという話になる[21]。

さらに、病気休暇中といえども、期末手当が減額されることはない。勤勉手当についても、休暇期間が30日を超えると、勤務期間から除算され、期間率に影響を与える（たとえば、算定期間中に2か月病気休暇を取った場合には、支給割合が100分の70となる）とはいえ、その支給までがストップするわけではない（人事院規則9－40（期末手当及び勤勉手当）5条、10条、11条2項9号、別表第二を参照）。

---

[21] 官吏を対象とした90日の病気休暇規定（俸給半減規定）は、遠く明治時代にまで遡ることができる。前掲・拙著（注20）『法人職員・公務員のための労働法72話』179頁のほか、拙稿「療養のための休暇・休職制度——公務員の世界にみるその沿革」『阪大法学』66巻1号（平成28年5月）1頁以下、9～13頁【小嶌典明・豊本治編著『公務員法と労働法の交錯』（ジアース教育新社、平成30年）129頁以下、138～143頁】を参照。

25 「同一労働同一賃金」に関する覚書　続――公務員にとっては他人事の世界

　しかし、以上のようにいえるのは、あくまでも常勤職員（再任用短時間勤務職員を含む）に限られるのであって、非常勤職員については、「6か月以上の任期が定められている職員または6か月以上継続勤務している職員（週以外の期間によって勤務日が定められている職員で1年間の勤務日が47日以下であるものを除く。）が負傷または疾病のため療養する必要があり、その勤務しないことがやむを得ないと認められる場合」との要件を満たす者に対して、一の年度に10日の範囲内（その日数は、1週間（週以外の期間によって勤務日が定められている者については、1年間）の勤務日の日数によっては、10日よりも短くなる。次頁の**表4**を参照）で、無給休暇の取得を認めるにとどまっている（人事院規則15－15 第4条2項10号【現9号】、および同規則の運用通知を参照）[22]。

表4　勤務日の日数が少ない非常勤職員の病気休暇日数

1週間の勤務日の日数	1日	2日	3日	4日
1年間の勤務日の日数	48日～72日	73日～120日	121日～168日	169日～216日
病気休暇の日数	1日	3日	5日	7日

　なお、常勤職員については、公務災害や通勤災害の場合、有給の病気休暇（ただし、給与法附則第6項は適用されず、90日経過後も、俸給額は半減しない）が与えられるのに対して、非常勤職員については、公務災害（通勤災害を含まない）であっても、無給の休暇が与えられるにすぎない[23]、といった違いもある（人事院規則15－14 第21条1項2号と、人事院規則15－15 第4条2項9号【現8号】を比較参照のこと）。

　このように、とりわけ病気休暇については、常勤職員と非常勤職員との格差が目立つ。こういっても、誤りはあるまい。

(3)　特別休暇

---

[22] 非常勤職員について、無給の「病気休暇」が制度化されたのは、平成10年4月1日と、比較的の最近のことであり、当初は、日々雇用職員をその対象としていた。これが現行制度のようになったのは、平成21年10月1日のことにすぎない。前掲・拙著（注20）『法人職員・公務員のための労働法72話』180頁を参照。

[23] ただし、非常勤職員についても、公務災害の場合には、休暇期間が「必要と認められる期間」となる。

以上のほか、常勤職員と非常勤職員との間には、年次休暇や病気休暇以外の休暇についても、かなりの違いがみられる。常勤職員の世界でいう「特別休暇」（非常勤職員の世界では、病気休暇や介護休暇を含めて「年次休暇以外の休暇」という）がそれである。

　すなわち、次頁の**表5**にみるように、非常勤職員に対しても、常勤職員と同様に有給の休暇が付与されているものは、少数にとどまっているのが、現状となっている（以下、人事院規則15－14第22条、人事院規則15－15第4条、および人事院規則15－15の運用通知による）。

　たとえば、産前・産後の休暇の場合、常勤職員に対しては給与が全額支給され、勤勉手当についても、先にみた病気休暇とは異なり、休暇期間が勤務期間から除算されないため（除算規定がない）、期間率にも影響を与えないものとなっている。

表5　非常勤職員に対する「特別休暇」の付与

有給の休暇付与	①公民権の行使、②証人等としての官公署への出頭、③地震・火災等による住居の滅失損壊に伴う復旧作業、④地震や交通機関の事故等による出勤の著しい困難、⑤地震・水害等による退勤途上の危険回避、⑥親族の死亡 ※　⑥については、6か月以上の任期が定められている職員、または6か月以上継続勤務している職員に限る。
無給の休暇付与	❶産前休暇、❷産後休暇、❸哺育時間、❹子の看護、❺短期の介護、❻骨髄移植のための骨髄液の提供 ※　❹・❺については、1週間の勤務日が3日以上とされている職員、または週以外の期間によって勤務日が定められている職員で1年間の勤務日が121日以上であるものであって、6か月以上継続勤務しているものに限る。
休暇の付与なし	⑴災害援助等のボランティア、⑵結婚、⑶妻の出産、⑷妻の産休期間中の子の養育、⑸父母の法事、⑹夏季 ※　⑹に関連して、年（暦年）の前半に「雇用」された、一定の条件を満たす非常勤職員に対しては、「夏季年次休暇」の制度が設けられている。

　他方、非常勤職員の場合には、同じ産休とはいっても、給与は一切支給されない。勤務実績がない以上、非常勤職員には給与を支給しない。そうした「ノーワーク・ノーペイ」の原則を徹底すると、このような結果になる。

　これを逆にいえば、常勤職員に対しては、「ノーワーク・ノーペイ」の原則

25　「同一労働同一賃金」に関する覚書　続──公務員にとっては他人事の世界

が実質的には適用されないという話にもなる。年次休暇や病気休暇、そして数多くの特別休暇がこうした現状を支えている、ともいうことができよう[24]。

2　休職制度が存在しない非常勤職員

　公務員の世界でいう分限処分には、降任および免職のほか、休職が含まれる。そして、このことに関連して、国家公務員法には、次のような定めが置かれている。

　　（本人の意に反する休職の場合）
　第79条　職員が、［以下］の各号の一に該当する場合又は人事院規則で定めるその他の場合においては、その意に反して、これを休職することができる。
　　一　心身の故障のため、長期の休養を要する場合
　　二　刑事事件に関し起訴された場合
　　（休職の効果）
　第80条　前条第1号の規定による休職の期間は、人事院規則でこれを定める。休職期間中その事故の消滅したときは、休職は当然終了したものとし、すみやかに復職を命じなければならない。
　②　前条第2号の規定による休職の期間は、その事件が裁判所に係属する間とする。
　③　いかなる休職も、その事由が消滅したときは、当然に終了したものとみなされる。
　④　休職者は、職員としての身分を保有するが、職務に従事しない。休職者は、その休職の期間中、給与に関する法律で別段の定めをしない限り、何らの給与を受けてはならない。

　また、国家公務員法80条1項にいう「人事院規則」としては、人事院規則11－4（職員の身分保障）があり、同規則の5条1項は「［国家公務員］法第79条第1号の規定による休職の期間は、休養を要する程度に応じ、……3年を

---

[24] 以上のほか、職務専念義務免除（給与法15条にいう「勤務しないことの承認」）という方法が、実務ではその一翼を担っている。

超えない範囲内において、……任命権者が定める。この休職の期間が3年に満たない場合においては、休職にした日から引き続き3年を超えない範囲内において、これを更新することができる」と規定している。

そこで、国家公務員法79条1号にいう「心身の故障のため、長期の休養を要する場合」の休職（傷病休職）の期間は、最長3年ということになる。民間企業からみれば、異常に長いというのが、率直な感想であろう。

他方、国家公務員法80条4項にいう「給与に関する法律」としては、給与法が存在し、同法は、休職者の給与について、次のような定めを設けている。

（休職者の給与）
第23条　職員が公務上負傷し、若しくは疾病にかかり、又は通勤（略）により負傷し、若しくは疾病にかかり、国家公務員法第79条第1号に掲げる事由に該当して休職にされたときは、その休職の期間中、これに給与の全額を支給する。
2　職員が結核性疾患にかかり国家公務員法第79条第1号に掲げる事由に該当して休職にされたときは、その休職の期間が満2年に達するまでは、これに俸給、扶養手当、地域手当、広域異動手当、研究員調整手当、住居手当及び期末手当のそれぞれ100分の80を支給することができる。
3　職員が前2項以外の心身の故障により国家公務員法第79条第1号に掲げる事由に該当して休職にされたときは、その休職の期間が満1年に達するまでは、これに俸給、扶養手当、地域手当、広域異動手当、研究員調整手当、住居手当及び期末手当のそれぞれ100分の80を支給することができる。
4　職員が国家公務員法第79条第2号に掲げる事由に該当して休職（注：刑事休職）にされたときは、その休職の期間中、これに俸給、扶養手当、地域手当、広域異動手当、研究員調整手当及び住居手当のそれぞれ100分の60以内を支給することができる。
5　略
6　国家公務員法第79条の規定により休職にされた職員には、他の法律に別段の定がない限り、前5項【現前各項】に定める給与を除く外、他のいかなる給与も支給しない。

7・8　略

　いわゆる私傷病休職であっても、最初の1年間（結核性疾患の場合、2年間）は、俸給等（扶養手当や地域手当を含む）の8割が支給され、期末手当についても、その8割支給が保障される（なお、公務・通勤災害の場合は、最長3年間の休職期間中、給与の全額が支給される）。

　しかし、ここでも、その対象は、常勤職員に限られる。より正確にいえば、非常勤職員については、休職制度そのものが存在しないのである[25]。

　任期が一会計年度内に限られ、会計年度が変われば、新たな採用となる。

　このような長期にわたる任用を予定していない非常勤職員を「長期の休養を要する」ために設けられた傷病休職の対象とすることは、休職制度の趣旨に反する。

　あるいは、こうした判断が働いたのであろうか、分限に関する規定それ自体は、非常勤職員に対しても適用されるタテマエにはなっている[26]ものの、休職制度は、常勤職員のためにあるという理解が確立している[27]。

　傷病休職の制度をこれに先行する病気休暇の制度とワンセットで考えると、公務員の休暇・休職制度における常勤職員と非常勤職員との格差は、民間企業には例をみないほどに大きい。こうした現実にも、目を向ける必要があろう。

V　まとめにかえて——自分にできないことは他人に強制しない

　仮に公務員に対しても労働契約法やパートタイム労働法が適用されていたとすれば、「同一労働同一賃金ガイドライン案」も、このような内容にはならなかった。ごく一部の例外を除けば、公務員にはできないことばかりが、そこには書かれているからである。

---

[25] 非常勤職員については、刑事（起訴）休職の制度もないが、ここでは触れない。
[26] 分限処分規定については、非常勤職員を対象とした適用除外規定がないため、理論上はその適用があると解するほかない。
[27] 東京大学をはじめとして、非常勤職員を対象とした休職制度を持たない国立大学は実際にも多い。その大半は、法人化前と同様、欠勤（傷病欠勤）扱いとして、これを処理しているものと思われる。なお、大阪大学では、非常勤職員に対しても、休職期間が「労働契約の期間を超えない範囲で」無給の傷病休職制度を設けている。「大阪大学非常勤職員（短時間勤務職員）就業規則」11条1項1号および12条1・3項を参照。

たとえば、ガイドライン案には、「病気休職」について、次のように述べる箇所がある。「無期雇用パートタイム労働者には、無期雇用フルタイム労働者と同一の付与をしなければならない。また、有期雇用労働者にも、労働契約の残存期間を踏まえて、付与をしなければならない」。最近の流行語でいう「おまいう」の典型。そのように評されても、仕方あるまい。

ガイドライン案を決定した「働き方改革実現会議」には、国立大学（東京大学）の教授が2人も有識者として参加しているのに、あまり異論が出なかった（むしろ会議の方向をリードした）というのも解せない。法人化後、労働関係法令の全面適用を受けることになった国立大学にとっては、まさに他人事ではなかったからである。

公務員の職場と同様、国立大学では、常勤職員であれば、採用後間もない時期であっても、年次休暇が取得できるのに対して、同じ職場で働く非常勤職員は、採用後6か月以内は休暇が取れない（欠勤で処理される）。

こうした状況に不満をいだく非常勤職員も多く、人事の現場は対応に苦慮しているという[28]。

他方、国立大学では、公的な外部資金によって研究を行うケースが急増する傾向にあるが、非常勤職員が年次休暇を取得した場合には、経費としての支出を認めない外部資金もなかにはあると聞く。また、外部資金は、期間を限って措置される資金であるため、資金を活用した無期雇用を前提とする常勤職員の雇用ができないのが現状となっている。

年次休暇の取得（法定外年休を除く）は、労働基準法の問題と解されたためか、ガイドライン案でも、これに言及した箇所はないものの、年次休暇ですら、このありさまなのだから、後は推して知るべし。ガイドラインがこのまま国立大学にも適用されるようなことになると、どこの大学も一大パニックに陥る。それだけは、確実といえる。

たしかに、現行制度には、改革（改善）の余地はある。だが、改革には時間がかかる。たとえば、同一労働同一賃金以前の問題ではあるが、給与法の昇給規定（現在の8条6項）に「その者の勤務成績に応じて」昇給を行う旨の文言

---

[28] 問題の大元は、常勤職員の休暇制度が恵まれすぎていることにある。さりとて、労働条件の不利益変更問題もあり、訴訟リスクを考えると、年次休暇制度の一本化を図ることは、いうほどに容易ではない。

25 「同一労働同一賃金」に関する覚書　続——公務員にとっては他人事の世界

が入ったのは、およそ10年前の平成17年（翌18年4月1日施行）。これを受け、国立大学においても、給与規程や給与規則の改正が実施されたとはいうものの、いまだに定期昇給に近い昇給が行われている[29]。

　教員の昇給については、その勤務成績さえ反映されることはない。勤務成績が良いか、悪いかを判断するための評価を事実上行っていなかったのだから、当然ではある。

　こうしたなか、国立大学のなかには、非常勤職員について、病気休暇の日数を30日に延長する一方で、常勤職員についても、病気休暇中の給与を無給化することを就業規則の本則で定めた大阪大学のような大学もあった[30]。有給と無給の違いを残したままでは、病気休暇制度そのものを維持できない、との考えがその背景にはあった[31]。

　「自分にできないことは、他人に強制しない」。最低限の道徳ともいうべきものであるが、そうだとすれば、ガイドラインの内容は、パートタイム労働法や労働契約法が適用される民間企業であろうと、その適用を除外される公務員であろうと、誰であっても実行可能なものにすべきではないか。以上を要するに、筆者の主張は、この一点に尽きるのである。

　　　　　　　　出所）『阪大法学』66巻6号（平成29年3月）1頁以下

---

[29]　国家公務員の例に倣い、大半は「勤務成績が良好（注：標準の意）である職員」として、毎年1月1日に4号俸昇給させるのが実態となっている。なお、「勤務成績が極めて良好である職員」（5％）に対しては8号俸、「勤務成績が特に良好である職員」（20％）に対しては6号俸、それぞれ昇給させるものとなっている。前掲・拙著（注20）『法人職員・公務員のための労働法72話』70〜72頁を参照。

[30]　前段の措置については、「大阪大学非常勤職員（短時間勤務職員）の労働時間、休日及び休暇等に関する細則」8条1項1号（業務災害については、病気休暇の期間を90日とする）を参照。なお、ここにいう「短時間勤務職員」とは、週の勤務時間が30時間以下の者を指す（ちなみに、大阪大学では、常勤職員の勤務時間を週40時間としている）。また、後段の措置については、「大阪大学教職員の労働時間、休日及び休暇等に関する細則」9条1項1号、同条2項を参照（【追記】当初は「当分の間」これを有給とする規定を附則に設けていたが、附則の改正により、令和3年4月1日に本則に定める無給化を実現）。

[31]　なお、大阪大学の場合、法人化以降は、常勤職員についても、傷病休職1年目から給与を不支給としている。「大阪大学教職員給与規程」41条2項を参照。その結果、常勤職員については、傷病休職となった時点から、文部科学省共済組合によって、傷病手当金の支給を受けることになる。こうした無給休職と傷病手当金（傷病手当金附加金を含む）の関係については、前掲・拙著（注20）『法人職員・公務員のための労働法72話』95〜96頁、103〜106頁を参照。

第2部　各論　第3章　働き方の多様化

Episode 25

　「期間業務職員を再採用する場合も最初の採用の際と同様に公募を行うことが原則であるが、面接及び従前の勤務実績に基づき能力の実証を行うことができるときは公募によらない再採用を行うことができる。この公募によらない再採用について、局長通知ではその上限回数を原則2回までとするよう努めることと記載していたが、今回この部分を削除する」。

　令和6年6月28日、このようにして、人事院規則8－12（職員の任免）の運用通知である「期間業務職員の適切な採用について」が改正をみる。もともと、公募によらない（再）採用そのものがある種の"抜け道"として用意されたものであった（本文489頁を参照）が、「公募によらない採用は、同一の者について連続2回を限度とするよう努めるものとすること」といった縛りまで外してしまう。無期転換権について規定した労働契約法18条を含め、同法の適用を受けない公務員の世界であればこそ許される、民間では望むべくもない改正であった。

　他方、令和3年12月1日には、非常勤職員についても、産前・産後の休暇を無給の休暇から有給の休暇へと改める、人事院規則15－15（非常勤職員の勤務時間及び休暇）の改正が行われ、翌4年1月1日には、これが施行されている（なお、このときには、不妊治療のための休暇や妻の出産等に係る休暇も有給の休暇として保障する改正が同時に行われている）。

　たしかに、こうした産休の有給保障は、それ以前に行われた結婚休暇や夏季休暇の有給付与を目的とする規則改正（前者は平成31年1月1日、後者は令和2年1月1日施行）と同様、非常勤職員にとってはその待遇改善につながるものではあった（本文502頁の**表5**と比較参照）。

　しかしながら、その財源はつまるところ税金であり、民間企業が容易にマネのできることではなかった（民間企業の場合、産前産後の休業期間については健康保険法102条に規定する出産手当金の支給を利用することにより、無給とするところが多い。こうした現状およびその理由については、荒木尚志ほか編『注釈　労働基準法・労働契約法』第2巻（有斐閣、令和5年）71頁以下（76～77頁）の筆者による労働基準法65条の注釈を参照）。このような現実にも目を向ける必要があろう。

26　パート・有期雇用労働法とその問題点

　　Ⅰ　はじめに
　　Ⅱ　パートタイム労働法からパート・有期雇用労働法へ
　　Ⅲ　パート・有期雇用労働法の問題点
　　Ⅳ　まとめにかえて

Ⅰ　はじめに

　平成30年法律第71号[1]。その正式名称を「働き方改革を推進するための関係法律の整備に関する法律」（働き方改革関連法）という。
　働き方改革関連法の本則は、以下にみるように全体で8条からなり、計8本の法律が、この本則によって改正されることになった[2]。

第1条　労働基準法（労基法）の一部改正
第2条　じん肺法の一部改正
第3条　雇用対策法の一部改正
　　※　労働施策の総合的な推進並びに労働者の雇用の安定及び職業生活の充実等に関する法律（労働施策総合推進法）に題名変更
第4条　労働安全衛生法（労安衛法）の一部改正
第5条　労働者派遣事業の適正な運営の確保及び派遣労働者の保護等に関する法律（労働者派遣法）の一部改正
第6条　労働時間等の設定の改善に関する特別措置法（労働時間等設定改善法）の一部改正
第7条　短時間労働者の雇用管理の改善等に関する法律（パートタイム労働法）の一部改正

---

[1] 法律番号の英語表記は、Act No.71 of 2018となる。ただし、暦年を単位として振られる法律番号は、改元によってもリセットされるため、少なくとも平成と令和に分かれる2019年に公布された法律については、元号を西暦の後に併記すること（2019 (Heisei) または2019 (Reiwa)）が必要になると思われる。
[2] 附則により28本の法律が改正されたことから、働き方改革関連法の制定に伴い、正確には合計36本の法律が改正をみたことになる。

※ 短時間労働者及び有期雇用労働者の雇用管理の改善等に関する法律（パート・有期雇用労働法）3に題名変更

第8条 労働契約法の一部改正

　働き方改革関連法の二本柱は、上記の第1条を中心とする長時間労働の抑制のほか、第7条が主な根拠規定となる同一労働同一賃金の実現にある。

　本節は、このうち、同一労働同一賃金の問題に焦点を当て、今回の法改正により新たに制定をみたともいえる、パート・有期雇用労働法の規定内容とその問題点を明らかにすることを目的とする。

　労基法や労安衛法、労働時間等設定改善法の改正による長時間労働の抑制（法律上の時間外労働の上限設定、年間5日の年次有給休暇の付与の義務づけ、労働時間の客観的把握等）は重要な論点ではあるものの、本節では検討の対象としない4。また、改正後の労働者派遣法に定める同一労働同一賃金関連規定についても、検討対象から除外している5。以下、早速本題に入ることにしたい。

II　パートタイム労働法からパート・有期雇用労働法へ

1　法改正に至る経緯

　平成5年法律第76号として「短時間労働者の雇用管理の改善等に関する法律」が制定をみて以来6、四半世紀。今回の法改正により、同法はパートタイム労働者に加え、有期雇用労働者をも対象とする法律へと、その姿を一新することになった。しかし、最初から、改正法の規定内容が判然としていたわけではない。

3　働き方改革関連法の附則11条では、同条限りのものとして、「短時間・有期雇用労働法」の略称が使用されているが、これまでパートタイム労働法またはパート労働法と略称されてきた現行法との連続性を斟酌して、本節ではこれを使用しなかった。

4　働き方改革関連法による労基法の改正については、拙著『現場からみた労働法——働き方改革をどう考えるか』（ジアース教育新社、平成31年）105～128頁を参照。

5　働き方改革関連法による労働者派遣法の改正については、前掲・拙著（注4）『現場からみた労働法』102～104頁を参照。

6　パートタイム労働法の制定に至るまでの経緯については、拙稿「パートタイム労働と立法政策」『ジュリスト』1021号（平成5年4月）39頁以下【本書386頁以下】を参照。

「同一労働同一賃金の実現に向けて、我が国の雇用慣行には十分に留意しつつ、躊躇なく法改正の準備を進める。労働契約法、パートタイム労働法、労働者派遣法の的確な運用を図るため、どのような待遇差が合理的であるかまたは不合理であるかを事例等で示すガイドラインを策定する」。

　平成 28 年 6 月 2 日に閣議決定された「ニッポン一億総活躍プラン」はこのように述べるものであったが、厚生労働大臣の定める指針＝大臣告示という形でガイドラインを策定するためには、法律上の根拠を必要とする。

　法律の解釈・運用指針を行政が定める。その根拠規定を民法の特別法というべき労働契約法に設けることには、そもそも大きな無理がある。労働契約法には、厚生労働大臣による指針の策定について定めたパートタイム労働法 15 条や労働者派遣法 47 条の 5 に相当する規定が存在しないことが、何よりもこのことを雄弁に物語っていた[7]。

　このようななか、労働政策審議会（労政審）が、平成 29 年 6 月 16 日の建議「同一労働同一賃金に関する法整備について」のなかで、次のように述べたことから、法改正の方向性がある程度明らかになる。

　　「有期契約労働者については、労働契約ルールを規定する法である労働契約法に均衡待遇規定（注：同法 20 条を指す）が設けられていることから、……行政による履行確保や行政 ADR（注：Alternative Dispute Resolution、裁判外紛争解決手続き）の規定がない」。「有期契約労働者についても、短時間労働者と併せてパートタイム労働法に諸規定（注：上記の均衡待遇規定や、パートタイム労働法 9 条に相当する均等待遇規定を指す）を移行・新設することにより、行政による履行確保措置の対象とするとともに、行政 ADR が利用できるようにすることが適当である」。

　こうして、労政審の建議が「ガイドライン（指針）の策定根拠となる規定を設けることが適当である」とした指針の根拠規定も、パートタイム労働法に置かれることが、ここに明確にされた。

---

[7] このことを早くから指摘したものとして、拙稿「同一労働同一賃金」『Business Law Journal』101 号（平成 28 年 8 月）17 頁【本書 559〜560 頁】のほか、同「『同一労働同一賃金』に関する覚書」『阪大法学』66 巻 3・4 号（平成 28 年 11 月）5 頁以下【本書 460 頁以下】を参照。

だが、法改正の結果、パートタイム労働法が実際にどのような法律に変わるのかは、当時は皆目見当もつかなかった。以下にみるように、法改正の結果、パートタイム労働法にいう「短時間労働者」がほぼ自動的に「短時間・有期雇用労働者」と置き換えられ、有期雇用労働者に対しても同法がいわば全面適用されるようになり、指針の根拠規定までがその性格を変えてしまうとは、想像すらできなかったのである。

2 改正法の規定内容

法文中の「短時間労働者」を「短時間・有期雇用労働者」と置き換える。前述したように、今回の法改正では、このことが徹底して行われた。

その結果、有期雇用労働者に対しても適用されるようになったパート・有期雇用労働法の主な規定に以下のものがある（実務上、特に重要な意味を有すると考えられる規定に限る[8]。改正箇所は、下線または二重線（削除箇所）で表示。改正箇所の表示は、改め文等の体裁をとる改正法案の内容に従っている。以下Ⅲの3において同じ）。

（目的）
第1条 この法律は、我が国における少子高齢化の進展、就業構造の変化等の社会経済情勢の変化に伴い、<u>短時間・有期雇用労働者</u>の果たす役割の重要性が増大していることに<u>鑑み</u>、<u>短時間・有期雇用労働者</u>について、その適正な労働条件の確保、雇用管理の改善、通常の労働者への転換の推進、職業能力の開発及び向上等に関する措置等を講ずることにより、通常の労働者との均衡のとれた待遇の確保等を図ることを通じて<u>短時間・有期雇用労働者</u>がその有する能力を有効に発揮することができるようにし、もってその福祉の増進を図り、あわせて経済及び社会の発展に寄与することを目的とする。

---

[8] ただし、労政審の建議「同一労働同一賃金に関する法整備について」が言及した行政による履行確保や行政ADR、すなわち「紛争の解決」について定めた第4章の規定は、紙数の都合から除外している。

(事業主等の責務)

第3条　事業主は、その雇用する短時間・有期雇用労働者について、その就業の実態等を考慮して、適正な労働条件の確保、教育訓練の実施、福利厚生の充実その他の雇用管理の改善及び通常の労働者への転換(短時間・有期雇用労働者が雇用される事業所において通常の労働者として雇い入れられることをいう。以下同じ。)の推進(以下「雇用管理の改善等」という。)に関する措置等を講ずることにより、通常の労働者との均衡のとれた待遇の確保等を図り、当該短時間・有期雇用労働者がその有する能力を有効に発揮することができるように努めるものとする。

2　略

(労働条件に関する文書の交付等)

第6条　事業主は、短時間・有期雇用労働者を雇い入れたときは、速やかに、当該短時間・有期雇用労働者に対して、労働条件に関する事項のうち労働基準法(略)第15条第1項に規定する厚生労働省令で定める事項以外のものであって厚生労働省令で定めるもの(次項及び第14条第1項において「特定事項」という。)を文書の交付その他厚生労働省令で定める方法(次項において「文書の交付等」という。)により明示しなければならない。

2　略

(就業規則の作成の手続)

第7条　事業主は、短時間労働者に係る事項について就業規則を作成し、又は変更しようとするときは、当該事業所において雇用する短時間労働者の過半数を代表すると認められるものの意見を聴くように努めるものとする。

2　前項の規定は、事業主が有期雇用労働者に係る事項について就業規則を作成し、又は変更しようとする場合について準用する。この場合において、「短時間労働者」とあるのは、「有期雇用労働者」と読み替えるものとする。

(不合理な待遇の禁止)

第8条　事業主は、その雇用する短時間・有期雇用労働者の基本給、賞与その他の待遇のそれぞれについて、当該待遇に対応する通常の労働者の待遇との間において、当該短時間・有期雇用労働者及び通常の労働者の業務の内容及び当該業務に伴う責任の程度(以下「職務の内容」という。)、当該

職務の内容及び配置の変更の範囲その他の事情のうち、当該待遇の性質及び当該待遇を行う目的に照らして適切と認められるものを考慮して、不合理と認められる相違を設けてはならない。

（通常の労働者と同視すべき短時間・有期雇用労働者に対する差別的取扱いの禁止）

第9条　事業主は、職務の内容が当該事業所に雇用される通常の労働者と同一の短時間・有期雇用労働者（第11条第1項において「職務内容同一短時間・有期雇用労働者」という。）であって、当該事業所における慣行その他の事情からみて、当該事業主との雇用関係が終了するまでの全期間において、その職務の内容及び配置が当該通常の労働者の職務の内容及び配置の変更の範囲と同一の範囲で変更されることが見込まれるもの（次条及び同項において「通常の労働者と同視すべき短時間・有期雇用労働者」という。）については、短時間・有期雇用労働者であることを理由として、基本給、賞与その他の待遇のそれぞれについて、差別的取扱いをしてはならない。

（賃金）

第10条　事業主は、通常の労働者との均衡を考慮しつつ、その雇用する短時間・有期雇用労働者（通常の労働者と同視すべき短時間・有期雇用労働者を除く。次条第2項及び第12条において同じ。）の職務の内容、職務の成果、意欲、能力又は経験その他の就業の実態に関する事項を勘案し、その賃金（通勤手当、退職手当その他の厚生労働省令で定めるものを除く。）を決定するように努めるものとする。

（教育訓練）

第11条　事業主は、通常の労働者に対して実施する教育訓練であって、当該通常の労働者が従事する職務の遂行に必要な能力を付与するためのものについては、職務内容同一短時間・有期雇用労働者（通常の労働者と同視すべき短時間・有期雇用労働者を除く。以下この項において同じ。）が既に当該職務に必要な能力を有している場合その他の厚生労働省令で定める場合を除き、職務内容同一短時間・有期雇用労働者に対しても、これを実施しなければならない。

2　事業主は、前項に定めるもののほか、通常の労働者との均衡を考慮しつつ、その雇用する短時間・有期雇用労働者の職務の内容、職務の成果、意

欲、能力及び経験その他の就業の実態に関する事項に応じ、当該短時間・有期雇用労働者に対して教育訓練を実施するように努めるものとする。
　（福利厚生施設）
第 12 条　事業主は、通常の労働者に対して利用の機会を与える福利厚生施設であって、健康の保持又は業務の円滑な遂行に資するものとして厚生労働省令で定めるものについては、その雇用する短時間・有期雇用労働者に対しても、利用の機会を与えなければならない。
　（通常の労働者への転換）
第 13 条　事業主は、通常の労働者への転換を推進するため、その雇用する短時間・有期雇用労働者について、次の各号のいずれかの措置を講じなければならない。
　一　通常の労働者の募集を行う場合において、当該募集に係る事業所に掲示すること等により、その者が従事すべき業務の内容、賃金、労働時間その他の当該募集に係る事項を当該事業所において雇用する短時間・有期雇用労働者に周知すること。
　二　通常の労働者の配置を新たに行う場合において、当該配置の希望を申し出る機会を当該配置に係る事業所において雇用する短時間・有期雇用労働者に対して与えること。
　三　一定の資格を有する短時間・有期雇用労働者を対象とした通常の労働者への転換のための試験制度を設けることその他の通常の労働者への転換を推進するための措置を講ずること。
　（事業主が講ずる措置の内容等の説明）
第 14 条　事業主は、短時間・有期雇用労働者を雇い入れたときは、速やかに、第 8 条から前条までの規定により措置を講ずべきこととされている事項（労働基準法第 15 条第 1 項に規定する厚生労働省令で定める事項及び特定事項を除く。）に関し講ずることとしている措置の内容について、当該短時間・有期雇用労働者に説明しなければならない。
2　事業主は、その雇用する短時間・有期雇用労働者から求めがあったときは、当該短時間・有期雇用労働者と通常の労働者との間の待遇の相違の内容及び理由並びに第 6 条から前条までの規定により措置を講ずべきこととされている事項に関する決定をするに当たって考慮した事項について、

当該短時間・有期雇用労働者に説明しなければならない。
<u>3 事業主は、短時間・有期雇用労働者が前項の求めをしたことを理由として、当該短時間・有期雇用労働者に対して解雇その他不利益な取扱いをしてはならない。</u>
　（指針）
第 15 条　厚生労働大臣は、第６条から前条までに定める<u>措置その他の第３条第１項の事業主が講ずべき雇用管理の改善等に関する措置等に関し、その適切かつ有効な実施を図るために必要な指針（以下この節において「指針」という。）を定めるものとする。
２　略

　このうち第７条については、１項と２項で短時間労働者と有期雇用労働者とを分けて規定するものとなっているが、「過半数を代表すると認められるもの」への意見聴取において、母数となる労働者の理解に混乱が生じないようにするためのものであり、それ以上の意味はない。
　他方、パートタイム労働法には、先に述べたように四半世紀に及ぶ歴史があり、その規定にもそれぞれに固有の歩みがある。そうした背景を無視ないし軽視して、一律に有期雇用労働者にまで同法の適用対象を拡大したことは、はたして妥当であったのか。また、改正規定のなかには、法改正を契機として規定内容をかなり大幅に変更したものもみられるが、その妥当性についても検証する必要がある。
　以下では、このような観点から、改正法の問題点について考えてみたい。

Ⅲ　パート・有期雇用労働法の問題点

１　パートタイム労働法の歩み──概観

　平成 19 年の法改正（翌 20 年４月１日施行）により、パートタイム労働法は、事業主の努力義務についてごくわずかな規定を置くにすぎなかった法律から、「通常の労働者への転換の推進」とともに、「通常の労働者との均衡のとれた待遇の確保」を目的（１条）や事業主の責務（３条１項）として規定した法律へ

と変貌をとげる[9]。

　その結果、「通常の労働者への転換の推進」については、パートタイム労働者を対象とした、①通常の労働者を新たに募集する場合の周知や、②通常の労働者を新たに配置する場合の申出機会の付与、③試験制度を設けること等による通常の労働者への転換措置が、事業主の公法上の義務[10]として義務づけられた（12条1項、後述する平成26年の改正後（以下、単に「改正後」という）の13条）ほか、「通常の労働者との均衡のとれた待遇の確保」については、「通常の労働者との均衡を考慮しつつ」、賃金を決定すること（9条1項、改正後の10条）や教育訓練を実施すること（10条2項、改正後の11条2項）が、事業主の努力義務として規定された。

　いずれも、パートタイム労働法の歴史においては画期的なものであったが、事業主に対して大きな無理を強いるものではなかった。

　また、いわゆる均等待遇規定として新設された「通常の労働者と同視すべき短時間労働者に対する差別的取扱いの禁止」規定（8条、改正後の9条）も、①職務の内容が当該事業所に雇用される通常の労働者と同一であること、②当該事業主と期間の定めのない労働契約を締結していること、および③人材活用の仕組み、運用等（注：条文にいう「職務の内容及び配置の変更の範囲」を指す）が当該事業所に雇用される通常の労働者と同一であることの「3要件を満たす短時間労働者については、通常の労働者との間に待遇の差を設ける合理的な理由が基本的にはない」[11]、との無理のない考え方から設けられたものであり、続く平成26年の法改正（翌27年4月1日施行）においても、②の要件が削除されるにとどまった。

　さらに、それまでパートタイム労働者を対象とした雇入通知書の普及定着を目的としていた「労働条件に関する文書の交付」に関する努力義務規定（6条1項）が、平成19年の法改正によって、特定事項（注：具体的には、パートタイム労働法施行規則2条1項に定める①昇給の有無、②退職手当の有無、③賞

---

[9] 拙著『労働法の「常識」は現場の「非常識」』（中央経済社、平成26年）111頁以下を参照。
[10] 事業主が国等の行政機関に対して負う義務をいい、事業主がその雇用する労働者に対して負う私法上の義務とは区別される。詳しくは、拙稿「労働法における公法上の義務」『阪大法学』58巻3・4号（平成20年11月）35頁以下【本書111頁以下】を参照。
[11] 高崎真一（厚生労働省雇用均等・児童家庭局短時間・在宅労働課長、当時）『【コンメンタール】パートタイム労働法』（労働調査会、平成20年）224～225頁を参照。

与の有無を指す。平成26年の省令改正により、④短時間労働者の雇用管理の改善等に関する事項に係る相談窓口が追加される）に関する文書交付を事業主に義務づけた規定に変わり[12]、パートタイム労働者の「待遇の決定に当たって考慮した事項の説明」に関する規定が新しく設けられた（13条、改正後の14条（事業主が講ずる措置の内容等の説明）2項、同条1項は、26年改正により新設）のも、労働条件の明確化や透明性・納得性の確保に狙いがあり、事業主にとってさほど大きな負担となるものではなかった[13]。

2 有期雇用労働者への適用拡大によって生じる問題

今回の法改正つまりパート・有期雇用労働法の制定は、パートタイム労働者だけではなく、有期雇用労働者に対しても、文字どおり同法が適用されることを意味しており、このことから次のような問題が生じる。

まず、6条1項の適用をどう考えるかという問題がある。この規定は、相談窓口の設置を除き、昇給や退職手当、賞与については、その有無を文書交付という形で明示することを事業主に義務づけたものにとどまり、それが「無」となる場合のあることを前提として、労働者の側にこの点につき誤解が生じないように、労働条件の明確化の確保を図るために設けられた規定と考えることができる。

14条1項が雇入れ時における説明事項から、書面明示が必要となる「労働基準法第15条第1項に規定する厚生労働省令で定める事項及び特定事項」を除外していることも、当該規定の目的が基本的には労働条件の明確化＝透明性の確保にあることを示している。

---

[12] なお、特定事項に関する文書交付義務違反は、行政罰である過料制裁の対象となる。「第6条第1項の規定に違反した者は、10万円以下の過料に処する」と規定した31条を参照。
[13] このことに関連して、高崎・前掲書（注11）『【コンメンタール】パートタイム労働法』182頁は、「労働条件に関する文書の交付等による明示及び事業主の説明責任によって、短時間労働であることに起因する待遇の透明性・納得性の欠如の解消を図る」と述べている。
　なお、平成26年の法改正によりパートタイム労働法に均衡待遇規定として新たに設けられた8条（平成27年4月1日施行）に基づき事業主が講ずることになった措置については、今回の法改正に至るまで、同法14条1項および2項に定める説明義務の対象から除外されていたという事実もある。パートタイム労働法8条のモデルとされた労働契約法20条（平成24年の改正により新設。翌25年4月1日施行）と平仄を合わせたということであろうが、こうした事実にも留意する必要があろう。

しかるに、8条は、先にみたように「賞与その他の待遇」について、短時間・有期雇用労働者と通常の労働者との間で「不合理と認められる相違を設けてはならない」と規定するものとなっており、6条や14条1項との矛盾（乖離）が問題になる[14]。

こうした問題は、これまでは6条1項や14条1項のような規定とは無縁であった有期雇用労働者がその適用を受けることになって、初めて顕在化したともいえる。

さらに、10条との関係をどう考えるかという問題もある。同条は、先に述べたように、「通常の労働者との均衡を考慮しつつ」、賃金を決定することを事業主の努力義務として定めたものであるが、通勤手当については、明文の規定をもって、その対象から除外している（今回の法改正においても、この点に変化はない）。

これまでは、判例も、有期雇用労働者には、パートタイム労働法が適用されないため、同法10条の適用について考える必要がなかった[15]。しかし、パート・有期雇用労働法が施行された暁には、「通常の労働者との均衡を考慮しつつ」、決定することを努力義務としても求められていない通勤手当について、不合理な待遇の相違を問題にすることができるのかという疑問に、正面から答えることが必要になる[16]。

以上のほか、今回の法改正によっても労働契約法に残ることになった無期転換規定、すなわち労働契約法18条と「通常の労働者への転換の推進」を目的としたパート・有期雇用労働法13条との関係も問題になる。

これまでも、有期労働契約の通算契約期間が3年程度に達した段階で、登用試験を実施することにより、通常の労働者への転換を認める者と契約を更新しない者とを選別する（up or out）企業は少なくなかったと聞く。今後、パート・有期雇用労働法13条が有期雇用労働者に対しても適用されるようになれば、

---

[14] この点に関連して、前掲・拙著（注4）『現場からみた労働法』93～97頁を参照。

[15] たとえば、ハマキョウレックス事件＝大阪高判平成28.7.26労判1143号5頁における控訴人会社の補充主張と、これに対する裁判所の応答を参照。

[16] 均衡待遇を「職務関連手当」について実現しようとする10条の姿勢は、「同一労働同一賃金」という考え方とも親和性を持つ。通勤手当は「職務関連手当」ではないから、10条の対象から除外されているにすぎず、8条との関係も考える必要はないとの見方もあろうが、説得力に欠ける。なお、前掲・拙稿（注7）『「同一労働同一賃金」に関する覚書』【本書460頁以下、475～478頁】を併せ参照。

このような傾向に拍車がかかり、通算契約期間が5年を超える者を対象とする無期転換規定が有名無実化していく可能性もないではない[17]。

　パートタイム労働者の待遇改善は、漸進的に行う。それがこれまでのパートタイム労働法の一貫したスタンスであったにもかかわらず、そのような姿勢が今回の法改正には欠けている。

　現行のパートタイム労働法を有期雇用労働者に対しても全面的に適用するとした場合、どうなるのか。そのような検討が事前に行われた形跡もない。

　後先を考えず、有期雇用労働者への適用拡大を強引に進めた。改正法はその結果であると解して、大過はないであろう。

3　無視できない均衡・均等待遇規定の変更

　労働契約法20条をパートタイム労働法8条に吸収・統合し、パートタイム労働法9条の適用対象を有期雇用労働者にも拡大する（これに伴い、労働契約法については、21条および22条の規定を1条ずつ繰り上げる）。今回の法改正では、均衡・均等待遇規定について、このような規定改正が行われた。

　ただ、先にみた法改正後の規定からもわかるように、パート・有期雇用労働法においては、他の規定以上に、これら均衡・均等待遇規定の内容が大きく変わっている。

　以下、新旧対照表により、このことをまず再確認してみよう。

均衡・均等待遇規定の新旧対照表

パートタイム労働法	パート・有期雇用労働法
<u>（短時間労働者の待遇の原則）</u>	<u>（不合理な待遇の禁止）</u>
第8条　<u>事業主が</u>、その雇用する<u>短時間労働者の待遇を、当該事業所に雇用される通常の労働者の待遇と相違するものとする場合においては、当該待遇の相違は、当該短時間労働者</u>及び通常の労働者の業務の内容及び	**第8条**　<u>事業主は</u>、その雇用する<u>短時間・有期雇用労働者の基本給、賞与その他の待遇のそれぞれについて、当該待遇に対応する通常の労働者の待遇との間において、当該短時間・有期雇用労働者</u>及び通常の労働者の業務

17　以上につき、前掲・拙著（注4）『現場からみた労働法』91〜92頁を参照。

当該業務に伴う責任の程度（以下「職務の内容」という。）、当該職務の内容及び配置の変更の範囲その他の事情を考慮して、不合理と認められる<u>ものであってはならない</u>。	の内容及び当該業務に伴う責任の程度（以下「職務の内容」という。）、当該職務の内容及び配置の変更の範囲その他の事情<u>のうち、当該待遇の性質及び当該待遇を行う目的に照らして適切と認められるものを考慮して</u>、不合理と認められる<u>相違を設けてはならない</u>。
（通常の労働者と同視すべき短時間労働者に対する差別的取扱いの禁止） 第9条　事業主は、職務の内容が当該事業所に雇用される通常の労働者と同一の<u>短時間労働者</u>（第11条第1項において「<u>職務内容同一短時間労働者</u>」という。）であって、当該事業所における慣行その他の事情からみて、当該事業主との雇用関係が終了するまでの全期間において、その職務の内容及び配置が当該通常の労働者の職務の内容及び配置の変更の範囲と同一の範囲で<u>変更される</u>と見込まれるもの（次条及び同項において「<u>通常の労働者と同視すべき短時間労働者</u>」という。）については、<u>短時間労働者であることを理由として、賃金の決定、教育訓練の実施、福利厚生施設の利用その他の待遇について</u>、差別的取扱いをしてはならない。	（通常の労働者と同視すべき短時<u>間・有期雇用労働者</u>に対する差別的取扱いの禁止） 第9条　事業主は、職務の内容が<s>当該事業所に雇用される</s>通常の労働者と同一の<u>短時間・有期雇用労働者</u>（第11条第1項において「<u>職務内容同一短時間・有期雇用労働者</u>」という。）であって、当該事業所における慣行その他の事情からみて、当該事業主との雇用関係が終了するまでの全期間において、その職務の内容及び配置が当該通常の労働者の職務の内容及び配置の変更の範囲と同一の範囲で<u>変更されることが見込まれるもの</u>（次条及び同項において「<u>通常の労働者と同視すべき短時間・有期雇用労働者</u>」という。）については、<u>短時間・有期雇用労働者</u>であることを理由として、<u>基本給、賞与その他の待遇のそれぞれについて</u>、差別的取扱いをしてはならない。

　また、以下のように定める現行の労働契約法20条とパート・有期雇用労働法8条とを比較した場合、両者の違いは一層鮮明なものとなる（ただし、法形式上、後者は前者の改正規定とはいえないため、「改正箇所」は示していない）。

つまり、下記の3点がそれである。

（期間の定めがあることによる不合理な労働条件の禁止）

第 20 条 有期労働契約を締結している労働者の労働契約の内容である労働条件が、期間の定めがあることにより同一の使用者と期間の定めのない労働契約を締結している労働者の労働契約の内容である労働条件と相違する場合においては、当該労働条件の相違は、労働者の業務の内容及び当該業務に伴う責任の程度（以下この条において「職務の内容」という。）、当該職務の内容及び配置の変更の範囲その他の事情を考慮して、不合理と認められるものであってはならない。

① パート・有期雇用労働法8条には、労働契約法20条とは違い、「期間の定めがあることにより」のような、労働条件（待遇）の相違との間に因果関係が存在することを要求する文言が、見出しおよび条文本体のいずれにも含まれていない[18]。

② パート・有期雇用労働法8条では、「不合理と認められる相違」に当たるか否かを判断するに当たって、「基本給、賞与その他の待遇のそれぞれについて、当該待遇に対応する通常の労働者の待遇」との相違を個別に検討することが必要になることが、法文上、明確にされた[19]。

③ 労働契約法20条においては、「職務の内容、当該職務の内容及び配置の変更の範囲その他の事情」を考慮して、労働条件の相違が「不合理と認められる」かどうかを判断するものとなっているが、パート・有期雇用労働法8条では、考慮されるべき事情をこのなかで「当該待遇の性質及び当該待遇を行う目的に照らして適切と認められるもの」に限るものとなっている。

まず、①について、判例は、既に「期間の定めがあることと労働条件が相違していることとの関連性の程度は、労働条件の相違が不合理と認められるものに当たるか否かの判断に当たって考慮すれば足りる」として、労働契約法20条

---

[18] パート・有期雇用労働法9条には、これまでどおり「短時間・有期雇用労働者であることを理由として」と、因果関係の存在を要件とする定めが残ることになったが、ここではそうした事実に言及するにとどめる。

[19] このように、個々の待遇のそれぞれについて個別に待遇の相違を問題とする姿勢は、改正後のパート・有期雇用労働法9条にもみられることに注意。

にいう「期間の定めがあることにより」とは、「有期契約労働者と無期契約労働者との労働条件の相違が期間の定めの有無に関連して生じたものであることをいうものと解するのが相当である」との立場をとることを明らかにしている[20]。

したがって、今回の改正が裁判所の判断に影響を及ぼす程度は小さいとも考えられるが、今後は因果関係の存否を問題とせず、パートタイム労働者や有期雇用労働者と通常の労働者との間に待遇の相違がある場合には、それが「不合理と認められる」か否かをもっぱら判断の対象とする。そうした方向にむかう可能性もないではない[21]。

また、②についても、判例は「有期契約労働者と無期契約労働者との個々の賃金項目に係る労働条件の相違が不合理と認められるものであるか否かを判断するに当たっては、両者の賃金の総額を比較することのみによるのではなく、当該賃金項目の趣旨を個別に考慮すべきものと解するのが相当である」と判示しており[22]、この点だけをみると、その影響はあまりないようにみえる。

しかし、③と相まって、将来は「職務の内容、当該職務の内容及び配置の変更の範囲」とは関係なく、個々の待遇ごとに、もっぱら「当該待遇の性質及び当該待遇を行う目的に照らして」待遇の相違が「不合理と認められるか」どうかが判断されるようになる。そんな時代が到来することも、十分予想される。

労働契約法20条にいう「職務の内容、当該職務の内容及び配置の変更の範

---

[20] ハマキョウレックス事件＝最二小判平成30．6．1民集72巻2号88頁を参照。また、最近の判例のなかには、「特定の労働条件の相違が有期労働契約の締結及び無期労働契約の締結とは全く無関係に生じていると評価される場合には適用されないけれども、当該労働条件の相違が労働者の締結している労働契約の期間の定めの有無に関連して生じたものであると評価される場合には適用されると解するのが相当」（五島育英会事件＝東京地判平成30．4．11労経速報2355号3頁）としたものもある。しかし、これでは因果関係が認められないケースはほとんどない、と裁判所が宣言しているに等しい。

[21] ただし、こうした状況は、今回の法改正に当たって参考にされたという欧州連合の現状とは大きく異なる。つまり、EUの法律に相当する指令において禁止されるのは、労働契約に期間の定めのあることまたはパートタイムで働いていることのみを理由とする（solely because）不利益取扱いであって、そうした不利益取扱いであっても、客観的な事由によってこれを正当化することができる場合には例外が認められる。

すなわち、労働契約に期間の定めのあることやパートタイムで働いていることが不利益取扱いの理由の一つにすぎない場合には、客観的な事由による正当化までは求められない。EU指令の構造はこのようなものとなっていることにも留意する必要がある。以上につき、前掲・拙稿（注7）「『同一労働同一賃金』に関する覚書」【本書460頁以下、468頁】を併せ参照。

[22] 長澤運輸事件＝最二小判平成30．6．1民集72巻2号202頁を参照。

囲その他の事情を考慮して」は、法令用語としての「その他の」と「その他」の区別を無視して、既に判例によって「職務の内容、当該職務の内容及び配置の変更の範囲その他一切の事情を考慮して」と読み替えられるに至っている、との感もある[23]。

同じ仕事をしていれば、同じ賃金を支払う。このような同一労働同一賃金の基本理念から、パート・有期雇用労働法8条の規定内容はかけ離れてしまった。

「職務の内容、当該職務の内容及び配置の変更の範囲」がパート・有期雇用労働者と通常の労働者との間で大幅に違っていたとしても、双方の間に待遇の相違があれば、やはり「不合理と認められるか」どうかが問題とされる[24]。

それでもなお、これを同一労働同一賃金実現のための規定というのか。そうした疑問をいだくのは、おそらく筆者だけではあるまい。

4 性格までが変わった指針とその根拠規定

現行パートタイム労働法15条1項は、「厚生労働大臣は、第6条から前条までに定めるもののほか、第3条第1項の事業主が講ずべき雇用管理の改善等に関する措置等に関し、その適切かつ有効な実施を図るために必要な指針(以下この節において「指針」という。)を定めるものとする」と規定している。

今回の法改正では、条文中にある「もののほか、」が「措置その他の」と改められた。だが、字数にしてたった6文字を改めたにすぎないのに、その結果、指針の性格までが大きく変わることになった。こういっても、誤りではない。

たとえば、パートタイム労働法15条1項を根拠規定として、現在定められ

---

[23] この点について、前掲・拙著(注4)『現場からみた労働法』201〜204頁を参照。そこでは、長澤運輸事件の最高裁判決(注22)を例に、このような議論を行っている。なお、法令用語の用法に従えば、「AそのほかのB」という場合、AはBの例示となるが、「AそのほかB」では、AはBの例示ではなく、AとBは並列関係にあることになる。
[24] ただし、働き方改革関連法の制定に伴って、職務内容を重視した規定が新たに設けられた労働施策総合推進法のような例もある。「労働者は、職務の内容及び職務に必要な能力、経験その他の職務遂行上必要な事項(以下この項において「能力等」という。)の内容が明らかにされ、並びにこれらに即した評価方法により能力等を公正に評価され、当該評価に基づく処遇を受けることその他の適切な処遇を確保するための措置が効果的に実施されることにより、その職業の安定が図られるように配慮されるものとする」と定めた同法3条2項の規定がそれであり、労働法制が全体として職務内容軽視の方向に進んでいるわけではない。

ている指針に、「事業主が講ずべき短時間労働者の雇用管理の改善等に関する措置等についての指針」（平成19年厚生労働省告示第326号、パートタイム労働指針）がある。その冒頭には、以下のような指針の趣旨を定めた規定が置かれている。

第1　趣旨
　　　この指針は、短時間労働者の雇用管理の改善等に関する法律（以下「短時間労働者法」という。）第3条第1項の事業主が講ずべき適正な労働条件の確保、教育訓練の実施、福利厚生の充実その他の雇用管理の改善及び通常の労働者への転換の推進(略)に関する措置等に関し、その適切かつ有効な実施を図るため、短時間労働者法第6条から第14条までに定めるもののほかに必要な事項を定めたものである。

この趣旨に基づいて、パートタイム労働指針には、「事業主が講ずべき短時間労働者の雇用管理の改善等に関する措置等を講ずるに当たっての基本的考え方」（第2）のほか、「事業主が講ずべき短時間労働者の雇用管理の改善等に関する措置等」（第3）についても定めが設けられることになったが、法に定める内容についてはあくまで法に譲り、個々の法規定の内容について、その解釈・運用のあり方が示されるようなことはこれまでなかった。

パートタイム労働法15条1項が「第6条から前条までに定めるもののほか、」と規定したのも、このようなパートタイム労働指針のスタンスと無関係ではなかったのである[25]。

かくして、パートタイム労働指針の規定内容は、総じてソフトなものにとどまることになる。第3の1「短時間労働者の雇用管理の改善等」の一つとして、以下のような「退職手当その他の手当」に関する定めが設けられたのも、その一例にほかならなかった。

(2)　退職手当その他の手当
　　　事業主は、短時間労働者法第9条及び第10条に定めるもののほか、短時間労働者の退職手当、通勤手当その他の職務の内容に密接に関連して支

---

[25] なお、パートタイム労働指針が「もののほか、」を「もののほかに」と言い換えたのは、こうした法律の意図をさらに明確にすることに狙いがあったと考えられる。

払われるもの以外の手当についても、その就業の実態、通常の労働者との均衡等を考慮して定めるように努めるものとする。

これに対して、パート・有期雇用労働法15条1項を根拠規定の一つとして策定をみた「短時間・有期雇用労働者及び派遣労働者に対する不合理な待遇の禁止等に関する指針」(同一労働同一賃金指針)[26]においては、指針の趣旨が示された「基本的な考え方」からして、これまでとは一変したものとなる。たとえば、その冒頭で、同一労働同一賃金指針は次のようにいう。

第2 基本的な考え方

この指針は、通常の労働者と短時間・有期雇用労働者及び派遣労働者との間に待遇の相違が存在する場合に、いかなる待遇の相違が不合理と認められるものであり、いかなる待遇の相違が不合理と認められるものでないのか等の原則となる考え方及び具体例を示したものである。事業主が、第3から第5までに記載された原則となる考え方等に反した場合、当該待遇の相違が不合理と認められる等の可能性がある。なお、この指針に原則となる考え方が示されていない退職手当、住宅手当、家族手当等の待遇や、具体例に該当しない場合についても、不合理と認められる待遇の相違の解消等が求められる。(以下、略)

また、こうした同一労働同一賃金指針の趣旨を具体化した第3「短時間・有期雇用労働者」の3「手当」には、以下のような通勤手当等に関する定めが置かれることになる。

(7) 通勤手当及び出張旅費

短時間・有期雇用労働者にも、通常の労働者と同一の通勤手当及び出張旅費を支給しなければならない[27]。

---

[26] 以下、同一労働同一賃金指針の内容は、平成30年12月28日厚生労働省告示第430号による。なお、パートタイム労働指針を改正した「事業主が講ずべき短時間労働者及び有期雇用労働者の雇用管理の改善等についての指針」(パート・有期雇用労働指針)も、同日付けの告示第429号として告示されている。

[27] このように、同一労働同一賃金指針が通勤手当についてパート・有期雇用労働者への一律支給を求めるものとなった背景には、公務員の世界において通勤手当の支給を中心に非常勤職員の処遇改善が進められてきたという事実がある。拙稿「同一労働同一賃金——公務

パートタイム労働指針にはみられた行政の謙抑的姿勢は、同一労働同一賃金指針においては、もはやその影すらとどめていない。同一労働同一賃金指針については、このように評することができよう。

しかし、「もののほか、」を「措置その他の」と改めるだけで、はたしてこのような指針の大転換が可能になるのであろうか[28]。

パートタイム労働法15条1項に指針の根拠規定があるとはいうものの、8条や9条をどのように具体的に解釈し、運用するかについては、これまでパートタイム労働指針は黙して語ることがなかった。そうした経緯をどう考えるのか、という問題である。

労働契約法20条については、パート・有期雇用労働法8条に吸収・統合されたとはいっても、それによって、同条の民事法的性格までが変わったとは思えない。だとすれば、指針でその解釈・運用のあり方を示すことにはやはり問題があるのではないか、という疑問もある。

「どのような待遇差が合理的であるかまたは不合理であるかを事例等で示すガイドラインを策定する」。先にみたように、こうした閣議決定が政治的宣言として先行し[29]、これに合わせた法改正を行うことにのみ意識を集中させた結果、これまでの経緯はどうであれ、最小限の規定改正で足りると判断した。だとすれば、あまりにも安直にすぎるというべきであろう。

IV　まとめにかえて

　員にとっては他人事の世界」『阪大法学』66巻6号（平成29年3月）1頁以下、7頁【本書481頁以下、485頁】を参照。なお、注26で言及したパート・有期雇用労働指針では、同一労働同一賃金指針との矛盾を避けるためか、現行指針の「退職手当その他の手当」に関する定めが削除されるに至っている。

[28]　たしかに、「第6条から前条までに定める措置その他の第3条第1項の事業主が講ずべき雇用管理の改善等に関する措置」とした場合、「第6条から前条までに定める措置」は「第3条第1項の事業主が講ずべき雇用管理の改善等に関する措置」の例示になる（注23を参照）。とはいえ、いずれにせよ、法令用語の用法に通じていない一般国民の理解を得ることは困難であろう。

[29]　閣議決定は、本文の引用部分に続けて、次のようにいう。「できない理由はいくらでも挙げることができる。大切なことは、どうやったら実現できるかであり、ここに意識を集中する。非正規という言葉を無くす決意で臨む」。気宇壮大とはいえ、できない理由（法律上の障碍）を一つひとつ潰していってこそ、目標の実現（円滑な改正法の施行）も可能になるといえよう。

「原告らが主張する同一労働同一賃金の原則が一般的な法規範として存在しているとはいいがたいのであって、一般に、期間雇用の臨時従業員について、これを正社員と異なる賃金体系によって雇用することは、正社員と同様の労働を求める場合であっても、契約の自由の範疇であり、何ら違法ではないといわなければならない」。「結局のところ、その労働条件の格差は労使間における労働条件に関する合意によって解決する問題であるにすぎない」（日本郵便逓送事件＝大阪地判平成14．5．22労判830号22頁）。

　今日では忘れ去られた判決とはいうものの、かつてはこのように契約の自由をベースにものごとを考える裁判官がいた。

　有期やパートで働くことは、究極的には選択の問題であり、そうした選択の余地のない性別や社会的身分とは明確に異なる。すなわち、同一労働同一賃金とはいっても、労基法4条に定める男女同一賃金の問題とは明らかにその性格を異にする。

　同一労働同一賃金の問題を、このように地に足のついた冷静な議論からスタートさせることができなかった。思うに、今回の法改正がかかえる問題の根源は、そこにある。仮にもう少し冷静で慎重な議論ができていれば、法律の内容も変わっていた。筆者にはそう思えてならない。

　法改正が成就した以上、あるべき法律の内容を議論したとしても仕方がない。施行日も既に決まっており（働き方改革関連法の附則1条2号および11条により、主な規定の適用が1年後になる中小企業を除いて、平成32年（令和2年）4月1日施行となる）、改正法の施行を先送りすることなど、到底できない相談ではある。それも事実ではあろうが、法律はいつでも変えられる。

　過ちを改むるに憚ることなかれ。仮に改正法に矛盾や問題があるとすれば、その再改正にチャレンジすることも躊躇してはなるまい。

　　　初出）『関西外国語大学　研究論集』109号（平成31年3月）85頁以下

Episode 26

　令和6年6月21日に閣議決定された「新しい資本主義のグランドデザイン及び実行計画　2024年改訂版」には、「非正規雇用労働者に対する同一労働・同一賃金制の施行強化」と題して、以下のように述べる箇所がある。

　「非正規雇用労働者の処遇を上げていくためには、同一労働・同一賃金制の徹底した施行が不可欠である。この面においても、労働基準監督署が施行の徹底を図っていく」。「昨年（注：令和5年）11月より法施行を強化し、基本給・賞与の差の根拠の説明が不十分な企業のうち、都道府県労働局が指導・助言を実施していない企業については、一律で、労働基準監督署において点検要請書を対面で交付し、点検要請書において、経営者に報告の上、対応結果の報告を2か月以内に行うことを求めるなどとしてきた」。

　こうしたなか、令和6年3月29日に基発0329第41号等として発出をみた通達「令和6年度地方労働行政運営方針について」は、「同一労働同一賃金の遵守の徹底」として、次のように述べるものとなる。

　「監督署による定期監督等において、同一労働同一賃金に関する確認を行い、短時間労働者、有期雇用労働者又は派遣労働者の待遇等の状況について企業から情報提供を受けることにより、雇均部（室）又は安定部等による効率的な報告徴収又は指導監督を行い、是正指導の実効性を高めるとともに、基本給・賞与について正社員との待遇差がある理由の説明が不十分な企業に対し、監督署から点検要請を集中的に実施することや、支援策の周知を行うことにより、企業の自主的な取組を促すことで、同一労働同一賃金の遵守徹底を図る」。

　たしかに、パート・有期雇用労働法18条には、「厚生労働大臣は、短時間・有期雇用労働者の雇用管理の改善等を図るため必要があると認めるときは、短時間・有期雇用労働者を雇用する事業主に対して、報告を求め、又は助言、指導若しくは勧告をすることができる」（1項）等と定める規定が置かれているとはいえ、同法は監督署の所掌（分掌）する法律ではない（少なくとも監督行政の一環として、同法の履行確保に監督署が関与することは想定されていない）。

　だとすれば、なぜ、監督署が「定期監督等において、同一労働同一賃金に関する確認を行い」、「点検要請を集中的に実施する」ことができるのか。そんな疑問をいだくのは、おそらく筆者だけではあるまい。

第3部

コラム

Columns

A 解雇ルール、法律で明確に

――企業に採用を促す　就職直後などは対象外に

外にいる者に不利な仕組み

　人員整理のための解雇（整理解雇）が今よりしやすくなったら、企業経営にどのような影響があるか。――慶応大学産業研究所が平成10年に小規模企業を対象に行った調査にはこんな設問がある。

　従業員数については「変わらない」が49.1％と約半数を占めたが、「増える」が33.5％と「減る」の12.5％を21ポイントも上回った。

　解雇規制を緩和すると首切りが横行して、従業員の数は減ると考えがちであるが、現実はそう単純ではない。逆に解雇規制が厳しければ厳しいほど、企業は従業員を採用した場合のリスクを考え、採用を手控えることから、従業員数は定年退職などにより減ることはあっても、増えることはないのである。

　このことからもわかるように、解雇規制は在職者には有利に働くが、これから企業に就職しようとする者や一度企業を辞めて再就職しようとする者には不利に働く傾向がある。

　つまり、中にいる者には有利で、外にいる者には不利な、エコノミストのいうインサイダー（内部者）とアウトサイダー（外部者）の関係がこの規制には典型的にみられる。

　労働力調査（平成11年平均）によれば、失業率が男性の場合、15～19歳が15.1％、60～64歳が10.2％、20～24歳が9.3％と、若年層と高齢者で平均の4.8％の2倍以上に達しているのも、このことと無関係ではない。

　たしかに、雇用は経済のサブシステムといわれるように、景気が良くならなければ雇用も基本的には増えない。しかし、企業の採用意欲を高める工夫も一方では必要となる。解雇規制の緩和は逆説的だが、そうした選択肢の一つとなり得るのである。

　たとえば、企業が整理解雇をする場合、判例が必要としてきた要件に、①人員削減の必要性、②配置転換などを含む解雇回避の努力、③解雇対象者選定の合理性、④労働組合との協議など手続の妥当性――の4要件

がある。

しかし、近年、裁判所は、大企業をモデルとして確立したとされるこのルールを中小企業に対しても機械的に当てはめる傾向があり、一部の大都市における例外を除けば、裁判で整理解雇が有効とされるケースは、以前に比べ極端に減った。

そして、こうした状況が雇用吸収力のある中小企業の採用意欲を削ぎ、未就職者を増大させ、不必要な失業を生み出している可能性はかなり高い。

解雇には客観的に合理的な理由が必要であり、社会通年上相当と認められない場合には、解雇権の行使も権利の濫用として無効となる。判例は、このような形でいわゆる解雇権濫用法理を形成してきた。整理解雇の4要件も、いわばこれを応用したものにすぎない。

就業規則で労使は協議を

解雇に客観的に合理的な解雇理由が必要といっても、裁判官は白紙の状態でその有無を判断するわけではない。通常、解雇は就業規則に定める解雇規定に基づいて行われるからである。

たとえば、労働省が監修した就業規則のモデルには、「勤務成績または業務能率が著しく不良で、従業員としてふさわしくないと認められたとき」など、いくつかの理由のいずれかに該当したときに解雇を行う(それ以外の場合には解雇しない)と書かれている。

このように、解雇規定のなかに勤務成績や勤務態度が「著しく不良」といった言葉が挿入されるのはごく普通であり、このことは従業員を解雇できる場合を企業が自ら狭い範囲に限定してきたことを示している。

また、労働省のモデルが小規模の事業場を対象としたものであることからもわかるように、企業規模による違いもこの点ではみられない。

したがって、こうした就業規則をベースに形成された解雇権濫用法理が企業規模のいかんを問わず、よほどの場合しか解雇を認めないという結果をもたらしたとしても不思議ではない。単に勤務成績や勤務態度が悪いというだけでは、町工場の就業規則でさえ解雇を認めてこなかったからである。

他方、整理解雇をする場合にも、就業規則の多くは、労働省モデルのように「事業の縮小その他事業の運営上やむを得ない事情により、従業員の減員等が必要となったとき」にこれを限定しており、企業が傾きか

A 解雇ルール、法律で明確に

けた場合に人員整理を行うことしか、これまでは想定されていなかった。

とはいえ、プロ野球の世界をみてもわかるように、戦力の強化を図るためには、野手をトレードに出す一方で、投手を補強するというように、増員と減員とを同時に行うことがときには必要となる。

戦力外と通告された選手が他球団で活躍するといったことは本来、企業社会においてこそ目指すべき目標ではないだろうか。

物事は前向きに考えるのか後ろ向きに考えるのかでまったく違ってくる。解雇もまたその例外ではない。

どのような場合に従業員を「自由契約」（解雇）とするのが、企業と従業員の双方にとって望ましいのか。就業規則の見直しに向けた労使の真剣な議論が期待される。

リストラ偽る不当解雇も防ぐ

新年早々、日本を代表するユニオン・リーダーの一人が解雇ルールの明確化を主張して注目を集めた。しかし、就業規則に定める解雇規定という形である種の明確な解雇ルールは既に存在しており、その内容が明確にすぎ、かつ硬直化している点にこそ問題はあるといえる。

こうした問題を解決するためには前述したように企業ごとに就業規則を見直すことが必要となるが、立法が果たすべき役割も当然ある。

そもそも、小規模企業には見直すべき就業規則さえないところがあり、そうした企業を含め、どのような場合に解雇が可能になるのかを法律上明確にすることの意義は大きい。

その際、解雇に正当理由を要求することはリストラに名を借りた不当な解雇を防ぐためにも必要だろう。

一方、解雇が正当とされる場合を勤務成績等が「著しく不良」といった狭い範囲に限るべきではない。

解雇について国が求める最低基準を明らかにする。法律に解雇ルール（解雇の正当理由）を定める最も大きな目的は、そうしたメッセージを企業とともに裁判所にも伝えることにあるからである。

それゆえ、罰則をもってその強制を図る必要まではないが、仮に労働基準法の改正という形で解雇ルールが明確化されれば、監督官による指導が可能となり、裁判に訴える資力のない者にとっても朗報となる。

また、解雇ルールを法律で定める場合、整理解雇については、解雇回避の努力に代えて、転職を前提とした能力開発や再就職の支援を条件に人員整理を認めることが検討されて

よい。

　さらに、整理解雇に関しては、事業の縮小や廃止だけでなく、事業の転換（本来のリストラ）に伴って行われる人員整理にまで、その範囲を拡大することも検討すべきであろう。

　減員数と増員数を足せば、ネット（合計）では雇用が増える。ある程度の雇用の流動化が避けられないとすれば、このような発想の転換も必要となるからである。

　他方、新規採用者（たとえば、採用後1年以内の者）については、新ルールができても、むしろその適用対象から外して、企業が新たに従業員を雇いやすい環境を整えるといった工夫が求められる。

　こうしたアウトサイダーの利益に配慮した法政策（適用除外方式）も、法律に定めをおくことによって初めて可能になるのである。

　採用意欲は旺盛なものの、重い雇用責任には耐えられないベンチャー企業についても、こうした適用除外方式をとることで、一定期間（たとえば、事業の開始後3年以内）、解雇ルールの重圧から企業を解放し、その間の採用を促すといったことが考えられてよい。

　このような適用除外方式は諸外国にも例がないわけではなく、英国やドイツも、それぞれ、採用後1年間または半年間、解雇規制の適用を外している（なお、英国におけるその後の動向については、本書170頁注29の【追記】を参照）。

　採用にはミスマッチ（すれ違い）を伴うとの現実的な判断がそこには働いているのである。

　米国型の過剰流動化社会にも問題はあるが、雇用も流れが止まってしまえば、その拡大は望めない。

　一企業における雇用の維持から、社会全体としての雇用の確保へ。そうした時代の変化に適合した新しい解雇ルールが今、求められているのである。

『日本経済新聞』平成12年
　　　3月8日「経済教室」

B 「試行就業」で雇用確保

――― ミスマッチを克服　客観的な解雇ルール急げ

障害者ら対象の先行例が好成績

失業率が公表される日の新聞に決まって掲載される写真は、熱心に求人票をめくる中年男性だ。若者が登場することはめったにない。

しかし、過去10年余りを振り返っても、15～24歳の若年層の失業率は、常に平均の約2倍、45～54歳の中年層の3倍前後で推移してきた。

失業率が平均で5.4％（季節調整値）を記録した本年（平成13年）10月も、若年層の失業率は9.7％（季節調整前、以下同じ）と、中年層の3.7％を大きく上回っている。特に若年男性は10.7％と、8か月連続して2桁台にある。

与党三党は9月にまとめた「緊急雇用対策」で、若年失業者を試行的に雇用する制度（トライアル雇用）の創設を提案した。政府による「総合雇用対策」の決定を受けて、12月から実施される。

この制度は、学卒未就職者をはじめとする若年失業者に実践的な職業能力を身につけさせるため、教育訓練などを組み込んだ3か月程度の試行雇用を実施する企業を支援する内容だ。トライアル雇用には、既に障害者や中高年齢者を対象とした先行モデルがある。

このうち障害者については、平成13年度から恒常的措置として「障害者雇用機会創出事業」が実施されている。

その前身である「障害者緊急雇用安定プロジェクト」においては、2年余りの間に4990人の障害者がトライアル雇用を開始し、その83.7％が本採用された。

平成12年12月にスタートした「中高年齢者緊急就業開発事業」でも、その後の7か月間に1万7991人が試行就業を開始し、常用雇用への移行率はここでも77.9％と、好成績を残したという。

たしかに、トライアル雇用には、奨励金の支給といった特典がある。若年失業者を対象とした今回のケースにおいても、1人月額5万円を最大3か月分支給する。だが、それだ

けではない。

　通常の試用期間の場合には、期間満了後に本採用を拒否すると判例により解雇とほぼ同様に取り扱われる。ところが、行政の関与するトライアル雇用では、そうしたリスクを事業主が意識する必要がなかったという点も大きい。

　たとえ3か月という短期間ではあっても、その間に各人の働きぶりをじっくり観察し、誰を本採用すべきかを決定する。そうした自由がトライアル雇用にはあったのである。

　採用には求人側と求職側の要求が一致しないミスマッチがつきものというが、こうした事情を考慮して、採用後一定期間については解雇規制の適用を除外している国もある。英国では1年、ドイツは6か月間、オーストラリアは3か月間、解雇規制が及ばない（なお、英国およびオーストラリアにおけるその後の動向については、本書170頁注29の【追記】を参照）。

　わが国においても、仮に試用期間が文字どおりその機能を回復すれば、採用に伴うミスマッチの防止に結びつく。さらに、新たな雇用を生み出すものとなることをトライアル雇用の経験は教えてくれる。

　固く閉ざされたかにみえる採用の門戸も、工夫次第では開かせることができる。今、求められているのは、そうした採用とかかわるルールづくりなのである。

能力順の解雇に50%を超す支持

　景気の低迷が依然として続くなか、大規模なリストラ（人員整理）に踏み切る企業も多い。こうしたリストラの動きが、失業率の増大に拍車をかけていることは事実である。

　しかし、不思議なことに「誰に辞めてもらうのか」という点については、企業がその選択権を従業員に委ねる希望退職者募集という手段が、これまで多用されてきたこともあって、いまだに決め手となるルールを欠いている。

　米国の場合、勤続年数の短い者からレイオフ（一時解雇）する（Last In First Out）という「先任権の原則」が少なくとも工場労働者の世界では確立している。

　それが組合員の雇用を優先する労働組合の論理に基づくものであり、しかも厳しい差別禁止法の存在を背景としていることにも注意する必要がある。

　リストラの結果、労務コストを削減できても、企業が競争に勝ち抜くために必要な戦力となる人材も失っ

てしまったというのでは、後に残された従業員の雇用や生活はかえって危うくなる。

そうした危機意識を反映したためか、日本労働研究機構が本年3月に実施した「勤労生活に関する調査」では、「職業能力の低い人から」リストラすることをルールとすべきだという意見（「そう思う」と「どちらかといえばそう思う」の合計）が54.1％と、最も大きな支持を集めた。

次いで、多数の支持を得たのは「担当業務が不要になった人から」の43.8％であった。

年齢や勤続年数に基づくルールについては、逆に反対（「そう思わない」と「どちらかといえばそう思わない」）が強い。「高齢者から」では63.5％、「勤続年数の短い人から」では73.4％、「若年者から」では78.6％が、それぞれをリストラのルールとすることを疑問視した。

仮にリストラが回避できないとすれば、ルールのない現状にこそ問題はある。年齢や勤続年数ではなく、能力に基づく客観的ルール（人員整理基準）をどうつくるのか。困難ではあっても、その課題に労使が早急に取り組むべきことを、今回の調査結果は強く示唆しているといえる。

公務員制度にも大きな変革の波

休まず、遅れず、働かず。公務員の働き方については、このように揶揄されることがしばしばある。それでもクビにならないことを身分保障と誤解する向きも確かにあった。

法律に問題があったのでは必ずしもない。公務員法には、勤務実績がよくない場合や官職に必要な適格性を欠く場合のほか、定員の改廃や予算の減少により「廃職又は過員を生じた場合」も、本人の意に反して免職できると、きちんと書かれている。ただ、現実が法律とはあまりに違っていたのである。

たとえば、国家公務員の場合には、毎年3万人以上の離職者が出るが、分限免職（民間でいう普通解雇）で辞める人はその約千分の一にすぎない。「廃職又は過員」（民間でいう整理解雇）を理由に辞める人はこれまでほとんどいなかったという現実もある。ただ、国家公務員退職手当法には、こうした整理退職の場合には退職手当を割り増しすると定める規定すらある。

しかし、こうした公務員の世界にもようやく変革の波が訪れようとしている。なかでも、注目されるのが本年11月に行政改革推進事務局によって公表された「行政職に関する

新人事制度の原案」である。

そこでは「勤務実績等が不良な者等を厳正に公務から排除できるように措置する」として、免職の基準と手続きを明確化することが正面からうたわれている。

たとえば、現行法が「勤務実績がよくない場合」と定める免職事由については、「能力評価の結果、当該職務の職務遂行能力を欠くと認められ、降任、配置換等を考慮しても、能力にふさわしい適切な職務が認められない場合」と、具体的な基準を例示した。

「能力評価の結果、職務遂行能力を欠くと認められる場合で、当人にこのままでは免職となる旨を通告の上、3［か］月勤務させても職務遂行能力の改善が認められない場合に処分を行う」と、手続き例も示している。こうした例は、民間部門でも十分に応用が利く。

事前に警告を与えた上で、3か月経過しても職務遂行能力に改善がみられない場合には解雇する。そうした解雇のルールは、民間でも等しく検討されてよいからである。

したがって、今後は公務員の世界における免職基準と手続きの明確化が先行する形で、民間部門における解雇ルール明確化の動きに波及するといった可能性も考えられる。

他方、公務員については、法律によって身分が保障されていることや、景気変動による失業が民間の労働者とは異なり予想されにくいことなどを理由として、これまで雇用保険の適用が除外されてきた。

雇用保険法は、退職した公務員に支払われる退職手当が失業給付の内容を超えることを適用除外の根拠としている。同様の理由から、公務員（地方公務員を除く）には解雇予告手当も支給されない。しかし、それは形式論にすぎない。

公務員も、民間の労働者と同様に失業する。そうした前提に立って、公務員に対しても雇用保険の適用を真剣に考えるべき時機が到来したといえよう。

『日本経済新聞』平成13年
　12月6日「経済教室」

C 解雇ルール　法制化の動き

――正当理由　採用時に明示

　企業が従業員を解雇する際のルールを法制化しようという動きが活発化してきた。

　厚生労働省は、本年（平成14年）11月7日、労働政策審議会労働条件分科会に法制化の素案を提示した。審議会の論議を経て、来年の通常国会に労働基準法（労基法）の改正案を提出する予定という。

＊

　現在、労基法は解雇について業務上の災害により休業した期間と産前産後の休業した期間、および双方の休業期間の後30日間従業員を解雇することを禁止している。

　しかし、これ以外では、解雇する際に少なくとも30日前に予告するか、30日分以上の平均賃金を支払うことを義務づけるにとどまっている。

　ただ、判例を通して、正当な理由のない解雇は権利の濫用として無効になるとする「解雇権濫用法理」が確立しており、今回の法改正では、このことが労基法で明記されることになる。

　また、採用の際に明示すべき労働条件や就業規則に記載しなければならない事項に「解雇の事由」が含まれることを明確化することも予定されている。

　このような法改正が実現すれば、どのような場合に解雇が行われるのか、事前に予測する可能性が高まるといった効果も期待される。

　一方、リストラなどの人員整理に伴う解雇についても、多くの判例が採用する「整理解雇の4要件」と呼ばれる基準を法律で定めるべきだとする声が一部にはある。「4要件」とは、①人員整理の必要性、②配置転換などによる解雇回避の努力、③解雇対象者選定の合理性、④労使協議の実施など解雇手続きの妥当性――をいう。

　だが、整理解雇に際して「4要件」をすべて満たさなければならないとする多数の判例の考え方は、場合によっては硬直的な問題解決を企業に強いることになる。

　東京地裁が一時期、企業による再

就職支援の取組みを評価して、4要件にとらわれない総合判断の重要性を説いたのも、その意味では無理からぬところがあった。

解雇の正当性の有無については、諸般の事情を考慮した総合判断が、いずれにせよ必要になる。

結局、今回の素案では「整理解雇の4要件」の法制化は見送られることになったが、どのような解雇であれば正当理由を欠き無効となるのかを、国家はやはり何らかの形で示す必要がある。

労基法に直接定めをおくことは難しいとしても、指針などによってその目安を示すことが行政当局には求められよう。

＊

他方、正当な理由のない解雇を労基法で禁止する以上、その違反には刑罰を科すべきだとの意見もある。

しかし、解雇に犯罪の烙印を押せば、解雇を避けるために企業が採用を手控えるといった可能性もある。刑罰にはそうした予期せぬ副作用もあることを考慮しなければならない。

また、採用にはミスマッチがつきものであり、実際の働きぶりをみてみないと、従業員としての適格性の有無が判断できないという場合がしばしばある。

こうした事情に配慮して、ドイツでは採用後の半年間、イギリスでは1年間、解雇を制限するための法律の適用が除外されている（なお、イギリスにおけるその後の動向については、本書170頁注29の【追記】を参照）。

解雇ルールの法制化に精力的に取り組んできた総合規制改革会議も、本年7月の「中間とりまとめ」では、法制化に合わせて試用期間との関係についても検討すべきだとしている。

企業による積極的な採用を促すためにも、試用期間中の解雇については法規制の適用を除外する——。逆説的ではあるが、そうした工夫が、わが国でも必要といえよう。

＊

解雇を含む個別労働関係紛争の解決については、平成13年10月に個別労働関係紛争解決促進法が施行されたことにより、裁判とは別に、都道府県労働局長による助言・指導のほか、紛争調整委員会によるあっせんという簡易な手続きが利用できるようになった。

本年9月までの1年間における助言・指導の申出受付件数は1911件、あっせん申請の受理件数は2115件となっており、その40%強を解雇に関する事案が占めている。

C 解雇ルール 法制化の動き

こうした解雇事案の場合、職場復帰ではなく、従業員の退職と引き替えに一定の金銭を企業が支払う形で解決をみるケースが少なくない。

今回の法改正においては、訴訟で「解雇が無効」と判断された場合にも、このような金銭による解決が認められる方向にある。

ただ、裁判所によって支払を命じられる金銭の額が高騰すると、これを避けるために、企業は人を採用しなくなる。

「更新拒否には正当事由が必要」と定めた法律上の規定を根拠として、更新拒否を認めることと引き換えに地主や家主に命じられる立退料の額があまりにも高くなったため、土地や家がかえって借りにくくなったという笑えない話も、かつて借地借家の世界にはあった。

定期借地権や定期借家の制度は、こうした状況を打開するために生まれたものであるが、解雇の場合にも解決金の額に上限を設けるなど、似たような問題が生じないよう事前に手立てを講じておく必要がある。

ハードルが低すぎると解雇の抑制には役立たないが、これが高すぎると逆に採用にストップがかかる。当面は、試行錯誤を繰り返すしかあるまい。

なお、解雇紛争を金銭で解決する場合、労働者が希望したケースに限って、これを認めるべきだとする意見もあるが、労使対等の原則からいっても賛成できない。

紛争解決を促進する観点からも、金銭解決の選択肢は、企業の側にもこれを認めるべきであろう。

紛争調整委員会によるあっせん申請受理件数

解雇		922
	普通解雇	691
	整理解雇	174
	懲戒解雇	57
労働条件の引下げ		315
出向・配置転換		93
退職勧奨		109
その他の労働条件		352
セクシュアルハラスメント		74
女性労働問題		3
雇用管理等		17
いじめ・嫌がらせ		117
その他		202
合計		2204

注) 1人で複数内容のあっせんを申請する場合があり、本文中の件数とは一致しない。

『読売新聞』平成14年
　11月18日「けいざい講座」

D　労働時間規制、適用除外の拡大必要

——対象は労使協定で　深夜労働規制の見直しも

労働時間の管理現実的には無理

いつ仕事を始め、いつ仕事を終えたのか。使用者には「労働者の労働日ごとの始業・終業時刻を確認し、これを記録すること」により、労働時間を適正に管理する「責務」がある。平成13年4月6日に厚生労働省労働基準局長名で出された通達、世にいう4・6通達はこのようにいう。

4・6通達は「労働基準法においては、労働時間、休日、深夜業等について規定を設けていることから、使用者は、労働時間を適正に把握するなど労働時間を適切に管理する責務を有していることは明らかである」と述べるが、労基法に明文の規定がない以上、「義務」とはいいにくい。

4・6通達が「責務」という表現を用いた理由もここにあるが、始業・終業時刻を記録する義務はなくても、労基法109条に規定する「労働関係に関する重要な書類」として、こうした労働時間に関する記録を保存する義務は使用者にある（義務違反には30万円以下の罰金が科せられる）と通達はいう。とはいえ、この説明を理解することは容易ではない。

4・6通達は、始業・終業時刻を確認・記録する方法についても、⑴使用者が自ら現認する、⑵タイムカード、ICカードなどの客観的な記録を基礎とする——のいずれかの方法によることが原則として必要であるとする。

しかし、使用者がこのようにして把握することができるのは、労働者が会社にいた時間、つまり在社時間にすぎない。

誰しも経験することであるが、日によって仕事の集中度は著しく異なる。長時間会社にいても「仕事にならない」日もあれば、短時間で「仕事がはかどる」日もある。在社時間をもって労働時間を計ることにはしょせん無理がある。とりわけホワイトカラーの場合にはこういわざるを得ない。

このような現実を背景として、日本の企業に広く定着したのが労働時

D 労働時間規制、適用除外の拡大必要

間の自己申告制であり、4・6通達も、こうした自己申告に基づく始業・終業時刻の確認・記録を頭から否定しているわけではない。

ただ、自己申告制を採用した場合には「自己申告により把握した労働時間が実際の労働時間と合致しているか否かについて、必要に応じて実態調査を行う」など、厳格な要件を満たすことが必要になる。

たしかに、自己申告制の名のもとに「サービス残業」を強いるようなことは認められるべきではない。だが、ホワイトカラーの場合、自己申告によらなければ、そもそも「実際の労働時間」を把握することが難しいという現実もある。

そうした現実に対する目配りが、4・6通達にはいささか欠けている。日本経団連が平成17年版の「経営労働政策委員会報告」のなかで「この通達のもとに、企業の実態を無視したかのような指導がなされている」と監督行政のあり方に異議を唱えたのも、あながち理由のないことではない。

公務員には異なる基準

「厚生労働省における職員の勤務時間管理については、国の機関として国家公務員法、人事院規則等に基づき統一的に行って」おり、「具体的には、職員に対し出勤時に出勤簿に押印させ、また、職員に正規の勤務時間を超えて勤務させる場合にあっては、職員に対し超過勤務を命じ、その内容を勤務時間報告書等に記入することにより、特段の支障なく行っている」。他方「機械的に登庁及び退庁の時刻を記録するタイムカードのみでは職員の正確な勤務時間が把握できない」ことから、「勤務時間管理の手法としてタイムカードの導入は必要でない」。

平成16年3月2日付け答弁書のなかで、政府は、民主党の長妻昭衆院議員の質問に対してこのように答えている。

また、平成15年10月7日付け答弁書には、同年4月1日現在、「国の機関において、タイムカードによる勤務時間管理が行われている部署はない」とあるが、現在でもこうした状況に大きな変化はない。

ここにいう「出勤簿」は、定時までに出勤したことを証するためのものをいう。また「勤務時間報告書」も、給与の支払期間ごとに作成されるもので、民間企業でいう賃金台帳に当たる「給与簿」の一部をなすものとして位置づけられ、超過勤務を職員に命じた場合にも、その時間数

のみを記入することとされている。さらに、そのもとになる「超過勤務等命令簿」も、運用通知では時間数以上のデータを記入するものとはなっていない。

以上のように、国家公務員の場合、出・退勤時刻、すなわち労働日ごとの始業・終業時刻に関する記録が明確な形では存在していないところに、その特徴がある。

こうした勤務時間管理の特徴は、地方公務員にも概ね共通してみられるが、このような公務員の現状と、行政が民間企業に求めている労働時間管理のあり方との隔たりはあまりにも大きい。

ホワイトカラーの場合、前述したように始業時刻から終業時刻までの在社時間をもって労働時間とすることにはそもそも無理があり、公務員の勤務時間管理の現状は、こうした現実を直視したものともいうことができる。

しかし、民間企業には公務員とは異なる基準（ダブルスタンダード）を適用するというのであれば、行政はその理由を明確にする責任がある。そうした説明責任を果たさずに民間企業の納得を得ることはおよそ不可能という以外にない。

自分にできないことは、他人にも強制してはならない。行政がこのような最低限のルールをも守ることができないようでは、誰も行政のいうことなど聞かなくなる。

行政指導に誰も従わない。ダブルスタンダードの放置は、そうした行政にとっては最悪の事態さえ招きかねないのである。

健康配慮の措置も必要

発明家のエジソンは「時計をみるな」といったという。時間を気にしていては良い仕事などできないからである。NHKの人気番組「プロジェクトX」に視聴者が感動するのも、寝食を忘れて仕事に取り組んだ人間のドラマが描かれているからにほかならない。

とはいえ、こうした時間にとらわれない働き方を可能にする仕組みとなると、現行法が用意しているのは、労働時間のみなし制度にとどまる裁量労働制か、管理監督者を対象とする時間規制の適用除外制度以外にはなく、裁量労働制については対象となる労働者の範囲が限られているほか、管理監督者についても深夜労働規制の適用は免れないといった点で、なお問題を残している。

こうしたなか、わが国でも、米国の事例をモデルとして、一定の要件

D 労働時間規制、適用除外の拡大必要

を満たすホワイトカラー労働者を労働時間規制の対象から除外する「ホワイトカラー・エグゼンプション」と呼ばれる制度の導入に向けた検討が本格化しつつある。その具体的な検討に当たっては、さしあたり次の点がポイントになる。

まず、新しい適用除外制度においては、対象となる労働者の範囲に現行裁量労働制の対象業務に従事する者を含めるほか、その範囲の決定を労使協定に委ねることが望ましいという点である。

このような労使協定による決定方式は、裁量労働制の創設期に採られたものであるが、新しい適用除外制度においても、対象労働者の範囲の決定は、職場の事情によく通じた労使の判断に委ねることが検討されてよい。

ただ、その場合も肉体労働や定型的業務に従事する者を法令や指針などであらかじめ対象労働者の範囲から除外することはあり得よう。

また、労使協定により対象労働者の範囲に新たに含める者については、一定の年収要件を課すというような選択肢も十分検討に値する。

さらに、裁量労働制から適用除外制度への移行を円滑に進めるためには、従前と同様、対象労働者の健康確保などの観点から、健康に配慮する措置を講ずるよう労使協定で定めることを制度導入の要件として課すことも必要になる。

なお、管理監督者を労働時間、休憩、休日の規制の対象外としたのが現行の適用除外制度であるが、これらに加えて深夜労働についても、規制の適用を除外する必要があるのはいうまでもない。

『日本経済新聞』平成17年
6月3日「経済教室」

E　ワーク・ライフ・バランスと労働時間の短縮

ワーク・ライフ・バランス＝時短ではない

2009年1月20日、アメリカ合衆国の首都ワシントンにおいて、オバマ大統領が行った就任演説に、次の一節がある。

「私たちの挑戦は新しいものかもしれない。立ち向かう手段も新しいものかもしれない。だが、成否を左右する価値観は、勤労と誠実さ、勇気と公正さ、寛容と好奇心、忠誠と愛国心（hard work and honesty, courage and fair play, tolerance and curiosity, loyalty and patriotism）といったものだ。これらは古くから変わらない。そしてこれらは真理だ。私たちの歴史を通じて、これらは前に進む静かな力となってきた。必要なのは、こうした真理に立ち返ることだ」（以上、邦訳は1月21日付け朝日新聞による）。

ハード・ワークは、忠誠心や愛国心とともに、今日なおアメリカ人にとってその美徳であることが、この一文からはわかる。

オバマ大統領が国民の共有すべき価値観のトップに挙げた勤労（ハード・ワーク）の精神は、家庭生活とも十分両立し得るものであることをニューヨーク・タイムズの記事（2007年2月18日「長時間働いても、早く帰宅する方法」）は教えてくれる。

記事に登場するのは、弁護士事務所に勤務する、34歳の税法を専門とする弁護士G氏。彼は1日に13時間働くハード・ワーカーでもある。毎朝5時に自宅を出て、午前6時には事務所に到着し、事務所を離れるのは午後7時。帰宅後は、子供たちが寝る前に本を読み聞かせることを日課としている。

世の中で成功するためには、長時間、遅くまで働くことが必要との考え方は、アメリカでもいまだに根強く残っている。しかし、ベビー・ブーマー世代とは違って、若年層にはより家庭生活を重視する（family-centric）者が多い。残業ではなく早出。ワーク・ライフ・バランスを実現する道を、彼らはそこに見出したのである。

たしかに、朝早くから出勤して仕事をしている（早めに帰宅しても、

長時間働いている）ことを上司に知ってもらうためには、早朝に勤務先からメールを送信する等、それなりの工夫は必要となる（上司の目の前で行う残業の場合には、その必要がない）。仕事と生活の調和といっても、決して楽なことではない。

ただ、記事には、長時間労働を非難するような指摘はまったく出てこない。弁護士は、教師や医師と並んで、サラリーの額にかかわらず、労働時間規制の適用除外が認められている職種ではあるが、それはあくまでも法律の話。

ハード・ワークを抜きにした生活との調和など、夢物語にすぎない。そうしたユートピアを語らないところに、この記事の特徴はある。

ワーク・ライフ・バランス＝時短ではない。少なくとも、そのような世界があることは知るべきであろう。

労働時間は短いほどよいか

不況になれば、残業時間は減る。厚生労働省の「毎月勤労統計調査」によれば、平成21年3月の所定外労働時間は1人当たり9.0時間と、1年前に比べ22.7％も減少（製造業では49.5％減少）したという。

しかし、残業時間が減れば、これに伴って残業代＝所定外給与も減ること（前年同月比20.8％減少）から、こうした「時短」を歓迎する声は、ほとんど耳にしない。また、究極の時短は「失業」であるが、それが何人にとっても好ましからざるものであることはいうまでもない。

年次有給休暇の取得率が低いこと（厚生労働省「就労条件総合調査」によれば、平成20年の年休取得率は46.7％）を嘆く向きもあるが、その一方でわが国は祝日が多い（平成21年は振替休日と国民の休日を含めると17日ある）ことでも広く知られている。さらに、多くの企業では、これに夏季休暇や年末年始の休日が加わる。

したがって、年休の付与（取得）日数だけを取り出して議論することにはあまり意味がない。これ以上、休みが増えても使い方に困る。そう内心では考えている者も、実際には少なくない。

こうしたなか、平成21年4月には、国家公務員の勤務時間が前年の人事院勧告に基づいて1日8時間から7時間45分（1週40時間が38時間45分）に短縮され、多くの地方公共団体もこれに倣うことになった。

その大義名分は、人事院の調査によれば、民間企業の所定労働時間が過去5年間の平均で1日当たり7時

間44分（1週当たり38時間48分）であったことにあるが、人事院勧告は、一方で「勤務時間の短縮に当たっては、これまでの行政サービスを維持し、かつ、行政コストの増加を招かないことを基本とすべき」としつつ、他方では「勤務時間を民間企業の所定労働時間に準拠して短縮することは、家庭生活や地域活動の充実など、広く仕事と生活の調和に寄与する」ともしていた。

とはいえ、勤務時間が短縮されても、公務員の月給は減らないため、行政コストの削減にはつながらない。時短により、勤務時間が1日7時間45分を超えれば、超過勤務手当が支給されることになり、かつ、その算定基礎となる時間単価も上がることになるため、仮に実働時間が変わらないとすると、職員1人当たりの行政コストは、確実にアップすることになる。「時短」に名を借りた「賃上げ」。結果的にそうなる可能性も十分にある。

そこで、全体としての行政コスト（総人件費）を抑えるためには、職員の頭数を減らすしか方法はなく、そうなると行政サービスの維持は難しくなる。お題目どおりには、簡単にいかないのである。

他方、残業が実際に減らなければ「家庭生活や地域活動の充実など、広く仕事と生活の調和に寄与する」との謳い文句も、絵に描いた餅に終わる。これでは、何のための時短かという話にもなろう。

この不況下にあって、クビになることがなく、ボーナスは多少減っても給料は下がらず、残業（手当）も減らない公務員の世界は、まさしく別世界にあるといっても過言ではない。そうした公務員の世界で、今なぜ「時短」なのか。その弁解の道具として使われた「ワーク・ライフ・バランス」こそ、いい迷惑というべきであろう。

学ぶべき過去の経験

平成22年4月1日には改正労働基準法が施行される。この改正法に関連して、厚生労働省労働基準局長名で発出された通達（平成20年12月12日）では、次のようにその意義が説明されている。

「少子高齢化が進行し労働力人口が減少する中で、子育て世代の男性を中心に、長時間にわたり労働する労働者の割合が高い水準で推移していること等に対応し、労働者が健康を保持しながら労働以外の生活のための時間を確保して働くことができるよう労働環境を整備することが重

要な課題となっている。

今回の労働基準法の改正は、このような課題に対応するため、長時間労働を抑制し、労働者の健康を確保するとともに仕事と生活の調和がとれた社会を実現する観点から、労働時間に係る制度について見直しを行うもの」である。

具体的には、①1か月に60時間を超える時間外労働については、5割以上の割増賃金の支払いを義務づける（その場合、労使協定により、割増賃金の支払いに代わる休暇の取得を可能にする）こと、および②労使協定によって、年5日以内の範囲で時間単位による年次有給休暇の取得を可能にすることがその内容とされているが、効果のほどとなると疑わしいものがある。

1か月に60時間を超える時間外労働をさせるためには、いわゆる特別条項の締結が必要となる。

連合の2008（平成20）年度「労働時間に関する調査」によれば、特別条項に定める1か月の上限時間は全産業平均で76.2時間となっており、その時間は近年延長される傾向にある。

不況が深刻化するなか、残業時間は前述のように急速に減っているとはいうものの、少しでも賃金が高くなること（増給）を望む労働者にとって、割増率の引上げは時間外労働の増加をかえって誘引することにもなりかねない。

8時間労働制の導入すら、わが国の場合、その背景には「増給」を求める労働者の運動があった（拙稿「なぜ労基法では1日8時間・時間外割増率25％となったのか」『日本労働研究雑誌』585号（平成21年4月）2頁以下【拙著『労働法とその周辺――神は細部に宿り給ふ』（アドバンスニュース出版、平成28年）272頁以下】を参照）。そうした国民性を考えると、割増率の増加が時短につながるとは思えないのである。

他方、時間単位の休暇取得については、既に公務員にその経験がある。たとえば、国家公務員の場合、年次休暇の単位を「1日又は半日」と定めるとともに、「ただし、特に必要があると認められるときは、1時間を単位とすることができる」とした人事院規則があり、現実には時間単位の休暇取得があたかも職員の権利であるかのような運用がなされてきた。

しかし、その結果、全体としての休暇の取得日数が増加したといったことは聞いたことがない。休暇の細切れ取得や濫用的な取得をむしろ助長した。自らの公務員時代の経験か

らいっても、そういわざるを得ないのである。

　たしかに、ワーク・ライフ・バランスの実現を目的として掲げると、話はとおりやすくなり、これに異を唱えることも難しくなる。

　だが、労働者は一方でしたたかであり（常に労働者を「弱者」とみるのは、労働者に対する敬意に欠ける偏見である）、官僚が頭のなかで考えたとおりには、ことは進まない。

　そうした現実のなかで、ワーク・ライフ・バランスをどう進めるのか。良き夫にも良き父にもなることができず、ワーク・ライフ・バランスとは程遠い生活を送ってきた筆者にはその進め方を語る資格はないものの、「自分にできないことは、他人にも強制しない」とはいえる。

　それが「最低限の道徳」と考えるからである（拙著『職場の法律は小説より奇なり』(講談社、平成21年) 172頁【その改訂版でもある『労働法の「常識」は現場の「非常識」——程良い規制を求めて』（中央経済社、平成26年) 127頁】を参照)。

　清水信義編『人を活かす働きかた——ワーク・ライフ・バランスとダイバーシティの実現』(日本リーダーズ協会、平成21年11月) 所収

F 雇用問題をめぐる日英比較

——定年制の廃止と解雇の自由

　国によって、雇用問題に対する考え方は大きく異なる。なかでも解雇や人員整理については、その違いが大きい。

　たとえば、イギリスで雇用問題を所管する BIS（Department of Business Innovation & Skills）が2011年1月27日に、そのウェブサイトに掲載した「雇用主のための憲章」（Employer's Charter）は、こうした違いを知る上で、恰好の材料を提供してくれる。

　「雇用主としてのあなたの行動が公正かつ筋の通ったものである限り、あなたには以下の権利がある」として、雇用主の権利を合計11項目にわたって列挙した文書がそれであるが、「事業が不振に陥った場合に、人員整理を行うこと」や「個人の能力不足（poor performance）を理由に、従業員を解雇すること」が、当然のようにそこに含まれていることは、注目に値する。

　その一方で、イギリスは、最近になって、定年制の廃止にも踏み切っている。

　具体的には、2011年10月1日以降、航空管制官や警察官等を除き、一定の年齢（65歳）に達したことを理由とする退職制度は、当事者が仮にこれに合意していたとしても、一切認められなくなる（なお、定年制を適用するに際して必要となる予告は、11年4月5日までに行わなければならない）。

　このような思い切った改革は、解雇の自由が雇用主に保障されていてこそ、初めて可能になる。

　「従業員の勤務実績が不良で、それが改善されない場合は、能力（capability）に基づく解雇という選択肢もある」（BISのサイトに掲載されたQ&Aによる）。

　定年制の廃止とはいっても、あくまでこうした解雇の自由がその前提となっているのである。

　翻ってわが国の現状をみた場合、定年制の廃止を議論できるような状況にはおよそない。

　現行の高年齢者雇用安定法は、60

歳未満の定年制を禁止するとともに、①定年制の廃止、②定年延長、または③継続雇用（再雇用）制度の導入によって、65歳（平成25年3月末までは64歳）までの雇用を確保することを事業主に義務づけているが、①や②を選択した企業は、ごく少数にとどまり、大多数の企業（平成22年6月現在、83.3％の企業）は、③を選択している。

定年後の再雇用（継続雇用）であれば、企業業績が不振に陥った場合や従業員の能力に問題がある場合には、雇用契約を締結または更新しなければすむ。

企業サイドには、そうした考え方もあるのであろうが、現実の裁判では会社側が敗訴する例も多い（最近では、そのようなケースが目立っている）。

労使協定で対象者を限定しない限り、希望者全員が継続雇用制度の対象となる。そもそも業績不振や能力不足といった客観性を欠く事由は、対象者を限定する基準とはなり得ない。そうしたスキームが採用されているからである。

ただ、希望者全員に固執すればするほど、定年制廃止の日はそれだけ遠ざかっていく。その理由はもはやいうまでもあるまい。

『旬刊経理情報』（中央経済社）平成23年4月1日号巻頭言「談・論」

G 「働かない」または「働けない」従業員の解雇問題

必要な発想の転換

入社当初は働く意欲が旺盛であった従業員がある日突然「働かなくなる」。病気やケガで「働けなくなる」従業員も少なくない。

短期間であればまだしも、そのような状況が長期にわたって続くと、会社も黙ってみているわけにはいかなくなる。

退職を促しても、なかなか辞めてくれない。そこで解雇に踏み切ると、裁判ではかなりの確率で会社が負けてしまう。解雇に踏み切る前にそう助言されて、頭をかかえる経営者も多い。

しかし、それが労働法の世界では常識だとしても、諦めるのはまだ早い。時間はかかるかもしれないが、こうした状況は変えることができる。ただ、そのためには、発想の転換が多少必要になる。

「働かない」従業員の解雇問題

売主がいくら督促しても、買主が売買代金を支払わない。そのような場合には、売買契約を解除することを民法も認めている。

次のように規定する民法541条がそれである。

（履行遅滞等による解除権）
第541条 当事者の一方がその債務を履行しない場合において、相手方が相当の期間を定めてその履行の催告をし、その期間内に履行がないときは、相手方は、契約の解除をすることができる。

指導票を書き、警告書を渡す。それでも仕事ぶりに改善がみられなければ、最後には雇用契約を解除する（合意解約に応じなければ解雇する）しかない。

普通の従業員ができる仕事ができない、というのは債務の不履行に当たる。

売買と雇用は違うとはいっても、それは程度問題にすぎない。民法541条も、先の引用からわかるように、双務契約一般に通用する原則としてこれを定めている。

欧米諸国の場合、能力不足（poor performance）が、解雇理由として広く認められているのも、雇用契約に

対するこうした理解を前提としている。その英文表記をみてもわかるように、能力不足は債務の不完全履行にほかならないとの共通認識が彼の地にはある。

たしかに、雇用契約の場合、1回の「催告」ですむとは思われない。「相当の期間」についても、かなり長めに設定する必要はある。売買契約が一般に1回限りの契約となるのに対して、雇用契約は比較的長期間継続するのを通例とすることからいっても、その程度の差を設けることは当然あってよい。

しかし、こうした手続きさえきちんと踏めば、解雇が無効になる（労働契約法16条に定める「客観的に合理的な理由を欠き、社会通念上相当であると認められない場合」に該当する）とは解釈しない。このような民法の原理原則に立ち返った発想の転換が、わが国の裁判所には今、求められている。

間然するところのない身分保障のもとにある裁判官（憲法78条、裁判所法48条を参照）に、こうした英断が可能かという疑問はあろうが、裁判に持ち込めば、よほどのことがない限り、能力不足を理由とする解雇が有効と判断されることはなく、従業員としての地位が保障される（地位確認が認められる）という現状には問題がある。

こうした裁判の現状があればこそ、解雇有効の判決が「不良社員」の烙印につながることにもなる。このことを懸念する裁判官は実際にも多いというが、その責任の大半は裁判官自身にある。

プロ野球のトレードをみてもわかるように、A球団では能力を十分に発揮できなかった選手が、B球団に移るやいなや、その能力を俄然発揮するといった事例は、現実にも稀ではない。

A社の落ちこぼれ従業員が、B社では優良従業員となる。債務不履行（能力不足）に基づく解雇を認めることは、そうした再チャレンジの可能性に道を拓くことにもなる。

いくら働かなくても地位は安泰というのは、やはりどこかおかしい。民法というレンズを通してみると、そのおかしさがよくわかるのである。

「働けない」従業員の解雇問題

一般に休職期間は、解雇の猶予期間として位置づけられることから、傷病休職の期間が満了したにもかかわらず、傷病が治癒していないため復職できない場合には、退職扱い＝解雇とする会社が多い。

G 「働かない」または「働けない」従業員の解雇問題

しかし、東芝事件（東京地裁平成20年4月22日判決）以降、休職＝休業は、業務上の傷病によるものであるとして、労働基準法（労基法）19条1項を根拠に、解雇無効を主張するケースが増えている（なお、同事件の東京高裁平成23年2月23日判決も、一審と同様、解雇を無効と判断している【上告審＝最高裁第二小法廷平成26年3月24日判決では、解雇の有効・無効は争点にさえならなかった】）。

今やこのタイプの訴訟は、ある種の流行ともいえる観を呈しつつあるが、労基法19条を含む多くの規定の適用を受けない船員や同法の適用が除外されている国家公務員については、こうした問題がそもそも生じないといえば、どうであろうか。

たとえば、船員法には、次のように規定する44条の2第1項がある（下線は筆者による）。

（解雇制限）
第44条の2　船舶所有者は、船員が職務上負傷し、又は疾病にかかり療養のため作業に従事しない期間及びその後30日間……は、解雇してはならない。ただし、<u>療養のため作業に従事しない期間が3年を超えた場合……においては、この限りでない</u>。

② 略

そのモデルが労基法19条1項にあることはいうまでもないものの、大きな違いが一つある。

船員の場合、療養のための休業期間（作業に従事しない期間）が3年を超えれば、それだけで解雇制限が解除されるという点が、その違いである。

他方、国家公務員については、私傷病と公務上の傷病との別を問わず、「心身の故障のため、長期の休養を要する場合」には、国家公務員法（国公法）79条1号により〈分限休職〉に付され、その期間が上限の3年に達すると、国公法78条2号に規定する「心身の故障のため、職務の遂行に支障があり、又はこれに堪えない場合」に該当するものとして〈分限免職〉となる。このような措置を現行法は可能としており、結局のところ、その取扱いは船員と基本的に異ならないものとなっている。

退職によって補償や保険給付を受ける権利が影響を受けないことは、労基法の適用される者（同法19条を含め、労基法が原則適用される地方公務員を含む）と、その適用を受けない船員（ただし、平成22年1月以降、船員にも労働者災害補償保険法（労災保険法）は適用されている）

や国家公務員との間で違いはなく（労基法83条、労災保険法12条の5、国家公務員災害補償法7条、地方公務員災害補償法62条を参照）、仮に退職扱い＝解雇（免職）となったとしても、被災した者の保護に欠けるわけではない。

だとすれば、ここは発想を転換して、労基法19条を船員法44条の2のような3年を上限とするシンプルな規定に改めてはどうか。

打切補償は、今や労基法にのみ残る、形だけの抜け殻のような存在となっており、解雇制限規定の適用を解除するための要件として、これを維持しなければならない理由はもはや見出し難い。筆者はこう考えるのである。

ただし、使用者が自ら打切補償を行って、解雇制限規定の適用を解除し得ることはいうまでもない。その意味で、労働者が労災保険法により療養補償給付を受けている場合には、打切補償による解雇制限規定の適用解除を認めないとした専修大学事件＝東京地裁平成24年9月28日判決には到底賛成できないことを付記しておきたい【本件の場合、控訴審＝東京高裁平成25年7月10日判決では、一審の判断が維持されたものの、上告審＝最高裁第二小法廷平成27年6月8日判決は、打切補償による解雇制限規定の適用解除を認めるものとなった】。

『月刊社労士』（全国社会保険労務士会連合会）平成25年3月号「定点観測」所収

H 同一労働同一賃金

 世の中は、不条理に満ちている。合理性という尺度で割り切ることができるほど、単純ではない。

 民主党政権が誕生する数か月前、野党が多数を占めていた参議院では、「使用者は、有期労働契約を締結している労働者又は短時間労働者（略）の賃金その他の労働条件について、合理的な理由がある場合でなければ、通常の労働者と差別的取扱いをしてはならない」等と規定する労働契約法の改正案が可決されたことがある。

 本会議における趣旨説明もなく、わずか2時間余りの委員会審議で可決されたといういわくつきの法案であったが、衆議院では与党が多数をもってこれを否決し、結局、日の目をみることはなかった。

 その名残であろうか、民主党政権の末期に改正をみた労働契約法は、有期契約労働者の「労働条件が、期間の定めがあることにより同一の使用者と期間の定めのない労働契約を締結している労働者の……労働条件と相違する場合においては、当該労働条件の相違は、労働者の業務の内容及び当該業務に伴う責任の程度（以下この条において「職務の内容」という。）、当該職務の内容及び配置の変更の範囲その他の事情を考慮して、不合理と認められるものであってはならない」と20条で規定し、復活をとげた自公政権（第二次安倍晋三内閣）のもとでも、これとほぼ同じ内容の規定がパートタイム労働法8条に設けられた。

 ただ、いわゆる「同一労働同一賃金」の問題は、たとえ法律に定めを置くとしても、この程度が限界ではないか。

 有期やパートで働くことを選択したのは当の労働者であり、選択の余地のない性別や社会的身分とは性格が異なる。

 それゆえ、正社員との間に労働条件の相違がある場合にも、誰がみても行き過ぎといえる格差が存在するようなケースは別として、法律は原則としてこれに介入しない。こう考えるのが、世間の常識にもかなっていよう。

 労働条件の相違といった問題は、本来このように世の中の常識で判断すべき事柄であって、不合理と認め

られるものや合理的と認められるものをあらかじめ例示することにも、その可能性が現実には高いとは聞くものの、容易には賛成できない。

　具体的には、厚生労働大臣の定める指針＝大臣告示でこれを例示することになろう（ただ、民法の特別法である労働契約法の場合、行政解釈を示すこと自体に疑問がある）が、その起案は当然のことながら官僚＝公務員の手に委ねられる。

　しかし、労働契約法にせよパートタイム労働法にせよ、公務員にはそもそもその適用が除外されており、彼ら（彼女ら）にとっては他人事としてしか考えられない、という難点がある。

　仮に公務員にもこれらの法律を適用するとした場合、実行可能かどうかをチェックする。

　他人事で終わらせないためには、そうした工夫も必要になろう。

『Business Law Journal』
平成28年8月号「Opinion」
所収

あとがき

　労働法の世界において「雇用関係法」という言葉が市民権を獲得したのは、それほど昔のことではない。

　たとえば、「雇用関係法」を労働法の分野におけるテキストのタイトルとして最初に採用したと思われる下井隆史『雇用関係法』（有斐閣、昭和63年）は、その「はしがき」で次のようにいう。

　「今日の労働法の中心部分をなすのは、労働基準法と労働組合法をそれぞれの主柱とする二つの法領域である。それらは従来、『個別的労働関係法』・『集団的労働関係法』、あるいは『労働保護法』・『労働団体法』等とよばれてきた。しかし筆者は、いずれの名称にも満足できず、『雇用関係法』と『労使関係法』という言葉を用いてはどうかと考えている」（ⅰ頁）。

　以来、今日まで40年も経過していない。

　第二次世界大戦前は、「労働者保護法」あるいは「労働保護法」という言葉が多用されていた。

　「労働者保護法」の初期の代表例としては、第7代大阪市長として御堂筋の拡幅や地下鉄御堂筋線の開通に尽力したことで知られる関一氏が東京高等商業学校（現在の一橋大学）在職中に著した『労働者保護法論』（隆文館、明治43年）がある。当時、工場法（明治44年法律第46号、大正5年9月1日施行）は、まだ法案の段階にしかなかった。

　また、「労働保護法」の代表例としては、（厚生）労働省労働基準局編『労働基準法解釈総論』の前身ともいえる『労働保護法規並解釈例規』が挙げられる。ただ、なぜか、商店法（昭和13年法律第28号、同年10月1日施行）が制定された後も、同法がこれに収録されることはなかった（厚生省労働局編の昭和16年版を参照。ちなみに、同年に労働局が監修した『労働保護法規集』には、商店法とともに、同法施行令および同法施行規則も収録されている）。

　他方、戦後制定をみた労働組合法の解釈例規集は、『労働組合法解釈総覧』ではなく、労働省または厚生労働省の担当者が編集・監修に携わる『労使関係法解釈総覧』として、一貫して発行されている。「雇用関係法」とは違い、「労使関係法」という言葉は、既にかなり以前から人口に膾炙していた（これを使用することに抵抗がなかった）といえる。

下井教授が『労使関係法』を有斐閣から上梓されたのは、『雇用関係法』の刊行後7年が経過した平成7年。とはいえ、「労使関係法」をタイトルに使用したテキストは、これが最初ではなかった。

　古くは、平岡一美・慶谷淑夫編『労使関係法』（高文堂出版社、昭和44年）があり、現在も書棚の一角を占めているものに、コンパクトな書籍として版を重ねた、秋田成就『労使関係法』（日本労働協会、昭和54年／［新訂版］日本労働研究機構、平成3年）がある。

　テキストではなく、モノグラフ。カテゴリーとしては、本書『雇用関係法の理論と実務』は、いうまでもなく後者の範疇に属する。だが、「雇用関係法」の領域における研究書というよりは、この領域を舞台とした"場外乱闘"の記録に近い。口さがない友人は、このようにいう。当たらずといえども遠からず。著者としても、こう答えるほかなかった。

　　謝　辞

　本書もまた、前著『労使関係法の理論と実務』と同様、ジアース教育新社のご厚意のもとに出版される。同社の加藤勝博代表取締役社長および同社編集部の中村憲正氏には、この場を借りて、深甚なる感謝の意を表したい。

　さらに、本書の出版に当たっては、同社を発行元とする拙著に分散して収録されていた幾つかの論稿についても、最近の論点をカバーできるように本書に再収録したい、という筆者のわがままを快くお聞き届けいただいた。 18－2 、 19 および 24～26 の各論稿が、これに当たる。この点についても、併せて深謝申し上げたい。

　本書には、下井隆史先生の著作や発言に言及した箇所が、この「あとがき」を除いても、合計7箇所ある。このことからもわかるように、本書は、その少なからざる部分を下井先生の教えに負っている。先生の教えがなければ、ここまで「雇用関係法」の領域に関心をいだく（深入りする）ことはなかったし、本書も世に出ることはなかった。

　このことを最後に付記して、恩師への謝辞に代えたい。

著者紹介　小嶌典明（こじま・のりあき）

昭和27年大阪市生まれ
神戸大学大学院法学研究科博士前期課程修了
関西外国語大学理事・顧問、同外国語学部教授
大阪大学名誉教授、同博士（法学）
労働法専攻

主要著書

職場の法律は小説より奇なり
労働市場改革のミッション
労働法の「常識」は現場の「非常識」——程良い規制を求めて
労働法改革は現場に学べ！——これからの雇用・労働法制
国立大学法人と労働法
法人職員・公務員のための労働法72話
法人職員・公務員のための労働法　判例編
公務員法と労働法の交錯（豊本治氏との共編著）
労働法とその周辺——神は細部に宿り給ふ
メモワール労働者派遣法——歴史を知れば、今がわかる
現場からみた労働法——働き方改革をどう考えるか
現場からみた労働法２——雇用社会の現状をどう読み解くか
現場からみた労働法３——コロナ禍の現状をどう読み解くか
新・現場からみた労働法——法律の前に常識がある
労使関係法の理論と実務

雇用関係法の理論と実務

令和6年11月14日　第1版第1刷発行

著　者　小嶌　典明
発行人　加藤　勝博
発行所　株式会社ジアース教育新社
　　　　〒101-0054
　　　　東京都千代田区神田錦町1-23　宗保第2ビル5階
　　　　TEL 03-5282-7183　FAX 03-5282-7892

DTP・印刷　株式会社創新社
カバー・扉デザイン　土屋図形株式会社
ISBN978-4-86371-704-6
○定価はカバーに表示してあります。
○乱丁・落丁はお取り替えいたします。（禁無断転載）
Printed in Japan